Gesangbuch
der Evangelisch-reformierten Kirchen
der deutschsprachigen Schweiz

Gesangbuch
der Evangelisch-reformierten Kirchen
der deutschsprachigen Schweiz

1998

Typographische Gestaltung: Max Caflisch †
Satz- und Notenherstellung durch die Beauftragten des Gesangbuchvereins (Liturgie- und Gesangbuchkonferenz): Christine Esser und Susan Stefan
Schrift: Lexicon der Enschedé Font Foundry. Musik: Sonata
Papier: Bibeldruck SK3, 40 gm²
Druck: CPI, Ulm

2. Auflage 2019 nach der Normalausgabe 5., aktualisierte Auflage 2019
ISBN 978-3-7245-0991-2 Großdruckausgabe Reinhardt Verlag
ISBN 978-3-290-17908-3 Großdruckausgabe Theologischer Verlag

Zum Geleit

«Gott hat das erste Wort» – so beginnt eines der neuen Lieder des Gesangbuchs. Im Singen und Beten antwortet die Gemeinde auf Gottes Anrede. Sie bringt Worte der Bibel gemeinsam mit ihren Erfahrungen und Hoffnungen zum Klingen. In vielfältigen Formen stimmt sie ein in den Lobgesang (Psalm 104) und in das Seufzen der gesamten Schöpfung (Römerbrief 8,18 ff.). Singend nimmt sie teil am Verkündigen und Bekennen der Kirche. Sie dankt, rühmt, betet an, klagt und bittet. Mit ihren Fürbitten legt sie alles, was sie hier und jetzt bewegt, «in Gottes Hände, wo Tage, Jahre, Zeiten ruhn» (Nr. 608).

Im persönlichen Gebet, in der seelsorgerlichen Begegnung, im Zusammenleben der Gruppen, in Versammlung, Fest und Feier wird die Gemeinde im Singen und Beten an ihre Bestimmung und an ihren Auftrag in der Welt erinnert. Den unterschiedlichen Alltagssituationen entsprechen vielfältige Inhalte, Formen und Stile. Das Gesangbuch ist daher für verschiedene Gottesdienstformen, für offene Veranstaltungen, für Gruppen und für den täglichen Gebrauch verwendbar.

Das neue Gesangbuch wurde als Gemeinschaftswerk der Evangelisch-reformierten Kirchen der deutschsprachigen Schweiz geschaffen. Fachleute arbeiteten mit den offiziellen Vertretungen der Kantonalkirchen zusammen und pflegten über die konfessionellen Grenzen hinaus eine fruchtbare Zusammenarbeit mit den Schwesterkirchen in der Schweiz sowie im Rahmen der «Arbeitsgemeinschaft für ökumenisches Liedgut» über die Landesgrenzen hinaus. Zudem wurde die Deutschschweizerische Liturgiekommission beauftragt, geeignete Texte und Liturgien vorzuschlagen.

Auf diese Weise entstand in ökumenischer Ausrichtung ein Zeugnis der *einen* Kirche. Texte, Melodien und Sätze vermitteln Stimmen verschiedener Epochen und Traditionen, verbinden Betende und Singende in Raum und Zeit: «Denn unermüdlich, wie der Schimmer des Morgens um die Erde geht, ist immer ein Gebet und immer ein Loblied wach, das vor dir steht» (Nr. 605).

Der Vorstand des Gesangbuchvereins

Inhaltsübersicht

Seite bzw. Lied- und Textnummern

Zum Gebrauch

Inhalt und Aufbau

Das RG gründet in den beiden Teilen der Bibel. In bewährter reformierter Tradition finden sich im ersten Kapitel Psalmen und andere biblische Gesänge, zudem eine Reihe von Lesepsalmen. Die Verankerung des ersten Kapitels im Erfahrungsschatz der biblischen Zeugen wird durch das ganze Gesangbuch hindurch durch konsequente Voranstellung grundlegender Bibelabschnitte in allen Unterkapiteln weitergeführt (→ Verzeichnis der biblischen Lesetexte S. 1100 ff.). Biblische Quellen werden beim Lied selbst jedoch nur nachgewiesen, wenn der ganze Text einem bestimmten Abschnitt, beispielsweise einem Psalm, nachgebildet ist.

Der Gesamtaufbau des Gesangbuchs tritt in der Inhaltsübersicht über die sechs Kapitel (S. 6 f.) deutlich hervor. Als Leitmotiv führt der Begriff «Gottesdienst» durch die reichhaltige Auswahl von Gesängen und Texten, welche den sechs Kapiteln thematisch und funktional zugeordnet sind. «Gottesdienst» wird in diesem Zusammenhang in seiner ganzen Weite verstanden, als gemeinsames Getragenwerden durch Gottes Nähe und Anspruch in allen Lebensbereichen bis hin zur letzten Hoffnung auf das Reich Gottes.

Das RG ist Gottesdienstbuch im weiten Sinn. Christlicher Gottesdienst bezieht sich einerseits auf die in der Schrift bezeugten Ursprungssituationen des Glaubens. Er führt anderseits über die Erfahrungen im Jahres-, Tages- und Lebenskreis in die aktuellen Lebensbezüge. Entsprechend dieser doppelten Ausrichtung sind die sechs Kapitel überschrieben: «Gottesdienst in der Bibel – in der Gemeinde – im Jahreskreis – im Tageskreis – im Lebenskreis – in der Welt». Die im ausführlichen Inhaltsverzeichnis (S. 19 ff.) zusammengestellten Querverweise auf passende Gesänge in anderen Kapiteln erhöhen die Vielfalt der Verwendungsmöglichkeiten.

Das RG ist das Rollenbuch der Gemeinde. Die Beteiligung der Gemeinde am gottesdienstlichen Geschehen kann je nach Situation durch sinnvolle Aufteilung der Rollen verstärkt werden, beispielsweise durch wechselweises Lesen von Psalmen in zwei Gruppen *(I/II)* oder im Gegenüber einer Einzelstim-me *(I)* mit der ganzen Gemeinde *(II)*. Ebenso ist eine Reihe von Liedern und Spruchvertonungen im Wechsel von Einzelstimme (oder Singgruppe) und Gemeinde zu singen, z.B. Nr. 13, 167, 347. Die verwendeten Abkürzungen bedeuten:

E Einzelstimme, liest oder singt vor.

A Alle stimmen in das Vorgesungene ein.

I/II Zwei Gruppen lesen einen Psalm oder singen ein Lied abschnittweise im Wechsel, z.B. Nr. 425.

Selbstverständlich lassen sich über die bezeichneten Gesänge hinaus weitere Lieder in Wechselformen singen, z.B. Nr. 472.

Das RG ist durch ökumenische Weite gekennzeichnet. Mehr als ein Drittel der Gesänge sind als gemeinsames Liedgut gekennzeichnet:

ö In Text und Melodie übereinstimmende Gesänge, durch die interkonfessionelle und internationale «Arbeitsgemeinschaft für ökumenisches Liedgut» (AöL) für die Kirchen im deutschsprachigen Raum erarbeitet (Stand: 2018).

\+ In Text und Melodie übereinstimmende Gesänge in den Gesangbüchern der Evangelisch-reformierten (RG), der Römisch-katholischen (KG) und der Christkatholischen Kirche der Schweiz (CG).

(ö) (+) Eingeklammert werden diese Zeichen, wenn Text und Melodie nicht in allen Teilen übereinstimmen. Über diese Differenzen gibt das Verzeichnis S. 1083 ff. Aufschluss.

Gesänge

Das Strophenlied ist nach wie vor am stärksten vertreten. Wichtige Akzente bilden die im ersten Kapitel zusammengestellten Psalmlieder. Neben der Vielfalt der Liedformen aus mittelalterlicher und reformatorischer Tradition stehen in allen Kapiteln Lieder der folgenden Epochen, verstärkt auch aus dem 19. und 20. Jahrhundert. Inhaltlich wurde der Anteil von Psalmen sowie der Lieder im Blick auf Gerechtigkeit, Frieden und Bewahrung der Schöpfung vermehrt.

Die Herkunftsangaben unter jedem Lied weisen die Verfasserschaft und das Jahr der Erstveröffentlichung bzw. die älteste Quelle nach. Eine Jahreszahl in Klammer bedeutet, dass das Lied in diesem Jahr entstanden ist. Die Angaben von mehreren Jahreszahlen und Orten weisen auf spätere Überarbeitungen hin.

Vielfalt der Formen und Funktionen: Das Gesangbuch enthält neben ein- oder mehrstimmigen Gemeindegesängen zahlreiche nichtliedmäßige Formen:

Kv *Kehrverse* werden zu Beginn und am Schluss eines Liedes, z.B. Nr. 379, oder Kanons, z.B. Nr. 77, 512, gesungen. Eine Einzelstimme oder Gruppe kann den Kehrvers vortragen, die Gemeinde stimmt in das Vorgesungene ein und wiederholt es jeweils bei der Angabe *Kv* ohne weiteres Vorsingen. Dazu gehören auch einige kurze Wechselgesänge nach einem gregorianischen Modell (Nr. 303, 338, 396, 465, 505).

Lv *Leitverse* heben als Rahmenvers den Leitgedanken eines Psalms hervor, z.B. Nr. 17. Sie werden zu Beginn und am Schluss eines Psalms oder eines Gebetes gesungen, am besten so, dass eine Einzelstimme oder Gruppe den Leitvers vorsingt und die Gemeinde das Vorgesungene wiederholt, vom zweiten Mal an ohne weiteres Vorsingen (Verzeichnis → S. 1099).

Rfr *Refrain* heißt der in allen Strophen gleichlautende Abschluss eines Liedes, z.B. Nr. 90, 249, 362, 377, 411. Er wird sinnvollerweise hervorgehoben, indem beispielsweise die Liedstrophen durch eine kleine Singgruppe oder einen Chor vorgetragen, der Refrain von allen mitgesungen wird. Der Refrain kann zudem durch Instrumente (Orgel, Bläser usw.) verstärkt werden.

K *Der Kanon,* ein zunächst einstimmiges Musikstück, entfaltet sich zur Mehrstimmigkeit, wenn mehrere Gruppen in bestimmten Abständen nacheinander einsetzen. Diese Kleinform ermöglicht in kurzer Zeit einfache Mehrstimmigkeit ohne Begleitung.

Die kleinen Ziffern über dem Notensystem zeigen an, an welcher Stelle die Gruppen einsetzen. Fermaten (𝄐) markieren den gemeinsamen Schluss. Es ist jedoch auch möglich, in manchen Situationen sogar sinnvoll, dass im Voraus angesagt wird, wie oft jede Gruppe ihre Stimme durchsingt, sodass die einzelnen Stimmen nacheinander auslaufen und die letzte schließlich wie ein Echo verklingt. Kanonstimmen können durch Instrumente ersetzt oder gestützt werden.

Einfache Formen lassen sich rufartig mit andern Elementen (Liedern, Psalmen und anderen Lesetexten) verbinden, bei Gelegenheit auch als gesungene Einleitung (Intonation) zum Lied, z. B. Nr. 58 zu Nr. 57; 60 zu 59; 222 zu 221; 461, 668, 849 zu 462; oder eingeschoben zwischen die Strophen eines Liedes, z. B. Nr. 222 in 221 oder Nr. 245 in 481 usw. Aufwendigere Formen sind in der Regel nur Kleingruppen oder Chören zuzumuten, z. B. Nr. 77, 333 oder 512.

F *Freie Form* bezeichnet einen Gesang, der weder in einer üblichen Liedform noch als Kanon, Leit- oder Kehrvers gebaut ist, z. B. Nr. 8, 97, 286, 289.

Mehrstimmige Sätze wurden wenn möglich entsprechend dem Stil der Melodie erstellt. Wenn vorhanden, wurden meist Originalsätze der Komponisten übernommen. Die Herkunftsangabe «nach» bedeutet entweder die Anpassung des Satzes an unsere Melodiefassung oder die Veränderung der originalen Satzanlage, indem z. B. bei Genfer Psalmen die Melodie vom Tenor in den Sopran rückt, z. B. Nr. 10, oder Ergänzung einer Melodie mit beziffertem Generalbass zu einem vierstimmigen Singsatz, z. B. Nr. 527. In einer Reihe von Fällen wurde der Satz des Gesangbuchs von 1952 ganz oder fast unverändert beibehalten.

Die Notenschrift hält in der Regel in gewohnter Form sowohl die Höhe wie die Dauer der Töne fest. Gesänge, welche von der Sprache her erfordern, Tondauer, Betonung und damit den Rhythmus differenzierter zu gestalten, werden in der sogenannten «choralen Notation» wiedergegeben, z. B. Nr. 286. Melodien in dieser Notation verlangen ein ganz aus dem Sprechen heraus geformtes Singen (die Tonlängen entsprechen ungefähr den gesprochenen Silben). In der choralen Notation geben die senkrechten Striche kleinere und größere Pausen an:

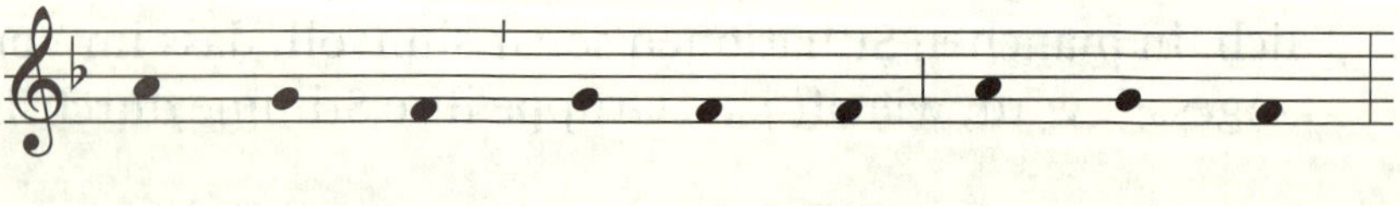

Notationsbehelfe: Bogen unter einzelnen Buchstaben oder Textsilben (‿) bedeuten, dass mit dieser Silbe ausnahmsweise mehrere Töne gebunden zu singen sind, die sonst einer eigenen Silbe zugeordnet sind, z. B. Nr. 420. Im Notenbild werden diese Noten mit einem punktierten Bogen verbunden. Liegende Klammern von einer Textsilbe zur andern (⎵) bedeuten umgekehrt, dass diese Silben unter eine einzige Melodienote zu liegen kommen, die deshalb in zwei Werte von halber Länge zu spalten ist, z. B. Nr. 386, 420.

Tempo und Grundschlag richten sich nach mehreren Gegebenheiten: Charakter und Stil des Stückes, Größe und Art des Raums, Anzahl der Singenden, Anlass und Absicht. Zur Orientierung dienen die Taktvorzeichnungen und die Grundschlagnoten zu Beginn. Während die Taktvorzeichnung die metrische Struktur angibt, versteht sich die Grundschlagnote als Hinweis auf das Singtempo; sie stimmt deshalb nicht unbedingt mit der Taktangabe überein – dies vor allem bei dreizeitigen, dann und wann aber auch bei zweizeitigen Taktarten.

Harmoniebezeichnungen für Gitarre wurden bei einer Auswahl von solchen Liedern gesetzt, welche sich dafür besonders eignen. Die Harmoniebezeichnungen korrespondieren nicht notwendigerweise mit den mehrstimmigen Singsätzen oder gar mit den Begleitsätzen. Vorgegeben wird ein Grundgerüst zur Begleitung, sodass diese je nach Gegebenheiten ausgebaut werden kann. In der Regel werden Akkordwechsel angegeben, Akkordwiederholungen nur dort, wo der Zusammenhang von Text und Musik solche nahelegt, z. B. Nr. 281. Auftakte werden in der Regel nicht harmonisiert. Auf Angabe bestimmter Basstöne wird verzichtet. Insgesamt wurden die Harmonien im Blick auf leichte Spielbarkeit gesetzt; in einigen Fällen waren sie durch die Komponisten vorgegeben, z. B. Nr. 867.

Die Sprache der Gesänge und der Lesetexte wurde sorgfältig geprüft, insbesondere auch im Blick auf den Sprachwandel und das unterschiedliche Empfinden gegenüber altertümlichen Formulierungen. Die ursprüngliche Stimme der Autorinnen und Autoren wird jedoch so weit wie möglich respektiert, da sie in der Regel ausgeprägter, farbiger, der bildhaften Sprache der Bibel näher gestaltet ist. Zeitgenössische Autorinnen und Autoren wurden gebeten, eine Sprache zu wählen, die sich für eine Vielfalt von Gottesbildern offen hält und niemanden ausschließt.

Mehrsprachige Gesänge: Für sprachlich gemischte Gottesdienste wird eine Auswahl bekannter Lieder und Kanons mit singbaren Übertragungen in den Schweizer Landessprachen vorgelegt (Verzeichnis → S. 1094f.). Für Gemeinden und Tagungszentren, die regelmäßig mehrsprachige Gottesdienste durchführen und demzufolge ein größeres Repertoire benötigen, wird das mehrsprachige ökumenische Gesangbuch UNISONO, Graz 1997, empfohlen.

Fremdsprachige Gesänge wurden als Fenster zur sprachlichen und kulturellen Vielfalt der Ökumene ausgewählt (Verzeichnis → S. 1096f.). Für Gemeinden, die regelmäßig Gottesdienste mit Fremdsprachigen durchführen, wird das Internationale Ökumenische Liederbuch «Thuma Mina», Basel/München/Berlin 1995, empfohlen.

Dialektlieder wurden aufgenommen, um kleinen Kindern den Zugang zur Gottesdienstgemeinde zu erleichtern und umgekehrt den Erwachsenen zu ermöglichen, sich im Singen, Beten und Feiern den Kindern zu öffnen. Die ursprünglichen Dialekte wurden beibehalten, die Schreibweise jedoch derjenigen des Hochdeutschen angenähert, um die Lesbarkeit zu erleichtern (Verzeichnis → S. 1098).

Anmerkungen und Worterklärungen, diese gekennzeichnet durch *, werden nur dort angebracht, wo Missverständnisse naheliegen, z.B. Nr. 84, oder schwierige Ausdrücke eine Erläuterung notwendig machen, z.B. Nr. 656 (Str. 5).

Für urheberrechtlich geschützte Stücke findet sich am Schluss ein Verzeichnis der Rechtsinhaber (→ S. 1103ff.). Sollte dieses trotz aller Umsicht unvollständig oder fehlerhaft sein, wird um eine Mitteilung an die Adresse des Liturgie- und Gesangbuchvereins gebeten. Jede Verwendung geschützter Gesänge oder Texte bedarf grundsätzlich der Genehmigung durch die Rechtsinhaber.

Texte

Eine Vielfalt von Texten bereichert das Gesangbuch, entsprechend der Vielfalt der Gesänge, in sinnvoller Zuordnung zu den sechs Kapiteln. Es handelt sich um Bibeltexte zu Beginn der Unterkapitel, Lesepsalmen am Schluss des ersten Kapitels, liturgische Texte, Gottesdienstgerüste, Tagzeitengebete, Beten am Sterbebett.

Die biblischen Texte basieren in der Regel auf der Zürcher Übersetzung (1955) und deren revidierter Fassung (1996), der revidierten Luther-Übersetzung (1984) oder der Einheitsübersetzung (1985) (→ S. 1100 ff.). In alttestamentlichen Texten wird die nicht übersetzbare Gottesbezeichnung «JHWH» in der Regel durch Personalpronomina wiedergegeben und durch Versalien hervorgehoben (z.B. DU, ER, SEIN).

Als Haus- und Gemeindebuch vermittelt das RG ein reiches Angebot von Liedern, Kanons und liturgischen Rufen, sowie Lese- und Gebetstexten. Gruppen und Einzelne finden darin für ihren Lebensalltag die Gerüste und Bausteine zur situationsgerechten Mitgestaltung von Gottesdienst, Andacht, Fest und Feier. Zahlreiche Gebete und Lesetexte eignen sich zur persönlichen Besinnung. Sie sind den sechs Kapiteln thematisch und funktional zugeordnet sowie im alphabetischen Inhaltsverzeichnis (→ S. 1111 ff.) gekennzeichnet (G = Gebete).

Rechtschreibung: Die ab 1. August 1998 offiziell gültige Rechtschreibung wurde durchgehend eingearbeitet.
Bibelstellen und biblische Namen sind gemäß dem «Ökumenischen Verzeichnis der biblischen Eigennamen nach den Loccumer Richtlinien» wiedergegeben.

Begriffe

Agnus Dei, lat. «Lamm Gottes», Begleitgesang zum Brotbrechen in der Abendmahlsfeier. Mit Johannes 1,29 wird Christus angerufen als das Lamm, das die Sünde der Welt auf sich nimmt und wegträgt (Nr. 311–316 und 437).

Antiphon, Wechselgesang zur Umrahmung oder weiteren Gliederung eines gesungenen oder gesprochenen Psalmgebets, z.B. Nr. 303, 338, 396, 465, 505. Auf die mit «O» beginnenden Adventsantiphonen geht das bilderreiche Adventslied «Gott, send herab uns deinen Sohn» zurück (Nr. 362).

Canticum, lat. «Lied», Gesang aus dem ersten oder zweiten Teil der Bibel, der nicht aus dem Buch der Psalmen stammt, diesen aber im Aufbau gleicht. Cantica haben ihren festen Platz in den Gottesdiensten im Tageskreis: Das *Benedictus Dominus,* der Lobgesang des Zacharias (Lukas 1,68–79), im Morgengebet (Nr. 555), das *Magnificat,* der Lobgesang der Maria (Lukas 1,46–55; Nr. 1–3), im Abendgebet (Nr. 586) und das *Nunc dimittis,* der Lobgesang des Simeon (Lukas 2,29–32; Nr. 103–105) im Nachtgebet (Nr. 610).

Doxologie → Gloria

Gloria, lat. «Ehre, Preis, Ruhm». Mit dem frühchristlichen Großen Lobpreis, der Großen Doxologie (Nr. 218, 220, 221), stimmt die Gemeinde in den Lobgesang der Engel «Ehre sei Gott in der Höhe» (Lukas 2,14; Nr. 224 und 225) ein, preist und betet Gott den Vater, den Sohn mit dem Heiligen Geist an. Gelegentlich wird die Bezeichnung «Große Doxologie» auch für das *Te Deum* verwendet (Nr. 247).
Das «Kleine Gloria», die kleine Doxologie (Nr. 226–228), bildet in den Hymnen, in katholischer und lutherischer Tradition auch bei den Psalmen, den abschließenden Lobpreis (z. B. Nr. 556, Str. 5). Die kleine Doxologie wird z. B. auch bei der Eröffnung der Gottesdienste im Tageskreis gesprochen oder gesungen (Nr. 555, 583, 586, 610).

Halleluja, hebr. «Lobt Gott». Lobruf in den Psalmen und im Buch der Offenbarung. Von alters her österlicher Freudenruf, auch zur Lesung des Evangeliums (Nr. 229–232, 238, 241, 246); Refrain in vielen Ostergesängen (Nr. 461–488).

Hosanna, hebr. «Hilf doch!» (Psalm 118,25). Huldigungsruf, dem einziehenden König entgegen (Matthäus 21,9). Deshalb erklingt dieser Ruf nicht nur in der Adventszeit, sondern regelmäßig in der Abendmahlsfeier, hier im Zusammenhang mit dem Sanctus-Ruf (Nr. 305 und 307).

Hymnus, «Lobgesang», seit dem 4. Jahrhundert vorwiegend als Strophenlied mit metrisch und rhythmisch gestaltetem Text, der von zwei Gruppen im Wechsel auf eine gleichbleibende Melodie gesungen wird, z. B. Nr. 500, 556, 587.

Kyrie eleison, griech. «Herr, erbarme dich», ursprünglich Huldigungsruf (nicht Bittruf) an den römischen Kaiser, später auf Jesus Christus übertragen als öffentliches Bekenntnis zum Herrn aller Herren (Nr. 193–201).

Leisen: Meist älteste deutschsprachige Kirchenlieder, die mit dem Ruf «Kyrieleis» (Herr, erbarm dich) enden, z. B. die Weihnachtsleise «Gelobet seist du, Jesu Christ» (Nr. 392), die Osterleise «Christ ist erstanden» (Nr. 462) und die Pfingstleise «Nun bitten wir den Heiligen Geist» (Nr. 502). Aus unserer Zeit stammen Leisen wie z. B. «Du bist der Weg, auf dem wir schreiten» (Nr. 281), «Du Kind, zu dieser heilgen Zeit» (Nr. 415).

Psalmlied, in reformierter Tradition die in größtmöglicher Treue dem hebräischen Urtext folgende liedmäßige Übertragung des biblischen Psalms, z. B. Nr. 55, 67.
Im RG findet sich formal und stilistisch eine große Vielfalt von Psalmgesängen, solche aus der Werkstatt Martin Luthers, des «Erfinders» des Psalmlieds (z. B. Nr. 83), solche aus der daraus hervorgegangenen lutherischen Tradition (z. B. Nr. 76, 98), aus der Straßburger (z. B. Nr. 84), der Genfer (z. B. Nr. 90, 101) oder der katholischen Tradition (z. B. Nr. 49, 96, 100), zudem neue Psalmlieder aus dem 20. Jahrhundert (z. B. Nr. 28, 45, 50, 51, 61, 70, 86, 95), Psalmsprüche in Form von Leitversen (z. B. Nr. 17, 63), Kehrversen (z. B. Nr. 77), Kanons (z. B. Nr. 16, 52, 77) und freien Formen (z. B. Nr. 8, 62, 71, 97).

Sanctus, «Heilig, heilig, heilig», Lobgesang der Engel (Serafim, Jesaja 6), in welchen die feiernde Gemeinde in der Abendmahlsfeier einstimmt (Nr. 304–309), öfters in Verbindung mit dem → *Hosanna.*

Im Gesangbuch verwendete Abkürzungen

A	Alle
ad lib.	*ad libitum* (nach Belieben)
CG	Gebet- und Gesangbuch der Christkatholischen Kirche der Schweiz, Basel 2005
E	Einzelstimme
EG	Evangelisches Gesangbuch. Stammausgabe der Evangelischen Kirche in Deutschland, Hannover 1993
F	Freie Form
G	Gebet
GB	Gesangbuch
Jh.	Jahrhundert
K	Kanon
KG	Katholisches Gesangbuch. Gesang- und Gebetbuch der deutschsprachigen Schweiz, Zug 1998
KKG	Kirchengesangbuch. Katholisches Gesang- und Gebetbuch der Schweiz, Zug 1966
Kv	Kehrvers
Lv	Leitvers
M	Melodie
Nr.	Nummer
ö	ökumenische Fassungen im deutschen Sprachraum, in Text und Melodie übereinstimmend (Stand: 2018)
+	mit den Schweizer Gesangbüchern KG und CG in Text und Melodie übereinstimmend
(ö)(+)	eingeschränktes ö und +, da nicht in allen Teilen übereinstimmend
Ps	Psalm(en)
R	Ruf
Rfr	Refrain
RG	Gesangbuch der Evangelisch-reformierten Kirchen der deutschsprachigen Schweiz, Zürich 1998
RKG	Gesangbuch der Evangelisch-reformierten Kirchen der deutschsprachigen Schweiz, Bern 1952
S	Satz
Str.	Strophe
T	Text
Z.	Zeile
?	Verfasserschaft, Ort oder Jahrzahl fraglich
I/II	Zwei Gruppen, die abwechselnd lesen oder singen

Inhaltsverzeichnis

Anmerkung: Bei fast allen Rubriken wird eingerückt in kleinerer Schrift auf weitere Gesänge und Texte hingewiesen, die ebenfalls dazugehören.

Himmelfahrt

Pfingsten

Gottesdienst in der Bibel: Psalmen und andere biblische Gesänge

Christliches Leben, Glauben, Beten und Singen empfangen Wesen und Sinn aus der Bibel. Durch sie spricht Gott uns an, und durch sie lernen wir, zu Gott und zueinander zu reden. Die reformierte Tradition macht auch äußerlich deutlich, dass unser Singen in der Bibel gründet: Während Jahrhunderten wurden vorwiegend oder sogar ausschließlich Psalmlieder gesungen; später wurde im Gesangbuch den neu gedichteten Liedern meist ein mehr oder weniger umfangreicher Psalmenteil vorangestellt.

Dieser Tradition schließt sich unser Gesangbuch an. Allerdings beschränkt es sich nicht mehr auf Psalmen in Liedform, sondern nimmt andere Formen dazu, vor allem Kanons und kurze Singsprüche, welche einzelne Psalmverse aufnehmen. Solche Formen eignen sich besonders gut für die Verbindung mit Lesungen, Gebeten oder anderen gottesdienstlichen Stücken. Hingegen fehlt die Psalmodie, der Gesang ganzer unbereimter Psalmtexte nach Modellmelodien, wie er in vielen unserer Schwesterkirchen üblich ist. Gemeinden und Gruppen, die diese Form verwenden möchten, werden sie in Gesangbüchern anderer Kirchen und in besonderen Ausgaben finden.

Eine Anzahl von Psalmen sind im Gesangbuch so abgedruckt, dass sie gemeinsam gelesen werden können. Zwei Gruppen können sich dabei von Vers zu Vers im Lesen abwechseln.

Die Psalmen und die weiteren biblischen Gesänge sprechen in viele Situationen des Lebens und des Gottesdienstes hinein. Fast jedes Kapitel des Gesangbuches findet Bereicherung und Ergänzung in diesem ersten Kapitel. Hinweise in der Inhaltsübersicht helfen, diese Beziehungen deutlich zu machen. Außer der thematischen Verwendung der Psalmen gibt es auch die Tradition, sie der Reihe nach zu beten oder zu singen. Auch wenn in unserem Gesangbuch der Psalter nicht vollständig enthalten ist, kann diese Tradition sinnvoll sein, weil wir uns so von den Psalmen einen vielgestaltigen Weg führen lassen.

1

T: Fritz Enderlin 1952 nach dem Lobgesang der Maria («Magnificat») Lukas 1,46–55 M: Guillaume Franc, Genf 1542 / Loys Bourgeois, Genf 1551, Psalm 8

2
ö +
1. Got - tes Lob wan - dert, und Er - de darf
2. Scha - ren von Schwes - tern und Brü - dern im
3. Wun - der der Wun - der: Für uns wirst du
hö - ren. Einst sang Ma - ri - a, sie
Glau - ben sin - gen, was da - mals Ma -
Mensch, Herr! Lass doch das Lied, das Ma -
ju - bel - te Ant - wort. Wir stehn im
ri - a ge - sun - gen, als ihr ge -
ri - a uns lehr - te, Brü - cke der
E - cho der Bot - schaft vom Le - ben: Den
schah, wie der En - gel ver - spro - chen: Den
Freu - de sein, die uns zu dir führt: Den
Herrn preist mei - ne See - le. Ich
Herrn preist mei - ne See - le. Ich
Herrn preist mei - ne See - le. Ich
freu - e mich, dass er mein Ret - ter ist. Der
freu - e mich, dass er mein Ret - ter ist. Die
freu - e mich, dass er mein Ret - ter ist. Er

T: Jürgen Henkys (1983) 1986 nach dem norwegischen «Lovsangen toner og jorden får høre» von Svein Ørnulf Ellingsen 1978 zum Lobgesang der Maria («Magnificat») Lukas 1,46–55 M: Manfred Schlenker 1985

T: Lukas 1,46.47 M: Paul Ernst Ruppel 1938

4
Ps 4

1. Die Nacht ist da: Ich su - che dei - ne
Nä - he. Auch wenn ich dich nicht
hö - re und nicht se - he, Gott,
hö - re mich und sieh auf mich her -
nie - der, trös - te mich wie - der.

2. Du bist gerecht und rettest meine Ehre, / wenn ich mich einsam gegen Unrecht wehre. / Dass Menschen wehtun und Verkehrtes sagen, / hilf mir ertragen.

3. Du führst den Weg durch Wahrheit und durch Lüge. / Gib, dass ich mich, Gott, deiner Führung füge. / Du bringst ans Ziel durch Lachen und durch Weinen / alle die Deinen.

4. Schenk uns das Leuchten deines Angesichtes, / bewahre uns die Freude dieses Lichtes. / Mehr als das Glück, das Menschen je erreichten, / zählt dieses Leuchten.

5. Du hast in Christus dich für mich entschieden. / So liege ich und schlafe ganz mit Frieden. / Denn du allein, was ich auch immer tue, / bist meine Ruhe.

T: nach Psalm 4 Detlev Block 1986 M und S: Johann Crüger 1640

5

Ps 5

5. O Gott der Freude, lass sich freuen, / die glaubend sich in dir erbaun; / alle, die fest auf dich vertraun, / wirst du von Tag zu Tag erneuen / in Huld und Treuen.

6. Nie lässest du den ohne Segen, / der deinen Willen treu erfüllt; / du bist ihm gnädig Schirm und Schild; / ihm strahlt auf allen seinen Wegen / dein Licht entgegen.

T: aus Psalm 5 Lili Wieruszowski 1942 (Str. 1. 4) und Wilhelm Vischer 1944/1952 (Str. 2. 3. 5. 6) nach Matthias Jorissen (1793) 1798
M: Guillaume Franc, Genf 1542, Psalm 5

6
Ps 6

T: nach Psalm 6 Hans Bernoulli (1983) 1998
M: Guillaume Franc, Genf 1542, Psalm 6

7
Ps 8
ö

1. Wie herr - lich gibst du, Herr, dich zu er -
2. Ver - bor - gen hast du dich den klu - gen
3. Wenn ich den Blick zu dei - nen Ster - nen

ken - nen, schufst al - les, dei - nen Na - men
Wei - sen und läs - sest die Un - mün - di -
wen - de und zu dem Mond, den Wer - ken

uns zu nen - nen: Der Him - mel ruft ihn
gen dich prei - sen. Den Leug - ner wi - der -
dei - ner Hän - de – was ist der Mensch, dass

aus mit hel - lem Schall, das Er - den -
legt des Säug - lings Mund; der Kin - der
du, Herr, sein' ge - denkst, des Men - schen

rund er - klingt im Wi - der - hall.
Lal - len tut dich, Va - ter, kund.
Kind, dass du ihm Lie - be schenkst?

4. Und doch hast du am höchsten ihn gestellet, / ganz nah ihn deiner Gottheit zugesellet, / hast ihn gekrönt mit Hoheit und mit Pracht, / dass er beherrsche, was du hast gemacht.

5. Gabst ihm zum Dienst die Schafe und die Stiere, / machtest ihm untertan die wilden Tiere, / des Himmels Vögel und der Fische Heer, / das seine Pfade zieht durchs große Meer.

6. Doch ach, der Mensch ist von den Wesen allen / am tiefsten in die Schuld und Schand gefallen. / Statt Herr ist er der Sklave der Natur; / nach seiner Freiheit seufzt die Kreatur.

7. Drum stieg herab von seinem Himmelsthrone / Jesus und ward zum wahren Menschensohne, / erniedrigte sich selbst bis in den Tod / und wendete der Menschheit Schand und Not.

8. Die ganze Schöpfung soll sich vor ihm beugen, / Menschen- und Engelzungen es bezeugen, / dass er ihr Herr zur Ehr des Vaters ist. / Wie herrlich strahlt dein Name, Jesus Christ!

T: nach Psalm 8 (Str. 1–5), Römerbrief 8,19–22 (Str. 6) und Philipperbrief 2,6–11 (Str. 7.8) Wilhelm Vischer (1944) 1952 M: Guillaume Franc, Genf 1542 / Loys Bourgeois, Genf 1551, Psalm 8

8
Ps 9

sin - gen sei - nem Na - men.
chan - te - rai ton nom.
Ich lo - be mei - nen Gott von
Je loue - rai l'E - ter - nel de
gan - zem Her - zen, ich freu - e
tout mon cœur, Je fe - rai de
mich und bin fröh - lich, Herr, in
toi le su - jet de ma

Ti loderò, Signor, con tutto il mio cuor. / Racconterò le tue meraviglie e canterò il tuo nome. / Ti loderò, Signor, con tutto il mio cuor. / Farò di te la sola mia gioia. Alleluia!

Eu vögl lodar a Dieu da tuot meis cour / e vögl far palais tuot tas müravaglias e dechantar teis nom. / Eu vögl lodar a Dieu da tuot meis cour / e vögl güvlar da dalet, star alleger. Alleluja!

T: nach Psalm 9,2.3 Gitta Leuschner 1980; ital. Fassung Verena Meier 1986
M: Claude Fraysse 1976 S: Alain Bergèse 1976

9
Ps 12

T: nach Psalm 12 Martin Luther 1524 M: Erfurt 1524 (Martin Luther?)

10
Ps 13

2. Wie lange muss ich Schmerzen tragen / in meiner Seele Tag für Tag? / Wie lang noch willst du mir versagen / den Trost, dran ich mich freuen mag?

3. Schau doch, eh mir die Augen brechen, / Gott, sende deines Lichtes Strahl. / Erhör mich, denk an dein Versprechen / und wende meine Angst und Qual.

4. Es möchte sonst mein Feind sich brüsten; / auf meinen Sturz ist er bedacht. / Herr, wehre du ihm sein Gelüsten, / weis in die Schranken seine Macht.

5. Ich weiß, du wirst nicht lang mehr schweigen, / die Hilfe ist schon vor der Tür – / mit Jauchzen wird zum Himmel steigen / alsdann mein Danklied für und für.

T: nach Psalm 13 Helmut Lamparter 1962 M: Guillaume Franc, Genf 1543 / Straßburg 1545 / Loys Bourgeois, Lyon 1547, Zehn Gebote
S: nach Claude Goudimel 1564/65

11
Ps 16

1. Mein Gott, auf den ich trau - e,
halt mich in dei - ner Hut.
Mein Gott, auf den ich schau - e,
ich weiß kein an - der Gut.
Den Kin - dern dei - ner Gna - de

2. Aufs Liebliche gefallen / ist mir mein Los und Teil, / drum lass ich dir erschallen / das Lob, mein Gott und Heil. / Dich hab ich stets vor Augen, / du suchst mich heim bei Nacht; / nichts andres soll mir taugen, / so lieg ich wohl bewacht.

3. Zum Leben auserlesen / hast du, was du erwarbst, / und lässt mich nicht verwesen, / weil meinen Tod du starbst. / Du tust mir kund dein Leben, / die Fülle deiner Freud, / und Wonne willst du geben / jetzt und in Ewigkeit.

T: nach Psalm 16 Heinrich Vogel (1936) 1948 M: nach Bartholomäus Gesius 1605 S: nach Michael Praetorius 1610

12
Ps 19

2. Wer trägt der Himmel unzählbare Sterne? / Wer führt die Sonn aus ihrem Zelt? / Sie kommt und leuchtet und lacht uns von ferne / und läuft den Weg gleich als ein Held.

3. Vernimm's und siehe die Wunder der Werke, / die die Natur dir aufgestellt. / Verkündigt Weisheit und Ordnung und Stärke / dir nicht den Herrn, den Herrn der Welt?

4. Kannst du der Wesen unzählbare Heere, / den kleinsten Staub fühllos beschaun? / *Durch wen ist alles?* O gib ihm die Ehre. / Mir, ruft der Herr, sollst du vertraun.

5. Mein ist die Kraft, mein ist Himmel und Erde; / an meinen Werken kennst du mich. / Ich bin's und werde sein, der ich sein werde, / dein Gott und Vater ewiglich.

6. Ich bin dein Schöpfer, bin Weisheit und Güte, / ein Gott der Ordnung und dein Heil. / Ich bin's; mich liebe von ganzem Gemüte / und nimm an meiner Gnade teil.

T: nach Psalm 19 Christian Fürchtegott Gellert 1757
M: Johann Friedrich Doles 1758 / Johann Joachim Quantz 1760
S: nach Bernhard Henking 1952

13

Ps 22
ö +

E/A Gott, mein Gott,
1. war - um hast du mich ver -
2. war - um gibst du kei - ne
3. war - um hast du mich ver -
4. war - um gibst du kei - ne

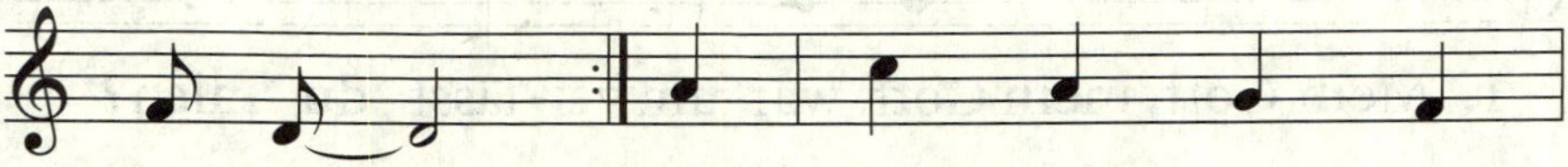

las - sen? E So sang einst Kö - nig
Ant - wort? E So sang einst Kö - nig
las - sen? E So schrie der Wel - ten
Ant - wort? E So ru - fe ich mit

Da - vid; hör - test du ihn? So
Da - vid; so kla - ge auch ich, ein
Chris - tus, blu - tend am Kreuz, ein
Da - vid; hö - re auf uns! Du

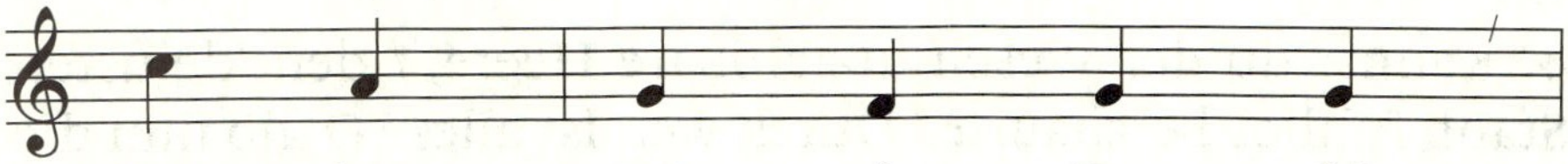

schrie einst Kö - nig Da - vid;
Schat - ten und kein Mensch mehr;
Spott den Leu - ten al - len;
hör - test doch auf Chris - tus,

hal - fest du ihm? ___
fer - ne bist du. ___
hör - test du ihn? ___
schrei - end am Kreuz? ___

A Gott, mein Gott,

war - um hast du mich ver - las - sen?
war - um gibst du kei - ne Ant - wort?
war - um hast du mich ver - las - sen?
stär - ke mei - nen ar - men Glau - ben.

T und M: zu Psalm 22,2 u. Matthäus 27,46 Friedemann Gottschick (1965) 1967

14
Ps 22

1. Mein Gott, mein Gott, war-um ver-lässt du mich?

War - um, mein Gott, war - um ent-fernst du dich?

Du hilfst mir nicht, da ich so jäm - mer - lich

und angst-voll kla - ge. Nach dir, mein Hel - fer,

2. Doch du bist heilig, und ich weiß, du wohnst / im Lichte ohne Finsternis und thronst / auf Lobgesängen Israels und lohnst / dem, der dir trauet. / Die vor uns haben fest auf dich gebauet, / riefen dich an / und riefen nicht vergebens. / Du halfst und bliebst die Hoffnung ihres Lebens. / Es war kein Wahn.

3. Ich aber, nur ein Wurm, kein Mensch bin ich, / der Leute Spott, das Volk verachtet mich, / und wer mich sieht, versetzt mir einen Stich / und sagt mit Hohne: / Lasst sehn, wie Gott ihm seine Treue lohne. / Der Fromme da / warf seine Sorgen alle / auf ihn. Er rette ihn jetzt vor dem Falle; / er liebt ihn ja.

4. Wahrhaftig, Gott hat mich verlassen nicht, / nur einen Augenblick sein Angesicht / verhüllt vor mir, und neu erstrahlt sein Licht. / Kommt, meine Brüder; / hört, der Elende singet Dankeslieder. / Der Heiland winkt / und ruft euch aus dem Leide / zu seinem Abendmahl der vollen Freude: / Kommt, esst und trinkt!

5. Es lebe euer Herz in Ewigkeit! / Auf Erden alle Völker weit und breit / werden anbeten seine Herrlichkeit. / Ihn sollen sehen / die Toten alle, wenn sie auferstehen / aus Gra-

besnacht. / Und die noch ungeboren, / sind schon zu seinem Leben auserkoren. / Er hat's vollbracht.

T: nach Psalm 22,1–9. 25–32 Wilhelm Vischer (1944) 1952
M: Guillaume Franc, Genf 1542, Psalm 22

15
Ps 23
ö+

2. Muss ich auch dunkle Wege gehn, / so fürchte ich mich nicht. / Gott will an meiner Seite stehn; / er gibt mir Zuversicht.

3. Auf rechtem Pfade führst du mich, / bist bei mir Tag und Nacht. / Mein Herr und Hirt, ich preise dich / ob deines Namens Macht.

4. Du machst mir einen Tisch bereit, / stärkst mich mit Brot und Wein. / Durch meines ganzen Lebens Zeit / darf Gast bei dir ich sein.

5. Nur Huld und Güte folgen mir, / nichts fehlt mir, du bist gut. / Weil du mich leitest für und für, / bleib ich in guter Hut.

T: nach Psalm 23 Sigisbert Kraft 1974 M: Johann Crüger 1653 nach Genfer Psalter, Psalm 118 und 89, Psalm 75 und 97 S: Johann Crüger 1653 / GB 1941

16
Ps 23
ö +

T: Psalm 23,1 M: Hermann Stern um 1960

17
Ps 23
ö +

T: Psalm 23,1a. 2b M: Josef Seuffert 1972

18
Ps 23

Zur 5. Strophe Überstimme ad libitum
5. Ja, dei - ne Gü - te fol - get
1. Der Herr, mein Hir - te, füh - ret
mir mein gan - zes Le - ben lang.
mich. Für - wahr, nichts man - gelt mir.
Und im - mer - dar im Haus des
Er la - gert mich auf grü - nen

2. Erquickung schenkt er meiner Seel / und führet gnädiglich / um seines hohen Namens Ehr / auf rechter Straße mich.

3. Geh ich durchs dunkle Todestal, / ich fürcht kein Unglück dort, / denn du bist da, dein Stecken und Stab / sind Tröstung mir und Hort.

4. Den Tisch bereitest du vor mir / selbst vor der Feinde Schar. / Mein Haupt salbst du mit deinem Öl. / Mein Kelch fließt über gar.

5. Ja, deine Güte folget mir / mein ganzes Leben lang. / Und immerdar im Haus des Herrn / ertönt mein Lobgesang.

T: nach Psalm 23 Charlotte Sauer 1954 nach dem Schottischen Psalter 1650
M und S: Jessie Seymour Irvine 1872, Überstimme: William Baird Ross vor 1950

19
Ps 24

T: nach Psalm 24 Hans Bernoulli 1988 M: Guillaume Franc, Genf 1543 / Loys Bourgeois, Lyon 1547, Psalm 24

20

Ps 25

1. Ich er - he - be mein Ge - mü - te
ich ver - trau - e dei - ner Gü - te,
be - tend, o mein Gott, zu dir;
nur von dir kommt Hil - fe mir.
Du ver - lässt die Dei - nen nicht,
die zu dir die Zu - flucht neh - men.
Wer dir Treu und Glau - ben bricht,

2. Zeige mir doch deine Wege, / mach mir deinen Rat bekannt, / dass ich treulich folgen möge / jedem Winke deiner Hand. / Leit in deiner Wahrheit mich, / führe mich auf rechtem Pfade. / Gott, mein Heil, ich suche dich, / harre täglich deiner Gnade.

3. Gott ist treu und gut, er zeiget / Irrenden die rechte Bahn, / macht ihr Herz zu ihm geneiget, / nimmt sie mit Erbarmen an. / Den Elenden strahlt sein Licht, / dass sie nicht den Weg verfehlen; / Schwachen fehlt's an Hilfe nicht, / wenn sie ihn zum Troste wählen.

4. Herr, behüte mich auf Erden; / ich bin hilflos, rette mich. / Lass mich nicht zuschanden werden; / ich vertrau allein auf dich. / Gib, dass Treu und Redlichkeit / Schutz in meinem Leben seien. / Gott, du wollst von allem Leid / bald dein Israel befreien.

T: nach Psalm 25,1–6. 8–10. 20–21 Matthias Jorissen (1793) 1798 / GB 1891 / GB 1952 / Kommission 1998 M: Loys Bourgeois, Genf 1551, Psalm 25
S: nach Claude Goudimel 1564/65

21
Ps 27

2. Eins bitte ich, das hätt ich gern, / ach, wollte Gott mir’s geben: / dass ich hinfort mit meinem Herrn / in seinem Haus darf leben. / Da könnt allzeit sein Freundlichkeit / und Güte ich erblicken; / da dürfte frisch an seinem Tisch / beim Mahl ich mich erquicken.

3. Im Hause Gottes find ich Schutz / und Schirm zur bösen Stunde, / und jedem Unheil biet ich Trutz, / steht Gott mit mir im Bunde. / Nach deinem Wort, mein Heil und Hort, / such ich dein Angesichte; / blickst du mich dann in Gnaden an, / wird meine Angst zunichte.

4. Lobpreis sei Gott im höchsten Thron, / der uns befreit vom Bösen. / Lobpreis sei Christus, seinem Sohn, / der starb, uns zu erlösen. / Lobpreis dem Geist, der Hilf erweist / und Glauben schafft hienieden. / Amen. Für Zeit und Ewigkeit / geb Gott uns seinen Frieden.

T: nach Psalm 27 Hans Bernoulli (1983) 1990 M: Straßburg 1530 (Wolfgang Dachstein, Matthäus Greiter?), Psalm 37

22
Ps 30

1. Mit Freu-den will ich dich er - he - ben,
mein Herr und Gott, zu je - der Stund.
Von dir emp-fing ich neu-es Le - ben,
du zogst mich aus der Höl - le Schlund.
Ich schrie zu dir: Lass mich nicht ster - ben! –

2. Geheilt hast du mir Leib und Seele, / gewendet hast du meine Klag. / Ihr Frommen, hört, was ich erzähle; / preist ihn, der solche Ding vermag. / Er kann’s nicht böse mit uns meinen, / sein Zorn währt einen Augenblick. / Der Tag der Freude folgt dem Weinen, / und Dank und Jubel kehrt zurück.

3. Ich wähnte wohl, niemals zu zagen; / auf festen Grund war ich gestellt. / Da ward mit Krankheit ich geschlagen. / Ich schrie zu Gott, von Schmerz entstellt: / O Herr, was ist mein Blut dir nütze, / verstummt mein Mund in Todespein? / Lass dein Erbarmen meine Stütze, / dein Trösten meine Rettung sein.

4. Verwandelt hast du meine Klagen / in einen Reigen voller Freud; / kein Trauerkleid muss ich mehr tragen, / von aller

Last bin ich befreit. / Wie sollt ich dir, mein Gott, nicht singen / und nimmer schweigen, wo ich bin? / Dass doch mein Dank zum Himmel dringe, / bis ich mit Frieden fahr dahin.

T: nach Psalm 30 Helmut Lamparter 1962
M: Guillaume Franc, Genf 1543 / Loys Bourgeois, Genf 1551, Psalm 118
S: nach Claude Goudimel 1564/65

23

Ps 31

4. Du bist mein Stärk, mein Fels, mein Hort, / mein Schild, mein Kraft – sagt mir dein Wort –, / mein Hilf, mein Heil, mein Leben, / mein starker Gott in aller Not; / wer mag mir widerstreben?

5. Mir hat die Welt trüglich gericht' / mit Lügen und falschem Gedicht / viel Netz und heimlich Stricke. / Nimm meiner wahr in dieser Gfahr, / bhüt mich vor falscher Tücke.

6. Herr, meinen Geist befehl ich dir; / mein Gott, mein Gott, weich nicht von mir, / nimm mich in deine Hände. / O wahrer Gott, aus aller Not / hilf mir am letzten Ende.

7. Preis, Ehre, Ruhm und Herrlichkeit / sei Vater, Sohn und Geist bereit', / Lob seinem heilgen Namen. / Die göttlich Kraft mach uns sieghaft / durch Jesum Christum. Amen.

T: nach Psalm 31,1–6 Adam Reisner 1533
M: Böhmen 15. Jh. / Zürich um 1552 / Zürich um 1560

24
Ps 31
+

T: nach Psalm 31,16 M: Herbert Beuerle 1988

25
Ps 33

2. Wer könnte seiner Macht entgehen? / Er herrscht und wirket fern und nah. / Seht, wenn er spricht, so ist's geschehen; / wenn er gebietet, steht es da. / Aller Feinde Dichten / wird sein Wink vernichten. / Wenn mit vieler Müh / Völker sich beraten / zu gewalt'gen Taten: / Er vereitelt sie.

3. Dem König helfen nicht Gewehre, / dem Helden nicht die große Kraft; / und ist kein Ross, wie schnell es wäre, / das Rettung vom Verderben schafft. / Gott vom Himmel schauet, / sieht, wer ihm vertrauet, / und erbarmt sich sein'. / Er ist Schild und Stärke, / und zu jedem Werke / gibt er das Gedeihn.

4. Denn Gottes Rat bleibt ungebrochen / und währet bis in Ewigkeit. / Sein Herz, sein Wort, das er gesprochen, / verändert sich in keiner Zeit. / Selig sind die Seelen, / die sich Gott befehlen / und die er aufnimmt, / die er vom Verderben / rettet und zu Erben / seines Reichs bestimmt.

T: aus Psalm 33 GB 1941/1952 nach Johannes Stapfer 1775 (Str. 1. 4), Matthias Jorissen (1793) 1798 (Str. 2) und Fritz Enderlin 1952 (Str. 3)
M: Guillaume Franc, Genf 1543 / Lyon 1547, Psalm 33

26
Ps 33
+

T: Psalm 33,5b. 6a M: Iso Rechsteiner 1966

27
Ps 36

als dei - ne Him - mel glän - zen.
ist oh - ne Ziel und Gren - zen.
Gott, dei - ne Treu ver - lässt uns nie,
fest wie die Ber - ge ste - het sie
auf nie be - weg - ten Grün - den.
Du, der uns lau - ter Gu - tes gibt,

2. Der Menschen und der Tiere Schar / erhältst du, Höchster, wunderbar; / wer kann dich gnug erheben? / Du Gott voll Gnade, voll Geduld, / erzeigest allen deine Huld, / die hier auf Erden leben. / Wie reich an Gnaden bist doch du: / Du gibst den Menschenkindern Ruh / im Schatten deiner Flügel; / du sättigst sie mit Überfluss; / es strömt dein milder Segensguss / herab auf Tal und Hügel.

3. O Herr, du bist des Lebens Quell; / in deinem Licht nur wird uns hell / das Dunkel in dem Leben. / Noch kennten wir dich, Höchster, nicht, / wenn du nicht dieses Lebenslicht, / dein Wort, uns nicht gegeben. / O breite deine Gütigkeit, / dein Recht und Wahrheit jederzeit / auf alle, die dich kennen. / Das tu auch mir, du starker Held; / so wird der stolze Geist der Welt / mich niemals von dir trennen.

T: aus Psalm 36,6–12 Schaffhausen 1841 nach Johannes Stapfer 1775 (Str. 1), Matthias Jorissen (1793) 1798 (Str. 2) und Johann Jakob Spreng 1741 (Str. 3) / Zürich 1886 / GB 1891
M: Matthäus Greiter (1524 oder 1525), Straßburg 1526/1539 / Guillaume Franc, Genf 1542, Psalm 36 S: nach Claude Goudimel 1564/65

28
Ps 36
+

T: nach Psalm 36,6.7 Gerhard Valentin 1964 (Str. 1; Rfr) und Fritz Gafner 1970 (Str. 2. 3) M: Rolf Schweizer 1965

29
Ps 38

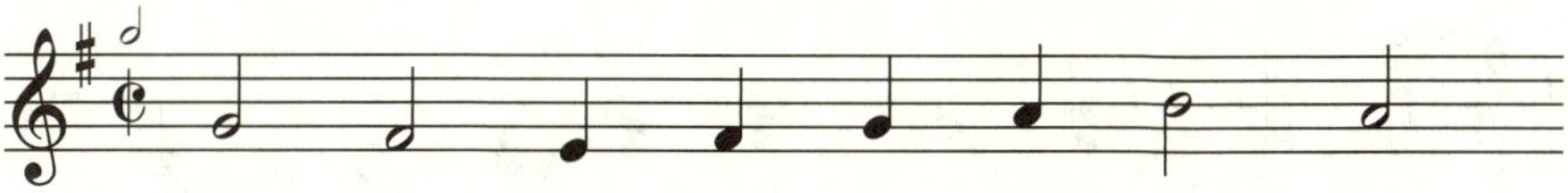

1. Nicht im Zor - ne straf mich Ar - men,
2. Dei - ne Hand hat mich ge - trof - fen.
3. Mei - ne Nächs - ten und Ge - nos - sen
4. Ich kann län - ger sol - che Pla - gen

hab Er - bar - men; du, mein Gott,
Kaum zu hof - fen wag ich noch
stehn ver - dros - sen, bli - cken nicht
nicht er - tra - gen, mei - ne Pein

ich ruf zu dir. Hab Ge - duld noch
in mei - ner Not. Kraft - los bin ich
mehr nach mir hin. Al - le wol - len
wird mir zu groß. Lass mich doch für

ei - ne Wei - le; dei - ne Pfei - le
und zer - schla - gen; lau - te Kla - gen
mich ver - las - sen. Die mich has - sen,
mei - ne Sün - den Gna - de fin - den;

ste - cken tief im Lei - be mir.
stei - gen auf zu dir, mein Gott.
ha - ben Trug und Mord im Sinn.
sprich von mei - ner Schuld mich los.

T: zu Psalm 38 Hans Bernoulli (1990) 1998
M: Guillaume Franc, Genf 1542, Psalm 38

30
Ps 42
ö

1. Wie der Hirsch nach fri - scher Quel - le
al - so schreit auch mei - ne See - le
schreit mit lech - zen - der Be - gier,
voll Ver - lan - gen, Gott, nach dir.
Nur nach dir, le - bend'- ger Gott,
dürs - tet sie in ih - rer Not.
Ach, wann wird es doch ge - sche - hen,

2. Angstvoll muss des Nachts ich zagen, / Tränen sind mein täglich Brot, / wenn die Spötter zu mir sagen: / Lass uns sehn, wo ist dein Gott? / Alsdann schütt ich aus mein Herz / und gedenke voller Schmerz, / wie der Festgesang erschallte, / da zu deinem Haus ich wallte.

3. Was betrübst du dich, o Seele, / und bist banger Unruh voll? / Harr auf Gott, sei still und wähle / ihn zum Trost; er meint es wohl. / Hoff auf ihn mit Zuversicht. / Bald wirst du sein Angesicht / leuchten sehn, ihn fröhlich preisen / und ihm Lob und Dank erweisen.

4. Wenn ich merk auf Gottes Güte, / die er jeden Tag mir zeigt, / so erhebt sich mein Gemüte, / wie die Last es auch gebeugt. / Oft lobpreis ich in der Nacht / seine Liebe, seine Macht, / und ich bete nicht vergebens / zu dem Gotte meines Lebens.

5. O mein Gott, mein Fels, wie lange / komm ich nicht zu meiner Ruh? / Macht mir doch mein Feind so bange, / und du siehest immer zu. / Es zermalmet mein Gebein, / wenn die Spötter täglich schrein: / Wo ist Gott, auf den du bauest, / dem du all dein Heil vertrauest?

6. Was betrübst du dich, o Seele, / und bist banger Unruh voll? / Harr auf Gott, sei still und wähle / ihn zum Trost; er meint es wohl. / Hoff auf ihn mit Zuversicht. / Bald wirst du sein Angesicht / leuchten sehn, ihn fröhlich preisen / und ihm Lob und Dank erweisen.

T: nach Psalm 42 GB 1952 nach Christoph Johannes Riggenbach 1868 (Str. 1. 2), Schaffhausen 1841 (Str. 3. 6) und Matthias Jorissen (1793) 1798 (Str. 4. 5)
M: Loys Bourgeois, Genf 1551, Psalm 42 S: nach Claude Goudimel 1564/65

31
Ps 46

T: nach Psalm 46,12 M: Meie Lutz 1989

32
Ps 46

2. Mit unsrer Macht ist nichts getan, / wir sind gar bald verloren. / Es streit' für uns der rechte Mann, / den Gott hat selbst erkoren. / Fragst du, wer der ist? / Er heißt Jesus Christ, / der Herr Zebaot, / und ist kein andrer Gott; / das Feld muss er behalten.

3. Und wenn die Welt voll Teufel wär / und wollt uns gar verschlingen, / so fürchten wir uns nicht so sehr; / es soll uns doch gelingen. / Der Fürst dieser Welt, / wie saur er sich stellt, / tut er uns doch nicht; / das macht: Er ist gericht'; / ein Wörtlein kann ihn fällen.

4. Das Wort sie sollen lassen stahn / und kein' Dank dazu haben; / er ist bei uns wohl auf dem Plan / mit seinem Geist und Gaben. / Nehmen sie den Leib, / Gut, Ehr, Kind und Weib: / Lass fahren dahin, / sie haben's kein' Gewinn. / Das Reich muss uns doch bleiben.

T und M: nach Psalm 46 Martin Luther (1529) 1531
S: Bernhard Henking 1952

33
Ps 47
+

1. Singt mit fro-her Stimm, Völ-ker, jauch-zet ihm;
denn er ist der Herr, reich an Macht und Ehr.
Er, der Sie-ges-held, ist der Herr der Welt.
Got - tes star-ke Hand bricht den Wi-der-stand,
dass der Feind be-siegt ihm zu Fü-ßen liegt.

2. Jubelt, jauchzt mit Schall, mit Posaunenhall: / Hoch stieg er empor, jauchzt ihm zu im Chor. / Singet, singet gern Ruhm und Preis dem Herrn. / Lobet Gottes Macht, unsres Königs Pracht. / Seine Majestät ist und bleibt erhöht. / Hoch ragt Gottes Thron; singt im Jubelton.

3. Völker ohne Zahl lädst du ein zum Mahl. / Die sie knechten hier, beugen sich vor dir, / geben Schild und Wehr, ihre Rüstung her. / Die von Ost und West nehmen teil am Fest. / Deinem Friedensreich kommt kein andres gleich. / Ewig bleibt dein Heil unser Erb und Teil.

T: nach Psalm 47 Hans Bernoulli (1988) 1998 nach Johannes Stapfer 1775 (Str. 1. 2) und GB 1952 (Str. 3) M: Loys Bourgeois, Genf 1551, Psalm 47
S: nach Claude Goudimel 1564/65

1. Chantez le Dieu saint! Frappez dans vos mains! / Venez [33]
l'acclamer, Peuples rassemblés, / Vous tous, et partout, Ré- +
jouissez-vous! / C'est le Dieu vivant, C'est le Tout-Puissant! /
Le grand roi qui fait Sentir en effet / Sa force au travers De
tout l'univers.

2. Il nous a fait voir Quel est son pouvoir: / Tout doit s'incliner Sous sa volonté, / Et ses ennemis Lui seront soumis. / Mais pour ses élus, Il a maintenu / La part de ses biens Qu'il réserve aux siens, / A son peuple aimé, A son héritier.

3. Ce Dieu, le voici Qui se montre ici. / Jouez et chantez, Dites ses bontés: / Sur son trône saint, Il veut être craint. / C'est lui le vrai Dieu Qui règne en tous lieux, / Le Dieu tout-puissant Dont la main s'étend / Comme un bouclier Sur le monde entier.

T: d'après Théodore de Bèze 1551

[33]
Ps 47
+

1. Po - po - lo fe - del, al - za un in-no al ciel
ed al tuo Si-gnor, ren - di som-mo o-nor!
E - gli in o-gni e-tà re- gno e glo-ria a-vrà.
San - ti e ve - ri - tier so - no i suoi pen-sier,
Ei con fe - del - tà sem - pre ci da - rà

2. Ecco il mio Signor vien trionfator, / ed al cielo sal l'inno trionfal: / Salmeggiamo a Te, sommo Re dei re, / la tua maestà, gloria e santità / noi vogliam lodar, lieti celebrar, / poiché solo Tu domini quaggiù.

3. Tu nel mondo inter detti il tuo voler. / Della terra i re chiederanno a Te / grazia, o gran Signor, Ti daranno onor. / Vita e pace a noi accordare vuoi; / tua paterna man con poter sovran / ci sorreggerà per l'eternità.

T: Coira 1961

1. Sü, ad ota vusch, da dalöntsch, dastrusch, / e chantai per- [33]
tant a nos Dieu pussant. / Schi, chantai dad ot e sbuorflai +
seis lod / eir cun instrumaints dad algrezcha plains, / stond cha el, l'Etern, ha suot seis guvern / tuot il muond creà ch'es tant bel fittà.

2. S'trat eir adimmaint pro vos chant cuntaint, / co ch'el es tant bun ed eir ferm friun / per tuot seis uffants chi'l pon tants e quants / in dolur e bsögn, stainta e fatschögn, / dumandar agüd, ed el vain subit / cun patern' amur, el, l'etern Signur.

3. Ma schi s'accordai e da cour chantai / al pussant regent chi da tuot astent / voul minchün salvar e til allegrar. / As surdat ad el cun ün cour fidel, / indrizzand vos pass sainza mâ gnir lass / vers nos Segner char, chi'ns voul tant amar.

T (vallader): Jachen Töna Vuolp 1666

34

Ps 43

ö+

Kanon für 3 Stimmen

T: nach Psalm 43,3 M: Johann Christian Friedrich Schneider 1827 / Otto Riethmüller 1932

35

Ps 51

T: nach Psalm 51 Hans Bernoulli (1985) 1998
M: Erfurt 1524 (Martin Luther?), Psalm 12

36
Ps 57

T: nach Psalm 57,8 M: Paul Ernst Ruppel 1937

37
Ps 61

4. Vor Gottes Angesichte / steh er in Ewigkeit. / Es wird ja nie zunichte / des Herrn Barmherzigkeit. / So will dein Lied ich singen, / wie ich es dir versprach, / mein Lobesopfer bringen / von neuem Tag um Tag.

T: nach Psalm 61 Edith Stein (1936) 1957/1967 M: Guillaume Franc, Genf 1543 / Straßburg 1545, Psalm 128

38
Ps 62

4. Sehet, Menschen sind ja nichts, / große Leute fehlen auch; / auf der Waage des Gerichts / wiegen sie wie Rauch.

5. Nicht um Frevel dünkt euch groß, / bauet nicht auf eitlen Wahn; / fällt euch Reichtum in den Schoß, / hanget ihm nicht an.

6. Gott sprach ja dies eine Wort: / dass nur Gott allmächtig ist; / ich vernahm's an manchem Ort / und zu mancher Frist.

7. Gott übt gnädige Gewalt, / ist voll Langmut und Geduld: / Da wird jedem heimgezahlt / nach Verdienst und Schuld.

T: nach Psalm 62 Rudolf Alexander Schröder (1937) 1949
M: Lili Wieruszowski (1946) 1952

39
Ps 62
\+

1. Ge - bor - gen, ge-liebt und ge - seg - net,
2. Wir wä - ren wie brü - chi - ge Wän - de,
3. Wir wä - ren ge - bil - de - te To - ren

ge - hal - ten, ge - tra - gen, ge - führt er -
zer - bers - tend im nächt - li - chen Sturm, wenn
und Skla - ven der ei - ge - nen Macht, im

ken - nen wir Gott. Er be - geg - net,
heu - te in Gott sich nicht fän - de
ei - ge - nen Lich - te ver - lo - ren,

wenn Schwei - gen den Schwei - gen - den spürt.
Ge - bor - gen - heit, To - re und Turm.
fänd Gott nicht durch un - se - re Nacht.

4. Wir wären von Feinden umlauert, / uns selbst der gefährlichste Feind, / wir hätten uns ewig bedauert, / wüsst Gott nicht, was jeder beweint.

5. Wir wären ein Nichts unter Sternen, / ein Hauch, den die Waage nicht misst, / wär Liebe, was wir nicht mehr lernen, / und Gott, was die Erde vergisst.

6. Geborgen, geliebt und gesegnet, / gehalten, getragen, geführt / besingen wir Gott. Er begegnet / im Wort, das uns heute berührt.

T: zu Psalm 62 Georg Schmid 1990 M: Franz Krautwurst 1991

40
Ps 65

2. Uns drückt die Menge unsrer Sünden; / ach, decke du sie zu. / Lass uns in deinem Hause finden / der Gnade Trost und Ruh. / Ja, selig, wen du hast erkoren, / dass er zu dir darf nahn / und kehren ein zu deinen Toren, / um Segen zu empfahn.

3. Verleih uns, unser Herz zu laben / an deines Hauses Gut. / Mit deines Wortes heilgen Gaben / erneure unsern Mut, / denn Wunderhilfe ohnegleichen / gibst du, wann's dir gefällt. / Du bist, so weit die Himmel reichen, / die Zuflucht aller Welt.

4. Du hast die Berge hoch erhoben, / umgürtet mit Gewalt, / und stillst der Wellen wildes Toben, / der Völker Stürmen bald. / Die wohnen in den fernsten Reichen / am Auf- und Niedergang, / die preisen deine Wunderzeichen / mit Furcht und Jubelklang.

5. Du lässest deine Brunnen quellen, / zu tränken unser Land, / dass reich und schwer die Ähren schwellen, / gepflegt von deiner Hand. / Du sendest Sonnenschein und Regen / dem Feld zu rechter Zeit, / dass alle Frucht durch deinen Segen / kann reifen weit und breit.

6. Du krönst das Jahr mit deiner Fülle, / von Segen trieft dein Tritt; / die Wüste schmückt des Grases Hülle, / die Hügel jauchzen mit. / Die Wiesen deckt der Herden Menge, / voll Kornes steht das Feld; / drum steigen tausend Lobgesänge / zu dir, dem Herrn der Welt.

T: nach Psalm 65 Christoph Johannes Riggenbach 1868 / GB 1952
M: Guillaume Franc, Genf 1543 / Lyon 1547, Psalm 72 / Genf 1562, Psalm 65

41
Ps 66

ja, singt und spielt ihm al - le - zeit.
Sprecht: Al - les, Herr, ist wohl - ge - ra - ten,
was dei - ne Hand zu - stand ge - bracht;
die Fein - de se - hen dei - ne Ta - ten
und beu - gen sich vor dei - ner Macht.

2. Kommt alle her, schaut Gottes Werke, / die er an seinem Volke tat: / wie er mit seines Wortes Stärke / dem Meere Halt geboten hat. / Das Wasser wich in seine Schranken, / wir durften in die Freiheit ziehn. / Der Herr ließ unsern Fuß nicht wanken, / hat neues Leben uns verliehn.

3. Ehrt, Völker, unsres Gottes Namen, / gebt ihm den Ruhm, der ihm gebührt. / Aus jeder Not, in die wir kamen, / hat uns der Herr herausgeführt. / Geläutert wurden wir durch Leiden, / wie Silber rein wird in der Glut, / doch nahmen wir es an mit Freuden: / Was Gott uns gab, war immer gut.

4. Kommt her zu mir, hört, was ich sage: / Ich rief zum Herrn in arger Pein, / da gab er Acht auf meine Klage / und merkte auf mein lautes Schreien. / Von Gott ist Gutes mir geschehen. / Ihn preise ich mit meinem Lied, / der nicht verwirft mein heißes Flehen, / mir seine Gnade nicht entzieht.

T: aus Psalm 66 Hans Bernoulli 1983 M: Guillaume Franc, Genf 1543 / Loys Bourgeois, Genf 1551, Psalm 118 / Genf 1562, Psalm 66
S: nach Claude Goudimel 1564/65

Kanon für 3 Stimmen

42
Ps 67
ö+

T: nach Psalm 67,4–6 M: Herkunft unbekannt, vor 1913

43
Ps 67

2. So danken, Gott, und loben dich / die Heiden überalle, / und alle Welt, die freue sich / und sing mit großem Schalle, / dass du auf Erden Richter bist / und lässt die Sünd nicht walten; / dein Wort die Hut und Weide ist, / die alles Volk erhalten, / in rechter Bahn zu wallen.

3. Es danke, Gott, und lobe dich / das Volk in guten Taten. / Das Land bringt Frucht und bessert sich, / dein Wort ist wohlgeraten. / Uns segne Vater und der Sohn, / uns segne Gott der Heilge Geist, / dem alle Welt die Ehre tu, / vor ihm sich fürchte allermeist. / Nun sprecht von Herzen: Amen.

T: nach Psalm 67 Martin Luther (1523) 1524 M: 15. Jh. / bei Ludwig Senfl 1522 / Straßburg und Magdeburg 1524 (Matthäus Greiter?)

44

Ps 68

1. Er - hebt sich Gott in sei - ner Macht,
Wie in der Luft der Rauch verschwindt,
zer - stiebt der Feind, der ihn ver - lacht;
wie Wachs in hei - ßer Glut zer - rinnt,
sein Trot - zen muss er las - sen.
ver - ge - hen, die Gott has - sen.
Doch die Ge - rech - ten freun sich all,

ju - beln vor Gott mit hel - lem Schall;
er lässt sie si - cher woh - nen.
Der Wai - sen Va - ter ist der Herr,
der Wit - wen Sa - che füh - ret er.
Lasst uns mit Dank ihm loh - nen!

2. Anbetung, Ehre, Dank und Ruhm / sei unserm Gott im Heiligtum, / der Tag für Tag uns segnet; / dem Gott, der Lasten auf uns legt, / doch uns mit unsern Lasten trägt / und uns mit Huld begegnet. / Sollt ihm, dem Herrn der Herrlichkeit, / dem Gott vollkommner Seligkeit, / nicht Ruhm und Ehr gebühren? / Er kann, er will, er wird in Not / vom Tode selbst und durch den Tod / uns zu dem Leben führen.

3. Ihr großen Herren nah und fern, / beugt euer Haupt vor Gott, dem Herrn, / lobsingt ihm allerenden. / Sein Donner füllt das Erdenrund, / sein Licht durchstrahlt den tiefsten Grund, / sein Wort kann niemand wenden. / Sein ist das Reich, Kraft und Gewalt; / den Seinen ist er Trost und Halt, / ein feste Burg und Wehre. / Er schützt sein Volk und schafft ihm Heil, / gibt ihm an seiner Hoheit teil. / Ihm sei allein die Ehre!

T: aus Psalm 68 Hans Bernoulli (1990) 1998 (Str. 1.3) und Matthias Jorissen (1793) 1798 (Str. 2) M: Matthäus Greiter (1524 oder 1525), Straßburg 1526/1539 / Guillaume Franc, Genf 1542, Psalm 36 / Pierre Davantès, Genf 1562, Psalm 68 S: nach Claude Goudimel 1564/65

45
Ps 71

4. Herr, mein Gott, ich traue auf dich. / Lässt du mich große Ängste erfahren, / macht doch dein Odem mich wieder lebendig, / hebt aus der Tiefe mich hoch ins Licht.

5. Herr, mein Gott, ich traue auf dich. / Von meinen Lippen, aus meiner Seele, / die du befreit hast zu fröhlichem Singen, / steigt auf mein Danken zu dir, o Gott.

T und M: zu Psalm 71 Johannes Petzold 1984/85

46
Ps 77

1. Herr, er - hö - re mei - ne Kla - gen;
2. Mei - ne See - le kann's nicht fas - sen,
3. Ich ge - den - ke al - ter Zei - ten,
schau her - ab auf mei - ne Pla - gen;
will sich gar nicht trös - ten las - sen.
da dir klan - gen mei - ne Sai - ten
Gott, zu dir ruf ich em - por:
Denk ich auch, o Höchs - ter, dein',
und mein Herz in man - cher Nacht
Nei - ge doch zu mir dein Ohr!
den - noch quält mich Angst und Pein.
Lied und Psal - men dir er - dacht.
Ret - te mei - ner See - le Le - ben;
Ü - ber mei - ne Au - gen - li - der
Soll die Zeit sich nie er - neu - en?
ich bin dir al - lein er - ge - ben:
senkt kein Schlum - mer sich her - nie - der;
Willst du nim - mer mich er - freu - en?
Ach, mein Gott, ver - lass mich nicht!
mü - de bin ich bis zum Tod,
Willst du, Gott der Gna - de, mich

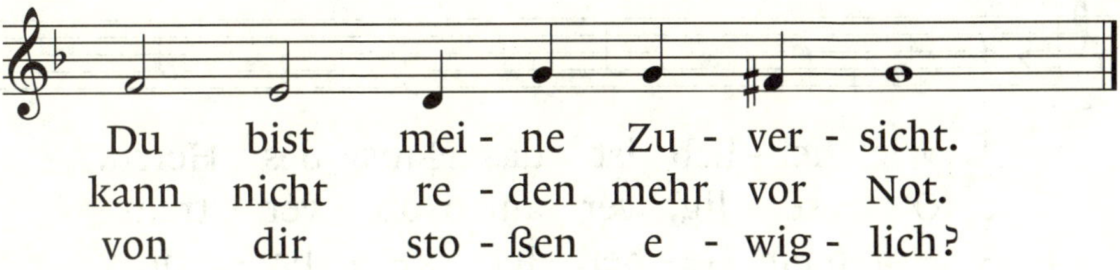

4. Ist auf immer für die Armen / denn zu Ende dein Erbarmen? / Ist dein Bund mit Kindeskind / hingefallen so geschwind? / Hat dein väterlich Gemüte / denn vergessen seiner Güte? / Willst verschließen du im Zorn / deiner Gnade reichen Born?

5. Doch das steht in Gottes Händen. / Will er meinen Jammer enden, / kehrt er nur die rechte Hand, / bald ist alles umgewandt. / Ich will preisen deine Stärke, / denn ich denke deiner Werke, / aller Wunder deiner Macht, / die du vormals hast vollbracht.

6. Heilig, Gott, sind deine Wege, / du nur kennst die rechten Stege. / Wo ist solch ein Gott wie du, / der so große Wunder tu? / Du hast deine Macht bewiesen, / Israel hat dich gepriesen, / da du aus der Dienstbarkeit / dein erwähltes Volk befreit.

7. Wasser sahen dich und flohen, / auch das Meer wich vor dem Drohen, / da dein Donner rollte schwer / und dein Blitzstrahl fuhr daher. / Also führtest du die Heere / deines Volks im tiefen Meere, / führtest sie durch Moses Hand / bis in das verheißne Land.

T: nach Psalm 77 Christoph Johannes Riggenbach 1868 / GB 1941 / Kommission 1998 M: Guillaume Franc, Genf 1543 / Loys Bourgeois, Genf 1551, Psalm 86 / Genf 1562, Psalm 77

47
Ps 84

1. Wie lieb-lich ist das Haus des Herrn.
2. O se-lig, wer auf Gott ver-traut
3. Hör mein Ge-bet, Herr Ze-ba-ot,
4. Du, Gott, bist Sonn und Schild zu-gleich,

In dei-nem Vor-hof weil' ich gern,
und stets em-por zum Him-mel schaut,
ver-nimm mein Flehn, o star-ker Gott,
an Hil-fe, Schutz und Se-gen reich,

le-bend'-ger Gott, du mein Ver-lan-gen.
der-weil er geht durchs Tal der Trä-nen.
lass mir dein gnä-dig Ant-litz schei-nen.
ein Gott, der Gnad und Eh-re gi-bet.

Da stär-ket neu dein Wort mein Herz,
Wo kei-nen Aus-weg er er-blickt,
Ein Tag im Haus, wo man dich ehrt,
Was nur des From-men Herz be-gehrt,

da hebt dein Lob mich him-mel-wärts,
da fühlt er sich von Gott er-quickt,
ist mehr als tau-sen-de sonst wert;
das wird ihm gern von dir ge-währt;

T: nach Psalm 84 Zürich 1886 nach Abraham Emanuel Fröhlich 1844 (Str. 1. 2), Schaffhausen 1841 (Str. 3) und Johannes Stapfer 1775 (Str. 4)
M: Pierre Davantès, Genf 1562, Psalm 84

48
Ps 90

T: nach Psalm 90 Hans Bernoulli (1988) 1998
M: Loys Bourgeois, Genf 1551, Psalm 90

49
Ps 91
(ö)+

2. Ich weiß, dass Gottes Hand mich hält, / wo immer mich Gefahr umstellt; / kein Unheil, das im Finstern schleicht, / kein nächtlich Grauen mich erreicht. / Denn seinen Engeln Gott befahl, / zu hüten meine Wege all, / dass nicht mein Fuß an einen Stein / anstoße und verletzt mög sein.

3. Denn dies hat Gott uns zugesagt: / Wer an mich glaubt, sei unverzagt, / weil jeder meinen Schutz erfährt; / und wer mich anruft, wird erhört. / Ich will mich zeigen als sein Gott, / ich bin ihm nah in jeder Not; / des Lebens Fülle ist sein Teil, / und schauen wird er einst mein Heil.

T: nach Psalm 91 EGB 1972 nach Caspar Ulenberg 1582
M: bei Michael Vehe 1537 (Caspar Querhamer?), Psalm 91 / Augsburg 1854

50
Ps 92

1. Am Mor - gen will ich sin - gen
im Licht, das du mir schenkst.
Den Tag möcht ich ver - brin - gen,
wie du mein Le - ben denkst.
Der A - bend wird ver - ste - hen,

2. Die Freude lässt erkennen, / woher die Welt entstand. / Und was wir Wahrheit nennen, / find ich in deiner Hand. / Die Werke deiner Hände / verstehe ich im Lied. / Und wenn ich dich nicht fände, / du findest, wer dich flieht.

3. Dir wird kein Feind entrinnen. / Kein Freund verfehlt dein Licht. / Du wirst die Welt gewinnen / durch Liebe und Gericht. / Du richtest im Verzeihen. / Im Felde sprosst die Saat: / Wir wachsen und gedeihen, / bis deine Ernte naht.

T: zu Psalm 92 Georg Schmid 1990 M: nach Bartholomäus Gesius 1605
S: nach Michael Praetorius 1610

51
Ps 92
ö

Kehrvers
Das ist ein köst - lich Ding, dem Her - ren
dan - ken und lob - sin - gen dei - nem
Na - men, das ist ein köst - lich Ding, dem
Her - ren dan - ken und lob - sin - gen
dei - nem Na - men, du Höchs - ter.
Strophen
1. Des Mor - gens dei - ne Gna - de und des
2. Du lässt uns fröh - lich sin - gen von den
Nachts dei - ne Wahr - heit ver - kün - di -
Wer - ken, die, Herr, dei - ne Hand ge -
gen auf den zehn Sai - ten und Psal -
macht. Wie tief sind dei - ne Ge - dan -

T: nach Psalm 92,2–6.9 M: Rolf Schweizer 1966

52
Ps 98
+

T: Psalm 98,1 M: Johannes Petzold 1958

53
Ps 96

2. Schauet die Wunder seiner Hand: / Hoheit und Pracht sind sein Gewand. / Was er erschuf, lebt ihm zum Ruhm; / alles ist Gottes Eigentum.

3. Gnädig und recht ist sein Gericht. / Fest steht der Erdkreis, wanket nicht. / Höret, ihr Völker nah und fern: / Gott ist der König. Dient ihm gern!

4. Eilet herbei aus Ost und West, / betet ihn an, geschmückt zum Fest. / Opfert mit Dank, was ihm gefällt: / Schenket euch selbst dem Herrn der Welt.

5. Himmel und Erde, freu dich sehr; / brause mit Macht, du weites Meer. / Jauchzt eurem Schöpfer, Feld und Wald; / juble, du Mensch: Der Herr kommt bald!

T: nach Psalm 96 Hans Bernoulli (1983/1990) 1998
M und S: Heinrich Schütz 1661, Psalm 96

54
Ps 97

2. Gott ist ein König voller Macht; / er lässt mit sich nicht spaßen. / Das Feuer, das der Herr entfacht, / verglutet, die ihn hassen. / Die Glut der Liebe, die ihn treibt, / ist ein verzehrend Brennen. / Doch wer in Gottes Liebe bleibt, / lernt seine Güte kennen. / Er wird ihn Vater nennen.

3. Gott ist der König seiner Schar; / du Volk des Höchsten, singe. / Ihm wirst du dienen immerdar, / auf dass dir's wohl gelinge. / Ein Licht erstrahlt dem frommen Sinn; / du darfst des Herrn dich freuen. / Denn wer sein Leben ihm gibt hin, / dem wird's der Herr erneuen. / Drum lass es dich nicht reuen.

T: nach Psalm 97 Hans Bernoulli 1985 M: Heinrich Schütz 1661, Psalm 97

55
Ps 98

sein heil - ger Arm gibt Kraft und Mut.
Wo sind nun al - le uns - re Lei - den?
Der Herr schafft Ruh und Si - cher - heit;
froh - lo - cket ihm mit Dank und Freu - den,
die ihr durch ihn er - lö - set seid.

2. Der Herr gedenkt an sein Erbarmen, / und seine Wahrheit stehet fest; / er trägt sein Volk auf seinen Armen / und hilft, wenn alles uns verlässt. / Bald schaut der ganze Kreis der Erde, / wie unsres Gottes Heil erfreut. / Gott will, dass sie ein Eden werde. / Rühm, Erde, Gottes Herrlichkeit.

3. Frohlocket, jauchzet, rühmet alle, / erhebet ihn mit Lobgesang. / Sein Lob tön im Posaunenschalle, / in Psalter und in Harfenklang. / Auf, alle Völker, lobt zusammen! / Gott macht, dass jeder jauchzen kann. / Sein Ruhm, sein Lob muss euch entflammen: / Kommt, betet euren König an.

4. Preist ihn, ihr Länder und ihr Meere, / und werdet seines Ruhmes voll. / Frohlockt und lobt des Königs Ehre, / des Herrn, dem alles dienen soll. / Es kommt, es kommt mit Macht und Stärke / der Richter aller Welt herbei; / er stürzt der Sünde Reich und Werke, / er herrscht mit Wahrheit, Gnad und Treu.

T: nach Psalm 98 GB 1941 nach Matthias Jorissen (1793) 1798 (Str. 1–3) und Johannes Stapfer 1775 (Str. 4) M: Guillaume Franc, Genf 1543 / Loys Bourgeois, Genf 1551, Psalm 118 / Genf 1562, Psalm 98
S: nach Claude Goudimel 1564/65

56
Ps 99
+

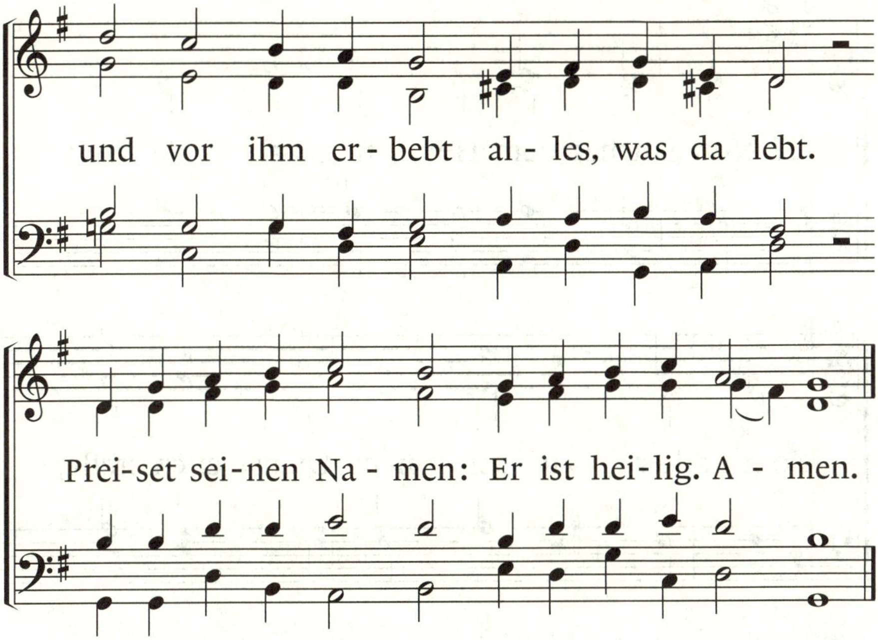

2. Allen schafft er Recht: wie dem Herrn dem Knecht. / Jeder gilt ihm gleich. Wahrheit heißt sein Reich, / Kraft, Gerechtigkeit, Treu und Billigkeit. / Preiset seinen Namen: Er ist heilig. Amen.

3. Kommt von nah und fern, lobet Gott, den Herrn. / Beuget eure Knie, tief anbetend hie. / Ruft ihn. Er verzeiht in Barmherzigkeit. / Preiset seinen Namen: Er ist heilig. Amen.

T: nach Psalm 99 Fritz Enderlin 1952 M: Pierre Davantès, Genf 1562 / Bern 1853, Psalm 99 S: Claude Goudimel 1564/65 / GB 1941

57
Ps 100
(ö)+

2. Erkennt, dass Gott ist unser Herr, / der uns erschaffen ihm zur Ehr / und nicht wir selbst: Durch Gottes Gnad / ein jeder Mensch sein Leben hat.

3. Wie reich hat uns der Herr bedacht, / der uns zu seinem Volk gemacht. / Als guter Hirt ist er bereit, / zu führen uns auf seine Weid.

4. Die ihr sein Eigen wollet sein, / kommt, geht zu seinen Toren ein / mit Loben durch der Psalmen Klang, / zu seinem Vorhof mit Gesang.

5. Dankt unserm Gott, lobsinget ihm / und rühmet ihn mit lauter Stimm. / Dankt und lobsinget allesamt. / Gott loben, das ist unser Amt.

6. Er ist voll Güt und Freundlichkeit, / voll Lieb und Treu zu jeder Zeit. / Sein Gnad währt immer dort und hier / und seine Wahrheit für und für.

7. Gott Vater in dem höchsten Thron / und Jesus Christus, seinem Sohn, / dem Tröster auch, dem Heilgen Geist, / sei immerdar Lob, Ehr und Preis.

T: nach Psalm 100 David Denicke und Justus Gesenius 1646 nach Cornelius Becker 1602 (Str. 1–6) / Lüneburg 1653 (Str. 7) M: Hamburg 1598 / Hannover 1646 nach der Weihnachtscantio «Puer nobis nascitur» 14. Jh.
S: nach Choralbuch Göttingen um 1780 und Bernhard Henking 1952

58
Ps 100
+

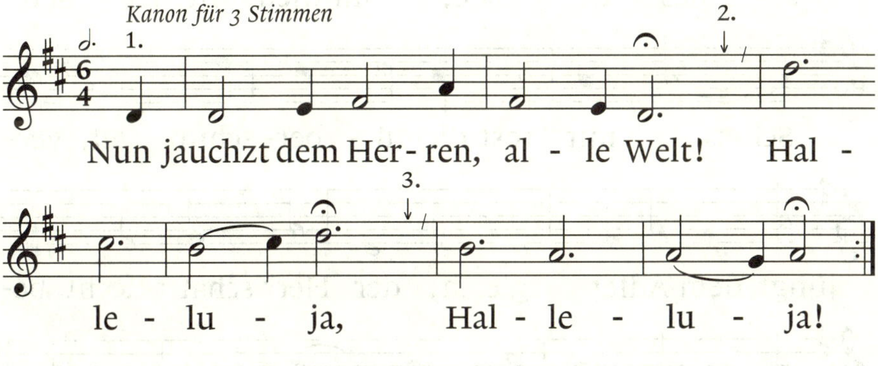

T: nach Psalm 100,1 M: Rolf Schweizer 1985 (Zeile 1 wie Nr. 57)

59
Ps 103
(ö)

2. Er hat uns wissen lassen / sein heilig Recht und sein Gericht, / dazu sein Güt ohn Maßen, / es mangelt an Erbarmung nicht. / Sein' Zorn lässt er wohl fahren, / straft nicht nach unsrer Schuld; / die Gnad tut er nicht sparen / und trägt uns mit Geduld. / Sein Güt ist hoch erhaben / ob denen, die fürchten ihn; / so fern der Ost vom Abend, / ist unsre Sünd dahin.

3. Wie Väter mit Erbarmen / auf ihre zarten Kindlein schaun, / so tut der Herr uns Armen, / wenn wir nur kindlich ihm vertraun. / Er kennt das arm Gemächte* / und weiß, wir sind nur Staub, / ein bald verwelkt Geschlechte, / ein Blum und fallend Laub. / Der Wind nur drüber wehet, / so ist es nimmer da; / also der Mensch vergehet, / sein End, das ist ihm nah.

* Geschöpf

4. Die Gottesgnad alleine / steht fest und bleibt in Ewigkeit / bei seiner lieben Gmeine, / die ihm zu dienen ist bereit / und seinen Bund zu halten. / Er herrscht im Himmelreich. / Ihr Engel und Gewalten, / lobt ihn und dient zugleich / dem großen Herrn zu Ehren / und treibt sein heilges Wort. / Mein Seel soll auch vermehren / sein Lob an allem Ort.

5. Sei Lob und Preis mit Ehren / Gott Vater, Sohn und Heilgem Geist! / Der wolle in uns mehren, / was er aus Gnaden uns verheißt, / dass wir ihm fest vertrauen, / uns gründen ganz auf ihn, / von Herzen auf ihn bauen, / dass unser Mut und Sinn / ihm allezeit anhangen. / Drauf singen wir zur Stund: / Amen, wir werden's erlangen, / wir glauben's von Herzensgrund.

T: nach Psalm 103 Johann Gramann (um 1530) 1540 (Str. 1–4) und Königsberg 1549 (Str. 5) M: 15. Jh. / geistlich bei Hans Kugelmann 1540

60
Ps 103

Kanon für 4 Stimmen

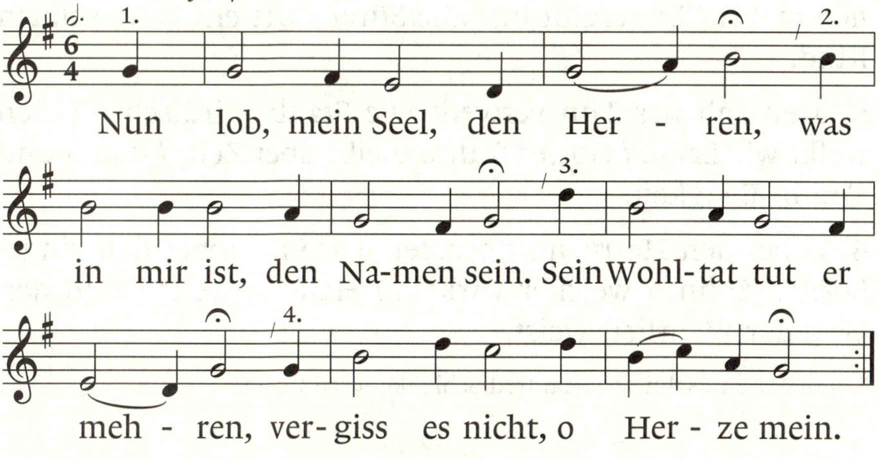

T: nach Psalm 103,1.2 Johann Gramann (um 1530) 1540
M: Rolf Schweizer 1986 (Zeile 1.2 wie Nr. 59)

61
Ps 103

4. Gnädig und gütig ist der Herr, / er will mit uns nicht zürnen mehr. / Er vergibt uns alle Sünd / wie ein Vater seinem Kind.

5. Menschliches Tun verweht wie Staub, / irdisches Leben welkt wie Laub. / Gottes Ruhm bleibt über Zeit, / Raum und Tod in Ewigkeit.

6. Lobet den Herrn im höchsten Thron, / lobet den eingebornen Sohn, / welcher wirkt im Heilgen Geist / und den Weg der Wahrheit weist.

T und M: zu Psalm 103 Manfred Schlenker (1968) 1971

62
Ps 103
(ö)

T: Psalm 103,1.2 M: Rolf Schweizer 1964

63
Ps 104
+

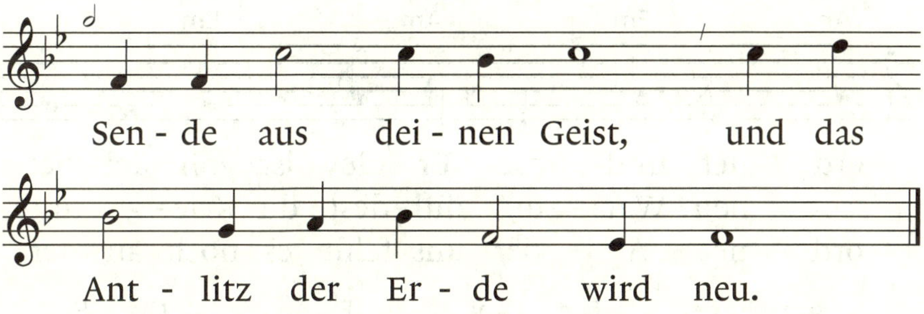

T: nach Psalm 104,30 M: Albert Jenny 1966

64
Ps 104

4. Was uns Not tut, ist Hoffen und Stillesein. / Was uns Not tut, ist Hoffen und Stillesein. / Du hast uns deinen Frieden geboten, / und die Erde ist voll deiner Güter; / aber wir wollen nicht teilen.

5. Gib uns Liebe zu allem Erschaffenen. / Gib uns Liebe zu allem Erschaffenen, / wie du uns selber alle geliebt hast, / dass wir einmütig mitbeten können: / Lobe den Herrn, meine Seele!

T: zu Psalm 104,24 Gerhard Valentin 1967 M: Rolf Schweizer 1991

65
Ps 104
+

T: nach Psalm 104,33 M: Johannes Petzold 1969

66
Ps 105
ö+

1. Nun dan-ket Gott, er-hebt und prei-set
die Gna-den, die er euch er-wei-set,
und zei-get al-len Völ-kern an
die Wun-der, die der Herr ge-tan.
O Volk des Herrn, sein Ei-gen-tum,

2. Fragt nach dem Herrn und seiner Stärke; / der Herr ist groß in seinem Werke. / Sucht doch sein freundlich Angesicht: / Den, der ihn sucht, verlässt er nicht. / Denkt an die Wunder, die er tat, / und was sein Mund versprochen hat.

3. O Israel, Gott herrscht auf Erden. / Er will von dir verherrlicht werden; / er denket ewig seines Bunds / und der Verheißung seines Munds, / die er den Vätern kundgetan: / Ich lass euch erben Kanaan.

4. Sie haben seine Treu erfahren, / da sie noch fremd und wenig waren; / sie zogen unter Gottes Hand / von einem Land zum andern Land. / Er schützte und bewahrte sie, / und seine Huld verließ sie nie.

5. Gott zog des Tages vor dem Volke, / den Weg zu weisen, in der Wolke / und machte ihm die Nächte hell; / ließ springen aus dem Fels den Quell, / tat Wunder durch sein Machtgebot / und speiste sie mit Himmelsbrot.

6. Das tat der Herr, weil er gedachte / des Bunds, den er mit Abram machte. / Er führt an seiner treuen Hand / sein Volk in das verheißne Land, / damit es diene seinem Gott / und dankbar halte sein Gebot.

7. O seht, wie Gott sein Volk regieret, / aus Angst und Not zur Ruhe führet. / Er hilft, damit man immerdar / sein Recht und sein Gesetz bewahr. / O wer ihn kennet, dient ihm gern. / Gelobet sei der Nam des Herrn.

T: aus Psalm 105,1–15.39–45 GB 1952 nach Johannes Stapfer 1775 und Christoph Johannes Riggenbach 1868 (Str. 1.3.4.6) und Matthias Jorissen (1793) 1798 (Str. 2.5.7) M: Pierre Davantès, Genf 1562, Psalm 105
S: nach Claude Goudimel 1564/65

67
Ps 107

1. Dan - ket dem Herrn und eh - ret,
2. Die schmach- tend ir - re - lie - fen,
3. Die da ge - fan - gen sa - ßen
rühmt sei - ne Freund - lich - keit;
trost - los im frem - den Land,
in Ker - ker und in Zwang,
denn sei - ne Gü - te wäh - ret
und die zum Her - ren rie - fen,
weil sie des Herrn ver- ga - ßen,
jetzt und in E - wig - keit.
der ih - nen We - ge fand,
die nach ihm schrie - en bang,
Sin - ge, du Volk des Herrn,
die er zur fes - ten Stadt,
und er sie mäch - tig riss
das er aus Not er - lös - te.
zur Hei - mat woll - te wei - sen,
aus E - lend und aus Ei - sen,
Im Leid blieb er nicht fern.
die er er - lö - set hat:
aus al - ler Fins - ter - nis:

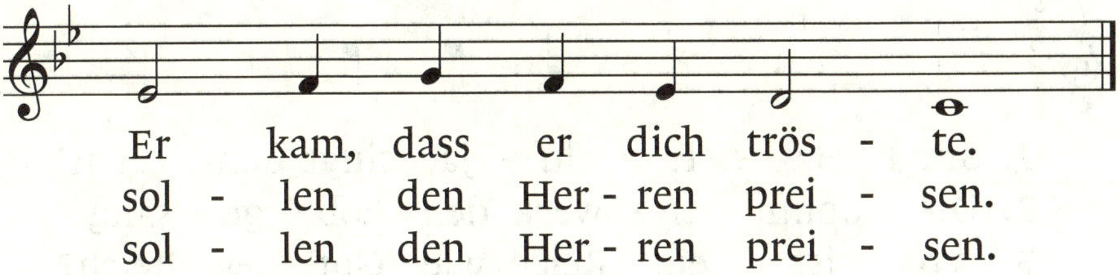

4. Denen in Wind und Wellen / wollt aller Mut entfliehn, / ihr Schifflein gar zerschellen, / und die zum Herren schrien, / und er gebot der Flut, / gab ihnen heimzureisen / in seiner treuen Hut: / sollen den Herren preisen.

5. Denen die dürre Erde / nicht Wein mehr gab noch Korn, / und denen viel Beschwerde / ward durch der Feinde Zorn, / die treulich den gesucht, / der trösten kann und speisen, / und fanden Fried und Frucht: / sollen den Herren preisen.

6. Die Frommen werden schauen / des Höchsten Gnadenzeit; / Zerstörtes will er bauen / und enden allen Streit. / Singe, du Volk des Herrn, / das er aus Not erlöste. / Im Leid blieb er nicht fern; / er kam, dass er dich tröste.

T: nach Psalm 107 Lili Wieruszowski 1942/1946 (Str. 1 nach Matthias Jorissen (1793) 1798) M: Loys Bourgeois, Lyon 1547 / Genf 1551, Psalm 107

68
Ps 113

1. Singt Hal - le - lu - ja, singt dem Herrn!
2. Die Sonn er - weck den Lob - ge - sang
3. Wo ist ein Reich wie Got - tes Reich?
4. Der ist's, der Ar - men hilft in Not,

An - be - ter Got - tes, lobt ihn gern!
vom Auf - gang bis zum Nie - der - gang,
Und wer ist un - serm Got - te gleich?
Be - dräng - te ret - tet aus dem Tod,

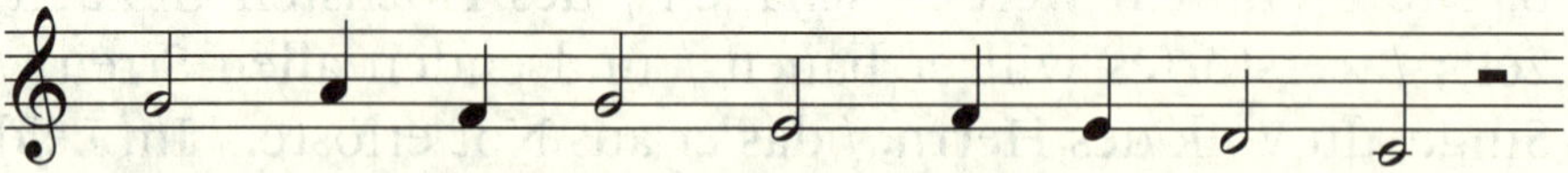

Lasst sei - nes Na - mens Ruhm ver - brei - ten!
ihn, ihn, den Herr - li - chen zu lo - ben.
Wer wohnt wie er in lich - ter Hö - he?
dass je - der - mann sein Lob ver - meh - re.

Es wer - de Ruhm und Dank und Macht
Denn sei - ne Kraft und Herr - lich - keit
Wer ü - ber - sieht des Him - mels Heer?
Er ma - chet sie in sei - nem Reich

dem gna - den - rei - chen Gott ge - bracht
ist ü - ber al - le Völ - ker weit
Wer schaut hin - ab ins tiefs - te Meer?
den Fürs - ten sei - nes Vol - kes gleich

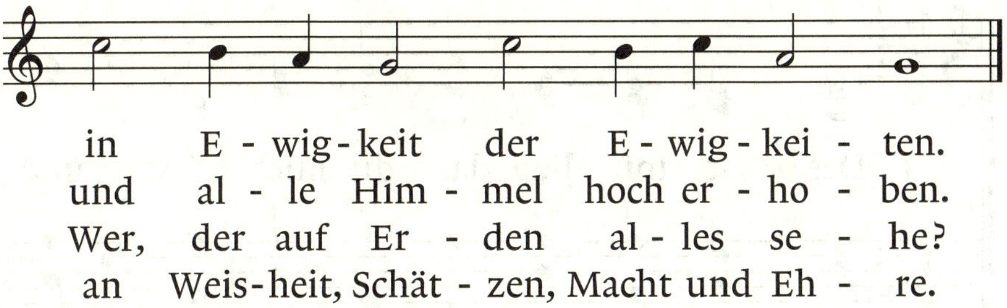

T: nach Psalm 113 nach Matthias Jorissen (1793) 1798
M: Loys Bourgeois, Genf 1551, Psalm 113

69
Ps 113
ö+

Quand naît la lumière, / Quand s'éteint le feu du jour, / Célébrons par nos chants le Seigneur, / Célébrons par nos chants le Seigneur.

Dal sorger del sole / sino al suo tramonto / sia lodato il nome del Signor, / sia lodato il nome del Signor.

D'inu'l sulagl leiva, / fin inua l'ho sieu tramunt, / saja lod al grand nom da nos Dieu, / saja lod al grand nom da nos Dieu.

T: Psalm 113,3 M: Paul Ernst Ruppel 1937

70
Ps 116

2. Mich banden Höllenangst und Tod, / ich kam in Jammer und in Not; / da rief ich deinen Namen: Du, / Erbarmer, wende dich mir zu.

3. Lass mich in Einfalt trauen dir, / wenn ich erliege, hilf du mir. / Ich bin gewiss: Du bist mir gut; / das gibt mir den getrosten Mut.

4. Dem Tod entriss mich deine Hand, / ich lebe, Herr, in deinem Land; / ich glaube, darum rede ich, / und predige, mein Heiland, dich.

5. Ich danke dir von Herzensgrund / und tue deinen Namen kund / vor allem Volk in der Gemeind, / die sich zu deinem Lob vereint.

T: aus Psalm 116 Heinrich Vogel 1948 M: Johann Crüger 1640
S: nach Johann Crüger 1656

71

Ps 117
ö +

T: Psalm 117,1 M und S: Jacques Berthier, Taizé 1978

72
Ps 117

Lob - singt, ihr Völ - ker, all - zu - gleich
dem wah - ren Gott im Him - mel - reich.
Denn sei - ne Gü - te reicht so weit
als sei - ne Macht und Herr - lich - keit;
und sei - ne Wahr - heit wird be - stehn,

T: nach Psalm 117 Johann Jakob Spreng 1741 M: Loys Bourgeois, Genf 1551, Psalm 127 / Genf 1562, Psalm 117 S: nach Claude Goudimel 1564/65

73

Ps 117

ö

Übersetzung (nicht singbar): Lobt den Herrn, alle Völker.

T: Psalm 117,1 M und S: Jacques Berthier, Taizé 1981

74

Ps 117

ö

T und M: Psalm 117 Bodo Hoppe 1969 S: Paul Ernst Ruppel 1970/1994

75
Ps 118
(ö)+

1. Nun sa - get Dank und lobt den Her - ren,
denn groß ist sei - ne Freund - lich - keit,
und sei - ne Gnad und Gü - te wäh - ren
von E - wig - keit zu E - wig - keit.
Du, Got - tes Volk, sollst es ver - kün - den:

2. In meiner Angst rief ich zum Herren, / da ich nicht Trost noch Hilfe fand; / der Herr erhörte mein Begehren / und reichte mir die Helferhand. / Ich steh in seiner Macht und Gnade, / darf unter seinen Flügeln ruhn. / Wen Gott beschützt, den rührt kein Schade; / was können mir auch Menschen tun?

3. Nicht sterben werd ich, sondern leben; / gezüchtigt wurde ich vom Herrn, / dem Tode aber nicht gegeben; / drum rühm ich Gottes Taten gern. / Mit Freuden singen die Gerechten / in neuen Liedern überall: / Gott schafft den Sieg mit seiner Rechten. / Gelobt sei Gott mit Jubelschall.

4. Hoch tut euch auf, ihr heilgen Tore, / ihr Tore der Gerechtigkeit. / Lasst danken uns in hellem Chore / dem großen

Herrn der Herrlichkeit. / Lasst jauchzen uns und fröhlich singen: / Dies ist der Tag, den Gott gemacht. / Hilf, Höchster, hilf, lass wohl gelingen. / Ein Wunder hast du, Gott, vollbracht.

5. Er, der da kommt in Gottes Namen, / sei hoch gelobt zu jeder Zeit. / Gesegnet seid ihr allzusammen, / die ihr von Gottes Hause seid. / Nun saget Dank und lobt den Herren, / denn groß ist seine Freundlichkeit, / und seine Gnad und Güte währen / von Ewigkeit zu Ewigkeit.

T: aus Psalm 118 Ambrosius Lobwasser 1573 / Fritz Enderlin 1952 / AöL 1973
M: Guillaume Franc, Genf 1543 / Loys Bourgeois, Genf 1551, Psalm 118
S: nach Claude Goudimel 1564/65

76
Ps 119
ö +

1. Wohl denen, die da wandeln vor Gott in Heiligkeit,
nach seinem Worte handeln und leben allezeit.
Die recht von Herzen suchen Gott und seiner Weisung folgen,
sind stets bei ihm in Gnad.

2. Von Herzensgrund ich spreche: / Dir sei Dank allezeit, / weil du mich lehrst die Rechte / deiner Gerechtigkeit. / Die Gnad auch ferner mir gewähr, / zu halten dein Gebote; / verlass mich nimmermehr.

3. Mein Herz hängt treu und feste / an dem, was dein Wort lehrt. / Herr, tu bei mir das Beste, / sonst ich zuschanden werd. / Wenn du mich leitest, treuer Gott, / so kann ich richtig gehen / den Weg deiner Gebot.

4. Lehr mich den Weg zum Leben, / führ mich nach deinem Wort, / so will ich Zeugnis geben / von dir, mein Heil und Hort. / Durch deinen Geist, Herr, stärke mich, / dass ich dein Wort festhalte, / von Herzen fürchte dich.

5. Dein Wort, Herr, nicht vergehet; / es bleibet ewiglich, / so weit der Himmel gehet, / der stets beweget sich. / Dein Wahrheit bleibt zu aller Zeit / gleichwie der Grund der Erde, / durch deine Hand bereit'.

T: aus Psalm 119 Cornelius Becker 1602 / AöL 1973
M und S: Heinrich Schütz 1661, Psalm 119, Melodie des 3. Teils

77
Ps 119/69
ö+

T: nach Psalm 119,18 (*Kv*) und Psalm 69,33b (*K*)
M: Friedemann Gottschick 1983

78

Ps 121

1. Ich schau nach je - nen Ber - gen fern.
2. Ihn bit - te ich, er füh - re mich,
3. Der Hü - ter Is - ra - els schläft nie;
4. Der Herr be - hü - te dei - ne Seel,

Mein Heil, das ich be - gehr, von wan - nen
dass nicht aus - gleit mein Fuß, wenn ich nun
du bist in sei - ner Hut be - schützt vor
er, der in Je - sus Christ dein Weg - ge -

kommt es her? Die Hil - fe kommt mir
wan - dern muss. «Geh ru - hig, er be -
Frost und Glut. Er ist dein Schat - ten,
nos - se ist. Zieh aus, kehr heim, sein

von dem Herrn, der schuf durchs Wort: «Es
hü - tet dich, schläft nicht und kennt nicht
dass dich hie die Sonn nicht stech am
Is - ra - el wird treu - lich er be -

wer - de!» den Him - mel und die Er - de.
Schlum - mer, wacht ü - ber dei - nem Kum - mer.»
Ta - ge noch nachts der Mond dich pla - ge.
glei - ten jetzt und durch al - le Zei - ten.

T: nach Psalm 121 Wilhelm Vischer 1946 (Str. 1 nach Matthias Jorissen (1793) 1798) M: Loys Bourgeois, Genf 1551, Psalm 121

79
Ps 121

Kanon für 3 Stimmen

T: nach Psalm 121,8 M: Helmut Bornefeld 1947

80
Ps 126

T: nach Psalm 126 Wilhelm Vischer 1946
M: Guillaume Franc, Genf 1543 / Straßburg 1545, Psalm 79

81
Ps 126
(+)

T und M: nach Psalm 126 Johannes Petzold (1985) 1987

82

Ps 127

1. Wo Gott, der Herr, das Haus nicht baut,
da ist um-sonst der Men-schen Fleiß;
ver-geb-lich Müh und sau-rer Schweiß
und al-le Kunst, auf die man traut.
Nichts hilft der Wäch-ter in der Nacht,

2. Was hilft es, dass ihr früh aufsteht / und esst mit Kummer euer Brot, / euch härmt mit mancher lieben Not / und müd zur späten Ruhe geht, / da Gott den Seinen, die er liebt, / im Schlafe seinen Segen gibt.

T: Psalm 127,1.2 Theophil Bruppacher 1952 nach Matthias Jorissen (1793) 1798 (Str. 1) und Johannes Stapfer 1775 (Str. 2) M: Loys Bourgeois, Genf 1551, Psalm 127 S: nach Claude Goudimel 1564/65

83

Ps 130

ö+

2. Bei dir gilt nichts denn Gnad und Gunst, / die Sünde zu vergeben; / es ist doch unser Tun umsonst / auch in dem besten Leben. / Vor dir niemand sich rühmen kann; / des muss dich fürchten jedermann / und deiner Gnade leben.

3. Darum auf Gott will hoffen ich, / auf mein Verdienst nicht bauen; / auf ihn will ich verlassen mich / und seiner Güte trauen, / die mir zusagt sein wertes Wort. / Das ist mein Trost und treuer Hort; / des will ich allzeit harren.

4. Und ob es währt bis in die Nacht / und wieder an den Morgen, / doch soll mein Herz an Gottes Macht / verzweifeln nicht noch sorgen. / So tu Israel rechter Art, / der aus dem Geist geboren ward, / und seines Gottes harre.

5. Ob bei uns ist der Sünden viel, / bei Gott ist viel mehr Gnade; / sein Hand zu helfen hat kein Ziel, / wie groß auch sei der Schade. / Er ist allein der gute Hirt, / der Israel erlösen wird / aus seinen Sünden allen.

Der Erzvater Jakob, der von Gott den Namen Israel («Gotteskämpfer») erhält und dessen Name dann auf das ganze Gottesvolk übergeht, ist in Str. 4 als Vorbild des Glaubens genannt. – «Sein Hand zu helfen hat kein Ziel» (Str. 5) bedeutet «Seine Hilfe ist grenzenlos».

T und M: nach Psalm 130 Martin Luther 1524

84
Ps 130

1. Aus tie - fer Not schrei ich zu dir,
Dein gnä - dig Ohr neig her zu mir
Herr Gott, er - hör mein Ru - fen.
und mei - ner Bitt es öff - ne.
Denn so du willst das se - hen an,
was Sünd und Un - recht ist ge - tan,
wer kann, Herr, vor dir blei - ben?

2. Bei dir gilt nichts denn Gnad und Gunst, / die Sünde zu vergeben; / es ist doch unser Tun umsonst / auch in dem besten Leben. / Vor dir niemand sich rühmen kann; / des muss dich fürchten jedermann / und deiner Gnade leben.

3. Darum auf Gott will hoffen ich, / auf mein Verdienst nicht bauen; / auf ihn will ich verlassen mich / und seiner Güte trauen, / die mir zusagt sein wertes Wort. / Das ist mein Trost und treuer Hort; / des will ich allzeit harren.

4. Und ob es währt bis in die Nacht / und wieder an den Morgen, / doch soll mein Herz an Gottes Macht / verzweifeln nicht noch sorgen. / So tu Israel rechter Art, / der aus dem Geist geboren ward, / und seines Gottes harre.

5. Ob bei uns ist der Sünden viel, / bei Gott ist viel mehr Gnade; / sein Hand zu helfen hat kein Ziel, / wie groß auch sei der Schade. / Er ist allein der gute Hirt, / der Israel erlösen wird / aus seinen Sünden allen.

Der Erzvater Jakob, der von Gott den Namen Israel («Gotteskämpfer») erhält und dessen Name dann auf das ganze Gottesvolk übergeht, ist in Str. 4 als Vorbild des Glaubens genannt. – «Sein Hand zu helfen hat kein Ziel» (Str. 5) bedeutet «Seine Hilfe ist grenzenlos».

T: nach Psalm 130 Martin Luther 1524 M: Straßburg 1524 (Wolfgang Dachstein?) S: Michael Praetorius 1609 / Bernhard Henking 1952

85
Ps 130
ö

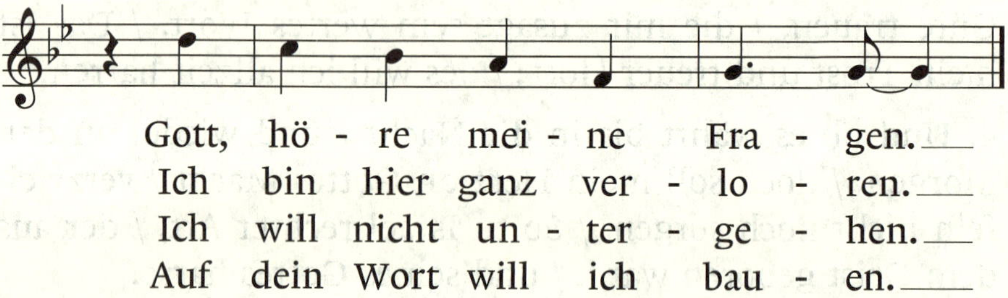

T: nach Psalm 130,1. 2 Uwe Seidel 1981 M: Oskar Gottlieb Blarr 1981

86

Ps 130

lass mir doch in dei - ner Gnad
Hei - le doch in dei - ner Gnad
se - he ich durch dei - ne Gnad
Du willst mir in dei - ner Gnad

Hil - fe an - ge - dei - hen.
wie - der mein Ge - wis - sen.
dei - nen Him - mel of - fen.
dei - nen Frie - den ge - ben.

T und M: nach Psalm 130 Hans Hauzenberger (1990/1996) 1998

87
Ps 131

1. Hoch - mü - tig blickt mein Au - ge nicht;
2. Bei dir mein Her - ze Ru - he findt,
3. Gott mach's mit mir nach sei - nem Plan,
4. Lob sei dem Va - ter und dem Sohn;

ich hab es, Gott, auf dich ge - richt'.
wie bei der Mut - ter ruht das Kind.
so ist mir wahr - lich wohl ge - tan.
der Hei - lig Geist uns in - ne - wohn.

Die ho - hen Din - ge lass ich dir;
In dir ist mei - ne See - le still,
Volk Got - tes, hoff auf Gott al - lein;
Du e - wi - ge Drei - ei - nig - keit,

zu groß und hei - lig sind sie mir.
da ich nur dich, nichts Eig - nes will.
muss al - les dir zum Bes - ten sein.
wir prei - sen dich zu al - ler Zeit.

T: nach Psalm 131 Hans Bernoulli (1988) 1998
M: Johann Hermann Schein 1627

Kanon für 2 Stimmen

88
Ps 133

Hin - ne ma tov u - ma na - im
Schön ist's, wenn Brü - der und Schwes - tern

sche- wet a- chim gam ja - chad. Hin - ne
fried- lich bei- sam - men woh - nen. In Ge -

ma tov sche- wet a- chim gam ja - chad.
mein- schaft fin- den wir Got - tes Frie - den.

T: Psalm 133,1; deutsche Fassung Dieter Trautwein 1987 M: aus Israel

89
Ps 134

2. Erhebt die Hände im Gebet / zum Throne seiner Majestät. / Blickt auf zum Herrn im Heiligtum / und preiset seines Namens Ruhm.

3. Es stärke euch in dem Beruf / der Herr, der Erd und Himmel schuf. / Er segne euch von seinem Thron / und sei dort ewig euer Lohn.

T: zu Psalm 134 Schaffhausen 1841 M: Loys Bourgeois, Genf 1551, Psalm 134
S: nach Claude Goudimel 1564/65

90
Ps 136
ö +

2. Preiset Gott und gebt ihm Ehr; / er ist aller Herren Herr. *Rfr*

3. Er tut Wunder, er allein; / alles rief er in das Sein. *Rfr*

4. Der durch seiner Allmacht Ruf / Erd und Himmel weise schuf, *Rfr*

5. der die Sterne hat gemacht, / Sonn und Mond für Tag und Nacht, *Rfr*

6. er hat Israel befreit / aus Ägyptens Dienstbarkeit. *Rfr*

7. Er zerschlug Pharaos Heer, / führt' das Volk durchs Rote Meer, *Rfr*

8. führte es mit starker Hand / durch die Wüste in sein Land. *Rfr*

9. Dankt ihm, der in dieser Nacht / unsrer Niedrigkeit gedacht, *Rfr*

10. der uns nicht verderben ließ, / den Bedrängern uns entriss. *Rfr*

11. Er speist alles, was da lebt. / Alle Schöpfung ihn erhebt. *Rfr*

12. Danket Gott, denn er ist gut; / groß ist alles, was er tut. *Rfr*

T: nach Psalm 136,1–16. 23–26 EGB (1970) 1971 nach älteren Bereimungen
M: Pierre Davantès, Genf 1562, Psalm 136 S: nach Claude Goudimel 1564/65

91

Ps 136
ö

Strophen 2–12 bei Nr. 90

M: aus China

92
Ps 138
ö+

1. Mein gan-zes Herz er - he - bet dich;
und will in dei - nem Hei - lig - tum,
vor dir will ich mein Lob-lied sin - gen
Herr, dir zum Ruhm mein Op - fer brin - gen.
Dein Na-me strahlt an al - lem Ort,
und durch dein Wort wird hell das Le - ben.
An - be-tung, Ehr und Herr - lich - keit

2. Dein Name, Herr, ist unser Hort; / du hast dein Wort an mir erfüllet; / du hast auf mein Gebet gemerkt / und mich gestärkt, mein Herz gestillet. / Die Völker werden preisen dich / und Mächt'ge sich zu dir hin kehren, / wenn sie das Wort vom ewgen Bund / aus deinem Mund verkünden hören.

3. Herr, ob den Himmeln thronst du hoch / und siehest doch die Tiefgebeugten. / In Angst und Widerwärtigkeit / wird mir allzeit dein Antlitz leuchten. / Mach mich von allem Elend frei; / denn deine Treu wird niemals enden. / Du wirst nach deinem ewgen Rat, / Herr, groß an Tat, dein Werk vollenden.

T: nach Psalm 138 GB 1941 / EGB 1972 nach Matthias Jorissen (1793) 1798, Johannes Stapfer 1775, Johann Jakob Spreng 1741, Schaffhausen 1841 und Zürich 1882
M: Paris 1530 / geistlich Guillaume Franc, Genf 1543 / Loys Bourgeois, Lyon 1547 und Genf 1551, Psalm 138 S: nach Claude Goudimel 1564/65

93
Ps 136
ö

Rendons grâce au Seigneur ! / Il est charitable, / Sa bonté, sa vérité / Durent pour l'éternité.

Ingrazchai a vos Dieu, / ch'el es buntadaivel. / Sa vardà e grazcha / düra in etern.

T: nach Psalm 136,1 M: Herkunft unbekannt, 18. Jh.

94
Ps 139
+

T: Psalm 139,3b M: Arthur Eglin (1976) 1978

95

Ps 139

2. Wohin soll ich mich wenden / vor deinem Geist? / Wohin könnt ich entfliehen / vor deinem Blick? / Führe ich auf zum Himmel, / so bist du da. / Stieg ich hinab zur Hölle – / du bist auch da. *Kv*

3. Flügel der Morgenröte, / äußerstes Meer: / Deine Hand, deine Rechte / hält mich auch dort. / Spräch ich zur Nacht: Verbirg mich! / Du siehest mich. / Finsternis für dein Auge / ist wie das Licht. *Kv*

T und M: nach Psalm 139,1–11 Johannes Petzold 1984

96

Ps 139

(ö)+

2. Wenn ich zum Himmel flöge, / ich könnt dir nicht entfliehn; / wenn ich zum Abgrund zöge, / ich fände dich darin. / Trüg mich das Morgenrot / bis zu der Erde Enden, / du hieltest mich in Händen / im Leben und im Tod.

3. Und wollt ich mich verhüllen / in Finsternis und Nacht, / du wirst sie ganz erfüllen / mit deines Lichtes Pracht. / Du kennst das Dunkel nicht; / die Nacht wird dir zum Tage, / und wo ich Dunkel sage, / da ist vor dir nur Licht.

4. Du hast geformt mein Wesen / schon in der Mutter Schoß. / Du schaust all meine Blößen, / hast mir bestimmt mein Los. / Und wollt ich zählen, Herr, / und deine Pläne fassen, / ich müsste davon lassen; / sie sind wie Sand am Meer.

5. Dir will ich Dank bezeugen, / der herrlich mich gemacht, / und mich voll Staunen neigen / vor deiner Werke Pracht. /

Du, der mich prüft und kennt, / halt mich in deinem Segen, / leit mich auf ewgen Wegen / bis an ein selig End.

T: zu Psalm 139,1–3. 5. 8–18. 23. 24 Maria Luise Thurmair (1971) 1973 zu Caspar Ulenberg 1582 M: Caspar Ulenberg 1582

97

Ps 145

ö

T: Psalm 145,15.16 M und S: Heinrich Schütz 1657

98

Ps 146

(ö)

2. Ihr Menschen, lasst euch lehren, / es wird sehr nützlich sein: / Lasst euch doch nicht betören / die Welt mit ihrem Schein. / Verlasse sich ja keiner / auf Fürsten Macht und Gunst, / weil sie wie unsereiner / nichts sind als nur ein Dunst.

3. Wohl dem, der einzig schauet / nach Jakobs Gott und Heil. / Wer dem sich anvertrauet, / der hat das beste Teil, / das höchste Gut erlesen, / den schönsten Schatz geliebt; / sein Herz und ganzes Wesen / bleibt ewig unbetrübt.

4. Hier sind die treuen Sinnen, / die niemand Unrecht tun, / all denen Gutes gönnen, / die in der Treu beruhn. / Gott hält sein Wort mit Freuden, / und was er spricht, geschicht; / und wer Gewalt muss leiden, / den schützt er im Gericht.

5. Hier sind die starken Kräfte, / die unerschöpfte Macht; / das weisen die Geschäfte, / die seine Hand vollbracht. / Er weiß viel tausend Weisen, / zu retten aus dem Tod, / ernährt und reichet Speisen / zur Zeit der Hungersnot.

6. Ach, ich bin viel zu wenig, / zu rühmen seinen Ruhm; / der Herr allein ist König, / ich eine welke Blum. / Jedoch weil ich gehöre / gen Zion in sein Zelt, / ist's billig, dass ich mehre / sein Lob vor aller Welt.

T: nach Psalm 146 Paul Gerhardt 1653 M: Johann Georg Ebeling 1666
S: Johann Georg Ebeling 1666 / Bernhard Henking 1952

99
Ps 146

1. Lo - be den Her - ren, o mei - ne See - le;
weil ich noch Stun - den auf Er - den zäh - le,
ich will ihn lo - ben bis in' Tod;
will ich lob - sin - gen mei - nem Gott.
Der Leib und Seel ge - ge - ben hat,
wer - de ge - prie - sen früh und spat. Hal -
le - lu - ja, Hal - le - lu - ja.

2. Fürsten sind Menschen, vom Weib geboren, / und kehren um zu ihrem Staub; / ihre Anschläge sind auch verloren, / wenn nun das Grab nimmt seinen Raub. / Weil denn kein Mensch uns helfen kann, / rufe man Gott um Hilfe an. / Halleluja, Halleluja.

3. Selig, ja selig ist der zu nennen, / des Hilfe der Gott Jakobs ist; / welcher vom Glauben sich nicht lässt trennen / und hofft getrost auf Jesum Christ. / Wer diesen Herrn zum Beistand hat, / findet am besten Rat und Tat. / Halleluja, Halleluja.

4. Dieser hat Himmel und Meer und Erden / und, was darinnen ist, gemacht; / alles muss pünktlich erfüllet werden, / was er uns einmal zugedacht. / Er ist's, der Herrscher aller Welt, / welcher uns ewig Treue hält. / Halleluja, Halleluja.

5. Siehet er Menschen, die Unrecht leiden: / er ist's, der ihnen Recht verschafft; / Hungrigen will er zur Speis bescheiden, / was ihnen dient zur Lebenskraft; / die hart Gebundnen macht er frei: / Gnade verleiht er mancherlei. / Halleluja, Halleluja.

6. Sehende Augen gibt er den Blinden, / erhebt, die tief gebeuget gehn; / wo er kann gläubige Seelen finden, / die lässt er seine Liebe sehn. / Dem Fremdling steht er hilfreich bei, / Witwen und Waisen schützt er treu. / Halleluja, Halleluja.

7. Rühmet, ihr Menschen, den hohen Namen / des, der so große Wunder tut; / alles, was Odem hat, rufe Amen / und bringe Lob mit frohem Mut. / Ihr Kinder Gottes, lobt und preist / Vater und Sohn und Heilgen Geist. / Halleluja, Halleluja.

T: nach Psalm 146 Johann Daniel Herrnschmidt 1714
M: Ansbach 1664 / Halle 1714 S: nach Halle 1714

100
Ps 148
ö+

1. Er - freu - e dich, Him-mel, er - freu - e dich,
Er - de; er - freu - e sich al - les, was
Refrain
fröh - lich kann wer - den. Auf Er - den hier
un - ten, im Him - mel dort o - ben: Den
gü - ti - gen Va - ter, den wol - len wir lo - ben.

2. Ihr Sonnen und Monde, ihr funkelnden Sterne, / ihr Räume des Alls in unendlicher Ferne: *Rfr*

3. Ihr Tiefen des Meeres, Gelaich und Gewürme, / Schnee, Hagel und Regen, ihr brausenden Stürme: *Rfr*

4. Ihr Wüsten und Weiden, Gebirg und Geklüfte, / ihr Tiere des Feldes, ihr Vögel der Lüfte: *Rfr*

5. Ihr Männer und Frauen, ihr Kinder und Greise, / ihr Kleinen und Großen, einfältig und weise: *Rfr*

6. Erd, Wasser, Luft, Feuer und himmlische Flammen, / ihr Menschen und Engel, stimmt alle zusammen: *Rfr*

T: nach Psalm 148 Straßburg 1697 (Str. 1.6) und Maria Luise Thurmair (1963) 1967 (Str. 2–5) M und S: Augsburg 1659 / Bamberg 1691

101
Ps 149

1. Hal - le - lu - ja! Aus Drang und En - ge
2. Von Zi - ons - töch - tern, Zi - ons - söh - nen
3. Der Herr bleibt An - walt all der Sei - nen.
4. Das Got - tes - lob in eu - rem Mun - de,

brecht auf zum Herrn, bringt Lob - ge - sän - ge.
soll ihm das Kö - nigs - lied er - tö - nen.
Er krönt die Schwa - chen und die Klei - nen.
das Schwert in eu - rer Hand be - kun - de:

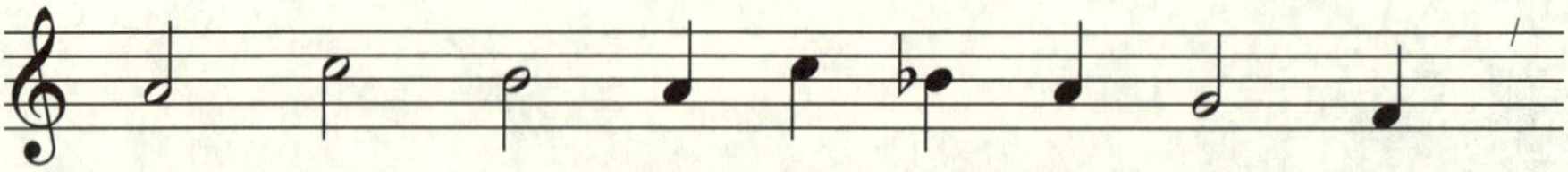

Be - geg - net ihm mit Freu - den - schrei - en.
Beim ho - hen Fest darf nie - mand schwei - gen.
Er will uns wohl, löst auch die Ban - de
Sein ist das Reich, um Recht zu spre - chen,

Er kommt, euch zu be - frei - en.
Schon naht der heil - ge Rei - gen,
der Nied - rigs - ten im Lan - de.
Zer - tre - te - ne zu rä - chen.

Sing, Ge - mein - de, dein neu - es Lied.
und wir tan - zen vorm An - ge - sicht
Dar - um freut euch bis in die Nacht.
Weh euch Füh - rern, wenn ihr ver - führt!

Zu Str. 4: Im Epheserbrief 6,17 wird Gottes Wort «das Schwert des Geistes» genannt.

T: nach Psalm 149 Jürgen Henkys 1978/1994 nach dem niederländischen «Halleluja! laat opgetogen» von Jan Wit 1961
M: Pierre Davantès, Genf 1562, Psalm 149

102

Ps 150

1. Hal - le - lu - ja! Singt dem Herrn.
Kommt her - zu von nah und fern.
Lobt ihn, der hier bei uns wohnt;
lobt ihn, der im Him - mel thront.
Lobt ihn laut ob sei - nen Ta - ten.

2. Ehret ihn mit Saitenspiel; / klingen solln der Zimbeln viel. / Lobt ihn mit Posaunenschall; / lobt ihn bei der Pauken Hall. / Lobt ihn, dass sein Lob sich mehre. / Lobt ihn all im Reigentanz; / lobt ihn in des Festes Glanz. / Halleluja, Gott die Ehre!

T: nach Psalm 150 Markus Jenny 1989; franz. Fassung Roger Chapal 1970
M: Pierre Davantès, Genf 1562, Psalm 150 S: nach Claude Goudimel 1564/65

1. Dans son temple louez Dieu! / Ce qu'il fait est merveil- [102]
leux; / Il est fort, il est vainqueur: / Que tout dise sa grandeur, / Que pour lui les orgues chantent! / Joignez aux plus belles voix / La trompette et le hautbois, / Les cymbales éclatantes.

2. Chantez sous le firmament / Avec tous vos instruments; / Au rythme du tambourin, / Dansez pour le roi qui vient, / Lui que l'univers désire. / Exaltez le Seigneur Dieu, / Chantez son nom glorieux / Avec tout ce qui respire!

103

T: Martin Luther 1524 nach dem Lobgesang des Simeon («Nunc dimittis») Lukas 2,29–32 M: nach Johann Walter 1524 / Wittenberg 1533

104

ö +

T: Georg Thurmair (1966) 1967 nach dem Lobgesang des Simeon («Nunc dimittis») Lukas 2,29–32 M: Loys Bourgeois, Lyon 1547/Genf 1551, Lobgesang des Simeon

105

T und M: Hans Hauzenberger (1990) 1991 nach dem Lobgesang des Simeon («Nunc dimittis») Lukas 2,29–32

PSALM 1 — 106

I 1 Wohl dem,
der nicht dem Rat der Frevler folgt
und nicht auf den Weg der Sünder tritt,
noch sitzt im Kreis der Spötter,

II 2 sondern seine Lust hat an SEINEM Gesetz
und sinnt über seinem Gesetz Tag und Nacht.

I 3 Der ist wie ein Baum,
gepflanzt an Wasserbächen;
er bringt seine Frucht zu seiner Zeit,
und seine Blätter welken nicht.
Alles, was er tut, gerät ihm wohl.

II 4 Nicht so die Frevler;
sie sind wie Spreu,
die der Wind verweht.

I 5 Darum werden die Frevler nicht bestehen im Gericht,
noch die Sünder in der Gemeinde der Gerechten.

II 6 Denn ER kennt den Weg der Gerechten,
der Weg der Frevler aber vergeht.

PSALM 8 — 107

I 2 DU, unser Herrscher,
wie herrlich ist dein Name in allen Landen,
der du deine Hoheit über den Himmel gebreitet hast.

II 3 Aus dem Mund der Kinder und Säuglinge
hast du ein Bollwerk errichtet
deiner Widersacher wegen,
um ein Ende zu bereiten dem rachgierigen Feind.

I 4 Wenn ich deinen Himmel schaue,
das Werk deiner Finger,
den Mond und die Sterne, die du hingesetzt hast:

II 5 Was ist der Mensch, dass du seiner gedenkst,
und des Menschen Kind, dass du dich seiner annimmst?

I 6 Du hast ihn wenig geringer gemacht als Gott,
mit Ehre und Hoheit hast du ihn gekrönt.

II 7 Du hast ihn zum Herrscher gesetzt
über die Werke deiner Hände,
alles hast du ihm unter die Füße gelegt:

I 8 Schafe und Rinder, sie alle,
dazu auch die Tiere des Feldes,

II 9 die Vögel des Himmels und die Fische im Meer,
was da die Pfade der Meere durchzieht.

I 10 DU, unser Herrscher,
wie herrlich ist dein Name in allen Landen.

108 PSALM 8 (Übersetzung nach Martin Luther)

I 2 HERR, unser Herrscher,
wie herrlich ist dein Name in allen Landen,
der du zeigst deine Hoheit am Himmel.

II 3 Aus dem Munde der jungen Kinder und Säuglinge
hast du eine Macht zugerichtet um deiner Feinde willen,
dass du vertilgest den Feind und den Rachgierigen.

I 4 Wenn ich sehe die Himmel, deiner Finger Werk,
den Mond und die Sterne, die du bereitet hast:

II 5 Was ist der Mensch, dass du seiner gedenkst,
und des Menschen Kind, dass du dich seiner annimmst?

I 6 Du hast ihn wenig niedriger gemacht als Gott,
mit Ehre und Herrlichkeit hast du ihn gekrönt.

II 7 Du hast ihn zum Herrn gemacht
über deiner Hände Werk,
alles hast du unter seine Füße getan:

I 8 Schafe und Rinder allzumal,
dazu auch die wilden Tiere,

II 9 die Vögel unter dem Himmel und die Fische im Meer
und alles, was die Meere durchzieht.

I 10 HERR, unser Herrscher,
wie herrlich ist dein Name in allen Landen!

PSALM 16 **109**

I 1 Behüte mich, Gott, denn bei dir suche ich Zuflucht.

II 2 Ich spreche zu IHM: Du bist mein Herr,
mein Glück ist nur bei dir.

I 3 An den Heiligen, die im Lande sind,
an den Herrlichen habe ich all mein Gefallen.

II 4 Zahlreich sind die Schmerzen derer,
die einen anderen umwerben.

I Opfer von Blut will ich ihnen nicht bringen
und ihren Namen nicht auf meine Lippen nehmen.

II 5 DU, mein Besitz und Becher,
du hältst mein Los in Händen.

I 6 Auf schönem Land fiel mir mein Anteil zu,
mein Erbe gefällt mir wohl.

II 7 Ich preise IHN, der mich beraten,
auch des Nachts mahnt mich mein Inneres.

I 8 Allezeit habe ich IHN vor Augen;
steht er mir zur Rechten, wanke ich nicht.

II 9 Darum freut sich mein Herz und jauchzt meine Seele,
auch mein Leib wird sicher wohnen.

I 10 Denn du gibst mein Leben nicht dem Totenreich preis,
du lässt deinen Frommen das Grab nicht schauen.

II 11 Du zeigst mir den Weg des Lebens.
Freude in Fülle ist vor dir,
Wonne in deiner Rechten ewiglich.

PSALM 19 **110**

I 2 Die Himmel erzählen die Herrlichkeit Gottes,
und das Firmament verkündet das Werk seiner Hände.

II 3 Ein Tag sagt es dem andern,
und eine Nacht tut es der anderen kund,

I 4 ohne Sprache, ohne Worte,
mit unhörbarer Stimme.

II 5 In alle Lande hinaus geht ihr Schall,
bis zum Ende der Welt ihr Reden.

I Der Sonne hat er am Himmel ein Zelt errichtet:
6 Wie ein Bräutigam kommt sie hervor aus ihrer Kammer,
läuft freudig wie ein Held die Bahn.

II 7 An einem Ende des Himmels geht sie auf
und läuft bis zum anderen Ende,
und nichts bleibt ihrer Glut verborgen.

I 8 SEIN Gesetz ist vollkommen,
es gibt neues Leben.
SEIN Zeugnis ist verlässlich,
es macht den Einfältigen weise.

II 9 SEINE Befehle sind gerecht,
sie erfreuen das Herz.
SEIN Gebot ist lauter,
es erleuchtet die Augen.

I 10 Die Furcht vor IHM ist rein
und bleibt bestehen für immer.
SEINE Gesetze sind Wahrheit,
allesamt sind sie gerecht.

II 11 Kostbarer sind sie als Gold,
als viel feines Gold,
und süßer als Honig,
als Wabenseim.

I 12 Auch dein Knecht lässt sich warnen durch sie,
wer sie hält, hat reichen Lohn.

II 13 Aber wer kennt alle Verfehlungen?
Sprich mich frei von denen, die mir verborgen sind.

I 14 Auch vor vermessenen Menschen
bewahre deinen Knecht,
dass sie nicht über mich herrschen.
Dann bin ich schuldlos und frei von jedem Vergehen.

II 15 Lass dir gefallen die Worte meines Mundes,
und das Sinnen meines Herzens gelange zu dir,
DU, mein Fels und mein Erlöser.

Psalm 22

111

I 2 Mein Gott, mein Gott, warum hast du mich verlassen,
bist fern meiner Rettung, den Worten meiner Klage?

II 3 Mein Gott, ich rufe bei Tag, doch du antwortest nicht,
bei Nacht, doch ich finde keine Ruhe.

I 4 Du aber, Heiliger,
thronst auf den Lobgesängen Israels.

II 5 Auf dich vertrauten unsere Väter,
sie vertrauten, und du hast sie befreit.

I 6 Zu dir schrien sie, und sie wurden gerettet,
auf dich vertrauten sie, und sie wurden nicht zuschanden.

II 7 Ich aber bin ein Wurm und kein Mensch,
der Leute Spott und verachtet vom Volk.

I 8 Alle, die mich sehen, verspotten mich,
verziehen den Mund und schütteln den Kopf:

II 9 Wälze es auf IHN. Der rette ihn,
er befreie ihn, er hat ja Gefallen an ihm.

I 10 Du bist es, der mich aus dem Mutterschoß zog,
der mich sicher barg an der Brust meiner Mutter.

II 11 Auf dich bin ich geworfen vom Mutterleib an,
von meiner Mutter Schoß an bist du mein Gott.

I 12 Sei nicht fern von mir,
denn die Not ist nahe;
keiner ist da, der hilft.

II 13 Zahlreiche Stiere sind um mich,
Baschanbüffel umringen mich.

I 14 Sie sperren ihr Maul auf gegen mich,
ein reißender, brüllender Löwe.

II 15 Wie Wasser bin ich hingeschüttet,
und es fallen auseinander meine Gebeine.
Wie Wachs ist mein Herz,
zerflossen in meiner Brust.

I 16 Trocken wie eine Scherbe ist meine Kehle,
und meine Zunge klebt mir am Gaumen,
in den Staub des Todes legst du mich.

II 17 Um mich sind Hunde,
eine Rotte von Übeltätern umzingelt mich,
sie binden mir Hände und Füße.

I 18 Zählen kann ich alle meine Knochen.
Sie aber schauen zu, weiden sich an mir.

II 19 Sie teilen meine Kleider unter sich
und werfen das Los um mein Gewand.

I 20 Du aber, DU, sei nicht fern,
meine Stärke, eile mir zu Hilfe.

II 21 Errette vor dem Schwert mein Leben,
aus der Gewalt der Hunde meine verlassene Seele.

I 22 Hilf mir vor dem Rachen des Löwen,
vor den Hörnern der Wildstiere. –

II Du hast mich erhört.
23 Ich will deinen Namen meinen Brüdern verkünden,
in der Gemeinde will ich dich loben.

I 24 Die ihr IHN fürchtet, lobt ihn,
alle Nachkommen Jakobs, ehret ihn,
erschauert vor ihm, alle Nachkommen Israels.

II 25 Denn er hat nicht verachtet
noch verabscheut des Elenden Elend,
hat sein Angesicht nicht vor ihm verborgen,
und da er schrie, erhörte er ihn.

I 26 Von dir geht aus mein Lobgesang in großer Gemeinde,
meine Gelübde erfülle ich vor denen, die ihn fürchten.

II 27 Die Elenden essen und werden satt,
es loben IHN, die ihn suchen.
Aufleben soll euer Herz für immer.

I 28 Alle Enden der Erde
werden dessen gedenken und umkehren zu IHM,
und vor ihm werden sich niederwerfen
alle Geschlechter der Völker.

II 29 Denn SEIN ist das Reich,
und er herrscht über die Völker.

I 30 Vor ihm werfen sich nieder alle Mächtigen der Erde,
vor ihm beugen sich alle, die in den Staub sinken.

II 31 Erzählen wird man vom Herrn dem Geschlecht,
32 das noch kommt,

I und verkünden seine Gerechtigkeit dem Volk,
das noch geboren wird.
Er hat es vollbracht.

Psalm 23 **112**

I 1 ER ist mein Hirt, mir mangelt nichts,
2 er weidet mich auf grünen Auen.

II Zur Ruhe am Wasser führt er mich,
3 neues Leben gibt er mir.

I Er leitet mich auf Pfaden des Heils
um seines Namens willen.

II 4 Wandere ich auch im finstern Tal,
fürchte ich kein Unheil,
denn du bist bei mir;

I dein Stecken und dein Stab,
sie trösten mich.

II 5 Du deckst mir den Tisch
im Angesicht meiner Feinde.

I Du salbst mein Haupt mit Öl,
übervoll ist mein Becher.

II 6 Güte und Gnade werden mir folgen
alle meine Tage,
und ich werde bleiben in SEINEM Hause
mein Leben lang.

Psalm 23 (Übersetzung nach Martin Luther) **113**

I 1 Der HERR ist mein Hirte,
mir wird nichts mangeln.

II 2 Er weidet mich auf einer grünen Aue
und führet mich zum frischen Wasser.

I 3 Er erquicket meine Seele.
Er führet mich auf rechter Straße
um seines Namens willen.

II 4 Und ob ich schon wanderte im finstern Tal,
fürchte ich kein Unglück;
denn du bist bei mir,
dein Stecken und Stab trösten mich.

I 5 Du bereitest vor mir einen Tisch
im Angesicht meiner Feinde.

Du salbest mein Haupt mit Öl
und schenkest mir voll ein.

II 6 Gutes und Barmherzigkeit
werden mir folgen mein Leben lang,
und ich werde bleiben im Hause des HERRN immerdar.

114 PSALM 24

I 1 Die Erde ist des HERRN und was sie erfüllt,
der Erdkreis und die ihn bewohnen.

II 2 Denn er ist es, der sie auf Meeren gegründet,
über Strömen fest errichtet hat.

I 3 Wer darf hinaufziehen zu SEINEM Berg,
wer darf treten an seine heilige Stätte?

II 4 Wer reine Hände hat und ein lauteres Herz,
wer nicht auf Nichtiges seinen Sinn richtet
und nicht falsch schwört.

I 5 Der wird Segen empfangen von IHM
und Heil vom Gott seiner Hilfe.

II 6 Das ist das Geschlecht derer, die nach ihm fragen,
die dein Angesicht suchen, Gott Jakobs.

I 7 Erhebt, ihr Tore, eure Häupter,
erhebt euch, ihr uralten Pforten,
dass einziehe der König der Herrlichkeit.

II 8 Wer ist der König der Herrlichkeit?
ER, der Starke und Held,
ER, der Held im Kampf.

I 9 Erhebt, ihr Tore, eure Häupter,
erhebt euch, ihr uralten Pforten,
dass einziehe der König der Herrlichkeit.

II 10 Wer ist der König der Herrlichkeit?
ER, dem die Heerscharen gehorchen,
er ist der König der Herrlichkeit.

PSALM 30 **115**

I 2 DICH, dich will ich erheben,
denn du hast mich aus der Tiefe gezogen
und meine Feinde nicht über mich triumphieren lassen.

II 3 DU, mein Gott, ich schrie zu dir,
und du hast mich geheilt.

I 4 DU hast mich heraufgeholt aus dem Totenreich,
zum Leben mich zurückgerufen von denen,
die hinab zur Grube fuhren.

II 5 Singt IHM, ihr seine Frommen,
und preist seinen heiligen Namen.

I 6 Denn sein Zorn währt einen Augenblick,
ein Leben lang seine Gnade;
am Abend ist Weinen, doch mit dem Morgen kommt Jubel.

II 7 Ich aber sprach in meiner Sorglosigkeit:
Nie werde ich wanken.

I 8 DU, in deiner Gnade stelltest du mich auf mächtige Berge,
doch als du dein Angesicht verbargst,
traf mich der Schrecken.

II 9 Zu DIR rief ich,
ich flehte zu meinem Gott:

I 10 Was nützt dir mein Blut, wenn ich ins Grab hinabfahre?
Kann denn Staub dich preisen, deine Treue verkünden?

II 11 Höre, DU, und sei mir gnädig.
DU, sei mein Helfer.

I 12 Du hast mir meine Klage in Reigen verwandelt,
mein Trauergewand gelöst
und mich mit Freude umgürtet,

II 13 damit mein Herz dir singe und nicht verstumme.
DU, mein Gott, in Ewigkeit will ich dich preisen.

116 Psalm 31

I 2 Bei DIR suche ich Zuflucht,
ich will nicht zuschanden werden auf ewig,
in deiner Gerechtigkeit rette mich.

II 3 Neige zu mir dein Ohr,
eile, mich zu befreien,
sei mir ein Fels der Zuflucht,
eine feste Burg, mich zu retten.

I 4 Denn mein Fels und meine Burg bist du,
um deines Namens willen leite und führe mich.

II 5 Zieh mich aus dem Netz, das sie mir heimlich legten,
denn du bist meine Zuflucht.

I 6 In deine Hand befehle ich meinen Geist,
du hast mich erlöst, DU, treuer Gott.

II 7 Ich hasse, die sich an nichtige Götzen halten,
ich aber vertraue auf IHN.

I 8 Ich will frohlocken und mich freuen an deiner Gnade,
dass du mein Elend gesehen,
auf die Nöte meiner Seele geachtet hast.

II 9 Du hast mich nicht der Hand des Feindes ausgeliefert,
hast meine Füße auf weiten Raum gestellt.

I 10 Sei mir gnädig, DU, denn mir ist bange,
schwach geworden vor Gram ist mein Auge,
meine Kehle, mein Leib.

II 11 Im Kummer schwindet dahin mein Leben,
meine Jahre vergehen mit Seufzen.
Meine Kraft ist zerfallen durch meine Schuld,
und schwach geworden sind meine Gebeine.

I 12 Allen meinen Feinden bin ich zum Spott geworden
und mehr noch meinen Nachbarn,
ein Schrecken denen, die mir vertraut sind;
die mich auf der Straße sehen, fliehen vor mir.

II 13 Vergessen bin ich, wie ein Toter aus dem Sinn,
geworden wie ein zerbrochenes Gefäß.

I 14 Ich höre das Zischeln der Menge,
Grauen ringsum,
wenn sie gegen mich sich verschwören,
darauf sinnen, mir das Leben zu nehmen.

II 15 Ich aber vertraue auf DICH,
ich spreche: Mein Gott bist du.

I 16 In deiner Hand steht mein Geschick,
rette mich aus der Hand meiner Feinde
und vor meinen Verfolgern.

II 17 Lass leuchten dein Angesicht über deinem Knecht,
hilf mir in deiner Gnade.

I 18 DU, ich will nicht zuschanden werden,
denn ich rufe zu dir.
Es sollen zuschanden werden die Frevler,
heulend ins Totenreich fahren.

II 19 Verstummen sollen die Lügenlippen,
die frech reden gegen den Gerechten
mit Hochmut und Spott.

I 20 Wie groß ist deine Güte,
die du denen bereithältst, die dich fürchten,
die du vor den Menschen denen erweist,
die Zuflucht suchen bei dir.

II 21 Du beschirmst sie im Schutz deines Angesichts
vor dem Toben der Menschen,
du birgst sie in einer Hütte
vor dem Gezänk der Zungen.

I 22 Gepriesen sei ER,
denn wunderbar hat er mir seine Gnade erwiesen
in einer festen Stadt.

II 23 Ich aber sprach, da ich weglief vor Angst:
Ich bin verstoßen aus deinen Augen.
Doch du hast gehört den Ruf meines Flehens,
als ich zu dir schrie.

I 24 Liebt IHN, all seine Frommen.
Die Getreuen behütet ER,
doch über die Maßen vergilt er dem,
der Hochmut übt.

II 25 Seid stark, euer Herz sei unverzagt,
ihr alle, die ihr harrt auf IHN.

117 PSALM 34

I 2 Ich will IHN preisen allezeit,
immer soll sein Lob in meinem Munde sein.

II 3 Meine Seele rühme sich SEINER,
die Gebeugten sollen es hören und sich freuen.

I 4 Erhebt IHN mit mir
und lasst uns alle seinen Namen ehren.

II 5 Ich suchte IHN, und er hat mich erhört,
von allen meinen Ängsten hat er mich befreit.

I 6 Die auf ihn blicken, werden strahlen,
ihr Angesicht soll nicht zuschanden werden.

II 7 Da ist ein Elender, der rief, und ER hat es gehört,
aus allen seinen Nöten hat er ihm geholfen.

I 8 SEIN Engel lagert sich um die,
die ihn fürchten, und er rettet sie.

II 9 Spürt und seht, wie gütig ER ist.
Wohl dem, der bei ihm Zuflucht sucht.

I 10 Fürchtet IHN, ihr seine Heiligen,
denn die ihn fürchten, leiden keinen Mangel.

II 11 Löwen mögen darben und hungern,
denen aber, die IHN suchen, fehlt nichts Gutes.

I 12 Kommt, ihr Kinder, hört mir zu,
IHN zu fürchten will ich euch lehren.

II 13 Wer begehrt das Leben,
wer will glückliche Tage sehen?

I 14 Hüte deine Zunge vor Bösem
und deine Lippen vor trügerischer Rede.

II 15 Meide das Böse und tue das Gute,
suche Frieden und jage ihm nach.

I 16 SEINE Augen sind bei den Gerechten
und seine Ohren bei ihrem Schreien.

II 17 SEIN Angesicht steht gegen die, die Böses tun,
um ihr Andenken zu tilgen von der Erde.

I 18 Schreien die Gerechten, hört ER es,
und er befreit sie aus all ihrer Not.

II 19 ER ist nahe denen, die zerbrochenen Herzens,
hilft denen, die zerschlagenen Geistes sind.

I 20 Zahlreich sind die Leiden des Gerechten,
doch aus allem befreit ER ihn.

II 21 Er behütet alle seine Gebeine,
nicht eines von ihnen wird zerbrochen.

I 22 Den Frevler wird das Unheil töten,
und die den Gerechten hassen, werden es büßen.

II 23 ER erlöst das Leben seiner Knechte,
und keiner wird es bereuen, der Zuflucht sucht bei ihm.

PSALM 42 **118**

I 2 Wie die Hindin* lechzt an versiegten Bächen,
so lechzt meine Seele, Gott, nach dir.

II 3 Meine Seele dürstet nach Gott,
dem lebendigen Gott.
Wann darf ich kommen
und Gottes Angesicht schauen?

I 4 Meine Tränen sind mein Brot bei Tag und bei Nacht,
denn allezeit sagen sie zu mir:
Wo ist dein Gott?

II 5 Daran will ich denken
und mich in meiner Seele erinnern,
dass ich einherging in dichtem Gedränge,
mit ihnen wandelte zum Hause Gottes
mit lautem Jubel und Dank
in feiernder Menge.

I 6 Was bist du so gebeugt, meine Seele,
und so unruhig in mir?
Harre auf Gott, denn ich werde ihn wieder preisen,
ihn, meine Hilfe und meinen Gott.

II 7 Meine Seele ist gebeugt in mir,
darum gedenke ich deiner
vom Land des Jordan und vom Hermon her,
vom Berg Mizar.

I 8 Flut ruft zur Flut beim Tosen deiner Wasserfälle,
alle deine Brandungen und Wogen gehen über mich hin.

II 9 Am Tag erweist ER seine Gnade,
und des Nachts ist sein Lied bei mir,
ein Gebet zum Gott meines Lebens.

I 10 Ich spreche zu Gott, meinem Fels:
Warum hast du mich vergessen?
Warum muss ich trauernd umhergehen,
bedrängt vom Feind?

II 11 Wie Mord ist's in meinen Gebeinen,
wenn meine Gegner mich verhöhnen,
da sie allezeit zu mir sagen:
Wo ist dein Gott?

I 12 Was bist du so gebeugt, mein Seele,
und so unruhig in mir?
Harre auf Gott, denn ich werde ihn wieder preisen,
ihn, meine Hilfe und meinen Gott.

* Hindin: Hirschkuh

119 PSALM 43

I 1 Schaffe mir Recht, Gott,
und führe meine Sache
gegen treuloses Volk,
errette mich vor falschen und bösen Menschen.

II 2 Du bist der Gott meiner Zuflucht.
Warum hast du mich verstoßen?
Warum muss ich trauernd umhergehen,
bedrängt vom Feind?

I 3 Sende dein Licht und deine Wahrheit,
sie sollen mich leiten,
mich bringen zu deinem heiligen Berg
und zu deinen Wohnungen.

II 4 So will ich hineingehen zum Altar Gottes,
zum Gott meiner Freude.
Jauchzend will ich dich mit der Leier preisen,
Gott, mein Gott.

I 5 Was bist du so gebeugt, meine Seele,
und so unruhig in mir?
Harre auf Gott, denn ich werde ihn wieder preisen,
ihn, meine Hilfe und meinen Gott.

Psalm 77 **120**

I 2 Laut will ich schreien zu Gott,
laut zu Gott, dass er auf mich höre.

II 3 Am Tag meiner Not suche ich den Herrn,
meine Hand ist ausgestreckt des Nachts
und ermattet nicht,
meine Seele will sich nicht trösten lassen.

I 4 Ich denke an Gott und seufze,
ich sinne nach, und mein Geist will verzagen.

II 5 Du hältst meine Augen wach,
ich bin voller Unruhe und kann nicht reden.

I 6 Ich denke nach über die Tage von einst,
die längst vergangenen Jahre.

II 7 Ich denke an mein Saitenspiel des Nachts,
in meinem Herzen sinne ich nach,
und es forscht mein Geist.

I 8 Wird der Herr auf ewig verstoßen
und nie mehr gnädig sein?

II 9 Hat seine Güte für immer ein Ende,
ist sein Wort verstummt für alle Zeit?

I 10 Hat Gott seine Gnade vergessen,
hat er im Zorn sein Erbarmen verschlossen?

II 11 Und ich sprach: Das ist mein Schmerz,
dass so anders geworden ist das Handeln des Höchsten.

I 12 Ich will gedenken SEINER Werke,
will gedenken deiner früheren Wunder.

II 13 Ich will bedenken all dein Tun,
und über deine Taten will ich nachsinnen.

I 14 Gott, dein Weg ist heilig.
Wo ist ein Gott, so groß wie unser Gott?

II 15 Du allein bist der Gott, der Wunder tut,
du hast deine Macht unter den Völkern kundgetan.

I 16 Mit deinem Arm hast du dein Volk erlöst,
die Kinder Jakobs und Josefs.

II 17 Die Wasser sahen dich, Gott,
die Wasser sahen dich und erbebten,
die Urfluten erzitterten.

I 18 Die Wolken gossen Wasser,
es donnerte das Gewölk,
und deine Pfeile blitzten hin und her.

II 19 Rollend erdröhnte dein Donner,
Blitze erhellten den Erdkreis,
es erzitterte und bebte die Erde.

I 20 Durch das Meer ging dein Weg
und dein Pfad durch gewaltige Wasser,
doch deine Spuren waren nicht zu erkennen.

II 21 Wie Schafe führtest du dein Volk
durch Moses und Aarons Hand.

121 PSALM 85

I 2 DU hast dein Land begnadigt,
hast Jakobs Geschick gewendet.

II 3 Du hast die Schuld deines Volkes vergeben,
getilgt all ihre Sünde.

I 4 Du hast zurückgezogen all deinen Grimm,
abgewendet die Glut deines Zorns.

II 5 Wende dich zurück zu uns, Gott unseres Heils,
und lass ab von deinem Unmut gegen uns.

I 6 Willst du uns ewig zürnen,
deinen Zorn hinziehen von Geschlecht zu Geschlecht?

II 7 Bist du nicht der, der uns das Leben wiedergeben kann,
dass dein Volk sich deiner freut?

I 8 Lass uns DEINE Güte schauen
und schenke uns dein Heil.

II 9 Ich will hören, was Gott spricht;
ER verkündet Frieden
seinem Volk und seinen Frommen,
damit sie nicht wieder der Torheit verfallen.

I 10 Nahe ist denen sein Heil, die ihn fürchten,
dass Herrlichkeit wohne in unserem Land.

II 11 Gnade und Treue finden zusammen,
Gerechtigkeit und Friede küssen sich.

I 12 Treue sprosst aus der Erde,
und Gerechtigkeit schaut vom Himmel hernieder.

II 13 ER gibt das Gute
und unser Land seinen Ertrag.

I 14 Gerechtigkeit geht vor ihm her
und bestimmt den Weg seiner Schritte.

PSALM 90 **122**

I 1 Herr, ein Hort warst du uns
von Geschlecht zu Geschlecht.

II 2 Noch ehe Berge geboren wurden
und Erde und Erdkreis in Wehen lagen,
bist du, Gott, von Ewigkeit zu Ewigkeit.

I 3 Du lässt den Menschen zum Staub zurückkehren
und sprichst: Kehrt zurück, ihr Menschen.

II 4 Denn in deinen Augen sind tausend Jahre
wie der gestrige Tag, wenn er vorüber ist,
und wie eine Wache in der Nacht.

I 5 Du raffst sie dahin,
ein Schlaf am Morgen sind sie
und wie das Gras, das vergeht.

II 6 Am Morgen blüht es, doch es vergeht,
am Abend welkt es und verdorrt.

I 7 Denn wir schwinden dahin durch deinen Zorn,
und durch deinen Grimm werden wir hinweggeschreckt.

II 8 Du hast unsere Sünden vor dich gestellt,
unsere verborgene Schuld ins Licht deines Angesichts.

I 9 All unsere Tage gehen dahin unter deinem Zorn,
unsere Jahre beenden wir wie einen Seufzer.

II 10 Unser Leben währt siebzig Jahre,
und wenn es hoch kommt, achtzig Jahre.
Und was an ihnen war, ist Mühsal und Trug.
Denn schnell ist es vorüber, im Flug sind wir dahin.

I 11 Wer erkennt die Gewalt deines Zorns
und deinen Grimm, wie es die Furcht vor dir verlangt?

II 12 Unsere Tage zu zählen, lehre uns,
damit wir ein weises Herz gewinnen.

I 13 Kehre wieder, DU! Wie lange noch!
Habe Mitleid mit deinen Knechten.

II 14 Sättige uns am Morgen mit deiner Gnade,
so werden wir jubeln und uns freuen alle unsere Tage.

I 15 Erfreue uns so viele Tage, wie du uns beugtest,
so viele Jahre, wie wir Unglück schauten.

II 16 Lass deine Knechte dein Walten schauen
und ihre Kinder deine Herrlichkeit.

I 17 Und die Freundlichkeit des Herrn, unseres Gottes,
sei über uns,
gib dem Werk unserer Hände Bestand,
ja, gib dem Werk unserer Hände Bestand.

PSALM 90 (Übersetzung nach Martin Luther) **123**

I 1 Herr, du bist unsre Zuflucht für und für.
2 Ehe denn die Berge wurden
und die Erde und die Welt geschaffen wurden,
bist du, Gott, von Ewigkeit zu Ewigkeit.

II 3 Der du die Menschen lässest sterben
und sprichst: Kommt wieder, Menschenkinder!

I 4 Denn tausend Jahre sind vor dir wie der Tag,
der gestern vergangen ist,
und wie eine Nachtwache.

II 5 Du lässest sie dahinfahren wie einen Strom,
sie sind wie ein Schlaf,
wie ein Gras, das am Morgen noch sprosst,

I 6 das am Morgen blüht und sprosst
und des Abends welkt und verdorrt.

II 7 Das macht dein Zorn, dass wir so vergehen,
und dein Grimm, dass wir so plötzlich dahin müssen.

I 8 Denn unsre Missetaten stellst du vor dich,
unsre unerkannte Sünde ins Licht vor deinem Angesicht.

II 9 Darum fahren alle unsre Tage dahin durch deinen Zorn,
wir bringen unsre Jahre zu wie ein Geschwätz.

I 10 Unser Leben währet siebzig Jahre,
und wenn's hoch kommt, so sind's achtzig Jahre,

II und was daran köstlich scheint,
ist doch nur vergebliche Mühe;
denn es fähret schnell dahin,
als flögen wir davon.

I 11 Wer glaubt's aber, dass du so sehr zürnest,
und wer fürchtet sich vor dir in deinem Grimm?

II 12 Lehre uns bedenken, dass wir sterben müssen,
auf dass wir klug werden.

I 13 HERR, kehre dich doch endlich wieder zu uns
und sei deinen Knechten gnädig!

II 14 Fülle uns frühe mit deiner Gnade,
so wollen wir rühmen und fröhlich sein unser Leben lang.

I 15 Erfreue uns nun wieder,
nachdem du uns so lange plagest,
nachdem wir so lange Unglück leiden.

II 16 Zeige deinen Knechten deine Werke
und deine Herrlichkeit ihren Kindern.

I 17 Und der Herr, unser Gott, sei uns freundlich
und fördere das Werk unsrer Hände bei uns.
Ja, das Werk unsrer Hände wollest du fördern!

124 PSALM 91 (Einheitsübersetzung)

I 1 Wer im Schutz des Höchsten wohnt
und ruht im Schatten des Allmächtigen,

II 2 der sagt zu IHM: Du bist für mich Zuflucht und Burg,
mein Gott, dem ich vertraue.

I 3 Er rettet dich aus der Schlinge des Jägers
und aus allem Verderben.

II 4 Er beschirmt dich mit seinen Flügeln,
unter seinen Schwingen findest du Zuflucht,
Schild und Schutz ist dir seine Treue.

I 5 Du brauchst dich vor dem Schrecken der Nacht
nicht zu fürchten
noch vor dem Pfeil, der am Tag dahinfliegt,

II 6 nicht vor der Pest, die im Finstern schleicht,
vor der Seuche, die wütet am Mittag.

I 7 Fallen auch tausend zu deiner Seite,
dir zur Rechten zehnmal tausend,
so wird es doch dich nicht treffen.

II 8 Ja, du wirst es sehen mit eigenen Augen,
wirst zuschauen, wie den Frevlern vergolten wird.

I 9 Denn ER ist deine Zuflucht,
du hast dir den Höchsten als Schutz erwählt.

II 10 Dir begegnet kein Unheil,
kein Unglück naht deinem Zelt.

I 11 Denn er befiehlt seinen Engeln,
dich zu behüten auf all deinen Wegen.

II 12 Sie tragen dich auf ihren Händen,
damit dein Fuß nicht an einen Stein stößt;

I 13 du schreitest über Löwen und Nattern,
trittst auf Löwen und Drachen.

II 14 «Weil er an mir hängt, will ich ihn retten;
ich will ihn schützen, denn er kennt meinen Namen.

I 15 Wenn er mich anruft, dann will ich ihn erhören.
Ich bin bei ihm in der Not,
befreie ihn und bringe ihn zu Ehren.

II 16 Ich sättige ihn mit langem Leben
und lasse ihn schauen mein Heil.»

PSALM 98 **125**

I 1 Singt IHM ein neues Lied,
denn er hat Wunder getan.
Geholfen hat ihm seine Rechte
und sein heiliger Arm.

II 2 ER hat sein Heil kundgetan,
vor den Augen der Völker seine Gerechtigkeit offenbart.

I 3 Er gedachte seiner Gnade und seiner Treue
zum Haus Israel.
Alle Enden der Erde
haben das Heil unseres Gottes geschaut.

II 4 Jauchzt IHM, alle Lande,
seid fröhlich, jubelt und spielt.

I 5 Spielt IHM auf der Leier,
auf der Leier mit frohem Gesang.

II 6 Mit Trompeten und Hörnerschall
jauchzt vor IHM, dem König.

I 7 Es brause das Meer und was es erfüllt,
der Erdkreis und die darauf wohnen.

II 8 Die Ströme sollen in die Hände klatschen,
die Berge jubeln im Chor

I 9 vor IHM, denn er kommt,
die Erde zu richten;

er richtet den Erdkreis in Gerechtigkeit
und die Völker nach dem Recht.

126 Psalm 100

I 1 Jauchzt IHM, alle Lande.
2 Dient IHM mit Freuden,
kommt vor sein Angesicht mit Jubel.

II 3 Erkennt, dass ER allein Gott ist.
Er hat uns gemacht und nicht wir selbst,
sein Volk sind wir und die Schafe seiner Weide.

I 4 Kommt zu seinen Toren mit Dank,
in seine Vorhöfe mit Lobgesang,
dankt ihm, preist seinen Namen.

II 5 Denn gut ist ER, ewig währt seine Gnade
und seine Treue von Geschlecht zu Geschlecht.

127 Psalm 100 (Übersetzung nach Martin Luther)

I 1 Jauchzet dem HERRN, alle Welt!
2 Dienet dem HERRN mit Freuden,

II kommt vor sein Angesicht mit Frohlocken!
3 Erkennet, dass der HERR Gott ist!

I Er hat uns gemacht und nicht wir selbst
zu seinem Volk und zu Schafen seiner Weide.

II 4 Gehet zu seinen Toren ein mit Danken,
zu seinen Vorhöfen mit Loben;
danket ihm, lobet seinen Namen!

I 5 Denn der HERR ist freundlich,
und seine Gnade währet ewig
und seine Wahrheit für und für.

128 Psalm 103

I 1 Lobe IHN, meine Seele,
und alles, was in mir ist, seinen heiligen Namen.

II 2 Lobe IHN, meine Seele,
und vergiss nicht, was er dir Gutes getan hat.

I 3 Der all deine Schuld vergibt
und alle deine Krankheiten heilt,

II 4 der dein Leben aus der Grube erlöst,
der dich krönt mit Gnade und Erbarmen,

I 5 der dich mit Gutem sättigt dein Leben lang.
Dem Adler gleich erneuert sich deine Jugend.

II 6 Taten des Heils wirkt ER
und Recht für alle Unterdrückten.

I 7 Seine Wege hat er Mose kundgetan,
den Israeliten seine Taten.

II 8 Barmherzig und gnädig ist ER,
langmütig und reich an Güte.

I 9 Nicht für immer klagt er an,
und nicht ewig verharrt er im Zorn.

II 10 Nicht nach unseren Sünden handelt er an uns,
er vergilt uns nicht nach unserer Schuld.

I 11 So hoch der Himmel über der Erde,
so mächtig ist seine Gnade über denen, die ihn fürchten.

II 12 So fern der Aufgang ist vom Untergang,
so fern lässt er unsere Verfehlungen von uns sein.

I 13 Wie ein Vater sich der Kinder erbarmt,
so erbarmt ER sich derer, die ihn fürchten.

II 14 Denn er weiß, welch ein Gebilde wir sind,
er bedenkt, dass wir Staub sind.

I 15 Des Menschen Tage sind wie Gras,
er blüht wie eine Blume des Feldes:

II 16 Wenn der Wind darüber fährt, ist er dahin,
und seine Stätte weiß nicht mehr von ihm.

I 17 Aber SEINE Gnade währt von Ewigkeit zu Ewigkeit
über denen, die ihn fürchten,
und seine Gerechtigkeit über Kindeskindern,

II 18 über denen, die seinen Bund halten
und seiner Gebote gedenken in der Tat.

I 19 ER hat im Himmel seinen Thron errichtet,
und sein Königtum herrscht über das All.

II 20 Lobt IHN, ihr seine Boten,
ihr starken Helden, die ihr sein Wort vollbringt,
gehorsam seinem gebietenden Wort.

I 21 Lobt IHN, all seine Heerscharen,
ihr seine Diener, die ihr seinen Willen tut.

II 22 Lobt IHN, all seine Werke,
an allen Orten seiner Herrschaft.
Lobe IHN, meine Seele.

129 PSALM 103 (Übersetzung nach Martin Luther)

I 1 Lobe den HERRN, meine Seele,
und was in mir ist, seinen heiligen Namen!

II 2 Lobe den HERRN, meine Seele,
und vergiss nicht, was er dir Gutes getan hat:

I 3 der dir alle deine Sünde vergibt
und heilet alle deine Gebrechen,

II 4 der dein Leben vom Verderben erlöst,
der dich krönet mit Gnade und Barmherzigkeit,

I 5 der deinen Mund fröhlich macht,
und du wieder jung wirst wie ein Adler.

II 6 Der HERR schafft Gerechtigkeit und Recht
allen, die Unrecht leiden.

I 7 Er hat seine Wege Mose wissen lassen,
die Kinder Israel sein Tun.

II 8 Barmherzig und gnädig ist der HERR,
geduldig und von großer Güte.

I 9 Er wird nicht für immer hadern
noch ewig zornig bleiben.

II 10 Er handelt nicht mit uns nach unsern Sünden
und vergilt uns nicht nach unsrer Missetat.

I 11 Denn so hoch der Himmel über der Erde ist,
lässt er seine Gnade walten über denen, die ihn fürchten.

II 12 So fern der Morgen ist vom Abend,
lässt er unsre Übertretungen von uns sein.

I 13 Wie sich ein Vater über Kinder erbarmt,
so erbarmt sich der HERR über die, die ihn fürchten.

II 14 Denn er weiß, was für ein Gebilde wir sind;
er gedenkt daran, dass wir Staub sind.

I 15 Ein Mensch ist in seinem Leben wie Gras,
er blüht wie eine Blume auf dem Felde;

II 16 wenn der Wind darüber geht, so ist sie nimmer da,
und ihre Stätte kennet sie nicht mehr.

I 17 Die Gnade aber des HERRN
währt von Ewigkeit zu Ewigkeit
über denen, die ihn fürchten,

II und seine Gerechtigkeit auf Kindeskind
18 bei denen, die seinen Bund halten
und gedenken an seine Gebote,
dass sie danach tun.

I 19 Der HERR hat seinen Thron im Himmel errichtet,
und sein Reich herrscht über alles.

II 20 Lobet den HERRN, ihr seine Engel,
ihr starken Helden, die ihr seinen Befehl ausrichtet,
dass man höre auf die Stimme seines Wortes!

I 21 Lobet den HERRN, alle seine Heerscharen,
seine Diener, die ihr seinen Willen tut!

II 22 Lobet den HERRN, alle seine Werke,
an allen Orten seiner Herrschaft!
Lobe den HERRN, meine Seele!

PSALM 104 **130**

I 1 Lobe IHN, meine Seele.
DU, mein Gott, du bist so groß.

II In Hoheit und Pracht bist du gekleidet,
2 der du dich hüllst in Licht wie in einen Mantel,

I der den Himmel ausspannt wie ein Zelt,
3 der auf den Wassern seine Gemächer baut,

II der Wolken zu seinem Wagen macht,
auf Flügeln des Sturms dahinfährt,

I 4 der Winde zu seinen Boten bestellt,
zu seinen Dienern lohendes Feuer.

II 5 Der die Erde auf ihre Pfeiler gegründet hat,
dass sie niemals mehr wankt.

I 6 Mit der Urflut bedecktest du sie wie mit einem Kleid,
hoch über den Bergen standen die Wasser.

II 7 Vor deinem Schelten flohen sie,
vor deiner Donnerstimme wichen sie zurück.

I 8 Sie stiegen an Bergen hinan und sanken in Täler hinab,
an den Ort, den du ihnen bestimmt hast.

II 9 Du hast eine Grenze gesetzt, die sie nicht überschreiten;
nie dürfen sie wieder die Erde bedecken.

I 10 Quellen schickt er in die Täler,
zwischen den Bergen fließen sie dahin.

II 11 Sie tränken alle Tiere des Feldes,
Wildesel stillen ihren Durst.

I 12 An ihren Ufern wohnen die Vögel des Himmels,
aus dem Gezweig erschallt ihre Stimme.

II 13 Von seinen Gemächern aus tränkt er die Berge,
von der Frucht deiner Werke wird die Erde satt.

I 14 Gras lässt er sprossen für das Vieh
und Kraut dem Menschen zu Nutze,

II damit er Brot hervorbringe aus der Erde
15 und Wein, der des Menschen Herz erfreut,

I damit er das Angesicht erglänzen lasse von Öl
und Brot das Herz des Menschen stärke.

II 16 SEINE Bäume trinken sich satt,
die Zedern des Libanon, die er gepflanzt hat;

I 17 dort nisten die Vögel,
der Storch hat in den Zypressen sein Haus.

II 18 Die Gebirge gehören den Steinböcken,
die Felsen bieten den Klippdachsen Zuflucht.

I 19 Er hat den Mond gemacht zur Bestimmung der Zeiten,
die Sonne, die ihren Untergang weiß.

II 20 Du bringst Finsternis, und es wird Nacht,
in ihr regen sich alle Tiere des Waldes.

I 21 Die Löwen brüllen nach Beute
und fordern von Gott ihren Fraß.

II 22 Strahlt die Sonne auf, ziehen sie sich zurück
und lagern in ihren Verstecken.

I 23 Der Mensch geht hinaus an sein Werk,
an seine Arbeit bis zum Abend.

II 24 Wie zahlreich sind DEINE Werke.
Du hast sie alle in Weisheit gemacht,
die Erde ist voll deiner Geschöpfe.

I 25 Da ist das Meer, so groß und so weit,
darin ein Gewimmel ohne Zahl,
Tiere groß und klein.

II 26 Schiffe ziehen dahin,
der Leviatan*, den du gebildet hast,
um mit ihm zu spielen.

I 27 Sie alle warten auf dich,
dass du ihnen Speise gibst zur rechten Zeit.

II 28 Gibst du ihnen, so sammeln sie ein,
tust du deine Hand auf, so werden sie satt von Gutem.

I 29 Verbirgst du dein Angesicht, erschrecken sie,
nimmst du ihren Atem weg, kommen sie um
und werden wieder zu Staub.

II 30 Sendest du deinen Atem aus, werden sie erschaffen,
und du erneuerst das Angesicht der Erde.

I 31 Ewig währe SEINE Herrlichkeit,
ER freue sich seiner Werke.

II 32 Er blickt die Erde an, und sie erbebt,
er rührt die Berge an, und sie rauchen.

I 33 Ich will IHM singen mein Leben lang,
will meinem Gott spielen, solange ich bin.

II 34 Möge mein Dichten ihm gefallen,
ich freue mich SEINER.

I 35 Mögen die Sünder verschwinden von der Erde
und die Frevler nicht mehr sein.
Lobe IHN, meine Seele.
Halleluja.

* Leviatan: Meeresungeheuer

131 PSALM 111

I 1 Halleluja.
Ich will IHN preisen von ganzem Herzen,
im Kreis der Aufrichtigen und der Gemeinde.

II 2 Groß sind SEINE Werke,
allen erkennbar, die an ihnen Gefallen haben.

I 3 Hoheit und Pracht ist sein Tun,
und seine Gerechtigkeit bleibt für immer bestehen.

II 4 Ein Gedächtnis hat er seinen Wundern gestiftet,
gnädig und barmherzig ist ER.

I 5 Speise gibt er denen, die ihn fürchten,
er gedenkt seines Bundes auf ewig.

II 6 Die Macht seiner Werke hat er seinem Volk kundgetan,
da er ihnen das Erbe der Völker gab.

I 7 Die Werke seiner Hände sind Treue und Recht,
verlässlich sind alle seine Gebote,

II 8 gültig auf immer und ewig,
in Treue geschaffen und gerecht.

I 9 Erlösung hat er seinem Volk gesandt,
seinen Bund auf ewig bestimmt,
heilig und furchtbar ist sein Name.

II 10 IHN zu fürchten, ist der Anfang der Weisheit,
heilsame Einsicht für alle, die so handeln,
sein Ruhm bleibt für immer bestehen.

PSALM 113 **132**

I 1 Halleluja.
Lobt, ihr SEINE Knechte,
lobt SEINEN Namen.

II 2 SEIN Name sei gepriesen
von nun an bis in Ewigkeit.

I 3 Vom Aufgang der Sonne bis zu ihrem Niedergang
sei gelobt SEIN Name.

II 4 ER ist erhaben über alle Völker
und seine Herrlichkeit über die Himmel.

I 5 Wer ist IHM gleich, unserem Gott,
der hoch droben thront,

II 6 der tief hinunterschaut
auf Himmel und Erde?

I 7 Der aus dem Staub den Geringen aufrichtet,
aus dem Kot den Armen erhebt,

II 8 um ihn neben Edle zu setzen,
neben die Edlen seines Volkes;

I 9 der der Unfruchtbaren Hausrecht gibt
als fröhliche Mutter von Kindern.
Halleluja.

PSALM 114 **133**

I 1 Als Israel auszog aus Ägypten,
das Haus Jakobs aus barbarischem Volk,

II 2 da wurde Juda sein Heiligtum,
Israel sein Reich.

I 3 Das Meer sah es und floh,
der Jordan wich zurück.

II 4 Die Berge hüpften wie Widder,
die Hügel wie Lämmer.

I 5 Was hast du, Meer, dass du fliehst,
du Jordan, dass du zurückweichst?

II 6 Ihr Berge, was hüpft ihr wie Widder,
ihr Hügel wie Lämmer?

I 7 Vor dem Herrn erbebe, Erde,
vor dem Gott Jakobs,

II 8 der den Felsen wandelt zum Wasserteich,
den Kiesel zum Wasserquell.

134 Psalm 115

I 1 Nicht uns, DU, nicht uns,
sondern deinem Namen gib Ehre,
um deiner Gnade, um deiner Treue willen.

II 2 Warum sollen die Völker sagen:
Wo ist denn ihr Gott?

I 3 Unser Gott ist im Himmel,
er vollbringt, was ihm gefällt.

II 4 Ihre Götzen sind Silber und Gold,
Machwerk von Menschenhand.

I 5 Sie haben einen Mund und sprechen nicht,
haben Augen und sehen nicht.

II 6 Sie haben Ohren und hören nicht,
haben eine Nase und riechen nicht.

I 7 Mit ihren Händen fühlen sie nicht,
mit ihren Füßen gehen sie nicht,
mit ihrer Kehle geben sie keinen Laut.

II 8 Ihnen werden gleich sein, die sie machen,
jeder, der ihnen vertraut.

I 9 Israel, vertraue auf IHN.
Er ist ihre Hilfe und ihr Schild.

II 10 Haus Aarons, vertraut auf IHN.
Er ist ihre Hilfe und ihr Schild.

I 11 Die ihr IHN fürchtet, vertraut auf IHN.
Er ist ihre Hilfe und ihr Schild.

II 12 ER hat unser gedacht, er segnet.
Er segnet das Haus Israel,
er segnet das Haus Aarons.

I 13 Er segnet, die IHN fürchten,
die Kleinen und die Großen.

II 14 ER mehre euch,
euch und eure Kinder.

I 15 Gesegnet seid ihr von IHM,
der Himmel und Erde gemacht hat.

II 16 Der Himmel ist SEIN Himmel,
die Erde aber hat er den Menschen gegeben.

I 17 Nicht die Toten loben IHN,
keiner von allen, die hinabfuhren ins Schweigen.

II 18 Wir aber, wir preisen IHN
von nun an bis in Ewigkeit.
Halleluja.

PSALM 117 **135**

I 1 Lobt IHN, alle Völker!
Rühmt ihn, ihr Nationen alle!

II 2 Denn mächtig waltet über uns seine Güte,
und SEINE Treue währt in Ewigkeit.
Halleluja.

PSALM 118 **136**

I 1 Preist IHN, denn er ist gut,
ewig währt seine Gnade.

II 2 Es spreche Israel:
Ewig währt seine Gnade.

I 3 Es spreche das Haus Aarons:
Ewig währt seine Gnade.

II 4 Sprechen sollen, die IHN fürchten:
Ewig währt seine Gnade.

I 5 Aus der Bedrängnis rief ich zu IHM,
ER erhörte mich und schuf mir weiten Raum.

II 6 ER ist für mich, ich fürchte mich nicht,
was können Menschen mir antun?

I 7 ER ist für mich, ist mir Helfer,
weiden wird sich mein Blick an denen, die mich hassen.

II 8 Besser ist es, bei IHM Zuflucht zu suchen,
als Menschen zu vertrauen.

I 9 Besser ist es, bei IHM Zuflucht zu suchen,
als Fürsten zu vertrauen.

II 10 Alle Völker umringen mich,
in SEINEM Namen aber wehre ich sie ab.

I 11 Sie umkreisen, sie umringen mich,
in SEINEM Namen aber wehre ich sie ab.

II 12 Wie Bienen umkreisen sie mich,
wie ein Dornenfeuer verlöschen sie;
in SEINEM Namen wehre ich sie ab.

I 13 Man hat mich gestoßen, damit ich falle,
ER aber hat mir geholfen.

II 14 Meine Kraft und meine Stärke ist ER,
und er wurde mir zum Heil.

I 15 Jubel und Siegesruf erschallen
in den Zelten der Gerechten.
Machttaten vollbringt SEINE Rechte.

II 16 SEINE Rechte erhöht,
Machttaten vollbringt SEINE Rechte.

I 17 Ich werde nicht sterben, sondern leben
und SEINE Taten verkünden.

II 18 Hart hat ER mich gezüchtigt,
dem Tod aber nicht preisgegeben.

I 19 Tut mir auf die Tore der Gerechtigkeit.
Ich will durch sie einziehen, um IHN zu preisen.

II 20 Dies ist das Tor zu IHM,
die Gerechten ziehen hier ein.

I 21 Ich will dich preisen, denn du hast mich erhört
und bist mir zum Heil geworden.

II 22 Der Stein, den die Bauleute verworfen haben,
ist zum Eckstein geworden.

I 23 Durch IHN ist es geschehen,
wunderbar ist es in unseren Augen.

II 24 Dies ist der Tag, den ER gemacht hat,
wir wollen jauchzen und uns an ihm freuen.

I 25 Ach, DU, hilf!
Ach, DU, lass gelingen!

II 26 Gesegnet sei, wer kommt, in SEINEM Namen.
Wir segnen euch von SEINEM Haus.

I 27 ER ist Gott, er gab uns Licht.
Schmückt das Fest mit Zweigen
bis zu den Hörnern des Altars.

II 28 Du bist mein Gott, ich will dich preisen,
mein Gott, ich will dich erheben.

I 29 Preist IHN, denn er ist gut,
ewig währt seine Gnade.

PSALM 121 — 137

I 1 Ich hebe meine Augen auf zu den Bergen:
Woher wird mir Hilfe kommen?

II 2 Meine Hilfe kommt von IHM,
der Himmel und Erde gemacht hat.

I 3 Er lässt deinen Fuß nicht wanken;
der dich behütet, schlummert nicht.

II 4 Siehe, nicht schlummert noch schläft
der Hüter Israels.

I 5 ER ist dein Hüter,
ER ist dein Schatten zu deiner Rechten.

II 6 Bei Tage wird dich die Sonne nicht stechen
noch der Mond des Nachts.

I 7 ER behütet dich vor allem Bösen,
er behütet dein Leben.

II 8 ER behütet deinen Ausgang und Eingang
von nun an bis in Ewigkeit.

PSALM 126 — 138

I 1 Als ER wandte Zions Geschick,
waren wir wie Träumende.

II 2 Da war unser Mund voll Lachen
und unsere Zunge voll Jubel.

Da sprach man unter den Völkern:
ER hat Großes an ihnen getan.

I 3 Großes hat ER an uns getan,
wir waren voll Freude.

II 4 Wende, DU, unser Geschick,
wie du versiegte Bäche wieder füllst im Südland.

I 5 Die mit Tränen säen,
werden mit Jubel ernten.

II 6 Weinend geht hin,
der den Saatbeutel trägt,
doch mit Jubel kommt heim,
der seine Garben trägt.

139 PSALM 130

I 1 Aus der Tiefe rufe ich zu DIR,
2 o Gott, höre meine Stimme,

II lass deine Ohren vernehmen
den Ruf meines Flehens.

I 3 Wenn DU Sünden anrechnest,
wer kann bestehen?

II 4 Doch bei dir ist die Vergebung,
damit man dich fürchte.

I 5 Ich hoffe auf Gott, meine Seele hofft,
ich harre auf sein Wort.

II 6 Meine Seele harrt auf IHN,
mehr als die Wächter auf den Morgen,
mehr als die Wächter auf den Morgen.

I 7 Harre, Israel, auf IHN.
Denn bei IHM ist die Gnade,
und bei ihm ist Erlösung in Fülle.

II 8 Er wird Israel erlösen
von allen seinen Sünden.

PSALM 130 (Übersetzung nach Martin Luther) 140

I 1 Aus der Tiefe rufe ich, HERR, zu dir.
2 Herr, höre meine Stimme!
Lass deine Ohren merken auf die Stimme meines Flehens!

II 3 Wenn du, HERR, Sünden anrechnen willst –
Herr, wer wird bestehen?

I 4 Denn bei dir ist die Vergebung,
dass man dich fürchte.

II 5 Ich harre des HERRN, meine Seele harret,
und ich hoffe auf sein Wort.

I 6 Meine Seele wartet auf den Herrn
mehr als die Wächter auf den Morgen;
mehr als die Wächter auf den Morgen
7 hoffe Israel auf den HERRN!

II Denn bei dem HERRN ist die Gnade
und viel Erlösung bei ihm.
8 Und er wird Israel erlösen
aus allen seinen Sünden.

PSALM 131 141

I 1 DU, mein Herz will nicht hoch hinaus,
und meine Augen blicken nicht hochmütig,
ich gehe nicht mit großen Dingen um,
mit Dingen, die mir zu wunderbar sind.

II 2 Fürwahr, ich habe meine Seele
besänftigt und beruhigt,
wie ein entwöhntes Kind bei seiner Mutter,
wie das entwöhnte Kind ist meine Seele ruhig in mir.

I 3 Harre, Israel, auf IHN
von nun an bis in Ewigkeit.

PSALM 137,1–6 142

I 1 An den Strömen Babels, da saßen wir und weinten,
wenn wir Zions gedachten;

II 2 an die Weiden im Lande hängten wir unsre Harfen.

I 3 Denn dort hießen uns singen, die uns hinweggeführt,
hießen uns fröhlich sein unsre Peiniger:
«Singt uns eines von den Zionsliedern!»

II 4 Wie könnten wir des HERRN Lied singen
auf fremder Erde?

I 5 Vergesse ich deiner, Jerusalem,
so müsse meine Rechte verdorren.

II 6 Die Zunge müsse mir am Gaumen kleben,
wenn ich dein nicht gedenke,
wenn ich nicht Jerusalem setze
über meine höchste Freude.

143 PSALM 139 (Übersetzung nach Martin Luther)

I 1 HERR, du erforschest mich
und kennest mich.

II 2 Ich sitze oder stehe auf, so weißt du es;
du verstehst meine Gedanken von ferne.

I 3 Ich gehe oder liege, so bist du um mich
und siehst alle meine Wege.

II 4 Denn siehe, es ist kein Wort auf meiner Zunge,
das du, HERR, nicht schon wüsstest.

I 5 Von allen Seiten umgibst du mich
und hältst deine Hand über mir.

II 6 Diese Erkenntnis ist mir zu wunderbar und zu hoch,
ich kann sie nicht begreifen.

I 7 Wohin soll ich gehen vor deinem Geist,
und wohin soll ich fliehen vor deinem Angesicht?

II 8 Führe ich gen Himmel, so bist du da;
bettete ich mich bei den Toten, siehe, so bist du auch da.

I 9 Nähme ich Flügel der Morgenröte
und bliebe am äußersten Meer,

II 10 so würde auch dort deine Hand mich führen
und deine Rechte mich halten.

I 11 Spräche ich: Finsternis möge mich decken
und Nacht statt Licht um mich sein –,

II 12 so wäre auch Finsternis nicht finster bei dir,
und die Nacht leuchtete wie der Tag.
Finsternis ist wie das Licht.

I 13 Denn du hast meine Nieren bereitet
und hast mich gebildet im Mutterleibe.

II 14 Ich danke dir dafür,
dass ich wunderbar gemacht bin;
wunderbar sind deine Werke;
das erkennt meine Seele.

I 15 Es war dir mein Gebein nicht verborgen,
als ich im Verborgenen gemacht wurde,
als ich gebildet wurde unten in der Erde.

II 16 Deine Augen sahen mich,
als ich noch nicht bereitet war,

I und alle Tage waren in dein Buch geschrieben,
die noch werden sollten und von denen keiner da war.

II 17 Aber wie schwer sind für mich, Gott, deine Gedanken!
Wie ist ihre Summe so groß!

I 18 Wollte ich sie zählen, so wären sie mehr als der Sand:
Am Ende bin ich noch immer bei dir.

II 19 Ach Gott, wolltest du doch die Gottlosen töten!
Dass doch die Blutgierigen von mir wichen!

I 20 Denn sie reden von dir lästerlich,
und deine Feinde erheben sich mit frechem Mut.

II 21 Sollte ich nicht hassen, HERR, die dich hassen,
und verabscheuen, die sich gegen dich erheben?

I 22 Ich hasse sie mit ganzem Ernst;
sie sind mir zu Feinden geworden.

II 23 Erforsche mich, Gott, und erkenne mein Herz;
prüfe mich und erkenne, wie ich's meine.

I 24 Und sieh, ob ich auf bösem Wege bin,
und leite mich auf ewigem Wege.

144 PSALM 146

I 1 Halleluja.
Lobe IHN, meine Seele.

II 2 Ich will IHN loben mein Leben lang,
will meinem Gott singen, solange ich bin.

I 3 Vertraut nicht auf Fürsten,
nicht auf den Menschen, bei dem keine Hilfe ist.

II 4 Schwindet sein Atem, wird er wieder zur Erde,
gleichentags sind seine Pläne zunichte.

I 5 Wohl dem, dessen Hilfe der Gott Jakobs ist,
der seine Hoffnung auf IHN setzt, seinen Gott,

II 6 der Himmel und Erde gemacht hat
und das Meer und alles, was in ihnen ist,
der Treue bewahrt auf ewig,

I 7 der Recht schafft den Unterdrückten,
der den Hungrigen Brot gibt.

II ER befreit die Gefangenen,
8 ER macht Blinde sehend,

I ER richtet die Gebeugten auf,
ER liebt die Gerechten.

II 9 ER behütet die Fremdlinge,
Waisen und Witwen hilft er auf,
doch in die Irre führt er den Weg der Frevler.

I 10 ER ist König in Ewigkeit,
dein Gott, Zion, von Geschlecht zu Geschlecht.
Halleluja.

145 PSALM 148

I 1 Halleluja.
Lobt IHN vom Himmel her,
lobt ihn in den Höhen.

II 2 Lobt ihn, alle seine Engel,
lobt ihn, alle seine Heerscharen.

I 3 Lobt ihn, Sonne und Mond,
lobt ihn, all ihr leuchtenden Sterne.

II 4 Lobt ihn, ihr Himmel der Himmel
und ihr Wasser über dem Himmel.

I 5 Sie sollen loben SEINEN Namen,
denn er gebot – und sie wurden geschaffen.

II 6 Er setzte sie für immer und ewig,
er gab eine Ordnung, und niemand darf sie verletzen.

I 7 Lobt IHN von der Erde her,
ihr Drachen und alle Fluten.

II 8 Feuer und Hagel, Schnee und Nebel,
du Sturmwind, der sein Wort vollzieht,

I 9 ihr Berge und all ihr Hügel,
ihr Fruchtbäume und alle Zedern,

II 10 ihr wilden Tiere und alles Vieh,
Kriechtiere und gefiederte Vögel.

I 11 Ihr Könige der Erde und all ihr Nationen,
ihr Fürsten und alle Richter der Erde,

II 12 ihr jungen Männer und ihr Mädchen,
ihr Alten und Jungen.

I 13 Sie sollen loben SEINEN Namen,
denn sein Name allein ist erhaben,
seine Hoheit über Erde und Himmel.

II 14 Er hat seinem Volk das Horn erhoben*,
zum Ruhm für alle seine Frommen,
für die Kinder Israels, das Volk, das ihm nahe ist.
Halleluja.

* «Das Horn erheben» bedeutet «Kraft verleihen».

PSALM 150 **146**

I 1 Halleluja.
Lobt Gott in seinem Heiligtum,
lobt ihn in seiner starken Feste.

II 2 Lobt ihn um seiner machtvollen Taten willen,
lobt ihn in seiner gewaltigen Größe.

I 3 Lobt ihn mit Hörnerschall,
lobt ihn mit Harfe und Leier.

II 4 Lobt ihn mit Trommel und Reigentanz,
lobt ihn mit Saiten und Flöte.

I 5 Lobt ihn mit klingenden Zimbeln,
lobt ihn mit schallenden Zimbeln.

II 6 Alles, was Atem hat, lobe IHN.
Halleluja.

147 DER LOBGESANG DES JONA (Jona 2)

1 Und ER entbot einen großen Fisch, Jona zu verschlingen,
und Jona war drei Tage und drei Nächte in dem Bauche des
Fisches. 2 Da betete Jona im Bauch des Fisches zu IHM, sei-
nem Gott, 3 und sprach:

I Aus meiner Not rief ich zu IHM,
und er erhörte mich.
Aus dem Schoß der Unterwelt schrie ich,
du hörtest meine Stimme.

II 4 Du warfst mich in die Tiefe, mitten ins Meer,
und die Flut umschloss mich;
all deine Wogen und Wellen
gingen über mich hin.

I 5 Schon dachte ich, ich sei verstoßen,
hinweg aus deinen Augen.
Wie werde ich je wieder schauen
deinen heiligen Tempel?

II 6 Die Wasser gingen mir bis an die Seele,
die Tiefe umschloss mich,

I Meertang umschlang mein Haupt
7 an den Gründen der Berge.

II Ich war hinabgefahren in die Erde,
ihre Riegel schlossen sich hinter mir auf ewig;

I da zogst du mein Leben empor aus der Grube,
o DU, mein Gott!

II 8 Als meine Seele in mir verzagte,
gedachte ich SEINER,

und mein Gebet drang zu dir
in deinen heiligen Tempel.

I 9 Die an nichtige Götzen sich halten,
verlassen ihn, ihre Zuflucht.

II 10 Ich aber will mit lautem Danken
dir Opfer bringen;
was ich gelobt habe, will ich erfüllen!
Die Hilfe steht bei IHM.

11 Und ER gebot dem Fisch, und er spie Jona ans Land.

DER LOBGESANG DER DREI JUNGEN MÄNNER (Daniel 3,51–90) 148

51 Da sangen die drei im Ofen wie aus einem Mund, sie
rühmten und priesen Gott mit den Worten:

52 Gepriesen bist DU, du Gott unserer Väter,
gelobt und gerühmt in Ewigkeit.
Gepriesen ist dein heiliger, herrlicher Name,
hoch gelobt und verherrlicht in Ewigkeit.
53 Gepriesen bist du im Tempel deiner heiligen Herrlichkeit,
hoch gerühmt und verherrlicht in Ewigkeit.
54 Gepriesen bist du, der in die Tiefen schaut
und auf Kerubim thront,
gelobt und gerühmt in Ewigkeit.
55 Gepriesen bist du auf dem Thron deiner Herrschaft,
hoch gerühmt und gefeiert in Ewigkeit.
56 Gepriesen bist du am Gewölbe des Himmels,
gerühmt und verherrlicht in Ewigkeit.
57 Preist IHN, all ihr SEINE Werke;
lobt und rühmt ihn in Ewigkeit!
58 Preist IHN, ihr Himmel;
lobt und rühmt ihn in Ewigkeit!
59 Preist IHN, ihr SEINE Engel;
lobt und rühmt ihn in Ewigkeit!
60 Preist IHN, all ihr Wasser über dem Himmel;
lobt und rühmt ihn in Ewigkeit!
61 Preist IHN, all ihr SEINE Mächte;
lobt und rühmt ihn in Ewigkeit!

62 Preist IHN, Sonne und Mond;
lobt und rühmt ihn in Ewigkeit!
63 Preist IHN, ihr Sterne am Himmel;
lobt und rühmt ihn in Ewigkeit!
64 Preist IHN, aller Regen und Tau;
lobt und rühmt ihn in Ewigkeit!
65 Preist IHN, all ihr Winde;
lobt und rühmt ihn in Ewigkeit!
66 Preist IHN, Feuer und Glut;
lobt und rühmt ihn in Ewigkeit!
67 Preist IHN, Frost und Hitze;
lobt und rühmt ihn in Ewigkeit!
68 Preist IHN, Tau und Schnee;
lobt und rühmt ihn in Ewigkeit!
69 Preist IHN, Eis und Kälte;
lobt und rühmt ihn in Ewigkeit!
70 Preist IHN, Raureif und Schnee;
lobt und rühmt ihn in Ewigkeit!
71 Preist IHN, ihr Nächte und Tage;
lobt und rühmt ihn in Ewigkeit!
72 Preist IHN, Licht und Dunkel;
lobt und rühmt ihn in Ewigkeit!
73 Preist IHN, ihr Blitze und Wolken;
lobt und rühmt ihn in Ewigkeit!
74 Die Erde preise IHN;
sie lobe und rühme ihn in Ewigkeit.
75 Preist IHN, ihr Berge und Hügel;
lobt und rühmt ihn in Ewigkeit!
76 Preist IHN, all ihr Gewächse auf Erden;
lobt und rühmt ihn in Ewigkeit!
77 Preist IHN, ihr Quellen;
lobt und rühmt ihn in Ewigkeit!
78 Preist IHN, ihr Meere und Flüsse;
lobt und rühmt ihn in Ewigkeit!
79 Preist IHN, ihr Tiere des Meeres
und alles, was sich regt im Wasser;
lobt und rühmt ihn in Ewigkeit!

80 Preist IHN, all ihr Vögel am Himmel;
lobt und rühmt ihn in Ewigkeit!
81 Preist IHN, all ihr Tiere, wilde und zahme;
lobt und rühmt ihn in Ewigkeit!
82 Preist IHN, ihr Menschen;
lobt und rühmt ihn in Ewigkeit!
83 Preist IHN, ihr Israeliten;
lobt und rühmt ihn in Ewigkeit!
84 Preist IHN, ihr seine Priester;
lobt und rühmt ihn in Ewigkeit!
85 Preist IHN, ihr seine Knechte;
lobt und rühmt ihn in Ewigkeit!
86 Preist IHN, ihr Geister und Seelen der Gerechten;
lobt und rühmt ihn in Ewigkeit!
87 Preist IHN, ihr Demütigen und Frommen;
lobt und rühmt ihn in Ewigkeit!
88 Preist IHN, Hananja, Asarja und Mischaël;
lobt und rühmt ihn in Ewigkeit!
Denn er hat uns der Unterwelt entrissen
und aus der Gewalt des Todes errettet.
Er hat uns aus dem lodernden Ofen befreit,
uns mitten aus dem Feuer erlöst.
89 Dankt IHM, denn er ist gütig;
denn seine Huld währt ewig.
90 Preist IHN alle, ihr seine Verehrer,
preist den Gott der Götter;
singt ihm Lob und Dank;
denn ewig währt seine Güte.

Daniel 3,51–90; nur in der ältesten griechischen Übersetzung überliefert

DER LOBGESANG DER HANNA (1. Samuel 2,1–10) **149**

Hanna betete. Sie sagte:

I 1 Mein Herz ist voll Freude über IHN,
große Kraft gibt ER mir.
Weit öffnet sich mein Mund gegen meine Feinde;
denn ich freue mich über deine Hilfe.

II 2 Niemand ist heilig, nur ER;
denn außer dir gibt es keinen Gott;
keiner ist ein Fels wie unser Gott.

I 3 Redet nicht immer so vermessen,
kein freches Wort komme aus eurem Mund;
denn ER ist ein wissender Gott,
und bei ihm werden die Taten geprüft.

II 4 Der Bogen der Helden wird zerbrochen,
die Wankenden aber gürten sich mit Kraft.

I 5 Die Satten verdingen sich um Brot,
doch die Hungrigen können feiern für immer.

II Die Unfruchtbare bekommt sieben Kinder,
doch die Kinderreiche welkt dahin.

I 6 ER macht tot und lebendig,
er führt zum Totenreich hinab und führt auch herauf.

II 7 ER macht arm und macht reich,
er erniedrigt, und er erhöht.

I 8 Den Schwachen hebt er empor aus dem Staub
und erhöht den Armen, der im Schmutz liegt;
er gibt ihm einen Sitz bei den Edlen,
einen Ehrenplatz weist er ihm zu.

II Ja, IHM gehören die Pfeiler der Erde;
auf sie hat er den Erdkreis gegründet.

I 9 Er behütet die Schritte seiner Frommen,
doch die Frevler verstummen in der Finsternis;
denn der Mensch ist nicht stark aus eigener Kraft.

II 10 Wer gegen IHN streitet, wird zerbrechen,
der Höchste lässt es donnern am Himmel.
ER hält Gericht bis an die Grenzen der Erde.

I Seinem König gebe er Kraft
und erhöhe die Macht seines Gesalbten.

Gottesdienst in der Gemeinde

Der Gottesdienst ist ein Weg mit verschiedenen Stationen. Dies wird an der inneren Gliederung dieses Gesangbuchkapitels deutlich. Die Elemente des Gottesdienstes sind in den folgenden Übersichten dargestellt, gegliedert nach den Hauptschritten des gottesdienstlichen Weges. Es handelt sich nicht um fertig ausgearbeitete Gottesdienstordnungen, sondern um «Gerüste», an denen in verantwortlicher Freiheit weitergebaut werden kann und soll. Einzelne Elemente können weggelassen, umgestellt oder hinzugefügt werden.

Der Gottesdienst in den reformierten Kirchen ist nicht an eine bestimmte Form gebunden; sein Zentrum liegt in der Verkündigung, in Taufe und Abendmahl. Dennoch hat sich mit der Zeit eine Grundordnung ergeben, die in der Zürcher Liturgie 1969 erstmals klar formuliert worden ist. Diese Ordnung steht hinter den «Gerüsten» im Gesangbuch, welche sich aber auch mit Ordnungen aus anderen Traditionen verbinden lassen. Das gilt besonders für die gottesdienstliche Grundstruktur der Messe, welche in der offiziellen Liturgie der Deutschschweizer Kirchen von 1983 (Band III, Abendmahl) als eine Möglichkeit neben anderen angeboten wird und deren Gliederung die Gestaltung dieses ganzen Gesangbuchkapitels prägt.

Gottesdienstordnungen

Gerüst eines Predigtgottesdienstes 150

Sammlung	Eingangsspiel Gruß- und Eingangswort Eingangslied
Anbetung	Gebet Loblied
Verkündigung	Schriftlesung Lied Predigt Zwischenspiel / Lied / Glaubensbekenntnis
Fürbitte	Abkündigungen Fürbitten und Unser Vater Lied
Sendung	Mitteilungen Sendung Schlusslied Segen Ausgangsspiel

Schrägstriche geben Alternativen an.

151 Gerüst eines Predigtgottesdienstes mit Taufe

Sammlung	Eingangsspiel Gruß- und Eingangswort Eingangslied
Taufe und Anbetung	Gebet Taufbesinnung Glaubensbekenntnis Taufhandlung Dank und Fürbitte Tauflied / Loblied
Verkündigung	Schriftlesung Lied Predigt Zwischenspiel / Lied
Fürbitte	Abkündigungen Fürbitten und Unser Vater Lied
Sendung	Mitteilungen Sendung Schlusslied Segen Ausgangsspiel

Schrägstriche geben Alternativen an.

Gerüst eines Predigtgottesdienstes mit Bußteil 152

Sammlung	Eingangsspiel Gruß- und Eingangswort Eingangslied
Buße und Anbetung	Lesung Schuldbekenntnis mit Bittstrophe Zuspruch der Gnade und Vergebung Loblied
Verkündigung	Schriftlesung Lied Predigt Zwischenspiel / Lied / Glaubensbekenntnis
Fürbitte	Abkündigungen Fürbitten und Unser Vater
Sendung	Mitteilungen Sendung Schlusslied Segen Ausgangsspiel

Schrägstriche geben Alternativen an.

153 Gerüst eines Abendmahlsgottesdienstes

Sammlung	Eingangsspiel Gruß- und Eingangswort Eingangslied Schuldbekenntnis
Verkündigung	Schriftlesung Lied Predigt Glaubensbekenntnis
Fürbitte	Abkündigungen Fürbitten Lied
Abendmahl	Zurüstung des Tisches und Einladung Anbetung und Lob Abendmahlsbericht Abendmahlsgebet (Bitte um den Heiligen Geist, Vergegenwärtigung des Heils, Unser Vater, Friedensgruß) Austeilung (Gesang, Austeilung, Dankgebet)
Sendung	Mitteilungen Sendung Schlusslied Segen Ausgangsspiel

Eröffnung und Sammlung

4 Freuet euch im Herrn allezeit; nochmals will ich sagen: 154
Freuet euch! 5 Lasset eure Freundlichkeit allen Menschen
kundwerden. Der Herr ist nahe. 6 Sorget euch um nichts,
sondern in allem lasset im Gebet und Flehen mit Dank-
sagung eure Bitten vor Gott kundwerden. 7 Und der Friede
Gottes, der allen Verstand überragt, wird eure Herzen und
eure Gedanken bewahren in Christus Jesus.

Philipperbrief 4,4–7

Die Heilung der verkrümmten Frau 155

10 Jesus aber lehrte am Sabbat in einer der Synagogen.
11 Und siehe, eine Frau hatte seit achtzehn Jahren einen
Geist, der sie krank machte, und sie war verkrümmt und
konnte sich nicht mehr ganz aufrichten. 12 Als aber Jesus
sie sah, rief er sie herbei und sprach zu ihr: Frau, du bist von
deiner Krankheit erlöst. 13 Und er legte ihr die Hände auf.
Und sofort richtete sie sich auf und pries Gott. 14 Der Syna-
gogenvorsteher aber, aufgebracht darüber, dass Jesus am
Sabbat heilte, sprach zu der Menge: Sechs Tage sind es, an
denen man arbeiten soll; kommt also an diesen, um euch
heilen zu lassen, nicht am Tag des Sabbats. 15 Der Herr aber
antwortete ihm: Heuchler, bindet nicht jeder von euch am
Sabbat seinen Ochsen oder Esel von der Krippe los und führt
ihn zur Tränke? 16 Diese aber, eine Tochter Abrahams, die
der Satan, siehe, achtzehn Jahre lang in Fesseln gehalten
hat, musste die nicht am Tag des Sabbats von dieser Fessel
losgebunden werden? 17 Und weil er dies sagte, wurden alle
seine Gegner beschämt. Und alles Volk freute sich über all
die herrlichen Taten, die durch ihn geschahen.

Lukas 13,10–17

156

ö +

2. Tu auf den Mund zum Lobe dein, / bereit' das Herz zur Andacht fein; / den Glauben mehr', stärk den Verstand, / dass uns dein Nam werd wohl bekannt,

3. bis wir singen mit Gottes Heer: / «Heilig, heilig ist Gott der Herr!», / und schauen dich von Angesicht / in ewger Freud und sel'gem Licht.

4. Ehr sei dem Vater und dem Sohn, / dem Heilgen Geist in *einem* Thron; / der Heiligen Dreieinigkeit / sei Lob und Preis in Ewigkeit.

T: Altenburg 1648 (Wilhelm II. von Sachsen-Weimar?) (Str. 1–3) und Gotha 1651 (Str. 4) M: (vor 1648?) Görlitz 1648 S: Gotha 1651 / GB 1941

157
ö +

T und M: Heinrich Rohr 1970

158
+

T: nach Psalm 95,1a. 2a M: Bertold Hummel 1961

159
(ö)+

2. Unser Wissen und Verstand / ist mit Finsternis verhüllet, / wo der Geist, den du gesandt, / nicht mit hellem Licht uns füllet. / Gutes Denken, Tun und Dichten / musst du selbst in uns verrichten.

3. O du Glanz der Herrlichkeit, / Licht vom Licht, aus Gott geboren, / mach uns allesamt bereit, / öffne Herzen, Mund und Ohren. / Unser Bitten, Flehn und Singen / lass, Herr Jesu, wohl gelingen.

T: Tobias Clausnitzer 1663 M: Johann Rudolf Ahle 1664 / Wolfgang Carl Briegel 1687 S: nach Johann Rudolf Ahle 1664 und Georg Philipp Telemann 1730

160

2. Herr, ich bin zu dir gekommen, / komme du nun auch zu mir; / wo du Wohnung hast genommen, / ist der Himmel auch mit dir. / Zieh in meinem Herzen ein, / lass es deinen Tempel sein.

3. Lass in Furcht mich vor dich treten; / heilge du Leib, Seel und Geist, / dass mein Singen und mein Beten / dir ein lieblich Opfer heißt. / Heilige mir Mund und Ohr, / zieh das Herz zu dir empor.

4. Mache mich zum guten Lande, / wenn dein Saatkorn auf mich fällt; / gib mir Licht in dem Verstande, / und, was mir wird vorgestellt, / präge du im Herzen ein, / lass es mir zur Frucht gedeihn.

5. Rede, Herr, so will ich hören, / und dein Wille wird erfüllt; / nichts lass meine Andacht stören, / wenn der Brunn

des Lebens quillt. / Speise mich mit Himmelsbrot, / tröste mich in aller Not.

Auch nach Melodie Nr. 509

T: Benjamin Schmolck 1734 M: Joachim Neander 1680 / Darmstadt 1698

161

2. Himmel, lobe prächtig / deines Schöpfers Stärke / mehr als aller Menschen Werke. / Großes Licht der Sonne, / breite deine Strahlen, / Gottes Herrlichkeit zu malen. / Lobet gern, / Mond und Stern, / seid bereit zu ehren / einen solchen Herren.

3. O du meine Seele, / singe fröhlich, singe / ihm, dem Schöpfer aller Dinge. / Was da Odem holet, / falle vor ihm nieder, / singe Dank- und Freudenlieder. / Unser Gott / Zebaot / ist allein zu loben / hier und ewig droben.

4. Halleluja singe, / wer den Herrn erkennet / und in Christo Vater nennet. / Halleluja singe, / welcher Christum liebet, / sich von Herzen ihm ergibet. / Welch ein Heil / ist dein Teil: / Endlich wirst du droben / ohne Sünd ihn loben.

T: Joachim Neander 1680 / Bern 1853 M: Joachim Neander 1680
S: nach Joachim Neander 1680 und Zürich 1727

162
(ö)

1. Gott ist ge - gen - wär - tig.
Gott ist in der Mit - te.
Las - set uns an - be - ten
Al - les in uns schwei - ge
und in Ehr-furcht vor ihn tre - ten.
und sich in - nigst vor ihm beu - ge.
Wer ihn kennt, wer ihn nennt,
schlag die Au - gen nie - der;

2. Gott ist gegenwärtig, / dem die Kerubinen / Tag und Nacht gebücket dienen. / Heilig, heilig, heilig! / singen ihm zur Ehre / aller Engel hohe Chöre. / Herr, vernimm / unsre Stimm, / wenn auch wir Geringen / unsre Opfer bringen.

3. Majestätisch Wesen, / möcht ich recht dich preisen / und im Geist dir Dienst erweisen. / Möcht ich wie die Engel / immer vor dir stehen / und dich gegenwärtig sehen. / Lass mich dir / für und für / trachten zu gefallen, / liebster Gott, in allem.

4. Luft, die alles füllet, / drin wir immer schweben, / aller Dinge Grund und Leben, / Meer ohn Grund und Ende, / Wunder aller Wunder: / Ich senk mich in dich hinunter. / Ich in dir, / du in mir, / lass mich ganz verschwinden, / dich nur sehn und finden.

5. Du durchdringest alles; / lass dein schönstes Lichte, / Herr, berühren mein Gesichte. / Wie die zarten Blumen / willig sich entfalten / und der Sonne stillehalten, / lass mich so / still und froh / deine Strahlen fassen / und dich wirken lassen.

6. Mache mich einfältig, / innig, abgeschieden, / sanft und still in deinem Frieden; / mach mich reinen Herzens, / dass ich deine Klarheit / schauen mag in Geist und Wahrheit; / lass mein Herz / überwärts / wie ein Adler schweben / und in dir nur leben.

7. Herr, komm in mir wohnen, / lass mein Geist auf Erden / dir ein Heiligtum noch werden; / komm, du nahes Wesen, / dich in mir verkläre, / dass ich dich stets lieb und ehre. / Wo ich geh, / sitz und steh, / lass mich dich erblicken / und vor dir mich bücken.

T: Gerhard Tersteegen 1729 M: Joachim Neander 1680
S: nach Joachim Neander 1680 und Zürich 1727

163

1. Je - sus, Herr und Haupt der Dei - nen,
wan - delnd un - ter den Ge - mei - nen,
Son - ne der Ge - rech - tig - keit,
die zu dei - nem Dienst be - reit,
komm zu
uns, wir sind bei - sam - men, gie - ße dei - ne
Geis - tes - flam - men, gie - ße Licht und Le - ben
aus ü - ber dies dein Got - tes - haus.

2. Komm, belebe alle Glieder, / du, der Kirche heilig Haupt; / treibe aus, was dir zuwider, / was uns deinen Segen raubt. / Komm, entdeck uns in der Klarheit / Gottes Herz voll Gnad und Wahrheit; / lass uns fühlen allzugleich: / «Ich bin mitten unter euch.»

3. Lass das Herz zu dir sich kehren, / o du Glanz der Ewigkeit; / lass uns innig nur begehren, / was uns dein Erbarmen beut. / Lass dein Licht und Leben fließen / und in alle sich ergießen; / stärke deinen Gnadenbund, / Herr, in jedes Herzens Grund.

4. Komm, o Herr, in jede Seele; / lass sie deine Wohnung sein, / dass dir einst nicht eine fehle / in der Gotteskinder Reihn. / Lass uns deines Geistes Gaben / reichlich miteinander haben; / offenbare heiliglich, / Haupt, in allen Gliedern dich.

5. Was von dir uns zugeflossen, / müsse Geist und Leben sein; / was die Seele hat genossen, / mache sie gerecht und rein. / Komm, o Jesus, uns zu segnen, / jedem gnädig zu begegnen, / dass in ewger Lieb und Treu / jedes dir verbunden sei.

T: Johann Michael Hahn 1822 / Albert Knapp 1850 / GB 1941
M: Christoph Anton 1643 / geistlich Weimar 1681 S: nach GB 1891

164

Hier bin ich,
Gott, vor dir.
So wie ich bin.

Ich öffne mich deiner Nähe.
Deine Lebenskraft fließt in mir,
mein Atem,
der mich trägt und weitet ...
Lass Ruhe in mich einkehren ...

Stille

Andrea Felsenstein-Roßberg 1993

165

1. Liebs - ter Hei - land, wir sind hier
uns - re Sin - ne und Be - gier
in der An - dacht Stil - le;
len - ke sanft dein Wil - le.
Dei - nes Wor - tes hel - ler Schein
strahl in un - ser Herz hin - ein,
uns mit Licht er - fül - le.

2. Kehre, Jesu, bei uns ein, / komm in unsre Mitte, / wollest unser Lehrer sein; / hör der Sehnsucht Bitte. / Deines Wortes stille Kraft, / sie, die neue Menschen schafft, / bilde Herz und Sitte.

3. Von dir lernen möchten wir / deiner Sanftmut Milde, / möchten ähnlich werden dir, / Gottes Ebenbilde, / deiner stillen Tätigkeit, / deiner armen Niedrigkeit, / deines Wohltuns Milde.

4. Zeige deines Wortes Kraft / an uns armen Wesen. / Zeige, wie es neu uns schafft, / Kranke macht genesen. / Jesu, dein allmächtig Wort / fahr in uns zu siegen fort, / bis wir ganz genesen.

5. O wie selig ist es, dir / glaubend zu vertrauen; / unerschüttert können wir, / Felsen, auf dich bauen. / Herr, wir glauben in der Zeit, / bis die sel'ge Ewigkeit / uns erlaubt zu schauen.

T: Christian Heinrich Zeller 1837 M: Leipzig 1785 (Johann Friedrich Doles?)
S: nach Johann Friedrich Doles 1785

166

ö+

Kanon für 3 Stimmen

T: Michael Hermes 1979 nach der Regel des Hl. Benedikt um 550
M: nach Terrye Coelho 1972 (?) / aus England (?)

167 ö+

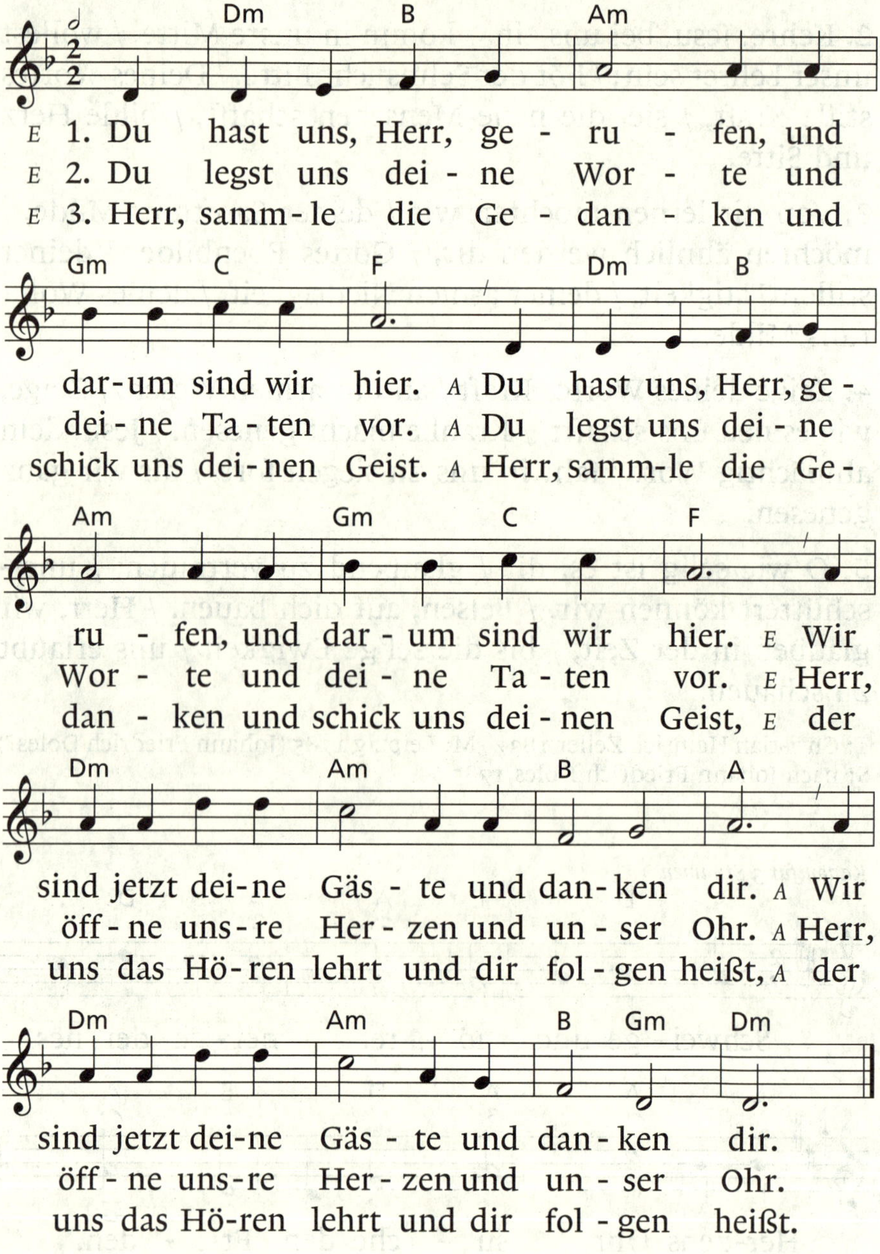

T und M: Kurt Rommel 1967

168

Übersetzung (nicht singbar): Wir bringen euch Frieden.

T und M: aus Israel; Überstimme: Henry Klausner 1972

169
ö (dt.)

T: Taizé 1992 M und S: Jacques Berthier, Taizé 1992

Taufe und Taufgedächtnis

Die Taufe und die Versuchung Jesu 170

9 Und es geschah in jenen Tagen, da kam Jesus aus Nazaret
in Galiläa und ließ sich von Johannes im Jordan taufen.
10 Und sogleich, als er aus dem Wasser stieg, sah er den Him-
mel sich teilen und den Geist wie eine Taube auf sich herab-
schweben. 11 Und eine Stimme kam aus dem Himmel: Du
bist mein geliebter Sohn, an dir habe ich Wohlgefallen.
12 Und sogleich treibt ihn der Geist in die Wüste hinaus.
13 Und er war vierzig Tage in der Wüste und wurde vom
Satan versucht. Und er war bei den wilden Tieren, und die
Engel dienten ihm. Markus 1,9–13

Der Auftrag des Auferstandenen 171

18 Und Jesus trat herzu und sprach zu ihnen: Mir ist gegeben
alle Macht im Himmel und auf Erden. 19 Geht nun hin und
macht alle Völker zu Jüngern: Tauft sie auf den Namen des
Vaters und des Sohnes und des Heiligen Geistes 20 und lehrt
sie alles halten, was ich euch geboten habe. Und siehe, ich
bin bei euch alle Tage bis an der Welt Ende.

Matthäus 28,18–20

172

1 Nun aber spricht ER, der dich geschaffen hat, Jakob, der
dich gebildet hat, Israel: Fürchte dich nicht, denn ich erlöse
dich; ich rufe dich bei deinem Namen, mein bist du!
2 Wenn du durch Wasser gehst – ich bin mit dir; wenn durch
Ströme – sie werden dich nicht überfluten. Wenn du durch
Feuer schreitest, wirst du dich nicht brennen, und die Flam-
me wird dich nicht versengen. 3 Denn ICH bin dein Gott,
ich, der Heilige Israels, dein Retter. Jesaja 43,1–3a

173

Seht, wie groß die Liebe ist, die der Vater uns geschenkt hat:
Wir heißen Kinder Gottes, und wir sind es. Die Welt erkennt
uns nicht, weil sie ihn nicht erkannt hat. 1. Johannesbrief 3,1

174

2. Darum kommen wir zu dir; / nimm dies Kind von unsern Armen; / tritt mit deinem Glanz herfür / und erzeige dein Erbarmen, / dass es dein Kind hier auf Erden / und im Himmel möge werden.

3. Hirte, nimm das Schäflein an; / Haupt, mach es zu deinem Gliede; / Himmelsweg, zeig ihm die Bahn; / Friedefürst, sei du sein Friede; / Weinstock, hilf, dass diese Rebe / auch im Glauben dich umgebe.

4. Höre, Jesu, dies Gebet, / lass es dir zu Herzen dringen. / Was wir für dies Kind erfleht, / wollst du gnädiglich vollbringen. / Schreib den Namen, den wir geben, / in dein Buch zum ewgen Leben.

T: Benjamin Schmolck 1704 M: Johann Rudolf Ahle 1664 / Wolfgang Carl Briegel 1687 S: nach Johann Rudolf Ahle 1664 und Georg Philipp Telemann 1730

175

T: Ludwig Heinrich Schlosser 1724 / Berlin 1829 M: Johann Schop 1642 / GB 1891 S: nach Johann Crüger 1656

176
+

T: 2. Timotheusbrief 2,11b und Römerbrief 6,8 M: Josef Lenherr 1966

177

T: Johann Jakob Rambach 1734 M: Frankfurt/M 1738 (Johann Balthasar König?) S: GB 1891 / GB 1952

178

ö +

2. Ach präge jedem Kinde / dein Wort recht tief ins Herz, / dass es, bewahrt vor Sünde, / dir dien in Freud und Schmerz.

3. Du, der du selbst das Leben, / der Weg, die Wahrheit bist, / uns allen wollst du geben / dein Heil, Herr Jesu Christ.

T: Straßburg 1850 M: Jena 1609 (Melchior Vulpius?)
S: Melchior Vulpius 1609 / GB 1941

179

2. So rufe dieses Kind mit Namen, / das nun nach deinem Sohne heißt. / Wir glauben, du Dreiein'ger. Amen. / Zum Wasser gabst du Wort und Geist.

3. Erhalte uns bei deinem Namen! / Dein Sohn hat es für uns erfleht. / Geist, Wort und Wasser mach zum Samen / der Frucht des Heils, die nie vergeht.

T: Jochen Klepper 1941 M: Guillaume Franc, Genf 1543 / Straßburg 1545 / Loys Bourgeois, Lyon 1547, Zehn Gebote S: nach Claude Goudimel 1564/65

180

2. Gott gibt mir meinen Namen; / er sagt mir, wer ich bin. / Er steckt den Lebensrahmen / und gibt dem Leben Sinn. / Mein Kummer und mein Glück, / mein Alltag, mein Geschick / sind mitten in der Zeit / ein Stück der Ewigkeit.

3. Die Freiheit, neu zu leben, / geborgen und geliebt, / hast du mir, Gott, gegeben, / wie nur der Schöpfer gibt. / Verleih mir nun die Kraft, / die liebend weiterschafft; / lass mich ein Werkzeug sein, / setz mich zum Zeichen ein.

4. Vom Tod bist du erstanden, / Herr Christus, für die Welt. / Die Kräfte, die mich banden, / sind an dem Sieg zerschellt. / Mein Leben ist ein Fest. / Was mich das glauben lässt, / ist Gottes große Kraft, / die neues Leben schafft.

T: Peter Spangenberg 1971 M: Johann Crüger 1647

181

2. Bi de Tauffi säged miir: / Ales isch es Gschänk vo diir. / Miir verfüeged über nüüt; / miir sind nu Verwalterslüüt.

3. Bi de Tauffi lueged miir, / was eläige gilt vor diir: / Äifach choo, grad wie mer sind, / chlii und hilflos wien es Chind.

4. Bi de Tauffi glaubed miir: / Ewig ghööred miir zu diir. / Über öises Läbesänd / bliibed miir i diine Händ.

T (zürichdeutsch): Mica Romano 1972 M: Frankfurt/M 1659 / Halle 1704 / Stuttgart 1744 (Johann Georg Stözel?) S: Bernhard Henking 1952

182

2. Kampf und Krieg zerreißt die Welt, / einer drückt den andern nieder. / Dabei zählen Macht und Geld, / Klugheit und gesunde Glieder. / Mut und Freiheit, das sind Gaben, / die wir bitter nötig haben.

3. Freunde wollen wir dir sein, / sollst des Friedens Brücken bauen. / Denke nicht, du stehst allein; / kannst der Macht der Liebe trauen. / Taufen dich in Jesu Namen. / Er ist unsre Hoffnung. Amen.

T: Peter Horst (1971) und Friedrich Karl Barth 1973 M: Johann Rudolf Ahle 1664 / Wolfgang Carl Briegel 1687 S: nach Johann Rudolf Ahle 1664 und Georg Philipp Telemann 1730

183 ö+

Kanon für 3 Stimmen

T: Franz-Reinhard Daffner 1982
M: nach Terrye Coelho 1972 (?) / aus England (?)

184

ö +

2. Wir bitten dich, Herr Jesu Christ, / weil du ein Freund der Kinder bist, / nimm dich des jungen Lebens an, / dass es behütet wachsen kann.

3. Eh wir entscheiden Ja und Nein, / gilt schon für uns: gerettet sein. / Dank sei dir, dass das Heil der Welt / nicht mit uns selber steht und fällt.

4. So segne nun auch dieses Kind / und die, die seine Nächsten sind. / Wo Schuld belastet, Herr, verzeih. / Wo Angst bedrückt, mach Hoffnung frei.

5. Gott, der du durch die Taufe jetzt / im Glauben einen Anfang setzt, / gib auch den Mut zum nächsten Schritt. / Zeig uns den Weg und geh ihn mit.

T: Detlev Block (1976) 1978 M und S: nach Nürnberg 1676/1854

185

ö +

4. Wenn Angst und Zweifel in mir wachsen, / dann schenke du mir neuen Mut. *Rfr*

5. Herr, sende mich wie deine Jünger / und gehe du mir selbst voran. *Rfr*

T und M: Otmar Schulz (1974) 1978

186
+

1. Vol-ler Freu-de sehn wir, Gott, dein Wun-der;
2. Vol-ler Ban-gen vor der dunk-len Zu-kunft
3. Vol-ler Stau-nen wis-sen wir dich na-he;

mit dem Neu-ge-bor-nen auf den Hän-den
le-gen wir das Kind in dei-ne Hän-de:
der du trägst das All in sei-nen Tie-fen,

kom-men wir zu dir: Du schufst das Le-ben.
Du machst uns ge-trost durch dei-ne Tau-fe.
neigst dich zu den Klei-nen, zu uns al-len.

4. Durch dein Werk, durch deiner Liebe Allmacht / gibst du uns in Christus neues Leben, / dass wir glauben und vertrauen können.

5. Unsre Lebenszeit hat ihre Grenzen; / was du in der Taufe sagst, gilt immer: / Deine Taufe leuchtet noch im Tode.

6. Größern Reichtum, als wir sagen können, / hast du in der Taufe uns gegeben. / Schenk uns, Gott, nun Glauben voller Freude.

T: Friedrich Hofmann (1983) 1986 nach dem norwegischen «Fylt av glede over livets under» von Svein Ørnulf Ellingsen (1971) 1973
M: Linus David (1990) 1992

187

2. Ein jedes Kind, so schwach und klein, / in deiner Obhut steht. / Du setzt dein Leben dafür ein, / dass keins verloren geht.

3. Du selber hast die Jüngerschar / in alle Welt gesandt, / du machst dein Heil uns offenbar / hier und in jedem Land.

4. Die Taufe und dein Wort verheißt, / dass wir gerettet sind. / Im Vater, Sohn und Heilgen Geist / die Neugeburt beginnt.

5. So segne das getaufte Kind / und schließe die mit ein, / die ihm im Glauben Vorbild sind. / Dein Zuspruch trägt allein.

T: Konrad Häußler 1989 M: Darmstadt 1687 / Johann Heinrich Egli 1787
S: GB 1891 / Bernhard Henking 1952

188
ö +

1. Du öff - nest, Herr, die Tü - ren,
willst uns zur Quel - le füh - ren,
lädst uns zur Kir - che ein,
zum Was - ser, frisch und rein.
Du
machst uns dir zu Ei - gen, gibst uns zum
Gu - ten Kraft, hilfst Lie - be uns er -
zei - gen; du bist's, der Neu - es schafft.

2. Aus deinen Quellen leben / lehr uns, du guter Hirt. / Du hast dein Wort gegeben, / dass uns nichts mangeln wird. / Die Taufe ist das Zeichen, / dass du stets bei uns bist, / lass uns von dir nicht weichen / und mach uns treu, Herr Christ.

3. Gelobt sei deine Treue / und deiner Liebe Licht. / Stell täglich uns aufs Neue, / Herr, vor dein Angesicht! / Du öffnest, Herr, die Türen, / lädst uns zum Leben ein; / willst uns zur Freude führen, / auf ewig dein zu sein.

T: Friedrich Hofmann 1986 M: Melchior Teschner (1613) 1614
S: Melchior Teschner 1614 / GB 1891

Anrufung, Schuldbekenntnis und Vergebung

189 11 Denn ich weiß, was für Gedanken ich über euch hege,
spricht ER, Gedanken zum Heil und nicht zum Unheil, euch
eine Zukunft und Hoffnung zu gewähren. 12 Wenn ihr
mich ruft, so will ich euch antworten; wenn ihr zu mir
betet, will ich auf euch hören. 13 Wenn ihr mich sucht, so
sollt ihr mich finden; wenn ihr nach mir fragt von ganzem
Herzen, 14 so werde ich mich von euch finden lassen,
spricht ER. Jeremia 29,11–14a

190 8 Wehe denen, die Haus an Haus reihen und Acker an Acker
rücken, bis kein Platz mehr ist und ihr allein Besitzer seid
mitten im Lande! 20 Wehe denen, die das Böse gut und das
Gute böse nennen, die Finsternis zu Licht und Licht zu
Finsternis machen, die bitter zu süß und süß zu bitter ma-
chen! 21 Wehe denen, die in ihren eignen Augen weise sind
und sich selbst verständig dünken! 22 Wehe denen, die Hel-
den sind im Weintrinken und Kraftmenschen im Mischen
des Rauschtranks, 23 die dem Schuldigen Recht geben um
Bestechung und dem Unschuldigen sein Recht absprechen!
Jesaja 5,8.20–23

191 DER VERLORENE SOHN

11 Jesus aber sprach: Ein Mann hatte zwei Söhne. 12 Und
der Jüngere von ihnen sagte zum Vater: Vater, gib mir den
Teil des Vermögens, der mir zusteht. Der aber teilte den Be-
sitz unter sie auf. 13 Und wenige Tage danach packte der
jüngere Sohn alles zusammen und zog in ein fernes Land.
Dort verschleuderte er sein Vermögen in einem heillosen Le-
ben. 14 Als er aber alles aufgebraucht hatte, kam eine schwe-
re Hungersnot über jenes Land, und er begann Mangel zu
leiden. 15 Da ging er und hängte sich an einen der Bürger
jenes Landes, und der schickte ihn auf seine Felder, Schwei-
ne zu hüten. 16 Und er hätte sich am liebsten den Bauch
gefüllt mit den Schoten, welche die Schweine fraßen, und
niemand gab ihm davon. 17 Da kam er zu sich und sagte:

Wie viele Tagelöhner meines Vaters haben Brot in Hülle und
Fülle, ich aber komme hier vor Hunger um. 18 Ich will mich
aufmachen und zu meinem Vater gehen und zu ihm sagen:
Vater, ich habe gesündigt gegen den Himmel und vor dir.
19 Ich bin nicht mehr wert, dein Sohn zu heißen; stelle mich
wie einen deiner Tagelöhner. 20 Und er machte sich auf und
ging zu seinem Vater.

Als er aber noch weit weg war, sah ihn sein Vater, und er
wurde von Mitleid ergriffen und eilte ihm entgegen, fiel
ihm um den Hals und küsste ihn. 21 Der Sohn aber sagte zu
ihm: Vater, ich habe gesündigt gegen den Himmel und vor
dir. Ich bin nicht mehr wert, dein Sohn zu heißen. 22 Da
sprach der Vater zu seinen Knechten: Schnell, bringt das
beste Gewand heraus und zieht es ihm an! Und gebt ihm
einen Ring an die Hand und Schuhe für die Füße. 23 Holt
das Mastkalb, schlachtet es, und wir wollen essen und fröh-
lich sein! 24 Denn dieser mein Sohn war tot und ist wieder
lebendig geworden, er war verloren und ist gefunden wor-
den. Und sie fingen an zu feiern.

25 Sein älterer Sohn aber war auf dem Feld. Und als er kam
und sich dem Haus näherte, hörte er Musik und Tanz.
26 Und er rief einen von den Knechten herbei und erkundig-
te sich, was das sei. 27 Der aber sagte zu ihm: Dein Bruder
ist gekommen, und dein Vater hat das Mastkalb geschlach-
tet, weil er ihn gesund wiederbekommen hat. 28 Da wurde
er zornig und wollte nicht hineingehen. Sein Vater aber kam
heraus und redete ihm zu. 29 Er aber antwortete seinem
Vater: Siehe, all die Jahre diene ich dir, und nie habe ich
dein Gebot übertreten. Und mir hast du nie einen Ziegen-
bock gegeben, dass ich mit meinen Freunden hätte feiern
können. 30 Aber als dein Sohn kam, dieser da, der deinen
Besitz mit den Huren durchgebracht hat, da hast du für ihn
das Mastkalb geschlachtet. 31 Er aber sprach zu ihm: Kind,
du bist immer bei mir, und alles, was mein ist, ist dein.
32 Aber jetzt müsste man feiern und sich freuen, denn dieser
dein Bruder war tot und ist lebendig geworden, war ver-
loren und ist gefunden worden. Lukas 15,11–32

192 Jesus und die Ehebrecherin

2 Am frühen Morgen war Jesus wieder im Tempel, und das
ganze Volk kam zu ihm. Und er setzte sich und lehrte sie.
3 Da bringen die Schriftgelehrten und die Pharisäer eine
Frau, die beim Ehebruch ertappt worden ist, stellen sie in
die Mitte 4 und sagen zu ihm: Meister, diese Frau ist beim
Ehebruch auf frischer Tat ertappt worden. 5 Im Gesetz aber
hat Mose uns vorgeschrieben, solche Frauen zu steinigen.
Was also sagst du dazu? 6 Dies sagten sie aber, um ihn zu
versuchen, damit sie einen Grund hätten, ihn anzuklagen.
Jesus aber bückte sich und schrieb mit dem Finger auf die
Erde. 7 Als sie aber nicht nachließen, ihn zu fragen, richtete
er sich auf und sprach zu ihnen: Wer unter euch ohne Sün-
de ist, werfe als Erster einen Stein auf sie! 8 Und er bückte
sich wieder und schrieb auf die Erde. 9 Die aber hörten es
und gingen einer nach dem andern weg, die Ältesten voran,
und er blieb allein zurück mit der Frau, die in der Mitte
stand. 10 Jesus aber richtete sich auf und sprach zu ihr:
Frau, wo sind sie? Hat keiner dich verurteilt? 11 Sie aber
sagte: Keiner, Herr. Da sprach Jesus: Auch ich verurteile
dich nicht. Geh, und sündige von jetzt an nicht mehr!

Johannes 8,2–11

193

T: liturgischer Ruf M: Martin Luther 1526

194 +

Über dem ausgehaltenen Akkord trägt der Vorsänger den Gebetstext vor.

Übersetzung (nicht singbar): Herr, Herr, erbarme dich.

T: liturgischer Ruf M und S: Jacques Berthier, Taizé 1978

195 ö+

Übersetzung (nicht singbar): Herr, erbarme dich.

T: liturgischer Ruf M: volkstümlicher Kirchengesang aus der Westukraine
S: traditionell

196

Übersetzung (nicht singbar): Herr, Herr, Herr, erbarme dich.

T: liturgischer Ruf M: Herbert Beuerle 1952

197
ö +

Kanon für 3 Stimmen

Übersetzung (nicht singbar): Herr, Herr, erbarme dich.

T: liturgischer Ruf M: Herkunft unbekannt

198

Kanon für 4 Stimmen

Übersetzung (nicht singbar): Herr, erbarme dich. Christus, erbarme dich.

T: liturgischer Ruf M: Rolf Schweizer 1980

199

T: liturgischer Ruf, Straßburg 1524 M: Leipzig 1784 (Christian Gregor?) / Schaffhausen 1891 S: Bernhard Henking 1952

200

ö +

T: liturgischer Ruf M und S: Josef Seuffert 1964

201 +

T: nach Psalm 51,3 M: Bernardin Heimgartner 1966

202 ö +

T: nach Psalm 103,3.4 M: Josef Seuffert 1966

203 (ö +)

T: EGB 1970 (*Kv* zum Magnificat) M: Josef Seuffert 1970

204
ö

2. so ist dies unser Trost allein, / dass wir zusammen insgemein / dich anrufen, o treuer Gott, / um Rettung aus der Angst und Not

3. und heben unser Aug und Herz / zu dir in wahrer Reu und Schmerz / und flehen um Begnadigung / und aller Strafen Linderung,

4. die du verheißest gnädiglich / allen, die darum bitten dich / im Namen deins Sohns Jesu Christ, / der unser Heil und Fürsprech ist.

5. Drum kommen wir, o Herre Gott, / und klagen dir all unsre Not, / weil wir jetzt stehn verlassen gar / in großer Trübsal und Gefahr.

6. Sieh nicht an unsre Sünde groß, / sprich uns davon aus Gnaden los, / steh uns in unserm Elend bei, / mach uns von allen Plagen frei,

7. auf dass von Herzen können wir / nachmals mit Freuden danken dir, / gehorsam sein nach deinem Wort, / dich allzeit preisen hier und dort.

T: Paul Eber (1566) 1567 nach «In tenebris nostris» von Joachim Camerarius 1546 M: Johann Baptist Serranus 1567 nach Guillaume Franc, Genf 1543 / Straßburg 1545 / Loys Bourgeois, Lyon 1547, Zehn Gebote
S: nach Johann Hermann Schein 1627

205

Und suchst du meine Sünde,
flieh ich von dir zu dir,
Ursprung, in den ich münde,
du fern und nah bei mir.

Wie ich mich wend und drehe,
geh ich von dir zu dir;
die Ferne und die Nähe
sind aufgehoben hier.

Von dir zu dir mein Schreiten,
mein Weg und meine Ruh,
Gericht und Gnad, die beiden
bist du und immer du.

Schalom Ben Chorin (nach Salomo Ibn Gabirol) 1965

206

2. Ich bitt noch mehr, o Herre Gott / – du kannst es mir wohl geben –, / dass ich nicht wieder werd zu Spott: / Lass mich in Hoffnung leben, / zumal wenn ich muss hier davon, / dass ich dir mög vertrauen / und nicht bauen / auf all mein eigen Tun, / sonst wird's mich ewig reuen.

3. Verleih, dass ich aus Herzensgrund / den Feinden mög vergeben; / verzeih mir auch zu dieser Stund, / schaff mir ein neues Leben; / dein Wort lass meine Speise sein, / die Seele mir zu nähren, / mich zu wehren, / wenn Unglück schlägt herein, / das mich bald möcht verkehren.

4. Lass mich kein Lust noch Furcht von dir / in dieser Welt abwenden. / Fest bleiben bis ans End gib mir, / du hast's

allein in Händen; / und wem du's gibst, der hat's umsonst; / es kann niemand erwerben / noch ererben / durch Werke deine Gunst, / die uns errett' vom Sterben.

5. Ich lieg im Streit und widerstreb; / hilf, o Herr Christ, dem Schwachen; / an deiner Gnad allein ich kleb, / du kannst mich stärker machen. / Kommt nun Anfechtung, mich bewahr; / wehr ihr, mich übermaßen / anzufassen, / dass mir's nicht bringt Gefahr. / Ich weiß, du wirst's nicht lassen.

T: Hagenau um 1526/27 (Johann Agricola/Albrecht von Preußen?) / GB 1952
M: Wittenberg (1529) 1533

207

Wer bin ich?
Wo stehe ich?
Worin habe ich versagt?
Auf solche Fragen suchen wir Antwort.
Wir werden sie nicht finden ohne dich, Gott,
ohne dein richtendes und rettendes Wort.
Darum bitten wir dich:
Komm und sprich zu uns.
Hilf uns die Wahrheit erkennen und annehmen,
die Wahrheit unserer Schuld
und die Wahrheit deiner Gnade.
Wir bitten dich im Vertrauen auf Jesus Christus.

Liturgiekommission 1998 nach Martin Luther

208

1. Al - lein zu dir, Herr Je - su Christ,
2. Mein Sünd ist schwer und ü - ber - groß
3. Stärk mir durch dein Barm - her - zig - keit
4. Ehr sei Gott in dem höchs - ten Thron,

mein Hoffnung steht auf Er - den.
und reu - et mich von Her - zen,
den wah - ren Chris - ten - glau - ben,
dem Va - ter al - ler Gü - te,

Ich weiß, dass du mein Hei - land bist,
von ihr mach du mich frei_ und los
auf dass ich dei - ner Freund - lich - keit
und Je - su Christ, sei'm lie - ben Sohn,

kein Trost mag sonst mir wer - den.
durch dei - nes To - des Schmer - zen.
mög e - wig - lich ver - trau - en,
der uns all - zeit be - hü - te,

Kein Men - schen - kind ward je ge - born,
Ach, nimm dich mein' beim Va - ter an,
vor al - lem herz - lich lie - ben dich
und Gott, dem wer - ten Heil - gen Geist,

wie auch kein En - gel aus - er - korn,
der du für mich ge - nug ge - tan,
und mei - nen Nächs - ten gleich als mich.
der uns all - zeit sein Hil - fe leist,

der mir aus Nö - ten hel - fen kann.
so werd ich los der Sün - den Last.
Am letz - ten End dein Hilf mir send,
dass wir ihm sein zum Dienst be - reit

Dich ruf__ ich an, dem ich al -
Ich hal - te fest, Herr, was du
da - mit__ be - händ des Teu - fels
hier in__ der Zeit und her - nach

lein ver - trau - en kann.
mir ver - spro - chen hast.
Trug sich von__ mir wend.
in der E - wig - keit.

T: Konrad Hubert um 1540 (Straßburger Fassung) (Str. 1–3) und Nürnberg um 1540 (Str. 4) M: Paul Hofhaimer 1512 / geistlich Leipzig um 1542/43 / Leipzig 1545

209

2. Ich hatte nichts als Zorn verdienet / und soll bei Gott in Gnaden sein; / Gott hat mich mit ihm selbst versühnet / und macht durchs Blut des Sohns mich rein, / nicht durch Verdienst der Kreatur: / Erbarmen ist's, Erbarmen nur.

3. Das muss ich dir, mein Gott, bekennen, / das rühm ich, wenn ein Mensch mich fragt; / ich kann es nur Erbarmung nennen, / so ist mein ganzes Herz gesagt. / Ich beuge mich und bin erfreut / und rühme die Barmherzigkeit.

4. Dies lass ich kein Geschöpf mir rauben, / dies soll mein einzig Rühmen sein; / auf dies Erbarmen will ich glauben, / auf dieses bet ich auch allein; / auf dieses duld ich in der Not; / auf dieses hoff ich in dem Tod.

5. Gott, der du reich bist an Erbarmen, / reiß dein Erbarmen nicht von mir / und führe durch den Tod mich Armen / durch meines Heilands Tod zu dir. / Da bin ich ewig recht erfreut / und rühme die Barmherzigkeit.

T: Philipp Friedrich Hiller 1767 M: Georg Neumark (1641) 1657
S: nach Georg Neumark 1657

210

Manchmal möchte ich fliehen vor dir, Gott.
Denn es gibt Dinge, die ich lieber verschweigen würde.
Doch du weißt, wie es in mir aussieht.
Hilf mir, mit dir zu reden.

Durchbrich die Wand zwischen uns.
Lass mich deine Nähe spüren.
Bei dir bin ich geborgen
und muss nicht mehr fliehen.
Mit dir kann ich ruhig in die nächsten Tage gehen.

Damaris Schürch 1987 / Liturgiekommission 1998

211

2. Hilf, dass von jeder Falschheit frei / mein Herz wie du ganz Wahrheit sei, / mein Wandel redlich, klar und rein, / nicht Augendienst und Heuchelschein.

3. O treib aus allen Seelen fort / die Heuchelei in Werk und Wort. / Lass mich nicht scheinen, sondern sein. / Das Ja sei Ja, das Nein sei Nein.

4. Und wenn in Andacht und Gebet / das Herz am Gnadenthrone fleht, / hilf, dass die Andacht wahr und treu, / das Flehn des Amens würdig sei.

T: Carl Bernhard Garve 1825 M: (vor 1648?) Görlitz 1648
S: Gotha 1651 / GB 1941

212

ö +

1. O Herr, nimm uns - re Schuld, mit der wir
2. Wir trau - en dei - ner Macht und sind doch
3. Wir ken - nen dein Ge - bot, ein - an - der
4. O Herr, nimm uns - re Schuld, die Din - ge,

uns be - las - ten, und füh - re selbst die
oft in Sor - gen. Wir glau - ben dei - nem
bei - zu - ste - hen, und kön - nen oft nur
die uns bin - den, und hilf, dass wir durch

Hand, mit der wir nach dir tas - ten.
Wort und fürch - ten doch das Mor - gen.
uns und uns - re Nö - te se - hen.
dich den Weg zum An - dern fin - den.

T und M: Hans-Georg Lotz (1964) 1967 / 1993

213
ö +

1. Ich steh vor dir mit lee - ren Hän - den,
2. Von Zwei - feln ist mein Le - ben ü - ber -
3. Sprich du das Wort, das trös - tet und be -
Herr; fremd wie dein Na - me sind mir
mannt, mein Un - ver - mö - gen hält mich
freit und das mich führt in dei - nen
dei - ne We - ge. Seit Men - schen le - ben,
ganz ge - fan - gen. Hast du mit Na - men
gro - ßen Frie - den. Schließ auf das Land, das
ru - fen sie nach Gott; mein Los ist Tod, hast
mich in dei - ne Hand, in dein Er - bar - men
kei - ne Gren - zen kennt, und lass mich un - ter
du nicht an - dern Se - gen? Bist du der Gott,
fest mich ein - ge - schrie - ben? Nimmst du mich auf
dei - nen Kin - dern le - ben. Sei du mein täg -
der Zu - kunft mir ver - heißt? Ich möch - te
in dein ge - lob - tes Land? Werd ich dich
lich Brot, so wahr du lebst. Du bist mein

T: Lothar Zenetti (1973) 1974 / (1987) 1993 nach dem niederländischen «Ik sta voor U» von Huub Oosterhuis (1966) 1968
M: Bernard Maria Huijbers (1961) 1964

Gegen Ausflüchte 214

Klebe mir, Gott, den Mund nicht zu
mit Ausflucht oder mit kindischem Trotzen,
öffne, der du die Stammelnden liebst,
ihn der geläufigen Rechtfertigung nicht,
lass mich sagen unter allen,
die schuldlos sich wähnen,
die Gründe haben,
die hinter den Argumenten wie hinter Liguster,
der ständig nachwächst, dreist sich verstecken,
lass mich, ausgesetzt dem Gezeter,
den zeigefingrigen Pfeilen,
auch wo ich sie fürchte, heraustreten aus dem Gestrüpp,
lass mich nicht sagen: Gesellschaft,
nicht: Vater und Mutter, nicht: Verführung,
lass mich, wohl wissend,
dies alles ist zu bedenken,
lass mich sagen, Gott:
Ich bin schuld.

Rudolf Otto Wiemer 1979

215

2. Tränke unsre dürre Seele, / stärke unsern matten Geist. / Gib uns Irrenden die Klarheit, / die uns deine Pfade weist.

3. Räume weg, was von dir scheidet, / alle Sucht nach leerem Schein, / alles Hangen an der Sünde, / alle Lust zum bösen Nein.

4. Lass dein Licht uns ganz durchleuchten, / fülle uns mit deiner Kraft, / dass wir um dein Kommen streiten, / Herr, in heilger Leidenschaft.

T: Hans Wegmann 1952 M und S: Albert Moeschinger (1947) 1952

Anbetung und Lob

[Paulus schreibt:] 2 So machet meine Freude dadurch voll- 216
kommen, dass ihr gleich gesinnt seid im Besitz der gleichen
Liebe, in der Seele verbunden, den Sinn auf Einigkeit gerich-
tet, 3 auf nichts aus Ränkesucht oder aus nichtiger Ehrbe-
gierde bedacht; sondern in der Demut achte einer den an-
dern höher als sich selbst, 4 jeder nicht nur mit dem Blick
auf das Seine, sondern jeder auch mit dem Blick auf das, was
der andern ist. 5 Diese Gesinnung heget in euch, die auch in
Christus Jesus war, 6 der, als er in Gottes Gestalt war, es
nicht für einen Raub hielt, wie Gott zu sein, 7 sondern sich
selbst entäußerte, indem er Knechtsgestalt annahm und den
Menschen ähnlich wurde; und der Erscheinung nach wie
ein Mensch erfunden, 8 erniedrigte er sich selbst und wurde
gehorsam bis zum Tode, ja bis zum Tode am Kreuz. 9 Daher
hat ihn auch Gott über die Maßen erhöht und ihm den
Namen geschenkt, der über jeden Namen ist, 10 damit in
dem Namen Jesu sich beuge jedes Knie derer, die im Him-
mel und auf Erden und unter der Erde sind, 11 und jede
Zunge bekenne, dass Jesus Christus der Herr ist, zur Ehre
Gottes, des Vaters.

Philipperbrief 2,2–11

217 ö+

T: Nehemia 8,10 M: Josef Seuffert 1964

218 GLORIA (Große Doxologie)

Ehre sei Gott in der Höhe
und Friede auf Erden den Menschen seiner Gnade.

Wir loben dich.
Wir preisen dich.
Wir beten dich an.
Wir rühmen dich und danken dir.
Denn groß ist deine Herrlichkeit,
Herr und Gott, König des Himmels,
Gott und Vater, Herrscher über das All.

Herr, eingeborener Sohn, Jesus Christus,
Herr und Gott, Lamm Gottes, Sohn des Vaters,
du nimmst hinweg die Sünde der Welt.
Erbarme dich unser.
Du nimmst hinweg die Sünde der Welt.
Nimm an unser Gebet.
Du sitzest zur Rechten des Vaters.
Erbarme dich unser.

Denn du allein bist der Heilige,
du allein der Herr,
du allein der Höchste,
Jesus Christus,
mit dem Heiligen Geist,
zur Ehre Gottes des Vaters.

Amen.

Kanon für 4 Stimmen

219
ö +

T: nach Psalm 100,4 M: Hermann Stern 1943

220

ö +

Gott in der Höh sei Preis und Ehr,
all-mächt'ger Va - ter, höchs-ter Herr,
den Men-schen Fried auf Er - den;
du sollst ver - herr - licht wer - den.
Herr Je - sus Chris - tus, Got - tes Sohn,
wir rüh-men dei - nen Na - men;
du wohnst mit Gott dem Heil-gen Geist

T: EGB (1970) 1971 nach einer Gloria-Paraphrase in kath. GB seit Köln 1582
M: Augsburg 1659 S: nach Augsburg 1659

221
(ö) (+)

2. Wir beten an und loben dich, / wir bringen Ehr und danken, / dass du, Gott Vater, ewiglich / regierst ohn alles Wanken. / Ganz unbegrenzt ist deine Macht; / allzeit geschieht, was du bedacht. / Wohl uns solch eines Herren.

3. O Jesu Christe, Gottes Sohn, / für uns ein Mensch geboren, / gesandt von deines Vaters Thron, / zu retten, was verloren: / Lamm Gottes, heilger Herr und Gott, / nimm an die Bitt von unsrer Not. / Erbarm dich unser aller.

4. O Heilger Geist, du höchstes Gut, / du allerheilsamst' Tröster: / vor Teufels Gwalt fortan behüt, / die Jesus Christ erlöste / durch Marter, Qual und bittern Tod. / Wend ab all unser Leid und Not. / Darauf wir uns verlassen.

T: Nikolaus Decius um 1522 nach «Gloria in excelsis Deo» 4. Jh. (Str. 1–3) und Rostock 1525 (Str. 4, Joachim Slüter?) M: Nikolaus Decius (1523?) nach dem Gloria der Ostermesse 11. Jh. / Leipzig 1539
S: nach Gotthard Erythraeus 1608 und Hans Leo Haßler 1608

Intonationskanon bei Nr. 222

222 +

Kanon für 3 Stimmen

Dazu kann gesungen werden:

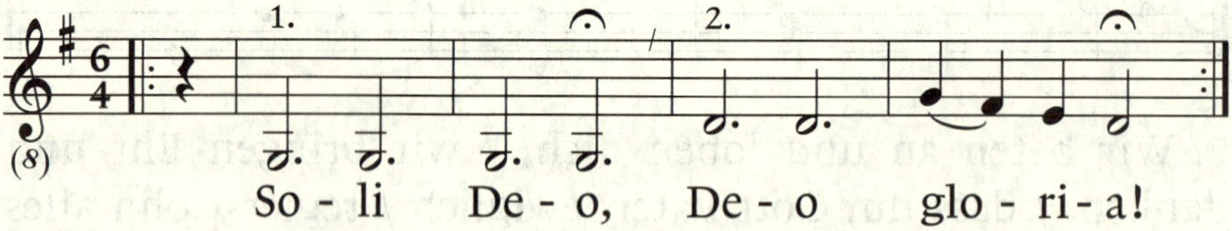

Übersetzung (nicht singbar): Gott allein die Ehre!

T und M: Herbert Beuerle 1975 nach Nikolaus Decius (1523) 1539 (Zeilen 1. 2 wie Nr. 221)

223 (ö) +

Kanon für 6 Stimmen

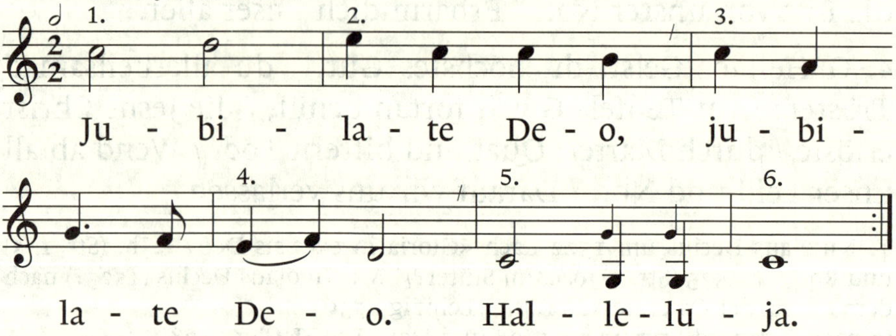

Mit auslaufendem Schluss zu singen

Übersetzung (nicht singbar): Jauchzet Gott, Halleluja.

T: Psalm 100,1a M: Michael Praetorius 1610

224 ö +

T: Lukas 2,14 (Gloria) nach Martin Luther
M: Ludwig Ernst Gebhardi um 1830

225

T: Lukas 2,14 (Gloria) ökumenische Fassung M: Johannes Petzold 1961

226 Kleine Doxologie

Ehre sei dem Vater und dem Sohn und dem Heiligen Geist, wie im Anfang, so auch jetzt und alle Zeit und in Ewigkeit. Amen.

227

T: nach dem «Gloria Patri et Filio» 4. Jh.
M: Soest 1532 in der Fassung Bayern 1856

228

Auch als Kanon für 2 Stimmen (mit auslaufendem Schluss) singbar

T: nach der Doxologie «Sit laus Patri cum Filio» M: Thomas Tallis um 1561

229 ö +

T: liturgischer Ruf M: gregorianisch VI. Ton

230 +

T: liturgischer Ruf M: Heinrich Rohr 1962

231 ö +

T: liturgischer Ruf M: gregorianisch IX. Ton

232 ö +

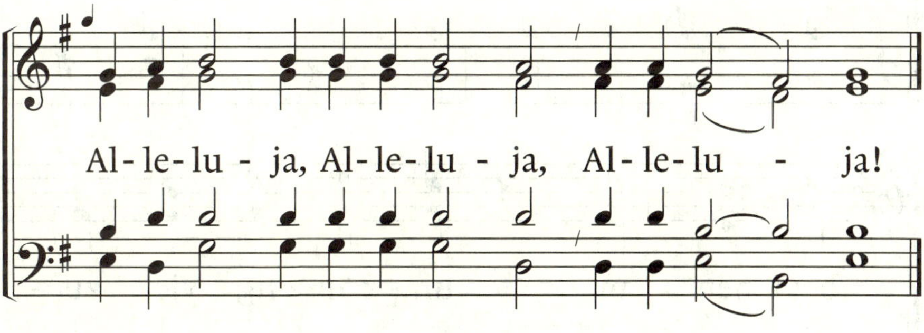

T: liturgischer Ruf M: Ukraine, zu Ps 1–3 S: traditionell

Weitere «Halleluja»-Rufe bei Nr. 238, 241, 245, 246

233
ö +

1. Nun dan - ket al - le Gott mit
der gro - ße Din - ge tut an
Her - zen, Mund und Hän - den,
uns und al - len En - den,
der
uns von Mut - ter - leib und Kin - des -
bei - nen an un - zäh - lig viel zu -
gut bis hier - her hat ge - tan.

2. Der ewigreiche Gott / woll uns in unserm Leben / ein immer fröhlich Herz / und edlen Frieden geben / und uns in seiner Gnad / erhalten fort und fort / und uns aus aller Not / erlösen hier und dort.

3. Lob, Ehr und Preis sei Gott / dem Vater und dem Sohne / und Gott dem Heilgen Geist / im höchsten Himmelsthrone, / ihm, dem dreieinen Gott, / wie es im Anfang war / und ist und bleiben wird / so jetzt und immerdar.

T: Martin Rinckart (um 1630) 1636 nach Jesus Sirach 50,22–24
M: Martin Rinckart (?), Johann Crüger (?) (vor 1647?) / bei Johann Crüger, Berlin 1647 S: nach Johann Crüger 1647

1. Du cœur et de la voix, / rendez à Dieu la gloire! / Comptez tous ses bienfaits: / qu'ils soient dans vos mémoires! / Nous sommes sous ses yeux / dès notre premier jour, / Pour vivre et pour mourir, / veillés par son amour. [233] +

2. O Père tout-puissant, / ta grâce est infinie! / Ta paix remplit nos cœurs, / ta joie est dans nos vies. / Tu mets ta force en nous / selon ta volonté, / Et veux nous accueillir / dans ton éternité.

3. Louange soit à Dieu, / le Père qui nous aime! / Louange soit au Fils / qui s'est donné lui-même! / Louange au Saint-Esprit, / le puissant défenseur! / Unique et trois fois saint, / loué soit le Seigneur!

T: Edmond Pidoux 1976

1. Siam grati a Te, Signor, / col cuore e cogli accenti, / divino reggitor / di tutte le tue genti. / Fin dal materno sen – / e dalla gioventù / largito ognor ci hai Tu / i tuoi paterni ben. [233] +

2. O Padre di bontà, / col giusto tuo decreto / a noi la pace da' / e un cuore sempre lieto; / preservaci fedel / nella tua grazia ognor / e dagli umani error / ci guarda e guida al ciel.

3. A Dio sia gloria, onor / e della lode il canto, / al Padre, al Figlio ancor / ed allo Spirto santo. / La sua Maestà, / sovrana come fu, / eterna regnerà / nei secoli lassù.

T: Coira 1961

[233]
+

1. Nos Dieu pür tuots lo - dain cul
e dain ad el l'o - nur, sco
cour, cun mans e boc - ca, ch'el
cha cun dret eir toc - ca,
gron - das ouv - ras fa in terr' e
tschêl pel - vair e nu re - ti - ra
mâ da nus seis bain - pla - schair.

2. Ans vöglia Dieu star pro / ils dis da nossa vita / e render tras seis spiert / noss' ouvra benedida; / vögl' el ans dar sa pasch / e'ns tgnair in seis guvern, / ans liberond dal mal / per uoss' ed in etern.

3. Al Bap, Figl e Sonch Spiert / glori' ed onur saj' datta, / a tuot la Trinità, / d'etern innan ch'es statta; / schi, la Triunità / chi d'eir', es e sarà, / da cour ed in etern / scodün dess tgnair lodà.

T (vallader): Jon Martin (Johannes Martinus) 1702

234

T: Trishagion (Dreimalheilig) M und S: geistliches Volksgut aus Griechenland

235
ö+

2. Ermuntert euch und singt mit Schall / Gott, unserm höchsten Gut, / der seine Wunder überall / und große Dinge tut;

3. der uns von Mutterleibe an / frisch und gesund erhält / und, wo kein Mensch nicht helfen kann, / sich selbst zum Helfer stellt;

4. der, ob wir ihn gleich hoch betrübt, / doch bleibet guten Muts, / die Straf erlässt, die Schuld vergibt / und tut uns alles Guts.

5. Er gebe uns ein fröhlich Herz, / erfrische Geist und Sinn / und werf all Angst, Furcht, Sorg und Schmerz / in's Meeres Tiefe hin.

6. Er lasse seinen Frieden ruhn / auf unserm Volk und Land; / er gebe Glück zu unserm Tun / und Heil zu allem Stand.

7. Er lasse seine Lieb und Güt / um, bei und mit uns gehn, / was aber ängstet und bemüht, / gar ferne von uns stehn.

8. Solange dieses Leben währt, / sei er stets unser Heil, / und wenn wir scheiden von der Erd, / verbleib er unser Teil.

9. Er drücke, wenn das Herze bricht, / uns unsre Augen zu / und zeig uns drauf sein Angesicht / dort in der ewgen Ruh.

T: Paul Gerhardt 1647 nach Jesus Sirach 50,22–24 M: Johann Crüger 1653 nach Genfer Psalter, Psalm 118 und 89, Psalm 75 und 97
S: Johann Crüger 1653 / GB 1941

Und dennoch: **236**
Loben will dich der Mensch,
dieser geringe Teil der Schöpfung.
Du selber weckst und wirkst:
Dich loben wird zur Freude.
Denn auf dich hin hast du uns geschaffen,
und ruhelos bleibt unser Herz,
bis es Ruhe findet in dir.

Augustinus um 400 aus «Bekenntnisse» (1. Buch)
Übersetzung: Georg Stamm 1997

237

1. Nun prei-set al-le Got-tes Barm-her-zigkeit;
lob ihn mit Schal-le, wer-tes-te Chris-tenheit.
Er lässt dich freund-lich zu sich la-den:
Freu-e dich, Is-ra-el, sei-ner Gna-den;
freu-e dich, Is-ra-el, sei-ner Gna-den.

2. Der Herr regieret über die ganze Welt; / was sich nur rühret, froh ihm zu Fuße fällt. / Viel tausend Engel um ihn schweben, / Psalter und Harfen ihm Ehre geben, / Psalter und Harfen ihm Ehre geben.

3. Wohlauf, ihr Heiden, lasset das Trauern sein; / zu grünen Weiden stellet euch willig ein. / Da lässt er uns sein Wort verkünden, / machet uns ledig von allen Sünden, / machet uns ledig von allen Sünden.

4. Er gibet Speise reichlich und überall, / nach Vaters Weise sättigt er allzumal. / Er schaffet frühn und späten Regen, / füllet uns alle mit seinem Segen, / füllet uns alle mit seinem Segen.

5. Drum preis und ehre seine Barmherzigkeit, / sein Lob vermehre, werteste Christenheit. / Uns soll hinfort kein Unfall schaden: / Freue dich, Israel, seiner Gnaden, / freue dich, Israel, seiner Gnaden.

T und M: Matthäus Apelles von Löwenstern 1644
S: nach Matthäus Apelles von Löwenstern 1644

238

T: liturgischer Ruf M: Dieter Golombek 1988

239

1. Ge - lo - bet sei der Herr, mein Gott, mein
Licht, mein Le - ben, mein Schöp - fer,
der mir hat mein Leib und Seel ge -
ge - ben, mein Va - ter, der mich schützt von
Mut - ter - lei - be an, der al - le

2. Gelobet sei der Herr, / mein Gott, mein Heil, mein Leben, / des Vaters liebster Sohn, / der sich für mich gegeben, / der mich erlöset hat / mit seinem teuren Blut, / der mir im Glauben schenkt / das allerhöchste Gut.

3. Gelobet sei der Herr, / mein Gott, mein Trost, mein Leben, / des Vaters werter Geist, / den mir der Sohn gegeben, / der mir mein Herz erquickt, / der mir gibt neue Kraft, / der mir in aller Not / Rat, Trost und Hilfe schafft.

4. Gelobet sei der Herr, / mein Gott, der ewig lebet, / den alles lobt und preist, / was durch ihn lebt und webet; / gelobet sei der Herr, / des Name heilig heißt, / Gott Vater, Gott der Sohn / und Gott der werte Geist,

5. dem wir das «Heilig» jetzt / mit Freuden lassen klingen / und mit der Engel Schar / das «Heilig, Heilig» singen, / den herzlich lobt und preist / die ganze Christenheit: / Gelobet sei mein Gott / in alle Ewigkeit.

T: Johann Olearius 1665 M: Adam Krieger 1657 / geistlich Leipzig 1679 / Johann Friedrich Doles 1785 S: nach Darmstadt 1698

240

2. Es danken dir die Himmelsheer, / o Herrscher aller Thronen; / und die auf Erden, Luft und Meer / in deinem Schatten wohnen, / die preisen deine Schöpfermacht, / die alles also wohl bedacht. / Gebt unserm Gott die Ehre!

3. Was unser Gott geschaffen hat, / das will er auch erhalten, / darüber will er früh und spat / mit seiner Güte walten. / In seinem ganzen Königreich / ist alles recht, ist alles gleich. / Gebt unserm Gott die Ehre!

4. Ich rief zum Herrn in meiner Not: / «Ach Gott, vernimm mein Schreien!» / Da half mein Helfer mir vom Tod / und ließ mir Trost gedeihen. / Drum dank, ach Gott, drum dank ich dir; / ach danket, danket Gott mit mir. / Gebt unserm Gott die Ehre!

5. Der Herr ist noch und nimmer nicht / von seinem Volk geschieden; / er bleibet ihre Zuversicht, / ihr Segen, Heil und

Frieden. / Mit Mutterhänden leitet er / die Seinen stetig hin und her. / Gebt unserm Gott die Ehre!

6. Wenn Trost und Hilf ermangeln muss, / die alle Welt erzeiget, / so kommt, so hilft der Überfluss, / der Schöpfer selbst, und neiget / die Vateraugen denen zu, / die sonsten nirgends finden Ruh. / Gebt unserm Gott die Ehre!

7. Ich will dich all mein Leben lang, / o Gott, von nun an ehren, / man soll, Gott, deinen Lobgesang / an allen Orten hören. / Mein ganzes Herz ermuntre sich, / mein Geist und Leib erfreue dich. / Gebt unserm Gott die Ehre!

8. Ihr, die ihr Christi Namen nennt, / gebt unserm Gott die Ehre; / ihr, die ihr Gottes Macht bekennt, / gebt unserm Gott die Ehre. / Die falschen Götzen macht zu Spott; / der Herr ist Gott, der Herr ist Gott. / Gebt unserm Gott die Ehre!

9. So kommet vor sein Angesicht, / mit Jauchzen Dank zu bringen; / erfüllet die gelobte Pflicht / und lasst uns fröhlich singen: / Gott hat es alles wohl bedacht / und alles, alles recht gemacht. / Gebt unserm Gott die Ehre!

T: Johann Jakob Schütz 1675 M: Mainz um 1390 / Nürnberg 1523/24

241

ö+

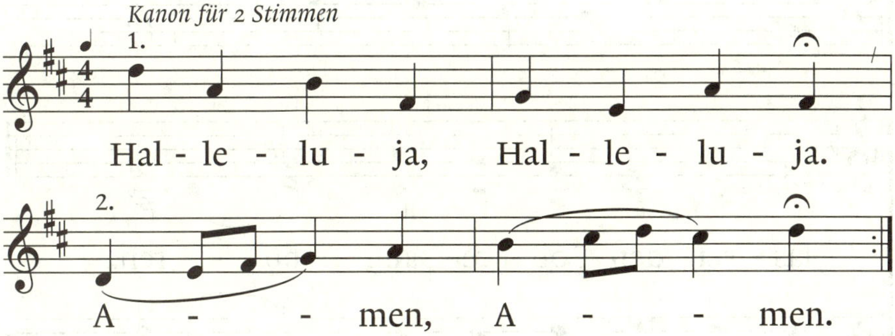

T: liturgischer Ruf M: Herkunft unbekannt

242
(ö) +

2. Lobe den Herren, der alles so herrlich regieret, / der wie auf Flügeln des Adlers dich sicher geführet, / der dich erhält, / wie es dir selber gefällt. / Hast du nicht dieses verspüret?

3. Lobe den Herren, der künstlich und fein dich bereitet, / der dir Gesundheit verliehen, dich freundlich geleitet. / In wieviel Not / hat nicht der gnädige Gott / über dir Flügel gebreitet.

4. Lobe den Herren, der sichtbar dein Leben gesegnet, / der aus dem Himmel mit Strömen der Liebe geregnet. / Denke daran, / was der Allmächtige kann, / der dir mit Liebe begegnet.

5. Lobe den Herren, was in mir ist, lobe den Namen. / Lob ihn mit allen, die seine Verheißung bekamen. / Er ist dein Licht; / Seele, vergiss es ja nicht. / Lob ihn in Ewigkeit. Amen.

T: Joachim Neander 1680 / AöL 1973 M: 17. Jh. / geistlich Stralsund 1665 / Frankfurt/M 1668 / bei Joachim Neander 1680 / Halle 1741
S: Halle 1741 / GB 1941 / GB 1952

1. Bénissons Dieu, notre roi, le puissant roi de gloire! / De [242]
ses bienfaits incessants, célébrons la mémoire! / Et qu'en +
tous lieux, / Sur la terre et dans les cieux, / Montent nos chants de victoire!

2. Bénissons Dieu, notre roi, qui toujours fait justice, / A l'orgueilleux redoutable, au plus humble propice! / Riche en bonté, / Pour ses enfants révoltés / Son amour est sans limite.

3. Bénissons Dieu, notre roi! Célébrons ses louanges, / Car il demeure à jamais quand tout passe et tout change. / Il nous entend: / Adressons-lui notre chant, / Unis aux chœurs de ses anges!

T: d'après Jules Vincent 1924

[242]
+

2. Lode all' Altissimo Re dell'immenso creato! / Sovr' ali d'aquila salvi noi tutti ha portato. / Ei ne sostien, / poiché ad ognuno convien / di camminar col suo aiuto.

3. Lode all' Altissimo Re della grazia infinita! / Tutto Egli donaci: forza, benessere, vita. / No, nel dolor / non ci abbandona il Signor, / che il mondo in Cristo ha salvato.

4. Lode all' Altissimo, quei che dal cielo ha parlato / e l'Unigenito per amor nostro ha donato. / Ei ne affrancò / e da ogni mal liberò; / Egli ha sconfitto il peccato.

5. Lode all' Altissimo, sole di vera giustizia, / che sovra gli umili scende benigna e propizia. / Il peccator / celebri il buon Redentor, / che nel suo amor gli perdona!

T: Torino 1969

1. Lauda il Segner, il Retg en altezias beadas, / lauda quel, olma, sco'ls aunghels en sontgas armadas. / Si, serimnei, / psalms e canzuns intunei, / er vus carstgauns en raspadas! [242] +

2. Lauda il Segner che tut gloriusmein urdeina, / tei sco sin alas dad evla segiramein meina. / El dat a ti / quei che tei legra tugi, / rend' ad el gliergia cumpleina!

3. Lauda il Segner che ha tei formau cun finezia, / dau sanadad a ti, tei protegiu cun fermezia. / Ha buc rasau / Deus, il Pussent, sur tiu tgau / alas da sia carezia?

4. Lauda il Segner, ti olma dad el benedida. / Plover el lai sur tei flums da buntad maisudida. / Tegn endament / ch'el, il Signur, tutpussent, / mai ses uffons cheu emblida.

5. Lauda il Segner, mi' olma, quei sabi adura! / Tgei che ha flad detti gliergia ad el cun premura. / Glisch ei'l a ti, / olma, emblid' el mai pli, / laud' el da cor da tutt' ura!

T (sursilvan): Gion Martin Darms 1886

243

2. Zieh mich, o Vater, zu dem Sohne, / damit dein Sohn mich wieder zieh zu dir; / dein Geist in meinem Herzen wohne / und meine Sinne und Verstand regier, / dass ich den

Frieden Gottes schmeck und fühl / und dir darob im Herzen sing und spiel.

3. Verleih mir, Höchster, solche Güte, / so wird gewiss mein Singen recht getan; / so klingt es schön in meinem Liede, / und ich bet dich in Geist und Wahrheit an; / so hebt dein Geist mein Herz zu dir empor, / dass ich dir Psalmen sing im höhern Chor.

4. Dein Geist kann mich bei dir vertreten / mit Seufzern, die ganz unaussprechlich sind; / er lehret mich im Glauben beten, / gibt Zeugnis meinem Geist, dass ich dein Kind / und ein Mit-Erbe Jesu Christi sei, / daher ich «Abba, lieber Vater!» schrei.

5. Wohl mir, dass ich dies Zeugnis habe; / drum bin ich voller Trost und Freudigkeit / und weiß, dass alle gute Gabe, / die ich von dir verlange jederzeit, / die gibst du und tust überschwänglich mehr, / als ich verstehe, bitte und begehr.

6. Wohl mir, ich bitt in Jesu Namen, / der mich zu deiner Rechten selbst vertritt; / in ihm ist alles Ja und Amen, / was ich von dir im Geist und Glauben bitt. / Wohl mir, Lob dir jetzt und in Ewigkeit, / dass du mir schenkest solche Seligkeit.

T: Bartholomäus Crasselius 1695 M: Hamburg 1690 / Halle 1704 / Schaffhausen 1841 S: Schaffhausen 1841 / GB 1952

244

ö

2. Der Herr, der Schöpfer, bei uns bleib, / er segne uns nach Seel und Leib, / und uns behüte seine Macht / vor allem Übel Tag und Nacht.

3. Der Herr, der Heiland, unser Licht, / uns leuchten lass sein Angesicht, / dass wir ihn schaun und glauben frei, / dass er uns ewig gnädig sei.

4. Der Herr, der Tröster, ob uns schweb, / sein Antlitz über uns erheb, / dass uns sein Bild werd eingedrückt, / und geb uns Frieden unverrückt.

5. Gott Vater, Sohn und Heilger Geist, / o Segensbrunn, der ewig fließt: / durchfließ Herz, Sinn und Wandel wohl, / mach uns deins Lobs und Segens voll!

T: Gerhard Tersteegen 1745 / AöL 1979 M: Loys Bourgeois, Genf 1551, Psalm 134 S: nach Claude Goudimel 1564/65

245 ö +

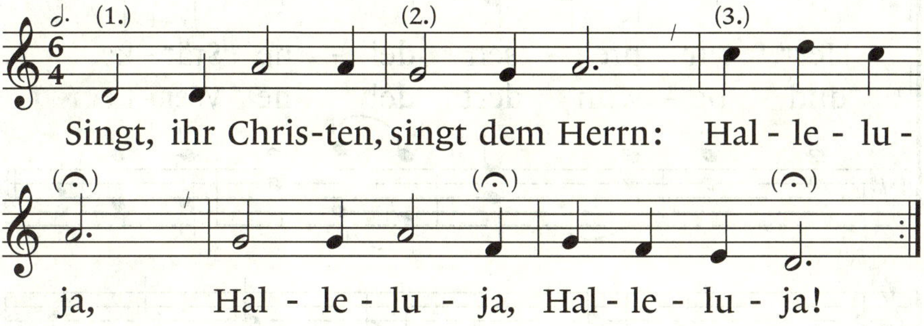

Auch als Kanon für 3 Stimmen singbar

T und M: Heinrich Rohr 1983

246

Kanon für 3 Stimmen

T: liturgischer Ruf M: Conrad Misch 1989

247
(ö) +

2. Alles, was dich preisen kann, / Kerubim und Serafinen, / stimmen dir ein Loblied an; / alle Engel, die dir dienen, / rufen dir stets ohne Ruh / «Heilig, heilig, heilig!» zu.

3. Heilig, Herr Gott Zebaot, / heilig, Herr der Himmelsheere, / starker Helfer in der Not! / Himmel, Erde, Luft und

Meere / sind erfüllt von deinem Ruhm; / alles ist dein Eigentum.

4. Der Apostel heilger Chor, / der Propheten hehre Menge / schickt zu deinem Thron empor / neue Lob- und Dankgesänge. / Der Blutzeugen lichte Schar / lobt und preist dich immerdar.

5. Dich, Gott Vater auf dem Thron, / loben Große, loben Kleine; / deinem eingebornen Sohn / singt die heilige Gemeinde, / und sie ehrt den Heilgen Geist, / der uns seinen Trost erweist.

6. Du, des Vaters ewger Sohn, / hast die Menschheit angenommen, / bist vom hohen Himmelsthron / zu uns auf die Welt gekommen, / hast uns Gottes Gnad gebracht, / von der Sünd uns frei gemacht.

7. Durch dich steht das Himmelstor / allen, welche glauben, offen; / du stellst uns dem Vater vor, / wenn wir kindlich auf dich hoffen; / du wirst kommen zum Gericht, / wenn der letzte Tag anbricht.

8. Herr, steh deinen Dienern bei, / welche dich in Demut bitten. / Kauftest durch dein Blut uns frei, / hast den Tod für uns gelitten. / Nimm uns nach vollbrachtem Lauf / zu dir in den Himmel auf.

9. Sieh dein Volk in Gnaden an; / hilf uns, segne, Herr, dein Erbe; / leit es auf der rechten Bahn, / dass der Feind es nicht verderbe. / Führe es durch diese Zeit, / nimm es auf in Ewigkeit.

10. Alle Tage wollen wir / dich und deinen Namen preisen / und zu allen Zeiten dir / Ehre, Lob und Dank erweisen. / Rett aus Sünden, rett aus Tod, / sei uns gnädig, Herre Gott.

11. Herr, erbarm, erbarme dich; / auf uns komme, Herr, dein Segen. / Deine Güte zeige sich / allen der Verheißung wegen. / Auf dich hoffen wir allein: / Lass uns nicht verloren sein.

T: Ignaz Franz (1768?) 1771 nach «Te Deum laudamus» 4. Jh. / AöL 1973/1977
M: Wien um 1774 / Leipzig 1819 S: GB 1891 / GB 1941 / GB 1952

[247]
+

2. Les saints et les bienheureux, / Les trônes et les puissances, / Toutes les vertus des cieux / Disent tes magnificences, / Proclamant, dans leurs concerts, / Le grand Dieu de l'univers.

3. Saint, saint, saint est l'Eternel, / Le Seigneur, Dieu des armées! / Son pouvoir est immortel; / Ses œuvres, partout

semées, / Font éclater sa grandeur, / Sa majesté, sa splendeur.

4. L'illustre et glorieux chœur / Des apôtres, des prophètes / Célèbre le Dieu-Sauveur, / Dont ils sont les interprètes; / Tous les martyrs couronnés / Chantent ses gratuités.

5. Tout chante le Rédempteur, / Le Fils unique du Père, / Qui, par l'Esprit créateur, / S'incarna sur cette terre; / Tout célèbre sa bonté, / Son amour, sa charité.

6. Tu vins, innocent Agneau, / Souffrir une mort cruelle; / Mais triomphant du tombeau / Par ta puissance éternelle, / Tu détruisis tout l'effort / De l'enfer et de la mort.

7. Tu règnes au haut des cieux, / A la droite de ton Père; / Tu viendras dans ces bas lieux, / Ceint de gloire et de lumière, / Prononcer tes jugements / Sur les morts et les vivants.

8. Daigne à tes chers serviteurs / Subvenir par ta clémence; / Répands sur eux tes faveurs, / Les dons de ta grâce immense; / Rassemble ton peuple élu / De toute langue et tribu.

9. Sauve ton peuple, Seigneur, / Et bénis ton héritage! / Que ta gloire et ta splendeur / Soient à jamais son partage; / Conduis-le par ton amour / Jusqu'au céleste séjour!

10. Nous voulons te célébrer, / Et consacrer notre vie / A louer, à publier / Ton nom, ta grâce infinie. / Viens nous remplir dès ce jour / Des flammes de ton amour!

11. Veuille exaucer nos soupirs; / Seigneur Jésus! fais-nous grâce; / Veuille accomplir nos désirs; / Fais briller sur nous ta face! / Notre espérance est en toi, / En toi, Jésus, notre Roi.

T: Henri Louis Empeytaz 1817

[247]
+

2. I beati in lieto canto, / nel mirare il tuo splendore, / dicon: «Santo, santo, santo» / degli eserciti il Signore, / che per ogni eternità / fu ed è e ognor sarà.

3. Salva il popol tuo, Signore, / che in Te sol confida e spera, / nuovo infondi in lui vigore, / nuovo zelo e fede vera. / Nel tuo amore, o Dio fedel, / Tu lo guida infino al ciel.

4. Venga il regno tuo di pace / e si estenda ovunque è vita; / del Vangelo tuo la face / splenda a tutti i cuor gradita. / Ogni popolo e tribù / lodi il nome tuo, Gesù.

T: Torino 1969

1. O grond Deus, nus tei ludein, / celebrein la tia fermezia. / [247]
Avon tei nus s'enclinein, / admirond la ti' altezia. / Quel che +
ti adin' eis staus / vegns ad esser en tuts graus.

2. Tut ils comps dil tschiel sublim / cant da laud a ti unfreschan. / Cherubins e serafins / cun ardur tei honoreschan. / Tei aduran tuts beaus, / psalmiond en dultsch ruaus.

3. Sogns eis ti, Deus Zebaot, / sogns persuls, pussent scaffider, / gidas en basegns dabot, / tut cunsalvas, ferm regider. / Er la tiara lauda tei, / tia proprietad ell' ei.

4. Pren en egl il pievel tiu, / benedescha l'jerta tia. / Dosta gl'inimitg temiu, / tegn nus sin la dretga via. / Grazia fai, che tuts vonzei / rivien si en tschiel tier tei.

T (sursilvan): Gion Martin Darms 1886

248

2. Lobet den Herrn! / Ja, lobe den Herrn / auch meine Seele; / vergiss es nie, was er dir Guts getan, / was er dir Guts getan, / was er dir Guts getan!

3. Sein ist die Macht! / Allmächtig ist Gott; / sein Tun ist weise, / und seine Huld ist jeden Morgen neu, / ist jeden Morgen neu, / ist jeden Morgen neu!

4. Groß ist der Herr; / ja groß ist der Herr; / sein Nam ist heilig, / und alle Welt ist seiner Ehre voll, / ist seiner Ehre voll, / ist seiner Ehre voll!

5. Betet ihn an! / Anbetung dem Herrn; / mit hoher Ehrfurcht / werd auch von uns sein Name stets genannt, / sein Name stets genannt, / sein Name stets genannt!

6. Singet dem Herrn! / Lobsinget dem Herrn / in frohen Chören, / denn er vernimmt auch unsern Lobgesang, / auch unsern Lobgesang, / auch unsern Lobgesang!

T: Carl Friedrich Wilhelm Herrosee vor 1810
M und S: Karl Friedrich Schulz 1810

249

ö +

2. Sonne, Mond und Stern sich neigen / vor dem Herrn der Herrlichkeit, / Tag und Nacht sie nimmer schweigen, / loben Gott zu aller Zeit, / Halleluja, / dienen ihm in Ewigkeit.

3. Unser Lied allein soll preisen / ihn, den Herrn der Herrlichkeit, / unser Leben Dank erweisen, / loben Gott zu jeder Zeit, / Halleluja, / dienen ihm in Ewigkeit.

T: Paul Ernst Ruppel 1956 (Str. 1. 2), 1969 (Str. 3) zum Hymnus «Corde natus ex parentis» von Aurelius Prudentius Clemens 4. Jh. M: Paul Ernst Ruppel 1956 aus dem Spiritual «Singing with a sword in my hand, Lord»

Kehrvers
250
ö+
Am Dm G C
Singt dem Herrn, al - le Völ - ker und Ras - sen,
Am F G Am
Tag für Tag ver - kün - det sein Heil.
Strophen
Dm Am Dm Am
1. Singt, als wär es zum ers - ten Mal,
G Am D G
singt in al - len Spra-chen und Tö - nen,
Am F G C Am E4 – 3
singt und ruft sei-nen Na - men aus.
Kv
Dm Am Dm Am
2. Wer-det nicht mü - de, von ihm zu spre-chen,
G Am D G
von sei - ner ver - bor - ge-nen Ge-gen-wart
Am F G C Am E4 – 3
in al-lem, was lebt und ge - schieht.
Kv

T: Hans Bernhard Meyer (1969) 1970 M: Peter Janssens (1969) 1970

Verkündigung, Gottes Wort

251 Vom vierfachen Ackerfeld

4 Als nun eine große Menge zusammenkam und Stadt für
Stadt ihm zuströmte, sprach er in einem Gleichnis: 5 Der Sä-
mann ging aus, um seinen Samen zu säen. Und beim Säen
fiel etliches auf den Weg und wurde zertreten, und die
Vögel des Himmels fraßen es auf. 6 Anderes fiel auf Fels,
ging auf und verdorrte, weil es keine Feuchtigkeit hatte.
7 Anderes fiel mitten unter die Dornen, und mit ihm wuch-
sen die Dornen auf und erstickten es. 8 Wieder anderes fiel
auf guten Boden, ging auf und brachte hundertfach Frucht.
Als er dies sagte, rief er: Wer Ohren hat zu hören, der höre!

Lukas 8,4–8

252 Die Berufung des Mose

1 Mose aber hütete die Schafe seines Schwiegervaters Jitro,
des Priesters der Midianiter. Einst trieb er die Schafe über
die Steppe hinaus und kam an den Gottesberg, den Horeb.
2 Und SEIN Engel erschien ihm in einer Feuerflamme, die
aus dem Dornbusch hervorschlug. Und als er hinsah, siehe,
da brannte der Busch im Feuer, aber der Busch ward nicht
verzehrt. 3 Da dachte Mose: Ich will doch hinübergehen und
diese wunderbare Erscheinung ansehen, warum der Dorn-
busch nicht verbrennt. 4 Und ER sah, dass er herüber kam,
um nachzusehen. Und Gott rief ihm aus dem Dornbusch
zu: Mose! Mose! Er antwortete: Hier bin ich. 5 Da sprach er:
Tritt nicht heran! Ziehe die Schuhe von den Füßen; denn
die Stätte, darauf du stehst, ist heiliges Land. 6 Dann sprach
er: Ich bin der Gott deines Vaters, der Gott Abrahams, der
Gott Isaaks und der Gott Jakobs. Da verhüllte Mose sein
Antlitz; denn er fürchtete sich, Gott anzuschauen. 7 Und ER
sprach: Ich habe das Elend meines Volkes in Ägypten wohl
gesehen, und ihr Schreien über ihre Treiber habe ich gehört;
ja ich kenne ihre Leiden. 8 Darum bin ich herniedergestie-
gen, sie aus der Gewalt der Ägypter zu erretten und sie aus
jenem Lande hinauszuführen in ein schönes, weites Land, in

ein Land, wo Milch und Honig fließt, in das Gebiet der
Kanaaniter, Hetiter, Amoriter, Perisiter, Hiwiter und Jebusi-
ter. 9 Nun ist das Schreien der Israeliten zu mir gedrungen,
ich habe auch gesehen, wie hart die Ägypter sie bedrücken.
10 Wohlan, so will ich dich denn zum Pharao senden, dass
du mein Volk, die Israeliten, aus Ägypten führest. 11 Mose
aber sprach zu Gott: Wer bin ich, dass ich zum Pharao
gehen und die Israeliten aus Ägypten führen sollte? 12 Er
sprach: Ich werde mit dir sein; und dies sei dir das Zeichen,
dass ich es bin, der dich gesandt hat: Wenn du das Volk aus
Ägypten führst, werdet ihr an diesem Berge Gott verehren.
13 Da sprach Mose zu Gott: Siehe, wenn ich nun zu den
Israeliten komme und ihnen sage: «Der Gott eurer Väter hat
mich zu euch gesandt», und wenn sie mich fragen: «Wel-
ches ist sein Name?» – was soll ich ihnen dann antworten?
14 Gott sprach zu Mose: «Ich bin, der ich bin». Und er fuhr
fort: So sollst du zu den Israeliten sagen: Der «Ich bin» hat
mich zu euch gesandt. 2. Mose (Exodus) 3,1–14

14 Suchet das Gute und nicht das Böse, damit ihr lebet! **253**
21 Ich hasse, ich verschmähe eure Feste und mag nicht
riechen eure Feiern. 22 Denn wenn ihr mir Brandopfer dar-
bringt – an euren Gaben habe ich keinen Gefallen, und das
Opfer eurer Mastkälber sehe ich nicht an. 23 Hinweg von
mir mit dem Lärm deiner Lieder! Das Spiel deiner Harfen
mag ich nicht hören! 24 Aber es ströme wie Wasser das Recht
und die Gerechtigkeit wie ein unversieglicher Bach!

Amos 5,14a. 21–24

254

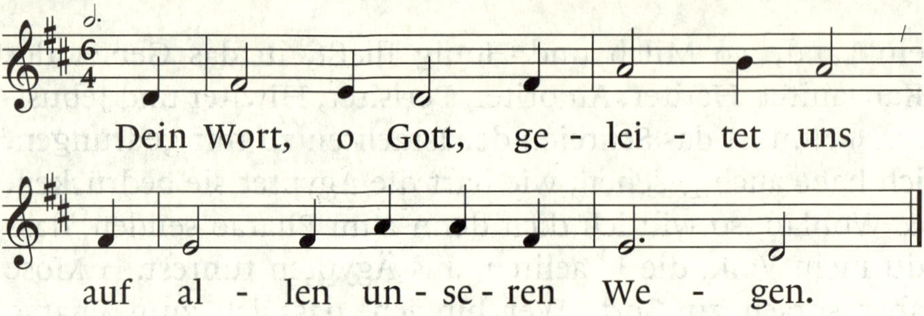

T: Peter Joseph Klein und Heinrich Rohr 1969 M: Heinrich Rohr 1969

255

T: Martin Luther (1541/42) 1543/44 / 1545 M: Martin Luther (?) (1541/42) 1543/44 / 1545 nach dem Hymnus «Veni redemptor gentium» um 900 / Einsiedeln um 1200

256
ö

1. Es ist ein Wort er - gan - gen, das
2. Das Wort hat Gott ge - spro - chen hin -
3. Du Wort ob al - len Wor - ten, du

geht nun fort und fort und stillt der Welt
ein in die - se Zeit. Es ist her - ein -
Wort aus Got - tes Mund, lauf und an al -

Ver - lan - gen wie sonst kein an - der Wort.
ge - bro - chen im Wort die E - wig - keit.
len Or - ten mach Got - tes Na - men kund.

4. Künd auf der ganzen Erde, / dass Gott ihr Herre sei, / damit sie Gottes werde / und andrer Herren frei.

5. Lauf, Wort, mit allen Winden / durch jedes Volk und Land, / dass sich die Völker finden, / so wie das Wort sie fand.

6. Lauf, Wort, durch alle Straßen, / in hoch und niedrig Haus, / und ruf in allen Gassen / ein hörend Volk heraus.

7. Triff Freunde und triff Feinde; / zwing, was dir widerstrebt, / und ruf uns zur Gemeinde, / die aus dem Worte lebt.

8. Erhalt das Wort in Gnaden, / gib, Gott, ihm freien Lauf. / Du Wort, von Gott beladen, / spreng Tür und Riegel auf.

T: Arno Pötzsch 1935 M: Albert Moeschinger (1939) 1941

257

2. Wort vom Vater, der die Welt / schuf und in den Armen hält / und der Sünder Trost und Rat / zu uns her gesendet hat;

3. Wort von des Erlösers Huld, / der der Erde schwere Schuld / durch des heilgen Todes Tat / ewig weggenommen hat;

4. kräftig Wort von Gottes Geist, / der den Weg zum Himmel weist / und durch seine heilge Kraft / Wollen und Vollbringen schafft:

5. Wort des Lebens, stark und rein, / alle Völker harren dein; / walte fort, bis aus der Nacht / alle Welt zum Tag erwacht.

6. Auf, zur Ernt in alle Welt! / Weithin wogt das reife Feld. / Klein ist noch der Schnitter Zahl, / viel der Garben überall.

7. Herr der Ernte, groß und gut, / weck zum Werke Lust und Mut. / Lass die Völker allzumal / schauen deines Lichtes Strahl.

T: Jonathan Friedrich Bahnmaier 1819 M: Frankfurt/M 1659 / Halle 1704 / Stuttgart 1744 (Johann Georg Stözel?) S: Bernhard Henking 1952

258
(ö +)

4. Gib du uns Mut zur Stille, / zum Schweigen und zum Ruhn. / Wir danken dir: / Du willst uns Gutes tun.

5. Gib du uns Mut zum Glauben / an dich, den einen Herrn. / Wir danken dir, / denn du bist uns nicht fern.

T und M: Kurt Rommel 1963 / (1994) 1998

259

2. Gib dem Wort, das von dir zeuget, / einen recht gepriesnen Lauf, / dass noch manches Knie sich beuget, / sich noch manches Herz tut auf, / eh die Zeit erfüllet ist, / wo du richtest, Jesu Christ.

3. Es sei keine Sprach noch Rede, / da man deine Stimm nicht hört, / und kein Land so fern und öde, / wo dein Wort nicht wird gelehrt. / Lass den hellen Freudenschall / siegreich ausgehn überall.

4. Geh, du Bräut'gam aus der Kammer, / laufe deinen Heldenpfad; / strahle Tröstung in den Jammer, / der die Welt umdunkelt hat. / O erleuchte, ewges Wort, / Ost und West und Süd und Nord.

T: Ewald Rudolf Stier 1827 M: Heinrich Albert 1642
S: nach Heinrich Albert 1642 und Rostock 1659

260

ö+

4. Gott hat das letzte Wort. / Er wird es neu uns sagen / dereinst nach diesen Tagen / im ewgen Lichte dort.

5. Gott steht am Anbeginn, / und er wird alles enden. / In seinen starken Händen / liegt Ursprung, Ziel und Sinn.

T: Markus Jenny 1970 nach dem niederländischen «God heeft het eerste woord» von Jan Wit (1959) 1965 M: Gerard Kremer (1959) 1965

Bekenntnis des Glaubens

261 66 Von da an zogen sich viele seiner Jünger zurück und gingen nicht länger mit ihm. 67 Da sprach Jesus zu den Zwölf: Wollt etwa auch ihr weggehen? 68 Simon Petrus antwortete ihm: Herr, zu wem sollten wir gehen? Du hast Worte ewigen Lebens, 69 und wir sind zum Glauben gekommen und haben erkannt, dass du der Heilige Gottes bist. Johannes 6,66–69

262 Es gibt doch für uns nur *einen* Gott, den Vater, von dem alle Dinge sind und wir zu ihm, und *einen* Herrn, Jesus Christus, durch den alle Dinge sind und wir durch ihn.

1. Korintherbrief 8,6

263 DAS APOSTOLISCHE GLAUBENSBEKENNTNIS

Ich glaube an Gott,
den Vater, den Allmächtigen,
den Schöpfer des Himmels und der Erde,
und an Jesus Christus,
seinen eingeborenen Sohn, unsern Herrn,
empfangen durch den Heiligen Geist,
geboren von der Jungfrau Maria,
gelitten unter Pontius Pilatus,
gekreuzigt, gestorben und begraben,
hinabgestiegen in das Reich des Todes,
am dritten Tage auferstanden von den Toten,
aufgefahren in den Himmel;
er sitzt zur Rechten Gottes, des allmächtigen Vaters;
von dort wird er kommen,
zu richten die Lebenden und die Toten.
Ich glaube an den Heiligen Geist,
die heilige, allgemeine*, christliche Kirche,
Gemeinschaft der Heiligen,
Vergebung der Sünden,
Auferstehung der Toten
und das ewige Leben. Amen. Aus der altkirchlichen Taufliturgie

* Das griechische Wort für «allgemein» heißt «katholike».

Das Glaubensbekenntnis von Nizäa-Konstantinopel 264

Wir glauben an den einen Gott, den Vater, den Allmächtigen,
der alles geschaffen hat, Himmel und Erde,
die sichtbare und die unsichtbare Welt.
Und an den einen Herrn Jesus Christus,
Gottes eingeborenen Sohn,
aus dem Vater geboren vor aller Zeit:
Gott von Gott, Licht vom Licht,
wahrer Gott vom wahren Gott,
gezeugt, nicht geschaffen, eines Wesens mit dem Vater;
durch ihn ist alles geschaffen.
Für uns Menschen und zu unserm Heil
ist er vom Himmel gekommen,
hat Fleisch angenommen durch den Heiligen Geist
von der Jungfrau Maria und ist Mensch geworden.
Er wurde für uns gekreuzigt unter Pontius Pilatus,
hat gelitten und ist begraben worden,
ist am dritten Tage auferstanden nach der Schrift
und aufgefahren in den Himmel.
Er sitzt zur Rechten des Vaters
und wird wiederkommen in Herrlichkeit,
zu richten die Lebenden und die Toten;
seiner Herrschaft wird kein Ende sein.
Wir glauben an den Heiligen Geist,
der Herr ist und lebendig macht,
der aus dem Vater und dem Sohn° hervorgeht,
der mit dem Vater und dem Sohn angebetet
und verherrlicht wird,
der gesprochen hat durch die Propheten,
und an die eine, heilige, allgemeine* und apostolische Kirche.
Wir bekennen die eine Taufe zur Vergebung der Sünden.
Wir erwarten die Auferstehung der Toten
und das Leben der kommenden Welt. Amen.

Formuliert von den Konzilien in Nizäa 325 und Konstantinopel 381

° Der Urtext des Bekenntnisses enthält die Worte «und dem Sohn» nicht. Dieser Zusatz wurde von der Westkirche Ende des 6. Jh. angenommen. Die orthodoxen Kirchen halten am ursprünglichen Wortlaut fest. Die Christkatholische Kirche ist ihnen darin gefolgt.

265 Das ist mein einziger Trost im Leben und im Sterben, dass ich mit Leib und Seele, im Leben und im Sterben, nicht mein, sondern meines getreuen Heilands Jesu Christi Eigen bin, der mit seinem teuren Blute für alle meine Sünden vollkommen bezahlt und mich aus aller Gewalt des Teufels erlöst hat und so bewahrt, dass ohne den Willen meines Vaters im Himmel kein Haar von meinem Haupte fallen kann, ja auch mir alles zu meiner Seligkeit dienen muss. Darum sichert er mir auch durch seinen Heiligen Geist das ewige Leben zu und macht mich von Herzen willig und bereit, fortan ihm zu leben. Amen.

Antwort auf die 1. Frage des Heidelberger Katechismus 1563

266 *I* Wir glauben an Gott. Wir sind nicht allein.
Wir sind geborgen. Wir sind frei.

II Wir glauben an den göttlichen Geist,
den Geist der Freiheit,
der uns verbindet zu der einen umfassenden Kirche.

I Wir glauben an Jesus Christus,
der Gott zeigt und vertritt,
der das Reich des Friedens verkündete
und aus Liebe zu uns starb.

II Wir glauben, dass Jesus lebt.
Er befreit uns von Schuld, von Angst und Tod.
Er hilft uns leben.

I Wir glauben an den Gott,
der die Welt schafft und erhält,
der will, dass wir mit ihm wirken,
der Welt und den Menschen zugute.

II Wir glauben an den lebendigen Gott,
der die Welt vollendet und erneuert,
der auch uns bewahrt und neu schafft
zu unvergänglichem Leben.

Jörg Zink und Rainer Röhricht 1969

Siehe auch «Verpflichtung von Neu Delhi 1961» (Nr. 783)

267

Wir glauben an Gott, den Vater,
unseren Schöpfer,
der alles in seiner allmächtigen Hand hält.
Wir glauben an Jesus Christus, Gottes Sohn,
unseren Erlöser,
der uns für Gottes Reich frei macht.
Wir glauben an den Heiligen Geist,
von Gott gesandt,
unseren Tröster,
der uns reinigt und in der Gemeinde Christi sammelt.
Wir glauben an den einen Gott,
der uns liebt,
erneuert,
sendet.

Markus Jenny 1983

268

A Ich glaube an Gottes Verheißung, die Macht der Sünde zu brechen und sein Reich der Gerechtigkeit und des Friedens zu errichten.

I Ich glaube nicht, dass die Stärksten recht haben, noch dass Waffen und Unterdrückung sich durchsetzen werden.

II Ich glaube an die Erfüllung der Menschenrechte, an die Geschwisterlichkeit aller Menschen und an die Macht der Gewaltlosen.

I Ich wehre mich gegen Rassismus und jede Ordnung, welche Menschen versklavt.

II Ich setze mich dafür ein, dass alle Kinder, Frauen und Männer als Menschen die gleiche Würde haben.

I Ich bestreite, dass Krieg, Armut und Hunger unvermeidbares Schicksal sind.

II Ich behaupte, dass Gott die Entstellung seiner Welt nicht hinnimmt.

A Ich glaube an Gottes verwandelnde und verklärende Macht. Er wird seine Verheißung eines neuen Himmels und einer neuen Erde erfüllen.

Frei gestaltet nach einem indonesischen Glaubensbekenntnis

269
ö

T: EGB (1970) 1971 nach dem Glaubensbekenntnis von Nizäa-Konstantinopel
M: 15. Jh. / Wittenberg 1524

270
ö

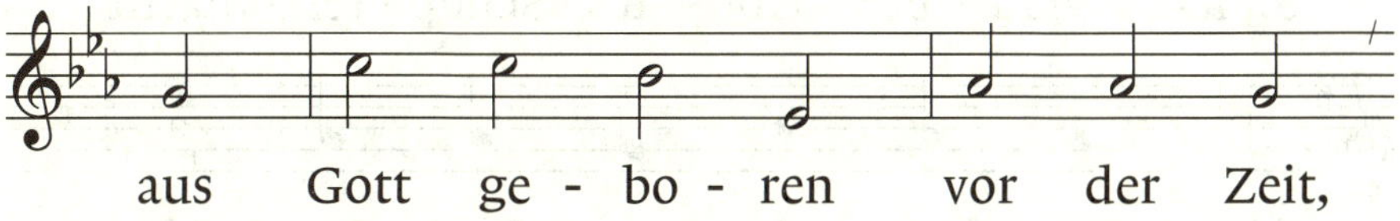

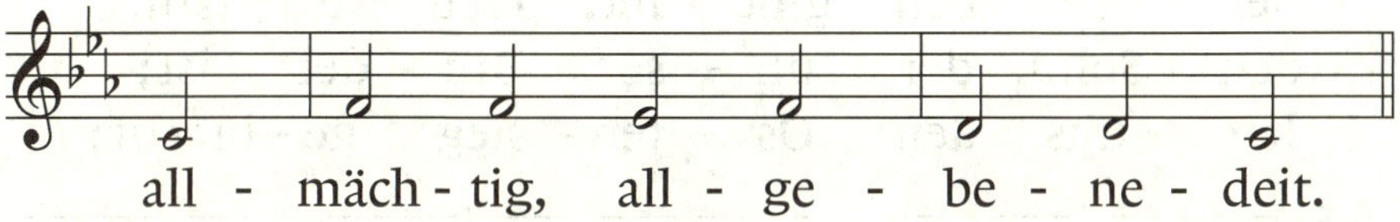

2. Wir glauben Gott den Heilgen Geist, / den Tröster, der uns unterweist, / der fährt, wohin er will und mag, / und stark macht, was daniederlag.

3. Den Vater, dessen Wink und Ruf / das Licht aus Finsternissen schuf, / den Sohn, der annimmt unsre Not, / litt unser Kreuz, starb unsern Tod.

4. Der niederfuhr und auferstand, / erhöht zu Gottes rechter Hand, / und kommt am Tag, vorherbestimmt, / da alle Welt ihr Urteil nimmt.

5. Den Geist, der heilig insgemein / lässt Christen Christi Kirche sein, / bis wir, von Sünd und Fehl befreit, / ihn selber schaun in Ewigkeit.

T: Rudolf Alexander Schröder 1937 M: Christian Lahusen (vor 1945) 1948

271

\+

4. Ich glaube: Meine Taufe weist / auf Gottes Wirken durch den Geist. / Ich seh im Spiegel seiner Schrift / die Wahrheit, die mein Leben trifft.

5. Ich glaube: Gott will Menschen sehn, / die ganz auf seiner Seite stehn. / Sein Abendmahl in Brot und Wein / lädt alle Welt zur Hoffnung ein.

6. Wir glauben: Gott setzt Zeichen ein / und lässt uns die Gemeinde sein, / die bis zum Ende Treue hält, / zum Leben für die ganze Welt.

Auch nach Melodie Nr. 560

T: Peter Spangenberg 1971 M: Martin Luther (?) (1541/42) 1543/44 / 1545 nach dem Hymnus «Veni redemptor gentium» um 900 / Einsiedeln um 1200

272

2. Herr Christ, um deines Namens Ehr / halt uns in deinem Frieden, / den Glauben stärk, die Liebe mehr', / dein Gnad sei uns beschieden; / gib Hoffnung uns in dieser Zeit, / führ uns zu deiner Herrlichkeit. / Dir sei Lob, Preis und Ehre!

T: Johann Anastasius Freylinghausen 1714 (Str. 1) und Otto Brodde 1971 nach Lüneburg 1789 (Str. 2) M: Mainz um 1390 / Nürnberg 1523/24

273

2. Dem Teufel ich gefangen lag; / im Tod war ich verloren; / mein Sünd mich quälte Nacht und Tag, / darin ich war geboren. / Ich fiel auch immer tiefer drein; / es war nichts gut am Leben mein; / die Sünd hatt' mich besessen.

3. Mein guten Werk, die galten nicht, / mit ihnen war's verdorben; / der frei Will hasste Gotts Gericht, / er war zum Gut'n erstorben. / Die Angst mich zu verzweifeln trieb, / dass nichts denn Sterben bei mir blieb; / zur Hölle musst ich sinken.

4. Da jammert' Gott in Ewigkeit / mein Elend übermaßen; / er dacht an sein Barmherzigkeit, / er wollt mir helfen lassen. / Er wandt zu mir das Vaterherz; / es war bei ihm fürwahr kein Scherz; / er ließ's sein Bestes kosten.

5. Er sprach zu seinem lieben Sohn: / Die Zeit ist hie zu erbarmen. / Fahr hin, meins Herzens werte Kron, / und sei das

Heil dem Armen / und hilf ihm aus der Sünden Not; / erwürg für ihn den bittern Tod / und lass ihn mit dir leben.

6. Der Sohn dem Vater ghorsam ward; / er kam zu mir auf Erden, / von einer Jungfrau rein und zart; / er sollt mein Bruder werden. / Gar heimlich führt er sein Gewalt; / er ging in meiner armen Gstalt; / den Teufel wollt er fangen.

7. Er sprach zu mir: Halt dich an mich, / es soll dir jetzt gelingen; / ich geb mich selber ganz für dich, / da will ich für dich ringen; / denn ich bin dein, und du bist mein, / und wo ich bleib, da sollst du sein; / uns soll der Feind nicht scheiden.

8. Vergießen wird er mir mein Blut, / dazu mein Leben rauben; / das leid ich alles dir zugut; / das halt mit festem Glauben. / Den Tod verschlingt das Leben mein; / mein Unschuld trägt die Sünde dein; / da bist du selig worden.

9. Gen Himmel zu dem Vater mein / fahr ich von diesem Leben; / da will ich sein der Meister dein; / den Geist will ich dir geben, / der dich in Trübnis trösten soll / und lehren mich erkennen wohl / und in der Wahrheit leiten.

10. Was ich getan hab und gelehrt, / das sollst du tun und lehren, / dass Gottes Reich hier werd gemehrt / zu Lob und seinen Ehren; / und hüt dich vor der Menschen Satz*, / davon verdirbt der edle Schatz, / das lass ich dir zur Letze°.

* Gesetz ° als Labung zum Abschied; zum guten Ende

T: Martin Luther (1523) 1524 M: 15. Jh. / Augsburg 1524 (Martin Luther?)

274

2. Gerecht vor Gott sind die allein, / die dieses Glaubens leben; / es wird des Glaubens heller Schein / durch Werke kund sich geben. / Mit Gott der Glaub ist wohl daran, / und an der Liebe siehet man, / dass du aus Gott geboren.

3. Gewiss, die Werke kommen her / aus einem rechten Glauben; / nicht rechter Glaube wär es mehr, / wollt man die Werk ihm rauben. / Doch macht allein der Glaub gerecht; / die Werke sind des Nächsten Knecht, / dran wir den Glauben merken.

4. Sei Lob und Ehr mit hohem Preis / um aller Guttat willen / Gott Vater, Sohn und Heilgem Geist. / Der woll mit Gnad erfüllen, / was er in uns begonnen hat / zu Ehren seiner Majestät, / dass heilig werd sein Name;

5. sein Reich zukomm; sein Will auf Erd / gscheh wie im Himmelsthrone; / das täglich Brot noch heut uns werd; /

woll unsrer Schuld verschonen, / wie wir auch unsern Schuldnern tun; / lass uns nicht in Versuchung stehn; / lös uns vom Übel. Amen.

T: Paulus Speratus (1523) 1524 / GB 1952 / Kommission 1998
M: Mainz um 1390 / Nürnberg 1523/24

275

+

T: nach Konstanz 1812 / Zug 1966 M: Peter Sohren 1668 / St. Gallen 1863

276

1. Such, wer da will, ein an-der Ziel,
Mein Herz al - lein bedacht soll sein,
die Se - lig - keit zu fin - den:
auf Chris-tum sich zu grün - den.
Sein Wort ist wahr, sein Werk ist klar;
sein heil-ger Mund hat Kraft und Grund,
all Feind zu ü - ber-win - den.

2. Such, wer da will, / Nothelfer viel, / die uns doch nichts erworben: / Hier ist der Mann, / der helfen kann, / bei dem nie was verdorben. / Uns wird das Heil / durch ihn zuteil; / uns macht gerecht / der treue Knecht, / der für uns ist gestorben.

3. Ach, sucht doch den; / lasst alles stehn, / die ihr das Heil begehret; / er ist der Herr, / und keiner mehr, / der euch das Heil gewähret. / Sucht ihn all Stund / von Herzensgrund, / sucht ihn allein; / denn wohl wird sein / dem, der ihn herzlich ehret.

4. Meins Herzens Kron, / mein Freudensonn, / sollst du, Herr Jesu, bleiben; / lass mich doch nicht / von deinem Licht / durch Eitelkeit vertreiben. / Bleib du mein Preis; / dein Wort mich speis. / Bleib du mein Ehr; / dein Wort mich lehr, / an dich stets fest zu glauben.

5. Wend von mir nicht / dein Angesicht; / lass mich im Kreuz nicht zagen. / Weich nicht von mir, / mein höchste Zier; / hilf mir mein Leiden tragen. / Hilf mir zur Freud / nach diesem Leid; / hilf, dass ich mag / nach dieser Klag / dort ewig Lob dir sagen.

T: Georg Weißel (1623) 1642 M: Melchior Vulpius 1609
S: nach Johann Hermann Schein 1624

277

1. Halt im Ge-dächt-nis Je-sum Christ,
vom Him-mels-thron ge-kom-men ist,
den Hei-land, der auf Er-den
dein Bru-der hier zu wer-den.
Ver-giss nicht, dass er dir zu-gut
hat an-ge-nom-men Fleisch und Blut.
Dank ihm für die-se Lie-be.

2. Halt im Gedächtnis Jesum Christ, / der für dich hat gelitten, / ja gar am Kreuz gestorben ist, / hat dir das Heil erstritten. / Besieget hat er Sünd und Tod / und dich erlöst aus aller Not. / Dank ihm für diese Liebe.

3. Halt im Gedächtnis Jesum Christ, / der früh am dritten Tage / siegreich vom Tod erstanden ist, / befreit von Not und Plage. / Das Leben hat er dir gebracht / und dich gerecht vor Gott gemacht. / Dank ihm für diese Liebe.

4. Halt im Gedächtnis Jesum Christ, / der nach den Leidenszeiten / gen Himmel aufgefahren ist, / die Stätte zu bereiten, / da du sollst bleiben alle Zeit / und schauen seine Herrlichkeit. / Dank ihm für diese Liebe.

5. Halt im Gedächtnis Jesum Christ, / der einst wird wiederkommen / und sich, was tot und lebend ist, / zu richten vorgenommen. / O sorge, dass du da bestehst / und mit ihm in sein Reich eingehst, / ihm ewiglich zu danken.

6. Gib, Jesu, gib, dass ich dich kann / mit wahrem Glauben fassen / und nie, was du an mir getan, / mög aus dem Herzen lassen; / dass dessen ich in aller Not / mich trösten mög und durch den Tod / zu dir ins Leben dringen.

T: Cyriakus Günther (vor 1704) 1714 / Kommission 1998 M: Wittenberg 1533 (Martin Luther 1529?) S: GB 1891 / Bernhard Henking 1952

278

1. Ich weiß, wor - an ich glau - be, ich
wenn al - les hier im Stau - be wie
weiß, was fest be - steht,
Sand und Staub ver - weht.
Ich weiß, was
e - wig blei - bet, wo al - les wankt und
fällt, wo Wahn die Wei - sen trei -
bet und Trug die Klu - gen prellt.

2. Ich weiß, was ewig dauert, / ich weiß, was nie verlässt, / mit Diamanten mauert / mir's Gott im Herzen fest; / ja recht mit Edelsteinen / von allerbester Art / hat Gott der Herr den Seinen / des Herzens Burg verwahrt.

3. Ich kenne wohl die Steine, / die stolze Herzenswehr; / sie funkeln ja mit Scheine / wie Sterne schön und hehr: / Die Steine sind die Worte, / die Worte hell und rein, / wodurch die schwächsten Orte / gar feste können sein.

4. Auch kenn ich wohl den Meister, / der mir die Festung baut, / er heißt der Held der Geister, / auf den der Himmel schaut, / vor dem die Serafinen / anbetend niederknien, / um den die Engel dienen: / Ich weiß und kenne ihn.

5. Das ist das Licht der Höhe, / das ist der Jesus Christ, / der Fels, auf dem ich stehe, / der diamanten ist, / der nimmermehr kann wanken, / der Heiland und der Hort, / die Leuchte der Gedanken, / die leuchtet hier und dort.

6. Drum weiß ich, was ich glaube, / ich weiß, was fest besteht / und in dem Erdenstaube / nicht mit als Staub verweht; / ich weiß, was in dem Grauen / des Todes ewig bleibt / und selbst auf seinen Auen / des Himmels Blumen treibt.

T: Ernst Moritz Arndt (1818) 1819 M: Heinrich Schütz 1628, Psalm 138
S: Heinrich Schütz 1661

279
ö +

1. Gott liebt die - se Welt, und wir sind sein
2. Gott liebt die - se Welt. Er rief sie ins
3. Gott liebt die - se Welt. Feu - er-schein und

Ei - gen. Wo - hin er uns stellt, sol - len
Le - ben. Gott ist's, der er - hält, was er
Wol - ke und das heil - ge Zelt sa - gen

wir es zei - gen: Gott liebt die - se Welt.
selbst ge - ge - ben. Gott ge - hört die Welt.
sei - nem Vol - ke: Gott ist in der Welt.

4. Gott liebt diese Welt. / Ihre Dunkelheiten / hat er selbst erhellt. / Im Zenit der Zeiten / kam sein Sohn zur Welt.

5. Gott liebt diese Welt. / Durch des Sohnes Sterben / hat er uns bestellt / zu des Reiches Erben. / Gott erneut die Welt.

6. Gott liebt diese Welt. / In den Todesbanden / keine Macht ihn hält. / Christus ist erstanden: / Leben für die Welt.

7. Gott liebt diese Welt. / Er wird wiederkommen, / wann es ihm gefällt, / nicht nur für die Frommen, / nein, für alle Welt.

8. Gott liebt diese Welt, / und wir sind sein Eigen. / Wohin er uns stellt, / sollen wir es zeigen: / Gott liebt diese Welt.

T und M: Walter Schulz (1962) 1964/1971

280
ö

1. Chris - tus, das Licht der Welt. Welch ein
2. Chris - tus, das Heil der Welt. Welch ein
3. Chris - tus, der Herr der Welt. Welch ein
4. Gebt Gott die Eh - re. Hier ist

Grund zur Freu - de! In un - ser
Grund zur Freu - de! Weil er uns
Grund zur Freu - de! Von uns ver -
Grund zur Freu - de! Freut euch am

Dun - kel kam er als ein Bru - der.
lieb hat, lie - ben wir ein - an - der.
ra - ten, starb er ganz ver - las - sen.
Va - ter. Freu - et euch am Soh - ne.

Wer ihm be - geg - net, der sieht auch den
Er schenkt Ge - mein-schaft zwi-schen Gott und
Doch er ver - gab_ uns, und wir sind die
Freut euch am Geis - te: denn wir sind ge -

Va - ter. Eh - re sei Gott dem Herrn!
Men - schen. Eh - re sei Gott dem Herrn!
Sei - nen. Eh - re sei Gott dem Herrn!
ret - tet. Eh - re sei Gott dem Herrn!

T: Otmar Schulz und Sabine Leonhardt 1972 nach «Christ is the world's light» von Fred Pratt Green 1968 M: Pariser Antiphonar 1681

281

T: Albert Bartsch (vor 1954) 1954 M: Theophil Rothenberg (vor 1970) 1970

282

1. Wer ist Gott? Du suchst ihn hin-ter Wol-ken?
2. Wer ist Gott? Du suchst ihn in den Stür-men?
3. Wer ist Gott? Du suchst ihn in den Blu-men?

Dort ist er nicht. Doch Him-mel und
Dort ist er nicht. Doch beu-gen sich
Dort ist er nicht. Doch mit al-lem

Wol-ken___ sind sein Ge-schöpf. Hal-le-
Stür-me___ sei-ner Ge-walt. Hal-le-
Schö-nen___ will Gott er-freun. Hal-le-

lu-ja, Hal-le-lu-ja, Hal-le-lu-ja.
lu-ja, Hal-le-lu-ja, Hal-le-lu-ja.
lu-ja, Hal-le-lu-ja, Hal-le-lu-ja.

4. Wer ist Gott? / Du suchst ihn, wo man Angst hat? / Dort ist er nicht. / Denn Angst, die muss weichen, wo Gott regiert. / Halleluja, Halleluja, Halleluja.

5. Wer ist Gott? / Du glaubst ihn in der Ferne? / Dort ist er nicht. / Denn Jesus ist Gott und steht neben dir. / Halleluja, Halleluja, Halleluja.

T und M: Dietrich Mendt 1972 / (1993) 1998

Bitte und Fürbitte

283 Die hartnäckige Witwe

1 Jesus sagte ihnen aber ein Gleichnis dafür, dass sie allezeit
beten und darin nicht nachlassen sollten: 2 In einer Stadt
gab es einen Richter, der Gott nicht fürchtete und keinen
Menschen scheute. 3 Und in jener Stadt gab es eine Witwe,
die immer wieder zu ihm kam und sagte: Verschaffe mir
Recht gegenüber meinem Gegner! 4 Und eine Zeit lang
wollte er nicht. Danach aber sagte er sich: Auch wenn ich
Gott nicht fürchte und keinen Menschen scheue, 5 so will
ich dieser Witwe doch Recht verschaffen, weil sie mir lästig
ist, damit sie am Ende nicht noch kommt und mich ins
Gesicht schlägt. 6 Und der Herr sprach: Hört, was der unge-
rechte Richter sagt! 7 Sollte aber Gott seinen Auserwählten,
die Tag und Nacht zu ihm schreien, nicht Recht verschaffen,
und sollte er bei ihnen etwa warten? 8 Ich sage euch: Er
wird ihnen Recht verschaffen in Kürze. Wird jedoch der
Menschensohn, wenn er kommt, den Glauben vorfinden auf
Erden? Lukas 18,1–8

284 [Jesus spricht:] 9 Und ich sage euch: Bittet, so wird euch ge-
geben; sucht, so werdet ihr finden; klopft an, so wird euch
aufgetan. 10 Denn wer bittet, der empfängt; wer sucht, der
findet; wer anklopft, dem wird aufgetan. 11 Wer von euch
gibt seinem Sohn, wenn der ihn, seinen Vater, um einen
Fisch bittet, statt des Fisches eine Schlange, 12 oder wer gibt,
wenn er ihn um ein Ei bittet, einen Skorpion? 13 Wenn also
ihr, die ihr böse seid, euren Kindern gute Gaben zu geben
wisst, wieviel mehr wird der Vater den Heiligen Geist vom
Himmel herab denen geben, die ihn bitten. Lukas 11,9–13

285

Unser Vater

Unser Vater im Himmel.
Geheiligt werde dein Name.
Dein Reich komme.
Dein Wille geschehe, wie im Himmel, so auf Erden.
Unser tägliches Brot gib uns heute.
Und vergib uns unsere Schuld,
  wie auch wir vergeben unsern Schuldigern.
Und führe uns nicht in Versuchung,
  sondern erlöse uns von dem Bösen.
Denn dein ist das Reich und die Kraft
  und die Herrlichkeit in Ewigkeit.
Amen.

Matthäus 6,9–13; Doxologie nach 1. Chronik 29,11–13

286

ö +

T: Matthäus 6,9–13 (ökumenische Fassung 1968) und Doxologie nach 1. Chronik 29,11–13 M: EGB (1968) 1972 nach einem mittelalterlichen «Pater noster»

287

und willst das Be - ten von uns han,
nach dei - nem Na - men wür - dig - lich.
mit sei - nen Ga - ben man - cher - lei;

gib, dass nicht bet al - lein der Mund;
Be - hüt uns, Herr, vor fal - scher Lehr,
des Sa - tans Zorn und groß Ge - walt

hilf, dass es geh von Her - zens - grund.
das arm ver - füh - ret Volk be - kehr.
zer - brich; vor ihm dein Kirch er - halt.

4. Dein Will gescheh, Herr Gott, zugleich / auf Erden wie im Himmelreich. / Gib uns Geduld in Leidenszeit, / gehorsam sein in Lieb und Leid; / wehr und steur allem Fleisch und Blut, / das wider deinen Willen tut.

5. Gib uns heut unser täglich Brot, / des man bedarf zur Leibesnot; / behüt uns, Herr, vor Krieg und Streit, / vor Seuchen und vor teurer Zeit, / dass wir in gutem Frieden stehn, / der Sorg und Geizes müßig gehn.

6. All unsre Schuld vergib uns, Herr, / dass sie uns nicht betrübe mehr, / wie wir auch unsern Schuldigern / ihr Schuld und Fehl vergeben gern. / Zu dienen mach uns all bereit / in rechter Lieb und Einigkeit.

7. Führ uns, Herr, in Versuchung nicht. / Wenn uns der böse Geist anficht / zur linken und zur rechten Hand, / hilf uns tun starken Widerstand, / im Glauben fest und wohlgerüst' / und durch des Heilgen Geistes Trost.

8. Von allem Übel uns erlös; / es sind die Zeit und Tage bös. / Erlös uns von dem ewgen Tod / und tröst uns in der letzten

Not. / Bescher uns auch ein selig End; / nimm unsre Seel in deine Händ.

9. Amen, das ist: Es werde wahr. / Stärk unsern Glauben immerdar, / auf dass wir ja nicht zweifeln dran, / was wir hiermit gebeten han / auf dein Wort in dem Namen dein. / So sprechen wir das Amen fein.

T und M: zu Matthäus 6,9–13 Martin Luther (um 1538) 1539

288 Sagst du: «Unser Vater!», bleibst du nicht allein,
viele schließen liebend sich in deine Bitte ein.

Ludwig Derleth 1932

289

Dein Wille geschehe,
wie im Himmel, so auf Er - den.
Unser tägliches Brot gib uns heu - te.
Und vergib uns unsere Schuld,
wie auch wir vergeben un-sern Schul-di-gern.
Und führe uns nicht in Ver - su - chung,
sondern erlöse uns von dem Bö - sen.

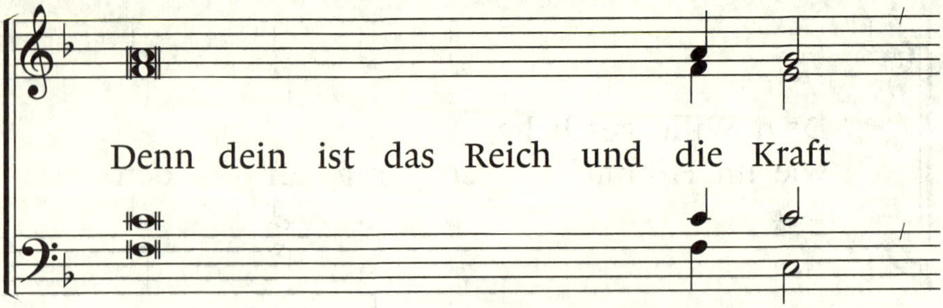

T: nach Matthäus 6,9–13 und Doxologie nach 1. Chronik 29,11–13
M und S: ostkirchlich / Hannover/Bielefeld 1990

290 DU …
Herr …
Ich sehne mich nicht
nach einem Herrn,
zu oft
war Herrschaft
die Geißel,
die niederschlug,
was sich aufrichten wollte.
Der Frost
meiner Seele
lechzt
nach dem warmen Atem
der Freundschaft.

Vater ...
Meine Hand,
Hilfe suchend ausgestreckt,
zu oft
blieb sie leer.
Das goldene Wort,
das am besten
ich kenne,
ist ein Schrei:
Warum,
mein Gott,
hast du mich
verlassen?

Du ...
geschrumpft
auf ein Fürwort.
Tags,
wenn ich Angst habe,
bar
jeder Vernunft
lautlos spreche:
Hilf mir, Du!
Nachts,
jeder Hoffnung
fern,
gepeinigt
von der Frage,
wo ich sie finde,
die kleinste, bescheidenste
Spur
von Sinn.
Du ...

Rudolf Schlabach 1981

291
1. Gott, dei - ne Gü - te reicht so weit,
du krönst uns mit Barm-her - zig - keit
so weit die Wol - ken ge - hen;
und eilst, uns bei - zu - ste - hen.
Herr, mei - ne Burg, mein Fels, mein Hort,
ver-nimm mein Flehn, merk auf mein Wort;
denn ich will vor dir be - ten.

2. Ich bitte nicht um Überfluss / und Schätze dieser Erden; / lass mir, so viel ich haben muss, / nach deiner Gnade werden. / Gib mir nur Weisheit und Verstand, / dich, Gott, und den, den du gesandt, / und mich selbst zu erkennen.

3. Ich bitte nicht um Ehr und Ruhm, / so sehr sie Menschen rühren; / des guten Namens Eigentum / lass mich nur nicht verlieren. / Mein wahrer Ruhm sei meine Pflicht, / der Ruhm vor deinem Angesicht / und frommer Freunde Liebe.

4. So bitt ich dich, Herr Zebaot, / auch nicht um langes Leben. / Im Glücke Demut, Mut in Not, / das wollest du mir geben. / In deiner Hand steht meine Zeit; / lass du mich nur Barmherzigkeit / vor dir im Tode finden.

T: Christian Fürchtegott Gellert 1757 M: Wittenberg 1533 (Martin Luther 1529?) S: GB 1891 / Bernhard Henking 1952

292

Ich danke dir, Gott,
dass ich nicht allein bin
auf dem Weg durch den Tag.
Du hast mir Menschen gegeben,
die mich begleiten,
die mich verstehen,
die mich lieben.

Mein Gott, ich bitte dich
für meine Familie,
für meine Freunde:
Sei mit ihnen.
Sei mit uns.
Segne unsere Gespräche,
unser gemeinsames Leben.
Hilf uns teilen,
was du uns schenkst
und was du uns aufládst.
Gib uns Geduld und Treue.

Hannover 1993

293

2. Du sandtest deinen lieben Sohn / für alle von des Himmels Thron; / verbreite stets sein Licht und Recht / beim ganzen menschlichen Geschlecht.

3. Bring alle Völker in dein Reich, / die Letzten mach den Ersten gleich / und schaffe bald zu deinem Ruhm / dir überall ein Heiligtum.

4. Hör unser kindliches Gebet, / das allen Menschen Heil erfleht; / lass sie gesegnet sein in dir, / dass wir dich preisen für und für.

T: Johann Andreas Cramer 1780 / Albert Knapp 1850
M: (vor 1648?) Görlitz 1648 S: Gotha 1651 / GB 1941

294

ö +

T: Matthäus 26,38b. 41 M und S: Jacques Berthier, Taizé 1984

295 Gott,
wir bringen unsere Anliegen vor dich
im Vertrauen auf deine Barmherzigkeit.

Wir bitten
– um Frieden und Gerechtigkeit in der Welt: ...
– für alle, die in Staat und Gesellschaft Verantwortung tragen: ...

– für die Christen in allen Kirchen: ...
– für unsere Gemeinde: ...

– für die Kranken und Einsamen: ...
– für die Gescheiterten und Verbitterten: ...
– für die Fremden und Heimatlosen: ...

– für die Menschen, mit denen wir leben und arbeiten: ...
– für all jene, deren Sorgen und Leiden wir kennen: ...

In der Stille nennen wir vor dir unsere persönlichen Anliegen: ...

Gott,
du bist allen nahe, die dich anrufen.
Höre unser Gebet und verwandle es in Segen.

Dies ist kein fertiger Gebetstext, sondern eine Anregung, wie Einzelne und Gruppen aus ihrer Situation Fürbitten formulieren können.

Liturgiekommission 1998

Mit dem folgenden Ruf nimmt die Gemeinde Fürbitten auf:

296
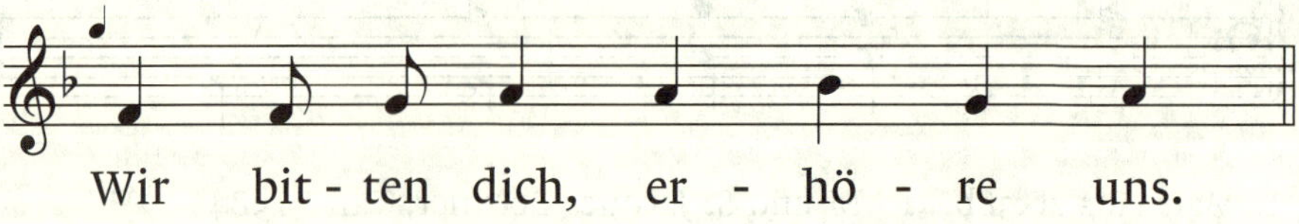

Zum Abschluss:
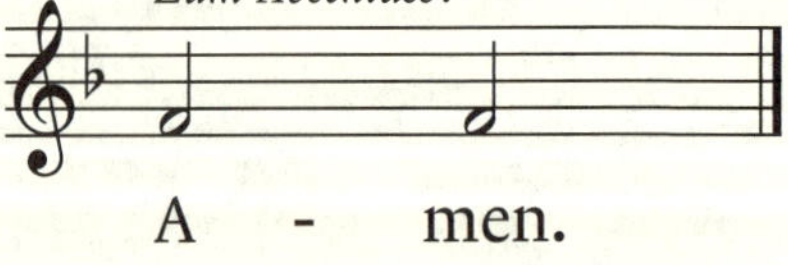

M: aus der anglikanischen Liturgie

297

M: Robert Tobler 1972

298

M: Hansruedi Willisegger 1979

Abendmahl

299 DIE EINSETZUNGSWORTE

[Paulus schreibt:] 23 Denn ich habe vom Herrn empfangen,
was ich euch dann überliefert habe: Jesus, der Herr, nahm
in der Nacht, in der er ausgeliefert wurde, Brot, 24 sprach das
Dankgebet, brach das Brot und sagte: Das ist mein Leib für
euch. Tut dies zu meinem Gedächtnis! 25 Ebenso nahm er
nach dem Mahl den Kelch und sprach: Dieser Kelch ist der
Neue Bund in meinem Blut. Tut dies, sooft ihr daraus trinkt,
zu meinem Gedächtnis! 26 Denn sooft ihr von diesem Brot
esst und aus dem Kelch trinkt, verkündet ihr den Tod des
Herrn, bis er kommt. 1. Korintherbrief 11,23–26

300 Jesus sprach zu ihnen: Ich bin das Brot des Lebens. Wer zu mir kommt, wird nicht mehr Hunger haben, und wer an mich glaubt, wird nie mehr Durst haben. Johannes 6,35

301 [Jesus spricht:] Ich bin der Weinstock, ihr seid die Reben. Wer in mir bleibt und ich in ihm, der bringt viel Frucht, denn ohne mich könnt ihr nichts tun. Johannes 15,5

302 DIE STÄRKUNG DES ELIJA

4 Elija aber ging in die Wüste, eine Tagereise weit, und als
er hingekommen, setzte er sich unter einen Ginsterstrauch.
Da wünschte er sich den Tod und sprach: Es ist genug! So
nimm nun, DU, mein Leben hin, denn ich bin nicht besser
als meine Väter. 5 Dann legte er sich unter dem Ginster-
strauche schlafen. Auf einmal aber berührte ihn ein Engel
und sprach zu ihm: Steh auf und iss! 6 Als er sich umschau-
te, siehe, da fand sich zu seinen Häupten ein geröstetes Brot
nebst einem Krug mit Wasser. Da aß er und trank und legte
sich wieder schlafen. 7 Und SEIN Engel kam zum zweiten
Mal, berührte ihn und sprach: Steh auf und iss, sonst ist der
Weg für dich zu weit. 8 Da stand er auf, aß und trank und
wanderte dann kraft dieser Speise vierzig Tage und vierzig
Nächte bis an den Gottesberg Horeb. 1. Könige 19,4–8

303

ö +

Kv (A)

Vergleiche auch Nr. 338, 396, 465, 505

T: AöL 1980 M: nach der Antiphon «Notum fecit Dominus» um 1000 *(Kv)* und AöL 1980 *(Vers)*

304

+

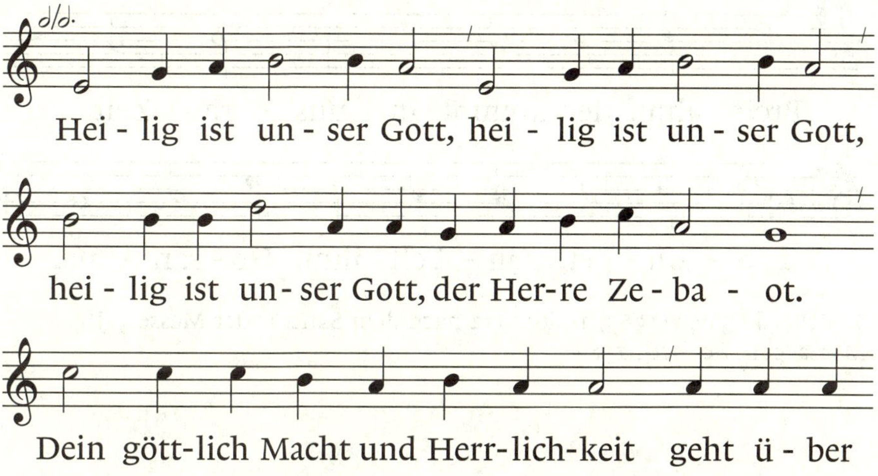

T und M: Martin Luther (1528/1529/1531) 1533 aus «Te Deum laudamus» 4. Jh.

305
ö +

T: Erhard Quack (1965) 1966/1972 nach dem Sanctus der Messe 4. Jh.
M: Caspar Ulenberg 1582

306

+

T: Heinrich Böckeler 1867 (Z. 1–4), Zug 1966 (Z. 5–10; Hubert Sidler?) M: Johann Georg Franz Braun 1675 / Joseph Mohr 1877/1890 S: Andreas Marti 1998

307

ö+

Hei - lig, hei - lig, hei - lig, Herr,
Gott der Mäch - te. Erd und Him -
mel sind dei - ner Eh - re voll.
Ho - si - an - na in der Hö -
he. Hoch ge - lobt sei, der da

T: EGB 1970 nach dem Sanctus der Messe 4. Jh. M: EGB 1970 nach dem Sanctus der 17. Choralmesse und dem Choralbuch Steinau 1726
S: Hans Eugen Frischknecht 1998

308

T: nach dem Sanctus der Messe 4. Jh. M: Emil Heer 1965

309 +

Kanon für 3 Stimmen

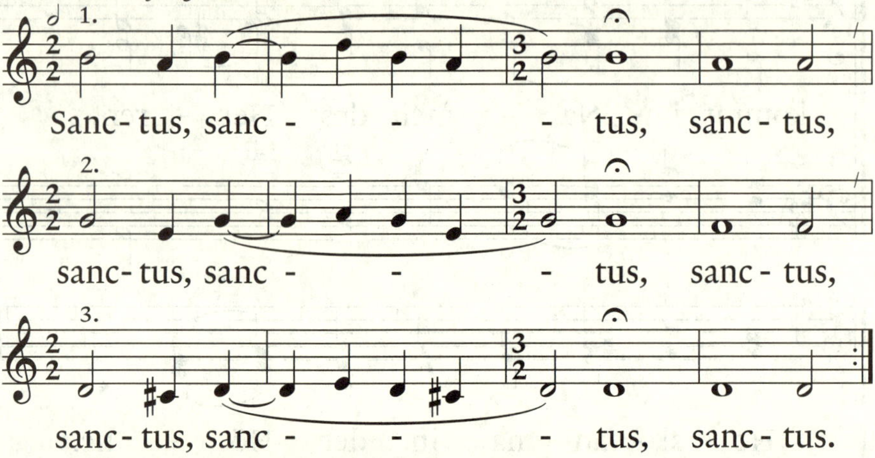

Dazu kann gesungen werden:

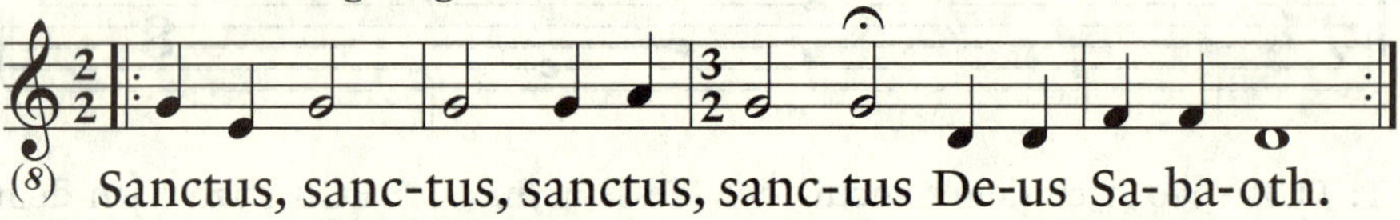

Übersetzung (nicht singbar): Heilig, heilig, heilig, Gott der himmlischen Scharen.

T: aus dem Sanctus der Messe 4. Jh. M: Linus David 1993

310 ö +

T und M: ökumenisch nach einer altkirchlich-syrischen Abendmahlsliturgie

Agnus Dei

311

Lamm Gottes, du nimmst hinweg die Sünde der Welt.
Erbarme dich unser.

Lamm Gottes, du nimmst hinweg die Sünde der Welt.
Erbarme dich unser.

Lamm Gottes, du nimmst hinweg die Sünde der Welt.
Gib uns deinen Frieden.

312
ö +

T: Nikolaus Decius (1522/23) 1531 nach dem Agnus Dei der Messe 4. Jh. / Leipzig 1539 M: Nikolaus Decius (1522/23) 1531 nach einer Agnus-Dei-Melodie 13. Jh. / Magdeburg 1545, niederdeutsche Fassung

313

ö+

T: Erhard Quack (1964) 1966 nach dem Agnus Dei der Messe 4. Jh.
M: Graz 1602

314

ö+

T: Martin Luther (1525/26) / Braunschweig 1528 nach dem Agnus Dei der Messe 4. Jh. M: Braunschweig 1528 (Martin Luther?) nach dem Kyrie der Deutschen Messe 1526

315 ö

Kanon für 2 oder 6 Stimmen

Jede Stimme singt den Kanon zweimal durch und hält die Schlussnote aus, bis alle zu Ende gesungen haben.

T: Johannes 1,29 M: Rolf Schweizer 1972

316 ö

Kanon für 5 Stimmen

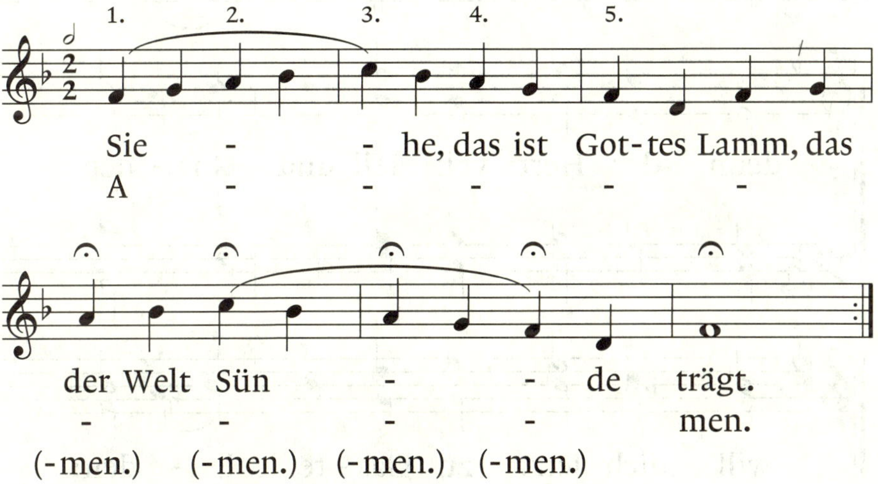

T: Johannes 1,29 M: Paul Ernst Ruppel 1973

317

1. Schmü - cke dich, o lie - be See - le,
komm ans hel - le Licht ge - gan - gen,
lass die dunk - le Sün - den - höh - le;
fan - ge herr - lich an zu pran - gen:
denn der Herr voll Heil und Gna - den
will dich jetzt zu Gas - te la - den;
der den Him - mel kann ver - wal - ten,

2. Jesu, meine Lebenssonne, / Jesu, meine Freud und Wonne, / Jesu, du mein ganz Beginnen, / Lebensquell und Licht der Sinnen: / Hier fall ich zu deinen Füßen. / Lass mich würdiglich genießen / dieser deiner Himmelsspeise, / mir zum Heil und dir zum Preise.

3. Herr, es hat dein treues Lieben / dich vom Himmelsthron getrieben, / dass du willig hast dein Leben / in den Tod für uns gegeben, / dass du hast dein Blut vergossen, / dass du deine Tischgenossen / selber speisen willst und tränken, / deiner Liebe zu gedenken.

4. Jesu, wahres Brot des Lebens, / hilf, dass ich doch nicht vergebens / oder mir vielleicht zum Schaden / trete zu dem Tisch der Gnaden. / Lass mich durch dies heilge Essen / deine Liebe recht ermessen, / dass ich auch, wie jetzt auf Erden, / mög dein Gast im Himmel werden.

T: Johann Franck (1646) 1649/1653 M: Johann Crüger 1649
S: GB 1941 / Paul Müller 1952

318

2. Seht, das Brot, das wir hier teilen, / das ein jeder von uns nimmt, / ist ein Brot, das soll gehören / allen Hungernden der Welt.

3. Seht, der Kelch, den wir jetzt teilen, / den ein jeder von uns nimmt, / ist ein Zeichen für den Frieden, / für den Bund in Christi Blut.

4. Seht, der Kelch, den wir jetzt teilen, / den ein jeder von uns nimmt, / mahnt uns, dass auch wir versöhnen / und verbinden, was getrennt.

5. Seht, was wir heut hier vollziehen, / was wir miteinander tun, / will den Tod des Herrn bezeugen, / bis er wiederkommt in Kraft.

6. Seht, was wir heut hier vollziehen, / was wir miteinander tun, / will uns neu mit ihm verbünden, / dass wir tun, was er getan.

T: Lothar Zenetti (1969) 1972 M und S: Albert Moeschinger (1947) 1952

319

4. Jesus ladt öis ii. / Jesus ladt öis ii. / Mir ässed das Brot und trinked de Wii / und dörfed ganz voll Hoffnig sii. / Das wott er für öis.

5. Jesus ladt öis ii. / Jesus ladt öis ii. / Mir ässed das Brot und trinked de Wii / und dörfed ali fröhlich sii. / Jesus ladt öis ii.

T (zürichdeutsch): nach Kurt Rommel 1972 M: Kurt Rommel 1972

320
ö +

1. Dank sei dir, Va - ter, für das ew - ge
Le - ben und für den Glau - ben,
den du uns ge - ge - ben, dass
wir in Je - sus Chris - tus dich er -
ken - nen und Va - ter nen - nen.

2. Jedes Geschöpf lebt von der Frucht der Erde; / doch dass des Menschen Herz gesättigt werde, / hast du vom Himmel Speise uns gegeben / zum ewgen Leben.

3. Wir, die wir alle essen von dem Mahle / und die wir trinken aus der heilgen Schale, / sind Christi Leib, sind seines Leibes Glieder, / Schwestern und Brüder.

4. Aus vielen Körnern ist *ein* Brot geworden: / So führ auch uns, o Herr, aus allen Orten / durch deinen Geist zu *einem* Volk zusammen / in Jesu Namen.

5. In *einem* Glauben lass uns dich erkennen, / in *einer* Liebe dich den Vater nennen; / eins lass uns sein wie Beeren einer Traube, / dass die Welt glaube.

6. Gedenke, Herr, die Kirche zu erlösen, / sie zu befreien aus der Macht des Bösen, / als Zeugen deiner Liebe uns zu senden / und zu vollenden.

T: Maria Luise Thurmair (1968) 1970/1998 nach der Didache, Syrien/Palästina um 100 n. Chr. M und S: Johann Crüger 1640

321

T: Bernhard Schibli 1985 M: Carl Rütti 1985 aus der «Jugendmesse»

322

T und M: Heinrich Vogel 1948

323

T: Friedrich Walz 1964 M: Spiritual «Go tell it on the mountain»

324

ö +

1. Im Frie-den dein, o Her-re mein,
2. Mir ar-mem Gast be-rei-tet hast
3. O Herr, ver-leih, dass Lieb und Treu

lass ziehn mich mei-ne Stra-ßen.
das rei-che Mahl der Gna-den.
in dir uns all ver-bin-den,

Wie mir dein Mund ge-ge-ben kund,
Das Le-bens-brot stillt Hun-gers Not,
dass Hand und Mund zu je-der Stund

schenkst Gnad du oh-ne Ma-ßen,
heilt mei-ner See-le Scha-den.
dein Freund-lich-keit ver-kün-den,

hast mein Ge-sicht das sel'-ge Licht,
Ob sol-chem Gut jauchzt Sinn und Mut
bis nach der Zeit den Platz be-reit

den Hei-land, schau-en las-sen.
mit alln, die du ge-la-den.
an dei-nem Tisch wir fin-den.

T: Johann Englisch (1527) 1530 / Friedrich Spitta 1898 (Str. 1 nach dem Lobgesang des Simeon, «Nunc dimittis» Lukas 2,29–32)
M: Straßburg (1527) 1530 (Wolfgang Dachstein?)

Sendung und Segen

325 [Jesus spricht:] 13 Ihr seid das Salz der Erde. Wenn aber das
Salz fade wird, womit soll man salzen? Es taugt zu nichts
mehr, als hinausgeworfen und von den Leuten zertreten zu
werden. 14 Ihr seid das Licht der Welt. Eine Stadt, die oben
auf einem Berg liegt, kann nicht verborgen bleiben. 15 Man
zündet auch nicht ein Licht an und stellt es unter den Schef-
fel, sondern auf den Leuchter, dann leuchtet es allen im
Haus. 16 So soll euer Licht leuchten vor den Menschen, da-
mit sie eure guten Werke sehen und euren Vater im Himmel
preisen. Matthäus 5,13–16

326 DIE SEGNUNG DES ABRAM

1 GOTT sprach zu Abram: Zieh weg aus deinem Land, von
deiner Verwandtschaft und aus deinem Vaterhaus in das
Land, das ich dir zeigen werde. 2 Ich werde dich zu einem
großen Volk machen, dich segnen und deinen Namen groß
machen. Ein Segen sollst du sein. 1. Mose (Genesis) 12,1.2

327 DIE SEGNUNG DER KINDER

13 Und man brachte Kinder zu ihm, damit er sie anrühre.
Die Jünger aber herrschten sie an. 14 Als Jesus das sah, wur-
de er wütend und sprach zu ihnen: Lasst die Kinder zu mir
kommen, hindert sie nicht, denn solchen gehört das Reich
Gottes. 15 Amen, ich sage euch: Wer das Reich Gottes nicht
annimmt wie ein Kind, wird nicht hineinkommen. 16 Und
er schließt sie in die Arme und legt ihnen die Hände auf
und segnet sie. Markus 10,13–16

328 DER AARONITISCHE SEGEN

24 Der HERR segne dich und behüte dich.
25 Der HERR lasse sein Angesicht leuchten über dir
und sei dir gnädig.
26 Der HERR erhebe sein Angesicht auf dich
und gebe dir Frieden. 4. Mose (Numeri) 6,24–26

DER APOSTOLISCHE SEGEN 329

Die Gnade unseres Herrn Jesus Christus
und die Liebe Gottes
und die Gemeinschaft des Heiligen Geistes
sei mit euch allen.

2. Korintherbrief 13,13

330

Der Segen des Gottes von Sara und Abraham,
der Segen des Sohnes, von Maria geboren,
der Segen des Heiligen Geistes, der über uns wacht
wie eine Mutter über ihre Kinder,
sei mit euch allen.

Ökumenische Versammlung von Vancouver 1983

331

Geht in der Kraft, die euch gegeben ist:
einfach, leichtfüßig, zart.
Haltet Ausschau nach der Liebe.
Gottes Geist geleite euch.

Ökumenische Versammlung von Canberra 1991

332
ö +

T: Martin Luther (1528/29) 1529 nach der Antiphon «Da pacem Domine» 9. Jh. M: Martin Luther (?) (1528/29) 1529 / Erfurt 1531 nach dem Hymnus «Veni redemptor gentium» um 900 / Einsiedeln um 1200

333

+

Kanon für 4 Stimmen

334
ö +

Übersetzung (nicht singbar): Gib uns Frieden.

T: aus dem Agnus Dei der Messe 4. Jh. M: Herkunft unbekannt

◄ Übersetzung (nicht singbar): Gib Frieden, Herr, in unsern Tagen.

T: aus der Antiphon «Da pacem Domine» 9. Jh. M: Melchior Franck 1629

335

Auch als Kanon zu 2 bis 8 Stimmen (mit auslaufendem Schluss) singbar

T und M: aus Israel; deutsche Fassung: mündlich überliefert

Kanon für 4 Stimmen

336

T (zürichdeutsch): mündlich überliefert
M: nach Richard Rudolf Klein 1972/1986

337

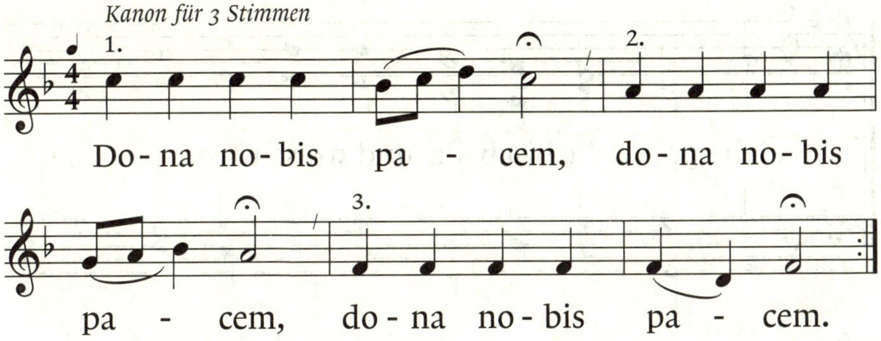

Übersetzung (nicht singbar): Gib uns Frieden.

T: aus dem Agnus Dei der Messe 4. Jh. M: Herkunft unbekannt

338
ö+

Kv (A)

Vergleiche auch Nr. 303, 396, 465, 505

T: nach Matthäus 28,19 M: nach der Antiphon «Notum fecit Dominus» um 1000 *(Kv)* und AöL 1983 *(Vers)*

339

T (berndeutsch): Gertrud Meister 1963 M: Pierre Davantès, Genf 1562 / Bern 1853, Psalm 99 S: Claude Goudimel 1564/65 / GB 1941

340 +

T und M: Walter Wiesli 1980 (M nach «Ite missa est» II des Kyriale Romanum 1905)

341 +

T und M: Walter Wiesli 1980 (M nach «Ite missa est» II des Kyriale Romanum 1905)

342
(ö)

2. Ach bleib mit deinem Worte / bei uns, Erlöser wert, / dass uns sei hier und dorte / dein Güt und Heil beschert.

3. Ach bleib mit deinem Glanze / bei uns, du wertes Licht; / dein Wahrheit uns umschanze, / damit wir irren nicht.

4. Ach bleib mit deinem Segen / bei uns, du reicher Herr; / dein Gnad und alls Vermögen / in uns reichlich vermehr.

5. Ach bleib mit deinem Schutze / bei uns, du starker Held, / dass uns der Feind nicht trutze / noch fäll die böse Welt.

6. Ach bleib mit deiner Treue / bei uns, mein Herr und Gott; / Beständigkeit verleihe, / hilf uns aus aller Not.

T: Josua Stegmann 1627 M: Jena 1609 (Melchior Vulpius?)
S: Melchior Vulpius 1609 / GB 1941

343
ö+

1./4. Komm, Herr, seg - ne uns, dass wir uns nicht
2. Kei - ner kann al - lein Se - gen sich be -
3. Frie - den gabst du schon, Frie - den muss noch

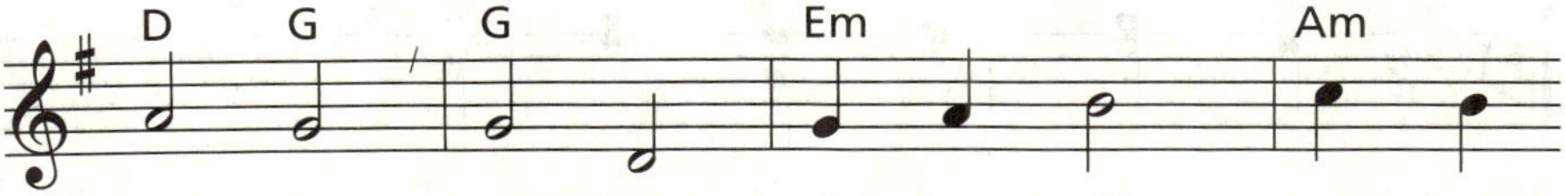

tren - nen, son - dern ü - ber - all uns zu
wah - ren. Weil du reich - lich gibst, müs - sen
wer - den, wie du ihn ver - sprichst uns zum

dir be - ken - nen. Nie sind wir al - lein,
wir nicht spa - ren. Se - gen kann ge - deihn,
Wohl auf Er - den. Hilf, dass wir ihn tun,

stets sind wir die Dei - nen. La - chen o - der
wo wir al - les tei - len, schlim - men Schaden
wo wir ihn er - spä - hen; die mit Trä - nen

Wei - nen wird ge - seg - net sein.
hei - len, lie - ben und ver - zeihn.
sä - en, wer - den in ihm ruhn.

T und M: Dieter Trautwein 1978

344

ö

T: Hartmann Schenck (1674) 1680 M: Johann Rudolf Ahle 1664 / Wolfgang Carl Briegel 1687 S: nach Johann Rudolf Ahle 1664 und Georg Philipp Telemann 1730

345 ö+

Kanon für 4 Stimmen

T und M: Joachim Schwarz 1962

Que je m'en aille / Ou que j'arrive / Dieu toujours veille / Pour qu'heureux je vive.

T: Roger Trunk 1980

Fin ed entschatta, / prim pass ed ultim, / stattan en tes mauns. / L'olma ans emplaina!

T (rumantsch grischun): Gion Gaudenz und Gisula Tscharner (1994) 1998

346
ö

2. Bewahre uns, Gott, / behüte uns, Gott, / sei mit uns in allem Leiden. / Voll Wärme und Licht / im Angesicht, / sei nahe in schweren Zeiten. / Voll Wärme und Licht / im Angesicht, / sei nahe in schweren Zeiten.

3. Bewahre uns, Gott, / behüte uns, Gott, / sei mit uns vor allem Bösen. / Sei Hilfe, sei Kraft, / die Frieden schafft, / sei in uns, uns zu erlösen. / Sei Hilfe, sei Kraft, / die Frieden schafft, / sei in uns, uns zu erlösen.

4. Bewahre uns, Gott, / behüte uns, Gott, / sei mit uns durch deinen Segen. / Dein Heiliger Geist, / der Leben verheißt, / sei

um uns auf unsern Wegen. / Dein Heiliger Geist, / der Leben verheißt, / sei um uns auf unsern Wegen.

T: Eugen Eckert (1985) 1987 M: Anders Ruuth 1968 zu «La paz del Señor»
S: Torsten Hampel 1984

347
ö +

T und M: Kurt Rommel 1967

348

Die Gna - de uns - res Herrn Je - sus
Chris - tus und die Lie - be Got - tes
und die Ge - mein - schaft des Heil - gen
Geis - tes sei mit uns al - len,
mit uns al - len. A - men.

349

2. Schenk uns deinen Frieden / alle Tag hienieden, / gib uns deinen Heilgen Geist, / der uns stets zu Christus weist.

3. Amen, Amen, Amen. / Ehre sei dem Namen / unsers Herren Jesus Christ, / der der Erst und Letzte ist.

T: bei Johannes Evangelista Goßner 1825 M: Johann Friedrich Francke 1755
S: Kommission 1998

◄ T: 2. Korintherbrief 13,13 M: Christian Gregor (1763?) 1784
S: nach Christian Gregor 1784

350

Es seg - ne uns der Herr, der
Is - ra - els Arzt und Hirt sei
Ur - quell al - ler Gü - ter;
un - ser Hirt und Hü - ter.
Es
leuch - te ü - ber uns sein gnä - dig
An - ge - sicht; sein Frie - de sei mit
uns; sein Geist ver - lass uns nicht.

351

T: Christian Friedrich Sachse 1817 M: Martin Luther (um 1538) 1539

◂ T: Hieronymus Annoni 1745 M: Martin Rinckart (?), Johann Crüger (?) (vor 1647?) / bei Johann Crüger, Berlin 1647 S: nach Johann Crüger 1647

Kanon für 3 Stimmen

352
ö +

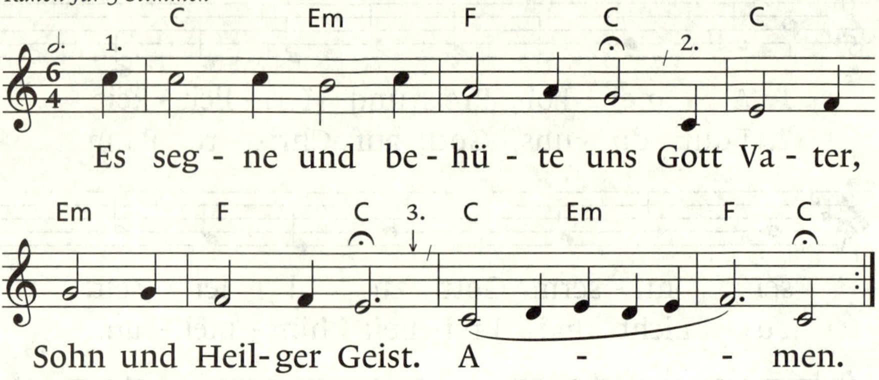

T und M: Hermann Stern 1943/44

353
(ö) +

Das ganze Gedicht findet sich bei Nr. 550.

T: Dietrich Bonhoeffer (1944) 1945/1951 M und S: Otto Abel 1959

354

T: Hannover 1652 (David Denicke?) M: Guillaume Franc, Genf 1542 / Loys Bourgeois, Genf 1551, Psalm 8

Gottesdienst im Jahreskreis

Gott ist in Christus in unsere Zeit gekommen. Die kirchlichen Feste erinnern uns daran, in dem sie uns durch die Zeit führen und in verschiedener Weise an Gottes Heilshandeln in Jesus Christus erinnern. Diese Feste sind nicht nur einzelne Tage im Jahr, sondern ganze Festzeiten, die eine Vorbereitungszeit, eine Mitte und eine anschließende Freudenzeit umfassen. Dem Weihnachtsfest geht die Adventszeit als Vorbereitungszeit voraus, und es schließt sich die Epiphaniaszeit an: In ihr feiern wir Christus als das Licht, das uns von Gott her aufscheint.
Zentrale Inhalte unseres Glaubens sind gebündelt in Karfreitag und Ostern; beide Feiertage begegnen und verschränken sich in der auch in unserer Kirche wieder häufig gefeierten Osternacht. Die vorausgehende Passionszeit, in manchen Kirchen als Buß- und Fastenzeit begangen, will uns zur Besinnung rufen; die anschließende österliche Freudenzeit dauert bis Pfingsten und ruft uns in Erinnerung, dass der lebendige Christus der Grund all unseres Feierns und Lebens ist. Pfingsten, das Fest des Heiligen Geistes und der Kirche, betont im besonderen die Sendung der Gemeinde in die Welt, in welcher sich unser Glaube entfalten soll. Indem wir im Gottesdienst auch den Jahreslauf der Natur bedenken, bekennen wir Gott als den Schöpfer und entdecken unseren Platz im Miteinander der Geschöpfe.

Advent

1 Mache dich auf, werde licht, denn dein Licht kommt, und **355**
SEINE Herrlichkeit strahlt auf über dir. 2 Denn siehe, Fins-
ternis bedeckt die Erde und Dunkel die Völker; doch über
dir strahlt ER auf, und seine Herrlichkeit erscheint über dir,
3 und Völker strömen zu deinem Lichte und Könige zu dem
Glanz, der über dir aufstrahlt. Jesaja 60,1–3

Johannes der Täufer **356**

1 Anfang des Evangeliums von Jesus Christus, dem Sohne
Gottes. 2 Wie geschrieben steht beim Propheten Jesaja: Sie-
he, ich sende meinen Boten vor dir her, der dir den Weg be-
reiten wird. 3 Stimme eines Rufers in der Wüste: Bereitet
den Weg des Herrn, macht gerade seine Straßen! 4 So trat
Johannes der Täufer auf in der Wüste und verkündigte eine
Taufe der Umkehr zur Vergebung der Sünden. 5 Und das
ganze judäische Land und alle Bewohner Jerusalems zogen
hinaus zu ihm. Und sie ließen sich von ihm taufen im Jor-
dan und bekannten ihre Sünden. 6 Und Johannes trug ein
Gewand aus Kamelhaaren und einen ledernen Gürtel um
seine Hüften und aß Heuschrecken und wilden Honig.
7 Und er verkündigte: Nach mir kommt, der stärker ist als
ich; ich bin nicht gut genug, mich zu bücken und ihm die
Riemen seiner Schuhe zu lösen. 8 Ich habe euch mit Wasser
getauft, er aber wird euch mit heiligem Geist taufen.

Markus 1,1–8

Jesu Einzug in Jerusalem **357**

12 Als am Tag darauf die große Menge, die zum Fest gekom-
men war, hörte, dass Jesus nach Jerusalem komme, 13 nah-
men sie Palmzweige und zogen hinaus, ihn zu empfangen,
und riefen: Hosanna, gepriesen sei, der da kommt im Namen
des Herrn, König Israels! 14 Jesus aber fand einen jungen
Esel und setzte sich darauf, wie geschrieben steht: 15 Fürchte
dich nicht, Tochter Zion! Siehe, dein König kommt, sitzend
auf dem Füllen einer Eselin. Johannes 12,12–15

358

1. Nun komm, der Hei - den Hei - land,
2. Aus der Kam - mer tritt her - vor,
3. Glanz von sei - ner Krip - pe bricht,
4. Lob sei Gott im höchs - ten Thron,

als der Jung - frau Kind er - kannt.
aus dem kö - nig - li - chen Tor,
durch die Nacht strahlt neu - es Licht.
Lob sei sei - nem lie - ben Sohn,

Wun - dern soll sich al - le Welt,
wah - rer Gott und Mensch, ein Held;
Kei - ne Nacht ihm weh - ren kann,
Lob sei Gott dem Heil - gen Geist,

dass Gott solch Ge - burt ge - fällt.
freu - dig läuft er hin zur Welt.
treu - lich strahlt es uns fort - an.
all - zeit und in E - wig - keit.

Das Alte Testament versteht unter «Heiden» die Völker außerhalb Israels. Im Hymnus «Veni redemptor gentium» («Komm, Heiland der Völker») kommt zum Ausdruck, dass die Erlösung nicht nur dem alten Bundesvolk, sondern der ganzen Welt gilt.

T: Fritz Enderlin 1952 nach dem Hymnus «Veni redemptor gentium» (Str. 2 ff. des Weihnachtshymnus «Intende qui regis Israel») von Ambrosius von Mailand um 386 M: Martin Luther 1524 nach dem Hymnus «Veni redemptor gentium» um 900 / Einsiedeln um 1200

359

ö +

1. Gott, heil - ger Schöp - fer al - ler Stern,
2. Denn es ging dir zu Her - zen sehr,
3. Da sich die Welt zum A - bend wandt,

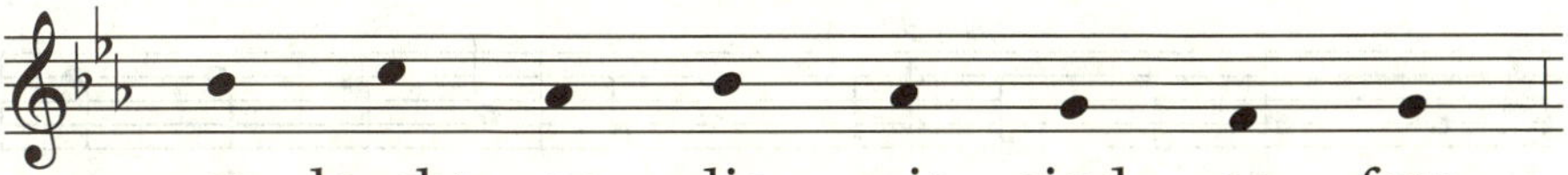

er - leucht uns, die wir sind so fern,
da wir ge - fan - gen wa - ren schwer
der Bräut'- gam Chris - tus ward ge - sandt.

dass wir er - ken - nen Je - sus Christ,
und soll - ten gar des To - des sein;
Aus sei - ner Mut - ter Käm - mer - lein

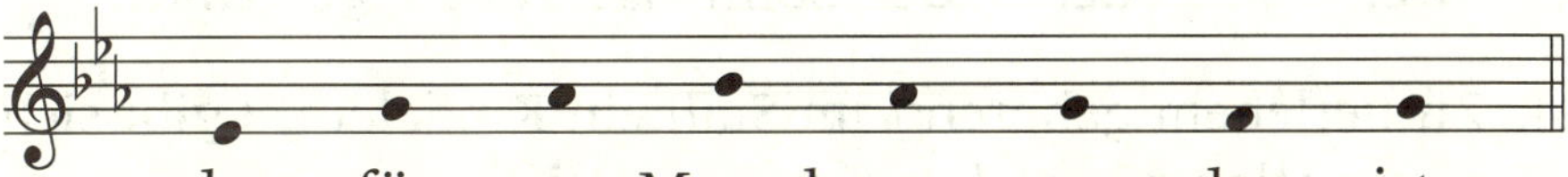

der für uns Mensch ge - wor - den ist.
drum nahm er auf sich Schuld und Pein.
ging er her - vor als kla - rer Schein.

4. Gezeigt hat er sein groß Gewalt, / dass es in aller Welt erschallt; / sich beugen müssen alle Knie / im Himmel und auf Erden hie.

5. Wir bitten dich, o heilger Christ, / der du zukünftig Richter bist, / lehr uns zuvor dein' Willen tun / und an dem Glauben nehmen zu.

6. Lob, Preis sei, Vater, deiner Kraft / und deinem Sohn, der all Ding schafft, / dem heilgen Tröster auch zugleich / so hier wie dort im Himmelreich.

A - men.

T: Thomas Müntzer (1523) 1524 nach dem Hymnus «Conditor alme siderum» 10. Jh. / AöL (1971) 1973 M: Kempten um 1000

360
ö+

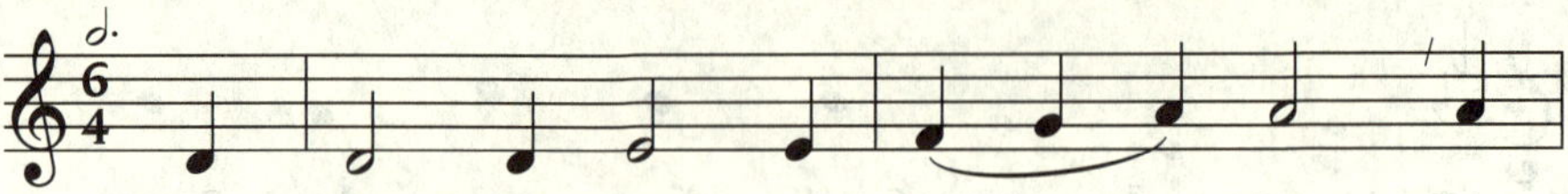

1. Es kommt ein Schiff, ge - la - den bis
2. Das Schiff geht still im Trie - be, es
3. Der An - ker haft' auf Er - den, da

an sein' höchs-ten Bord, trägt Got-tes Sohn voll
trägt ein teu - re Last; das Se - gel ist die
ist das Schiff am Land. Das Wort will Fleisch uns

Gna - den, des Va - ters e - wigs Wort.
Lie - be, der Hei - lig Geist der Mast.
wer - den, der Sohn ist uns ge-sandt.

4. Zu Betlehem geboren / im Stall ein Kindelein, / gibt sich für uns verloren: / Gelobet muss es sein.

5. Und wer dies Kind mit Freuden / umfangen, küssen will, / muss vorher mit ihm leiden / groß Pein und Marter viel,

6. danach mit ihm auch sterben / und geistlich auferstehn, / das ewig Leben erben, / wie an ihm ist geschehn.

T: Straßburg um 1450 / Daniel Sudermann um 1626
M: Andernacher GB, Köln 1608

361

ö +

4. Wo bleibst du, Trost der ganzen Welt, / darauf sie all ihr Hoffnung stellt? / O komm, ach komm vom höchsten Saal, / komm, tröst uns hier im Jammertal.

5. O klare Sonn, du schöner Stern, / dich wollten wir anschauen gern; / o Sonn, geh auf, ohn deinen Schein / in Finsternis wir alle sein.

6. Hier leiden wir die größte Not, / vor Augen steht der ewig Tod. / Ach komm, führ uns mit starker Hand / vom Elend* zu dem Vaterland.

* Ausland, Fremde

Die Propheten des Alten Testaments haben in ihre Hoffnung auf das kommende Heil die ganze Schöpfung einbezogen. In den Strophen 2 und 3 braucht der Dichter einige dieser Bilder, um seine Sehnsucht nach dem Erlöser auszudrücken.

T: Friedrich Spee 1622 M: Rheinfelsisches GB, Augsburg 1666

362

ö+

1. Gott, send her - ab uns dei - nen
2. O Weis - heit aus des Höchs - ten
3. O A - do - nai, du star - ker
4. O Wur - zel Jes - se, Je - su
Sohn, die Völ - ker har - ren lan - ge
Mund, die du um - spannst des Welt - alls
Gott, du ga - best Mo - se dein Ge -
Christ, ein Zei - chen al - ler Welt du
schon. Send ihn, den du ver - hei - ßen
Rund und al - les lenkst mit Kraft und
bot auf Si - na - i im Flam - men -
bist, das al - len Völ - kern Heil ver -
hast, zu til - gen uns - rer Sün - den
Rat: Komm, wei - se uns der Klug - heit
schein: Streck aus den Arm, uns zu be -
spricht: Eil uns zu Hil - fe, säu - me
Refrain
Last.
Pfad.
frein.
nicht.
Freu dich, freu dich, o Is - ra -
el, bald kommt zu dir Im - ma - nu - el.

5. O Schlüssel Davids, dessen Kraft / befreien kann aus ewger Haft: / Komm, führ uns aus des Todes Nacht, / wohin die Sünde uns gebracht. *Rfr*

6. O Aufgang, Glanz der Ewigkeit, / du Sonne der Gerechtigkeit: / Erleuchte doch mit deiner Pracht / die Finsternis und Todesnacht. *Rfr*

7. O König, Sehnsucht aller Welt, / du Eckstein, der sie eint und hält: / O komm zu uns, o Herrscher mild, / und rette uns, dein Ebenbild. *Rfr*

8. O «Gott mit uns», Immanuel, / du Fürst des Hauses Israel, / o Hoffnung aller Völker du: / Komm, führ uns deinem Frieden zu. *Rfr*

9. Gott, wir vertrauen auf dein Wort; / es wirkt durch alle Zeiten fort. / Erlöse uns, du bist getreu. / Komm, schaffe Erd und Himmel neu. *Rfr*

«Immanuel» (*Rfr*, Str. 8) ist hebräisch und bedeutet «Gott mit uns».

Jede O-Antiphon-Strophe (Str. 2–8) kann von Strophe 1 eingeleitet und mit Strophe 9 abgeschlossen werden.

T: EGB (1969) 1970 nach den Übertragungen der lateinischen O-Antiphonen von David Gregor Corner 1631, Heinrich Bone 1847 und Köln 1887
M: bei John Mason Neale und Thomas Helmore 1854 nach einer franziskanischen Melodie des 15. Jh.

363
ö+

1. Macht hoch die Tür, die Tor macht weit,
es kommt der Herr der Herr-lich-keit,
ein Kö - nig al - ler Kö - nig-reich,
ein Hei - land al - ler Welt zu-gleich,
der Heil und Le - ben mit sich bringt;

2. Er ist gerecht, ein Helfer wert. / Sanftmütigkeit ist sein Gefährt, / sein Königskron ist Heiligkeit, / sein Zepter ist Barmherzigkeit. / All unsre Not zum End er bringt, / derhalben jauchzt, mit Freuden singt: / Gelobet sei mein Gott, / mein Heiland groß von Tat.

3. O wohl dem Land, o wohl der Stadt, / so diesen König bei sich hat. / Wohl allen Herzen insgemein, / da dieser König ziehet ein. / Er ist die rechte Freudensonn, / bringt mit sich lauter Freud und Wonn. / Gelobet sei mein Gott, / mein Tröster früh und spat.

4. Macht hoch die Tür, die Tor macht weit, / eur Herz zum Tempel zubereit'. / Die Zweiglein der Gottseligkeit / steckt auf mit Andacht, Lust und Freud; / so kommt der König

auch zu euch, / ja Heil und Leben mit zugleich. / Gelobet sei mein Gott, / voll Rat, voll Tat, voll Gnad.

5. Komm, o mein Heiland Jesu Christ, / meins Herzens Tür dir offen ist. / Ach zieh mit deiner Gnade ein, / dein Freundlichkeit auch uns erschein. / Dein Heilger Geist uns führ und leit / den Weg zur ewgen Seligkeit. / Dem Namen dein, o Herr, / sei ewig Preis und Ehr.

Mit den «Zweiglein der Gottseligkeit» (Str. 4) meint der Dichter die Palmzweige, die das Volk für Jesus auf den Weg streut (Matthäus 21,8), und vielleicht auch die Tannenzweige, mit denen man in der Adventszeit das Haus schmückt, als Zeichen der freudigen Hingabe («Gottseligkeit»).

T: Georg Weißel (1623) 1642 M: Halle 1704 S: Halle 1704 / GB 1891 / GB 1952

364
(ö)

2. Bereitet doch fein tüchtig / den Weg dem großen Gast; / macht seine Steige richtig; / lasst alles, was er hasst. / Macht eben jeden Pfad, / die Täler all erhöhet; / macht niedrig, was hoch stehet; / was krumm ist, macht gerad.

3. Ein Herz, das Demut liebet, / bei Gott am höchsten steht; / ein Herz, das Hochmut übet, / mit Angst zugrunde geht. / Ein Herz, das redlich ist / und folget Gottes Leiten, / das kann sich recht bereiten; / zu dem kommt Jesus Christ.

4. Ach mache du mich Armen / zu dieser heilgen Zeit / aus Güte und Erbarmen, / Herr Jesu, selbst bereit. / Zieh in mein Herz hinein / vom Stall und von der Krippen, / so werden Herz und Lippen / dir allzeit dankbar sein.

T: Valentin Thilo 1642 (Str. 1–3) und Hannoversches GB, Lüneburg 1657 (Str. 4) M: Lyon 1557 / geistlich Erfurt 1563 / Hans Leo Haßler 1608
S: nach Hans Leo Haßler 1608

365

1. Nun jauch - zet all, ihr From - men,
weil un - ser Heil ist kom - men,
in die - ser Gna - den - zeit,
der Herr der Herr - lich - keit,
zwar
oh - ne stol - ze Pracht,
doch mäch - tig
zu ver - hee - ren und gänz - lich zu zer -
stö - ren des Teu - fels Reich und Macht.

2. Er kommt zu uns geritten / auf einem Eselein / und stellt sich in die Mitten / für uns zum Opfer ein. / Er bringt kein zeitlich Gut, / er will allein erwerben / durch seinen Tod und Sterben, / was ewig währen tut.

3. Kein Zepter, keine Krone / sucht er auf dieser Welt; / im hohen Himmelsthrone / ist ihm sein Reich bestellt. / Er will hier seine Macht / und Majestät verhüllen, / bis er des Vaters Willen / im Leiden hat vollbracht.

4. Ihr Mächtigen auf Erden, / nehmt diesen König an, / wollt ihr beraten werden / und gehn die rechte Bahn, / die zu dem Himmel führt; / sonst, wo ihr ihn verachtet / und nur nach Hoheit trachtet, / des Höchsten Zorn euch rührt.

5. Ihr Armen und Elenden / zu dieser bösen Zeit, / die ihr an allen Enden / müsst haben Angst und Leid, / seid dennoch wohlgemut. / Lasst eure Lieder klingen, / dem König Lob zu singen; / der ist eur höchstes Gut.

6. Er wird nun bald erscheinen / in seiner Herrlichkeit, / der euer Klag und Weinen / verwandeln wird in Freud. / Er ist's, der helfen kann. / Macht eure Lampen fertig / und seid stets sein' gewärtig: / Er ist schon auf der Bahn.

T: Michael Schirmer 1640 M: Johann Ludwig Steiner 1723 / Johannes Schmidlin 1767 S: nach Johannes Schmidlin 1767

366 +

T: Matthäus 21,9 M: Johann Baptist Hilber 1966

367 (ö)

1. Wie soll ich dich emp - fan - gen,
o al - ler Welt Ver - lan - gen,
und wie be - gegn ich dir,
o mei - ner See - le Zier?
O
Je - su, Je - su, zün - de mir selbst die
Fa - ckel an, da - mit mein Herz er -
grün - de, was dich er - freu - en kann.

2. Dein Zion streut dir Palmen / und grüne Zweige hin, / und ich will dir in Psalmen / ermuntern meinen Sinn. / Mein Herze soll dir grünen / in stetem Lob und Preis / und deinem Namen dienen, / so gut es kann und weiß.

3. Was hast du unterlassen / zu meinem Trost und Freud, / als Leib und Seele saßen / in ihrem größten Leid? / Als mir das Reich genommen, / da Fried und Freude lacht, / bist du, mein Heil, gekommen / und hast mich froh gemacht.

4. Ich lag in schweren Banden, / du kommst und machst mich los; / ich stand in Spott und Schanden, / du kommst und machst mich groß / und hebst mich hoch zu Ehren / und schenkst mir großes Gut, / das sich nicht lässt verzehren, / wie irdisch Reichtum tut.

5. Nichts, nichts hat dich getrieben / zu mir vom Himmelszelt / als das geliebte Lieben, / womit du alle Welt / in ihren tausend Plagen / und großen Jammerlast, / die kein Mund kann aussagen, / so fest umfangen hast.

6. Das schreib dir in dein Herze, / du hochbetrübtes Heer, / bei denen Gram und Schmerze / sich häuft je mehr und mehr: / Seid unverzagt, ihr habet / die Hilfe vor der Tür; / der eure Herzen labet / und tröstet, steht allhier.

7. Ihr dürft euch nicht bemühen / noch sorgen Tag und Nacht, / wie ihr ihn wollet ziehen / mit eures Armes Macht. / Er kommt, er kommt mit Willen, / ist voller Lieb und Lust, / all Angst und Not zu stillen, / die ihm an euch bewusst.

8. Auch dürft ihr nicht erschrecken / vor eurer Sünden Schuld; / nein, Jesus will sie decken / mit seiner Lieb und Huld. / Er kommt, er kommt den Sündern / zu Trost und wahrem Heil, / schafft, dass bei Gottes Kindern / verbleib ihr Erb und Teil.

9. Was fragt ihr nach dem Schreien / der Feind' und ihrer Tück? / Der Herr wird sie zerstreuen / in einem Augenblick. / Er kommt, er kommt, ein König, / dem aller Feinde List / auf Erden viel zu wenig / zum Widerstande ist.

10. Er kommt zum Weltgerichte, / zum Fluch dem, der ihm flucht, / mit Gnad und süßem Lichte / dem, der ihn liebt und sucht. / Ach komm, ach komm, o Sonne, / und hol uns allzumal / zum ewgen Licht und Wonne / in deinen Freudensaal.

T: Paul Gerhardt 1653 M: Melchior Teschner (1613) 1614
S: Melchior Teschner 1614 / GB 1891

368
ö+

T und M: bei August Franz von Haxthausen 1850

369

2. Was der alten Väter Schar / höchster Wunsch und Sehnen war, / was die Seher prophezeit, / ist erfüllt in Herrlichkeit.

3. Zions Hilf und Abrams Lohn, / Jakobs Heil und Davids Sohn, / Wunderbar, Rat, Kraft und Held / hat sich treulich eingestellt.

4. Sei willkommen, o mein Heil, / Hosianna, dir, mein Teil. / Richte du auch eine Bahn / dir in meinem Herzen an,

5. dass, wenn du, o Lebensfürst, / prächtig wiederkommen wirst, / ich dir mög entgegengehn / und gerecht vor dir bestehn.

T: Heinrich Held 1658 (Johann Georg Stözel?) M: Frankfurt/M 1659 / Halle 1704 / Stuttgart 1744 S: Bernhard Henking 1952

370
ö

1. Toch - ter Zi - on, freu -
- e dich, jauch - ze laut, Je -
ru - sa - lem. Sieh, dein
Kö - nig kommt zu dir,
ja er kommt, der Frie -

2. Hosianna, Davids Sohn, / sei gesegnet deinem Volk. / Gründe nun dein ewig Reich, / Hosianna in der Höh! / Hosianna, Davids Sohn, / sei gesegnet deinem Volk.

3. Hosianna, Davids Sohn, / sei gegrüßet, König mild. / Ewig steht dein Friedensthron, / du, des ewgen Vaters Kind. / Hosianna, Davids Sohn, / sei gegrüßet, König mild.

T: Friedrich Heinrich Ranke (um 1820) 1826
M und S: nach Georg Friedrich Händel 1747

371

1. Dein Kö-nig kommt in nie-dern Hül-len,
sanft-mü-tig auf der Es-lin Fül-len;
emp-fang ihn froh, Je - ru - sa - lem.
Trag ihm ent-ge-gen Frie-dens - pal-men,
be-streu den Pfad mit grü-nen Hal-men:

2. O mächt'ger Herrscher ohne Heere, / gewalt'ger Kämpfer ohne Speere, / o Friedefürst von großer Macht. / Es wollen dir der Erde Herren / den Weg zu deinem Throne sperren; / doch du gewinnst ihn ohne Schlacht.

3. Dein Reich ist nicht von dieser Erden; / doch aller Erde Reiche werden / dem, das du gründest, untertan. / Bewaffnet mit des Glaubens Worten / zieht deine Schar nach den vier Orten / der Welt hinaus und macht dir Bahn.

4. Und wo du kommst herangezogen, / da ebnen sich des Meeres Wogen, / es schweigt der Sturm, von dir bedroht. / Du kommst, dass auf empörter Erde / der neue Bund gestiftet werde, / und schlägst in Fessel Sünd und Tod.

5. O Herr von großer Huld und Treue, / o komme du auch jetzt aufs Neue / zu uns, die wir sind schwer verstört. / Not ist es, dass du selbst hienieden / kommst, zu erneuen deinen Frieden, / dagegen sich die Welt empört.

6. O lass dein Licht auf Erden siegen, / die Macht der Finsternis erliegen / und lösch der Zwietracht Glimmen aus, / dass wir, die Völker und die Thronen, / einträchtig beieinander wohnen / in deines großen Vaters Haus.

T: Johann Michael Friedrich Rückert 1834 M: Eduard Hille 1884
S: nach Eduard Hille 1885

372
ö +

2. Dem alle Engel dienen, / wird nun ein Kind und Knecht. / Gott selber ist erschienen / zur Sühne für sein Recht. / Wer schuldig ist auf Erden, / verhüll nicht mehr sein Haupt. / Er soll errettet werden, / wenn er dem Kinde glaubt.

3. Die Nacht ist schon im Schwinden, / macht euch zum Stalle auf. / Ihr sollt das Heil dort finden, / das aller Zeiten Lauf / von Anfang an verkündet, / seit eure Schuld geschah. / Nun hat sich euch verbündet, / den Gott selbst ausersah.

4. Noch manche Nacht wird fallen / auf Menschenleid und -schuld. / Doch wandert nun mit allen / der Stern der Gottes-huld. / Beglänzt von seinem Lichte, / hält euch kein Dunkel mehr; / von Gottes Angesichte / kam euch die Rettung her.

5. Gott will im Dunkel wohnen / und hat es doch erhellt. / Als wollte er belohnen, / so richtet er die Welt. / Der sich den

Erdkreis baute, / der lässt den Sünder nicht. / Wer hier dem Sohn vertraute, / kommt dort aus dem Gericht.

T: Jochen Klepper (1937) 1938 M: Johannes Petzold (1938) 1939

373 +

T: Dieter Frettlöh 1963 M: Johann Hermann Schein 1627

374

1. Vor den Tü - ren dei - ner Welt
stehst du al - ler - zei - ten,
Gott und Gast, dem wir be - stellt,
Her - berg zu be - rei - ten.
Kö - nig al - ler Herr - lich - keit,

2. Bist der Schöpfer aller Ding, / Gott und ohnegleichen, / und trägst niedrig und gering / unsrer Armut Zeichen, / lässt in Demut dich als Kind / von der Krippe tragen / und von deinen Kindern blind / an den Kreuzstamm schlagen.

3. So in Gottesdemut hast / du den Weg genommen / und bist, Herr, als Freund und Gast / her zur Welt gekommen. / Und nur eins war, was dich trieb, / Liebe, nichts als Lieben. / Was die Welt dir schuldig blieb, / das hat dich getrieben.

4. Hat die Welt dich oft verkannt / und dich sehr missachtet / und verblendet und gebannt / nur sich selbst betrachtet, / hab ich's anders nicht getan, / stets zu Fluch und Schaden – / bleib uns nah und sieh uns an / und vergib in Gnaden.

5. Stehst du nun vor unsrer Tür, / König, heilandsmilde, / das Verschlossne zwing und rühr / durch dein heilig Bilde. / Lass uns dich nicht draußen stehn, / warten nicht vergebens. / Eile bei uns einzugehn, / komm, du Herr des Lebens.

T: Arno Pötzsch vor 1952 M und S: Melchior Vulpius 1609

375
+

1. Das Volk, das noch im Fins - tern wan - delt,
2. Die ihr noch wohnt im Tal der Trä - nen,
3. Sein Frie - de kommt: nie mehr Si - re - nen,

bald sieht es Licht, ein gro - ßes Licht.
wo Tod den schwar - zen Schat - ten wirft:
nie Krieg, Ver - rat und bitt - re Zeit;

Heb in den Him - mel dein Ge - sicht
Schon hört ihr Got - tes Schritt, ihr dürft
kein Kind, das nachts er - schro - cken schreit,

und steh und lau - sche, weil Gott han - delt.
euch jetzt nicht mehr ver - las - sen wäh - nen.
weil auf dem Pflas - ter Stie - fel dröh - nen.

4. Die Liebe geht nicht mehr verloren. / Das Unrecht stürzt in vollem Lauf. / Der Tod ist tot. Das Volk jauchzt auf / und ruft: «Uns ist ein Kind geboren!»

5. Man singt: «Ein Sohn ist uns gegeben, / Sohn Gottes, der das Zepter hält, / der gute Hirt, das Licht der Welt, / der Weg, die Wahrheit und das Leben.»

6. Noch andre Namen wird er führen: / Er heißt Gottheld und Wunderrat / und Vater aller Ewigkeit. / Der Friedefürst wird uns regieren.

7. Dann wird die arme Erde allen / ein Land voll Milch und Honig sein. / Das Kind zieht als ein König ein, / und Davids Thron wird niemals fallen.

8. Dann stehen Mensch und Mensch zusammen / vor eines Herren Angesicht, / und alle, alle schaun ins Licht, / und er kennt jedermann mit Namen.

T: Jürgen Henkys (1980) 1981 nach dem niederländischen «Het volk dat wandelt in het duister» von Jan Willem Schulte Nordholt 1959
M: Maria Lohuus (1989) 1990

376

Kanon für 3 Stimmen

T: Gertrud Meister vor 1957 nach Jesaja 9,5
M: Christian Lahusen (1937) 1938

377 ö +

2. Wir sagen euch an den lieben Advent. / Sehet, die zweite Kerze brennt. / So nehmet euch eins um das andere an, / wie auch der Herr an uns getan. *Rfr*

3. Wir sagen euch an den lieben Advent. / Sehet, die dritte Kerze brennt. / Nun tragt eurer Güte hellen Schein / weit in die dunkle Welt hinein. *Rfr*

4. Wir sagen euch an den lieben Advent. / Sehet, die vierte Kerze brennt. / Gott selber wird kommen, er zögert nicht. / Auf, auf, ihr Herzen, und werdet licht. *Rfr*

T: Maria Ferschl 1954 M: Heinrich Rohr 1954 S: Kommission 1998

378 ö+

T: Gottfried Schille (vor 1968) 1971 M: Manfred Schlenker (vor 1968) 1971

379

\+

4. Schaut an den Baum, vom Wind zerzaust, / erstarrt und kahl, vom Sturm umbraust. / Der Frühling kommt: Ein Reis entsprießt, / und Kraft durch alte Zweige fließt. *Kv*

5. Ein Zweiglein, wehrlos und allein, / ganz ohne Schönheit, Glanz und Schein! / Wer aber glaubt, dem sagt der Geist: / «Immanuel»* das Zweiglein heißt. *Kv* *hebräisch: «Gott mit uns»

6. In diesem Namen ist das Heil. / Ein Sohn wird uns durch Gott zuteil. / Öffnet ihm, macht freie Bahn, / dass euer Retter einziehn kann. *Kv*

T: Hubert Sidler 1990 und Markus Jenny 1991 nach dem niederländischen «De nacht loopt ten einde» von Huub Oosterhuis 1961
M: Bernard Maria Huijbers 1961

380

T: nach Jesaja 60,1 M: Arthur Eglin 1992

Weihnachten und Epiphanias

381 Denn so hat Gott die Welt geliebt, dass er seinen einzigen
Sohn gab, damit jeder, der an ihn glaubt, nicht verloren
gehe, sondern ewiges Leben habe. Johannes 3,16

382 DIE GEBURT JESU

1 Es geschah aber in jenen Tagen, da ging ein Erlass aus
vom Kaiser Augustus, alle Welt solle sich in Steuerlisten
eintragen lassen. 2 Dies war die erste Erhebung; sie wurde
durchgeführt, als Quirinius Statthalter in Syrien war. 3 Und
alle machten sich auf den Weg, um sich eintragen zu lassen,
jeder in seine Heimatstadt. 4 Und auch Joseph ging von
Galiläa aus der Stadt Nazaret nach Judäa hinauf in die Stadt
Davids, die Betlehem heißt, weil er aus dem Hause und
Geschlecht Davids stammte, 5 um sich eintragen zu lassen
mit Maria, seiner Verlobten, die schwanger war. 6 Und es ge-
schah, während sie dort waren, da kam die Zeit, da sie ge-
bären sollte. 7 Und sie gebar ihren ersten Sohn und wickelte
ihn in Windeln und legte ihn in eine Futterkrippe, denn in
der Herberge war kein Platz für sie.

8 Und Hirten waren in jener Gegend auf freiem Feld und
hielten Wache in der Nacht bei ihrer Herde. 9 Und SEIN
Engel trat zu ihnen, und SEIN Glanz umleuchtete sie, und
große Furcht kam über sie. 10 Da sprach der Engel zu ihnen:
Fürchtet euch nicht! Denn siehe, ich verkündige euch große
Freude, die dem ganzen Volk zuteil werden wird: 11 Euch
wurde heute der Retter geboren, welcher ist Christus, der
Herr, in der Stadt Davids. 12 Und dies sei euch das Zeichen:
Ihr werdet ein neugeborenes Kind finden, das in Windeln
gewickelt ist und in einer Futterkrippe liegt. 13 Und auf
einmal war bei dem Engel die Menge der himmlischen
Heerscharen, die Gott lobten und sprachen: 14 Ehre sei Gott
in der Höhe und Friede auf Erden unter den Menschen sei-
nes Wohlgefallens.

15 Und es geschah, als die Engel von ihnen weggingen in
den Himmel zurück, da sagten die Hirten zueinander: Wir

wollen nach Betlehem gehen und dieses Ereignis sehen, das
ER uns kundgetan hat. 16 Und sie gingen eilends und fan-
den Maria und Josef und das neugeborene Kind, das in der
Futterkrippe lag. 17 Und als sie es sahen, taten sie das Wort
kund, das zu ihnen über dieses Kind gesagt worden war.
18 Und alle, die es hörten, staunten über das, was ihnen von
den Hirten gesagt wurde. 19 Maria aber behielt alle diese
Worte und bewegte sie in ihrem Herzen. 20 Und die Hirten
kehrten zurück und priesen und lobten Gott für alles, was
sie gehört und gesehen hatten, so wie es zu ihnen gesagt
worden war. Lukas 2,1–20

Die Huldigung der Sterndeuter 383

1 Als Jesus in Betlehem in Judäa zur Zeit des Königs Hero-
des geboren worden war, siehe, da kamen Sterndeuter aus
dem Morgenland nach Jerusalem 2 und fragten: Wo ist der
neugeborene König der Juden? Denn wir haben seinen Stern
aufgehen sehen und sind gekommen, ihm zu huldigen.
3 Als der König Herodes davon hörte, geriet er in Aufregung
und ganz Jerusalem mit ihm. 4 Und er ließ alle Hohenpries-
ter und Schriftgelehrten des Volkes zusammenkommen und
erkundigte sich bei ihnen, wo der Christus geboren werden
solle. 5 Sie antworteten ihm: In Betlehem in Judäa, denn so
steht es durch den Propheten geschrieben: 6 Und du, Bet-
lehem, Land Juda, bist nicht etwa die geringste unter den
Fürstenstädten Judas; denn aus dir wird ein Fürst hervor-
gehen, der mein Volk Israel weiden wird. 7 Darauf rief Hero-
des die Sterndeuter heimlich zu sich und wollte von ihnen
genau erfahren, wann der Stern erschienen war. 8 Und er
schickte sie nach Betlehem mit den Worten: Geht und
forscht dem Kinde nach! Sobald ihr es gefunden habt, mel-
det es mir, damit auch ich hingehe und ihm huldige. 9 Auf
das Wort des Königs hin machten sie sich auf den Weg, und
siehe, der Stern, den sie hatten aufgehen sehen, zog vor ih-
nen her, bis er über dem Ort stehen blieb, wo das Kind war.
10 Als sie den Stern sahen, überkam sie große Freude.
11 Und sie gingen ins Haus und sahen das Kind mit Maria,

seiner Mutter; da fielen sie vor ihm nieder und huldigten ihm, öffneten ihre Schatztruhen und brachten ihm Geschenke dar: Gold, Weihrauch und Myrrhe. 12 Weil aber ein Traum sie angewiesen hatte, nicht zu Herodes zurückzukehren, zogen sie auf einem anderen Weg in ihr Land zurück.

Matthäus 2,1–12

384
ö+

Übersetzung der lateinischen Worte:

1. Mit wohlklingendem Jubel – in der Krippe – auf dem Schoß der Mutter – du bist das Alpha und das Omega (Offenbarung 1,8 und 22,13; Alpha (A) ist der erste und Omega (Ω) der letzte Buchstabe im griechischen Alphabet).

2. O Kindlein Jesus – o bester Knabe – o Fürst der Herrlichkeit – zieh mich dir nach (Hoheslied 1,4; Jeremia 31,3; Johannes 12,32).

3. O Liebe des Vaters – o Güte des Sohnes – durch unsere Sünden – himmlische Freuden – welch große Gnade!

4. Wo sind die Freuden? – neue Lieder – am Hof des Königs – Ei, was für (Freuden und Lieder)!

T: 14. Jh. / Wittenberg 1533 (Str. 1. 2. 4), Leipzig 1543/1545 (Str. 3) M: 15. Jh.

385
ö

1. Nun sin - get und seid froh, jauchzt
2. Sohn Got - tes in der Höh, nach
3. Groß ist des Va - ters Huld, der
4. Wo ist der Freu - den Ort?
al - le und sagt so:
dir ist mir so weh.
Sohn tilgt uns - re Schuld.
Nir - gends mehr denn dort,
Un - sers Her - zens Won - ne liegt
Tröst mir mein Ge - mü - te, o
Wir warn all ver - dor - ben durch
wo die En - gel sin - gen
in der Krip - pe bloß und
Kind - lein zart und rein, durch
Sünd und Ei - tel - keit, da
mit den Heil - gen all
leuch - tet wie die Son - ne in
al - le dei - ne Gü - te, o
hat er uns er - wor - ben die
und die Zim - beln klin - gen im

T: Hannover 1646 (Justus Gesenius, David Denicke?) nach der Cantio «In dulci jubilo» (Nr. 384) M: 15. Jh.

386
ö+

2. Hier liegt es in dem Krippelein, / Krippelein; / ohn Ende ist die Herrschaft sein. / Halleluja, Halleluja.

3. Das Öchslein und das Eselein, / Eselein, / erkannten Gott, den Herren sein. / Halleluja, Halleluja.

4. Die König aus Saba kamen her, / kamen her; / Gold, Weihrauch, Myrrhe brachten sie dar. / Halleluja, Halleluja.

5. Sie gingen in das Haus hinein, / Haus hinein / und grüßten das Kind und die Mutter sein. / Halleluja, Halleluja.

6. Sie fielen nieder auf ihre Knie, / ihre Knie / und sprachen: «Gott und Mensch ist hie.» / Halleluja, Halleluja.

7. Für solche gnadenreiche Zeit, / reiche Zeit / sei Gott gelobt in Ewigkeit. / Halleluja, Halleluja.

Auch zweistimmig mit Sopran und Tenor ausführbar. (Der Tenor ist die ursprüngliche Melodie zu diesem Text.)

T: Heinrich von Laufenberg 1439 (Str. 1.4.5), übrige Str. anonym nach der Cantio «Puer natus in Betlehem» 13. Jh. / Klosterneuburg 16. Jh. / Leipzig 1545 / AöL 1973 M: Straßburg 1541 (Tenor) und bei Lucas Lossius 1553 (Sopran) nach ein- und zweistimmigen Fassungen des 13.–15. Jh.
S: nach Johann Hermann Schein 1627

387
ö +

1. Sin - get frisch und wohl - ge - mut,
2. Freu - e dich, Je - ru - sa - lem!
3. Zi - on, preis den Her - ren dein,
4. Der im Him - mel - reich re - giert,

lo - bet Gott, das höchs - te Gut, der so
Licht strahlt auf in Bet - le - hem, wie ver-
der uns macht von Sün - den rein und der
kam zu uns als gu - ter Hirt, heim - zu-

gro - ße Wun - der tut:
hei - ßen e - he - dem:
Men - schen Heil will sein:
führn, was sich ver - irrt:
Er - schie - nen

«Immanuel» *(Rfr)* ist hebräisch und bedeutet «Gott mit uns».

T: Johannes Geletzki 1566 (Str. 1) und EGB 1973 (Str. 2–4) nach der Cantio «Resonet in laudibus» 14. Jh. M: Seckau 1345 und Moosburg um 1354–1360

388

ö

1. Ein Kind ist uns ge - bo - ren heut, das
2. Heut tut sich auf des Him - mels Tor, es
3. Schaut auf, ein Kö - nig kommt zu euch: der
4. Die En - gel sin - gen. Gott ist da. Ohn

al - le Welt er - freut, ___ das
bricht ein Glanz her - vor, ___ es
Sohn, dem Va - ter gleich, ___ der
En - de fern und nah, ___ ohn

al - le Welt er - freut, wen - det un - ser
bricht ein Glanz her - vor; Gott wird of - fen-
Sohn, dem Va - ter gleich; er macht al - le
En - de fern und nah klingt es: Glo - ri -

Leid, ___ wen - det un - ser Leid.
bar, ___ Gott wird of - fen - bar.
reich, ___ er macht al - le reich.
a, ___ klingt es: Glo - ri - a.

T: EGB 1971 nach der Cantio «Natus est nobis hodie» 15. Jh.
M: Böhmen um 1450 / bei Michael Weiße 1531

389
(ö) +

4 Gruppen oder Einzelne (I–IV)
I
1. Hört, es singt und klingt mit Schalle:
II
Fürcht' euch nicht, ihr Hir - ten al - le;
III
macht euch auf, geht hin zum Stal - le.
IV
Gott ward Mensch, des freut euch sehr.
Alle (oder Chor)
Der En - gel Schar kommt er - den-wärts; gar
Der Gna - de Preis er - füllt das Herz: In
lich - ten Schein ihr Lied in uns ent - zün - det.
Knechts - ge - stalt sich Gott mit uns ver - bün - det.
Wun - der - sam, wen heut Ma - ri - a
uns zur Freud ge - bo - ren, von Gott zur
wah - ren Son - ne aus - er - ko - ren.

2. Seht, ein Stern ist aufgegangen / denen, die in Nacht gefangen. / Zu dem Kinde voll Verlangen / ziehn von fern die Könige her.
Ihr Hirten tut's im Lande kund, / welch herrlich Kind der Jungfrau ward gegeben: / ganz Gott und Mensch, als Gnadenbund / für Weg und Ziel in unserm ganzen Leben. / Hell vom Himmel strömt zur Erde neu der Gottesfrieden, / als Zeichen schon Marias Leib beschieden. *Rfr*

3. Mit den Hohen und Geringen / wolln auch wir ihm Gaben bringen, / Gloria voll Freude singen / mit der Engel großem Heer.
Sein Name gilt an jedem Ort: / Ja, Gott ist da mit uns und allen Wesen, / vergibt uns heut und immerfort, / dass jedes

Herz von Sünde kann genesen. / Laut ertöne dir, Befreier, Jubel der Befreiten. / Wir jubeln heute und zu allen Zeiten. *Rfr*

4. Denn er ist zur Welt gekommen / für die Sünder und die Frommen, / hat uns alle angenommen, / uns zum Heil und Gott zur Ehr.
Du Herr der Welt und kleines Kind, / hilf, deinen Weg des Kreuzes treu zu teilen; / wenn Erdenzeit im Tod verrinnt, / lässt du in deinem Reich uns ewig weilen. / Ehre, Lob und Preis sei Gott in allen Himmelshöhen, / sein Friede denen, die er ausersehen. *Rfr*

T: Markus Jenny 1971 (Z. 1–4 jeder Str.) nach der Cantio «Quem pastores laudavere» 15. Jh. / Robert Rüegg (1990) 1998 (Z. 5–10) nach «Nunc angelorum gloria» Böhmen (?) 15. Jh. / Dorothea Wiehmann (1991) 1992 (*Rfr*) nach «Magnum nomen Domini» 9. Jh. bei Michael Praetorius 1607 M: Hohenfurt um 1450 / Wittenberg 1543 / bei Valentin Triller 1555 / bei Michael Praetorius 1607 (*Rfr*; nach «Resonet in laudibus» 14. Jh.) S (*Rfr*): Michael Praetorius 1607

390

2. für uns ein Mensch geboren / im letzten Teil der Zeit, / dass wir nicht wärn verloren / vor Gott in Ewigkeit, / den Tod für uns zerbrochen, / den Himmel aufgeschlossen, / das Leben wiederbracht.

3. Lass uns in deiner Liebe / und Kenntnis nehmen zu, / dass wir am Glauben bleiben, / dir dienen im Geist so, / dass wir hier mögen schmecken / dein Süßigkeit im Herzen / und dürsten stets nach dir.

4. Du Schöpfer aller Dinge, / du väterliche Kraft, / regierst von End zu Ende / kräftig aus eigner Macht. / Das Herz uns zu dir wende / und kehr ab unsre Sinne, / dass sie nicht irrn von dir.

5. Ertöt uns durch dein Güte, / erweck uns durch dein Gnad. / Den alten Menschen töte,* / dass der neu leben mag / und hier auf dieser Erden / den Sinn und alls Begehren / und Gdanken hab zu dir.

* Römerbrief 6,1–4

T: Elisabeth Kreuziger 1524 M: 15. Jh. / geistlich Erfurt und Wittenberg 1524

391

(+)

T: nach Psalm 96,11 M: Mainz 1952 nach gregorianischem Modell

392
ö +

4. Das ewig Licht geht da herein, / gibt der Welt ein' neuen Schein; / es leucht' wohl mitten in der Nacht / und uns des Lichtes Kinder macht. / Kyrieleis.

5. Der Sohn des Vaters, Gott von Art, / ein Gast in der Welt hie ward / und führt uns aus dem Jammertal, / macht uns zu Erben in sei'm Saal. / Kyrieleis.

6. Er ist auf Erden kommen arm, / dass er unser sich erbarm / und in dem Himmel mache reich / und seinen lieben Engeln gleich. / Kyrieleis.

7. Das hat er alles uns getan, / sein groß Lieb zu zeigen an. / Des freu sich alle Christenheit / und dank ihm des in Ewigkeit. / Kyrieleis.

T: Martin Luther 1524 (Str. 1 nach Medingen bei Lüneburg nach 1479)
M: 14./15. Jh. / Wittenberg 1524

393

1. Vom Him - mel kam der En - gel Schar,
2. zu Bet - le - hem in Da - vids Stadt,
3. Des sollt ihr bil - lig fröh - lich sein,

er - schien den Hir - ten of - fen - bar;
wie Mi - cha das ver - kün - det hat;
dass Gott mit euch ist wor - den ein.

sie sag - ten ihn': «Ein Kind - lein zart,
es ist der Her - re Je - sus Christ,
Er ist nun eu - er Fleisch und Blut;

das liegt dort in der Krip - pe hart
der eu - er al - ler Hei - land ist.
eur Bru - der ist das e - wig Gut.

4. Was kann euch schaden Sünd und Tod? / Ihr habt mit euch den wahren Gott. / Lasst zürnen nur den alten Feind, / ist Gottes Sohn doch euer Freund.

5. Er will und kann euch lassen nicht, / setzt ihr auf ihn eur Zuversicht. / Es mögen euch viel fechten an; / dem sei Trotz, der's nicht lassen kann.

6. Zuletzt müsst ihr doch haben Recht, / ihr seid nun worden Gotts Geschlecht. / Des danket Gott in Ewigkeit, / geduldig, fröhlich allezeit.»

Auch nach Melodie Nr. 394

T: Martin Luther 1543 M: Wittenberg 1533 nach dem Hymnus «A solis ortus cardine» von Caelius Sedulius 5. Jh.

394
ö (+)

1. «Vom Him - mel hoch, da komm ich her,
2. Euch ist ein Kind - lein heut ge - born
3. Es ist der Herr Christ, un - ser Gott,

ich bring euch gu - te neu - e Mär;
von ei - ner Jung - frau aus - er - korn,
der will euch führn aus al - ler Not;

der gu - ten Mär bring ich so viel,
ein Kin - de - lein so zart und fein,
er will eur Hei - land sel - ber sein,

da - von ich singn und sa - gen will.
das soll eur Freud und Won - ne sein.
von al - len Sün - den ma - chen rein.

4. Er bringt euch alle Seligkeit, / die Gott der Vater hat bereit', / dass ihr mit uns im Himmelreich / sollt leben nun und ewiglich.

5. So merket nun das Zeichen recht: / die Krippe, Windelein so schlecht; / da findet ihr das Kind gelegt, / das alle Welt erhält und trägt.»

6. Des lasst uns alle fröhlich sein / und mit den Hirten gehn hinein, / zu sehn, was Gott uns hat beschert / mit seinem lieben Sohn verehrt.

7. Merk auf, mein Herz, und sieh dorthin; / was liegt doch in dem Krippelein? / Wes ist das schöne Kindelein? / Es ist das liebe Jesulein.

8. Sei mir willkommen, edler Gast! / Den Sünder nicht verschmähet hast / und kommst ins Elend her zu mir, / wie soll ich immer danken dir?

9. Ach Herr, du Schöpfer aller Ding, / wie bist du worden so gering, / dass du da liegst auf dürrem Gras, / davon ein Rind und Esel aß!

10. Und wär die Welt vielmal so weit, / von Edelstein und Gold bereit', / so wär sie doch dir viel zu klein, / zu sein ein enges Wiegelein.

11. Der Sammet und die Seiden dein, / das ist grob Heu und Windelein, / darauf du König groß und reich / herprangst, als wär's dein Himmelreich.

12. Das hat also gefallen dir, / die Wahrheit anzuzeigen mir, / wie aller Welt Macht, Ehr und Gut / vor dir nichts gilt, nichts hilft noch tut.

13. Ach mein herzliebes Jesulein, / mach dir ein rein sanft Bettelein, / zu ruhen in meins Herzens Schrein, / dass ich nimmer vergesse dein.

14. Davon ich allzeit fröhlich sei, / zu springen, singen immer frei / das rechte Susaninne* schön, / mit Herzenslust den süßen Ton.

* Wiegenlied

15. Lob, Ehr sei Gott im höchsten Thron, / der uns schenkt seinen ein'gen Sohn. / Des freuet sich der Engel Schar / und singet uns solch neues Jahr.

T: Martin Luther (1534?) 1535 M: Martin Luther 1539

395
(ö) (+)

2. Er kommt aus seines Vaters Schoß / und wird ein Kindlein klein; / er liegt dort elend, nackt und bloß / in einem Krippelein, / in einem Krippelein,

3. entäußert sich all seiner Gwalt, / wird niedrig und gering / und nimmt an eines Knechts Gestalt, / der Schöpfer aller Ding, / der Schöpfer aller Ding.

4. Er wird ein Knecht und ich ein Herr; / das mag ein Wechsel sein. / Wie könnt es doch sein freundlicher, / das herze Jesulein, / das herze Jesulein.

5. Heut schließt er wieder auf die Tür / zum schönen Paradeis; / der Kerub steht nicht mehr dafür. / Gott sei Lob, Ehr und Preis, / Gott sei Lob, Ehr und Preis.

T und M: Nikolaus Herman um 1550/1560 S: Bernhard Henking 1952

396
ö +

Vergleiche auch Nr. 303, 338, 465, 505

T: AöL 1983 M: nach der Antiphon «Notum fecit Dominus» um 1000 *(Kv)* und AöL 1983 *(Vers)*

397

1. Freut euch, freut euch all ins - ge - mein
Uns ist ge - born ein Kin - de - lein;
und tut mit Freu - den sprin - gen:
nun lasst uns fröh - lich sin - gen.
Sein Na - me heißt Im - ma - nu - el;
er wird er - lö - sen Is - ra - el,
da - zu uns ar - me Hei - den

2. Freut euch, freut euch, beid, jung und alt. / Freut euch, freut euch, ihr Armen, / dass Gott in armer Knechtsgestalt, / sich euer zu erbarmen, / getreten ist an eure Statt, / all Schuld auf sich genommen hat, / die Sünd auf sich geladen, / zu heilen euren Schaden.

3. Freut euch, ihr Berg und tiefen Tal, / freut euch, ihr grünen Auen. / Denn Gott hat sein Heil überall / vom Himmel lassen tauen, / das ist: Er hat sein' lieben Sohn / herabgeschickt vom höchsten Thron, / dass alle Ding auf Erden / durch ihn erquicket werden.

4. Freu dich, du ewigs Himmelreich, / freu dich, du Reich der Erden; / denn Gott hat euch gemachet gleich / und *ein* Reich lassen werden. / Drum weil du, lieber Jesu Christ, / des Reiches ewger König bist, / so wollst du uns vertreten / und von dem Feind erretten.

«Immanuel» (Str. 1) ist hebräisch und bedeutet «Gott mit uns».

T: Ambrosius Lobwasser 1579 M: Johann Schop 1641 / Johann Crüger (1648) 1653 S: nach Johann Schop 1641 und Johann Crüger 1656

398

(ö) +

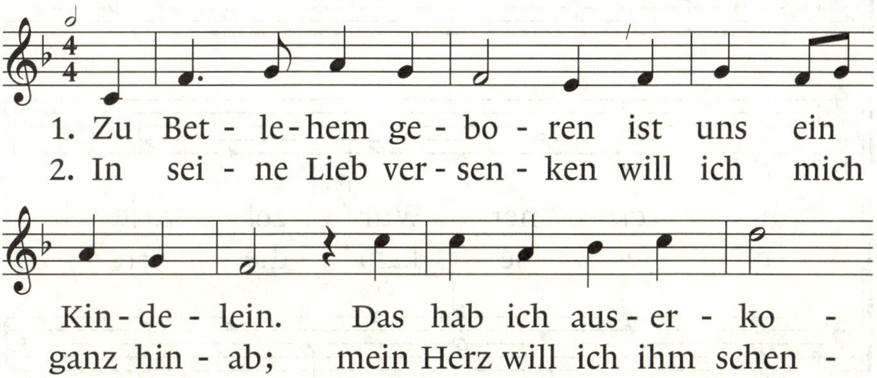

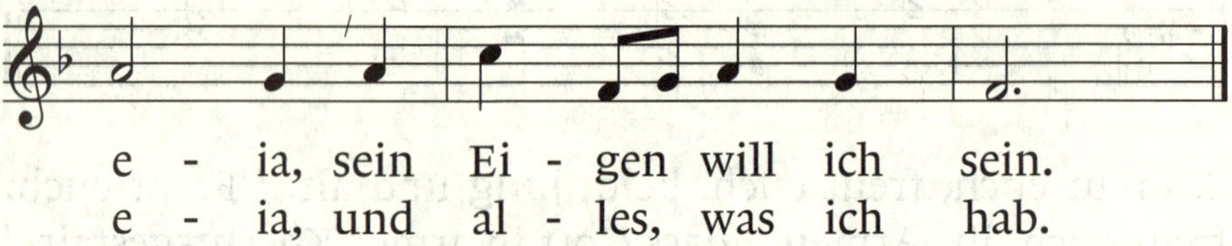

3. O Kindelein, von Herzen / dich will ich lieben sehr / in Freuden und in Schmerzen, / je länger mehr und mehr. / Eia, eia, / je länger mehr und mehr.

4. Dich wahren Gott ich finde / in meinem Fleisch und Blut; / darum ich fest mich binde / an dich, mein höchstes Gut. / Eia, eia, / an dich, mein höchstes Gut.

5. Dazu dein Gnad mir gebe, / bitt ich aus Herzensgrund, / dass dir allein ich lebe / jetzt und zu aller Stund. / Eia, eia, / jetzt und zu aller Stund.

T: Friedrich Spee (vor 1635) 1638 M: Paris 1599 / geistlich Paderborn 1622 / Köln 1638

399
ö (+)

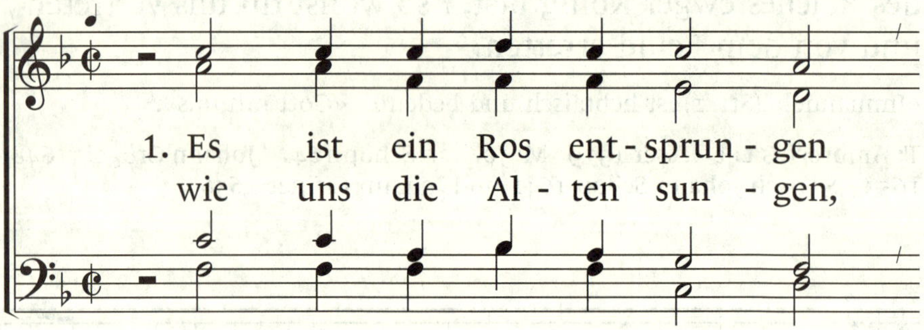

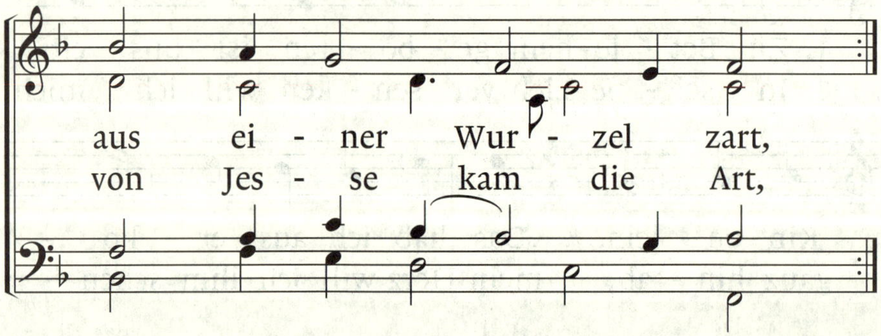

2. Das Röslein, das ich meine, / davon Jesaja sagt, / ist Maria, die reine, / die uns das Blümlein bracht. / Aus Gottes ewgem Rat / hat sie ein Kind geboren, / welches uns selig macht.

3. Das Blümelein so kleine, / das duftet uns so süß; / mit seinem hellen Scheine / vertreibt's die Finsternis, / wahr' Mensch und wahrer Gott, / hilft uns aus allem Leide, / rettet von Sünd und Tod.

T: Mainz um 1585 (Str. 1. 2) und Friedrich Layriz 1844 (Str. 3)
M: Speyerer GB, Köln 1599 S: Michael Praetorius 1609

400

1. Fröh - lich soll mein Her - ze sprin - gen
die - ser Zeit, da vor Freud al - le
En - gel sin - gen. Hört, hört, wie mit
vol - len Chö - ren al - le Luft jauchzt und
ruft: Chris - tus ist ge - bo - ren!

2. Heute geht aus seiner Kammer / Gottes Held, / der die Welt / reißt aus allem Jammer. / Gott wird Mensch: dir, Mensch, zugute, / Gottes Kind, / das verbindt / sich mit unserm Blute.

3. Sollt uns Gott nun können hassen, / der uns gibt, / was er liebt / über alle Maßen? / Gott gibt, unserm Leid zu wehren, / seinen Sohn / aus dem Thron / seiner Macht und Ehren.

4. Er nimmt auf sich, was auf Erden / wir getan, / gibt sich dran, / unser Lamm zu werden, / unser Lamm, das für uns stirbet / und bei Gott / für den Tod / Gnad und Fried erwirbet.

5. Seht, er liegt in seiner Krippen, / ruft zu sich / mich und dich, / spricht mit süßen Lippen: / «Lasset fahren, Schwestern, Brüder, / was euch quält. / Was euch fehlt, / ich bring alles wieder.»

6. Ei, so kommt und lasst uns laufen; / stellt euch ein, / groß und klein, / eilt mit großen Haufen. / Liebt den, der vor Liebe brennet; / schaut den Stern, / der euch gern / Licht und Labsal gönnet.

7. Die ihr schwebt in großen Leiden, / sehet, hier / ist die Tür / zu den wahren Freuden. / Fasst ihn wohl, er wird euch führen / an den Ort, / da hinfort / euch kein Kreuz wird rühren.

8. Wer sich fühlt beschwert im Herzen, / wer empfindt / seine Sünd / und Gewissensschmerzen, / sei getrost: Hier wird gefunden, / der in Eil / machet heil / auch die tiefsten Wunden.

9. Die ihr arm seid und elende, / kommt herbei, / füllet frei / eures Glaubens Hände. / Hier sind alle guten Gaben / und das Gold, / da ihr sollt / euer Herz mit laben.

10. Süßes Heil, lass dich umfangen; / lass mich dir, / meine Zier, / unverrückt anhangen. / Du bist meines Lebens Leben; / nun kann ich / mich durch dich / wohl zufrieden geben.

11. Meine Schuld kann mich nicht drücken, / denn du hast / meine Last / all auf deinem Rücken. / Kein Fleck ist an mir zu finden; / ich bin gar / rein und klar, / ledig aller Sünden.

12. Ich bin rein um deinetwillen: / Du gibst gnug / Ehr und Schmuck, / mich darein zu hüllen. / Ich will dich ins Herze schließen, / o mein Ruhm; / edle Blum, / lass dich recht genießen.

13. Ich will dich mit Fleiß bewahren; / ich will dir / leben hier, / dir will ich hinfahren; / mit dir will ich endlich schweben / voller Freud / ohne Zeit / dort im andern Leben.

T: Paul Gerhardt 1653 M: Halle 1704 / GB 1891 S: nach GB 1891

401
(ö)

2. Heute geht aus seiner Kammer / Gottes Held, / der die Welt / reißt aus allem Jammer. / Gott wird Mensch: dir, Mensch, zugute, / Gottes Kind, / das verbindt / sich mit unserm Blute.

3. Sollt uns Gott nun können hassen, / der uns gibt, / was er liebt / über alle Maßen? / Gott gibt, unserm Leid zu wehren, / seinen Sohn / aus dem Thron / seiner Macht und Ehren.

4. Er nimmt auf sich, was auf Erden / wir getan, / gibt sich dran, / unser Lamm zu werden, / unser Lamm, das für uns stirbet / und bei Gott / für den Tod / Gnad und Fried erwirbet.

5. Seht, er liegt in seiner Krippen, / ruft zu sich / mich und dich, / spricht mit süßen Lippen: / «Lasset fahren, Schwestern, Brüder, / was euch quält. / Was euch fehlt, / ich bring alles wieder.»

6. Ei, so kommt und lasst uns laufen; / stellt euch ein, / groß und klein, / eilt mit großen Haufen. / Liebt den, der vor Liebe brennet; / schaut den Stern, / der euch gern / Licht und Labsal gönnet.

7. Die ihr schwebt in großen Leiden, / sehet, hier / ist die Tür / zu den wahren Freuden. / Fasst ihn wohl, er wird euch führen / an den Ort, / da hinfort / euch kein Kreuz wird rühren.

8. Wer sich fühlt beschwert im Herzen, / wer empfindt / seine Sünd / und Gewissensschmerzen, / sei getrost: Hier wird gefunden, / der in Eil / machet heil / auch die tiefsten Wunden.

9. Die ihr arm seid und elende, / kommt herbei, / füllet frei / eures Glaubens Hände. / Hier sind alle guten Gaben / und das Gold, / da ihr sollt / euer Herz mit laben.

10. Süßes Heil, lass dich umfangen; / lass mich dir, / meine Zier, / unverrückt anhangen. / Du bist meines Lebens Leben; / nun kann ich / mich durch dich / wohl zufrieden geben.

11. Meine Schuld kann mich nicht drücken, / denn du hast / meine Last / all auf deinem Rücken. / Kein Fleck ist an mir zu finden; / ich bin gar / rein und klar, / ledig aller Sünden.

Strophen 12 und 13 bei Nr. 400 (linke Seite oben)

T: Paul Gerhardt 1653 M: Johann Crüger 1653

402
(ö +)

2. Da ich noch nicht geboren war, / da bist du mir geboren / und hast mich dir zu Eigen gar, / eh ich dich kannt, erkoren. / Eh ich durch deine Hand gemacht, / da hast du schon bei dir bedacht, / wie du mein wolltest werden.

3. Ich lag in tiefster Todesnacht, / du warest meine Sonne, / die Sonne, die mir zugebracht / Licht, Leben, Freud und Wonne. / O Sonne, die das werte Licht / des Glaubens in mir zugericht', / wie schön sind deine Strahlen!

4. Ich sehe dich mit Freuden an / und kann mich nicht satt sehen; / und weil ich nun nichts weiter kann, / bleib ich anbetend stehen. / O dass mein Sinn ein Abgrund wär / und meine Seel ein weites Meer, / dass ich dich möchte fassen!

5. Du fragest nicht nach Lust der Welt, / noch nach des Leibes Freuden; / du hast dich bei uns eingestellt, / an unsrer Statt zu leiden, / suchst meiner Seele Herrlichkeit / durch Elend und Armseligkeit; / das will ich dir nicht wehren.

6. Eins aber, hoff ich, wirst du mir, / mein Heiland, nicht versagen: / dass ich dich möge für und für / in, bei und an mir tragen. / So lass mich doch dein Kripplein sein; / komm, komm und lege bei mir ein / dich und all deine Freuden.

7. Zwar sollt ich denken, wie gering / ich dich bewirten werde: / Du bist der Schöpfer aller Ding, / ich bin nur Staub und Erde; / doch bist du so ein lieber Gast, / dass du noch nie verschmähet hast / den, der dich gerne siehet.

Auch nach Melodie Nr. 291

T: Paul Gerhardt (1648?) 1653 M: Leipzig 1736 (Johann Sebastian Bach?)

403

2. Sünd und Hölle mag sich grämen, / Tod und Teufel mag sich schämen: / Wir, die unser Heil annehmen, / werfen allen Kummer hin.

3. Sehet, was hat Gott gegeben: / seinen Sohn zum ewgen Leben. / Dieser kann und will uns heben / aus dem Leid in's Himmels Freud.

4. Jakobs Stern ist aufgegangen, / stillt das sehnliche Verlangen, / bricht den Kopf der alten Schlangen / und zerstört der Hölle Reich.

5. Unser Kerker, da wir saßen / und mit Sorgen ohne Maßen / uns das Herze selbst abfraßen, / ist entzwei, und wir sind frei.

6. O du hoch gesegnete Stunde, / da wir das von Herzensgrunde / glauben und mit unserm Munde / danken dir, o Jesulein.

7. Schönstes Kindlein in dem Stalle, / sei uns freundlich; bring uns alle / dahin, da mit süßem Schalle / dich der Engel Heer erhöht.

T: Paul Gerhardt 1666 M: Breslau 1555 nach der Cantio «Quem pastores laudavere» 15. Jh.

404
(ö)

2. Jauchzet, ihr Himmel, frohlocket, ihr Enden der Erden. / Gott und der Sünder, die sollen zu Freunden nun werden. / Friede und Freud / wird uns verkündiget heut: / Freuet euch, Hirten und Herden.

3. Sehet dies Wunder, wie tief sich der Höchste hier beuget. / Sehet die Liebe, die endlich als Liebe sich zeiget. / Gott wird ein Kind, / träget und hebet die Sünd. / Alles anbetet und schweiget.

4. Gott ist im Fleische. Wer kann dies Geheimnis verstehen? / Hier ist die Pforte des Lebens nun offen zu sehen. / Gehet hinein, / eins mit dem Kinde zu sein, / die ihr zum Vater wollt gehen.

5. Hast du denn, Höchster, auch meiner noch wollen gedenken? / Du willst dich selber, dein Herze der Liebe mir schenken. / Sollt nicht mein Sinn / innigst sich freuen darin / und sich in Demut versenken?

6. König der Ehren, aus Liebe geworden zum Kinde, / dem ich auch wieder mein Herze in Liebe verbinde: / Du sollst es sein, / den ich erwähle allein; / ewig entsag ich der Sünde.

7. Süßer Immanuel*, werd auch in mir nun geboren; / komm doch, mein Heiland, denn ohne dich bin ich verloren. / Wohne in mir, / mach mich ganz eines mit dir, / der du mich liebend erkoren.

* hebräisch: «Gott mit uns»

8. Menschenfreund, Jesus, dich lieb ich, dich will ich eheben; / lass mich doch einzig nach deinem Gefallen nun leben. / Gib mir auch bald, / Jesus, die Kindesgestalt, / völlig mich dir zu ergeben.

T: Gerhard Tersteegen 1731 M: 17. Jh. / geistl. Stralsund 1665 / Frankfurt/M 1668 / bei Joachim Neander 1680 / Halle 1741 S: Halle 1741 / GB 1941 / GB 1952

405

2. Jesus ist kommen, nun springen die Bande; / Stricke des Todes, die reißen entzwei. / Unser Durchbrecher ist nunmehr vorhanden; / er, der Sohn Gottes, der machet recht frei, / bringet zu Ehren aus Sünde und Schande; / Jesus ist kommen, nun springen die Bande.

3. Jesus ist kommen, der König der Ehren; / Himmel und Erde, rühmt seine Gewalt. / Dieser Beherrscher kann Herzen bekehren; / öffnet ihm Tore und Türen fein bald. / Denkt doch, er will euch die Krone gewähren. / Jesus ist kommen, der König der Ehren.

4. Jesus ist kommen, die Ursach zum Leben. / Hoch gelobt sei der erbarmende Gott, / der uns den Ursprung des Segens gegeben; / dieser verschlinget Fluch, Jammer und Tod. / Selig, die ihm sich beständig ergeben! / Jesus ist kommen, die Ursach zum Leben.

T: Johann Ludwig Konrad Allendorf 1736 M: Köthen um 1733

406

1. Du Mor - gen - stern, du Licht vom Licht,
2. Du Le - bens - quell, wir dan - ken dir,
3. Du ew - ge Wahr - heit, Got - tes Bild,
4. Bleib bei uns, Herr, ver - lass uns nicht,

das durch die Fins - ter - nis - se bricht,
auf dich, Le - bend'- ger, hof - fen wir;
der du den Va - ter uns ent - hüllt,
führ uns durch Fins - ter - nis zum Licht,

du gingst vor al - ler Zei - ten Lauf
denn du durchdrangst des To - des Nacht,
du kamst her - ab ins Er - den - tal
bleib auch am A - bend die - ser Welt

in un - er - schaff - ner Klar - heit auf.
hast Sieg und Le - ben uns_ ge - bracht.
mit dei - ner Gott - er - kennt - nis Strahl.
als Hilf und Hort uns zu - ge - sellt.

T: nach Johann Gottfried Herder 1795 M: 15. Jh. / geistlich bei Nikolaus Herman (1559) 1560

407

1. Un - ser Hei - land ist nun da! Hört das
Lied der En - gel - schar. Er, den nie ein
Au - ge sah, kam vom Him - mel wun - der -
bar. Singt dem Kind - lein in dem Stall,
preist Gott Va - ter all - zu - mal. Erd und

2. Von des Vaters Himmelsthron / kam der eingeborne Sohn / als ein Knecht in Niedrigkeit, / da erfüllet war die Zeit, / angetan mit Fleisch und Blut, / arm und elend uns zugut, / klein, verachtet und gering. / Er, der Schöpfer aller Ding, / klein, verachtet und gering, / er, der Schöpfer aller Ding.

3. Sonne, die du scheinen wirst, / Jesus, großer Friedefürst, / Licht und Leben teilst du aus, / bringst uns heim ins Vaterhaus. / König der Barmherzigkeit, / hilf uns aus in Kampf und Streit. / Herrlicher Immanuel*, / Lebenssonn und Freudenquell, / herrlicher Immanuel, / Lebenssonn und Freudenquell.

* hebräisch: «Gott mit uns»

4. Kehr, o Heiland, bei uns ein, / lass uns deine Wohnung sein. / Mach uns von der Sünde frei, / brich des Teufels Macht entzwei. / Stell dein Bildnis in uns her, / Adams Bild

in uns zerstör. / Herr, mit Freuden bitten wir, / mach uns ganz zu Eigen dir. / Herr, mit Freuden bitten wir, / mach uns ganz zu Eigen dir.

T: Johannes Haas 1960 nach «Hark, the Herald angels sing» von Charles Wesley 1739/1743/1753 M und S: Felix Mendelssohn Bartholdy 1840 / William Hayman Cummings 1856

408

2. Die Völker haben dein' geharrt, / bis dass die Zeit erfüllet ward; / da sandte Gott von seinem Thron / das Heil der Welt, dich, seinen Sohn.

3. Wenn ich dies Wunder fassen will, / so steht mein Geist vor Ehrfurcht still; / er betet an, und er ermisst, / dass Gottes Lieb unendlich ist.

4. Damit der Sünder Gnad erhält, / erniedrigst du dich, Herr der Welt, / nimmst selbst an unsrer Menschheit teil, / erscheinst im Fleisch, wirst unser Heil.

5. Herr, der du Mensch geboren wirst, / Immanuel* und Friedefürst, / auf den die Väter hoffend sahn, / dich, Gott, mein Heiland, bet ich an.

* hebräisch: «Gott mit uns»

6. Du, unser Heil und höchstes Gut, / vereinest dich mit Fleisch und Blut, / wirst unser Freund und Bruder hier, / und Gottes Kinder werden wir.

7. Durch *eines* Sünde fiel die Welt; / *ein* Mittler ist's, der sie erhält. / Was zagt der Mensch, wenn der ihn schützt, / der zu der Rechten Gottes sitzt?

8. Jauchzt, Himmel, die ihr ihn erfuhrt, / den Tag der heiligsten Geburt, / und Erde, die ihn heute sieht, / sing ihm, dem Herrn, ein neues Lied.

9. Dies ist der Tag, den Gott gemacht; / sein werd in aller Welt gedacht. / Ihn preise, was durch Jesum Christ / im Himmel und auf Erden ist.

T: Christian Fürchtegott Gellert 1757 M: Zürich 1775 (Johann Heinrich Egli?) S: Zürich 1776 (Johann Jakob Walder, Johann Heinrich Egli?)

409
ö+

Überstimme
Glo - ri - a in ex - cel - sis De-
1. O du fröh - li - che, o du
o, Glo - ri - a in ex-cel - sis
se - li - ge, Gna - den brin - gen- de
De - o! Et in ter - ra pax,
Weih-nachts - zeit! Welt ging ver - lo -

2. O du fröhliche, / o du selige, / Gnaden bringende Weihnachtszeit! / Christ ist erschienen, / uns zu versühnen. / Freue, freue dich, o Christenheit!

3. O du fröhliche, / o du selige, / Gnaden bringende Weihnachtszeit! / Himmlische Heere / jauchzen dir Ehre. / Freue, freue dich, o Christenheit!

Übersetzung des lateinischen Textes:
Ehre sei Gott in der Höhe und auf Erden Friede den Menschen guten Willens.

T: Johann Daniel Falk (1816) 1817 (Str. 1) und Heinrich Holzschuher 1829 (Str. 2. 3) M: sizilianisches Marienlied «O Sanctissima» vor 1788 / bei Johann Gottfried Herder 1807 / Weimar 1819 S: nach Josef Michel 1978

410

ö

4. Ein ewig festes Liebesband / hält jedes Haus und jedes Land / und alle Welt umfangen. / Wir alle sind ein heilger Stamm; / der Löwe spielet mit dem Lamm, / das Kind am Nest der Schlangen.

5. Wer ist noch, welcher sorgt und sinnt? / Hier in der Krippe liegt ein Kind / mit lächelnder Gebärde. / Wir grüßen dich, ersehnter Held. / Willkommen, Heiland aller Welt, / willkommen auf der Erde.

T: Max von Schenkendorf (1814) 1819 M: 16. Jh. / geistlich Nikolaus Herman 1560

411
(ö)

4. Hört's, ihr Menschen, groß und klein, Halleluja, / Friede soll auf Erden sein, Halleluja. *Rfr*

5. Gott erbarmt sich dieser Welt, Halleluja, / singe, Erd und Sternenzelt, Halleluja. *Rfr*

6. Ruft die Botschaft froh hinaus, Halleluja, / nehmt sie mit in jedes Haus, Halleluja. *Rfr*

7. Ehr sei Gott im höchsten Thron, Halleluja, / der uns schenkt sein’ lieben Sohn, Halleluja. *Rfr*

T: Leitmeritz 1844 nach einem böhmischen Weihnachtslied (Str. 1. 2. 5. 6. 7) und Johannes Pröger um 1950 (Str. 3. 4) M: 15. Jh. / Leitmeritz 1844

412
ö (+)

2. Stille Nacht, heilige Nacht! / Hirten erst kundgemacht, / durch der Engel Halleluja / tönt es laut von fern und nah: / Christ, der Retter, ist da! / Christ, der Retter, ist da!

3. Stille Nacht, heilige Nacht! / Gottes Sohn, o wie lacht / Lieb aus deinem göttlichen Mund, / da uns schlägt die rettende Stund, / Christ, in deiner Geburt, / Christ, in deiner Geburt.

T: Joseph Mohr 1816 / Dresden 1833 / Johann Hinrich Wichern 1844
M: Franz Xaver Gruber 1818 / Dresden 1833
S: nach Franz Xaver Gruber um 1845

413

1. Her - bei, o ihr Gläub'- gen, fröhlich tri - um -
phie - ret, o kom - met, o kom - met nach
Bet - le - hem; se - het das Kind -
lein, uns zum Heil ge - bo - ren! O
Refrain
las - set uns an - be - ten, o las - set

2. Der König der Ehren, / Licht vom ewgen Lichte, / verschmäht nicht zu ruhn in Marien Schoß. / Gott, wahrer Gott, von Ewigkeit geboren! *Rfr*

3. Kommt, singet dem Herren, / o ihr Engelchöre, / frohlocket, frohlocket, ihr Seligen! / Ehre sei Gott im Himmel und auf Erden! *Rfr*

4. Geboren auf Erden / heute für uns Menschen, / dir, Jesu, sei Ehre und Preis und Ruhm, / dir, Fleisch gewordnes Wort des ewgen Vaters! *Rfr*

T: Friedrich Heinrich Ranke 1823 nach «Adeste fideles» von John Francis Wade (um 1743) 1760 / Kommission 1998 M: London 1760 (John Francis Wade um 1743?) / London (?) 1782 S: Emil Heer (1991) 1992 / Kommission 1998

414
ö

2. «Lasset uns sehen in Betlehems Stall, / was uns verheißen der himmlische Schall. / Was wir dort finden, lasset uns künden, / lasset uns preisen in frommen Weisen: / Halleluja!»

3. Wahrlich, die Engel verkündigen heut / Betlehems Hirtenvolk gar große Freud. / Nun soll es werden Friede auf

Erden, / den Menschen allen ein Wohlgefallen: / Ehre sei Gott.

T: Carl Riedel 1870 nach einem böhmischen Weihnachtslied
M: Olmütz 1847 S: Carl Riedel 1870 / Emil Heer (1991) 1998

415
ö

4. Die Welt ist heut an Liedern reich. / Dich aber bettet keiner weich / und singt dich ein zu lindem Schlaf. / Wir häuften auf dich unsre Straf. / Kyrieleison.

5. Wenn wir mit dir einst auferstehn / und dich von Angesichte sehn, / dann erst ist ohne Bitterkeit / das Herz uns zum Gesange weit. / Hosianna.

T: Jochen Klepper (1937) 1938 M: Gerhard Schwarz 1939

416
ö

1. Der Hei - land ist ge - bo - ren –
sonst wärn wir gar ver - lo - ren
Freu dich, du Chris - ten - heit! –,
in al - le E - wig - keit.
Refrain
Freut euch von Herzen, ihr Chris - ten all,
kommt her zum Kind - lein in dem Stall.
Freut euch von Herzen, ihr Chris - ten all,
kommt her zum Kind - lein in dem Stall.

2. Das Kindlein auserkoren / – Freu dich, du Christenheit! –, / das in dem Stall geboren, / hat Himmel und Erd erfreut. *Rfr*

3. Die Engel lieblich singen / – Freu dich, du Christenheit! –, / tun gute Botschaft bringen, / verkündigen große Freud. *Rfr*

4. Der Gnadenbrunn tut fließen / – Freu dich, du Christenheit! –; / tut alle das Kindlein grüßen, / kommt her zu ihm mit Freud. *Rfr*

T: Oberösterreich (Str. 1) und Glatz 19. Jh. (Str. 2–4) M: Innsbruck 1881/1883
S: Emil Heer (1991) 1998

417

T: Peter Rudolf Bernoulli 1953 (baseldeutsch) / aargauische Fassung 1957
M: Breslau 1555 nach der Cantio «Quem pastores laudavere» 15. Jh.

418

ö+

G G D7 G
1. Hört, der En - gel hel - le Lie - der
und die Ber - ge hal - len wi - der
G D7 G
klin - gen das wei - te Feld ent - lang,
von des Him - mels Lob - ge - sang:
Refrain G Em Am D7 G
Glo - - - - - - - -
Glo - ri-a, Glo - ri-a, Glo -
C A7 D G D G C
- - - - ri-a
- - - ri - a in ex - cel - sis

2. Hirten, warum wird gesungen? / Sagt mir doch eures Jubels Grund. / Welch ein Sieg ward denn errungen, / den uns die Chöre machen kund? *Rfr*

3. Sie verkünden uns mit Schalle, / dass der Erlöser nun erschien; / dankbar singen sie heut alle / an diesem Fest und grüßen ihn: *Rfr*

«Gloria in excelsis Deo» *(Rfr)* bedeutet «Ehre sei Gott in der Höhe».

T: Otto Abel 1954 nach «Les anges dans nos campagnes» 18. Jh. (Lothringen? Provence?) M: französisches Weihnachtslied vor 18. Jh. (?) / Paris (?) 1842
S: Emil Heer (1991) 1998

419

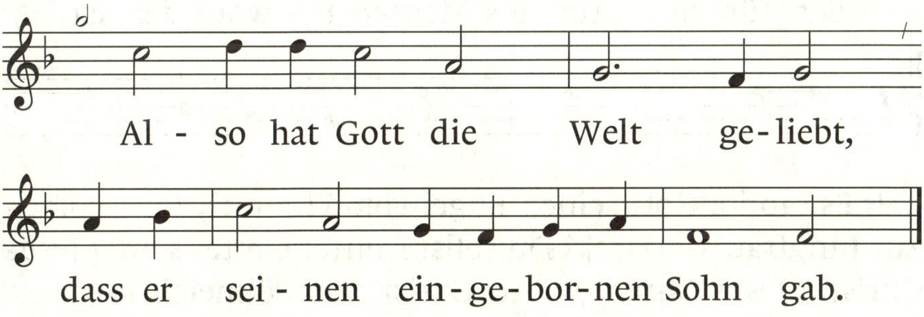

T: Johannes 3,16 M: Volker Ochs um 1980

420
ö+

2. ‖: Es sandte Gott seinen Engel vom Himmel, / der sprach zur Jungfrau Maria: :‖: «Du sollst Mutter Gottes sein, / Jesus Christ, / Jesus Christ, / Jesus Christ dein Söhnelein!» :‖

3. ‖: Maria hörte des Herren Begehren, / sich neigend sie zu dem Engel sprach: :‖: «Sieh, ich bin des Herren Magd. / Mir gescheh, / mir gescheh, / mir gescheh, wie du gesagt.» :‖

4. ‖: Und es erging ein Gebot von dem Kaiser, / dass alle Welt gezählet würd. :‖: Josef und Maria voll der Gnad / zogen hin, / zogen hin, / zogen hin nach Davids Stadt. :‖

5. ‖: Es war kein Raum in der Herberg zu finden, / es war kein Platz da für arme Leut. :‖: In dem Stall bei Esel und

Rind / kam zur Welt, / kam zur Welt, / kam zur Welt das heilge Kind. :‖

6. ‖: Es waren Hirten bei Nacht auf dem Felde. / Ein Engel ihnen erschien und sprach: :‖: «Fürcht' euch nicht, ihr Hirtenleut, / Fried und Freud, / Fried und Freud, / Fried und Freud verkünd ich heut. :‖

7. ‖: Denn euch ist heute der Heiland geboren, / und er ist Christus, unser Herr. :‖: Dies soll euch zum Zeichen sein: / 's Kindelein, / 's Kindelein, / 's Kindlein liegt im Krippelein.» :‖

8. ‖: Sie gingen eilend und fanden die beiden, / Maria und Josef, in dem Stall :‖: und dazu das Kindelein, / Jesus Christ, / Jesus Christ, / Jesus Christ im Krippelein. :‖

9. ‖: Vom Morgenlande drei Könige kamen, / ein Stern führt' sie nach Betlehem. :‖: Myrrhen, Weihrauch und auch Gold / brachten sie, / brachten sie, / brachten sie dem Kindlein hold. :‖

10. ‖: Es ist für uns eine Zeit angekommen, / es ist für uns eine große Gnad: :‖: unser Heiland Jesus Christ, / der für uns, / der für uns, / für uns Mensch geworden ist. :‖

T und M: Sterndreherlied aus dem Kanton Luzern (Str. 1) und Maria Wolters vor 1957 (Str. 2–9) S: Emil Heer 1992

Kehrvers

421
ö +

Weil Gott in tiefs - ter Nacht er - schie-nen,

kann uns - re Nacht nicht trau - rig sein.

Strophen

1. Der im - mer schon uns na - he war,
2. Bist du der eig - nen Rät - sel müd?
3. Er sieht dein Le - ben un - ver - hüllt,

stellt sich ___ als Mensch den Men - schen dar. *Kv*
Es kommt, der al - les kennt und sieht. *Kv*
zeigt dir ___ zu-gleich dein neu - es Bild. *Kv*

4. Nimm an des Christus Freundlichkeit, / trag seinen Frieden in die Zeit! *Kv*

5. Schreckt dich der Menschen Widerstand, / bleib ihnen dennoch zugewandt!

Kehrvers nach der 5. Strophe

Weil Gott in tiefs - ter Nacht er - schie-nen,

kann uns - re Nacht nicht end - los sein.

T und M: Dieter Trautwein (1963) 1968

422

T (zürichdeutsch) und M: Paul Burkhard (1960) 1961 aus der «Zäller Wiehnacht»

423
ö

2. Kommt, ihr Hirten, laufet zu dem Stall geschwind, / knieet hin und betet an das Christuskind. / Christus ist erschienen, / unsre Schuld zu sühnen: / Gott ist Mensch, Gott ist Mensch.

3. Lasst auch uns nun eilen zu der Krippe hin, / vor dem Gotteskind anbetend niederknien, / seiner Lieb gedenken, /

unser Herz ihm schenken: / Gott ist Mensch, Gott ist Mensch.

T: Maria Luise Thurmair 1968 (Str. 1.2 nach der Übertragung der polnischen Kolende «Przybiezeli do Betlejem» durch Lieselotte Holzmeister 1954)
M: polnisches Weihnachtslied S: Emil Heer (1992) 1998

424

1. Uf em Fäld i de Nacht sind
2. Die__ Hir - te im Fäld lönd
3. O__ Vat - ter, lueg au das
4. O__ Chind, Got - tes Sohn, uf em

d'Hir - te no wach. Da ghö - red s' es
d'Her - de bim Zält. Si juchz - ged und
Chind uf em Strau, wie's d'Chel - ti tuet
himm - li - sche Thron, du chunsch voll Ver -

Klin - ge, vom Hi - mel es Sin - ge: «Iir
sin - ged, si lauf - fed und sprin - ged und
gschpü - re, es mues fascht ver - frü - re. Ich
bar - me uf d'Wält zu öis Ar - me. Du

Män - tsche, sind froh; de Häi - land isch choo.»
fin - ded dänn gschwind im Chripp - li das Chind.
ho - len im gschnäll für is Chripp - li es Fäll.
chunsch au zu miir; ich dank der de - für.

T (zürichdeutsch): nach alten Quellen neu gefasst von Theo Schmid 1957
M: aus Grindel/SO

425

ö

2. Uns wird erzählt von Jesus Christ, / uns wird erzählt von Jesus Christ, / dass er ganz arm geworden ist, / dass er ganz arm geworden ist. / Christ ist geboren! / Christ ist geboren! / Darüber freun wir uns.

3. Uns wird erzählt von Jesus Christ, / uns wird erzählt von Jesus Christ, / dass er uns Bruder worden ist, / dass er uns Bruder worden ist. / Christ ist geboren! / Christ ist geboren! / Darüber freun wir uns.

4. Uns wird erzählt von Jesus Christ, / uns wird erzählt von Jesus Christ, / dass er die Tür zum Vater ist, / dass er die Tür zum Vater ist. / Christ ist geboren! / Christ ist geboren! / Darüber freun wir uns.

5. Uns wird erzählt von Jesus Christ, / uns wird erzählt von Jesus Christ, / dass er die Liebe Gottes ist, / dass er die Liebe Gottes ist. / Christ ist geboren! / Christ ist geboren! / Darüber freun wir uns.

T und M: Kurt Rommel (1967) 1968

426

1. Das isch de Stärn vo Bet - le - hem.
2. Zum Häi-land füert de Stärn öis hii,
3. Lo - bed und dan - ked öi - sem Stärn;

Ma-ched öi uuf und fol - ged dem!
drum fol - ged a - li, gross und chlii!
fol - ged im naa und fol - ged gärn!

Es isch de al - ler - schönsch - ti Stärn.
Er liit im Chripp - li arm und bloss,
Äi-maal dänn winkt er öis und träit

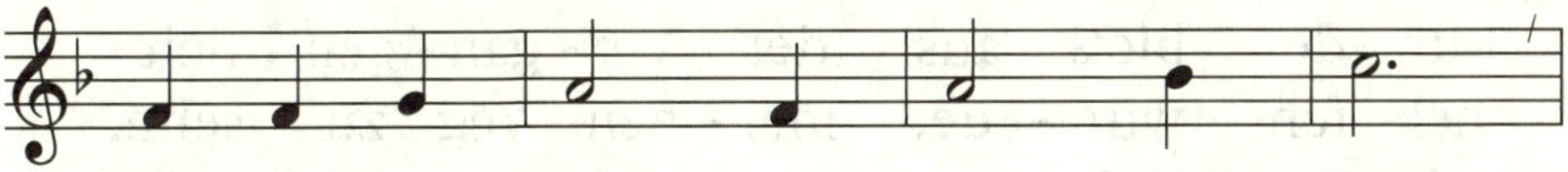

Chö-med, iir Lüüt, vo nah und färn,
a - ber er wird en Kö - nig gross,
ü - be - re öis i d'E - wig - käit,

chö-med, iir Lüüt, vo nah und färn!
a - ber er wird en Kö - nig gross.
ü - be - re öis i d'E - wig - käit.

T (zürichdt.) und M: Paul Burkhard (1960) 1961 aus der «Zäller Wiehnacht»

427

4. Komm du zu uns, weil wir zu dir nicht finden. / Schenk dein Licht allen, die im Finstern gehn. / Und lass all das, wovon die Engel künden, / jetzt noch einmal und nun an uns geschehn.

5. Noch einmal lasse Engelscharen singen. / Noch einmal führe uns zu deinem Kind. / Wovon wir träumen, lass es uns gelingen. / Schenk uns den Frieden, der in dir beginnt.

T: Georg Schmid 1976/1994 M: Maria Lohuus 1976

428

+

1. Chris - tus wird ge - bo - ren in den Schmerz der
2. Hör den Schrei der Ar - men und der En - gel
3. Chris - tus wird ge - bo - ren in den Hun - ger -

Zeit. Öff - ne dei - ne Oh - ren, tau - be
Lied. Gott will sich er - bar - men, wo er
tod. Öff - ne dei - ne Hän - de, brich für

Chris - ten - heit, tau - be Chris - ten - heit.
E - lend sieht, wo er E - lend sieht.
ihn das Brot, brich für ihn das Brot.

4. Teile mit den Armen / und der Hirtenschar. / Gott will sich erbarmen, / er speist wunderbar, / er speist wunderbar.

5. Christus wird geboren / in der Dunkelheit. / Öffne deine Augen, / blinde Christenheit, / blinde Christenheit.

6. Sieh die Not der Armen / und das Kind im Stall. / Gott will sich erbarmen, / hier und überall, / hier und überall.

T: Dieter Frettlöh 1980 M: Rolf Schweizer 1980

429

4. Such nicht allein. Den menschenscheuen Schritten / verleiht kein Weggenosse Stetigkeit, / und kein Gefährte hört die leisen Bitten / nach Licht in liebeleerer Dunkelheit.

5. Das Kind im Stall soll dir geboren werden. / Du weißt nicht wie? Zünd deine Lichter an / und trau darauf, dass jeder Ort auf Erden / ihm Stall und Stroh und Krippe werden kann.

T: Georg Schmid 1983 M: Loys Bourgeois, Genf 1551, Psalm 110

430

ö +

1. Gott aus Gott und Licht aus Licht,
2. Licht, das sich den Hir - ten zeigt,
3. Kind, von dem die Mut - ter singt,

Feu - er, das aus Feu - er bricht,
Wort, das in Pa - läs - ten schweigt,
Le - ben, das uns Le - ben bringt,

E - wig - keit, noch nie er - kannt,
Macht, die uns - re Ohn - macht sieht,
Frucht, die in der Er - de__ reift,

Him - mel, der zur Er - de fand.
Gott, der sei - ne Him - mel flieht.
Geist, der un - sern Geist er - greift.

4. Kind, das in der Krippe liegt, / König, der sich selbst besiegt, / Wind, der durch die Herzen weht, / Leben, das aus Gott entsteht.

5. Friede, den kein Sturm zerstört, / Wort, das unsre Worte hört, / Wahrheit, die an Blinde denkt, / Liebe, die sich selbst verschenkt.

6. Himmel, der die Erde liebt, / Liebe, die dem Feind vergibt, / Feuer, das für alle brennt, / Gott, der keine Grenzen kennt.

7. Lobt die Macht, die sich verneigt. / Lobt den Himmel, der nicht schweigt. / Lobt das Licht, in uns entfacht, / Licht aus Licht in unsrer Nacht.

T: Georg Schmid (1989) 1990 M: Martin Luther 1524 nach dem Hymnus «Veni redemptor gentium» um 900 / Einsiedeln um 1200

431

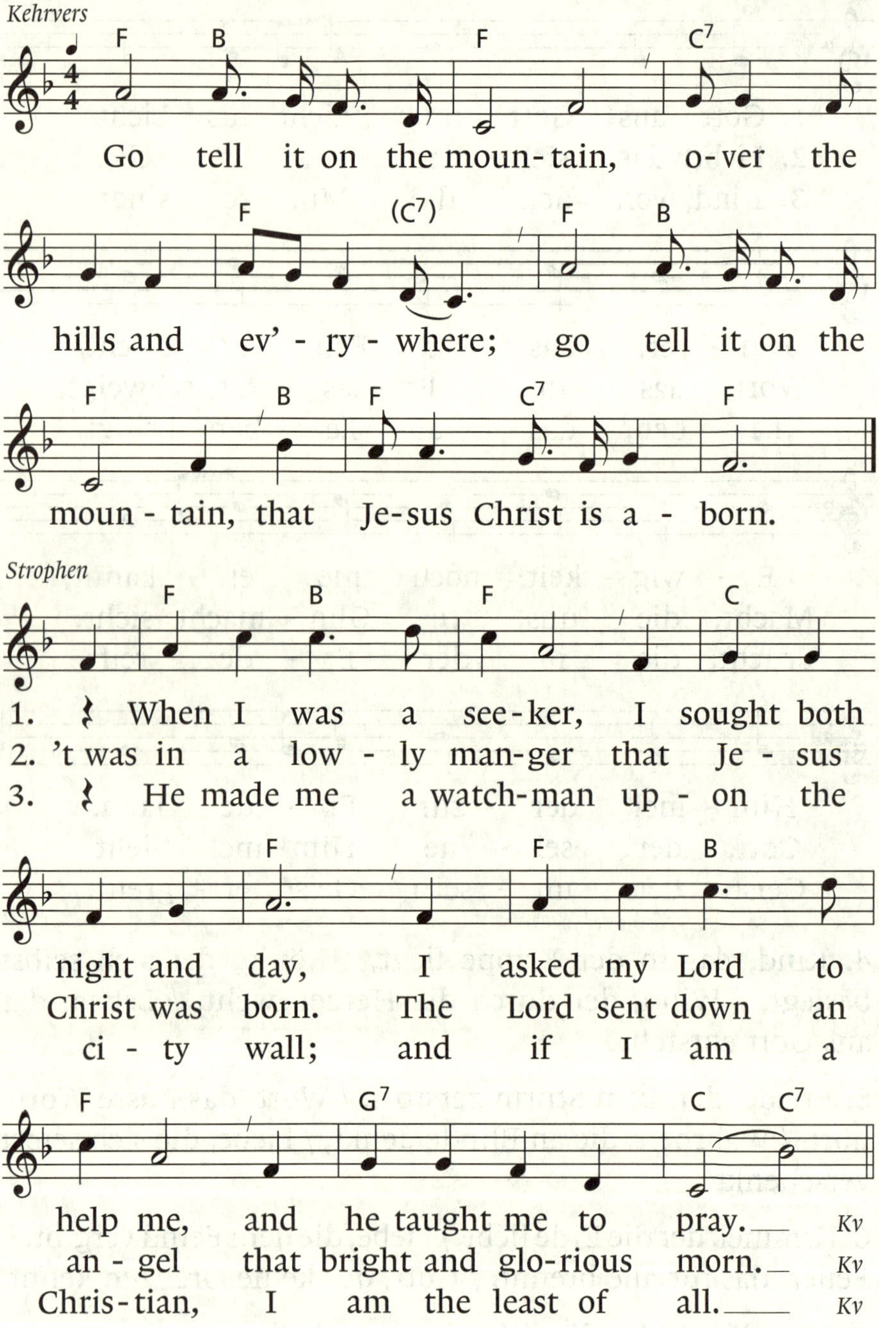

Übersetzung (nicht singbar):

Kehrvers: Geh, sag es auf dem Berge, über die Hügel hin und überall; geh, sag es auf dem Berge, dass Jesus Christus geboren ist.

1. Als ich ein Suchender war, suchte ich nachts und auch am Tage. Ich bat den Herrn, mir zu helfen, und er lehrte mich beten.

2. Es war in einer erbärmlichen Krippe, dass Jesus Christus geboren wurde. Der Herr sandte einen Engel herab, an diesem strahlenden wunderbaren Morgen.
3. Er machte mich zum Wächter auf der Stadtmauer; und wenn ich ein Christ bin, bin ich der Geringste von allen.

T und M: Spiritual

Passion

432 Die Fusswaschung
3 Jesus wusste, dass ihm der Vater alles in die Hände ge-
geben hatte und dass er von Gott ausgegangen war und zu
Gott weggeht. 4 Er steht vom Mahl auf und zieht das Ober-
gewand aus und nimmt ein Leinentuch und bindet es sich
um; 5 dann gießt er Wasser in das Becken und fängt an, den
Jüngern die Füße zu waschen und sie mit dem Tuch, das er
sich umgebunden hat, abzutrocknen. 6 Nun kommt er zu
Simon Petrus. Der sagt zu ihm: Herr, du wäschst mir die
Füße? 7 Jesus entgegnete ihm: Was ich tue, begreifst du
jetzt nicht, nachher aber wirst du es verstehen. 8 Petrus sagt
zu ihm: In Ewigkeit sollst du mir nicht die Füße waschen!
Jesus antwortete ihm: Wenn ich dich nicht wasche, hast du
keinen Anteil an mir. 9 Simon Petrus sagt zu ihm: Herr,
nicht nur meine Füße, sondern auch die Hände und den
Kopf! 10 Jesus spricht zu ihm: Wer gebadet ist, braucht
nicht mehr gewaschen zu werden, sondern ist ganz rein;
und ihr seid rein, aber nicht alle. 11 Denn er kannte den, der
ihn ausliefern sollte. Darum sprach er: Ihr seid nicht alle
rein.
12 Als er nun ihre Füße gewaschen hatte, zog er sein Ober-
gewand an und legte sich wieder zu Tische nieder. Er sprach
zu ihnen: Versteht ihr, was ich an euch getan habe? 13 Ihr
nennt mich Meister und Herr, und ihr sagt es zu Recht,
denn ich bin es. 14 Wenn nun ich, der Herr und Meister,
euch die Füße gewaschen habe, dann seid auch ihr ver-
pflichtet, einander die Füße zu waschen. 15 Ein Beispiel
habe ich euch nämlich gegeben, damit auch ihr tut, wie ich
an euch getan habe.

Johannes 13,3–15

433 Die Kreuzigung
31 Und nachdem sie Jesus verspottet hatten, zogen sie ihm
den Mantel aus und zogen ihm seine Kleider an und führten
ihn ab, um ihn zu kreuzigen. 32 Während sie aber hinaus-
gingen, trafen sie einen aus Kyrene mit Namen Simon; den

zwangen sie, ihm das Kreuz zu tragen. 33 Und als sie an den
Ort namens Golgota kamen, das bedeutet Schädelstätte,
34 gaben sie ihm Wein zu trinken, der mit Wermut ver-
mischt war; und als er gekostet hatte, wollte er nicht trinken.
35 Nachdem sie ihn aber gekreuzigt hatten, teilten sie seine
Kleider unter sich auf, indem sie das Los warfen; 36 und sie
saßen dort und bewachten ihn. 37 Und sie brachten über
seinem Haupt die Inschrift an, die seine Schuld angab: Das
ist Jesus, der König der Juden. 38 Dann wurden mit ihm
zwei Räuber gekreuzigt, einer zur Rechten und einer zur
Linken. Matthäus 27,31–38

Der Tod Jesu 434

33 Zur sechsten Stunde kam eine Finsternis über das ganze
Land bis zur neunten Stunde. 34 Und in der neunten Stun-
de schrie Jesus mit lauter Stimme: Eloï, eloï, lema sabach-
thani!, das heißt übersetzt: Mein Gott, mein Gott, warum
hast du mich verlassen! 35 Und einige von denen, die dabei-
standen, hörten es und sagten: Siehe, er ruft den Elija! 36 Da
lief einer hin, tränkte einen Schwamm mit Essig, steckte ihn
auf ein Rohr, gab ihm zu trinken und sagte: Lasst mich, wir
wollen sehen, ob Elija kommt und ihn herabnimmt. 37 Da
stieß Jesus einen lauten Schrei aus und verschied. 38 Und
der Vorhang im Tempel riss entzwei von oben bis unten.
39 Als aber der Hauptmann, der ihm gegenüberstand, ihn so
sterben sah, sagte er: Wahrhaftig, dieser Mensch war Gottes
Sohn! 40 Es waren aber auch Frauen da, die von Ferne zu-
schauten, unter ihnen Maria aus Magdala und Maria, die
Mutter des Jakobus, des Kleinen, und des Jose, und Salome,
41 die ihm nachgefolgt waren und ihm gedient hatten, als er
in Galiläa war, und noch viele andere, die mit ihm nach
Jerusalem hinaufgezogen waren. Markus 15,33–41

435
+

T: Nordhausen 1560 / bei Cyriakus Spangenberg 1568 nach «Gelobet seist du, Christe, der du am Kreuze hingst» bzw. «Laus tibi, Christe» 14. Jh.
M: 14. Jh. / Königsberg 1527

436

T: Michael Weiße 1531 nach dem Stundengebet «Patris sapientia» 14. Jh.
M: 15. Jh. / Böhmische Brüder 1531 / Johann Sebastian Bach 1724

437

1. O Lamm Got - tes, un - schul - dig am
er - fun - den stets ge - dul - dig, wie -
Kreu - zes - stamm ge - schlach - tet,
wohl du warst ver - ach - tet.
All
Sünd hast du ge - tra - gen, sonst
müss - ten wir ver - za - gen. Er -

2. O Lamm Gottes, wir danken, / dass du so große Treue / getan hast an uns Kranken. / Schaff in uns wahre Reue, / dass wir die Sünde meiden / zu Ehren deinem Leiden. / Erbarm dich unser, o Jesu.

3. O Lamm Gottes, wir trauen / auf dein unschuldig Leiden; / lass fest darauf uns bauen / und nichts von dir uns scheiden / und hilf uns selig sterben, / dass wir den Himmel erben. / Gib uns dein Frieden, o Jesu.

T: Nikolaus Decius (1522/23) 1531 nach dem Agnus Dei der Messe 4. Jh. (Str. 1) und GB 1952 nach Dresden 1736, Schaffhausen 1841, Bern 1853, Zürich 1853 (Str. 2. 3)
M: Nikolaus Decius (1522/23) 1531 nach einer Agnus-Dei-Melodie 13. Jh. / Erfurt 1542 / Straßburg 1560, oberdeutsche Fassung
S: Kommission 1998

438
(+)

2. So lasst uns nun ihm dankbar sein, / dass er für uns litt solche Pein, / nach seinem Willen leben. / Auch lasst uns

sein der Sünde Feind, / weil Gottes Wort so helle scheint, / Tag und Nacht danach streben, / die Lieb erzeigen jedermann, / die Christus hat an uns getan / mit seinem bittern Sterben. / O Menschenkind, betracht das recht, / wie Gottes Zorn die Sünde schlägt, / dass du nicht mögst verderben.

T: Sebald Heyden (1525?) um 1530 / AöL 1973 M: Matthäus Greiter (1524 oder 1525), Straßburg 1526/1539 / Guillaume Franc, Genf 1542, Psalm 36

439

ö +

1. Wir dan - ken dir, Herr Je - su Christ,
2. Wir bit - ten, wah - rer Mensch und Gott:
3. Be - hüt uns auch vor Sünd und Schand
4. und schöp - fen draus die Zu - ver - sicht,

dass du für uns ge - stor - ben bist
Durch dei - ne Wun - den, Schmach und Spott
und reich uns dein all - mäch - tig Hand,
dass du uns wirst ver - las - sen nicht,

und hast uns durch dein teu - res Blut
er - lös uns von dem ew - gen Tod
dass wir im Kreuz ge - dul - dig sein,
son - dern ganz treu - lich bei uns stehn,

ge - macht vor Gott ge - recht und gut.
und tröst uns in der letz - ten Not.
ge - trös - tet durch dein schwe - re Pein,
dass wir durchs Kreuz ins Le - ben gehn.

T: Christoph Fischer (1568?) 1589 M: Nikolaus Herman 1551

440
(ö) (+)

1. Herz - liebs - ter Je - su, was hast
du ver - bro - chen, dass man ein
solch scharf Ur - teil hat ge - spro - chen?
Was ist die Schuld, in was für Mis - se -
ta - ten bist_ du ge - ra - ten?

2. Du wirst gegeißelt und mit Dorn gekrönet, / ins Angesicht geschlagen und verhöhnet, / du wirst mit Essig und mit Gall getränket, / ans Kreuz gehenket.

3. Was ist doch wohl die Ursach solcher Plagen? / Ach, meine Sünden haben dich geschlagen. / Ich, mein Herr Jesu, habe dies verschuldet, / was du erduldet.

4. Wie wunderbarlich ist doch diese Strafe. / Der gute Hirte leidet für die Schafe; / die Schuld bezahlt der Herre, der Gerechte, / für seine Knechte.

5. Der Fromme stirbt, der recht und richtig wandelt, / der Böse lebt, der wider Gott misshandelt; / der Mensch wird frei und ist dem Tod entgangen, / Gott wird gefangen.

6. O große Lieb, o Lieb ohn alle Maße, / die dich gebracht auf diese Marterstraße. / Ich lebte mit der Welt in Lust und Freuden, / und du musst leiden.

7. Ach, großer König, groß zu allen Zeiten, / wie kann ich gnugsam solche Treu ausbreiten? / Keins Menschen Herz vermag es auszudenken, / was dir zu schenken.

8. Ich kann's mit meinen Sinnen nicht erreichen, / womit doch dein Erbarmen zu vergleichen. / Wie kann ich dir denn deine Liebestaten / im Werk erstatten?

9. Ich werde dir zu Ehren alles wagen, / kein Kreuz nicht achten, keine Schmach und Plagen, / nichts von Verfolgung, nichts von Todesschmerzen / nehmen zu Herzen.

10. Wann, o Herr Jesu, dort vor deinem Throne / wird stehn auf meinem Haupt die Ehrenkrone, / da will ich dir, wann alles wohl wird klingen, / Lob und Dank singen.

T: Johann Heermann 1630 M: Johann Crüger 1640
S: nach Johann Crüger 1640

441

1. O Welt, sieh hier dein Le - ben am
Stamm des Kreu - zes schwe - ben, dein
Heil sinkt in den Tod. Der
gro - ße Fürst der Eh - ren lässt
wil - lig sich be - schwe - ren mit

2. Wer hat dich so geschlagen, / mein Heil, und dich mit Plagen / so übel zugericht'? / Du bist ja nicht ein Sünder / wie wir und unsre Kinder, / von Übeltaten weißt du nicht.

3. Ich, ich und meine Sünden, / die sich wie Körnlein finden / des Sandes an dem Meer, / die haben dir erreget / das Elend, das dich schläget, / und deiner schweren Martern Heer.

4. Ich bin's, ich sollte büßen / an Händen und an Füßen / gebunden in der Höll; / die Geißeln und die Banden / und was du ausgestanden, / das hat verdienet meine Seel.

5. Du nimmst auf deinen Rücken / die Lasten, die mich drücken / viel schwerer als ein Stein; / du wirst ein Fluch, dagegen / verehrst du mir den Segen, / dein Schmerzen muss mein Labsal sein.

6. Du setzest dich zum Bürgen, / ja lässest dich gar würgen / für mich und meine Schuld; / mir lässest du dich krönen / mit Dornen, die dich höhnen, / und leidest alles mit Geduld.

7. Ich bin, mein Heil, verbunden / all Augenblick und Stunden / dir überhoch und sehr. / Was Leib und Seel vermögen, / das soll ich billig legen / allzeit an deinen Dienst und Ehr.

8. Nun, ich kann nicht viel geben / in diesem armen Leben; / eins aber will ich tun: / Es soll dein Tod und Leiden, / bis Leib und Seele scheiden, / mir stets in meinem Herzen ruhn.

9. Ich will's vor Augen setzen, / mich stets daran ergötzen, / ich sei auch, wo ich sei; / es soll mir sein ein Spiegel / der Unschuld und ein Siegel / der Lieb und unverfälschten Treu.

10. Ich will daraus studieren, / wie ich mein Herz soll zieren / mit stillem, sanftem Mut, / und wie ich die soll lieben, / die mich doch sehr betrüben / mit Werken, so die Bosheit tut.

11. Wenn böse Zungen stechen, / mir Ehr und Namen brechen, / so will ich zähmen mich; / das Unrecht will ich dulden, / dem Nächsten seine Schulden / verzeihen gern und williglich.

12. Dein Seufzen und dein Stöhnen / und die viel tausend Tränen / bei deines Kreuzes Leid, / die sollen mich am Ende / in deinen Schoß und Hände / begleiten zu der ewgen Freud.

T: Paul Gerhardt 1647 / AöL 1984 M: 15. Jh. / geistlich Nürnberg um 1505 / Eisleben 1598 S: Hans Eugen Frischknecht 1998

442

ö

4. O selig ist zu aller Frist, / wer dieses recht bedenket, / wie der Herr der Herrlichkeit / wird ins Grab versenket.

5. O Jesu, du mein Hilf und Ruh, / ich bitte dich mit Tränen: / Hilf, dass ich mich bis ins Grab / nach dir möge sehnen.

T: Friedrich Spee (1627) 1628 (Str. 1 = ö) und Johann Rist 1641 (Str. 2–5)
M: Mainz/Paderborn 1628 (Jacob Gippenbusch?)

443
ö

4. Denket alle, denket heute, / was euch dieser Gang bedeute, / den der Herr gegangen ist.

5. Denkt, wenn er euch soll erhöhen, / dass ihr müsset mit ihm gehen / und das Kreuz ihm tragen nach.

T: schlesisches Volkslied / AöL 1990 M: Köln 1638

444

1. Je - su, mei - nes Le - bens Le - ben,
der du dich für mich ge - ge - ben
Je - su, mei - nes To - des Tod,
in die tiefs - te See - len - not,
in das äu - ßers - te Ver - der - ben, nur dass
ich nicht möch - te ster - ben: Tau - send-, tau - send -

2. Du, ach du hast ausgestanden / Lästerreden, Spott und Hohn, / Speichel, Schläge, Strick und Banden, / du gerechter Gottessohn, / nur mich Armen zu erretten / von des Teufels Sündenketten: / Tausend-, tausendmal sei dir, / liebster Jesu, Dank dafür.

3. Du hast lassen Wunden schlagen, / dich erbärmlich richten zu, / um zu heilen meine Plagen, / mir zu schaffen meine Ruh. / Ach, du hast zu meinem Segen / lassen dich mit Fluch belegen; / tausend-, tausendmal sei dir, / liebster Jesu, Dank dafür.

4. Du hast dich mit Schmach bedecket, / hast gelitten mit Geduld, / gar den herben Tod geschmecket, / um zu büßen meine Schuld; / dass ich würde losgegeben, / ließest du dein eignes Leben; / tausend-, tausendmal sei dir, / liebster Jesu, Dank dafür.

5. Nun ich danke dir von Herzen, / Jesu, für all deine Not, / für die Wunden, für die Schmerzen, / für den herben, bittern Tod, / für dein Zittern, für dein Zagen, / für die tausendfachen Plagen; / für dein Angst und tiefe Pein / will ich ewig dankbar sein.

T: Ernst Christoph Homburg 1649 M: Wolfgang Wessnitzer 1661
S: GB 1891 / GB 1941 / Bernhard Henking 1952

445
(ö) (+)

1. O Haupt voll Blut und Wun - den,
o Haupt, zum Spott ge - bun - den
voll Schmerz und vol - ler Hohn,
mit ei - ner Dor - nen - kron,
o
Haupt, sonst schön ge - krö - net mit höchs - ter
Ehr und Zier, jetzt a - ber frech ver -
höh - net: Ge - grü - ßet seist du mir.

2. Du edles Angesichte, / vor dem einst alle Welt / erzittert im Gerichte, / wie bist du so entstellt, / wie bist du so erbleichet. / Wer hat dein Augenlicht, / dem sonst kein Licht nicht gleichet, / so schändlich zugericht?

3. Was du, Herr, hast erduldet, / ist alles meine Last. / Ich, ich hab es verschuldet, / was du getragen hast. / Schau her, hier steh ich Armer, / der Zorn verdienet hat. / Gib mir, o mein Erbarmer, / den Anblick deiner Gnad.

4. Erkenne mich, mein Hüter; / mein Hirte, nimm mich an. / Von dir, Quell aller Güter, / ist mir viel Guts getan: / Dein Mund hat mich gelabet, / dein Wort hat mich gespeist, / und reich hat mich begabet / mit Himmelslust dein Geist.

5. Ich will hier bei dir stehen, / verachte mich doch nicht. / Von dir will ich nicht gehen, / wenn dir dein Herze bricht. / Wenn dein Haupt wird erblassen / im letzten Todesstoß, / alsdann will ich dich fassen / in meinen Arm und Schoß.

6. Ich danke dir von Herzen, / o Jesu, liebster Freund, / für deines Todes Schmerzen, / da du's so gut gemeint. / Ach gib, dass ich mich halte / zu dir und deiner Treu / und, wenn ich einst erkalte, / in dir mein Ende sei.

7. Wenn ich einmal soll scheiden, / so scheide nicht von mir. / Wenn ich den Tod soll leiden, / so tritt du dann herfür. / Wenn mir am allerbängsten / wird um das Herze sein, / so reiß mich aus den Ängsten / kraft deiner Angst und Pein.

8. Erscheine mir zum Schilde, / zum Trost in meinem Tod, / und lass mich sehn dein Bilde / in deiner Kreuzesnot. / Da will ich nach dir blicken, / da will ich glaubensvoll / dich fest an mein Herz drücken. / Wer so stirbt, der stirbt wohl.

T: Paul Gerhardt (1653) 1656 nach «Salve caput cruentatum» des Arnulf von Löwen 13.Jh. M: Hans Leo Haßler (?) 1601 / geistlich Görlitz 1613
S: nach Johann Hermann Schein 1627 und GB 1891

446

1. Du gro- ßer Schmer - zens - mann,
für uns so hart ge- schla - gen,
Herr Je - su, dir sei Dank
für al - le dei - ne Pla - gen:
für dei - ne See - len - angst,

2. Ach, das hat unsre Sünd / und Missetat verschuldet, / was du an unsrer Statt, / was du für uns erduldet. / Ach, unsre Sünde bringt / dich an das Kreuz hinan: / O unbeflecktes Lamm, / was hast du sonst getan?

3. Dein Kampf ist unser Sieg, / dein Tod ist unser Leben, / in deinen Banden ist / die Freiheit uns gegeben. / Dein Kreuz ist unser Trost, / die Wunden unser Heil, / dein Blut das Lösegeld, / der armen Sünder Teil.

4. O hilf, dass wir auch uns / zum Kampf und Leiden wagen / und unter unsrer Last / des Kreuzes nicht verzagen. / Hilf tragen mit Geduld / durch deine Dornenkron, / wenn's kommen soll mit uns / zum Blute, Schmach und Hohn.

5. Lass deine Wunden sein / die Heilung unsrer Sünden, / lass uns auf deinen Tod / den Trost im Tode gründen. / O Jesu, lass an uns / durch dein Kreuz, Angst und Pein / dein Leiden, Kreuz und Angst / ja nicht verloren sein.

T: Adam Thebesius (1652) 1663 M: Görlitz 1663 (Martin Jahn 1652?)
S: nach Görlitz 1663

447

2. Wenn mich meine Sünde will / schrecken mit der Hölle, / Jesu, mein Gewissen still, / dich ins Mittel stelle. / Dich und deine Passion / lass mich gläubig fassen: / Liebt mich Gottes lieber Sohn, / wie kann Gott mich hassen?

3. Nun, ich weiß, worauf ich bau / und bei wem ich bleibe, / wessen Fürsprach ich vertrau / und an wen ich glaube: /

Jesu, du bist es allein, / der mich kann beschirmen, / wenngleich Tod und Höllenpein / auf die Seele stürmen.

4. Jesu, meiner Seele Licht, / Freude meiner Freuden, / wie viel Trost und Zuversicht / fließt aus deinem Leiden. / Nimm den Dank in Gnaden an, / den ich dir jetzt singe. / Des, was du an mir getan, / bin ich zu geringe.

5. Jesu, der du warest tot, / lebest nun ohn Ende. / In der letzten Todesnot / nirgends mich hinwende / als zu dir, der mich versühnt, / o mein trauter Herre. / Gib mir nur, was du verdient; / mehr ich nicht begehre.

6. Herr, ich bin dein Eigentum, / soll dort mit dir erben. / Lass mich doch zu deinem Ruhm / leben hier und sterben, / dass auch ich einst rühmen mag, / aus dem Grab erstanden: / Herr, es ist dein großer Tag / mir zum Heil vorhanden.

T: Sigmund von Birken 1663 (Str. 1.2), Basel 1854 nach Heinrich Held 1658 (Str. 3.4.6) und Paul Stockmann 1633 (Str. 5) M und S: Melchior Vulpius 1609

448

2. Das sollen deine Jünger nie vergessen: / Wir sind, die wir von *einem* Brote essen, / aus *einem* Kelche trinken, deine Glieder, / Schwestern und Brüder.

3. Dein heilig Mahl gebietet den Gemeinen, / durch *einen* Geist mit dir sich zu vereinen, / dass unter *einem* Hirten *eine* Herde / aus allen werde.

4. Wir sind mit *einem* Opfer losgekaufet; / wir alle sind auf *einen* Tod getaufet, / dass jeder nun mit gleichem Ernst und Triebe / den andern liebe.

5. Wenn wir in Frieden beieinander wohnten, / Gebeugte stärkten und die Schwachen schonten, / dann würden wir den letzten heilgen Willen / des Herrn erfüllen.

6. Ach, dazu müsse deine Lieb uns dringen. / Du wollest selbst, o Herr, dies Werk vollbringen, / dass unter *einem* Hirten *eine* Herde / aus allen werde.

T: Johann Andreas Cramer 1780 M: Johann Crüger 1640
S: nach Johann Crüger 1640

449

2. Vereint mit Gott, ein Mensch gleich uns auf Erden / und bis zum Tod am Kreuz gehorsam werden, / an unsrer Statt gemartert und zerschlagen, / die Sünde tragen:

3. welch wundervoll hochheiliges Geschäfte. / Sinn ich ihm nach, so zagen meine Kräfte; / mein Herz erbebt, ich seh und ich empfinde / den Fluch der Sünde.

4. Dies schlägt den Stolz und mein Verdienst darnieder; / es stürzt mich tief und es erhebt mich wieder, / lehrt mich mein Glück, macht mich aus Gottes Feinde / zu Gottes Freunde.

5. Da du dich selbst für mich dahingegeben, / wie könnt ich noch nach meinem Willen leben / und nicht viel mehr, weil ich dir angehöre, / zu deiner Ehre?

6. Ich will nicht Hass mit gleichem Hass vergelten, / wenn man mich schilt, nicht rächend wieder schelten. / Du Heiliger, du Herr und Haupt der Glieder, / schaltst auch nicht wieder.

7. Seh ich dein Kreuz den Klugen dieser Erden / ein Ärgernis und eine Torheit werden, / so sei's doch mir trotz allen frechen Spottes / die Weisheit Gottes.

8. Gott, eile nicht, sie rächend zu zerschmettern; / erbarme dich, wenn einer von den Spöttern / sich spät bekehrt und dich, den er geschmähet, / um Gnade flehet.

9. Wann immer, Herr, mich meine Sünden kränken, / so lass dein Kreuz mir wieder Ruhe schenken. / Dein Kreuz, dies sei, wann ich den Tod einst leide, / mir Fried und Freude.

T: Christian Fürchtegott Gellert 1757 M: Johann Crüger 1640
S: nach Johann Crüger 1640

450

T: Carl Bernhard Garve 1825 M: Johann Crüger 1647

451

ö+

4. Wollen wir Gott loben, / leben aus dem Licht. / Streng ist seine Güte, / gnädig sein Gericht. *Rfr*

5. Denn die Erde jagt uns / auf den Abgrund zu. / Doch der Himmel fragt uns: / Warum zweifelst du? *Rfr*

6. Hart auf deiner Schulter / lag das Kreuz, o Herr, / ward zum Baum des Lebens, / ist von Früchten schwer. *Rfr*

T: Jürgen Henkys (1975) 1977 nach dem niederländischen «Met de boom des levens» von Willem Barnard (1963) 1964 M: Ignace de Sutter 1964 (*Rfr* nach dem gregorianischen Kyrie «Orbis factor»)

452 ö

Die Gefangennahme

2. E Seht hin, sie haben ihn gefunden. / Sie greifen ihn. Er wehrt sich nicht. / Dann führen sie ihn fest gebunden / dorthin, wo man sein Urteil spricht.
A Du ließest dich in Bande schlagen, / dass du uns gleich und hilflos bist. / Wenn wir in unsrer Schuld verzagen, / dann mach uns frei, Herr Jesus Christ!

Vor dem Hohen Rat

3. E Seht hin, wie sie ihn hart verklagen, / man schlägt und spuckt ihm ins Gesicht / und will von ihm nur Schlechtes sagen. / Und keiner ist, der für ihn spricht!
A Wenn wir an andern schuldig werden / und keiner unser Freund mehr ist, / wenn alles uns verklagt auf Erden, / dann sprich für uns, Herr Jesus Christ!

Vor Pilatus

4. E Seht, wie sie ihn mit Dornen krönen, / wie jeder ihn verspotten will, / wie sie ihn schlagen und verhöhnen. / Und er – er schweigt zu allem still.
A Du leidest Hohn und Spott und Schmerzen – / und keiner, der voll Mitleid ist; / wir haben harte, arme Herzen. / Erbarme dich, Herr Jesus Christ!

T: Friedrich Walz 1971 M 1: Götz Wiese 1986 M 2: Guillaume Franc, Genf 1543 / Straßburg 1545 / Loys Bourgeois, Lyon 1547, Zehn Gebote

453

T (berndeutsch): Gertrud Meister 1963 M: Köln 1638

454

4. Für diese alle wollen wir dich bitten, / nach deinem Vorbild laut zum Vater flehen, / dass wir mit allen Heilgen zu dir kommen / in deinen Frieden.

5. Wenn sich die Tage unsres Lebens neigen, / nimm unsren Geist dann auf in deine Hände, / dass wir zuletzt von hier getröstet scheiden, / Lob auf den Lippen:

6. Dank sei dem Vater, unsrem Gott im Himmel, / er ist der Retter der verlornen Menschheit, / hat uns erworben Frieden ohne Ende, / ewige Freude.

T: Dieter Trautwein und Vilmos Gyöngyösi 1974 nach dem ungarischen «Paradicsomnak te szép élö fája» von Imre Pécseli Király († um 1641)
M: Klausenburg 1744

455

ö +

4. Kaiphas richtet; es ist Nacht, / Nacht voll Sünde und voll Hass. / Jesus leidet still, / wie's der Vater will.

5. Petrus leugnet; es ist Nacht, / Nacht voll Sünde und voll Schuld. / Jesus blickt ihn an; / draußen kräht der Hahn.

6. Jesus stirbt. Da wird es Nacht; / doch er bricht die Finsternis, / reißt durch seinen Tod / uns aus Nacht und Not.

T und M: Erhard Anger 1973

456
ö +

T: Jürgen Henkys (1975/76) 1978 nach «Now the green blade rises» von John Macleod Campbell Crum 1928 M: nach dem Volkslied «Noël nouvelet» (15. Jh.?)

457

1. Was ihr dem ge-rings-ten Men-schen tut, das
2. Man ver-höhnt ihn bei den Leu - ten; Bö - ses
3. Im - mer ist er un-ter de - nen, die ge -

habt ihr ihm ge - tan; denn er nahm als un - ser
dich - tet man ihm an. Er wird ü - ber-all ver-
kreu - zigt wor-den sind; in un-menschli - chen Sys-

Bru - der je - des Menschen Zü - ge an.
däch - tigt, wo er sich nicht wehren kann.
te - men lebt er wehr-los wie ein Kind.

Refrain

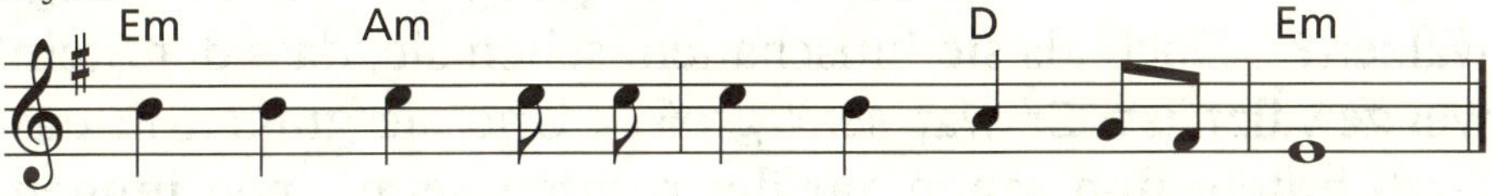

Mit - ten un - ter uns steht er un - er - kannt.

T: Herbert Schaal (1968) 1972/1974 M: nach einer Melodie von Sigvaldi Stefánsson Kaldalóns um 1920

Ostern

458 53 Denn dieses Verwesliche muss anziehen Unverweslich-
keit und dieses Sterbliche muss anziehen Unsterblichkeit.
54 Wenn aber dieses Verwesliche angezogen hat Unverwes-
lichkeit und dieses Sterbliche angezogen hat Unsterblich-
keit, dann wird eintreffen das Wort, das geschrieben steht:
«Der Tod ist verschlungen in Sieg. 55 Tod, wo ist dein Sieg?
Tod, wo ist dein Stachel?» 57 Gott aber sei Dank, der uns
den Sieg gibt durch unsern Herrn Jesus Christus.

1. Korintherbrief 15,53–55. 57

459 Das leere Grab des Auferstandenen

1 Als der Sabbat vorüber war, kauften Maria aus Magdala
und Maria, die Mutter des Jakobus, und Salome wohl-
riechende Öle, um hinzugehen und ihn zu salben. 2 Und
sehr früh am ersten Tag der Woche kommen sie zum Grab,
eben als die Sonne aufging. 3 Und sie sagten zueinander:
Wer wird uns den Stein vom Eingang des Grabes weg-
wälzen? 4 Doch als sie hinschauen, sehen sie, dass der Stein
weggewälzt ist. Er war sehr groß. 5 Und sie gingen in das
Grab hinein und sahen auf der rechten Seite einen jungen
Mann sitzen, der mit einem langen, weißen Gewand beklei-
det war; da erschraken sie sehr. 6 Er aber spricht zu ihnen:
Erschreckt nicht! Jesus sucht ihr, den Nazarener, den Ge-
kreuzigten. Er ist auferweckt worden, er ist nicht hier. Sie-
he, der Ort, wo sie ihn hingelegt haben. 7 Doch geht, sagt
seinen Jüngern und dem Petrus, dass er euch vorausgeht
nach Galiläa. Dort werdet ihr ihn sehen, wie er euch gesagt
hat. 8 Da gingen sie hinaus und flohen weg vom Grab; denn
Zittern und Entsetzen hatte sie gepackt. Und sie sagten nie-
mandem etwas; denn sie fürchteten sich. Markus 16,1–8

460 Der Auferstandene erscheint den Jüngern

19 Am Abend jenes ersten Tages der Woche, als die Jünger
beisammen waren und die Türen verschlossen hatten aus
Furcht vor den Juden, kam Jesus und trat in ihre Mitte, und

er spricht zu ihnen: Friede sei mit euch! 20 Und nachdem er
dies gesagt hatte, zeigte er ihnen die Hände und die Seite;
da freuten sich die Jünger, weil sie den Herrn sahen. 21 Da
sprach Jesus wiederum zu ihnen: Friede sei mit euch! Wie
mich der Vater gesandt hat, so sende auch ich euch. 22 Und
nachdem er dies gesagt hatte, hauchte er sie an, und er
spricht zu ihnen: Empfangt heiligen Geist! 23 Denen ihr die
Sünden vergebt, ihnen sind sie vergeben; denen ihr sie fest-
haltet, ihnen sind sie festgehalten. Johannes 20,19–23

461

T: alter Osterruf M: Herbert Beuerle 1952 nach «Christ ist erstanden» (Nr. 462)

462
(ö) +

T: EGB 1971 nach Passau/Salzburg 12. Jh., Tegernsee 15. Jh. und Wittenberg (1529) 1533 M: Passau/Salzburg 12. Jh. / Wittenberg (1529) 1533 nach der Ostersequenz «Victimae paschali laudes» und dem Alleluja-Vers «Christus resurgens»

463

T: Martin Luther 1524 M: Martin Luther (1529) 1533/1545

464

1. Christ lag in To - des Ban - den,
2. Den Tod nie - mand zwin - gen kunnt
3. Je - sus Chris - tus, Got - tes Sohn,
für uns - re Sünd ge - ge - ben;
bei al - len Men - schen - kin - dern;
an un - ser Statt ist kom - men
der ist wie - der er - stan - den
das macht al - les uns - re Sünd,
und hat die Sünd ab - ge - tan,
und hat uns bracht das Le - ben.
kein Un - schuld war zu fin - den.
da - mit dem Tod ge - nom - men
Des wir sol - len fröh - lich sein,
Da - von kam der Tod so bald
all sein Recht und sein Ge - walt:
Gott lo - ben und dank - bar
und nahm ü - ber uns Ge -
Da bleibt nichts denn Tods Ge -
sein und sin - gen: Hal - le -
walt, hielt uns in sei'm Reich
stalt; den Stachl hat er ver -

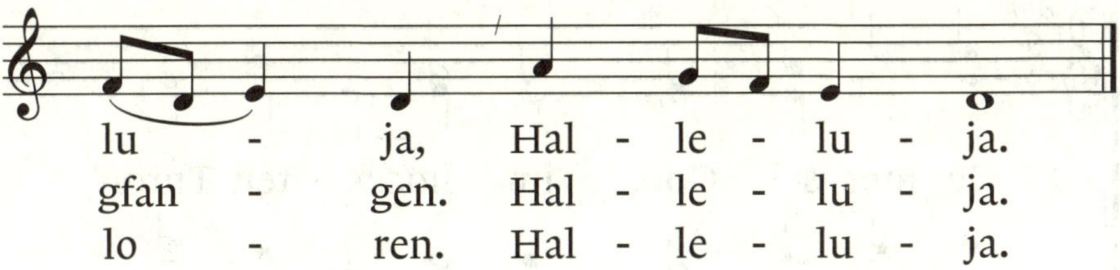

4. Es war ein wunderlich Krieg, / da Tod und Leben rungen. / Das Leben behielt den Sieg, / es hat den Tod verschlungen. / Die Schrift hat verkündet das, / wie ein Tod den andern fraß; / ein Spott der Tod ist worden. Halleluja.

5. So feiern wir dies hoch Fest / mit Herzensfreud und Wonne, / das uns der Herr scheinen lässt. / Er selber ist die Sonne, / der durch seiner Gnade Glanz / erleucht unsre Herzen ganz; / der Sünd Nacht ist vergangen. Halleluja.

T: Martin Luther 1524 nach der Ostersequenz «Victimae paschali laudes» des Wipo von Burgund vor 1050 M: Wittenberg 1524 (Martin Luther?) nach der Ostersequenz / Wittenberg 1524 (Johann Walter?)

465

ö +

Vergleiche auch Nr. 303, 338, 396, 505

T: EGB 1975 *(Kv)* und Kolosserbrief 3,1 *(Vers)* M: nach der Antiphon «Notum fecit Dominus» um 1000 *(Kv)* und AöL 1983 *(Vers)*

466
(ö+)

1. Ge - lobt sei Gott im höchs - ten Thron
samt sei - nem ein - ge - bor - nen Sohn,
der für uns hat ge - nug ge - tan,
Hal - le - lu - ja, Hal - le - lu -
ja, Hal - le - lu - ja,

2. als er allhie gewandelt hat, / gesühnet Sünd und Missetat / durch seinen reinen, bittern Tod. / Halleluja, Halleluja, Halleluja.

3. Nach welchem er gesalbet ward, / begraben nach jüdischer Art / und da mit Hütern wohl verwahrt. / Halleluja, Halleluja, Halleluja.

4. Des Morgens früh am dritten Tag, / da noch der Stein am Grabe lag, / erstand er frei ohn alle Klag. / Halleluja, Halleluja, Halleluja.

5. Voll Trauer kommen die drei Fraun / schon bei dem ersten Morgengraun, / um nach dem Leib des Herrn zu schaun. / Halleluja, Halleluja, Halleluja.

6. Am Grab, in leuchtendem Gewand, / vor ihnen Gottes Engel stand, / der grüßt' sie mit erhobner Hand. / Halleluja, Halleluja, Halleluja.

7. Der Engel sprach: «Nun fürcht' euch nicht, / denn ich weiß wohl, was euch gebricht: / Ihr sucht Jesum; den findt ihr nicht. / Halleluja, Halleluja, Halleluja.

8. Er ist erstanden von dem Tod, / hat überwunden alle Not. / Kommt, seht, wo er gelegen hat.» / Halleluja, Halleluja, Halleluja.

9. Nun bitten wir dich, Jesu Christ, / weil du vom Tod erstanden bist: / Verleihe, was uns selig ist. / Halleluja, Halleluja, Halleluja.

10. O mache unser Herz bereit, / damit von Sünden wir befreit / dir mögen singen allezeit. / Halleluja, Halleluja, Halleluja.

T: Michael Weiße 1531 (Str. 1–4. 7–10) und Sigisbert Kraft (1974) 1983 (Str. 5. 6)
M: Melchior Vulpius 1609 S: Kommission 1998 nach Melchior Vulpius 1609

467

ö +

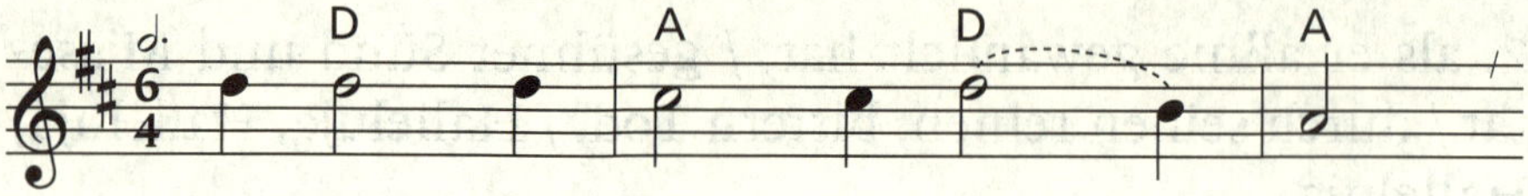

1. Er - stan - den ist der hei - lig Christ,
2. Und wär er nicht er - stan - den,
3. Und seit dass er er - stan - den ist,

Hal - le - lu - ja, Hal - le - lu - ja,
Hal - le - lu - ja, Hal - le - lu - ja,
Hal - le - lu - ja, Hal - le - lu - ja,

der al - ler Welt ein Trös - ter ist.
so wär die Welt ver - gan - gen.
so lo - ben wir den Her - ren Christ.

Hal - le - lu - ja, Hal - le - lu - ja.
Hal - le - lu - ja, Hal - le - lu - ja.
Hal - le - lu - ja, Hal - le - lu - ja.

Evangelist:

4. Drei Frauen gehn des Morgens früh; / Halleluja, Halleluja, / den Herrn zu salben kommen sie. / Halleluja, Halleluja.

5. Sie suchen den Herrn Jesum Christ, / Halleluja, Halleluja, / der an dem Kreuz gestorben ist. / Halleluja, Halleluja.

Frauen:

6. Wer wälzt uns fort den schweren Stein, / Halleluja, Halleluja, / dass wir gelangen ins Grab hinein? / Halleluja, Halleluja.

7. Der Stein ist fort! Das Grab ist leer! / Halleluja, Halleluja. / Wer hilft uns? Wo ist unser Herr? / Halleluja, Halleluja.

Engel:
8. Erschrecket nicht! Was weinet ihr? / Halleluja, Halleluja. / Der, den ihr sucht, der ist nicht hier. / Halleluja, Halleluja.

Frauen:
9. Du lieber Engel, sag uns an, / Halleluja, Halleluja, / wo habt ihr ihn denn hingetan? / Halleluja, Halleluja.

Engel:
10. Er ist erstanden aus dem Grab, / Halleluja, Halleluja, / heut an dem heilgen Ostertag. / Halleluja, Halleluja.

Frauen:
11. Zeig uns den Herren Jesum Christ, / Halleluja, Halleluja, / der von dem Tod erstanden ist. / Halleluja, Halleluja.

Engel:
12. So tretet herzu und seht die Statt, / Halleluja, Halleluja, / wo euer Herr gelegen hat. / Halleluja, Halleluja.

Frauen:
13. Wir sehen's wohl, das Grab ist leer. / Halleluja, Halleluja. / Wo aber ist denn unser Herr? / Halleluja, Halleluja.

Engel:
14. Ihr sollt nach Galiläa gehn; / Halleluja, Halleluja, / dort werdet ihr den Heiland sehn. / Halleluja, Halleluja.

Frauen:
15. Du lieber Engel, dank sei dir; / Halleluja, Halleluja. / Getröstet gehen wir von hier. / Halleluja, Halleluja.

Evangelist:
16. Nun singet alle voller Freud: / Halleluja, Halleluja. / Der Herr ist auferstanden heut. / Halleluja, Halleluja.

Alle:
17. Des solln wir alle fröhlich sein, / Halleluja, Halleluja, / und Christ soll unser Tröster sein. / Halleluja, Halleluja.

Die Strophen können auf verschiedene Gemeindegruppen verteilt werden.

T: AöL 1976 nach Übertragungen der Cantio «Surrexit Christus hodie» 14.–16. Jh. / Nürnberg 1544 M: 14. Jh. / Jistebnice 1420 / Böhmische Brüder 1501/1531

468
ö+

2. Es ist erstanden Jesus Christ, / der an dem Kreuz gestorben ist; / ihm sei Lob, Ehr zu aller Frist. *Rfr*

3. Er hat zerstört der Höllen Pfort, / die Seinen all herausgeführt / und uns erlöst vom ewgen Tod. *Rfr*

4. Es singt der ganze Erdenkreis / dem Gottessohne Lob und Preis, / der uns erkauft das Paradeis. *Rfr*

5. Des freu sich alle Christenheit / und lobe die Dreifaltigkeit / von nun an bis in Ewigkeit. *Rfr*

T: Wienhäuser Liederbuch 1480 / Medingen nach 1479 (Str. 1) und Eisleben 1568 (Str. 2–5) nach der Cantio «Resurrexit Dominus» 15. Jh. M: Hohenfurt 1410 / Eisleben 1568 / Wittenberg 1573 S: nach Michael Praetorius 1609

469
ö

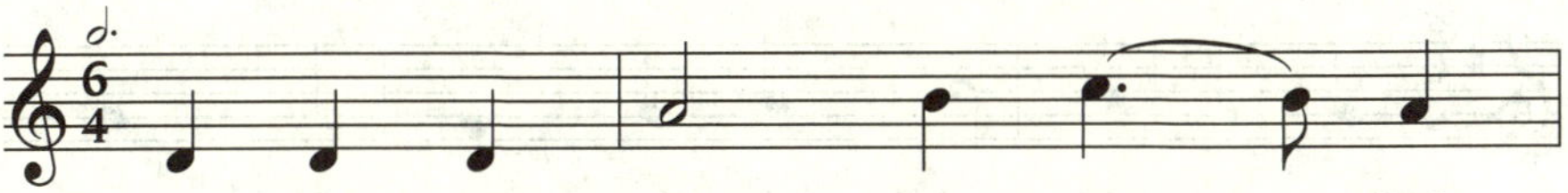

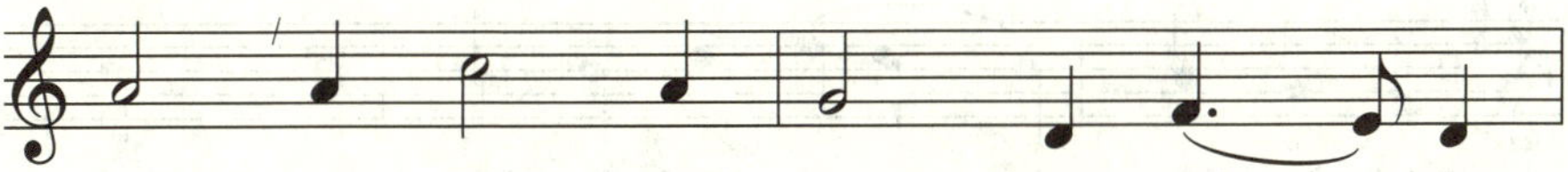

4. Die Sonn, die Erd, all Kreatur, / alls, was betrübet war zuvor, / das freut sich heut an diesem Tag, / da der Welt Fürst darniederlag. / Halleluja.

5. Drum wollen wir auch fröhlich sein, / das Halleluja singen fein / und loben dich, Herr Jesu Christ; / zu Trost du uns erstanden bist. / Halleluja.

T und M: Nikolaus Herman 1560

470

T: Eisleben (1591) 1592 (Kaspar Stolzhagen?) M: Bartholomäus Gesius 1601

471

ö+

4. Es singen jetzt die Vögel all, / Halleluja, Halleluja, / jetzt singt und klingt die Nachtigall. / Halleluja, Halleluja.

5. Der Sonnenschein jetzt kommt herein,/Halleluja, Halleluja, / und gibt der Welt ein' neuen Schein. / Halleluja, Halleluja.

6. Die ganze Welt, Herr Jesu Christ, / Halleluja, Halleluja, / in deiner Urständ fröhlich ist. / Halleluja, Halleluja.

Das Erwachen der Natur im Frühling wird vom Dichter als Mitfreude der ganzen Kreatur in der Feier der Auferstehung Christi («in seiner Urständ») gedeutet.

Die erste Strophe kann nach jeder weiteren als Refrain gesungen werden.

T: Friedrich Spee (1622?) 1623 M: Köln 1623

472
ö +

2. Er hat den Tod bezwungen, / das Leben uns errungen. / Drum lasst uns fröhlich singen / und Halleluja klingen. *Rfr*

3. Christus ist aufgefahren. / Jubelt, ihr Engelscharen. / Drum lasst uns fröhlich singen / und Halleluja klingen. *Rfr*

4. So, wie er aufgenommen, / wird er einst wiederkommen. / Drum lasst uns fröhlich singen / und Halleluja klingen. *Rfr*

«in cymbalis bene sonantibus» *(Rfr)* bedeutet «mit wohlklingenden Zimbeln» (Psalm 150,5).

T: Friedrich Spee 1623 (Str. 1) und AöL 1983 (Str. 2–4)
M: Köln 1623 S: Hans Eugen Frischknecht 1998

473 +

Kanon für 3 Stimmen

Dazu können folgende Ostinati I–III einzeln oder kombiniert gesungen werden:

T: alter Osterruf M: Herbert Beuerle 1969

474

4. Wie tief Kreuz, Trübsal oder Pein, / mein Heiland greift allmächtig drein, / führt mich heraus mit seiner Hand. / Wer mich will halten, wird zu Schand. / Halleluja.

5. Lebt Christus, was bin ich betrübt? / Ich weiß, dass er mich herzlich liebt; / und stürb gleich alle Welt mir ab, / gnug, dass ich Christum bei mir hab. / Halleluja.

6. Er nährt, er schützt, er tröstet mich. / Sterb ich, so nimmt er mich zu sich. / Wo er jetzt lebt, da muss ich hin, / weil ich ein Glied seins Leibes bin. / Halleluja.

7. Mein Herz darf nicht entsetzen sich: / Gott und die Engel lieben mich. / Die Freude, die mir ist bereit', / vertreibet Furcht und Traurigkeit. / Halleluja.

8. Für diesen Trost, o großer Held, / Herr Jesu, dankt dir alle Welt. / Dort wollen wir mit größerm Fleiß / erheben deinen Ruhm und Preis. / Halleluja.

Auch nach Melodie Nr. 470

T: Johann Heermann 1630 M: Nikolaus Herman 1560

475

Kanon für 2 Stimmen

T: alter Osterruf der orthodoxen Kirchen M: Karl Marx 1947

476
(ö)

1. Nun freut euch hier und ü - ber - all,
im Tod bracht er den Tod zu Fall
der Herr ist auf - er - stan - den;
und macht die Höll zu - schan - den.
Des Le - bens Le - ben le - bet noch;
sein Arm hat al - ler Fein - de Joch
mit al - ler Macht zer - bro - chen.

2. Die Morgenröte war noch nicht / mit ihrem Licht vorhanden; / und siehe, da war schon das Licht, / das ewig leucht', erstanden. / Die Sonne war noch nicht erwacht, / da wachte und ging auf voll Macht / die unerschaffne Sonne.

3. O Lebensfürst, o starker Leu, / aus Judas Stamm erstanden, / so bist du nun wahrhaftig frei / von Todes Strick und Banden. / Du hast gesiegt und trägst zum Lohn / ein allzeit unverwelkte Kron / als Herr all deiner Feinde.

4. Ich will von Sünden auferstehn, / wie du vom Grab aufstehest; / ich will zum andern Leben gehn, / wie du zum Himmel gehest. / Dies Leben ist doch lauter Tod; / drum komm und reiß aus aller Not / uns in das rechte Leben.

T: nach Paul Gerhardt 1653 M: Johann Crüger 1653 nach Loys Bourgeois, Genf 1551, Psalm 118 S: nach Johann Crüger 1653

477 ö

Kanon für 3 Stimmen

T: alter Osterruf der orthodoxen Kirchen M: Paul Ernst Ruppel 1949

478
(ö)

2. Jesus, er mein Heiland, lebt: / Ich werd auch das Leben schauen, / sein, wo mein Erlöser schwebt; / warum sollte mir denn grauen? / Lässet auch ein Haupt sein Glied, / welches es nicht nach sich zieht?

3. Was hier kranket, seufzt und fleht, / wird dort frisch und herrlich gehen; / irdisch werd ich ausgesät, / himmlisch werd ich auferstehen. / Alle Schwachheit, Angst und Pein / wird von mir genommen sein.

4. Seid getrost und hocherfreut: / Jesus trägt euch, seine Glieder. / Gebt nicht statt der Traurigkeit: / Sterbt ihr, Christus ruft euch wieder, / wenn einst die Posaun erklingt, / die auch durch die Gräber dringt.

5. Nur dass ihr den Geist erhebt / von den Lüsten dieser Erden / und euch dem schon jetzt ergebt, / dem ihr beigefügt wollt werden. / Schickt das Herze da hinein, / wo ihr ewig wünscht zu sein.

T: Berlin 1653 (Otto von Schwerin 1644?) M: Berlin 1653 (Johann Crüger?) / Halle 1704 S: GB 1952 nach Johann Crüger 1653 und GB 1941

479
ö +

T: alter Osterruf der orthodoxen Kirchen M: Josef Seuffert 1963

480

1. O herr - li-cher Tag, o fröh - li - che
Zeit, da Je - sus lebt ohn al - les
Leid. Er ist er - stan - den von dem
Tod; wir sind er - löst aus al - ler
Not. O herr-li-cher Tag, o fröh-li-che Zeit.

2. O herrlicher Tag, o fröhliche Zeit, / da wir von Sünden sind befreit. / Getilget ist nun unsre Schuld; / wir sind gerecht aus Gottes Huld. / O herrlicher Tag, o fröhliche Zeit.

3. O herrlicher Tag, o fröhliche Zeit. / Der Tod ist überwunden heut. / Es darf uns nicht mehr vor ihm graun; / auf Christi Sieg wir nun vertraun. / O herrlicher Tag, o fröhliche Zeit.

4. O herrlicher Tag, o fröhliche Zeit. / Erhalt uns, Jesu, diese Freud, / zu sagen hier zu aller Stund / und dort einmal mit frohem Mund: / O herrlicher Tag, o fröhliche Zeit.

T: Cyriakus Günther 1714 M: Köln 1623 / Samuel Scheidt 1650
S: Bernhard Henking 1952

481 +

T: Lothar Zenetti 1971 M: Karl Fink (1971) 1972

482
(ö)

2. Jesus lebt! Ihm ist das Reich / über alle Welt gegeben; / mit ihm werd auch ich zugleich / ewig herrschen, ewig leben. / Gott erfüllt, was er verspricht; / dies ist meine Zuversicht.

3. Jesus lebt! Ich bin gewiss, / nichts soll mich von Jesus scheiden, / keine Macht der Finsternis, / keine Herrlichkeit, kein Leiden. / Seine Treue wanket nicht; / dies ist meine Zuversicht.

4. Jesus lebt! Nun ist der Tod / mir der Eingang in das Leben. / Welchen Trost in Todesnot / wird er meiner Seele geben, / wenn sie gläubig zu ihm spricht: / Christus, meine Zuversicht.

T: Christian Fürchtegott Gellert 1757 M: Berlin 1653 (Johann Crüger?) / Halle 1704 S: GB 1952 nach Johann Crüger 1653 und GB 1941

483

2. Steh aus dem Grab der Sünden auf / und such ein neues Leben. / Vollführe deinen Glaubenslauf / und lass dein Herz sich heben / gen Himmel, da dein Jesus ist, / und such, was droben, als ein Christ, / der geistlich auferstanden.

3. Quält dich ein schwerer Sorgenstein, / dein Jesus wird ihn heben; / es kann ein Christ bei Kreuzespein / in Freud und Wonne leben. / Wirf dein Anliegen auf den Herrn / und sorge nicht: Er ist nicht fern, / weil er ist auferstanden.

4. Geh mit Maria Magdalen / und Salome zum Grabe, / die früh dahin aus Liebe gehn / mit ihrer Salbungsgabe, / so wirst du sehn, dass Jesus Christ / vom Tod heut auferstanden ist / und nicht im Grab zu finden.

5. Es hat der Leu aus Judas Stamm / heut siegreich überwunden, / und das erwürgte Gotteslamm / hat uns zum Heil gefunden / das Leben und Gerechtigkeit, / weil er nach überwundnem Streit / den Feind zur Schau getragen.

6. Drum auf, mein Herz, fang an den Streit, / weil Jesus überwunden. / Er wird auch überwinden weit / in dir, weil er gebunden / der Feinde Macht, dass du aufstehst / und in ein neues Leben gehst / und Gott im Glauben dienest.

7. Scheu weder Teufel, Welt noch Tod / noch gar der Hölle Rachen. / Dein Jesus lebt, es hat kein Not; / er ist noch bei den Schwachen / und den Geringen in der Welt / als ein gekrönter Siegesheld; / drum wirst du überwinden.

8. Ach mein Herr Jesu, der du bist / vom Tode auferstanden, / rett uns aus Satans Macht und List / und aus des Todes Banden, / dass wir zusammen insgemein / zum neuen Leben gehen ein, / das du uns hast erworben.

9. Sei hoch gelobt in dieser Zeit / von allen Gotteskindern / und ewig in der Herrlichkeit / von allen Überwindern, / die überwunden durch dein Blut. / Herr Jesu, gib uns Kraft und Mut, / dass wir auch überwinden.

T: Lorenz Lorenzen 1700 M: Hans Sachs 1526

484

2. Ich sag es jedem; jeder sagt / es seinen Freunden gleich, / dass bald an allen Orten tagt / das neue Himmelreich.

3. Jetzt scheint die Welt dem neuen Sinn / erst wie ein Vaterland; / ein neues Leben nimmt man hin / entzückt aus seiner Hand.

4. Hinunter in das tiefe Meer / versank des Todes Graun, / und jeder kann nun leicht und hehr / in seine Zukunft schaun.

5. Der dunkle Weg, den er betrat, / geht in den Himmel aus, / und wer nur hört auf seinen Rat, / kommt auch in Vaters Haus.

T: Friedrich von Hardenberg (Novalis) (1799) 1802 M: Darmstadt 1687 / Johann Heinrich Egli 1787 S: GB 1891 / Bernhard Henking 1952

485

1. Dir, Auf - er - stand - ner, sei der
Lob - ge - sang, dir, dem Auf - er - weck - ten,
der den Tod be - zwang. Steigt im Licht ein
En - gel aus der Höh her - ab,
und er wälzt den schwe - ren Stein hin -

2. Sieh ihn erscheinen, zweifle nicht daran, / schau auf ihn, den Einen, der dich retten kann. / Gottes Volk, sei heiter: Er ist's, Jesus Christ. / Sag es herzhaft weiter, dass er Sieger ist. / Dir, Auferstandner, sei der Lobgesang, / dir, dem Auferweckten, der den Tod bezwang.

3. Er lebt nun ewig; ist mir da noch bang? / Diesem Friedenskönig dien ich lebenslang. / Er ist mein Genügen; bang ist mir nicht mehr. / Dasein und Vermögen, meine Ehr ist er. / Dir, Auferstandner, sei der Lobgesang, / dir, dem Auferweckten, der den Tod bezwang.

T: Fritz Gafner 1987/1989 nach «A toi la gloire. O Ressuscité!» von Edmond Louis Budry 1900 M und S: nach Georg Friedrich Händel 1747

486

2. Was euch auch niederwirft, / Schuld, Krankheit, Flut und Beben – / er, den ihr lieben dürft, / trug euer Kreuz ins Leben. / Läg er noch immer, wo die Frauen ihn nicht fanden, / so kämpften wir umsonst. / Doch nun ist er erstanden, / erstanden, erstanden, / erstanden!

3. Muss ich von hier nach dort – / er hat den Weg erlitten. / Der Fluss reißt mich nicht fort, / seit Jesus ihn durchschritten. / Wär er geblieben, wo des Todes Wellen branden, / so hofften wir umsonst. / Doch nun ist er erstanden, / erstanden, erstanden, / erstanden!

T: Jürgen Henkys 1983 frei nach der englischen Bearbeitung eines niederländischen Osterliedes von Joachim Fransz Oudaan 1685 durch George Ratcliffe Woodward 1902 M: bei Dirk Raphaëlszoon Camphuysen 1624

487 +

T: Kurt Marti 1970 M: Peter Janssens 1970

488

1. Am Mor - ge früeh am Osch - ter - tag,
furt isch der Stei vom Fel - se - grab!
Hal - le - lu - ja,
Hal - le - lu - ja.
Der Hei-land isch vom Grab uf - cho, Hal - le - lu - ja,
im Gar - te gseh ne d’Frou - e scho.
Hal - le - lu - ja. Hal - le - lu - ja,

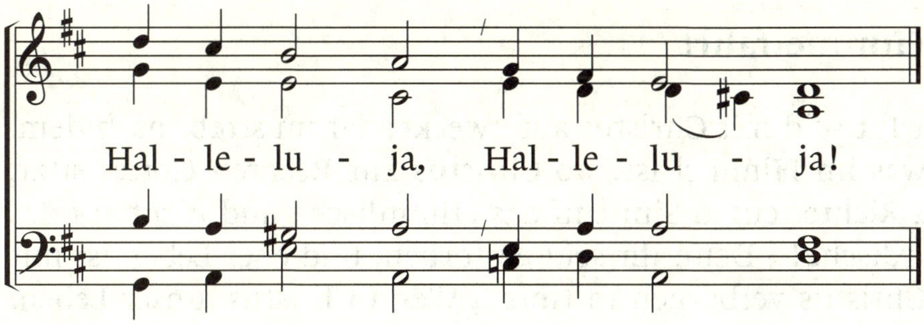

2. Und wil du uferstande bisch, / Halleluja, / der Himmel nümm verschlossen isch. / Halleluja. / Mir danke dir, mir si so froh: / Halleluja, / du hesch für üs o d'Tür ufto: / Halleluja. / Halleluja, / Halleluja, / Halleluja.

T (berndeutsch): Gertrud Meister 1963 M: Köln 1623 S: nach Mainz 1628

Himmelfahrt

489 1 Ihr seid mit Christus auferweckt; darum strebt nach dem,
was im Himmel ist, wo Christus zur Rechten Gottes sitzt.
2 Richtet euren Sinn auf das Himmlische und nicht auf das
Irdische! 3 Denn ihr seid gestorben, und euer Leben ist mit
Christus verborgen in Gott. 4 Wenn Christus, unser Leben,
offenbar wird, dann werdet auch ihr mit ihm offenbar wer-
den in Herrlichkeit. Kolosserbrief 3,1–4

490 DIE HIMMELFAHRT JESU

44 Da sprach Jesus zu ihnen: Dies sind die Worte, die ich zu
euch gesagt habe, als ich noch mit euch zusammen war:
Alles muss erfüllt werden, was im Gesetz des Mose und bei
den Propheten und in den Psalmen über mich geschrieben
steht. 45 Dann tat er ihren Verstand auf, so dass sie die
Schriften begriffen, 46 und sprach zu ihnen: So steht ge-
schrieben: Der Christus wird leiden und am dritten Tag von
den Toten auferstehen, 47 und in seinem Namen wird Um-
kehr zur Vergebung der Sünden verkündigt werden allen
Völkern. Ihr beginnt in Jerusalem 48 und seid Zeugen dafür.
49 Und siehe, ich sende die Verheißung meines Vaters zu
euch; ihr aber sollt in der Stadt bleiben, bis ihr mit Kraft aus
der Höhe ausgerüstet werdet. 50 Und er führte sie hinaus bis
in die Nähe von Betanien. Und er erhob die Hände und
segnete sie. 51 Und es geschah, während er sie segnete, da
schied er von ihnen und wurde zum Himmel emporgeho-
ben. 52 Sie aber fielen vor ihm nieder und kehrten mit gro-
ßer Freude nach Jerusalem zurück. 53 Und sie waren allezeit
im Tempel und priesen Gott. Lukas 24,44–53

491

ö +

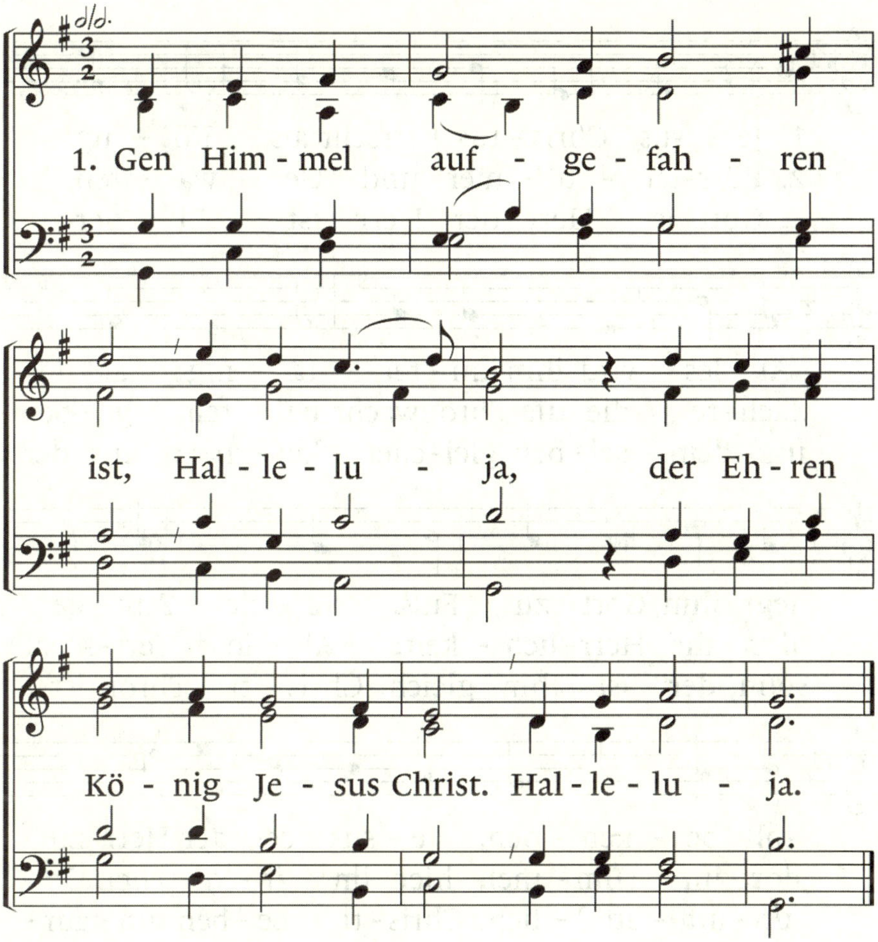

2. Er sitzt zu Gottes rechter Hand, / Halleluja, / herrscht über Himmel und alle Land. / Halleluja.

3. Nun ist erfüllt, was gschrieben ist, / Halleluja, / in Psalmen von dem Herren Christ. / Halleluja.

4. Drum jauchzen wir mit großem Schalln, / Halleluja, / dem Herren Christ zum Wohlgefalln. / Halleluja.

5. Der Heiligen Dreieinigkeit, / Halleluja, / sei Lob und Preis in Ewigkeit. / Halleluja.

T: Frankfurt/O 1601 nach «Caelos ascendit hodie» 15. Jh.
M und S: Melchior Franck 1627/28

492

4. Gleicher Macht und gleicher Ehren, / sitzt er unter lichten Chören / über allen Kerubim. / In der Welt und Himmel Enden / hat er alles in den Händen; / denn der Vater gab es ihm.

5. Nur in ihm, o Wundergaben, / können wir Erlösung haben, / die Erlösung durch sein Blut. / Hört's: Das Leben ist erschienen, / und ein ewiges Versühnen / kommt in Jesus uns zugut.

6. Gebt, ihr Sünder, ihm die Herzen. / Klagt, ihr Kranken, ihm die Schmerzen. / Sagt, ihr Armen, ihm die Not. / Alle Wunden kann er heilen; / Balsam weiß er auszuteilen; / Leben schenkt er selbst im Tod.

7. Zwar auch Kreuz drückt Christi Glieder / hier auf kurze Zeiten nieder, / und das Leiden geht zuvor. / Nur Geduld; es folgen Freuden. / Nichts kann sie von Jesus scheiden; / er, das Haupt, zieht sie empor.

8. Jesus Christus ist der Eine, / der gegründet die Gemeine, / die ihn ehrt als teures Haupt. / Er hat sie mit Blut erkaufet, / mit dem Geiste sie getaufet, / und sie lebet, weil sie glaubt.

9. Ihr steht nun der Himmel offen, / welcher über alles Hoffen, / über alles Wünschen ist. / Die geheiligte Gemeine / weiß, dass eine Zeit erscheine, / da sie heimführt Jesus Christ.

10. Jauchz ihm, Menge heilger Knechte, / rühmt, vollendete Gerechte, / und du Schar, die Palmen trägt, / und ihr Dulder mit der Krone / und du Chor vor seinem Throne, / der die Gottesharfen schlägt.

11. Ich auch auf der tiefsten Stufen, / ich will glauben, zeugen, rufen, / ob ich schon noch Pilgrim bin: / Jesus Christus herrscht als König. / Alles sei ihm untertänig. / Ehret, liebet, lobet ihn!

T: Philipp Friedrich Hiller (1755) 1757 M: Christian Friedrich Witt 1715

493

2. Des Höchsten Sohn ließ willig sich / hernieder auf die Erden / und als ein Mensch demütiglich / erfinden an Gebärden, / nahm auf sich unsre Sünd und Not / und war gehorsam bis zum Tod, / ja bis zum Tod am Kreuze.

3. Darum ward er mit Herrlichkeit / und Majestät gezieret; / im Himmel stand sein Thron bereit, / wo Gott allein regieret. / Da fuhr er im Triumph hinauf; / kein Feind konnt ihm den Siegeslauf / zur ewgen Herrschaft wehren.

4. An uns zeig, Christus, deine Kraft / und sende uns von oben / den Geist, der neue Herzen schafft, / dass wir dich freudig loben / und folgen deinem Vorbild nach / im Dienst und in der Liebe wach, / bis wir zu dir gelangen.

T: Hans Bernoulli (1990/1992) 1998 (Str. 1.4) und Schaffhausen 1728/1841 (Str. 2.3) M: 15. Jh. / Augsburg 1524 (Martin Luther?)

494
+

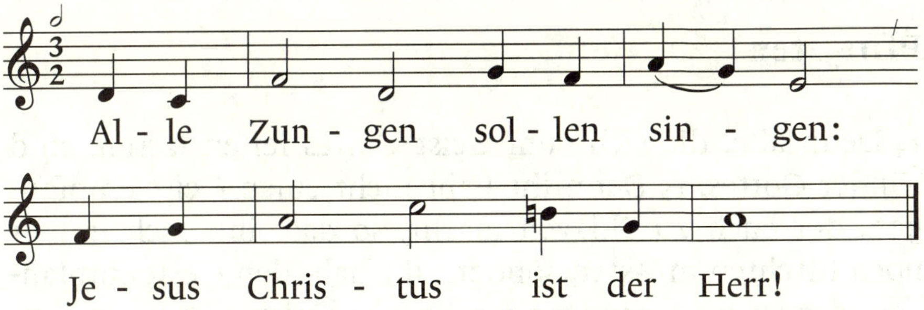

T: Philipperbrief 2,11a.b M: Paul Schwaller (1965) 1966

495
(ö +)

T: Philipperbrief 2,11b.c M: Walter Röder 1970

Pfingsten

496 14 Denn alle, die sich vom Geist Gottes leiten lassen, sind
Kinder Gottes. 15 Denn ihr habt nicht einen Geist empfan-
gen, der euch zu Sklaven macht, so dass ihr euch immer
noch fürchten müsstet, sondern ihr habt den Geist empfan-
gen, der euch zu Kindern macht, den Geist, in dem wir ru-
fen: Abba, Vater! 16 So bezeugt der Geist selber unserem
Geist, dass wir Kinder Gottes sind. 17 Sind wir aber Kinder,
dann auch Erben; wir sind Erben Gottes und sind Miterben
Christi, wenn wir mit ihm leiden, um mit ihm auch ver-
herrlicht zu werden. 18 Ich bin überzeugt, dass die Leiden
der gegenwärtigen Zeit nichts bedeuten im Vergleich zu der
Herrlichkeit, die an uns offenbar werden soll.

Römerbrief 8,14–18

497 DIE AUSGIESSUNG DES HEILIGEN GEISTES

1 Als der Pfingsttag gekommen war, befanden sich alle am
gleichen Ort. 2 Da kam plötzlich vom Himmel her ein Brau-
sen, wie wenn ein heftiger Sturm daherfährt, und erfüllte
das ganze Haus, in dem sie waren. 3 Und es erschienen ih-
nen Zungen wie von Feuer, die sich verteilten; auf jeden von
ihnen ließ sich eine nieder. 4 Alle wurden mit dem Heiligen
Geist erfüllt und begannen, in fremden Sprachen zu reden,
wie es der Geist ihnen eingab. 5 In Jerusalem aber wohnten
Juden, fromme Männer aus allen Völkern unter dem Him-
mel. 6 Als sich das Getöse erhob, strömte die Menge zusam-
men und war ganz bestürzt; denn jeder hörte sie in seiner
Sprache reden. 7 Sie gerieten außer sich vor Staunen und
sagten: Sind das nicht alles Galiläer, die hier reden? 8 Wie-
so kann sie jeder von uns in seiner Muttersprache hören?

Apostelgeschichte 2,1–8

498 DIE AUFERWECKUNG ISRAELS

[Vision des Ezechiel:] 1 SEINE Hand legte sich auf mich, und
ER brachte mich im Geist hinaus und versetzte mich mitten
in die Ebene. Sie war voll von Gebeinen. 2 Er führte mich

ringsum an ihnen vorüber, und ich sah sehr viele über die
Ebene verstreut liegen; sie waren ganz ausgetrocknet. 3 Er
fragte mich: Menschensohn, können diese Gebeine wieder
lebendig werden? Ich antwortete: DU, Gott, das weißt nur
du. 4 Da sagte er zu mir: Sprich als Prophet über diese Ge-
beine und sag zu ihnen: Ihr ausgetrockneten Gebeine, hört
SEIN Wort! 5 So spricht ER, Gott, zu diesen Gebeinen: Ich
selbst bringe Geist in euch, dann werdet ihr lebendig. 6 Ich
spanne Sehnen über euch und umgebe euch mit Fleisch; ich
überziehe euch mit Haut und bringe Geist in euch, dann
werdet ihr lebendig. Dann werdet ihr erkennen, dass ich
ICH bin. 7 Da sprach ich als Prophet, wie mir befohlen war;
und noch während ich redete, hörte ich auf einmal ein
Geräusch: Die Gebeine rückten zusammen, Bein an Bein.
8 Und als ich hinsah, waren plötzlich Sehnen auf ihnen, und
Fleisch umgab sie, und Haut überzog sie. Aber es war noch
kein Geist in ihnen. 9 Da sagte er zu mir: Rede als Prophet
zum Geist, rede, Menschensohn, sag zum Geist: So spricht
ER, Gott: Geist, komm herbei von den vier Winden! Hauch
diese Erschlagenen an, damit sie lebendig werden. 10 Da
sprach ich als Prophet, wie er mir befohlen hatte, und es
kam Geist in sie. Sie wurden lebendig und standen auf – ein
großes, gewaltiges Heer. 11 Er sagte zu mir: Menschensohn,
diese Gebeine sind das ganze Haus Israel. Jetzt sagt Israel:
Ausgetrocknet sind unsere Gebeine, unsere Hoffnung ist
untergegangen, wir sind verloren. 12 Deshalb tritt als Pro-
phet auf und sag zu ihnen: So spricht ER, Gott: Ich öffne
eure Gräber und hole euch, mein Volk, aus euren Gräbern
herauf. Ich bringe euch zurück in das Land Israel. 13 Wenn
ich eure Gräber öffne und euch, mein Volk, aus euren Grä-
bern heraufhole, dann werdet ihr erkennen, dass ich ICH
bin. 14 Ich hauche euch meinen Geist ein, dann werdet ihr
lebendig, und ich bringe euch wieder in euer Land. Dann
werdet ihr erkennen, dass ich ICH bin. Ich habe gesprochen,
und ich führe es aus – SEIN Spruch. Ezechiel 37,1–14

499

1. Komm, Schöp - fer Geist, kehr bei uns ein
2. Ein Trös - ter kommst du uns her - ab,
3. Un - end - lich reichst du Ga - ben dar,

und lass uns dei - ne Woh - nung sein;
du bist des Höchs - ten höchs - te Gab,
du Got - tes Fin - ger wun - der - bar.

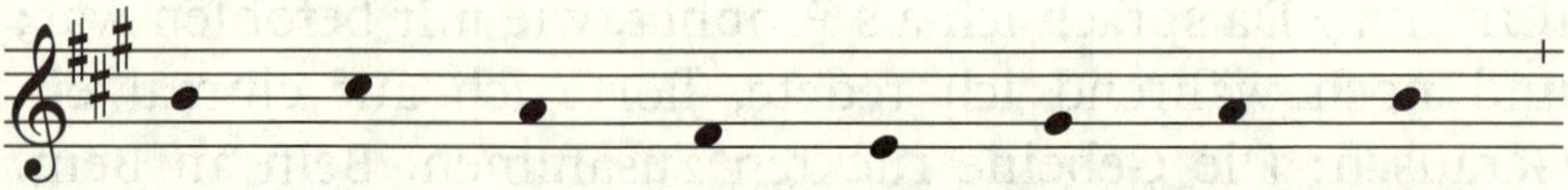

er - füll die Her - zen, dein Ge - bild,
des Le - bens Quell, die wah - re Sonn,
Durch dich lebt nun des Her - ren Wort

mit dei - nen Him - mels - ga - ben mild.
der See - le La - bung, Lieb und Wonn.
in al - len Zun - gen e - wig fort.

4. Gib unsrer Leuchte klaren Schein, / flöß Liebesglut den Herzen ein. / Stärk unsern Mut, dass er besteh / des schwachen Leibes Not und Weh.

5. Des Feindes List fern von uns treib; / gib, dass dein Friede bei uns bleib. / Geh du als Helfer uns voran, / dass uns kein Schade treffen kann.

6. Aus deiner Gnaden lautrem Quell / schenk unsern Herzen Freude hell. / Der Zwietracht Bande lös zur Stund, / schließ uns in deines Friedens Bund.

7. Den Vater und den Sohn, o lehr / sie uns erkennen immer mehr. / Du Heilger Geist, in alle Zeit / sein unsre Herzen dir geweiht.

T: Abraham Emanuel Fröhlich 1844 (Str. 1–4. 7) und GB 1952 (Str. 5. 6) nach dem Hymnus «Veni Creator Spiritus» von Hrabanus Maurus 809 M: Kempten um 1000 zum Osterhymnus «Hic est dies verus Dei» / Wittenberg 1524 / Mainz 1947

1. Esprit Saint, Esprit Créateur, / O grâce qui surpasses tout, / [499]
Viens habiter dans notre cœur! / O Saint-Esprit, visite-nous!

2. Toi qui descends du Dieu très-haut, / Consolateur promis aux siens, / Baptise-nous d'un feu nouveau / Et répands sur nous tous tes biens!

3. O source de tout don parfait / Et doigt de Dieu dans nos chemins, / Par ta présence tu permets / Que l'on ne parle pas en vain.

4. Mets ta clarté dans nos esprits, / Remplis nos cœurs de ton amour / Pour que nous soyons affermis / Dans notre foi jour après jour.

5. Au loin, repousse l'ennemi! / La paix descende enfin partout! / Sois notre guide et notre appui: / Et loin du mal dirige-nous!

6. Que Dieu le Père et Dieu le Fils / Nous soient rendus présents par toi! / Ensemble avec le Saint-Esprit / Qu'ils soient unis dans notre foi.

7. Louange au Père, au Créateur! / Louange au Fils ressuscité! / Au Saint-Esprit consolateur, / Gloire soit pour l'éternité! Amen.

T: Edmond Pidoux 1976/1999

1. Tü Spiert creader, vè pro nus / e piglia dmura, mürav- [499]
glius. / Be Tü rendast Teis tröp vivaint, / mantegnast quel in movimaint.

2. Ün cuffortader est per nus. / Da Tai minchün es fich bsögnus. / Pür Teis sulai fa gnir serain / il cour, la vist', il clom dal sain.

3. Talents nuvels regalast Tü, / talents a quels chi'ls han vuglü. / Cun quels Tü muossast a servir: / il dret, la libertà s-chaffir.

4. Incuraschischa a nus tuots! / Fa ferms ils lioms chi d'eiran ruots. / A la raspada dà quel tegn / chi nascha our da nouv impegn.

5. Funtana clera d'forz' e vierv, / permetta'ns hoz da dar ün süerv, / schi eschan nus bain bavrantats: / cun spiert, umur e forz' armats.

Amen.

T (vallader): Gion Gaudenz 1973

500
ö +

4. Erleuchte unser blind Gesicht / und leeren Herzen Liebe gib. / Wenn du nicht wirkst, vergehen wir; / dein heilig Wehen macht uns neu.

5. Nimm von uns, was von dir uns trennt, / und gib uns, was zu dir uns führt; / so wird dein Friede bei uns sein, / und weit muss das Verderben fliehn.

6. Dass Gott dem Vater wir vertraun / und lieben seinen Sohn, den Herrn, / und dich erfahren, Gott in uns, / dazu hilf uns, o Heilger Geist.

T: Markus Jenny 1971 nach dem Hymnus «Veni Creator Spiritus» von Hrabanus Maurus 809 M: Kempten um 1000 zum Osterhymnus «Hic est dies verus Dei» / Wittenberg 1524 / Mainz 1947

501 ö

dein bren-nend Lieb_ ent-zünd in ihn'.
von Her - zen Va - ter ihn nen - nen.
lass Trüb - sal uns_ nicht weg-trei - ben.

O Herr, durch dei - nes Lich - tes Glast
O Herr, be - hüt vor frem - der Lehr,
O Herr, durch dein Kraft uns be - reit

zum Glau-ben du ver - sam - melt hast
dass wir nicht Meis - ter su - chen mehr
und stärk des Flei-sches Mat - tig - keit,

das Volk aus al - ler Welt Zun-gen.
denn Je - sum mit rech - tem Glau-ben
dass wir hier rit - ter - lich rin - gen,

Das sei dir, Herr,_ zu Lob ge - sun - gen.
und ihm aus gan - zer Macht ver-trau - en.
durch Tod und Le - ben zu dir drin - gen.

Hal-le - lu - ja, Hal - le - lu - ja.
Hal-le - lu - ja, Hal - le - lu - ja.
Hal-le - lu - ja, Hal - le - lu - ja.

«Glast» (Str. 1) bedeutet «Glanz».

T: Martin Luther 1524 nach der Antiphon «Veni Sancte Spiritus» 11./12. Jh. (Str. 1 nach Ebersberg um 1480) M: Ebersberg um 1480 / Erfurt 1524 (Martin Luther?)

502

+

1. Nun bit-ten wir den Hei - li - gen
2. Du wer-tes Licht, gib uns___ dei - nen
3. Du sü - ße Lieb, schenk uns___ dei - ne
4. Du höchs-ter Trös - ter in___ al - ler

Geist um den rech - ten Glau - ben al - ler -
Schein, lehr uns Je - sum Christ ken - nen al -
Gunst, lass emp - fin - den uns der Lieb In -
Not, hilf, dass wir nicht fürch - ten Schand noch

meist, dass er uns be - hü - te an
lein, dass wir an ihm blei - ben, dem
brunst, dass wir uns von Her - zen ein -
Tod, dass in uns die Sin - ne___

un - serm En - de, wenn wir heim - fahrn aus
treu - en Hei - land, der uns bracht hat zum
an - der lie - ben und im Frie - den auf
nicht ver - za - gen, wenn der Feind wird das

die - sem E - len - de. Ky - ri - e - leis.
rech - ten Va - ter - land. Ky - ri - e - leis.
ei - nem Sinn blei - ben. Ky - ri - e - leis.
Le - ben ver - kla - gen. Ky - ri - e - leis.

T: spätestens 13. Jh. / bei Berthold von Regensburg um 1250 (Str. 1) und Martin Luther 1524 (Str. 2–4) M: spätestens 13. Jh. / Medingen nach 1479 / Glogau 1480 nach der Sequenz «Veni Sancte Spiritus» / Wittenberg 1524

503

1. Jauchz, Erd und Him - mel, jub - le hell;
an dem trost - lo - sen Häuf - lein klein,
die Wun - der Got - tes froh er - zähl,
das saß in fried - sa - mer Ge - mein
die er heut hat be - gan - gen
und be - tet' mit Ver - lan - gen,
dass es mit Geist ge - tau - fet werd.
Der kam mit Feu - ers - glut zur Erd,
mit star - kem Stur - mes - to - ben;
das Haus er - füllt er ü - ber - all,
zer - teilt man Zun - gen sah im Saal
und all den Her - ren lo - ben.

2. Komm, Balsam Gottes, Heilger Geist, / erfüll die Herzen allermeist / mit deiner Liebe Brennen. / Von dir allein muss sein gelehrt, / wer sich durch Buß zu Gott bekehrt; / gib himmlisches Erkennen. / Der fleischlich Mensch sich nicht versteht / auf göttlich Ding und irre geht; / in Wahrheit wollst uns leiten / und uns erinnern aller Lehr, / die uns gab Christus, unser Herr, / dass wir sein Reich ausbreiten.

3. Wie mit dem Vater und dem Sohn / du eins bist in des Himmels Thron / im ewgen Liebesbande, / also mach uns auch alle eins, / dass sich absondre unser keins; / nimm fort der Spaltung Schande. / Und wen du kennest als dein Kind, / wo in der Welt zerstreut sie sind, / die halte fest zusammen, / dass sie am Haupte halten treu, / bekennen seine Sache frei / und loben seinen Namen.

4. Durch dich besteht der neue Bund; / Gott wird uns ohne dich nicht kund; / du wendest unsre Herzen / und rufst darin dem Vater zu, / schaffst uns viel Fried und große Ruh, / tröstest in allen Schmerzen. / So wird das Leiden Ehre sein, / wenn du das Herz uns füllest rein / mit Liebe ohne Klage. / Du leitest uns auf ebnem Weg / und führst uns hier den rechten Steg, / weckst uns am Jüngsten Tage.

5. Du bist der lebend Brunnenquell, / der Gottes Stadt durchfließet hell, / erquickest das Gemüte. / Durch dich besteht des Vaters Bau; / du willst und gibst, dass man dir trau; / du bist die Gottesgüte. / Irden Geschirr sind wir und weich, / brechen gar leicht von jedem Streich. / Du selbst wollst uns bewahren, / uns brennen wohl in deiner Glut, / dass uns der Feind nicht Schaden tut, / so wir von hinnen fahren.

T: nach Ambrosius Blarer um 1533/34 M: Matthäus Greiter (1524 oder 1525), Straßburg 1526/1539 / Guillaume Franc, Genf 1542, Psalm 36

504

(ö)

2. Du Quell, draus alle Weisheit fließt, / die sich in fromme Seelen gießt: / Lass deinen Trost uns hören, / dass wir in Glaubenseinigkeit / auch können alle Christenheit / dein wahres Zeugnis lehren. / Höre, lehre, / dass wir können Herz und Sinnen dir ergeben, / dir zum Lob und uns zum Leben.

3. Steh uns stets bei mit deinem Rat / und führ uns selbst auf rechtem Pfad, / die wir den Weg nicht wissen. / Gib uns Beständigkeit, dass wir / getreu dir bleiben für und für, / auch wenn wir leiden müssen. / Schaue, baue, / was zerrissen und beflissen, dich zu schauen / und auf deinen Trost zu bauen.

4. O starker Fels und Lebenshort, / lass uns dein köstlich Himmelswort / in unsern Herzen brennen, / dass wir uns mögen nimmermehr / von deiner Weisheit reichen Lehr / und treuen Liebe trennen. / Lege, präge / deine Güte ins Gemüte, dass wir können / Christum unsern Heiland nennen.

5. Du süßer Himmelstau, lass dich / in unsre Herzen kräftiglich / und schenk uns deine Liebe, / dass unser Sinn verbunden sei / den Nächsten stets mit Liebestreu / und sich darinnen übe. / Kein Neid, kein Streit / dich betrübe; Fried und Liebe wirst du geben, / Fried und Freude uns zum Leben.

T: Michael Schirmer 1640 M: Philipp Nicolai (1597/98) 1599

505

ö +

Vergleiche auch Nr. 303, 338, 396, 465

T: AöL 1983 M: nach der Antiphon «Notum fecit Dominus» um 1000 *(Kv)* und AöL 1983 *(Vers)*

506

1. O Hei - li - ger Geist, o hei - li - ger
Gott, du Trös - ter wert in al - ler
Not, du bist ge - sandt vom Him - mels -
thron, von Gott dem Va - ter und dem
Sohn, o Hei - li - ger Geist, o hei - li - ger Gott.

2. O Heiliger Geist, o heiliger Gott, / gib uns die Lieb zu deinem Wort; / zünd an in uns der Liebe Flamm, / darnach zu lieben allesamt, / o Heiliger Geist, o heiliger Gott.

3. O Heiliger Geist, o heiliger Gott, / mehr' unsern Glauben immerfort. / An Christum niemand glauben kann, / es sei denn durch dein Hilf getan, / o Heiliger Geist, o heiliger Gott.

4. O Heiliger Geist, o heiliger Gott, / erleucht uns durch dein göttlich Wort. / Lehr uns den Vater kennen schon, / dazu auch seinen lieben Sohn, / o Heiliger Geist, o heiliger Gott.

5. O Heiliger Geist, o heiliger Gott, / verlass uns nicht in Not und Tod. / Wir sagen dir Lob, Ehr und Dank, / allzeit und unser Leben lang, / o Heiliger Geist, o heiliger Gott.

T: Altenburg 1651 (Johann Niedling?) M: Köln 1623 / Samuel Scheidt 1650
S: Bernhard Henking 1952

507

1. O Heiliger Geist, o heiliger Gott, / du Leben, das die Welt durchwallt, / du Feuer, das die Welt durchstrahlt, / du Wort, das alle Welt durchhallt: / O Heiliger Geist, o heiliger Gott.

2. O Heiliger Geist, o heiliger Gott, / wo du nicht bist, wohnt Leben nicht. / Erfüll uns du mit deinem Licht, / mit Liebesglut und Zuversicht: / O Heiliger Geist, o heiliger Gott.

Nach Melodie Nr. 506

T: Abraham Emanuel Fröhlich 1844

508

1. Zieh ein zu mei-nen To-ren, sei
der du, da ich ge-bo-ren, mich
mei-nes Her-zens Gast,
neu ge-bo-ren hast,
o hoch ge-
lieb-ter Geist des Va-ters und des
Soh-nes, mit bei-den glei-chen Thro-nes,
mit bei-den gleich ge-preist.

2. Zieh ein, lass mich empfinden / und schmecken deine Kraft, / die Kraft, die uns von Sünden / Hilf und Errettung schafft. / Entsünd'ge meinen Sinn, / dass ich mit reinem Geiste / dir Ehr und Dienste leiste, / die ich dir schuldig bin.

3. Du bist ein Geist, der lehret, / wie man recht beten soll; / dein Beten wird erhöret, / dein Singen klinget wohl. / Es steigt zum Himmel an; / es lässt nicht ab und steiget, / bis der zu uns sich neiget, / der allen helfen kann.

4. Du bist ein Geist der Freuden, / vom Trauern hältst du nichts, / erleuchtest uns im Leiden / mit deines Trostes Licht. / Ach ja, wie manches Mal / hast du mit süßen Worten / mir aufgetan die Pforten / zum güldnen Freudensaal.

5. Du bist ein Geist der Liebe, / ein Freund der Freundlichkeit, / willst nicht, dass uns betrübe / Zorn, Zank, Hass, Neid und Streit. / Der Feindschaft Feind du bist, / willst, dass durch Liebesflammen / sich wieder tu zusammen, / was voller Zwietracht ist.

6. Du, Herr, hast selbst in Händen / die ganze weite Welt, / kannst Menschenherzen wenden, / wie dir es wohlgefällt; / so gib doch deine Gnad / zu Fried und Liebesbanden, / verknüpf in allen Landen, / was sich getrennet hat.

7. Beschirm die Obrigkeiten / von deinem Himmelsthron; / gib uns getroste Zeiten; / schmück als mit einer Kron / die Alten mit Verstand, / mit Frömmigkeit die Jugend, / mit Gottesfurcht und Tugend / das Volk im ganzen Land.

8. Erhebe dich und steure / dem Herzleid auf der Erd, / bring wieder und erneure / die Wohlfahrt deiner Herd. / Lass blühen wie zuvor / die Länder, so verheeret, / die Kirchen, so zerstöret / durch Krieg und Feuerzorn.

9. Erfülle die Gemüter / mit reiner Glaubenszier, / die Häuser und die Güter / mit Segen für und für. / Vertreib den bösen Geist, / der dir sich widersetzet / und, was dein Herz ergötzet, / aus unsern Herzen reißt.

10. Richt unser ganzes Leben / allzeit nach deinem Sinn, / und wenn wir's sollen geben / in's Todes Hände hin, / wenn's mit uns hier wird aus, / so hilf uns fröhlich sterben / und nach dem Tod ererben / des ewgen Lebens Haus.

T: Paul Gerhardt 1653 M: Johann Crüger 1653
S: nach Johann Crüger 1656

509

2. Gib in unser Herz und Sinnen / Weisheit, Rat, Verstand und Zucht, / dass wir andres nichts beginnen / als, was nur dein Wille sucht. / Dein Erkenntnis werde groß / und mach uns von Irrtum los.

3. Lass uns hin zum Vater treten / frei mit aller Freudigkeit; / seufz auch in uns, wenn wir beten, / und vertritt uns allezeit. / So wird unsre Bitt erhört / und die Zuversicht vermehrt.

4. Wird uns auch nach Troste bange, / wenn das Herz oft rufen muss: / Ach, mein Gott, mein Gott, wie lange? / o so mache den Beschluss. / Sprich der Seele tröstlich zu / und gib Mut, Geduld und Ruh.

5. Wenn wir endlich sollen sterben, / zeige uns je mehr und mehr / als des Himmelreiches Erben / jene Herrlichkeit und Ehr, / die Gott gibt durch Jesum Christ / und die unaussprechlich ist.

T: Heinrich Held 1658 M: Meiningen 1693 (Johann Christoph Bach?)
S: nach Choralbuch Meiningen 1693

510

1. O Gott, o Geist, o Licht des Le - bens,
das uns im To - des - schat - ten scheint, du
scheinst und lockst so lang ver - ge - bens,
weil Fins - ter - nis dem Lich - te Feind. O
Geist, dem kei - ner kann ent - ge - hen, dich lass ich

2. Entdecke alles und verzehre, / was nicht in deinem Lichte rein, / wenn mir's gleich noch so schmerzlich wäre; / die Wonne folget nach der Pein. / Du wirst mein Wesen aus dem alten / in Jesu Klarheit neu gestalten.

3. Ich kann nicht selbst der Sünde steuern; / das ist dein Werk, du Quell des Lichts; / du musst von Grund auf mich erneuern, / sonst hilft mein eignes Trachten nichts. / O Geist, sei meines Geistes Leben. / Ich kann mir selbst kein Gutes geben.

4. Du Atem aus der ewgen Stille, / durchwehe sanft der Seele Grund, / füll mich mit aller Gottesfülle / und da, wo Sünd und Gräuel stund, / lass Glauben, Lieb und Ehrfurcht grünen, / in Geist und Wahrheit Gott zu dienen.

5. Mein Wirken, Wollen und Beginnen / sei kindlich folgsam deinem Trieb; / bewahr mein Herz und alle Sinnen / untadelig in Gottes Lieb. / Lass mich dein Beten, Lehren, Kämpfen / in mir auf keine Weise dämpfen.

6. O Geist, o Strom, der uns vom Sohne / eröffnet und kristallenrein / aus Gottes und des Lammes Throne / nun quillt in stille Herzen ein: / Ich öffne meinen Mund und sinke; / gib mir dies Wasser, dass ich trinke.

7. Ich lass mich dir und bleib indessen, / von allem abgekehrt, dir nah; / ich will die Welt und mich vergessen, / dies innigst glauben: Gott ist da. / O Gott, o Geist, o Licht des Lebens, / man harret deiner nie vergebens.

T: Gerhard Tersteegen 1745 M: Dmitrij Stepanovič Bortnjanskij 1822
S: nach Dmitrij Stepanovič Bortnjanskij 1822

511
(ö)

2. Es gilt ein frei Geständnis / in dieser unsrer Zeit, / ein offenes Bekenntnis / bei allem Widerstreit, / trotz aller Feinde Toben, / trotz allem Heidentum / zu preisen und zu loben / das Evangelium.

3. O wahrlich, wir verdienen / ein strenges Strafgericht: / Uns ist das Licht erschienen, / allein wir glauben nicht. / Ach lasset uns gebeugter / um Gottes Gnade flehn, / dass er bei uns den Leuchter / des Wortes lasse stehn.

4. Du Heilger Geist, bereite / ein Pfingstfest nah und fern; / mit deiner Kraft begleite / das Zeugnis von dem Herrn. / O öffne du die Herzen / der Welt und uns den Mund, / dass wir in Freud und Schmerzen / das Heil ihr machen kund.

T: Karl Johann Philipp Spitta (1827) 1833 M: 15. Jh. / geistlich Böhmische Brüder, Nürnberg um 1535/1544 / Johann Crüger 1662 / Berlin 1932

512 ö+

T: nach Apostelgeschichte 1,8 M: Paul Ernst Ruppel 1964 nach Köln 1623 und Samuel Scheidt 1650

513

1. Dass es auf der ar - men Er - de
wie - der ein - mal Pfings - ten wer - de,
un - ter dei - ner Chris - ten - schar
Herr, das ma - che gnä - dig wahr.
Fa - che neu der Lie - be Flam - men
in den kal - ten Her - zen an;
fü - ge, was ent - zweit, zu - sam - men,

2. Mache alle kranken Glieder / rüstig, kräftig und gesund. / Lass die erste Liebe wieder / einen unsern Christenbund, / dass bald wieder uns der eine, / große, heilge Gottesgeist / sichtbar sei in der Gemeine, / welche Christi Kirche heißt.

3. O so send ihn uns hernieder, / und als neuer Lebenssaft / dringe er durch alle Glieder / und belebe sie mit Kraft, / treibe sie zu Geisteswerken, / fache an der Liebe Glut, / lehre treu aufs Wort uns merken, / weck der ersten Zeugen Mut.

4. Also lass des Geistes Wehen / in der ganzen Christenheit, / Jesus, heute neu erstehen; / gib uns Glaubensfreudigkeit. / Dass in jeder Christgemeine, / nah und fern, zu Berg und Tal, / deines Geistes Macht erscheine, / Pfingsten werde überall!

T: Leonhard Meisser 1847 M: Bamberg 1732 / Herrnhaag um 1735/1744 / Basel 1745 S: GB 1891

514

Übersetzung (nicht singbar): Komm, Heiliger Geist, entzünde das Feuer deiner Liebe.

T: aus der Antiphon «Veni Sancte Spiritus reple» 11. Jh.
M und S: Jacques Berthier, Taizé 1992/93

515

ö+

2. komm und lindre unsre Last, / komm, gib in der Mühsal Rast, / komm, sei bei uns Armen Gast.

3. Glut, die unser Herz durchdringt, / Beistand, der zum Ziel uns bringt, / ohne den uns nichts gelingt,

4. halt uns, wo wir haltlos gehn, / rate, wo wir ratlos stehn, / sprich du, wo wir sprachlos flehn.

5. Hauch, der Leben uns verleiht, / lenk uns in der Erdenzeit, / führ uns hin zur Seligkeit.

T: Maria Luise Thurmair (1970) 1972 nach der Sequenz «Veni Sancte Spiritus et emitte caelitus» von Stephen Langton (?) um 1200 M: Bremen 1620 nach der Weihnachtscantio «In natali Domini» 15. Jh. S: nach Bremen 1633

516
ö +

1. Wind kannst du nicht se - hen, ihn spürt
2. Geist kannst du nicht se - hen; doch hör,
3. Wind kannst du nicht se - hen, a - ber,

nur das Ohr flüs - tern o - der
wie er spricht tief im Her - zen
was er tut: Fel - der wo - gen,

brau - sen wie ein mächt' - ger Chor.
Wor - te vol - ler Trost und Licht.
Wel - len wan - dern in der Flut.

4. Geist kannst du nicht sehen; / doch, wo er will sein, / weicht die Angst und strömt die Freude mächtig ein.

5. Hergesandt aus Welten, / die noch niemand sah, / kommt der Geist zu uns, und Gott ist selber da.

T: Markus Jenny 1983/1991 nach dem schwedischen «Vinden ser vi inte» von Anders Frostenson (1958) 1960/1973 M: Erhard Wikfeldt (1958) 1960

Dank-, Buß- und Bettag

517
+

2. Die uns regieren, leite, Herr, / dass sie es tun zu deiner Ehr, / dass sie dem Land zum Segen sei'n / und deines Segens sich erfreun.

3. Schenk du uns, Gott, Versöhnlichkeit, / dass wir, wenn Meinung uns entzweit, / in andern die Geschwister sehn, / im Streite noch zusammenstehn.

4. Du, der du alle Völker liebst / und deine Güter allen gibst: / Dass jedem Volk geholfen sei, / mach es von aller Knechtschaft frei.

5. Gott, schenke Freiheit, Fried und Recht / dem ganzen menschlichen Geschlecht. / Dich preise unser Lobgesang / vom Aufgang bis zum Niedergang.

T: Philadelphia 1849 (Carl Rudolf Demme?) M: Loys Bourgeois, Genf 1551, Psalm 134 S: nach Claude Goudimel 1564/65

518

2. Unser Land mit seiner Pracht, / seine Berge, seine Fluren / sind die Zeugen deiner Macht, / deiner Vatergüte Spuren. / Alles in uns betet an; / Großes hast du uns getan.

3. Zieh uns in dein Liebesreich; / mach aus Sündern Gotteskinder; / mach uns dir, o Heiland, gleich: / Helfer, Kämpfer, Überwinder, / im Geringsten wahr und treu; / großer Gott, mach du uns frei.

4. Herr, erbarm, erbarme dich / deiner blutbefleckten Erde; / unsre Seele sehnet sich, / dass du sprichst ein neues «Werde!». / Send uns Kraft und Zuversicht, / die der Waffen Joch zerbricht.

5. Zünd in uns dein Feuer an, / dass die Herzen gläubig brennen / und, befreit von Angst und Wahn, / wir als Menschen uns erkennen, / die sich über Meer und Land / reichen fest die Friedenshand.

6. Mach vom Hass die Geister frei, / frei von Sündenlast und -ketten; / brich des Mammons Reich entzwei; / du nur kannst die Menschheit retten. / Rette uns aus Schuld und Not, / Heilger Geist, barmherz'ger Gott.

T: Ignaz Franz 1768 nach «Te Deum laudamus» 4. Jh. (Str. 1) und Karl von Greyerz 1918/1932 (Str. 2–6) M: Wien um 1774 / Leipzig 1819
S: GB 1891 / GB 1941 / GB 1952

519
+

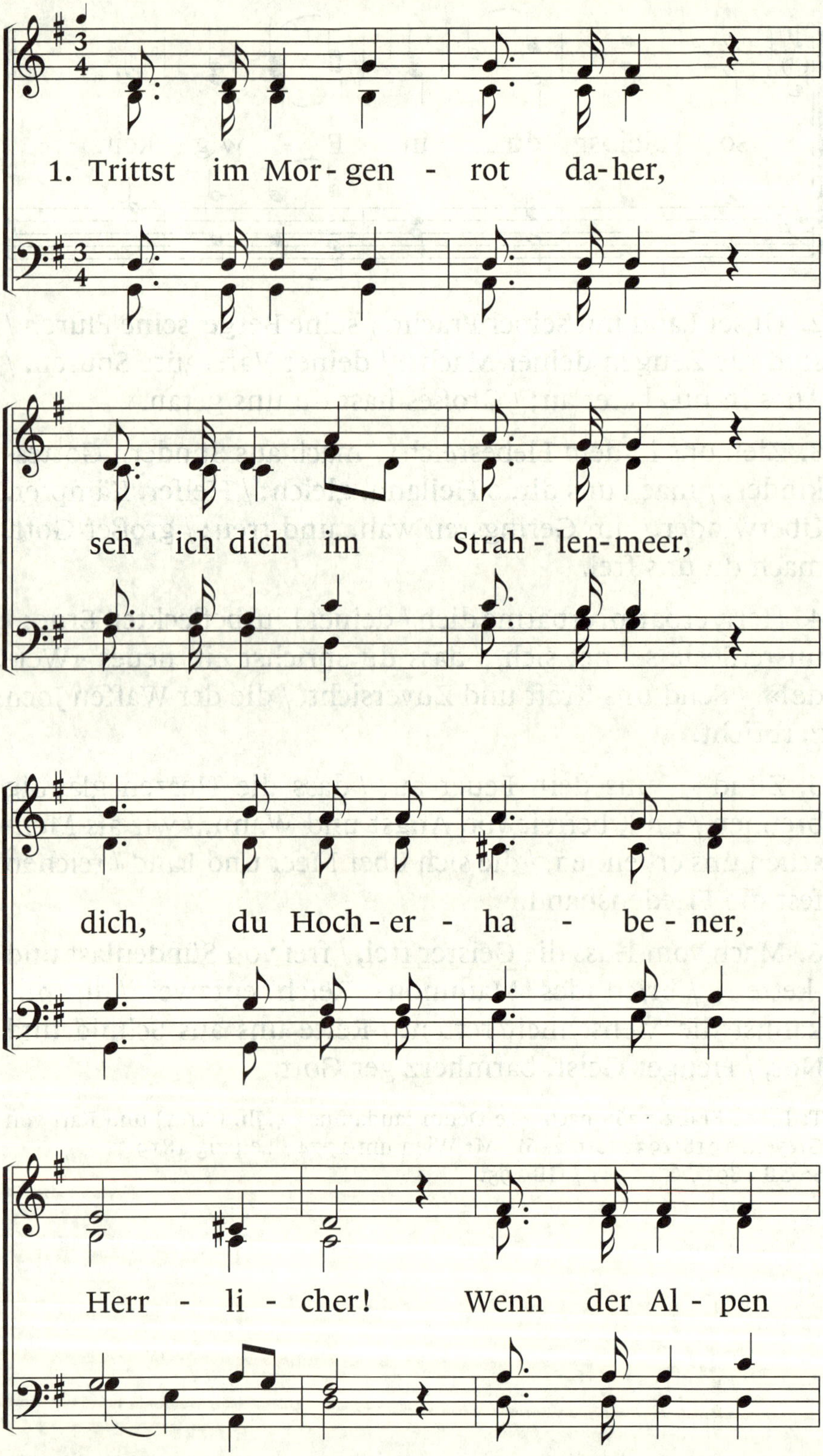
1. Trittst im Mor - gen - rot da - her,
seh ich dich im Strah - len - meer,
dich, du Hoch - er - ha - be - ner,
Herr - li - cher! Wenn der Al - pen

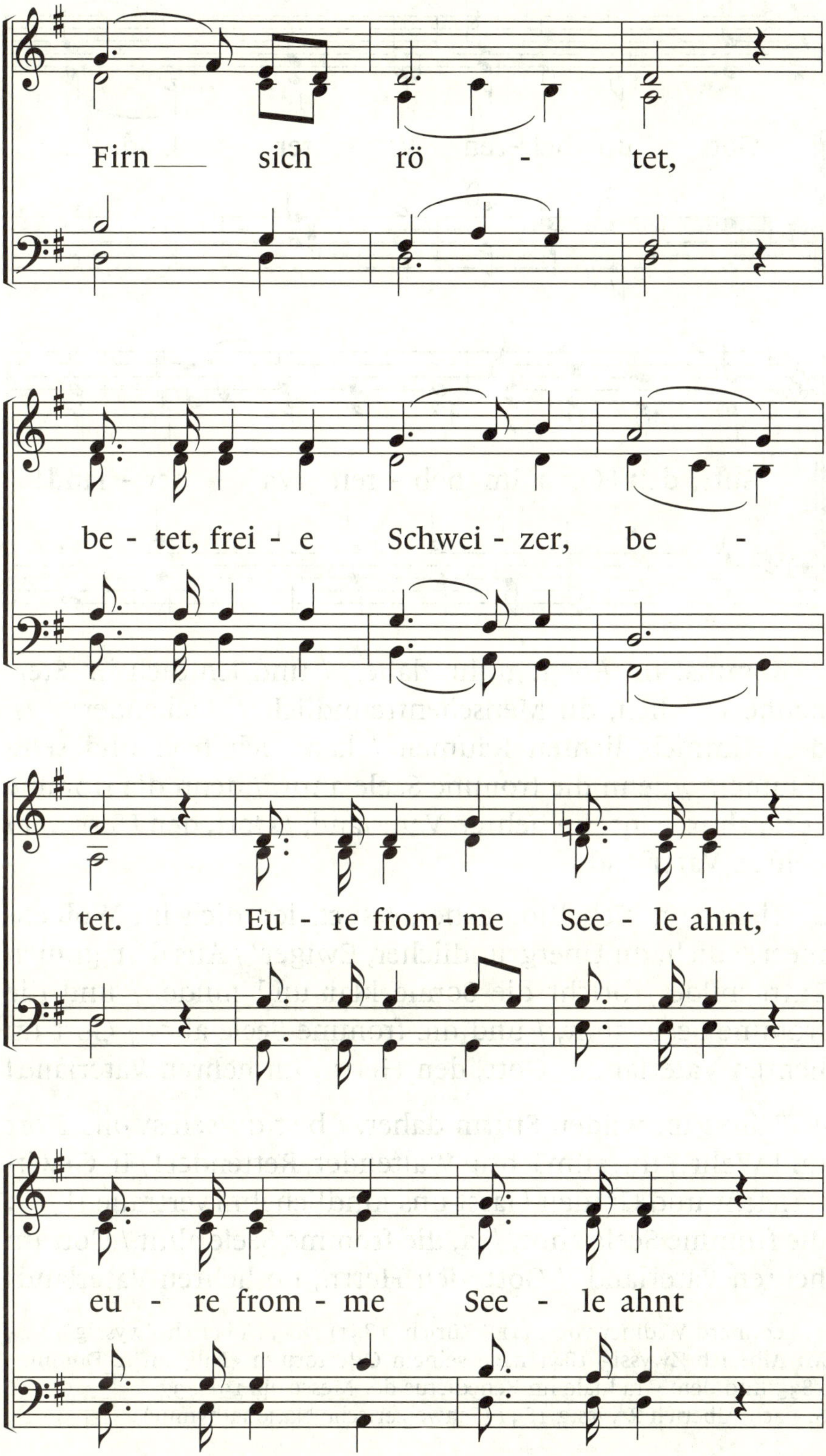
Firn sich rö - tet,
be - tet, frei - e Schwei - zer, be - tet.
Eu - re from - me See - le ahnt,
eu - re from - me See - le ahnt

2. Kommst im Abendglühn daher, / find ich dich im Sternenheer, / dich, du Menschenfreundlicher, Liebender! / In des Himmels lichten Räumen / kann ich froh und selig träumen; / denn die fromme Seele ahnt, / denn die fromme Seele ahnt / Gott im hehren Vaterland, / Gott, den Herrn, im hehren Vaterland!

3. Ziehst im Nebelflor daher, / such ich dich im Wolkenmeer, / dich, du Unergründlicher, Ewiger! / Aus dem grauen Luftgebilde / bricht die Sonne klar und milde, / und die fromme Seele ahnt, / und die fromme Seele ahnt / Gott im hehren Vaterland, / Gott, den Herrn, im hehren Vaterland!

4. Fährst im wilden Sturm daher, / bist du selbst uns Hort und Wehr, / du, allmächtig Waltender, Rettender! / In Gewitternacht und Grauen / lasst uns kindlich ihm vertrauen! / Ja, die fromme Seele ahnt, / ja, die fromme Seele ahnt / Gott im hehren Vaterland, / Gott, den Herrn, im hehren Vaterland!

T: Leonhard Widmer vor 1841 / Zürich (1841) 1843 (Alberich Zwyssig?)
M: Alberich Zwyssig 1841 nach seinem Offertorium «Diligam te Domine» 1835 und dem Graduale im Benedictus der Messe op. 19 1837
S: nach Alberich Zwyssig 1841 (Schweizerische Nationalhymne)

520

1. Al-les Le - ben strömt aus dir, al-les
Le - ben strömt aus dir und durch-
wallt in tau - send Bä - chen, und durch-
und durchwallt in tausend Bächen,
wallt in tau - send Bä-chen al - le

Wel - ten, al - le Wel - ten,
al - le sprechen, al - le spre - chen:
Dei - ner Hän - de Werk sind wir,
dei - ner Hän - de Werk sind wir, dei - ner
Hän - - de
Hän - de, Hän - de Werk sind wir,

2. ‖: Dass ich fühle, dass ich bin, :‖: dass ich dich, du Großer, kenne, :‖: dass ich froh dich Vater nenne, :‖: o ich sinke vor dir hin, :‖: o ich sinke vor dir hin! :‖

3. ‖: Welch ein Trost und unbegrenzt :‖: und unnennbar ist die Wonne, :‖: dass gleich deiner milden Sonne :‖: mich dein Vateraug umglänzt, :‖: mich dein Vateraug umglänzt. :‖

4. ‖: Deiner Gegenwart Gefühl :‖: sei mein Engel, der mich leite, :‖: dass mein schwacher Fuß nicht gleite, :‖: nicht sich irre von dem Ziel, :‖: nicht sich irre von dem Ziel. :‖

T: Karoline Christiane Louise Rudolphi 1787 M: Johann Heinrich Tobler 1825 S: Johann Heinrich Tobler 1825 / Albrecht Tunger 1988

Schöpfung, Jahreszeiten, Erntedank

521 19 Denn die ganze Schöpfung wartet sehnsüchtig auf das
Offenbarwerden der Kinder Gottes. 20 Die Schöpfung ist der
Vergänglichkeit unterworfen, nicht aus eigenem Willen,
sondern durch den, der sie unterworfen hat; aber zugleich
gab er ihr Hoffnung: 21 Auch die Schöpfung soll von der
Sklaverei und Verlorenheit befreit werden zur Freiheit und
Herrlichkeit der Kinder Gottes. 22 Denn wir wissen, dass die
gesamte Schöpfung bis zum heutigen Tag seufzt und in
Geburtswehen liegt. Römerbrief 8,19–22

522 GOTTES BUND MIT NOACH

8 Dann sprach Gott zu Noach und zu seinen Söhnen, die bei
ihm waren: 9 Ich aber, siehe, ich richte einen Bund auf mit
euch und euren Nachkommen 10 und mit allen lebenden
Wesen, die bei euch sind, Vögeln, Vieh und allem Wild des
Feldes bei euch, mit allen, die aus der Arche gekommen
sind. 11 Ich will einen Bund mit euch aufrichten, dass nie-
mals wieder alles Fleisch von den Wassern der Sintflut soll
ausgerottet werden und niemals wieder eine Sintflut kom-
men soll, die Erde zu verderben. 12 Und Gott sprach: Dies
ist das Zeichen des Bundes, den ich stifte zwischen mir und
euch und allen Lebewesen, die bei euch sind, auf ewige
Zeiten: 13 Meinen Bogen stelle ich in die Wolken; der soll
ein Bundeszeichen sein zwischen mir und der Erde.
14 Wenn ich nun Wolken häufe ob der Erde und sich der
Bogen in den Wolken zeigt, 15 dann will ich des Bundes
gedenken, der da besteht zwischen mir und euch und allen
lebenden Wesen, und niemals wieder sollen die Wasser zu
einer Sintflut werden, die alles Fleisch verderbe.

1. Mose (Genesis) 9,8–15

523 6 Alles Sterbliche ist wie das Gras, und all seine Schönheit
ist wie die Blume auf dem Feld. 7 Das Gras verdorrt, die Blu-
me verwelkt, wenn SEIN Atem darüber weht. Wahrhaftig,

Gras ist das Volk. 8 Das Gras verdorrt, die Blume verwelkt,
doch das Wort unseres Gottes bleibt in Ewigkeit.

Jesaja 40,6b–8

[Jesus spricht:] 25 Darum sage ich euch: Sorgt euch nicht um 524
euer Leben, was ihr essen werdet, noch um euren Leib, was
ihr anziehen werdet. Ist nicht das Leben mehr als die Nah-
rung und der Leib mehr als die Kleidung? 26 Schaut auf die
Vögel des Himmels: Sie säen nicht, sie ernten nicht, sie sam-
meln nicht in Scheunen, und euer himmlischer Vater
ernährt sie. Seid ihr nicht mehr wert als sie? 27 Wer von euch
vermag durch Sorgen seiner Lebenszeit auch nur eine Elle
hinzuzufügen? 28 Und was sorgt ihr euch um die Kleidung?
Lernt von den Lilien auf dem Feld, wie sie wachsen: Sie ar-
beiten nicht und spinnen nicht. 29 Ich sage euch aber: Selbst
Salomo in all seiner Pracht war nicht gekleidet wie eine von
diesen. 30 Wenn aber Gott das Gras des Feldes, das heute
steht und morgen in den Ofen geworfen wird, so kleidet,
wieviel mehr dann euch, Kleingläubige! 31 Sorgt euch also
nicht und sagt nicht: Was werden wir essen?, oder: Was
werden wir trinken?, oder: Was werden wir anziehen?
32 Denn nach all dem trachten die Heiden. Euer himm-
lischer Vater weiß nämlich, dass ihr dies alles braucht.
33 Trachtet aber zuerst nach seinem Reich und nach seiner
Gerechtigkeit, dann wird euch dies alles dazugegeben wer-
den. 34 Sorgt euch also nicht um den morgigen Tag; denn
der morgige Tag wird für sich selber sorgen. Jeder Tag hat
genug an eigener Last.

Matthäus 6,25–34

31 Gott sah alles an, was er gemacht hatte: Es war sehr gut. 525
Es wurde Abend, und es wurde Morgen: der sechste Tag.
1 So wurden Himmel und Erde vollendet und ihr ganzes
Gefüge. 2 Am siebten Tag vollendete Gott das Werk, das er
geschaffen hatte, und er ruhte am siebten Tag, nachdem er
sein ganzes Werk vollbracht hatte.

1. Mose (Genesis) 1,31; 2,1.2

526

1. Got - tes Ge - schöp - fe, kommt zu Hauf,
Lasst brau - sen hoch zum Him - mel auf,
Hal - le - lu - ja.
Hal - le - lu - ja.
Du Son - ne
hell mit gold - nem Strahl, Hal - le - lu - ja.
Mond leuch - tend hoch vom Him - mels - saal,
Hal - le - lu - ja. Singt ihm Eh - re!

2. Du Sturm, der durch die Welten zieht, Halleluja. / Du Wolke, die am Himmel flieht, Halleluja. / Du Sommers junges Morgenrot, Halleluja. / Du Abendschein, der prächtig loht, Halleluja. / Singt ihm Ehre! Singt ihm Ehre! Halleluja!

3. Ihr Wasserbäche klar und rein, Halleluja, / singt euer Loblied ihm allein, Halleluja. / Du Feuers Flamme auf dem Herd, Halleluja, / daran der Mensch sich wärmt und nährt, Halleluja. / Singt ihm Ehre! Singt ihm Ehre! Halleluja!

4. Du, Mutter Erde gut und mild, Halleluja, / daraus uns lauter Segen quillt, Halleluja. / Ihr Blumen bunt, ihr Früchte treu, Halleluja, / die Jahr um Jahr uns reifen neu, Halleluja. / Singt ihm Ehre! Singt ihm Ehre! Halleluja!

5. Ihr Herzen, drin die Liebe wohnt, Halleluja, / die ihr den Feind verzeihend schont, Halleluja. / Ihr, die ihr traget schweres Leid, Halleluja, / es Gott zu opfern still bereit, Halleluja. / Singt ihm Ehre! Singt ihm Ehre! Halleluja!

6. Ihr Kreaturen, singt im Chor, Halleluja, / hebt euer Herz zu Gott empor, Halleluja. / Vater und Sohn und Heilgem Geist, Halleluja, / dreieinig, heilig, hochgepreist, Halleluja, / sei die Ehre, sei die Ehre! Halleluja!

T: Karl Budde 1929 nach dem Sonnengesang des Franz von Assisi 1224–1226 und «All Creatures of our God and King» von William Henry Draper (vor 1919) 1926 M: Köln 1623 S: nach Mainz 1628

527
ö+

2. Lob auch bringen die Gestirne, / Bruder Mond, der Freund der Nacht. / Schau, wie Bruder Wind behände / Lobgesang aus Wolken macht, / tausendfaches Himmelslied – / alle Schöpfung lobt den Herrn.

3. Und die schöne Schwester Wasser / lobt mit Regen, Strom und Quell. / Stark ist unser Bruder Feuer, / macht das Haus uns warm und hell, / preist dich, Gott, mit seinem Glanz – / alle Schöpfung lobt den Herrn.

4. Unsre Schwester, Mutter Erde, / die uns trägt und die uns nährt, / die mit Kräutern, Blumen, Früchten, / Schöpfer, dich ohn Ende ehrt, / feiernd deiner Wunder Werk – / alle Schöpfung lobt den Herrn.

5. Lob dir von den Friedensstiftern, / die ertragen Schimpf und Not. / Lob sei, Gott, dir auch am Ende / durch den guten Bruder Tod, / dem kein Leib entgehen kann. / Alle Schöpfung lobt den Herrn.

T: Kurt Rose 1991/92 nach dem Sonnengesang des Franz von Assisi 1224–1226
M: Johann Crüger 1653 S: nach Johann Crüger 1656

528

Gott, unsere Erde ist nur ein kleines Gestirn
im großen Weltall.
An uns liegt es, daraus einen Planeten zu machen,
dessen Geschöpfe nicht von Kriegen gepeinigt werden,
nicht von Hunger und Furcht gequält,
nicht zerrissen in sinnlose Trennung nach Rasse,
Hautfarbe oder Weltanschauung.
Gib uns den Mut und die Voraussicht,
schon heute mit diesem Werk zu beginnen,
damit unsere Kinder und Kindeskinder
einst mit Stolz den Namen Mensch tragen.

Gebet der Vereinten Nationen

529

I Kehrvers
G G Em
Lau-da-to si, o mi Si-gno-re, lau-da-to si,
Em C C
o mi Si-gno-re, lau-da-to si, o mi Si-
D D
gno-re, lau-da-to si, o mi Si-gno-
(I) G G
re, lau-da-to si, o mi Si-gno-
II Strophen
1. Sei ge-prie-sen für al-le dei-ne Wer-ke!
Em Em
re, lau-da-to si, o mi Si-gno-
Sei ge-prie-sen für Sonne, Mond und Sterne!
C C
re, lau-da-to si, o mi Si-gno-
Sei ge-prie-sen für Meer und Kon-ti-nen-te!

2. Sei gepriesen für Licht und Dunkelheiten! / Sei gepriesen für Nächte und für Tage! / Sei gepriesen für Jahre und Sekunden! / Sei gepriesen, denn du bist wunderbar!

3. Sei gepriesen für Wolken, Wind und Regen! / Sei gepriesen – du lässt die Quellen springen! / Sei gepriesen – du lässt die Felder reifen! / Sei gepriesen, denn du bist wunderbar!

4. Sei gepriesen für deine hohen Berge! / Sei gepriesen für Fels und Wald und Täler! / Sei gepriesen für deiner Bäume Schatten! / Sei gepriesen, denn du bist wunderbar!

5. Sei gepriesen – du lässt die Vögel singen! / Sei gepriesen – du lässt die Fische spielen! / Sei gepriesen für alle deine Tiere! / Sei gepriesen, denn du bist wunderbar!

6. Sei gepriesen, denn du, Herr, schufst den Menschen! / Sei gepriesen – er ist dein Bild der Liebe! / Sei gepriesen für jedes Volk der Erde! / Sei gepriesen, denn du bist wunderbar!

7. Sei gepriesen – du selbst bist Mensch geworden! / Sei gepriesen für Jesus, unsern Bruder! / Sei gepriesen – wir tragen seinen Namen!/Sei gepriesen, denn du bist wunderbar!

8. Sei gepriesen – er hat zu uns gesprochen! / Sei gepriesen – er ist für uns gestorben! / Sei gepriesen – er ist vom Tod erstanden! / Sei gepriesen, denn du bist wunderbar!

9. Sei gepriesen, o Herr, für Tod und Leben! / Sei gepriesen – du öffnest uns die Zukunft! / Sei gepriesen, in Ewigkeit gepriesen! Sei gepriesen, denn du bist wunderbar!

T: Winfried Pilz (1974) 1975 (Str. 1–5 mit Bezug auf Daniel 3,57–82, vgl. Nr. 148) und aus dem Sonnengesang des Franz von Assisi 1224–1226 *(Kv)*
M und S: mündlich überliefert

530
ö

2. Seht das große Sonnenlicht, / wie es durch die Wolken bricht. / Auch der Mond, der Sterne Pracht / jauchzen Gott bei stiller Nacht.

3. Seht, wie Gott der Erde Ball / hat gezieret überall. / Wälder, Felder, jedes Tier / zeigen Gottes Finger hier.

4. Seht, wie fliegt der Vögel Schar / in den Lüften Paar bei Paar. / Donner, Blitz, Schnee, Regen, Wind / seines Willens Diener sind.

5. Seht der Wasserwellen Lauf, / wie sie steigen ab und auf. / Von der Quelle bis zum Meer / rauschen sie des Schöpfers Ehr.

6. Ach, mein Gott, wie wunderbar / nimmt dich meine Seele wahr. / Drücke stets in meinen Sinn, / was du bist und was ich bin.

T: Joachim Neander 1680 M: Frankfurt/M 1659 / Halle 1704 / Stuttgart 1744 (Johann Georg Stözel?) S: Bernhard Henking 1952

531
ö

1. Weißt du, wie viel Stern-lein ste - hen
Weißt du, wie viel Wol - ken ge - hen
an dem blau - en Him-mels-zelt?
weit-hin ü - ber al - le Welt?
Gott, der Herr, hat sie ge - zäh - let,
dass ihm auch nicht ei-nes feh - let
an der gan - zen gro-ßen Zahl,

2. Weißt du, wie viel Mücklein spielen / in der heißen Sonnenglut, / wie viel Fischlein auch sich kühlen / in der hellen Wasserflut? / Gott, der Herr, rief sie mit Namen, / dass sie all ins Leben kamen, / dass sie nun so fröhlich sind, / dass sie nun so fröhlich sind.

3. Weißt du, wie viel Kinder frühe / stehn aus ihrem Bettlein auf, / dass sie ohne Sorg und Mühe / fröhlich sind im Tageslauf? / Gott im Himmel hat an allen / seine Lust, sein Wohlgefallen; / kennt auch dich und hat dich lieb, / kennt auch dich und hat dich lieb.

T: Wilhelm Hey 1837 M: Volksweise (um 1818) 1823
S: Emil Heer (1994) 1998

532

o, mer dan-ked, dan - ked diir.
o, mer dan-ked, dan - ked diir.
o, mer dan-ked, dan - ked diir.

T (zürichdeutsch) und M: mündlich überliefert

533

1. Morn-ing has bro - ken like the first morn - ing.
2. Sweet the rain's new fall, sun-lit from heav - en,
3. Mine is the sun-light, mine is the morn - ing,

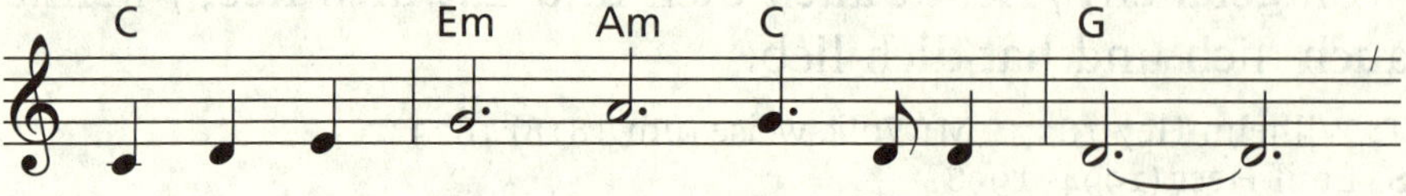

Black-bird has spo - ken like the first bird.
like the first dew - fall on the first grass.
born of the one light E - den saw play.

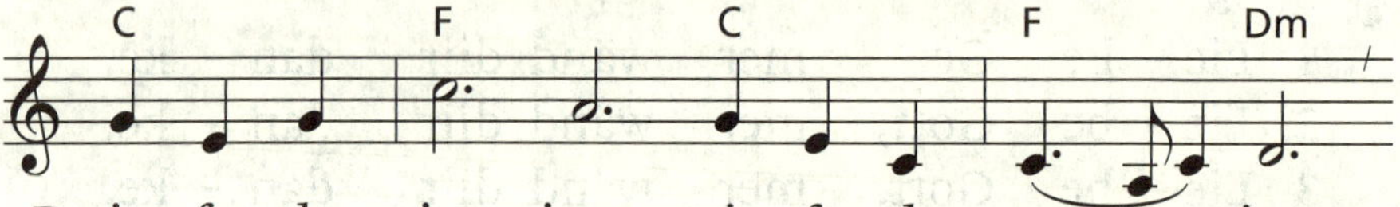

Praise for the sing - ing, praise for the morn - ing,
Praise for the sweet - ness of the wet gar - den,
Praise with e - la - tion, praise ev'-ry morn - ing –

praise for them, spring-ing fresh from the Word.
sprung in com - plete - ness where his feet pass.
God's re-cre - a - tion of the new day.

T: Eleanor Farjeon 1931 M: gälisches Volkslied 19. Jh. / 1888 / geistlich Irland 1919

[533] ö

1. Morgenlicht leuchtet, rein wie am Anfang. / Frühlied der Amsel, Schöpferlob klingt. / Dank für die Lieder, Dank für den Morgen, / Dank für das Wort, dem beides entspringt.

2. Sanft fallen Tropfen, sonnendurchleuchtet. / So lag auf erstem Gras erster Tau. / Dank für die Spuren Gottes im Garten, / grünende Frische, vollkommnes Blau.

3. Mein ist die Sonne, mein ist der Morgen, / Glanz, der zu mir aus Eden aufbricht! / Dank überschwänglich, Dank Gott am Morgen! / Wiedererschaffen grüßt uns sein Licht.

T: Jürgen Henkys (1987) 1990

534 +

4. Gottes Kreaturen / füllen Hügel, Fluren: / Ohn sie kann's kein Leben / für uns geben.

5. Schön im Stirb und Werde / kreist die Mutter Erde, / trägt, was ihr gegeben: / Gottes Leben.

T: Kurt Marti (1985) 1986 M: Friedemann Gottschick (1986) 1989

535
ö

1. Mei - nem Gott ge - hört die Welt,
2. Und sein Ei - gen bin auch ich.
3. Wo ich bin, hält Gott die Wacht,

mei - nem Gott das Him - mels - zelt;
Got - tes Hän - de hal - ten mich
führt und schirmt mich Tag und Nacht;

ihm ge - hört der Raum, die Zeit,
gleich dem Stern - lein in der Bahn;
ü - ber Bit - ten und Ver - stehn

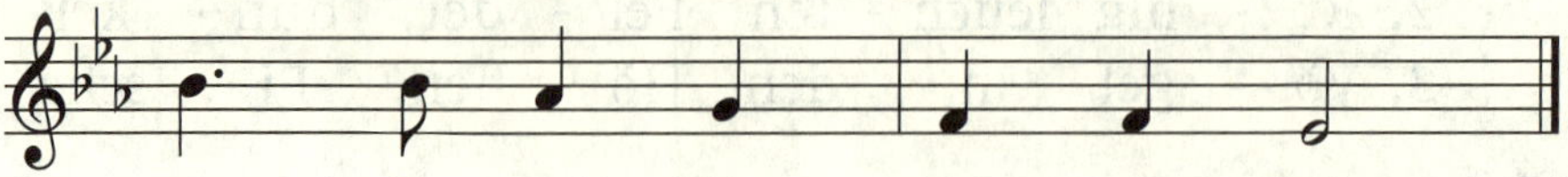

sein ist auch die E - wig - keit.
keins fällt je aus Got - tes Plan.
muss sein Wil - le mir ge - schehn.

4. Täglich gibt er mir das Brot, / täglich hilft er in der Not, / täglich schenkt er seine Huld / und vergibt mir meine Schuld.

5. Lieber Gott, du bist so groß, / und ich lieg in deinem Schoß / wie im Mutterschoß ein Kind; / Liebe deckt und birgt mich lind.

6. Leb ich, Gott, bist du bei mir, / sterb ich, bleib ich auch bei dir: / Und im Leben und im Tod / bin ich dein, du lieber Gott.

T: Arno Pötzsch 1934/1949 M: Christian Lahusen 1948

536

4. Er hät au 's chliinschte Chind i siine Händ, / er hät au 's chliinschte Chind i siine Händ, / er hät au 's chliinschte Chind i siine Händ, / er hät au 's chliinschte Chind i de Händ.

5. Er hät au diich und miich i siine Händ, / er hät au diich und miich i siine Händ, / er hät au diich und miich i siine Händ, / er hät au diich und miich i de Händ.

6. Er hät drum Gross und Chlii i siine Händ, / er hät drum Gross und Chlii i siine Händ, / er hät drum Gross und Chlii i siine Händ, / er hät drum Gross und Chlii i de Händ.

T (zürichdeutsch): Emil Weber 1998 nach dem Spiritual «He's got the whole world in his hand» M: Spiritual

537
ö

1. Geh aus, mein Herz, und su - che Freud
in die - ser lie - ben Som - mer - zeit
an dei - nes Got - tes Ga - ben;
schau an der schö - nen Gär - ten Zier
und sie - he, wie sie mir und dir

2. Die Bäume stehen voller Laub, / das Erdreich decket seinen Staub / mit einem grünen Kleide; / Narzissus und die Tulipan, / die ziehen sich viel schöner an / als Salomonis Seide, / als Salomonis Seide.

3. Die Lerche schwingt sich in die Luft, / das Täublein fliegt aus seiner Kluft / und macht sich in die Wälder; / die hochbegabte Nachtigall / ergötzt und füllt mit ihrem Schall / Berg, Hügel, Tal und Felder, / Berg, Hügel, Tal und Felder.

4. Die Glucke führt ihr Völklein aus, / der Storch baut und bewohnt sein Haus, / das Schwälblein speist die Jungen; / der schnelle Hirsch, das leichte Reh / ist froh und kommt aus seiner Höh / ins tiefe Gras gesprungen, / ins tiefe Gras gesprungen.

5. Die Bächlein rauschen in dem Sand / und malen sich an ihrem Rand / mit schattenreichen Myrten; / die Wiesen liegen hart dabei / und klingen ganz vom Lustgeschrei / der Schaf und ihrer Hirten, / der Schaf und ihrer Hirten.

6. Die unverdrossne Bienenschar / fliegt hin und her, sucht hier und da / die edle Honigspeise; / des süßen Weinstocks starker Saft / wirkt täglich neue Stärk und Kraft / in seinem schwachen Reise, / in seinem schwachen Reise.

7. Der Weizen wächset mit Gewalt; / darüber jauchzet jung und alt / und rühmt die große Güte / des, der so überfließend labt / und mit so manchem Gut begabt / das menschliche Gemüte, / das menschliche Gemüte.

8. Ich selber kann und mag nicht ruhn: / Des großen Gottes großes Tun / erweckt mir alle Sinnen; / ich singe mit, wenn alles singt, / und lasse, was dem Höchsten klingt, / aus meinem Herzen rinnen, / aus meinem Herzen rinnen.

9. Ach, denk ich, bist du hier so schön / und lässt du's uns so lieblich gehn / auf dieser armen Erden: / Was will doch wohl nach dieser Welt / dort in dem reichen Himmelszelt / und güldnen Schlosse werden, / und güldnen Schlosse werden?

10. Welch hohe Lust, welch heller Schein / wird wohl in Christi Garten sein; / wie muss es da wohl klingen, / da so viel tausend Serafim / mit unverdrossnem Mund und Stimm / ihr Halleluja singen, / ihr Halleluja singen.

11. O wär ich da, o stünd ich schon, / du reicher Gott, vor deinem Thron / und trüge meine Palmen, / so wollt ich nach der Engel Weis / erhöhen deines Namens Preis / mit tausend schönen Psalmen, / mit tausend schönen Psalmen.

12. Doch will ich jetzt schon, da ich noch / hier trage dieses Leibes Joch, / auch nicht gar stille schweigen; / mein Herze soll sich fort und fort / an diesem und an allem Ort / zu deinem Lobe neigen, / zu deinem Lobe neigen.

13. Hilf mir und segne meinen Geist / mit Segen, der vom Himmel fleußt, / dass ich dir stetig blühe; / gib, dass der Sommer deiner Gnad / in meiner Seele früh und spat / viel Glaubensfrüchte ziehe, / viel Glaubensfrüchte ziehe.

14. Mach in mir deinem Geiste Raum, / dass ich dir werd ein guter Baum, / und lass mich Wurzel treiben; / verleihe, dass zu deinem Ruhm / ich deines Gartens schöne Blum / und Pflanze möge bleiben, / und Pflanze möge bleiben.

15. Erwähle mich zum Paradeis / und lass mich bis zur letzten Reis / an Leib und Seele grünen; / so will ich dir und deiner Ehr / allein und sonsten keinem mehr / hier und dort ewig dienen, / hier und dort ewig dienen.

Der Satz kann auch ohne die Unterstimme gesungen werden.

Auch nach den Melodien Nr. 410 und 554

T: Paul Gerhardt 1653 M: Augustin Harder vor 1813
S: Emil Heer (1991) 1998 nach Paul Ernst Ruppel 1983

538

Frau Musika spricht:

2. Voran die liebe Nachtigall / macht alles fröhlich überall / mit ihrem lieblichen Gesang, / des muss sie haben immer Dank.

3. Vielmehr der liebe Herre Gott, / der sie also geschaffen hat, / zu sein die rechte Sängerin, / der Musika ein Meisterin.

4. Dem singt und springt sie Tag und Nacht, / seins Lobes sie nichts müde macht: / Den ehrt und lobt auch mein Gesang / und sagt ihm einen ewgen Dank.

T: Martin Luther 1538 M: Böhmen 1505 / Böhmische Brüder, Nürnberg 1544 / Karl Lütge 1917 S: Emil Heer (1994) 1998

539

2. Die bunten Blumenwiesen, / der Äcker weiter Raum, / der Kräuter fröhlich Sprießen, / des Waldes Busch und Baum, / sie solln uns alle künden, / wie Gottes Güt uns nährt, / dass wir die Gnade finden, / die durch das Jahr hin währt.

3. Man hört die Vögel singen / in mannigfachem Klang; / soll unser Mund nicht klingen / zu Gottes Lobgesang? / O Seele, Gott zu ehren / stimm an dein Freudenlied; / dank ihm, der uns will nähren / und gnädig auf uns sieht.

4. Des Jahres Saat behüte, / gib Regen unserm Land; / speis uns durch deine Güte / und segne See und Strand. / Des Tages Müh versüße, / segn' uns die Abendstund. / Des Lebens Quelle fließe / aus deines Wortes Grund.

T: Maria Lohuus 1991 nach dem schwedischen «Den blomstertid nu kommer» von Israel Kolmodin (?) 1694 / Johan Olof Wallin 1819 / Britt G. Hallqvist 1979
M: schwedische Volksweise 1573 / geistlich 1697 S: nach GB Schweden 1697

540

1. Wir pflü - gen und wir streu - en den
Sa - men auf das Land. Doch Wachstum und Ge -
dei - hen steht in des Himmels Hand. Der
tut mit lei - sem We - hen sich mild und
heim - lich auf und träuft, wenn heim wir

2. Er sendet Tau und Regen / und Sonn- und Mondenschein, / er wickelt seinen Segen / gar zart und künstlich ein / und bringt ihn dann behände / in unser Feld und Brot; / es geht durch unsre Hände, / kommt aber her von Gott. *Rfr*

3. Was nah ist und was ferne, / von Gott kommt alles her, / der Strohhalm und die Sterne, / der Sperling und das Meer. / Von ihm sind Büsch und Blätter / und Korn und Obst von ihm, / von ihm mild Frühlingswetter / und Schnee und Ungestüm. *Rfr*

4. Er lässt die Sonn aufgehen, / er stellt des Mondes Lauf; / er lässt die Winde wehen / und tut den Himmel auf. / Er schenkt uns Vieh und Freude, / er macht uns frisch und rot; / er gibt den Kühen Weide / und seinen Kindern Brot. *Rfr*

T: nach Matthias Claudius 1783 M: Hannover 1800
S: John Bacchus Dykes 1861

541

T: Fritz Woike 1930 M: Böhmische Brüder, Prag 1541 / Nürnberg 1544

542
ö

2. Wir wolln uns fröhlich mühen / und bitten Tag um Tag, / dass Gott der Saat ein Blühen / und Reifen schenken mag. *Rfr*

3. Wir wollen fröhlich sagen, / wie Gott uns herzlich liebt / und auch in bösen Tagen / uns stets das Beste gibt. *Rfr*

4. Wir wollen fröhlich fassen / die starke Vaterhand; / sie führt auf rechten Straßen / bis in das fernste Land. *Rfr*

5. So wolln wir fröhlich wandern / durch diese Welt und Zeit, / bis Gott uns in der andern / die Heimat hält bereit. *Rfr*

T: Theo Schmid 1957 (Str. 1 nach einem Ansingelied bei Valentin Triller 1555)
M: Erich Gruber 1953 nach Valentin Triller 1555 S: Kommission 1998

543

1. Herr, die Er - de ist ge - seg - net
Güt und Mil - de hat ge - reg - net;
von dem Wohl - tun dei - ner Hand;
dein Ge - schenk be - deckt das Land.
Auf den Hü - geln, in den Grün - den
ist dein Se - gen aus - ge - streut;
un - ser War - ten ist ge - krö - net,

2. Aller Augen sind erhoben, / Herr, auf dich zu jeder Stund, / dass du Speise gibst von oben / und versorgest jeden Mund. / Und du öffnest deine Hände, / dein Vermögen wird nicht matt; / deine Hilfe, Gab und Spende / machet alle froh und satt.

3. Du gedenkst in deiner Treue / an dein Wort zu Noahs Zeit, / dass dich nimmermehr gereue / deiner Huld und Freundlichkeit. / Und so lang die Erde stehet, / über der dein Auge wacht, / soll nicht enden Saat und Ernte, / Frost und Hitze, Tag und Nacht.

4. Gnädig hast du ausgegossen / deines Überflusses Horn, / ließest Gras und Kräuter sprossen, / ließest wachsen Frucht und Korn. / Mächtig hast du abgewehret / Schaden, Unfall und Gefahr; / und das Gut steht unversehret, / und gesegnet ist das Jahr.

5. Herr, wir haben solche Güte / nicht verdient, die du getan; / unser Wissen und Gemüte / klagt uns vieler Sünden an. / Herr, verleih, dass deine Gnade / jetzt an unsre Seelen rührt, / dass der Reichtum deiner Milde / unser Herz zur Buße führt.

6. Hilf, dass wir dies Gut der Erden / treu verwalten immerfort. / Alles soll geheiligt werden / durch Gebet und Gottes Wort. / Alles, was wir Gutes wirken, / ist gesät in deinen Schoß, / und du wirst die Ernte senden / unaussprechlich reich und groß.

T: Christian Rudolf Heinrich Puchta 1843 M: Bamberg 1732 / Herrnhaag um 1735/1744 / Basel 1745 S: GB 1891

544

1. Des Jah - res schö - ner Schmuck entweicht,
2. Gott ließ der Er - de Frucht ge - deihn;
3. Der Wein - stock gibt die sü - ße Kost,
die Flur wird kahl, der Wald er - bleicht,
wir grei - fen zu, wir ho - len ein,
aus vol - ler Kel - ter fließt der Most,
der Vög - lein Lie - der schwei - gen:
wir sam - meln sei - nen Se - gen:
die Her - zen zu er - freu - en.
Ihr Got - tes - kin - der, schwei - get nicht
Herr Je - su, lass uns glei - chen Fleiß
Du rech - ter Wein - stock, höchs - tes Gut,
und lasst hin - auf zum ew - gen Licht
an dei - ner Lie - be Ruhm und Preis
lass dei - ne Re - ben durch dein Blut
des Her - zens Op - fer stei - - gen.
mit Her - zens - freu - de le - - gen.
sich freu - dig - lich er - neu - - ern.

4. Was Gottes Hand für uns gemacht, / das ist nun alles heimgebracht, / hat Dach und Raum gefunden: / So sammle dir zur Gnadenzeit, / o Seele, was dein Herr dir beut, / für deine Kreuzesstunden.

5. Denn, wie die Felder öde stehn, / die Nebel kalt darüber wehn / und Reif entfärbt die Matten: / So endet alle Lust der Welt; / des Lebens Glanz und Kraft zerfällt; / schnell wachsen seine Schatten.

6. Es fällt der höchsten Bäume Laub / und mischt sich wieder mit dem Staub, / von dannen es gekommen: / Ach Mensch, sei noch so hoch und wert, / du musst hinunter in die Erd, / davon du bist genommen.

7. Doch, wie der Landmann seine Saat / ausstreuet, eh der Winter naht, / um künftig Frucht zu sehen: / So, treuer Vater, deckest du / auch unsern Leib mit Erde zu, / dass er soll auferstehen.

8. Indes, wie über Land und Meer / der Störche Zug, der Schwalben Heer / der Sonn entgegenstreben: / So lass zu dir die Seelen fliehn, / zu deinem Paradiese ziehn, / an deiner Sonne leben.

T: Viktor Friedrich von Strauß und Torney 1848
M: um 1500 / geistlich Augsburg 1530 / Nürnberg 1534

545

4. Bleibe du, mein Herz, nur warm. / Ist ein Bruder nackt und arm, / sein soll meine Wolle sein, / ihn soll warme Speis erfreun.

5. Nach des Winters kalter Nacht / lebet alles, alles lacht; / Bäume, Wiesen, Wälder blühn, / und die dürre Welt wird grün.

6. Also blüht nach kurzer Zeit / aus dem Staub Unsterblichkeit. / Neu und umgeschaffen einst / sind wir, wenn du, Herr, erscheinst.

7. Eile, Tag der Freud, heran, / wo kein Frost mehr kränken kann. / Sonne, die nie untergeht, / sei gelobet und erhöht.

Auch nach Melodie Nr. 369

T: Johann Caspar Lavater 1775 M: Böhmische Brüder, Prag 1541 / Nürnberg 1544

Jahreswechsel

13 Ihr aber, die ihr sagt: Heute oder morgen werden wir in **546**
diese oder jene Stadt reisen, dort werden wir ein Jahr blei-
ben, Handel treiben und Gewinne machen –, 14 ihr wisst
doch nicht, was morgen mit eurem Leben sein wird. Rauch
seid ihr, den man eine Weile sieht; dann verschwindet er.
15 Ihr solltet lieber sagen: Wenn der Herr will, werden wir
noch leben und dies oder jenes tun. 16 Nun aber prahlt ihr
voll Übermut; doch all dieses Prahlen ist schlecht. 17 Wer
also das Gute tun kann und es nicht tut, der sündigt.

Jakobusbrief 4,13–17

16 Das Wort Christi wohne mit seinem ganzen Reichtum bei **547**
euch. Belehrt und ermahnt einander in aller Weisheit! Singt
Gott in eurem Herzen Psalmen, Hymnen und Lieder, wie sie
der Geist eingibt, denn ihr seid in Gottes Gnade. 17 Alles,
was ihr in Worten und Werken tut, geschehe im Namen
Jesu, des Herrn. Durch ihn dankt Gott, dem Vater!

Kolosserbrief 3,16.17

548

2. Wir gehn dahin und wandern / von einem Jahr zum andern; / wir leben und gedeihen / vom alten zu dem neuen

3. durch so viel Angst und Plagen, / durch Zittern und durch Zagen, / durch Krieg und große Schrecken, / die alle Welt bedecken.

4. Denn wie von treuen Müttern / in schweren Ungewittern / die Kindlein hier auf Erden / mit Fleiß bewahret werden,

5. also auch und nicht minder / lässt Gott ihm seine Kinder, / wenn Not und Trübsal blitzen, / in seinem Schoße sitzen.

6. Ach Hüter unsers Lebens, / fürwahr, es ist vergebens / mit unserm Tun und Machen, / wo nicht dein Augen wachen.

7. Gelobt sei deine Treue, / die alle Morgen neue. / Lob sei den starken Händen, / die alles Herzleid wenden.

8. Lass ferner dich erbitten, / o Vater, und bleib mitten / in unserm Kreuz und Leiden / ein Brunnen unsrer Freuden.

9. Gib mir und allen denen, / die sich von Herzen sehnen / nach dir und deiner Hulde, / ein Herz, das sich gedulde.

10. Schließ zu die Jammerpforten / und lass an allen Orten / auf so viel Blutvergießen / die Friedensströme fließen.

11. Sprich deinen milden Segen / zu allen unsern Wegen; / lass Großen und auch Kleinen / die Gnadensonne scheinen.

12. Sei der Verlassnen Vater, / der Irrenden Berater, / der Unversorgten Gabe, / der Armen Gut und Habe.

13. Hilf gnädig allen Kranken; / gib fröhliche Gedanken / den hoch betrübten Seelen, / die sich mit Schwermut quälen.

14. Und endlich, was das Meiste: / Füll uns mit deinem Geiste, / der uns hier herrlich ziere / und dort zum Himmel führe.

15. Das wollest du uns allen / nach deinem Wohlgefallen, / du unsers Lebens Leben, / zum neuen Jahre geben.

T: Paul Gerhardt 1653 M: Nikolaus Selnecker 1587 / Johann Crüger 1649
S: nach Nikolaus Selnecker 1587 und Bartholomäus Gesius 1603

549

2. Es ist ein Traum, der bald vergehet, / um unsre Lebenszeit, / und wie ein Wind den Rauch verwehet, / so tut die Sterblichkeit. / Sie setzet uns ein streng Gesetze, / wir müssen schnell davon / als wie ein nichtiges Geschwätze, / ein bald vergessner Ton.

3. Ach, lehr uns, Herr, doch recht bedenken, / dass unsrer Jahr nicht viel; / des Herzens Dichten wollst du lenken / nur nach dem sel'gen Ziel, / dass wir nicht aus den Augen setzen / den Stand der Ewigkeit, / dich aber weit, weit höher schätzen / denn alles in der Zeit.

4. Du wollst nicht vors Gerichte stellen, / was Übles wir getan, / dich gnädiglich uns zugesellen, / dass nichts verdam-

men kann; / der alten Jahre sündlich Leben / deck in Erbarmen zu; / das aber, so du noch wirst geben, / Herr Jesu, leite du.

5. Du bist's, du schaffest alles Neue; / nimm denn das Alte hin, / auf dass dich auch an uns erfreue / der neu geschaffne Sinn. / Lass uns ein neues Licht aufgehen, / zeig uns der Wahrheit Spur, / sprich, Herr, in Kraft und lass erstehen / die neue Kreatur.

6. Und wie du in vergangnen Jahren / mit Gnad uns überschütt', / derer wir gar nicht würdig waren, / du wesentliche Güt, / so lass auch dieses Jahr gedeihen; / tu auf die Gnadenhand, / bis wir uns dort vollkommen freuen / bei dir im Vaterland.

«A und O» (Str. 1): Alpha (A) ist der erste und Omega (Ω) der letzte Buchstabe des griechischen Alphabets.

T: Hieronymus Annoni 1728 M: Guillaume Franc, Genf 1543 / Lyon 1547, Psalm 72

550

Von guten Mächten treu und still umgeben,
behütet und getröstet wunderbar, –
so will ich diese Tage mit euch leben
und mit euch gehen in ein neues Jahr;

noch will das alte unsre Herzen quälen,
noch drückt uns böser Tage schwere Last.
Ach Herr, gib unsern aufgeschreckten Seelen
das Heil, für das du uns geschaffen hast.

Und reichst du uns den schweren Kelch, den bittern,
des Leids, gefüllt bis an den höchsten Rand,
so nehmen wir ihn dankbar ohne Zittern
aus deiner guten und geliebten Hand.

Doch willst du uns noch einmal Freude schenken
an dieser Welt und ihrer Sonne Glanz,
dann woll'n wir des Vergangenen gedenken,
und dann gehört dir unser Leben ganz.

Lass warm und hell die Kerzen heute flammen,
die du in unsre Dunkelheit gebracht,
führ, wenn es sein kann, wieder uns zusammen!
Wir wissen es, dein Licht scheint in der Nacht.

Wenn sich die Stille nun tief um uns breitet,
so lass uns hören jenen vollen Klang
der Welt, die unsichtbar sich um uns weitet,
all deiner Kinder hohen Lobgesang.

Von guten Mächten wunderbar geborgen
erwarten wir getrost, was kommen mag.
Gott ist bei uns am Abend und am Morgen
und ganz gewiss an jedem neuen Tag.

Dietrich Bonhoeffer
Neujahrsgedicht zum Jahreswechsel 1944/45 aus der Haft

Die letzte Strophe dieses Gedichtes steht als Lied bei Nr. 353.

551
(ö) +

2. Christus hat unser Jahr erneut / und hellen Tag gegeben, / da er aus seiner Herrlichkeit / eintrat ins Erdenleben. *Rfr*

3. Er ist der Weg, auf dem wir gehn, / die Wahrheit, der wir trauen. / Er will als Bruder bei uns stehn, / bis wir im Glanz ihn schauen. *Rfr*

T: EGB (1969) 1971 (Str. 1.2 nach Heinrich Bone 1851) M: Wittenberg 1533 (Martin Luther 1529?) S: GB 1891 / Bernhard Henking 1952

552

2. Wir ziehen mit dem Volk des Herrn / und seines Reichs Geweihten. / Wir folgen unserm Morgenstern / im Dunkel dieser Zeiten. / Denn über allen Nächten klar / strahlt uns sein Name: Wunderbar, / Rat, Kraft und Ewig-Vater.

3. Wir legen auf des Herrn Altar, / in ihm getreu verbunden, / das angetretne neue Jahr / und alle seine Stunden, / die Tränen alle, die es bringt, / die Lieder alle, die es singt: / Dem Herrn sei alles heilig.

T: Samuel Preiswerk 1844 M: 15. Jh. / Augsburg 1524 (Martin Luther?)

553

2. Herr der Tage, Herr der Jahre! / Dieser Erde Zwischenspiel: / Wende es ins Wunderbare, / weis uns aller Ziele Ziel.

3. Herr der Jahre, Herr der Zeiten! / Dir sind wir anheim gestellt; / wollest unsre Schritte leiten, / Herr der Menschen, Herr der Welt.

T: Hermann Hiltbrunner 1945 M und S: Albert Moeschinger (1947) 1952

554
ö+

1. Der du die Zeit in Hän-den hast, Herr,
nimm auch die-ses Jah-res Last und wand-le
sie in Se - gen. Nun von dir selbst in
Je-sus Christ die Mit-te fest ge-wie-sen
ist, führ uns dem Ziel ent - ge - gen.

2. Da alles, was der Mensch beginnt, / vor seinen Augen noch zerrinnt, / sei du selbst der Vollender. / Die Jahre, die du uns geschenkt, / wenn deine Güte uns nicht lenkt, / veralten wie Gewänder.

3. Wer ist hier, der vor dir besteht? / Der Mensch, sein Tag, sein Werk vergeht; / nur du allein wirst bleiben. / Nur Gottes Jahr währt für und für, / drum kehre jeden Tag zu dir, / weil wir im Winde treiben.

4. Der Mensch ahnt nichts von seiner Frist. / Du aber bleibest, der du bist, / in Jahren ohne Ende. / Wir fahren hin durch deinen Zorn, / und doch strömt deiner Gnade Born / in unsre leeren Hände.

5. Und diese Gaben, Herr, allein / lass Wert und Maß der Tage sein, / die wir in Schuld verbringen. / Nach ihnen sei die Zeit gezählt; / was wir versäumt, was wir verfehlt, / darf nicht mehr vor dich dringen.

6. Der du allein der Ewge heißt / und Anfang, Ziel und Mitte weißt / im Fluge unsrer Zeiten: / Bleib du uns gnädig zugewandt / und führe uns an deiner Hand, / damit wir sicher schreiten.

T: Jochen Klepper (1937) 1938 M: Frankfurt/M 1738 (Johann Balthasar König?) S: nach Johann Balthasar König 1738

Gottesdienst im Tageskreis

Der Rhythmus von Tag und Nacht, von Wachen und Schlafen ist eine Grunderfahrung des Lebens, die sich von Gott getragen wissen darf. Sie findet ihren Ausdruck im Gebet an den Wendepunkten des Tageslaufs. Klöster und andere geistliche Lebensgemeinschaften haben das tägliche Gebet zu einer reichen Ordnung ausgestaltet. In solcher Vollständigkeit kann es in den Gemeinden nicht gefeiert werden. Vielerorts werden aber regelmäßig an bestimmten Wochentagen Gebetsgottesdienste gehalten. Gruppen in den Gemeinden können ihre Arbeit mit einer solchen Feier beginnen oder beenden. Auch Tagungen, Kurse, Gemeindeferien und -reisen sind Gelegenheiten, bei denen jeder Tag seine Prägung durch das gemeinsame Gebet erhalten kann. Die im Gesangbuch angebotenen Ordnungen schließen sich in manchem an die Tradition des Tagzeitengebetes an. Von Mal zu Mal sind Lesetexte und Lieder auszuwählen; je nach den Verhältnissen können Stücke auch ausgelassen oder hinzugefügt werden. Wichtig ist aber eine gewisse Regelmäßigkeit; sie ist die Voraussetzung dafür, dass die Betenden sich durch das gemeinschaftliche Gebet getragen wissen. Wichtig ist weiter der gemeinsame Vollzug, sodass auch außer dem gemeinsamen Singen und Lesen immer mehrere Beteiligte aktiv werden: in Lesungen und Gebeten, im Anstimmen der Lieder und Gesänge oder mit weiteren Elementen.

Für das Gebet in der Familie, der Hausgemeinschaft oder in der persönlichen Besinnung finden sich im Gesangbuch eine Reihe von Texten; zudem eignen sich dafür auch viele Liedtexte.

Morgen

Morgengebet 555

EINGANG

E Herr, tue meine Lippen auf,
dass mein Mund deinen Ruhm verkünde.
Gott, komm herbei, mich zu retten,
du meine Hilfe und mein Schutz.
Singet Gott und lobet seinen Namen,
verkündet Tag für Tag sein Heil.

A Ehre sei dem Vater und dem Sohn
und dem Heiligen Geist,
wie im Anfang so auch jetzt und allezeit
und in Ewigkeit. Amen.
(Oder gesungen: Nr. 227, 228)

MORGENLIED (z.B. Nr. 557, 560, 561, 562, 568, 577)

PSALMGEBET (Psalm 63,1–9)

I Gott, du bist mein Gott, den ich suche,
meine Seele dürstet nach dir.

II Mein Leib schmachtet nach dir
im dürren, lechzenden Land ohne Wasser.

I So schaue ich dich im Heiligtum
und sehe deine Macht und Herrlichkeit.

II Denn deine Gnade ist besser als das Leben,
meine Lippen sollen dich rühmen.

I So will ich dich preisen mein Leben lang,
in deinem Namen meine Hände erheben.

II Wie an Mark und Fett wird meine Seele satt,
und mit jubelnden Lippen singt mein Mund,

I wenn ich deiner gedenke auf meinem Lager,
nächtelang über dich sinne.

II Denn du bist mir zur Hilfe geworden,
und im Schatten deiner Flügel will ich jubeln.

I An dir hängt meine Seele,
deine Rechte hält mich fest.

A Sättige uns am Morgen mit deiner Gnade,
so werden wir jubeln und uns freuen alle unsere Tage.
Psalm 90,14

LESUNG (eventuell)

STILLE

LOBLIED (z.B. Nr. 233, 235, 237)

DER LOBGESANG DES ZACHARIAS («Benedictus Dominus»; Lukas 1,68–79)

A Gepriesen sei ER, der Gott Israels!
Denn er hat nach seinem Volk geschaut
und ihm Erlösung verschafft,

I und er hat uns aufgerichtet ein Horn des Heils
im Hause Davids, seines Knechtes,
wie er geredet hat
durch den Mund seiner heiligen Propheten
von Ewigkeit her,

II zur Rettung vor unseren Feinden
und aus der Hand aller, die uns hassen,

I Erbarmen zu erweisen unseren Vätern
und seines heiligen Bundes zu gedenken,
des Eides, den er unserem Vater Abraham
geschworen hat,

II uns zu geben, dass wir, errettet aus der Hand der Feinde,
ihm ohne Furcht dienen
in Heiligkeit und Gerechtigkeit
vor ihm in allen unseren Tagen.

I Und du, Kind,
wirst Prophet des Höchsten genannt werden.
Denn du wirst vor IHM hergehen,
um seine Wege zu bereiten,

II Erkenntnis der Rettung zu geben seinem Volk
durch die Vergebung ihrer Sünden,

I wegen des großen Erbarmens unseres Gottes,
mit dem das aufgehende Licht aus der Höhe
nach uns schauen wird,

II zu leuchten denen,
die in Finsternis und Todesschatten sitzen,
zu lenken unsere Füße auf den Weg des Friedens.

A Gepriesen sei ER, der Gott Israels!
Denn er hat nach seinem Volk geschaut
und ihm Erlösung verschafft.

GEBET

E Vater des Lichts,
wecke unsere Lebensfreude;
begleite uns an diesem Tag;
hilf uns in allen Aufgaben und Entscheidungen;
lass uns deinen Willen erkennen und tun.

Freies Gebet (eventuell Fürbitten)

Stille

E Wir rufen dich an mit den Worten,
die Jesus uns geschenkt hat:

A Unser Vater im Himmel ...

SEGEN

E Der Gott des Friedens mache uns fähig zu allem Guten.
Er bewirke in uns, was ihm gefällt.

A Amen.

556 +

1. Schon zieht her - auf des Ta - ges Licht;
2. Be - zäh - me uns - rer Zun - ge Macht,
3. Rein sei das Herz und un - ver - sehrt

wir flehn zu Gott voll Zu - ver - sicht:
dass sie nicht Hass und Streit ent - facht;
und al - lem Gu - ten zu - ge - kehrt.

Be - wah - re uns an die - sem Tag
lass uns - rer Au - gen hel - len Schein
Und gib uns je - den Tag das Brot

vor al - lem, was uns scha - den mag.
durch Bö - ses nicht ver - dun - kelt sein.
für uns und al - le, die in Not.

4. Senkt sich hernieder dann die Nacht / und ist das Tagewerk vollbracht, / sei dir all unser Tun geweiht / zum Lobe deiner Herrlichkeit.

5. Dich, Vater, Sohn und Heilger Geist, / voll Freude alle Schöpfung preist, / der jeden neuen Tag uns schenkt / und unser ganzes Leben lenkt.

A - men.

T: Friedrich Dörr 1978 nach dem Hymnus «Iam lucis orto sidere» 5./6. Jh.
M: Einsiedeln 12. Jh. / Antiphonale Romanum 1912

557
(ö +)

4. O Gott, du schöner Morgenstern, / gib uns, was wir von dir begehrn: / Zünd deine Lichter in uns an, / lass uns an Gnad kein' Mangel han.

5. Treib aus, o Licht, all Finsternis; / behüt uns, Herr, vor Ärgernis, / vor Blindheit und vor aller Schand / und reich uns Tag und Nacht dein Hand,

6. zu wandeln als am lichten Tag, / damit, was immer sich zutrag, / wir stehn im Glauben bis ans End / und bleiben von dir ungetrennt.

T: Johannes Zwick (um 1541) 1545 M: Johann Walter 1541

558

2. Brich an, du bist die wahre Sonne, / leucht uns mit deinem Himmelsschein; / des Heilgen Geistes Glanz und Wonne / dring tief in unsre Herzen ein.

3. Christus, sei du uns Trank und Speise; / erfülle uns mit deinem Geist, / dass er im Überschwang uns weise, / wie man dich heilig-nüchtern preist.

4. Lass hell den Tag vorübergehen: / Wie Morgen wachse frommer Sinn; / der Glaube bleib im Mittag stehen; / in keinen Abend sink er hin.

5. O Morgenglanz, o ewges Leben, / brich strahlend dir die volle Bahn. / Im Sohn hat Gott sich ganz gegeben, / im Wort sich ganz uns aufgetan.

T: Fritz Enderlin (1949) 1952 nach dem Hymnus «Splendor paternae gloriae» (Ambrosius von Mailand 4. Jh.) M: Guillaume Franc, Genf 1543 / Straßburg 1545 / Loys Bourgeois, Lyon 1547, Zehn Gebote
S: nach Claude Goudimel 1564/65

Morgensegen 559

Ich danke dir, mein himmlischer Vater,
durch Jesus Christus, deinen lieben Sohn,
dass du mich diese Nacht vor Schaden und Gefahr
behütet hast, und bitte dich,
du wollest mich diesen Tag auch behüten
vor Sünden und allem Übel,
dass dir all mein Tun und Leben gefalle;
denn ich befehle mich,
meinen Leib und meine Seele und alles in deine Hände.
Dein heiliger Engel sei mit mir,
dass der böse Feind keine Macht über mich gewinne.

Martin Luther 1529

560
ö

4. Den Tag, Herr, deines lieben Sohns / lass stetig leuchten über uns, / damit, die wir geboren blind, / doch werden noch des Tages Kind'

5. und wandeln, wie's dem wohl ansteht, / in dessen Herzen hell aufgeht / der Tag des Heils, die Gnadenzeit, / da fern ist alle Dunkelheit.

6. Die Werk der Finsternis sind grob / und dienen nicht zu deinem Lob; / die Werk des Lichtes scheinen klar, / dein Ehr sie machen offenbar.

7. Zuletzt hilf uns zur heilgen Stadt, / die weder Nächt noch Tage hat, / da du, Gott, strahlst voll Herrlichkeit, / du schönstes Licht in Ewigkeit.

8. O Sonn der Gnad ohn Niedergang, / nimm an von uns den Lobgesang, / auf dass erklinge diese Weis / zum Guten uns und dir zum Preis.

T: Johannes Zwick (um 1541) 1545 M: 15. Jh. / geistlich Böhmische Brüder, Nürnberg 1544

561

T: Augsburg 1540 M: 1533 / geistlich Hans Kugelmann 1540

562
ö

2. Herr Christ, den Tag uns auch behüt / vor Sünd und Schand durch deine Güt; / lass deine lieben Engelein / uns Hüter heut und Wächter sein,

3. dass unser Herz in Ghorsam leb, / dei'm Wort und Willn nicht widerstreb, / dass wir dich stets vor Augen han / in allem, was wir heben an.

4. Lass unser Werk geraten wohl, / was jeder heut ausrichten soll, / dass unser Arbeit, Müh und Fleiß / gereich zu dei'm Lob, Ehr und Preis.

T: Nikolaus Herman 1560 M: Melchior Vulpius 1609
S: nach Melchior Vulpius 1609

563

T: Fritz Jöde vor 1926 M: Michael Praetorius nach 1600

564
(ö) (+)

2. dass du mich hast aus Gnaden / in der vergangnen Nacht / vor Gfahr und allem Schaden / behütet und bewacht. / Demütig bitt ich dich, / wollst mir mein Sünd vergeben, / womit in diesem Leben / ich hab erzürnet dich.

3. Du wollest auch behüten / mich gnädig diesen Tag / vors Teufels List und Wüten, / vor Sünden und vor Schmach, / vor Feur und Wassersnot, / vor Armut und vor Schanden, / vor Ketten und vor Banden, / vor bösem, schnellem Tod.

4. Gott will ich lassen raten, / denn er all Ding vermag. / Er segne meine Taten / an diesem neuen Tag. / Ihm hab ich heimgestellt / mein' Leib, mein Seel, mein Leben / und was er sonst gegeben; / er mach's, wie's ihm gefällt.

5. Darauf so sprech ich Amen / und zweifle nicht daran, / Gott wird es alls zusammen / in Gnaden sehen an, / und streck nun aus mein Hand, / greif an das Werk mit Freuden, / dazu mich Gott beschieden / in mei'm Beruf und Stand.

T: nach Georg Niege vor 1582 / Herford um 1589 nach dem Morgensegen von Martin Luther 1529 / Hamburg 1592 M: 16. Jh. / geistlich vor 1598 / Eisleben 1598

565 (ö)

T: Philipp von Zesen 1641 M: Johann Georg Ahle 1671

566

(ö)

2. Gott, ich danke dir von Herzen, / dass du mich in dieser Nacht / vor Gefahr, Angst, Not und Schmerzen / hast behütet und bewacht, / dass des bösen Feindes List / mein' nicht mächtig worden ist.

3. Lass die Nacht auch meiner Sünden / jetzt mit dieser Nacht vergehn; / o mein Jesu, lass dich finden, / lass dein Herz mir offen stehn, / da alleine Hilf und Rat / ist für meine Missetat.

4. Hilf, dass ich mit diesem Morgen / geistlich auferstehen mag / und für meine Seele sorgen, / dass, wenn nun dein großer Tag / uns erscheint und dein Gericht, / ich davor erschrecke nicht.

5. Führe mich, mein Gott, und leite / meinen Gang nach deinem Wort; / sei und bleibe du auch heute / mein Beschützer und mein Hort. / Nirgends als von dir allein / kann ich recht bewahret sein.

6. Meinen Leib und meine Seele / samt den Sinnen und Verstand, / großer Gott, ich dir befehle / unter deine starke Hand. / Du mein Schild, mein Ehr und Ruhm, / nimm mich auf, dein Eigentum.

7. Deinen Engel zu mir sende, / der des bösen Feindes Macht, / List und Anschlag von mir wende / und mich halt in guter Acht, / der auch endlich mich zur Ruh / trage nach dem Himmel zu.

T und M: Heinrich Albert 1642
S: nach Heinrich Albert 1642 und Rostock 1659

567

Wir leben von dir
von dem was du uns gibst
von dem was du uns sagst
von dem was du uns tust
davon dass du uns liebst:
Gott!

Lothar Zenetti 1972

568

2. Als mich die dunkeln Schatten / heut nacht umfangen hatten, / hat Satan mein' begehret; / Gott aber hat's gewehret.

3. Du sprachst: «Mein Kind, nun liege; / der Feind dich nicht betrüge. / Schlaf wohl, lass dir nicht grauen; / du sollst die Sonne schauen.»

4. Dein Wort, das ist geschehen; / ich kann das Licht noch sehen. / Von Not bin ich befreiet, / dein Schutz hat mich erneuet.

5. Du willst ein Opfer haben; / hier bring ich meine Gaben: / Mein Weihrauch und mein Widder/ sind mein Gebet und Lieder.

6. Die wirst du nicht verschmähen, / du kannst ins Herze sehen; / denn du weißt, dass zur Gabe / ich ja nichts Bessres habe.

7. Dein Werk an mir vollende / und einen Engel sende, / der mich an diesem Tage / auf seinen Händen trage.

8. Sprich Ja zu meinen Taten, / hilf selbst das Beste raten; / den Anfang, Mitt und Ende, / ach Herr, zum Besten wende.

9. Mich segne, mich behüte, / mein Herz sei deine Hütte, / dein Wort sei meine Speise, / bis ich gen Himmel reise.

T: Paul Gerhardt 1647 M: Nikolaus Selnecker 1587 / Johann Crüger 1649
S: nach Nikolaus Selnecker 1587 und Bartholomäus Gesius 1603

569

Guter Gott,
ich danke dir für die vergangene Nacht
und für diesen neuen Tag.
Ich bin froh, dass ich ihn mit dir beginnen kann.
Viele Aufgaben türmen sich vor mir.
Bin ich allem gewachsen, was heute auf mich zukommt?
Statt mich in Zweifeln zu verlieren,
bitte ich dich um deinen Heiligen Geist.

Gott,
sei gegenwärtig in meinem Leben
und leite heute meine Schritte.

Elisabeth Strübin 1998

570

ö+

1. Lo - bet den Her - ren al - le, die ihn
eh - ren; lasst uns mit Freu - den
sei - nem Na - men sin - gen und Preis und
Dank zu sei - nem Al - tar brin - gen.
Lo - bet den Her - ren.

2. Der unser Leben, das er uns gegeben, / in dieser Nacht so väterlich bedecket / und aus dem Schlaf uns fröhlich auferwecket. / Lobet den Herren.

3. Dass unsre Sinnen wir noch brauchen können / und Händ und Füße, Zung und Lippen regen, / das haben wir zu danken seinem Segen. / Lobet den Herren.

4. O treuer Hüter, Brunnen aller Güter, / ach lass doch ferner über unser Leben / bei Tag und Nacht dein Huld und Güte schweben. / Lobet den Herren.

5. Gib, dass wir heute, Herr, durch dein Geleite / auf unsern Wegen unverhindert gehen / und überall in deiner Gnade stehen. / Lobet den Herren.

6. Treib unsern Willen, dein Wort zu erfüllen; / hilf uns gehorsam wirken deine Werke, / und wo wir schwach sind, da gib du uns Stärke. / Lobet den Herren.

7. Richt unsre Herzen, dass wir ja nicht scherzen / mit deinen Strafen, sondern fromm zu werden / vor deiner Zukunft uns bemühn auf Erden. / Lobet den Herren.

8. Herr, du wirst kommen und all deine Frommen, / die sich bekehren, gnädig dahin bringen, / da alle Engel ewig, ewig singen: / Lobet den Herren.

Mit dem «Richten unserer Herzen», das in Strophe 7 erbeten wird, ist das Zurichten und Ausrichten der Herzen auf Christi Kommen gemeint; «Zukunft» bedeutet seine Wiederkunft, sein Auf-uns-Zukommen.

T: Paul Gerhardt 1653 M: Johann Crüger 1653
S: nach Johann Crüger 1653

571
(ö)

1. Die güld - ne Son - ne voll Freud und
Won - ne bringt un - sern Gren - zen mit ih - rem
Glän - zen ein herz - er - qui - ckendes, lieb - liches
Licht. Mein Haupt und Glie - der, die
la - gen dar - nie - der; a - ber nun

2. Mein Auge schauet, / was Gott gebauet / zu seinen Ehren / und uns zu lehren, / wie sein Vermögen sei mächtig und groß / und wo die Frommen / dann sollen hinkommen, / wann sie mit Frieden / von hinnen geschieden / aus dieser Erde vergänglichem Schoß.

3. Lasset uns singen, / dem Schöpfer bringen / Güter und Gaben; / was wir nur haben, / alles sei Gotte zum Opfer gesetzt. / Die besten Güter / sind unsre Gemüter; / vor ihn zu treten / mit Danken und Beten, / das ist ein Opfer, dran er sich ergötzt.

4. Abend und Morgen / sind seine Sorgen; / segnen und mehren, / Unglück verwehren / sind seine Werke und Taten allein. / Wenn wir uns legen, / so ist er zugegen; / wenn wir aufstehen, / so lässt er aufgehen / über uns seiner Barmherzigkeit Schein.

5. Ich hab erhoben / zu dir hoch droben / all meine Sinnen; / lass mein Beginnen / ohn allen Anstoß und glücklich ergehn. / Laster und Schande, / der Finsternis Bande, / Fallen und Tücke / treib ferne zurücke; / lass mich auf deinen Geboten bestehn.

6. Lass mich mit Freuden / ohn alles Neiden / sehen den Segen, / den du wirst legen / in meines Bruders und Nähesten Haus. / Geiziges Brennen, / unchristliches Rennen / nach Gut mit Sünde, / das tilge geschwinde / von meinem Herzen und wirf es hinaus.

7. Menschliches Wesen, / was ist's gewesen? / In einer Stunde / geht es zugrunde, / sobald die Lüfte des Todes dreinwehn. / Alles in allen / muss brechen und fallen; / Himmel und Erden, / die müssen das werden, / was sie gewesen vor ihrem Bestehn.

8. Alles vergehet, / Gott aber stehet / ohn alles Wanken; / seine Gedanken, / sein Wort und Wille hat ewigen Grund. / Sein Heil und Gnaden, / die nehmen nicht Schaden, / heilen im Herzen / die tödlichen Schmerzen, / halten uns zeitlich und ewig gesund.

9. Gott, meine Krone, / vergib und schone, / lass meine Schulden / in Gnad und Hulden / aus deinen Augen sein ferne gewandt. / Sonsten regiere / mich, lenke und führe, / wie dir's gefället; / ich habe gestellet / alles in deine Beliebung und Hand.

10. Kreuz und Elende, / das nimmt ein Ende; / nach Meeresbrausen / und Windessausen / leuchtet der Sonne erwünschtes Gesicht. / Freude die Fülle / und selige Stille / darf ich erwarten / im himmlischen Garten; / dahin sind meine Gedanken gericht'.

T: Paul Gerhardt 1666 M: Johann Georg Ebeling 1666 S: nach Johann Georg Ebeling 1666

572

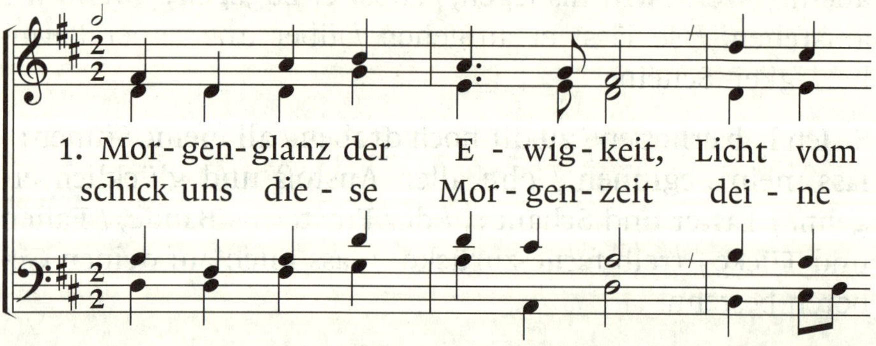

2. Deiner Güte Morgentau / fall auf unser matt Gewissen; / lass die dürre Lebens-Au / lauter süßen Trost genießen / und erquick uns, deine Schar, / immerdar.

3. Gib, dass deiner Liebe Glut / unsre kalten Werke töte, / und erweck uns Herz und Mut / bei entstandner Morgenröte, / dass wir, eh wir gar vergehn, / recht aufstehn.

4. Ach du Aufgang aus der Höh, / gib, dass auch am Jüngsten Tage / unser Leib verklärt ersteh / und, entfernt von aller Plage, / sich auf jener Freudenbahn / freuen kann.

5. Leucht uns selbst in jener Welt, / du verklärte Gnadensonne; / führ uns durch das Tränenfeld / in das Land der süßen Wonne, / da die Lust, die uns erhöht, / nie vergeht.

T: Christian Knorr von Rosenroth 1684 M: Johann Rudolf Ahle 1662 / Halle 1704 S: nach Halle 1704/1706

573
(ö)

1. Wann sich die Sonn er - he - bet, die
die - ses Rund be - le - bet, so grüß ich
dich, mein Licht. Wann sie sich wie - der
nei - get, mein Geist vor dir sich beu -
get: An - be - tung ist mir lie - be Pflicht.

2. Die Sonne, Mond und Sterne, / was in der Näh und Ferne / hier Schönes wird gesehn, / was sich auf Erden reget, / was Luft und Wasser heget, / soll mit mir deine Macht erhöhn.

3. Mit den viel tausend Chören / der Sel'gen, die dich ehren / vor deinem Throne da, / mit aller Engel Singen / soll auch mein Lied erklingen / und jubeln mit: Halleluja.

4. Vor dich mit Ehrfurcht treten, / dich loben, dich anbeten, / Herr, davon lebet man. / Wohl dem, den du erlesen, / du seligmachend Wesen, / dass er zu dir so nahen kann.

5. Die Zeit ist wie verschenket, / drin man nicht dein' gedenket, / da hat man's nirgend gut. / Weil du uns Herz und Leben / allein für dich gegeben, / das Herz allein in dir auch ruht.

6. Nun sich die Nacht [der Tag] geendet, / mein Herz zu dir sich wendet / und danket inniglich; / dein holdes Angesichte / zum Segen auf mich richte, / erleuchte und entzünde mich.

7. Ich schließe mich aufs Neue / in deine Vatertreue / und Schutz und Herze ein. / Der Finsternis Geschäfte / und alle bösen Kräfte / vertreibe durch dein Nahesein.

8. Dass du mich stets umgibest, / dass du mich herzlich liebest / und rufst zu dir hinein, / dass du vergnügst alleine / so wesentlich, so reine, / lass früh und spät mir wichtig sein.

9. Ein Tag, der sagt dem andern, / mein Leben sei ein Wandern / zur großen Ewigkeit. / O Ewigkeit, so schöne, / mein Herz an dich gewöhne; / mein Heim ist nicht in dieser Zeit.

Dieses Lied kann mit den Strophen 6–9 auch als Abendlied gesungen werden: «Nun sich der Tag geendet ...»

T: Gerhard Tersteegen 1745 M: Heinrich Scheidemann 1651
S: nach Heinrich Scheidemann 1651

574
ö

2. Er spricht wie an dem Tage, / da er die Welt erschuf. / Da schweigen Angst und Klage; / nichts gilt mehr als sein Ruf. / Das Wort der ewgen Treue, / die Gott uns Menschen schwört, / erfahre ich aufs Neue / so, wie ein Jünger hört.

3. Er will, dass ich mich füge. / Ich gehe nicht zurück, / hab nur in ihm Genüge, / in seinem Wort mein Glück. / Ich werde nicht zuschanden, / wenn ich nur ihn vernehm. / Gott löst mich aus den Banden, / Gott macht mich ihm genehm.

4. Er ist mir täglich nahe / und spricht mich selbst gerecht. / Was ich von ihm empfahe, / gibt sonst kein Herr dem Knecht. / Wie wohl hat's hier der Sklave, / der Herr hält sich bereit, / dass er ihn aus dem Schlafe / zu seinem Dienst geleit.

5. Er will mich früh umhüllen / mit seinem Wort und Licht, / verheißen und erfüllen, / damit mir nichts gebricht, /

will vollen Lohn mir zahlen, / fragt nicht, ob ich versag. / Sein Wort will helle strahlen, / wie dunkel auch der Tag.

T: Jochen Klepper 1938 M: Rudolf Zöbeley 1941

575

1. Wenn al - le Ster - ne schla - fen gehn
2. Das ist der lie - be Mor - gen - stern,
3. Wir wen - den un - ser An - ge - sicht
4. Das bit - ten wir dich früh und spät.

und al - le Tü - ren of - fen stehn,
der glei - chet Chris - tus, un - serm Herrn,
so gern zu die - sem kla - ren Licht
Er - hör, Herr Chris - tus, das Ge - bet.

durch die das Licht zur Er - de fällt,
der kün - det, dass zu End die Nacht,
und fal - ten uns - re Hän - de dann:
Komm wie - der, Herr der Herr - lich - keit.

steht noch ein Stern am Him - mels - zelt.
dass bald die güld - ne Son - ne lacht.
Du ew - ger Mor - gen, brich bald an.
Brich an, du Tag der E - wig - keit.

T: Gerhard Fritzsche 1939 M: 15. Jh. / geistlich Böhmische Brüder, Nürnberg 1544

576 Gott, zu dir rufe ich am frühen Morgen.
Hilf mir beten und meine Gedanken sammeln;
ich kann es nicht allein.

In mir ist es finster, aber bei dir ist Licht,
ich bin einsam, aber du verlässt mich nicht,
ich bin kleinmütig, aber bei dir ist die Hilfe,
ich bin unruhig, aber bei dir ist Frieden,
in mir ist Bitterkeit, aber bei dir ist die Geduld,
ich verstehe deine Wege nicht,
aber du weißt den rechten Weg für mich.

Vater im Himmel,
Lob und Dank sei dir für die Ruhe der Nacht,
Lob und Dank sei dir für den neuen Tag;
Lob und Dank sei dir für alle deine Güte und Treue
in meinem vergangenen Leben.
Du hast mir viel Gutes erwiesen;
lass mich nun auch das Schwere
aus deiner Hand hinnehmen.
Du wirst mir nicht mehr auferlegen, als ich tragen kann.
Du lässt deinen Kindern alle Dinge zum Besten dienen.

Herr Jesus Christus,
du warst arm und elend, gefangen und verlassen wie ich.
Du kennst alle Not der Menschen,
du bleibst bei mir, wenn kein Mensch mir beisteht,
du vergisst mich nicht und suchst mich,
du willst, dass ich dich erkenne und mich zu dir kehre.
Herr, ich höre deinen Ruf und folge.
Hilf mir!

Heiliger Geist,
gib mir den Glauben,
der mich vor Verzweiflung und Laster rettet;
gib mir die Liebe zu Gott und den Menschen,
die allen Hass und alle Bitterkeit vertilgt;
gib mir die Hoffnung,
die mich befreit von Furcht und Verzagtheit.
Lehre mich Jesus Christus erkennen und seinen Willen tun.

Dreieiniger Gott,
mein Schöpfer und mein Heiland,
dir gehört dieser Tag.
Meine Zeit steht in deinen Händen.
Heiliger, barmherziger Gott,
mein Schöpfer und mein Heiland,
mein Richter und Erretter,
du kennst mich und alle meine Wege und mein Tun.
Du hasst und strafst das Böse in dieser und in jener Welt
ohne Ansehen der Person,
du vergibst Sünden dem,
der dich aufrichtig darum bittet,
und du liebst das Gute und lohnst es
auf dieser Erde mit getrostem Gewissen
und in der künftigen Welt
mit der Krone der Gerechtigkeit.
Vor dir denke ich an all die Meinen,
an die Mitgefangenen und an alle,
die in diesem Haus ihren schweren Dienst tun.
Herr, erbarme dich.
Schenk mir die Freiheit wieder
und lass mich derzeit so leben, wie ich es vor dir
und vor den Menschen verantworten kann.
Herr, was dieser Tag auch bringt – dein Name sei gelobt.

Dietrich Bonhoeffer 1943

577

Auch nach Melodie Nr. 410

T: Arno Pötzsch (1934) 1941 M: Willy Burkhard (1939) 1941

578

Kanon für 3 Stimmen

Dazu kann gesungen werden:

T und M: Willi Gohl 1957

579
ö

4. Danke für manche Traurigkeiten, / danke für jedes gute Wort. / Danke, dass deine Hand mich leiten / will an jedem Ort.

5. Danke, dass ich dein Wort verstehe, / danke, dass deinen Geist du gibst. / Danke, dass in der Fern und Nähe / du die Menschen liebst.

6. Danke, dein Heil kennt keine Schranken, / danke, ich halt mich fest daran. / Danke, ach Herr, ich will dir danken, / dass ich danken kann.

T und M: Martin Gotthard Schneider (1961) 1963

580

+

T: Kurt Rose 1987 M: Erna Woll 1987

581

1. Dein Mor-gen, dein Tag, du führst ihn her-aus,
2. Wir se-hen die Wol-ken, flüch-ti-gen Traum,
3. Da hebt es schon an, ein Ru-fen be-ginnt,
4. Du rich-test dein Ohr auf Gras und Ge-stein,
Gott, un-se-rem Dun-kel ent-ge-gen.
die zärt-li-chen Far-ben der Frü-he.
es singt auf den Fel-dern und Hö-hen,
du hörst die Un-hör-ba-ren sin-gen,
Die Son-ne, dein Licht, er-greift un-ser Haus,
Nun weckst du den Wind im schläf-ri-gen Baum,
die Bä-che spielen, es läu-tet der Wind.
es hüp-fen die Berge und stim-men mit ein
drauf Wär-me und Trös-tung zu le-gen.
nun hebt sich der Ne-bel mit Mü-he.
Du, Gott, kannst sie al-le ver-ste-hen;
ins Hal-len und Schal-len und Klin-gen.
Du brei-test den Him-mel weit ü-ber uns aus,
Das Nacht-ge-tier treibst du in si-che-ren Schutz;
du hörst sie und weißt, dass sie glück-lich sind,
Nun hö-re auch mich, Gott; dein Morgen, dein Tag

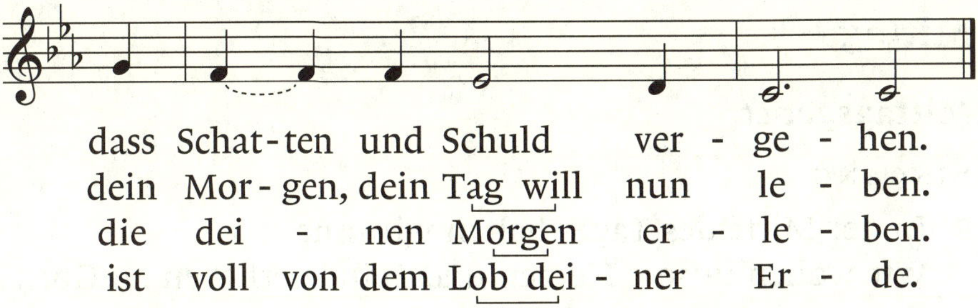

T: Kurt Rose 1987 M: nordische Tageweise um 1300 / Kopenhagen 1569 / GB Norwegen 1985

582

Herr, ich danke dir für diesen neuen Tag.
Hilf mir, deinen Willen zu erkennen und zu tun.
Gib mir Kraft für die Aufgaben, die mir gestellt sind: ...*
Gib mir Mut für die Schritte, die ich tun muss: ...*
Gib mir Liebe zu den Menschen, die mir begegnen: ...*
Lass mich erfahren, dass du mir nahe bist in allem,
was heute geschieht.

Liturgiekommission 1998

* *An dieser Stelle des Gebets können persönliche Anliegen eingefügt werden.*

Mittag

583 Mittagsgebet

EINGANG

E In der Mitte des Tages halten wir inne.
Wir wollen unsere Herzen und Hände erheben zu Gott,
der unseres Lebens Mitte ist.

A Ehre sei dem Vater und dem Sohn
und dem Heiligen Geist,
wie im Anfang so auch jetzt und allezeit
und in Ewigkeit. Amen.
(Oder gesungen: Nr. 227, 228)

DIE SELIGPREISUNGEN (Matthäus 5,3–10)
(Kehrverse zu den Seligpreisungen: Nr. 813, 818, 868; die Seligpreisungen können auch gesungen werden: Nr. 585)

I Selig die Armen im Geist –
ihnen gehört das Himmelreich.

II Selig die Trauernden –
sie werden getröstet werden.

I Selig die Sanften –
sie werden das Land erben.

II Selig, die hungern und dürsten nach der Gerechtigkeit –
sie werden gesättigt werden.

I Selig die Barmherzigen –
sie werden Barmherzigkeit erfahren.

II Selig, die reinen Herzens sind –
sie werden Gott schauen.

I Selig, die Frieden stiften –
sie werden Kinder Gottes genannt werden.

II Selig, die verfolgt sind um der Gerechtigkeit willen –
ihnen gehört das Himmelreich.

LIED (z.B. Nr. 584; 239, 240)

PSALMGEBET (Psalm 145,1–9. 13b–18. 21)

I Ich will dich erheben, mein Gott und König,
und deinen Namen preisen immer und ewig.

II Allezeit will ich dich preisen
und deinen Namen loben immer und ewig.

I Groß ist ER und hoch zu loben,
unerforschlich ist seine Größe.

II Ein Geschlecht rühmt dem andern deine Werke,
und deine mächtigen Taten verkünden sie.

I Pracht und Glanz deiner Hoheit
und die Kunde deiner Wunder will ich bedenken.

II Von der Macht deiner Furcht erregenden Taten
sollen sie sprechen,
deine Großtaten will ich erzählen.

I Den Ruhm deiner großen Güte sollen sie ausbreiten
und deine Gerechtigkeit bejubeln.

A Gnädig und barmherzig ist ER,
langmütig und reich an Gnade.

II ER ist treu in allen seinen Worten
und gnädig in allen seinen Werken.

I ER stützt alle, die fallen,
und richtet alle Gebeugten auf.

II Aller Augen warten auf dich,
und du gibst ihnen Speise zur rechten Zeit.

I Du tust deine Hand auf
und sättigst alles, was lebt, mit Wohlgefallen.

II ER ist gerecht auf allen seinen Wegen
und gnädig in allen seinen Werken.

I ER ist nahe allen, die ihn anrufen,
allen, die ihn wahrhaft anrufen.

A Mein Mund verkünde SEIN Lob,
und alles Fleisch preise seinen heiligen Namen,
immer und ewig.

SCHLUSSLIED (z.B. Nr. 499, 501, 504, 509, 514, 515)

[Liedstrophen mit Bitte um den Heiligen Geist]

584 ö

1. Der Tag ist sei - ner Hö - he nah.
2. Wie laut dich auch der Tag um - gibt,
3. Der Mit - tag kommt. So tritt zum Mahl;
4. Er seg - net dich in Dorf und Stadt,

Nun blick zum Höchs - ten auf, der
jetzt hal - te lau - schend still, weil
denk an den Tisch des Herrn. Er
in Kel - ler, Kam - mer, Feld. Was

schüt - zend auf dich nie - der - sah
er, der dich be - schenkt und liebt,
weiß die Be - ter ü - ber - all
dir der Herr ge - seg - net hat,

in je - des Ta - ges Lauf.
die Ga - be seg - nen will.
und kommt zu Gas - te gern.
bleibt fort - an wohl be - stellt.

5. Er segnet dir auch Korb und Krug / und Truhe, Trog und Schrein. / Ihm kann es keinen Tag genug / an Segensfülle sein.

6. Er segnet deiner Bäume Frucht, / dein Kind, dein Land, dein Vieh. / Er segnet, was den Segen sucht. / Die Gnade schlummert nie.

7. Er segnet, wenn du kommst und gehst; / er segnet, was du planst. / Er weiß auch, dass du's nicht verstehst / und oft nicht einmal ahnst.

8. Und dennoch bleibt er ohn Verdruss / zum Segnen stets bereit, / gibt auch des Regens milden Fluss, / wenn Regen an der Zeit.

9. Sein guter Schatz ist aufgetan, / des Himmels ewges Reich. / Zu segnen hebt er täglich an / und bleibt sich immer gleich.

10. Wer sich nach seinem Namen nennt, / hat er zuvor erkannt. / Er segnet, welche Schuld auch trennt, / die Werke deiner Hand.

11. Die Hände, die zum Beten ruhn, / die macht er stark zur Tat. / Und was der Beter Hände tun, / geschieht nach seinem Rat.

12. Der Tag ist seiner Höhe nah. / Nun stärke Seel und Leib, / dass, was an Segen er ersah, / dir hier und dort verbleib.

T: Jochen Klepper 1938 M: Fritz Werner 1949

585 +

Strophen
1. Se - lig sind, die arm
2. Se - lig sind,
3. Se - lig sind
4. Se - lig sind, die hungern und dürsten
5. Se - lig sind
6. Se - lig sind, die
7. Se - lig sind, die
8. Se - lig sind, die Verfolgung leiden für
9. Se - lig seid ihr, wenn sie euch schmähen
10. Freu - et euch, ju -

1. sind vor Gott,
2. die da trauern,
3. die Ge - waltlosen,
4. nach Ge - rechtigkeit,
5. die Barm - herzigen,
6. rei - nen Herzens sind,
7. Frie - den stiften,
8. die Ge - rechtigkeit,
9. und ver - folgen,
10. belt vor Freude,

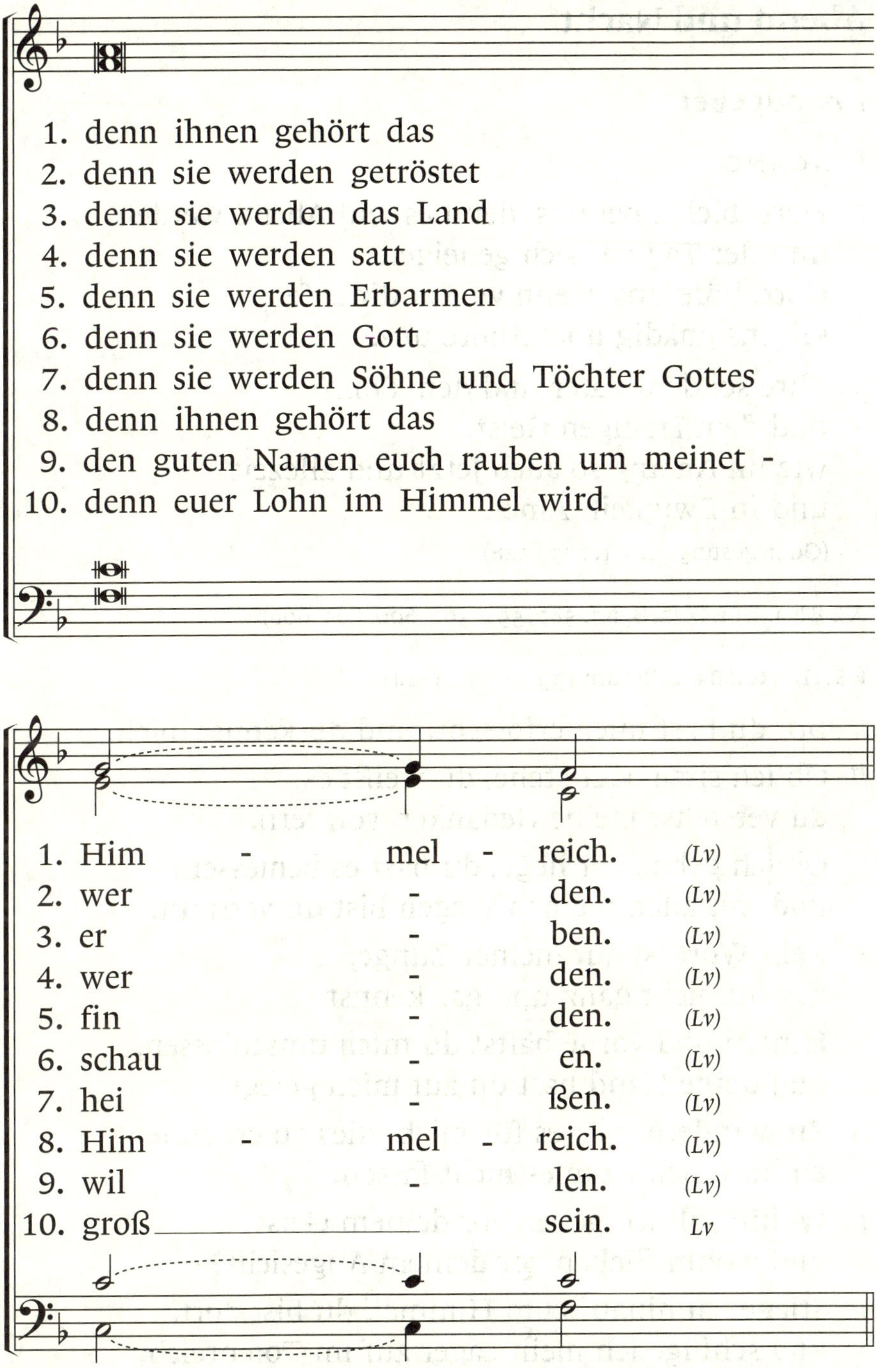

T: nach Lukas 23,42 *(Lv)* und Matthäus 5,3–12 *(Str.)* M: Kiew (Ukraine) 17. Jh.
S: Herkunft unbekannt

Abend und Nacht

586 Abendgebet

EINGANG

E Herr, bleibe bei uns, denn es will Abend werden
und der Tag hat sich geneiget.
Gott, höre uns, wenn wir zu dir rufen,
sei uns gnädig und erhöre uns.

A Ehre sei dem Vater und dem Sohn
und dem Heiligen Geist,
wie im Anfang so auch jetzt und allezeit
und in Ewigkeit. Amen.

(Oder gesungen: Nr. 227, 228)

ABENDLIED (z.B. Nr. 587, 591, 597, 600, 605, 606)

PSALMGEBET (Psalm 139,1–18. 23–24)

I DU, du hast mich erforscht, und du kennst mich.

II Ob ich sitze oder stehe, du weißt es,
du verstehst meine Gedanken von fern.

I Ob ich gehe oder liege, du hast es bemessen,
und mit allen meinen Wegen bist du vertraut.

II Kein Wort ist auf meiner Zunge,
das DU nicht ganz und gar kennst.

I Hinten und vorne hältst du mich umschlossen,
und deine Hand hast du auf mich gelegt.

II Zu wunderbar ist es für mich, dies zu erkennen,
zu hoch, ich kann es nicht fassen.

I Wohin soll ich gehen vor deinem Geist
und wohin fliehen vor deinem Angesicht?

II Stiege ich hinauf zum Himmel, du bist dort,
und schlüge ich mein Lager auf im Totenreich,
siehe du bist da.

I Nähme ich die Flügel der Morgenröte
und ließe mich nieder am äußersten Ende des Meeres,

II auch dort würde deine Hand mich leiten
und deine Rechte mich fassen.

I Und spräche ich: Finsternis breche über mich herein
und Nacht sei das Licht um mich her,

II so wäre auch die Finsternis nicht finster für dich,
und die Nacht wäre licht wie der Tag,
Finsternis wie das Licht.

I Denn du bist es, der meine Nieren geschaffen,
der mich im Leib meiner Mutter gewoben hat.

II Ich preise dich, dass ich so herrlich,
so wunderbar geschaffen bin;
wunderbar sind deine Werke,
meine Seele weiß dies wohl.

I Mein Gebein war dir nicht verborgen,
als ich im Dunkeln gemacht wurde,
kunstvoll gewirkt in den Tiefen der Erde.

II Noch bevor ich geboren war, sahen mich deine Augen,
in deinem Buch war alles verzeichnet,
die Tage waren schon geformt,
als noch keiner von ihnen da war.

I Mir aber, wie schwer sind mir deine Gedanken, Gott,
wie gewaltig ist ihre Zahl.

II Wollte ich sie zählen, es wären mehr als der Sand;
wache ich auf, ist mein Sinn noch bei dir.

I Erforsche mich, Gott, und erkenne mein Herz,
prüfe mich und erkenne meine Gedanken.

II Sieh, ob ein gottloser Weg mich verführt,
und leite mich auf ewigem Weg.

LESUNG (eventuell)

STILLE

DER LOBGESANG DER MARIA («Magnificat»; Lukas 1,46–55)
(gesprochen oder gesungen: Nr. 1–3)

A Meine Seele erhebt IHN,
und mein Geist jubelt über Gott, meinen Retter:

I Er hat die Niedrigkeit seiner Magd angesehen.
Denn siehe, von nun an werden mich selig preisen
alle Geschlechter,

II denn Großes hat der Mächtige an mir getan.
Und heilig ist sein Name,

I und von Geschlecht zu Geschlecht wird sein Erbarmen
denen zuteil, die ihn fürchten.

II Er hat Gewaltiges vollbracht mit seinem Arm,
zerstreut hat er, die hochmütig gesinnt sind im Herzen,

I Mächtige hat er vom Thron gestürzt
und Niedrige erhöht,

II Hungrige hat er gesättigt mit Gutem,
und Reiche hat er leer ausgehen lassen.

I Er hat sich Israels, seines Knechtes, angenommen
und seines Erbarmens gedacht,

II wie er geredet hat zu unseren Vätern,
zu Abraham und seinen Nachkommen in Ewigkeit.

A Meine Seele erhebt IHN,
und mein Geist jubelt über Gott, meinen Retter.

GEBET

E Bleibe bei uns, Herr, denn es will Abend werden
und der Tag hat sich geneigt.
Bleibe bei uns und bei deiner ganzen Kirche.
Bleibe bei uns am Abend des Tages,
am Abend des Lebens,
am Abend der Welt.
Bleibe bei uns mit deiner Gnade und Güte,
mit deinem heiligen Wort und Sakrament,
mit deinem Trost und Segen.
Bleibe bei uns, wenn über uns kommt
die Nacht der Trübsal und Angst,
die Nacht des Zweifels und der Anfechtung,
die Nacht des bitteren Todes.
Bleibe bei uns und allen deinen Gläubigen
in Zeit und Ewigkeit.

Georg Christian Dieffenbach 1853

Freies Gebet (eventuell Fürbitten)

Stille

E Wir rufen dich an mit den Worten,
die Jesus uns geschenkt hat:

A Unser Vater im Himmel ...

SCHLUSSLIED (z.B. Nr. 588, 590, 603, 604, 608)

587
ö +

1. Be - vor des Ta - ges Licht ver - geht,
2. Hüllt Schlaf die mü - den Glie - der ein,
3. Dank dir, o Va - ter reich an Macht,

o Herr der Welt, hör dies Ge - bet:
lass uns in dir ge - bor - gen sein
der ü - ber uns voll Gü - te wacht

Be - hü - te uns in die - ser Nacht
und mach am Mor - gen uns be - reit
und mit dem Sohn und Heil - gen Geist

durch dei - ne gro - ße Güt und Macht.
zum Lo - be dei - ner Herr - lich - keit.
des Le - bens Fül - le uns ver - heißt.

A - men.

T: Friedrich Dörr (1969) 1973 nach dem Hymnus «Te lucis ante terminum» 5./6. Jh. (Str. 1.3) und nach «Te corda nostra somnient» aus dem Hymnus «Christe, precamur, adnue» 6. Jh. (Str. 2) M: nach Verona 11. Jh. / Antiphonale Romanum 1912

588

4. Du, unser Retter, sieh uns an, / dass uns kein Feind nicht schaden kann. / Die du erkauft hast durch dein Blut, / leit uns, o Herr, in deiner Hut.

5. Lob sei dem Vater in dem Thron, / Lob Jesus Christ, dem lieben Sohn, / Lob sei dem werten Heilgen Geist: / Dein Name, Gott, sei hoch gepreist.

T: Fritz Enderlin 1952 aus dem Hymnus «Christe, qui lux es et dies» vor 543 / AöL 1985 M: nach Frankfurt/M 1557

589 Abendsegen

Ich danke dir, mein himmlischer Vater,
durch Jesus Christus, deinen lieben Sohn,
dass du mich diesen Tag gnädig behütet hast,
und bitte dich, du wollest mir vergeben alle meine Sünde,
wo ich Unrecht getan habe,
und mich diese Nacht gnädig behüten;
denn ich befehle mich,
meinen Leib und meine Seele und alles in deine Hände.
Dein heiliger Engel sei mit mir, dass der böse Feind
keine Macht über mich gewinne.

Martin Luther 1529

590
ö

2. Dir sei Dank, dass du uns den Tag / vor Schaden, Gfahr und mancher Plag / durch deine Engel hast behüt' / aus Gnad und väterlicher Güt.

3. Womit wir heut erzürnet dich, / dasselb verzeih uns gnädiglich / und rechn es unsrer Seel nicht zu; / lass schlafen uns mit Fried und Ruh.

4. Dein' Engel uns zur Wach bestell, / dass uns der böse Feind nicht fäll. / Vor Schrecken, Angst und Feuersnot / behüte uns, o lieber Gott.

T: Nikolaus Herman 1560 M: Melchior Vulpius 1609
S: Melchior Vulpius 1609 / Kommission 1998

591
ö

1. Da nun der Tag uns geht_ zu End
2. so bit-ten wir von Her - zen frei:
3. Ver-söhn uns, Herr, in Ei - nig - keit,

und al - le Zeit schnell und_ be - händ
O treu-er Va - ter, uns_ ver - leih,
dass wir, von Zorn und Hass be - freit,

hin - fährt und wir jetzt schla-fen gehn
dass wir in dir ruhn die - se Nacht,
mit alln, durch die uns Leid ge-schehn,

und un - sers Le - bens Ziel nicht sehn,
von dir, Er - bar - mer, wohl be - wacht.
in Fried und Lie - be schla - fen gehn.

4. Gefangne stärk und Kranke tröst; / zeig ihnen, dass sie bald erlöst / vom Ärgsten sind in dieser Zeit / und dass die ewge Freud nicht weit.

5. Tut mehr noch Not, so gib es, Herr; / dein Angesicht nicht von uns kehr. / Mein' Leib und Seel befehl ich dir; / o lieber Gott, weich nicht von mir.

T: nach Johannes Zwick (1533) 1540 M: Straßburg 1525 (Wolfgang Dachstein?), Psalm 128

592

Vater, ich danke dir für diesen Tag:
Du hast mein Leben erhalten,
du hast für mich gesorgt
und mir manches gelingen lassen: ...*

Ich bitte dich um Vergebung,
wo ich Unrecht getan habe,
wo ich Wichtiges versäumt habe,
wo ich an Menschen vorübergegangen bin,
die auf mich gewartet haben: ...*

Ich bitte dich für die Menschen,
mit denen ich arbeite und lebe,
und für alle, die meine Fürbitte brauchen: ...*

Herr, schenke mir eine ruhige Nacht
und einen guten Schlaf.
Gib mir morgen neue Kraft für alles, was ich tun soll.

Nach Hildesheim 1969

** An dieser Stelle des Gebets können persönliche Anliegen eingefügt werden.*

593

schick
deinen engel
zur nacht

gib
deine träume
zum reich

und
ein aufstehn
zu dir

Rudolf Bohren 1976

594
ö

1. Nun ru - hen al - le Wäl - der, Vieh,
Men - schen, Städt und Fel - der, es
schläft die gan - ze Welt. Ihr
a - ber, mei - ne Sin - nen, auf,
auf, ihr sollt be - gin - nen, was

2. Wo bist du, Sonne, blieben? / Die Nacht hat dich vertrieben, / die Nacht, des Tages Feind. / Fahr hin; ein andre Sonne, / mein Jesus, meine Wonne, / gar hell in meinem Herzen scheint.

3. Der Tag ist nun vergangen, / die güldnen Sternlein prangen / am blauen Himmelssaal; / also werd ich auch stehen, / wenn mich wird heißen gehen / mein Gott aus diesem Jammertal.

4. Der Leib eilt nun zur Ruhe, / legt ab das Kleid und Schuhe, / das Bild der Sterblichkeit; / die zieh ich aus; dagegen / wird Christus mir anlegen / den Rock der Ehr und Herrlichkeit.

5. Das Haupt, die Füß und Hände / sind froh, dass nun zum Ende / die Arbeit kommen sei. / Herz, freu dich, du sollst werden / vom Elend dieser Erden / und von der Sünden Arbeit frei.

6. Nun geht, ihr matten Glieder, / geht hin und legt euch nieder, / der Betten ihr begehrt. / Es kommen Stund und Zeiten, / da man euch wird bereiten / zur Ruh ein Bettlein in der Erd.

7. Mein Augen stehn verdrossen*, / im Nu sind sie geschlossen. / Wo bleibt dann Leib und Seel? / Nimm sie zu deinen Gnaden, / sei gut für allen Schaden, / du Aug und Wächter Israel'.

* müde, des Sehens überdrüssig

8. Breit aus die Flügel beide, / o Jesu, meine Freude, / und nimm dein Küchlein ein. / Will Satan mich verschlingen, / so lass die Englein singen: / «Dies Kind soll unverletzet sein.»

9. Auch euch, ihr meine Lieben, / soll heute nicht betrüben / kein Unfall noch Gefahr. / Gott lass euch selig schlafen, / stell euch die güldnen Waffen / ums Bett und seiner Engel Schar.

«Küchlein» (Str. 8) bedeutet «Küken».

Auch nach Melodie Nr. 772

T: Paul Gerhardt 1647 M: 15. Jh. / geistlich Nürnberg um 1505 / Eisleben 1598 S: Hans Eugen Frischknecht 1998

595 Vater im Himmel, du hast mir heute geholfen
zu tragen, was schwer für mich ist.
Ich danke dir dafür.
Bleibe auch in der kommenden Nacht bei mir.
Behüte mich vor Angst und Qual,
lindere meine Schmerzen,
schenke mir Schlaf.
Bewahre mich vor bösen Träumen.
Gib mir gute Gedanken, wenn ich keine Ruhe finde.
Behüte die Meinen, die sich um mich sorgen.
Sei gnädig und gib uns Frieden.

Hannover 1993

596
(ö)

1. Der Tag ist hin; mein Je - sus, bei mir
2. Lob, Preis und Dank sei dir, mein Gott, ge -
3. Ver - gib es, Herr, was mir sagt mein Ge -
4. Du schlummerst nicht, wenn mat - te Glie - der

blei - be; o See - len - licht, der Sün - den
sun - gen; dir sei die Ehr, dass al - les
wis - sen: Welt, Teu - fel, Sünd hat mich von
schla - fen. Ach, lass die Seel im Schlaf auch

Nacht ver - trei - be; geh auf in mir, Glanz
wohl ge - lun - gen nach dei - nem Rat, ob
dir ge - ris - sen. Es ist mir leid, ich
Gu - tes schaf - fen. O Le - bens - sonn, er -

der Ge - rech - tig - keit; er - leuch - te
ich's gleich nicht ver - steh; du bist ge -
stell mich wie - der ein; da ist die
qui - cke mei - nen Sinn. Dich lass ich

mich, ach Herr, denn es ist Zeit.
recht, es ge - he, wie es geh.
Hand: Du mein und ich bin dein.
nicht, mein Fels. Der Tag ist hin.

T: Joachim Neander 1680 M: Guillaume Franc, Genf 1542 / Loys Bourgeois, Genf 1551, Psalm 8

597

1. Herr, der du mir das Le - ben bis
die - sen Tag ge - ge - ben, dich bet ich
kind - lich an. Ich bin viel zu ge -
rin - ge der Treu - e, die ich sin - ge
und die du heut an mir ge - tan.

2. Mit dankendem Gemüte / freu ich mich deiner Güte, / ich freue mich in dir. / Du gibst mir Kraft und Stärke, / Gedeihn zu meinem Werke / und schaffst ein reines Herz in mir.

3. Gott, welche Ruh der Seelen: / nach deines Worts Befehlen / einher im Leben gehn, / auf deine Güte hoffen, / im Geist den Himmel offen / und dort den Preis des Glaubens sehn.

4. Ich weiß, an wen ich glaube, / und nahe mich im Staube / zu dir, o Gott, mein Heil. / Ich bin der Schuld entladen, / ich bin bei dir in Gnaden, / und in dem Himmel ist mein Teil.

5. Bedeckt mit deinem Segen, / eil ich der Ruh entgegen; / dein Name sei gepreist. / Mein Leben und mein Ende / ist dein; in deine Hände / befehl ich, Vater, meinen Geist.

T: Christian Fürchtegott Gellert 1757 M und S: nach Christoph Peter 1655

598

Gott,
mein Tag ist zu Ende.
Ich möchte zur Ruhe kommen und Schlaf finden.
So viel ist noch in mir wach und lässt sich nicht beruhigen.
So viel ist nicht fertig geworden und muss liegen bleiben.
Hilf mir, dass ich loslasse, was mich beschäftigt,
dass versinkt, was mich bedrückt,
und dass ich Ruhe finde in dir.

Hannover 1993

599
ö

1. Der Mond ist auf - ge - gan - gen, die
gold-nen Stern-lein pran - gen am Him-mel
hell und klar. Der Wald steht schwarz und
schwei - get, und aus den Wie-sen stei -
get der wei - ße Ne - bel wun-der-bar.

2. Wie ist die Welt so stille / und in der Dämmrung Hülle / so traulich und so hold / als eine stille Kammer, / wo ihr des Tages Jammer / verschlafen und vergessen sollt.

3. Seht ihr den Mond dort stehen? / Er ist nur halb zu sehen / und ist doch rund und schön. / So sind wohl manche Sachen, / die wir getrost belachen, / weil unsre Augen sie nicht sehn.

4. Wir stolzen Menschenkinder / sind eitel arme Sünder / und wissen gar nicht viel. / Wir spinnen Luftgespinste / und suchen viele Künste / und kommen weiter von dem Ziel.

5. Gott, lass uns dein Heil schauen, / auf nichts Vergänglichs trauen, / nicht Eitelkeit uns freun; / lass uns einfältig werden / und vor dir hier auf Erden / wie Kinder fromm und fröhlich sein.

6. Wollst endlich sonder Grämen / aus dieser Welt uns nehmen / durch einen sanften Tod; / und wenn du uns genommen, / lass uns in' Himmel kommen, / du unser Herr und unser Gott.

7. So legt euch denn, ihr Brüder, / in Gottes Namen nieder; / kalt ist der Abendhauch. / Verschon uns, Gott, mit Strafen / und lass uns ruhig schlafen / und unsern kranken Nachbarn auch.

T: Matthias Claudius 1779 M: Johann Abraham Peter Schulz 1790
S: Paul Müller 1952

600
ö +

2. Es weinen viel Augen wohl jegliche Nacht, / bis morgens die Sonne erwacht.

3. Es wandern viel Sternlein am Himmelsrund; / wer sagt ihnen Fahrweg und Stund?

4. Dass Gott uns behüt, bis die Nacht vergeht: / Kommt, singet das Abendgebet.

T: aus dem Odenwald (Str. 1. 2) und Friedrich Hindenlang um 1900 (Str. 3. 4)
M: Volksweise aus dem Odenwald S: Emil Heer (1991) 1998

601
ö

ist die Wacht ü - ber ihr be - stellt.
ein - sam sein, we - der Nacht noch Tag.
dir Ge - walt: Bleib bei mei - nem Ruhn.

4. Wenn dein Aug ob meinem wacht, / wenn dein Trost mir frommt, / weiß ich, dass auf gute Nacht / guter Morgen kommt.

T: Rudolf Alexander Schröder 1942 M: Samuel Rothenberg 1948

602

1. Vom ho - hen Baum der Jah - re
2. Dir dank ich, Herr, die lan - ge
3. Wie vie - le Blät - ter mag mein
4. Du, Herr und Gott, hilf mir so

fällt ein Blatt zu Bo - den. Gott nimmt den
Ket - te mei - ner Ta - ge. Wie groß ist,
Le - bensbaum noch tra - gen? Ver - bor - gen
le - ben, als ob mor - gen das letz - te

Tag zu - rück in sei - ne gu - ten Hän - de.
Herr, dein Tun; wie schwer ist mein Ver - sa - gen.
ist die Zahl. Du, Herr, bist Herr der Zei - ten.
bun - te Blatt vom Baum zu Bo - den fie - le.

T: Kurt Rommel 1965 M: Herbert Beuerle 1966

603
ö

1. Bleib bei mir, Herr! Der A-bend bricht her-ein.
Es kommt die Nacht, die Fins-ter-nis fällt ein.
Wo fänd ich Trost, wärst du, mein Gott, nicht hier?
Hilf dem, der hilf-los ist: Herr, bleib bei mir!

2. Wie bald verebbt der Tag, das Leben weicht, / die Lust verglimmt, der Erdenruhm verbleicht; / umringt von Fall und Wandel leben wir. / Unwandelbar bist du: Herr, bleib bei mir!

3. Ich brauch zu jeder Stund dein Nahesein, / denn des Versuchers Macht brichst du allein. / Wer hilft mir sonst, wenn ich den Halt verlier? / In Licht und Dunkelheit, Herr, bleib bei mir!

4. Von deiner Hand geführt, fürcht ich kein Leid, / kein Unglück, keiner Trübsal Bitterkeit. / Was ist der Tod, bist du mir Schild und Zier? / Den Stachel nimmst du ihm: Herr, bleib bei mir!

5. Halt mir dein Kreuz vor, wenn mein Auge bricht; / im Todesdunkel bleibe du mein Licht. / Es tagt, die Schatten fliehn, ich geh zu dir. / Im Leben und im Tod, Herr, bleib bei mir!

T: Stockholm 1925 / Theodor Werner 1952 nach «Abide with me» von Henry Francis Lyte 1847 M und S: William Henry Monk 1861

604

ö+

Seigneur, reste avec nous; / déjà le jour décline / et la nuit est toute proche.

O Segner, sta pro nus, / perche chi vain la saira, / ed il di fingià s'inclina.

T: Lukas 24,29 M: Albert Thate 1935

605
(ö)+

2. Die Erde rollt dem Tag entgegen, / wir ruhen aus in deiner Hut / und danken dir, wenn wir uns legen, / dass deine Kirche nimmer ruht;

3. denn unermüdlich, wie der Schimmer / des Morgens um die Erde geht, / ist immer ein Gebet und immer / ein Loblied wach, das vor dir steht.

4. Die Sonne, die uns sinkt, bringt drüben / den Menschen überm Meer das Licht; / und immer wird ein Mund sich üben, / der Dank für deine Taten spricht.

5. So sei es, Herr: Die Reiche fallen, / dein Thron allein wird nicht zerstört; / dein Reich besteht und wächst, bis allen / dein großer, neuer Tag gehört.

T: Gerhard Valentin 1964 nach «The day Thou gavest, Lord, is ended» von John Ellerton 1870/71 / 1888 M und S: Clement Cotterill Scholefield 1874

606

ö +

T: Christa Weiß (1964?) 1965 nach Kurt Rommel 1963
M: Martin Striebel und Kurt Schmid 1963

607

2. Bleib, o Herr, der du uns auch heut / im Tageslauf gabst dein Geleit. / Behüte, wer zu dieser Frist / bis spät noch an der Arbeit ist. / Bleib, o Herr, bei allen als Wacht, / die unterwegs sind in der Nacht.

3. Bleib, o Herr, lass uns nicht allein, / geh auch in unsre Träume ein. / Wie Träumenden, so wird uns sein, / bricht einst dein Reich mit Macht herein. / Bleib, o Herr, mit uns in der Zeit, / bis einst dein Tag die Welt erneut.

T: Kurt Marti 1972 nach «Bleib bei uns, wenn der Tag entweicht» von Arno Pötzsch 1952 M und S: Horst Weber 1958

608
ö +

T: Kurt Rose 1987 M: Herbert Beuerle 1987

609

Eine ruhige Nacht und ein Sterben in Frieden
verleihe uns der allmächtige und barmherzige Gott.

Nach der Komplet

610 Nachtgebet

Eingang

E Der Tag ist vergangen, die Nacht bricht an.
Unser Gebet steige auf zu dir, Herr,
und es senke sich auf uns dein Erbarmen.
Dein ist der Tag und dein ist die Nacht.
Lass, wenn des Tages Licht verlischt,
das Licht deiner Wahrheit uns leuchten.
Geleite uns zur Ruhe der Nacht
und dereinst zur ewigen Vollendung
durch unseren Herrn Jesus Christus.

A Ehre sei dem Vater und dem Sohn
und dem Heiligen Geist,
wie im Anfang so auch jetzt und allezeit
und in Ewigkeit. Amen.
(Oder gesungen: Nr. 227, 228)

Lied (z.B. Nr. 616, 622)

Sündenbekenntnis

E Gott, höre uns, wenn wir zu dir rufen,
sei uns gnädig und erhöre uns.

Schaffe in uns, Gott, ein reines Herz
und gib uns einen neuen, gewissen Geist.
Verwirf uns nicht vor deinem Angesicht
und nimm deinen Heiligen Geist nicht von uns.
Tröste uns wieder mit deiner Hilfe. Psalm 51,12–14

A Wir bekennen vor dir, dem heiligen Gott,
dass wir gesündigt haben
in Gedanken, Worten und Werken,
in Trägheit des Herzens.

Herr, erbarm dich unser.
(Oder gesungen: Nr. 193–201)

Stille

ZUSPRUCH

E So wahr ich lebe, spricht Gott,
ich habe nicht Wohlgefallen am Tod des Gottlosen,
sondern daran, dass er umkehre von seinem Weg
und lebe. Ezechiel 33,11

Oder:

Denn so hat Gott die Welt geliebt,
dass er den einzigen Sohn gab,
damit jeder, der an ihn glaubt, nicht verloren gehe,
sondern ewiges Leben habe. Johannes 3,16

PSALMGEBET (Psalm 4,7–9)

A Viele sagen: Wer lässt uns Gutes schauen?
Entschwunden ist über uns
das Licht DEINES Angesichts.

Du hast mir Freude ins Herz gegeben,
größer als in der Zeit,
da es Korn und Wein in Fülle gibt.

In Frieden will ich mich niederlegen und schlafen,
denn DU allein lässt mich sicher wohnen.

DER LOBGESANG DES SIMEON («Nunc dimittis»; Lukas 2,29–32)
(gesprochen oder gesungen: Nr. 103–105)

E Nun lässest DU deinen Diener in Frieden gehen,
wie du gesagt hast,
denn meine Augen haben das Rettende gesehen,
das du vor den Augen aller Völker bereitet hast,
ein Licht zur Offenbarung für die Völker
und zur Ehre deines Volkes Israel.

A Ehre sei dem Vater und dem Sohn
und dem Heiligen Geist,
wie im Anfang so auch jetzt und allezeit
und in Ewigkeit. Amen.

GEBET

E DU, mein Gott,
ich danke dir, dass du diesen Tag zu Ende gebracht hast;

ich danke dir, dass du Leib und Seele
zur Ruhe kommen lässt.
Deine Hand war über mir
und hat mich behütet und bewahrt.
Vergib allen Kleinglauben
und alles Unrecht dieses Tages
und hilf, dass ich gern denen vergebe,
die mir Unrecht getan haben.
Lass mich in Frieden unter deinem Schutz schlafen
und bewahre mich vor den Anfechtungen der Finsternis.
Ich befehle dir die Meinen,
ich befehle dir dieses Haus,
ich befehle dir meinen Leib und meine Seele.
Gott, dein heiliger Name sei gelobt! Dietrich Bonhoeffer 1943

Wir rufen dich an mit den Worten,
die Jesus uns geschenkt hat:

A Unser Vater im Himmel ...

SCHLUSSLIED (z.B. Nr. 613, 620; 849, 863)

611

T: Antiphon zum Lobgesang des Simeon («Nunc dimittis») Lukas 2,29–32
M: gregorianisch nach einer Antiphon (III. Ton)

612

Wache du, Herr, mit denen,
die wachen oder weinen in dieser Nacht.
Hüte deine Kranken.
Lass deine Müden ruhen.
Segne deine Sterbenden.
Tröste deine Leidenden.
Erbarme dich deiner Betrübten
und sei mit deinen Fröhlichen.

Herkunft unbekannt

613
ö

1. Mit mei - nem Gott geh ich zur Ruh
und tu in Fried mein Au - gen zu,
denn Gott von's Him - mels Thro - ne
ü - ber mich wacht bei Tag und Nacht,
da - mit ich si - cher woh - ne.

2. Ich ruf zu dir, Herr Jesu Christ, / der du allein mein Helfer bist: / Lass kein Leid widerfahren, / durch deinen Schutz / vors Teufels Trutz / dein’ Engel uns bewahren.

3. Befiehl den lieben Engeln dein, / dass sie stets um und bei uns sein, / all Übel von uns wende. / Gott Heilger Geist, / dein Hilf uns leist / an unserm letzten Ende.

T: Cornelius Becker 1602 (Str. 1) und Breslau um 1680 (Str. 2.3) M: Leipzig 1573 / Nürnberg (1575) 1581 / bei Sethus Calvisius 1594 S: GB 1952 nach Sethus Calvisius und Michael Praetorius 1610

614

ö +

T und M: Martin Hesekiel 1931

615

Müder Geist, nun kehr zur Ruh
und vergiss der Bilder alle.
Schließ die Augen sachte zu,
was nicht Gott ist, dir entfalle.
Schweig dem Herrn und halt ihm still,
dass er wirke, was er will.

Gerhard Tersteegen 1745

616

1. Gott der Ta - ge, Gott der Näch - te,
leh - net sich an dei - ne Rech - te;
mei - ne See - le har - ret dein,
nie kannst du mir fer - ne sein,
Va - ter, nie dein Kind ver - las - sen,
im - mer kann ich dich um - fas - sen.
Dei - ne wei - se Huld und Macht
lei - tet mich bei Tag und Nacht.

2. Vater aller Menschenkinder, / Hüter deiner ganzen Welt, / der mit Langmut trägt die Sünder, / der die Schwachen führt und hält, / täglich Gutes zeigt und gibet, / immer segnet, alle liebet, / alle siehet, leitet, kennt, / allen alles Gute gönnt,

3. Vater, sende Mut den Schwachen, / Licht in jedes dunkle Herz. / Allen, die beklommen wachen, / mildere den heißen Schmerz. / Lass die Witwen, lass die Waisen, / Vater, deine Liebe preisen, / gönne Kranken sanfte Ruh, / Sterbenden sei Tröster du.

4. Jesus Christus, manche Nächte / hast du für uns durchgewacht, / hast dem menschlichen Geschlechte / durch dein Wachen Ruh gebracht. / Den Geliebten gönnst du Schlummer, / linderst ihnen Sorg und Kummer; / schlafen oder wachen sie, / weichst du doch von ihnen nie.

T: Johann Caspar Lavater 1776 / Württemberger GB, Stuttgart 1791 / GB 1941 / GB 1952 M: Johann Crüger 1649 S: nach Johann Crüger 1649/1656

617

Viele finden keinen Schlaf. –
Bevor ich schlafe,
bitte ich dich für sie,
du Gott des Tages und der Nacht.

Wo der Tag im Streit zu Ende ging,
schaffe Frieden.
Wo der Schmerz den Schlaf vertreibt,
schenk Ruhe.
Wo der Mut geknickt ist,
richte wieder auf.
Wo Sorgen das Gemüt verdüstern,
lass leuchten dein Angesicht.

Liturgiekommission 1998

618

1. Hir - te dei - ner Scha - fe, der von
dei - ne Treu und Mil - de dien - te
kei - nem Schla - fe et - was wis - sen
mir zum Schil - de den ver - gang - nen
mag,
Tag.
Sei die Nacht auch auf der
Wacht und lass mich von dei - nen

2. Lass auch meine Lieben / keine Not betrüben, / sie sind mein und dein. / Schließ uns mit Erbarmen / in den Vaterarmen / ohne Sorgen ein. / Du bei mir und ich bei dir; / also sind wir ungeschieden, / und ich schlaf in Frieden.

3. Komm, verschließ die Kammer / und lass allen Jammer / ferne von uns sein. / Sei du Schloss und Riegel; / unter deine Flügel / nimm dein Küchlein* ein. / Decke zu mit Schutz und Ruh; / so wird uns kein Grauen wecken / noch der Feind erschrecken.

* Küken

4. Nun wohlan, ich tue / in vergnügter Ruhe / meine Augen zu. / Seele, Leib und Leben / hab ich dir ergeben, / treuer Hüter du. / Gute Nacht, nimm mich in Acht; / und erlebe ich den Morgen, / wirst du weiter sorgen.

T: Benjamin Schmolck 1715 / Albert Knapp 1850 / Basel 1853 / Kommission 1998 M: Christian Friedrich Witt 1715 S: nach Christian Friedrich Witt 1715 und Johann Balthasar König 1738

619

Viele arbeiten nachts. –
Bevor ich schlafe,
bitte ich dich für sie,
du Gott des Tages und der Nacht.

Leuchte ihnen im Dunkel.
Halte sie wach gegen den Schlaf.
Führe sie in einen hellen Morgen.

Liturgiekommission 1998

620
ö

2. Wollst mir vergeben meine Schuld, / den Streit und alle Ungeduld. / Dir ist mein ganzes Herz bekannt; / Herr, halte es in deiner Hand.

3. Bleib bei mir, da es Abend wird; / behüte mich, du guter Hirt, / und send mir aus des Himmels Schar / den Engel, der mich wohl bewahr.

T: Sigisbert Kraft 1982 nach dem «Abendsegen» von Georg Klee 1552
M: Johann Crüger 1640 S: nach Johann Crüger 1656

621

4. Kranken Herzen sende Ruh, / nasse Augen trockne du. / Gott im Himmel, halte Wacht, / gib uns eine gute Nacht.

T: Luise Hensel (1816) 1829 M: Böhmische Brüder, Prag 1541 / Nürnberg 1544 S: Andreas Marti 1998

622

1. Ich lie - ge, Herr, in dei - ner Hut
2. Du bist's al - lein, Herr, der stets wacht,
3. Dein star - ker Arm ist aus - ge - reckt,

und schla - fe ganz mit Frie - den.
zu hel - fen und zu stil - len,
dass Un - heil mich ver - scho - ne

Dem, der in dei - nen Ar - men ruht,
wenn mich die Schat - ten finst - rer Nacht
und ich, was auch den Schlaf noch schreckt,

ist wah - re Rast be - schie - den,
mit jä - her Angst er - fül - len,
be - schirmt und si - cher woh - ne,

ist wah - re Rast be - schie - den.
mit jä - her Angst er - fül - len.
be - schirmt und si - cher woh - ne.

4. So will ich, wenn der Abend sinkt, / des Leides nicht gedenken, / das mancher Erdentag noch bringt, / und mich darein versenken, / und mich darein versenken,

5. wie du, wenn alles nichtig war, / worauf die Menschen hoffen, / zur Seite warst und wunderbar / mir Plan und Rat getroffen, / mir Plan und Rat getroffen.

6. Weil du der mächt'ge Helfer bist, / will ich mich ganz bescheiden / und, was bei dir verborgen ist, / dir zu entreißen meiden, / dir zu entreißen meiden.

7. Ich achte nicht der künft'gen Angst. / Ich harre deiner Treue, / der du nicht mehr von mir verlangst, / als dass ich stets aufs Neue, / als dass ich stets aufs Neue

8. zu kummerlosem, tiefem Schlaf / in deine Huld mich bette, / vor allem, was mich bitter traf, / in deine Liebe rette, / in deine Liebe rette.

9. Ich weiß, dass auch der Tag, der kommt, / mir deine Nähe kündet / und dass sich alles, was mir frommt, / in deinen Ratschluss findet, / in deinen Ratschluss findet.

10. Sind nun die dunklen Stunden da, / soll hell vor mir erstehen, / was du, als ich den Weg nicht sah, / zu meinem Heil ersehen, / zu meinem Heil ersehen.

11. Du hast die Lider mir berührt; / ich schlafe ohne Sorgen. / Der mich in diese Nacht geführt, / der leitet mich auch morgen, / der leitet mich auch morgen.

T: Jochen Klepper 1938 M: Willy Burkhard (1939) 1941

623

Nun schläfet man; und wer nicht schlafen kann,
der bete mit mir an den großen Namen,
dem Tag und Nacht wird von der Himmelswacht
Preis, Lob und Ehr gebracht: o Jesu! Amen.

Weg, Fantasie! Mein Herr und Gott ist hie.
Du schläfst, mein Wächter, nie; dir will ich wachen.
Ich liebe dich; ich geb zum Opfer mich
und lasse ewiglich dich mit mir machen.

Es leuchte dir der Himmelslichter Zier.
Ich sei dein Sternlein, hier und dort zu funkeln.
Nun kehr ich ein; Herr, rede du allein
beim tiefsten Stillesein zu mir im Dunkeln.

Gerhard Tersteegen 1745

Bei Tisch

624 Die Speisung der Fünftausend

1 Danach ging Jesus ans andere Ufer des Sees von Tiberias in
Galiläa. 2 Viel Volk aber folgte ihm, weil sie die Zeichen sa-
hen, die er an den Kranken tat. 3 Jesus aber stieg auf den
Berg und setzte sich dort mit seinen Jüngern hin. 4 Das
Passa war aber nahe, das Fest der Juden.
5 Als nun Jesus seine Augen aufhebt und sieht, dass viel
Volk zu ihm kommt, sagt er zu Philippus: Woher sollen wir
Brot kaufen, damit diese zu essen haben? 6 Dies sagte er
aber, um ihn zu prüfen; er wusste nämlich, was er tun woll-
te. 7 Philippus antwortete ihm: Brot für zweihundert Denar
reicht nicht aus für sie, damit jeder auch nur ein wenig be-
kommt. 8 Einer von seinen Jüngern, Andreas, der Bruder
des Simon Petrus, sagt zu ihm: 9 Ein Kind ist hier, das fünf
Gerstenbrote und zwei Fische hat; aber was ist das für so
viele? 10 Jesus sprach: Lasst die Leute sich lagern! An dem
Ort war viel Gras. Da lagerten sich nun die Männer, etwa
fünftausend an der Zahl. 11 Jesus nahm nun die Brote,
sprach das Dankgebet und teilte sie an die aus, die dasaßen;
ebenso von den Fischen, soviel sie wollten.
12 Als sie aber satt waren, spricht er zu seinen Jüngern:
Sammelt die übriggebliebenen Brocken ein, damit nichts
verloren geht. 13 Da sammelten sie sie ein und füllten zwölf
Körbe mit Brocken, die von den fünf Gerstenbroten übrig
blieben, nachdem sie gegessen hatten.

Johannes 6,1–13

625

Kanon für 4 Stimmen

T: Gerhard Fritzsche 1938 M: Ludwig Weck 1943

626

Kanon für 4 Stimmen

T und M: Markus Jenny 1984 nach Motiven aus dem Kappeler Lied von Huldrych Zwingli um 1525/1529 (Nr. 792)

627

ö

Wir dan-ken Gott für sei - ne Ga - ben,
die wir von ihm emp - fan - gen ha - ben,
und bit - ten un - sern lie - ben Herrn,
er woll uns fer - ner auch be - schern
und spei - sen uns mit sei - nem Wort,

T: Erasmus Alber 1537 M: Pierre Davantès, Genf 1562, Psalm 105
S: nach Claude Goudimel 1564/65

628 +

T: Herkunft unbekannt M und S: Paul Ernst Ruppel 1952

629

2. O Herr, tu auf dein milde Hand, / mach uns dein Gnad und Güt bekannt, / ernähre uns, die Kinder dein, / der du nährst alle Vögelein.

3. Erhörst du doch der Raben Stimm, / drum unsre Bitt, Herr, auch vernimm; / denn aller Ding du Schöpfer bist / und allem Vieh sein Futter gibst.

4. Gedenk nicht unsrer Missetat / und Sünd, die dich erzürnet hat; / lass scheinen dein Barmherzigkeit, / dass wir dich loben allezeit.

5. O Herr, gib uns ein fruchtbar Jahr, / den lieben Kornbau uns bewahr; / vor Teurung, Hunger, Seuch und Streit / behüt uns, Herr, zu dieser Zeit.

6. Du unser lieber Vater bist, / weil Christus unser Bruder ist; / drum trauen wir allein auf dich / und wolln dich preisen ewiglich.

T: Nikolaus Herman (1560) 1562 M: Loys Bourgeois, Genf 1551, Psalm 134
S: nach Claude Goudimel 1564/65

630
ö

Kanon für 3 Stimmen

T und M: Christian Lahusen (1937) 1938 (T nach einem alten Tischgebet)

631

2. Den Leib, die Seel, das Leben / hat er allein uns geben; / dieselben zu bewahren, / tut er nie etwas sparen.

3. Ein Arzt ist uns gegeben, / der selber ist das Leben; / Christus, für uns gestorben, / der hat das Heil erworben.

4. Durch ihn ist uns vergeben / die Sünd, geschenkt das Leben, / im Himmel solln wir haben, / o Gott, wie große Gaben!

5. Wir bitten deine Güte, / wollst uns hinfort behüten, / uns Große mit den Kleinen; / du kannst's nicht böse meinen.

6. Erhalt uns in der Wahrheit, / gib ewigliche Freiheit, / zu preisen deinen Namen / durch Jesum Christum. Amen.

T: Ludwig Helmbold 1575 M: Nikolaus Selnecker 1587 / Johann Crüger 1649 S: nach Nikolaus Selnecker 1587 und Bartholomäus Gesius 1603

632

ö+

Kanon für 3 Stimmen

T: mündlich überliefert M: Paul Ernst Ruppel 1951

633

Die Erde, das Korn,
das Licht und die Wärme,
die Arbeit der Menschen
geben uns Brot.
Wir danken dir, Gott,
für das Brot des Lebens,
du Gott der Erde,
Gott des Lichtes,
Gott der Menschen.

Johanna Klink 1974

634
ö+

T und M: Herkunft unbekannt

635
ö

T: Bartholomäus Ringwaldt 1586 M und S: Johann Crüger 1640

636 ö

Kanon für 3 Stimmen

T: GB der Brüdergemeine, London 1753 M: Herkunft unbekannt

637 du hungerst herr
in den hungernden der erde
du hungerst
nach unserer gerechtigkeit

speise uns herr
mit deiner gerechtigkeit
damit wir hungernden genießen
wofür wir dir danken

Rudolf Bohren 1976

638 +

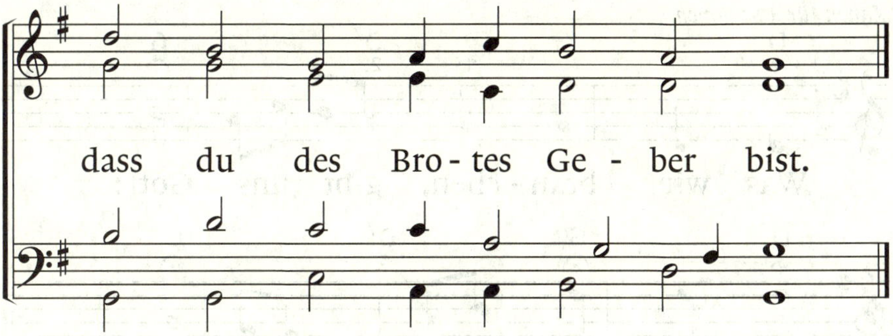

2. Du gibst uns unser täglich Brot. / Lass uns bereit sein, in der Not / zu teilen, was du uns gewährt. / Dein ist die Erde, die uns nährt.

3. Herr, du bist unser täglich Brot. / Du teilst dich aus in deinem Tod. / Wir loben dich und danken dir. / Aus deiner Liebe leben wir.

T: Edwin Nievergelt (1977) 1979 M: Loys Bourgeois, Genf 1551, Psalm 134
S: nach Claude Goudimel 1564/65

639

Kanon für 4 Stimmen

T: Herkunft unbekannt M: Dieter Golombek 1988

Kanon für 4 Stimmen

640 ö

T und M: Herkunft unbekannt

641 Von deiner Gnade leben wir,
und was wir haben, kommt von dir.
Drum sagen wir dir Dank und Preis,
tritt segnend ein in unsern Kreis.

Hannover 1993

642 Du gibst uns Speis und Trank
und alles, was wir haben.
So nimm, Gott, unsern Dank
und segne diese Gaben.

Herkunft unbekannt

643 Wir leben nicht vom Brot allein,
es muss dein Wort auch bei uns sein.
Wir danken dir, dass du uns liebst
und uns dies beides täglich gibst.

Detlev Block 1976

644 Was wir haben, lass uns teilen,
nichts gehört uns ganz allein.
Hilf uns Not und Hunger heilen
und für andre dazusein.

Detlev Block 1976

645

Du hast im Winter kahles Feld gesehn,
du sahst im Sommer goldne Ähren stehn.
So soll dein Herz auch jetzt es nicht vergessen:
Es müssen Gottes Wunder erst geschehn,
eh du dein täglich Brot kannst essen.

Herkunft unbekannt

646

T: nach holländischer Vorlage M: aus Holland

Gottesdienst im Lebenskreis

Der Gottesdienst umfasst nicht nur Veranstaltungen zu bestimmten Zeiten und an bestimmten Orten. Unser ganzes irdisches Leben steht im Lichte von Gottes Willen und ist darum Gottesdienst, wie der Apostel Paulus schreibt (Römerbrief 12). Im Glauben, aber auch in Zweifel und Anfechtung erfahren wir Gott als unser Gegenüber; aus dem Vertrauen auf ihn erwächst uns Trost, vor ihn bringen wir die Klage über alles, was uns drückt, und ihm singen wir Lob und Dank für unser Leben.

Besondere Zeiten und Wendepunkte im menschlichen Leben geben uns Anlass zur Besinnung, lassen uns in Gottes Botschaft Ausrichtung und Kraft suchen. Die kirchliche Trauung als Fürbitte und Bitte um den Segen für das gemeinsame Leben zweier Menschen, Geburtstage und das Älterwerden sind Stücke des Lebensweges, für die das Gesangbuch Lieder und Texte bereithält. Auch Taufe und Konfirmation sind wichtige Wendepunkte; die Taufe ist als Teil des Gemeindegottesdienstes im 2. Kapitel berücksichtigt, und für die Konfirmation eignen sich außer vielen Liedern zu anderen Themen auch einige Tauflieder.

Keinem Menschen bleibt die Auseinandersetzung mit dem Tod erspart – dem eigenen oder dem anderer –, und diese Auseinandersetzung ist an kein Lebensalter gebunden. Eine reiche Auswahl von Liedern und Texten zeugen von ihr und helfen uns, sie zu bestehen. Darunter befinden sich auch solche, die geeignet sind, jemanden auf seinem letzten irdischen Wegstück zu begleiten.

Glaube

DER BLINDE BARTIMÄUS 647

46 Und sie kommen nach Jericho. Und als er und seine Jün-
ger und eine große Menge aus Jericho hinauszogen, saß Bar-
timäus, der Sohn des Timäus, ein blinder Bettler, am Weg.
47 Und als er hörte, dass es Jesus von Nazaret sei, begann er
zu schreien: Sohn Davids, Jesus, erbarme dich meiner! 48 Da
herrschten ihn viele an, er solle schweigen. Er aber schrie
noch viel lauter: Sohn Davids, erbarme dich meiner! 49 Und
Jesus blieb stehen und sprach: Ruft ihn her! Und sie rufen
den Blinden und sagen zu ihm: Sei getrost, steh auf! Er ruft
dich. 50 Da warf er seinen Mantel ab, sprang auf und kam zu
Jesus. 51 Und Jesus wandte sich ihm zu und sagte: Was soll
ich für dich tun? Da sagte der Blinde zu ihm: Rabbuni, dass
ich wieder sehen kann. 52 Und Jesus sprach zu ihm: Geh,
dein Glaube hat dich gerettet. Und auf der Stelle sah er wie-
der und folgte ihm nach auf dem Weg. Markus 10,46–52

648
ö (+)

1. Mit - ten wir im Le - ben sind
2. Mit - ten in dem Tod an - ficht
3. Mit - ten in der Höl - le Angst
mit dem Tod um - fan - gen.
uns der Höl - le Ra - chen.
uns - re Sünd' uns trei - ben.
Wer ist, der uns Hil - fe bringt,
Wer will uns aus sol - cher Not
Wo solln wir denn flie - hen hin,
dass wir Gnad er - lan - gen? Das
frei und le - dig ma - chen? Das
da wir mö - gen blei - ben? Zu
bist du, Herr, al - lei - ne. Uns
tust du, Herr, al - lei - ne. Es
dir, Herr Christ, al - lei - ne. Ver-
reu - et uns - re Mis - se - tat,
jam - mert dein Barm - her - zig - keit
gos - sen ist dein teu - res Blut,
die dich, Herr, er - zür - net hat.
uns - re Klag und gro - ßes Leid.
das gnug für die Sün - de tut.

T: Salzburg 1456 (Str. 1) und Martin Luther 1524 (Str. 2. 3) nach der Antiphon «Media vita in morte sumus» 11. Jh. M: Salzburg 1456 / Wittenberg 1524 (Johann Walter? Martin Luther?)

649

2. Dein, dein soll sein das Herze mein, / dir, Christe, will ich's geben. / Du gibst recht Freud, tilgst alles Leid; / du bist das wahre Leben. / All mein Begier steht hin zu dir / mit Lust und Freud im Herzen. / Du bist mein Hort; dein ewig Wort / vertreibt mir alle Schmerzen.

3. Dein, dein soll sein das Herze mein, / du Hilf und Trost der Armen. / Sieh an den Streit, den ich erleid, / und tu dich mein' erbarmen. / Dem Feind befiehl, die Sünde still'; / dir, Herr, gescheh's zu Ehren. / Zieh mich zu dir und tu in mir / allzeit den Glauben mehren.

T: Leo Jud um 1536/37 / GB 1952 M: Straßburg 1530 (Wolfgang Dachstein, Matthäus Greiter?), Psalm 37

650
+

T: Tägliches Gebet des Bruder Klaus (Niklaus von Flüe) 15. Jh.
M: Joseph Gallus Scheel 1941

651
(ö)

1. Herz - lich lieb hab ich dich, o Herr.
Die gan - ze Welt er - freut mich nicht,
Ich bitt, wollst sein von mir nicht fern mit
nach Erd und Him - mel frag ich nicht, wenn
dei - ner Güt und Gna - den.
ich nur dich kann ha - ben.
Und
wenn mir gleich mein Herz zer - bricht, so
bist doch du mein Zu - ver - sicht, mein Teil und
mei - nes Herzens Trost, der mich durch sein Blut
hat er - löst. Herr Je - su Christ, mein
Gott und Herr, mein Gott und Herr, in
Schan - den lass mich nim - mer - mehr.

2. Es ist ja dein Geschenk und Gab / mein Leib und Seel und was ich hab / in diesem armen Leben. / Damit ich's brauch zum Lobe dein, / zu Nutz und Dienst des Nächsten mein, / wollst mir dein Gnade geben. / Behüt mich, Herr, vor falscher Lehr, / des Satans Mord und Lügen wehr; / in allem Kreuz erhalte mich, / auf dass ich's trag geduldiglich. / Herr Jesu Christ, / mein Herr und Gott, mein Herr und Gott, / tröst mir mein Herz in Todesnot.

3. Ach Herr, lass dein' lieb' Engelein / an meinem End die Seele mein / in Abrahams Schoß tragen. / Der Leib in sei'm Schlafkämmerlein / gar sanft ohn alle Qual und Pein / ruh bis zum Jüngsten Tage. / Alsdann vom Tod erwecke mich, / dass meine Augen sehen dich / in aller Freud, o Gottes Sohn, / mein Heiland und mein Gnadenthron. / Herr Jesu Christ, / erhöre mich, erhöre mich. / Ich will dich preisen ewiglich.

T: Martin Schalling (1569) 1571 M: bei Bernhard Schmid, Straßburg 1577 / Bautzen 1587

652

+

Melodie
1. In dir ist Freu - de in al - lem
Durch dich wir ha - ben himm - li - sche
1. In dir ist Freu - de in al - lem
Durch dich wir ha - ben himm - li - sche
Lei - de, o mein lie - ber Je - su Christ!
Ga - ben, du der wah - re Hei - land bist,
Lei - de, o mein lie - ber Je - su Christ!
Ga - ben, du der wah - re Hei - land bist,
hil - fest von Schan - den, ret - test von
Zu dei - ner Gü - te steht un - ser
hil - fest von Schan - den, ret - test von
Zu dei - ner Gü - te steht un - ser

Ban - den. Wer dir ver - trau - et,
Gmü - te, an dir wir han - gen
Ban - den. Wer dir ver - trau - et,
Gmü - te, an dir wir han - gen
hat wohl ge - bau - et, wird e - wig
in Freud und Ban - gen; nichts kann uns
hat wohl ge - bau - et, wird e - wig
in Freud und Ban - gen; nichts kann uns
blei - ben. Hal - le - lu - ja.
schei - den. Hal - le - lu - ja.
blei - ben. Hal - le - lu - ja.
schei - den. Hal - le - lu - ja.

2. Wenn wir dich haben, / kann uns nicht schaden / Teufel, Welt, Sünd oder Tod; / du hast's in Händen, / kannst alles wenden, / wie nur heißen mag die Not. / Drum wir dich ehren, / dein Lob vermehren / mit hellem Schalle, / freuen uns alle / zu dieser Stunde. / Halleluja. / Wir jubilieren / und triumphieren, / lieben und loben / dein Macht dort oben / mit Herz und Munde. / Halleluja.

T: Erfurt 1598 (Cyriakus Schneegaß?) M und S: Giovanni Giacomo Gastoldi 1591 / geistlich Erfurt 1598

[652] 1. Mon allégresse / Dans la détresse, / C'est toi, doux Seigneur Jésus. / Car de ta grâce, / Que rien ne lasse, / Viennent tous les dons reçus. / Toutes nos fautes, / Tu nous les ôtes, / Et qui t'écoute / Fait bonne route, / Point ne s'égare. / Alléluia. / A toi bon maître, / Nous voulons être; / De ta clémence, / Nulle puissance / Ne nous sépare. / Alléluia.

2. Par ton empire, / Tu vas détruire / Péché, diable, mal et mort. / De tous leurs pièges / Tu nous protèges, / Ton amour est le plus fort. / Ton peuple en fête / Chante à tue-tête, / Joyeux, t'honore, / Heureux, t'adore / A l'heure même. / Alléluia. / Son cœur sans trêve / Vers toi s'élève / Et te rend gloire / Pour ta victoire. / Seigneur, je t'aime. / Alléluia.

T: Pierre Lutz 1976

[652] 1. Gioia del cuore, / Gesù Signore, / nel tuo regno ci condurrai. / Per noi sei morto, / per noi risorto, / dalla morte ci salverai. / Con noi nel pianto, / con noi nel canto / tu dalla croce / doni la pace, / vita per sempre. / Alleluia. / Con te vittoria, / con te la gloria, / oltre la croce / splende la luce, / gioia per sempre. / Alleluia.

2. Festa del cuore, / Gesù pastore / nel deserto ci guiderai. / Per noi sei cibo, / sei pane vivo, / nella vita ci sosterrai. / Con noi cammini, / su noi ti chini, / in ogni istante / tu sei presente, / dono sicuro. / Alleluia. / Con te giustizia, / in te le-

tizia, / nelle tue mani / i nostri nomi, / l'oggi e il futuro. / Alleluia.

T: Eugenio Costa e Felice Rainoldi 1981

1. Tuott' allegrezza / immez tristezza / ans dast tü, o Gesu Crist. / Tü ans alvaintast / ed ans richaintast; / da nus tuots Salvader est. / Spendrast da painas / e da chadainas. / Quel chi as fida / e nu t'invlida / resta adüna. / Alleluja. / La grazcha tia / es la güstia / chi ans permetta / da star cun cretta, / cun temm' ingüna. / Alleluja. [652]

2. Scha tü ans güdast, / in nus invüdast / charità e cumpaschiun, / gnaran müdadas / per tas raspadas. / Tü sarast nos ferm friun. / Perquai chi's loda, / cha minchün doda / cun allegria / da tia lia, / eir in quist' ura. / Alleluja. / Fa cha'ns resolvan / vers tai cha'ns volvan, / in arcuntschentscha, / obedientscha / e piglian dmura. / Alleluja.

T (vallader): Gion Gaudenz 1972

653
+

2. O Kleinod, dem kein Kleinod gleicht, / Sohn Gottes, den kein Lob erreicht, / vom Vater uns gegeben: / Mein Herz ist voll von deinem Ruhm; / dein köstlich Evangelium / ist lauter Geist und Leben. / Dich, dich will ich / ewig fassen, nimmer lassen, Brot des Lebens; / dein' begehr ich nicht vergebens.

3. O gieße tief ins Herz hinein, / du Gottesglanz und Himmelsschein, / die Flamme deiner Liebe. / Durchdring mich, dass ich ewig bleib, / o Herr, ein Glied an deinem Leib / in frischem Lebenstriebe. / Nach dir wallt mir / mein Gemüte, ewge Güte, bis es findet / dich, des Liebe mich entzündet.

4. Von Gott kommt mir ein Freudenlicht, / wenn mich dein heilig Angesicht / mit Freundlichkeit anblicket. / Herr Jesu, du mein trautes Gut, / dein Wort, dein Geist, dein Leib und Blut / mich innerlich erquicket. / Nimm mich freundlich / in die Arme; Herr, erbarme dich in Gnaden. / Auf dein Wort komm ich geladen.

5. Gott Vater, Herr, du starker Held, / du hast mich ewig vor der Welt / in deinem Sohn geliebet. / Dein Sohn hat sich mit mir vertraut; / mein Herz auf ihn mit Freuden schaut. / Was ist's, das mich betrübet? / Freude, Freude! / Himmlisch Leben wird er geben mir dort oben: / Ewig soll mein Herz ihn loben.

6. Spielt unserm Gott mit Saitenklang / und lasst den lieblichsten Gesang / ganz freudenreich erschallen. / Ich will mit meinem Jesus Christ, / der mir mein Ein und Alles ist, / in steter Liebe wallen. / Singet, springet, / jubilieret, triumphieret, dankt dem Herren. / Groß ist Gott, der Herr der Ehren.

7. Wie bin ich doch so herzlich froh, / dass Christus ist das A und O, / der Anfang und das Ende. / Er wird mich doch zu seinem Preis / aufnehmen in das Paradeis; / drauf fass ich seine Hände. / Amen, Amen. / Komm, o Sonne, meine Wonne, bleib nicht lange: / Deiner wart ich mit Verlangen.

«A und O» (Str. 7): Alpha (A) ist der erste und Omega (Ω) der letzte Buchstabe im griechischen Alphabet.

T: GB 1952 nach Philipp Nicolai (1597/98) 1599 zu Psalm 45 und Albert Knapp 1833/1837/1850 M: Philipp Nicolai (1597/98) 1599

654

2. Gib, dass sonst nichts in meiner Seel / als deine Liebe wohne; / gib, dass ich deine Lieb erwähl / als meinen Schatz und Krone. / Stoß alles aus, nimm alles hin, / was mich und dich will trennen / und nicht gönnen, / dass all mein Mut und Sinn / in deiner Liebe brennen.

3. Mein Heiland, du bist mir zulieb / in Not und Tod gegangen / und hast am Kreuz als wie ein Dieb / und Mörder da gehangen, / verhöhnt, verspeit und sehr verwundt; / ach, lass mich deine Wunden / alle Stunden / mit Lieb im Herzensgrund / auch schmerzen und verwunden.

4. Was ist's, o Schönster, das ich nicht / in deiner Liebe habe? / Sie ist mein Stern, mein Sonnenlicht, / mein Quell, da ich mich labe, / mein süßer Wein, mein Himmelsbrot, /

mein Kleid vor Gottes Throne, / meine Krone, / mein Schutz in aller Not, / mein Haus, darin ich wohne.

5. Du hast mich je und je geliebt / und auch zu dir gezogen; / eh ich noch etwas Guts geübt, / warst du mir schon gewogen. / Ach lass doch ferner, edler Hort, / mich deine Liebe leiten / und begleiten, / dass sie mir immerfort / beisteh auf allen Seiten.

6. Lass sie sein meine Freud im Leid, / in Schwachheit mein Vermögen, / und wenn ich nach vollbrachter Zeit / mich soll zur Ruhe legen, / alsdann lass deine Liebestreu / mir Himmelsluft zuwehen, / bei mir stehen, / dass ich getrost und frei / mög in dein Reich eingehen.

T: Paul Gerhardt 1653 M: Wittenberg (1529) 1533

655

Fängst du zu sprechen
an
brechen
Süßwasserbäche
aus Asphalt

Und aus dem Beton
fangen
Blume und Baum an
zu treiben und
hangen
voll Samen
und Pilz Kraut und
Beere

Seit ich dich reden und
rufen
höre
aus Kapseln und Keimen
treibt es und
treibt's
im Geheimen
in mir

Silja Walter 1985

656

1. Ist Gott für mich, so tre - te
so - oft ich ruf und be - te,
gleich al - les wi - der mich;
weicht al - les hin - ter sich.
Hab
ich das Haupt zum Freun - de und bin ge -
liebt bei Gott, was kann mir tun der
Fein - de und Wi - der - sa - cher Rott?

2. Nun weiß und glaub ich feste, / ich rühm's auch ohne Scheu, / dass Gott, der Höchst und Beste, / mein Freund und Vater sei / und dass in allen Fällen / er mir zur Rechten steh / und dämpfe Sturm und Wellen / und was mir bringet Weh.

3. Der Grund, da ich mich gründe, / ist Christus und sein Blut; / das machet, dass ich finde / das ewge wahre Gut. / An mir und meinem Leben / ist nichts auf dieser Erd; / was Christus mir gegeben, / das ist der Liebe wert.

4. In ihm kann ich mich freuen, / hab einen Heldenmut, / darf kein Gerichte scheuen, / wie sonst ein Sünder tut. / Kein Urteil mich erschrecket, / kein Unheil mich betrübt, / weil mich mit Flügeln decket / mein Heiland, der mich liebt.

5. Sein Geist wohnt mir im Herzen, / regiert mir meinen Sinn, / vertreibet Sorg und Schmerzen, / nimmt allen Kummer hin, / gibt Segen und Gedeihen / dem, was er in mir schafft, / hilft mir das «Abba»* schreien / aus aller meiner Kraft.

* aramäisch: Vater

6. Und wenn an meinem Orte / sich Furcht und Schrecken findt, / so seufzt und spricht er Worte, / die unaussprechlich sind / mir zwar und meinem Munde, / Gott aber wohl bewusst, / der an des Herzens Grunde / ersiehet seine Lust.

7. Sein Geist spricht meinem Geiste / manch süßes Trostwort zu, / wie Gott dem Hilfe leiste, / der bei ihm suchet Ruh, / und wie er hab erbauet / ein edle neue Stadt, / da Aug und Herze schauet, / was es geglaubet hat.

8. Da ist mein Teil und Erbe / mir prächtig zugericht'; / wenn ich gleich fall und sterbe, / fällt doch mein Himmel nicht. / Muss ich auch gleich hier feuchten / mit Tränen meine Zeit, / mein Jesus und sein Leuchten / durchsüßet alles Leid.

9. Die Welt, die mag zerbrechen, / du stehst mir ewiglich; / kein Brennen, Hauen, Stechen / soll trennen mich und dich. / Kein Hunger und kein Dürsten, / kein Armut, keine Pein, / kein Zorn der großen Fürsten / soll mir ein Hindrung sein.

10. Kein Engel, keine Freuden, / kein Thron, kein Herrlichkeit, / kein Lieben und kein Leiden, / kein Angst, kein Fährlichkeit, / was man nur kann erdenken, / es sei klein oder groß, / der keines soll mich lenken / aus deinem Arm und Schoß.

11. Mein Herze geht in Sprüngen / und kann nicht traurig sein, / ist voller Freud und Singen, / sieht lauter Sonnenschein. / Die Sonne, die mir lachet, / ist mein Herr Jesus Christ; / das, was mich singen machet, / ist, was im Himmel ist.

T: Paul Gerhardt 1653 M: Melchior Teschner (1613) 1614
S: Melchior Teschner 1614 / GB 1891

657 Gott,
ich habe eine Seele voller Vertrauen
und einen Kopf voller Zweifel.
Ich kann nur sagen:
Irgendwo glaube ich,
hilf meinem Unglauben
im Kopf.

Gott,
pflanze diesen Glauben,
der da ist, irgendwo in mir,
der vertraut und hofft,
in meinen Kopf.

Gott, lass meine Augen
nicht nur sogenannte Tatsachen sehen,
sondern durch sie hindurch dich.
Zahlen sind so bestechend;
mach, dass dein Wort
auch so überzeugend zu mir spricht.

Gott,
lass mich doch auch mit dem Kopf glauben.

Gebet eines jungen Christen in Afrika

658

ö+

4. Du erleuchtest alles gar, / was jetzt ist und kommt und war; / voller Pracht wird die Nacht, / weil dein Glanz sie angelacht, / weil dein Glanz sie angelacht.

5. Deinem freudenreichen Strahl / wird gedienet überall; / schönster Stern, weit und fern / ehrt man dich als Gott den Herrn, / ehrt man dich als Gott den Herrn.

6. Ei nun, güldnes Seelenlicht, / komm herein und säume nicht. / Komm herein, Jesu mein, / leucht in meines Herzens Schrein, / leucht in meines Herzens Schrein.

T: Johann Scheffler (Angelus Silesius) 1657 M: Georg Joseph 1657

659

1. Je - su, mei - ne Freu - de, mei - nes Herzens Wei - de, Je - su, mei - ne Zier!
Ach wie lang, ach lan - ge ist dem Herzen ban - ge und ver - langt nach dir.
Got - tes Lamm, mein Bräu - ti - gam,
au - ßer dir soll mir auf Er - den
nichts sonst lie - ber wer - den.

2. Unter deinem Schirmen / bin ich vor den Stürmen / aller Feinde frei. / Lass von Ungewittern / rings die Welt erzittern, / mir steht Jesus bei. / Ob's mit Macht gleich blitzt und kracht, / ob gleich Sünd und Hölle schrecken, / Jesus will mich decken.

3. Trotz dem alten Drachen, / Trotz dem Todesrachen, / Trotz der Furcht dazu! / Tobe, Welt, und springe; / ich steh hier und singe / in gar sichrer Ruh. / Gottes Macht hält mich in Acht. / Erd und Abgrund muss verstummen, / ob sie noch so brummen.

4. Weg mit allen Schätzen; / du bist mein Ergötzen, / Jesu, meine Lust. / Weg, ihr eitlen Ehren, / ich mag euch nicht hören, / bleibt mir unbewusst! / Elend, Not, Kreuz, Schmach und Tod / soll mich, ob ich viel muss leiden, / nicht von Jesus scheiden.

5. Weicht, ihr Trauergeister, / denn mein Freudenmeister, / Jesus, tritt herein. / Denen, die Gott lieben, / muss auch ihr Betrüben / lauter Freude sein. / Duld ich schon hier Spott und Hohn; / dennoch bleibst du auch im Leide, / Jesu, meine Freude.

T: Johann Franck 1653 / Bern 1853 M: Johann Crüger 1653
S: Paul Müller 1952

660

2. Wenn ein Schaf verloren ist, / suchet es ein treuer Hirte. / Jesus, der uns nie vergisst, / suchet treulich das Verirrte, / dass es nicht verderben kann: / Jesus nimmt die Sünder an.

3. Kommet alle, kommet her, / kommet, ihr betrübten Sünder. / Jesus rufet euch, und er / macht aus Sündern Gotteskinder. / Glaubt es doch und denkt daran: / Jesus nimmt die Sünder an.

4. Keiner Gnade sind wir wert; / doch hat er in seinem Worte / sein Erbarmen uns erklärt. / Sehet nur, die Gnadenpforte / ist hier völlig aufgetan: / Jesus nimmt die Sünder an.

5. Ich Betrübter komme hier / und bekenne meine Sünden. / Lass, mein Heiland, mich bei dir / Gnade zur Vergebung finden, / dass dies Wort mich trösten kann: / Jesus nimmt die Sünder an.

6. Ich bin ganz getrosten Muts; / ob die Sünden blutrot wären, / müssten sie kraft deines Bluts / dennoch sich in schneeweiß kehren, / dass ich gläubig sprechen kann: / Jesus nimmt die Sünder an.

7. Jesus nimmt die Sünder an; / mich hat er auch angenommen / und den Himmel aufgetan, / dass ich selig zu ihm kommen / und auf den Trost sterben kann: / Jesus nimmt die Sünder an.

T: Erdmann Neumeister 1718 M: Berlin 1653 (Johann Crüger?) / Halle 1704
S: GB 1952 nach Johann Crüger 1653 und GB 1941

661

1. All-ge-nug-sam We-sen, das ich hab er-le-sen mir zum höchs-ten Gut,
du vergnügst al-lei-ne völ-lig, in-nig, rei-ne See-le, Geist und Mut.
Wer dich hat, ist still und satt;
wer dir kann im Geist an-han-gen,
darf nichts mehr ver-lan-gen.

2. Wem du dich gegeben, / kann in Frieden leben; / er hat, was er will. / Wer in seinem Grunde / dich, den Schatz, hat funden, / liebet und ist still. / Bist du da und innig nah, / muss das Schönste bald erbleichen / und das Beste weichen.

3. Höchstes Gut der Güter, / Ruhe der Gemüter, / Trost in aller Pein! / Was Geschöpfe haben, / kann den Geist nicht laben; / du vergnügst allein. / Was ich mehr als dich begehr, / mein Vergnügen in dir hindert / und den Frieden mindert.

4. Was genannt mag werden / droben und auf Erden, / alles reicht nicht zu. / Einer nur kann geben / Freude, Ruh und Leben; / eins ist Not, nur du. / Hab ich dich nur wesentlich, / so mag Leib und Seel verschmachten; / ich will's doch nicht achten.

5. Lass mich, Herr, mit Freuden / mich von allem scheiden, / aller Kreatur. / Innig an dir kleben, / kindlich in dir leben, / sei mein Himmel nur. / Bleib nur du mein Gut und Ruh, / bis du wirst in jenem Leben / dich mir völlig geben.

T: Gerhard Tersteegen 1729 M: Johann Crüger 1653 S: Paul Müller 1952

662

1. Ich be - te an die Macht der Lie - be,
die sich in Je - su of - fen - bart; ich
geb mich hin dem frei - en Trie - be,
wo-durch auch ich ge - lie - bet ward; ich
will, an-statt an mich zu den - ken, ins Meer der

2. Wie bist du mir so zart gewogen, / und wie verlangt dein Herz nach mir! / Durch Liebe sanft und tief gezogen / neigt sich mein Alles auch zu dir. / Du traute Liebe, gutes Wesen, / du hast mich und ich dich erlesen.

3. Ich fühl's, du bist's, dich muss ich haben; / ich fühl's, ich muss für dich nur sein; / nicht im Geschöpf, nicht in den Gaben, / mein Plätzchen ist in dir allein. / Hier ist die Ruh, hier ist Vergnügen, / drum folg ich deinen sel'gen Zügen.

4. O Jesu, dass dein Name bliebe / im Grunde tief gedrücket ein; / möcht deine süße Jesusliebe / in Herz und Sinn gepräget sein. / Im Wort, im Werk und allem Wesen / sei Jesus und sonst nichts zu lesen.

T: Gerhard Tersteegen 1751 (Str. 4) und 1757 (Str. 1–3) aus «Für dich sei ganz mein Herz und Leben» M: Dmitrij Stepanovič Bortnjanskij 1822
S: nach Dmitrij Stepanovič Bortnjanskij 1822

663 (ö)

T: Josef Metternich Team 1972 (Str. 1), Kurt Rose 1981 (Str. 2) und Herkunft unbekannt (Str. 3) M: Peter Janssens 1972

664

Übersetzung (nicht singbar):

Kehrvers: Niemand kennt das Leid, das ich erlebt habe, niemand kennt es, nur Jesus. Niemand kennt das Leid, das ich erlebt habe, o Herrlichkeit, gelobt sei Gott!

1. Manchmal bin ich hochgestimmt, manchmal niedergeschlagen, o ja, Herr, manchmal völlig zu Boden gedrückt, o ja, Herr.

2. Obschon du mich so weitergehen siehst, o ja, Herr, werde ich hier unten hart geprüft, o ja, Herr.

3. Ich werde nie den Tag vergessen, o ja, Herr, an dem Jesus meine Sünden abwusch, o ja, Herr.

T und M: Spiritual

665

T (zürichdeutsch) und M: Mica Romano 1975

Vertrauen

[Jesus spricht:] Dies habe ich zu euch geredet, damit ihr Frieden habt in mir. In der Welt habt ihr Angst; aber seid getrost, ich habe die Welt überwunden. Johannes 16,33 **666**

[Paulus schreibt:] Und er hat zu mir gesagt: Lass dir an meiner Gnade genügen; denn meine Kraft ist in den Schwachen mächtig. Darum will ich mich am allerliebsten rühmen meiner Schwachheit, auf dass die Kraft Christi bei mir wohne. **667**

2. Korintherbrief 12,9

668 ö +

T: Johannes 16,33 *(K)* und alter liturgischer Ruf *(Schluss)*
M *(K)*: Friedemann Gottschick 1982

669

2. Gott ist mein Trost, mein Zuversicht, / mein Hoffnung und mein Leben; / was mein Gott will, dass mir geschicht, / darein will ich mich geben. / Sein Wort ist wahr: All deine Haar / er selber hat gezählet; / er hüt' und wacht, stets auf uns acht', / auf dass uns gar nichts fehlet.

3. Und wird mich nun von dieser Welt / abrufen Gottes Wille, / so fahr ich hin, wann's ihm gefällt, / und will ihm halten stille. / Mein arme Seel ich Gott befehl / in meiner letzten Stunden. / Du treuer Gott, Sünd, Höll und Tod / hast du mir überwunden.

4. Noch eins, Herr, will ich bitten dich, / du wirst mir's nicht versagen: / Wenn mich der böse Geist anficht, / lass

mich, Herr, nicht verzagen. / Hilf mir und wehr, ach Gott, mein Herr, / zu Ehren deinem Namen. / Wer das begehrt, dem wird's gewährt; / drauf sprech ich fröhlich: Amen.

T: Albrecht von Preußen (1547) um 1554 (Str. 1–3) und Nürnberg um 1555 (Str. 4) M: Claude de Sermisy 1529 / geistlich Antwerpen 1540, Psalm 128 / Erfurt 1572

670

Guter Gott
schicke
den Gesang der Engel
in jede Ohnmacht
das Lied des Trostes
in jede Not
die Farbe des Himmels
in jede Hinfälligkeit
deine Kraft
in jede Krankheit

Und
öffne unsere Augen
für deine Menschwerdung
lass uns glauben
und erfahren
dass du selbst
eingegangen bist
in unseren zerbrechlichen Leib

Anton Rotzetter 1989

671
(ö)

1. Von Gott will ich nicht las - sen, denn er lässt nicht von mir,
führt mich durch al - le Stra - ßen, da ich sonst irr - te sehr.
Er reicht mir sei - ne Hand; den A - bend und den Mor - gen tut er mich wohl ver - sor - gen, wo ich auch sei im Land.

2. Wenn sich der Menschen Hulde / und Wohltat all verkehrt, / findt sich Gott mit Gedulde, / sein Macht und Gnad bewährt. / Er hilft aus aller Not, / errett' von Sünd und Schanden, / von Ketten und von Banden, / und wenn's auch wär der Tod.

3. Auf ihn will ich vertrauen / in meiner schweren Zeit; / es kann mich nicht gereuen, / er wendet alles Leid. / Ihm sei es heim gestellt; / mein Leib, mein Seel, mein Leben / sei Gott dem Herrn ergeben, / er schaff's, wie's ihm gefällt.

4. Es tut ihm nichts gefallen, / denn was mir nützlich ist. / Er meint's gut mit uns allen, / schenkt uns den Herren Christ, / ja seinen lieben Sohn; / durch ihn er uns bescheret, / was Leib und Seel ernähret. / Lobt Gott im Himmelsthron!

5. Lobt ihn mit Herz und Munde, / welchs er uns beides schenkt; / das ist ein sel'ge Stunde, / darin man sein gedenkt; / denn sonst verdirbt all Zeit, / die wir zubringn auf Erden. / Wir sollen selig werden / und bleibn in Ewigkeit.

6. Das ist des Vaters Wille, / der uns geschaffen hat. / Sein Sohn hat Guts die Fülle / erworben uns und Gnad. / Auch Gott der Heilig Geist / im Glauben uns regieret, / zum Reich der Himmel führet. / Ihm sei Lob, Ehr und Preis!

T: Ludwig Helmbold 1563 M: Lyon 1557 / geistlich Erfurt 1563 / Hans Leo Haßler 1608 S: nach Hans Leo Haßler 1608

672
ö+

1. Mein schöns-te Zier und Klein-od bist
auf Er - den du, Herr Je - su Christ;
dich will ich las - sen wal - ten
und al - le - zeit in Lieb und Leid
in mei-nem Her-zen hal - ten.

2. Dein Lieb und Treu vor allem geht, / kein Ding auf Erd so fest besteht, / das muss man frei bekennen. / Drum soll nicht Tod, / nicht Angst, nicht Not / von deiner Lieb mich trennen.

3. Dein Wort ist wahr und trüget nicht / und hält gewiss, was es verspricht, / im Tod und auch im Leben. / Du bist nun mein, / und ich bin dein, / dir hab ich mich ergeben.

4. Der Tag nimmt ab. Ach schönste Zier, / Herr Jesu Christ, bleib du bei mir; / es will nun Abend werden. / Lass doch dein Licht / auslöschen nicht / bei uns allhier auf Erden.

T: Königsberg (1598) 1644 M: Leipzig 1573 / Nürnberg (1575) 1581 / bei Sethus Calvisius 1594 S: GB 1952 nach Sethus Calvisius 1594 und Michael Praetorius 1610

673

Vater im Himmel,
ich bitte weder um Gesundheit noch um Krankheit,
weder um Leben noch um Tod, sondern darum,
dass du über meine Gesundheit und Krankheit,
über mein Leben und meinen Tod verfügst
zu deiner Ehre und zu meinem Heil.
Du allein weißt, was mir dienlich ist.
Du allein bist der Herr; tue, was du willst.
Gib mir, nimm mir,
aber mache meinen Willen dem deinen gleich.

Blaise Pascal 1660

674
(ö)

1. Auf mei - nen lie - ben Gott trau
ich in Angst und Not; der
kann mich all - zeit ret - ten aus
Trüb - sal, Angst und Nö - ten, mein
Un - glück kann er wen - den, steht

2. Ob mich mein Sünd anficht, / will ich verzagen nicht. / Auf Christum will ich bauen / und ihm allein vertrauen; / ihm tu ich mich ergeben / im Tod und auch im Leben.

3. Ob mich der Tod nimmt hin, / ist Sterben mein Gewinn, / und Christus ist mein Leben; / dem tu ich mich ergeben. / Ich sterb heut oder morgen, / er wird mich wohl versorgen.

4. O mein Herr Jesu Christ, / der du geduldig bist / für mich am Kreuz gestorben, / hast mir das Heil erworben, / uns allen auch gegeben / in deinem Reich das Leben.

5. Amen zu aller Stund / sprech ich aus Herzensgrund, / du wollest selbst uns leiten, / Herr Christ, zu allen Zeiten, / auf dass wir deinen Namen / ohn Ende preisen. Amen.

T: Lübeck vor 1603 / Wittenberg und Nürnberg 1607 M: Jakob Regnart 1574 / geistlich Lüneburg 1590 / Johann Hermann Schein 1627
S: nach Johann Hermann Schein 1627

675

T: nach Psalm 123,2; Psalm 25,15a M: Fritz Schieri 1959

676

1. In al - len mei - nen Ta - ten lass
ich den Höchs - ten ra - ten, der
al - les kann und hat; er
muss zu al - len Din - gen, soll's
an - ders wohl ge - lin - gen, mir

2. Nichts ist es spät und frühe / um alle meine Mühe, / mein Sorgen ist umsonst. / Er mag's mit meinen Sachen / nach seinem Willen machen; / ich stell es ganz in seine Gunst.

3. Es kann mir nichts geschehen, / als was er hat ersehen / und was mir selig ist. / Ich nehm es, wie er's gibet; / was ihm mit mir beliebet, / das will auch ich zu jeder Frist.

4. Ich traue seiner Gnaden, / die mich vor allem Schaden, / vor allem Übel schützt. / Leb ich nach seinen Sätzen, / so wird mich nichts verletzen, / nichts fehlen wird mir, was mir nützt.

5. Er wolle meiner Sünden / in Gnaden mich entbinden, / durchstreichen meine Schuld. / Er wird auf mein Verbrechen / nicht stracks das Urteil sprechen / und haben noch mit mir Geduld.

6. Was er für mich beschlossen, / dem will ich unverdrossen / mit ihm entgegengehn. / Kein Unfall unter allen / wird je zu hart mir fallen; / mit Gott will ich ihn überstehn.

7. Ihm hab ich mich ergeben / zu sterben und zu leben, / sobald er mir gebeut. / Es sei heut oder morgen, / dafür lass ich ihn sorgen; / er weiß allein die rechte Zeit.

8. So sei nun, Seele, deine* / und traue dem alleine, / der dich geschaffen hat. / Es gehe, wie es gehe; / dein Vater in der Höhe, / der weiß zu allen Sachen Rat.

* sei ganz du selbst

T: Paul Fleming (1633) 1642 M: 15. Jh. / geistlich Nürnberg um 1505 / Eisleben 1598 S: Hans Eugen Frischknecht 1998

677

1. Du bist ein Mensch, das weißt du wohl,
die Gott der Höchst al - lei - ne soll
was strebst du denn nach Din - gen,
und kann zu - we - ge brin - gen.
Du fährst mit dei - nem Witz und Sinn
durch so viel tau - send Sor - gen hin

2. Es ist umsonst; du wirst fürwahr / mit allem deinem Dichten / auch nicht ein einz'ges kleines Haar / in aller Welt ausrichten. / Es dient dein Gram sonst nirgend zu, / als dass du dich aus deiner Ruh / in Angst und Schmerzen stürzest / und selbst das Leben kürzest.

3. Willst du was tun, was Gott gefällt / und dir zum Heil gedeihet, / so wirf dein Sorgen auf den Held, / den Erd und Himmel scheuet, / und gib dein Leben, Tun und Stand / nur fröhlich hin in Gottes Hand, / so wird er deinen Sachen / ein fröhlich Ende machen.

4. Wie oft bist du in große Not / durch eignen Willen kommen, / da dein verblendter Sinn den Tod / fürs Leben hat genommen. / Und hätte Gott dein Werk und Tat / ergehen lassen nach dem Rat, / in dem du's angefangen, / du wärst zu Grund gegangen.

5. Der aber, der uns ewig liebt, / macht gut, was wir verwirren, / erfreut, wo wir uns selbst betrübt, / und führt uns, wo wir irren; / und dazu treibt ihn sein Gemüt / und die so reine Vatergüt, / in der uns arme Sünder / er trägt als seine Kinder.

6. Ach wie so manchmal schweigt er still / und tut doch, was uns nützet, / da unterdessen unser Will / und Herz in Ängsten sitzet, / sucht hier und dort und findet nichts, / will sehn und mangelt doch des Lichts, / will aus der Angst sich winden / und kann den Weg nicht finden.

7. Gott aber geht gerade fort / auf seinen weisen Wegen; / er geht und bringt uns an den Ort, / da Wind und Sturm sich legen. / Hernachmals, wann das Werk geschehn, / so kann alsdann der Mensch erst sehn, / was der, so ihn regieret, / in seinem Rat geführet.

8. Drum, liebes Herz, sei wohlgemut / und lass von Sorg und Grämen. / Gott hat ein Herz, das nimmer ruht, / dein Bestes vorzunehmen. / Er kann's nicht lassen, sicherlich; / sein Vaterherz ist gegen dich / und uns hier all zusammen / voll heilger Liebesflammen.

9. Tu wie dein Kind und lege dich / in deines Vaters Arme; / bitt ihn und flehe, bis er sich / dein', wie er pflegt, erbarme; / so wird er dich durch seinen Geist / auf Wegen, die du jetzt nicht weißt, / nach wohl gehaltnem Ringen / aus allen Sorgen bringen.

T: Paul Gerhardt 1653 M: Johann Schop 1641 / Johann Crüger (1648) 1653
S: nach Johann Schop 1641 und Johann Crüger 1656

678

2. Nackt und bloß kam ich ins Leben, / da du mir, / Herr, von dir / Odem hast gegeben; / nackt und bloß werd ich hinziehen, / wann ich werd / von der Erd / wie ein Schatten fliehen.

3. Gut und Blut, Leib, Seel und Leben / ist nicht mein; / Gott allein / ist es, der's gegeben. / Will er's wieder zu sich kehren, / nehm er's hin; / ich will ihn / dennoch fröhlich ehren.

4. Schickt er mir ein Kreuz zu tragen, / dringt herein / Angst und Pein, / sollt ich drum verzagen? / Der es schickt, der wird es wenden; / er weiß wohl, / wie er soll / all mein Unglück enden.

5. Gott hat mich bei guten Tagen / oft ergötzt; / sollt ich jetzt / nicht auch etwas tragen? / Treu ist Gott und übt mit Maßen / sein Gericht, / kann mich nicht / ganz und gar verlassen.

6. Satan, Welt und ihre Rotten / können mir / nichts mehr hier / tun als meiner spotten. / Lass sie spotten, lass sie lachen; / Gott, mein Heil, / wird in Eil / sie zuschanden machen.

7. Unverzagt und ohne Grauen / soll ein Christ, / wo er ist, / stets sich lassen schauen. / Wollt ihn auch der Tod aufreiben, / soll der Mut / dennoch gut / und fein stille bleiben.

8. Kann uns doch kein Tod nicht töten, / sondern reißt / unsern Geist / aus viel tausend Nöten, / schließt das Tor der bittern Leiden / und macht Bahn, / da man kann / gehn zu Himmelsfreuden.

9. Was sind dieses Lebens Güter? / Eine Hand / voller Sand, / Kummer der Gemüter. / Dort, dort sind die edlen Gaben, / da mein Hirt, / Christus, wird / mich ohn Ende laben.

10. Herr, mein Hirt, Brunn aller Freuden, / du bist mein, / ich bin dein, / niemand kann uns scheiden. / Ich bin dein, weil du dein Leben / und dein Blut / mir zugut / in den Tod gegeben.

11. Du bist mein, weil ich dich fasse / und dich nicht, / o mein Licht, / aus dem Herzen lasse. / Lass mich, lass mich hingelangen, / da du mich / und ich dich / ewig werd umfangen.

T: Paul Gerhardt 1653 M und S: Johann Georg Ebeling 1666/67

679

2. O Herr in deinem weiten Zelt / ob allen Zeitgewittern, / du lachst der Großen dieser Welt, / vor denen wir erzittern; / doch wo ein Herz in Treuen ringt, / bist du an seiner Seite / und machst, dass es von Frieden singt / schon mitten hier im Streite.

3. Das ist ein wundersam Geschehn, / wie Gott nur kann befreien. / Mag es durch Tod und Hölle gehn, / im Herzen drin ist Maien, / der Maien einer neuen Welt. / Christus ist unser Leben; / er hat, ob Erd und Himmel fällt, / uns ewgen Grund gegeben.

T: Adolf Maurer (1929) 1930 M: Straßburg 1530 (Wolfgang Dachstein, Matthäus Greiter?), Psalm 37

680
ö

1. *Be - fiehl* du dei - ne We - ge und
der al - ler - treus - ten Pfle - ge des,
was dein Her - ze kränkt
der den Him - mel lenkt.
Der Wol - ken,
Luft und Win - den gibt We - ge, Lauf und
Bahn, der wird auch We - ge fin -
den, da dein Fuß ge - hen kann.

2. *Dem Herren* musst du trauen, / wenn dir's soll wohlergehn; / auf sein Werk musst du schauen, / wenn dein Werk soll bestehn. / Mit Sorgen und mit Grämen / und mit selbsteigner Pein / lässt Gott ihm gar nichts nehmen: / Es muss erbeten sein.

3. *Dein* ewge Treu und Gnade, / o Vater, weiß und sieht, / was gut sei oder schade / dem sterblichen Geblüt; / und was du dann erlesen, / das treibst du, starker Held, / und bringst zu Stand und Wesen, / was deinem Rat gefällt.

4. *Weg* hast du allerwegen, / an Mitteln fehlt dir's nicht; / dein Tun ist lauter Segen, / dein Gang ist lauter Licht. / Dein Werk kann niemand hindern, / dein Arbeit darf nicht ruhn, / wenn du, was deinen Kindern / ersprießlich ist, willst tun.

5. *Und* ob gleich alle Teufel / hier wollten widerstehn, / so wird doch ohne Zweifel / Gott nicht zurücke gehn; / was er sich vorgenommen / und was er haben will, / das muss doch endlich kommen / zu seinem Zweck und Ziel.

6. *Hoff,* o du arme Seele, / hoff und sei unverzagt. / Gott wird dich aus der Höhle, / da dich der Kummer plagt, / mit großen Gnaden rücken; / erwarte nur die Zeit, / so wirst du schon erblicken / die Sonn der schönsten Freud.

7. *Auf,* auf, gib deinem Schmerze / und Sorgen gute Nacht, / lass fahren, was das Herze / betrübt und traurig macht; / bist du doch nicht Regente, / der alles führen soll: / Gott sitzt im Regimente / und führet alles wohl.

8. *Ihn,* ihn lass tun und walten, / er ist ein weiser Fürst / und wird sich so verhalten, / dass du dich wundern wirst, / wenn er, wie ihm gebühret, / mit wunderbarem Rat / das Werk hinausgeführet, / das dich bekümmert hat.

9. *Er* wird zwar eine Weile / mit seinem Trost verziehn / und tun an seinem Teile, / als hätt in seinem Sinn / er deiner sich begeben / und – solltst du für und für / in Angst und Nöten schweben – / als frag er nichts nach dir.

10. *Wird's* aber sich befinden, / daß du ihm treu verbleibst, / so wird er dich entbinden, / da du's am mindsten glaubst: / Er wird dein Herze lösen / von der so schweren Last, / die du – zu keinem Bösen – / bisher getragen hast.

11. *Wohl* dir, du Kind der Treue, / du hast und trägst davon / mit Ruhm und Dankgeschreie / den Sieg und Ehrenkron: / Gott gibt dir selbst die Palmen / in deine rechte Hand, / und du singst Freudenpsalmen / dem, der dein Leid gewandt.

12. *Mach End*, o Herr, mach Ende / mit aller unsrer Not; / stärk unsre Füß und Hände / und lass bis in den Tod / uns allzeit deiner Pflege / und Treu empfohlen sein, / so gehen unsre Wege / gewiss zum Himmel ein.

Die kursiv gedruckten Strophenanfänge ergeben den Psalmvers 37,5: «Befiehl dem Herren dein' Weg und hoff auf ihn; er wird's wohl machen.»

T: Paul Gerhardt 1653 M: Bartholomäus Gesius 1603 / Georg Philipp Telemann 1730 S: GB (1937) 1941 / Bernhard Henking 1952

681
ö (+)

2. Was helfen uns die schweren Sorgen, / was hilft uns unser Weh und Ach? / Was hilft es, dass wir alle Morgen / beseufzen unser Ungemach? / Wir machen unser Kreuz und Leid / nur größer durch die Traurigkeit.

3. Man halte nur ein wenig stille / und sei doch in sich selbst vergnügt, / wie unsres Gottes Gnadenwille, / wie sein Allwissenheit es fügt. / Gott, der uns sich hat auserwählt, / der weiß auch sehr wohl, was uns fehlt.

4. Er kennt die rechten Freudenstunden; / er weiß wohl, wann es nützlich sei. / Wenn er uns nur hat treu erfunden / und merket keine Heuchelei, / so kommt Gott, eh wir's uns versehn / und lässet uns viel Guts geschehn.

5. Denk nicht in deiner Drangsalshitze, / dass du von Gott verlassen seist / und dass ihm der im Schoße sitze, / der sich mit stetem Glücke speist. / Die Folgezeit verändert viel / und setzet jeglichem sein Ziel.

6. Es sind ja Gott sehr leichte Sachen / und gilt dem Höchsten alles gleich: / den Reichen klein und arm zu machen, / den Armen aber groß und reich. / Gott ist der rechte Wundermann, / der bald erhöhn, bald stürzen kann.

7. Sing, bet und geh auf Gottes Wegen, / verricht das Deine nur getreu / und trau des Himmels reichem Segen, / so wird er bei dir werden neu. / Denn welcher seine Zuversicht / auf Gott setzt, den verlässt er nicht.

T und M: Georg Neumark (1641) 1657 S: nach Georg Neumark 1657

682
ö

2. Ich will dich lieben, o mein Leben, / als meinen allerbesten Freund; / ich will dich lieben und erheben, / solange mich dein Glanz bescheint. / Ich will dich lieben, Gottes Lamm, / als meinen Bräutigam.

3. Ach, dass ich dich so spät erkannte, / du hoch gelobte Schönheit du, / dass ich nicht eher mein dich nannte, / du höchstes Gut und wahre Ruh. / Es ist mir leid, ich bin betrübt, / dass ich so spät geliebt.

4. Ich lief verirrt und war verblendet, / ich suchte dich und fand dich nicht; / ich hatte mich von dir gewendet / und liebte das geschaffne Licht. / Nun aber ist's durch dich geschehn, / dass ich dich hab ersehn.

5. Ich danke dir, du wahre Sonne, / dass mir dein Glanz hat Licht gebracht; / ich danke dir, du Himmelswonne, / dass du mich froh und frei gemacht. / Ich danke dir, du güldner Mund, / dass du mich machst gesund.

6. Erhalte mich auf deinen Stegen / und lass mich nicht mehr irregehn; / lass meinen Fuß in deinen Wegen / nicht straucheln oder stillestehn. / Erleucht mir Leib und Seele ganz, / du starker Himmelsglanz.

7. Ich will dich lieben, meine Krone, / ich will dich lieben, meinen Gott; / ich will dich lieben ohne Lohne / auch in der allergrößten Not. / Ich will dich lieben, schönstes Licht, / bis mir das Herze bricht.

T: Johann Scheffler (Angelus Silesius) 1657 M: bei Johann Balthasar König 1738 S: nach Johann Balthasar König 1738

683

2. Er ist voll Licht, voll Trost und Gnaden, / ungefärbten, treuen Herzens; / wo er steht, tut dir keinen Schaden / auch die Pein des größten Schmerzens. / Kreuz, Angst und Not / kann er bald wenden, / ja auch den Tod / hat er in Händen. / Gib dich zufrieden.

3. Wie dir's und andern oft ergehe, / ist ihm wahrlich nicht verborgen; / er sieht und kennet aus der Höhe / der betrübten Herzen Sorgen. / Er zählt den Lauf / der heißen Tränen / und fasst zuhauf / all unser Sehnen. / Gib dich zufrieden.

4. Wenn gar kein Einz'ger mehr auf Erden, / dessen Treue du darfst trauen, / alsdann will er dein Treuster werden / und zu deinem Besten schauen. / Er weiß dein Leid / und heimlich Grämen, / auch weiß er Zeit, / dir's abzunehmen. / Gib dich zufrieden.

5. Er hört das Seufzen deiner Seelen / und des Herzens stilles Klagen, / und was du keinem darfst erzählen, / magst

du Gott gar kühnlich sagen; / er ist nicht fern, / steht in der Mitten, / hört bald und gern / der Armen Bitten. / Gib dich zufrieden.

6. Was sorgst du für dein armes Leben, / wie du's halten wollst und nähren? / Der dir das Leben hat gegeben, / wird auch Unterhalt bescheren. / Er hat die Hand / voll aller Gaben, / dran See und Land / sich müssen laben. / Gib dich zufrieden.

7. Der allen Vöglein in den Wäldern / ihr bescheidnes Körnlein weiset, / der Schaf und Rinder in den Feldern / alle Tage tränkt und speiset: / der wird dir auch / den Hunger stillen, / nach Vaterbrauch / die Hand dir füllen. / Gib dich zufrieden.

8. Sprich nicht: «Ich sehe keine Mittel, / wo ich such, ist nichts zum Besten.» / Denn das ist Gottes Ehrentitel: / helfen, wenn die Not am größten. / Wenn ich und du / ihn nicht mehr spüren, / tritt er herzu, / uns wohl zu führen. / Gib dich zufrieden.

9. Nimm nicht zu Herzen, was die Rotten / deiner Feinde von dir dichten; / lass sie nur immer weidlich spotten, / Gott wird's hören und recht richten. / Ist Gott dein Freund / und deiner Sachen, / was kann dein Feind, / der Mensch, groß machen? / Gib dich zufrieden.

10. Es kann und mag nicht anders werden, / alle Menschen müssen leiden; / was lebt und webet auf der Erden, / kann das Unglück nicht vermeiden. / Des Kreuzes Stab / schlägt unsre Lenden / bis in das Grab, / da wird sich's enden. / Gib dich zufrieden.

11. Es ist ein Ruhetag vorhanden, / da uns unser Gott wird lösen; / er wird uns reißen aus den Banden / dieses Leibs und allem Bösen. / Es wird einmal / der Tod herspringen / und aus der Qual / uns alle bringen. / Gib dich zufrieden.

12. Er wird uns bringen zu den Scharen / der Erwählten und Getreuen, / die hier mit Frieden heimgefahren, / sich auch nun im Frieden freuen, / da sie den Grund, / der nicht

kann brechen, / den ewgen Mund / selbst hören sprechen: / Gib dich zufrieden.

T: Paul Gerhardt 1666/67 M: Jakob Hintze 1670

684
(ö +)

2. Was Gott tut, das ist wohl getan; / er wird mich nicht betrügen. / Er führet mich auf rechter Bahn, / so lass ich mir genügen / an seiner Huld / und hab Geduld. / Er wird mein Unglück wenden; / es steht in seinen Händen.

3. Was Gott tut, das ist wohl getan; / er wird mich wohl bedenken. / Er als mein Arzt, der helfen kann, / wird mir nicht Gift einschenken / für Arzenei. / Gott ist getreu; / drum will ich auf ihn bauen / und seiner Güte trauen.

4. Was Gott tut, das ist wohl getan; / er ist mein Licht und Leben, / der mir nichts Böses gönnen kann; / ich will mich ihm ergeben / in Freud und Leid. / Es kommt die Zeit, / da öffentlich erscheinet, / wie treulich er es meinet.

5. Was Gott tut, das ist wohl getan. / Muss ich den Kelch gleich schmecken, / der bitter ist nach meinem Wahn, / lass ich mich doch nicht schrecken, / weil doch zuletzt / ich werd ergötzt / mit süßem Trost im Herzen; / da weichen alle Schmerzen.

6. Was Gott tut, das ist wohl getan; / dabei will ich verbleiben. / Es mag mich auf die raue Bahn / Not, Tod und Elend treiben, / so wird Gott mich / ganz väterlich / in seinen Armen halten; / drum lass ich ihn nur walten.

T: Samuel Rodigast (1674/75) 1676 (Z. 1 nach Michael Altenburg um 1635)
M: Severus Gastorius (1675) 1679 (Z. 1 nach Werner Fabricius 1659)
S: nach Nürnberg 1690

685

1. Schöns - ter Herr Je - su, Herrscher al - ler
Her - ren, Got - tes und Ma -
ri - en Sohn, dich will ich
lie - ben, dich will ich eh - ren,
mei- ner See - le Freud und Kron.

2. Alle die Schönheit Himmels und der Erden / ist gefasst in dir allein. / Keiner soll immer lieber mir werden / als du, liebster Jesu mein.

3. Schön ist der Monde, schöner ist die Sonne, / schön sind auch die Sterne all. / Jesus ist feiner, Jesus ist reiner / als die Engel allzumal.

4. Schön sind die Blumen, schöner sind die Menschen / in der frischen Jugendzeit; / sie müssen sterben, müssen verderben. / Jesus bleibt in Ewigkeit.

5. Schönster Herr Jesu, bei uns gegenwärtig / durch dein Wort und Sakrament, / Jesu, dich bitt ich: Herr, sei uns gnädig / jetzt und auch am letzten End.

T: Münster in Westfalen (vor 1673) 1677 M: nach schlesischer Volksweise (Grafschaft Glatz?) bei Heinrich August Hoffmann von Fallersleben 1842
S: Friedrich Hänssler vor 1972

686
ö +

Strophen 2–5 bei Nr. 685

M: Münster in Westfalen 1677

687

2. Dein Wort ist wahr; / lass immerdar / mich seine Kräfte schmecken. / Lass keinen Spott, / o Herr, mein Gott, / mich von dem Glauben schrecken.

3. Wo hätt ich Licht, / wofern mich nicht / dein Wort die Wahrheit lehrte? / Gott, ohne sie / verstünd ich nie, / wie ich dich würdig ehrte.

4. Dein Wort erklärt / der Seele Wert, / Unsterblichkeit und Leben. / Zur Ewigkeit / ist diese Zeit / von dir mir übergeben.

5. Dein ewger Rat, / die Missetat / der Sünder zu versühnen, / den kennt ich nicht, / wär mir dies Licht / nicht durch dein Wort erschienen.

6. Nun darf mein Herz / in Reu und Schmerz / der Sünden nicht verzagen. / Nein, du verzeihst, / lehrst meinen Geist / im Glauben «Abba»* sagen.

* aramäisch: Vater

7. Mich zu erneun, / mich dir zu weihn, / ist meines Heils Geschäfte. / Durch meine Müh / vermag ich's nie; / dein Wort gibt mir die Kräfte.

8. Herr, unser Hort, / lass uns dies Wort; / denn du hast's uns gegeben. / Es sei mein Teil, / es sei mir Heil / und Kraft zum ewgen Leben.

T: Christian Fürchtegott Gellert 1757 M: Leipzig 1625 / Thorn 1638
S: nach Christoph Peter 1655

688

ö +

Kanon für 3 Stimmen

T: nach Jesaja 40,31 M: Paul Ernst Ruppel 1990

689

1. Gott ist ge - treu. Sein Herz, sein Va - ter -
Gott ist ge - treu. Im Wohlsein und im
herz ver - lässt die Sei - nen nie.
Schmerz er - freut und trägt er sie.
Weicht, Ber - ge, weicht, fallt hin, ihr Hü -
gel. Mein Glau - bens - grund hat die - ses

2. Gott ist getreu. / Er ist mein treuster Freund. / Dies weiß, dies glaub ich fest, / dass er mich nie / durch einen argen Feind / zu hart versuchen lässt. / Er stärket mich nach seinem Bunde / in meiner Prüfung trübster Stunde. / Gott ist getreu.

3. Gott ist getreu. / Er tut, was er verheißt; / er hält, was er verspricht. / Wenn mir sein Wort / den Weg zum Leben weist, / so gleit und irr ich nicht. / Gott ist kein Mensch, er kann nicht lügen, / sein Wort der Wahrheit kann nicht trügen. / Gott ist getreu.

4. Gott ist getreu. / Mein Vater, dess' ich bin, / sorgt für mein ewig Wohl. / Sein Will, sein Wunsch, / sein Ziel und sein Bemühn / ist, dass ich leben soll. / Er reinigt mich von allen Sünden / und lässt mich Trost durch Christum finden. / Gott ist getreu.

5. Gott ist getreu. / Vergiss, o Seel, es nicht, / wie zärtlich treu er ist. / Gott treu zu sein, / sei deine frohe Pflicht, / solang du denkst und bist. / Halt fest an Gott, sei treu im Glauben, / lass nichts den starken Trost dir rauben: / Gott ist getreu.

T: nach Ehrenfried Liebich 1768 M: Johann Rudolf Ahle 1662 / Justin Heinrich Knecht 1786 S: nach Johann Balthasar König 1738

690

2. Soll's uns hart ergehn, / lass uns feste stehn / und auch in den schwersten Tagen / niemals über Lasten klagen; / denn durch Trübsal hier / geht der Weg zu dir.

3. Rühret eigner Schmerz / irgend unser Herz, / kümmert uns ein fremdes Leiden, / o so gib Geduld zu beiden; / richte unsern Sinn / auf das Ende hin.

4. Ordne unsern Gang, / Jesu, lebenslang. / Führst du uns durch raue Wege, / gib uns auch die nöt'ge Pflege; / tu uns nach dem Lauf / deine Türe auf.

T: Nikolaus Ludwig von Zinzendorf 1719/1721 / Christian Gregor 1778
M: Adam Drese 1698 / Halle 1704 S: nach Darmstadt 1698

691

4. Weg von aller Welt die Blicke, / schau nicht seitwärts, nicht zurücke, / nur auf Gott und Ewigkeit. / Nur zu deinem Jesus wende / Aug und Herz und Sinn und Hände, / bis er himmlisch dich erfreut.

5. Aus des Jammers wilden Wogen / hat dich oft herausgezogen / seiner Allmacht treue Hand. / Nie zu kurz ist seine Rechte; / wo ist einer seiner Knechte, / der bei ihm nicht Rettung fand?

6. Schließ dich ein in deine Kammer, / geh und schütte deinen Jammer / aus in Gottes Vaterherz. / Kannst du gleich ihn nicht empfinden, / Worte nicht, nicht Tränen finden, / klage schweigend deinen Schmerz.

7. Kräftig ist dein tiefes Schweigen; / Gott wird sich als Vater zeigen; / glaube nur, dass er dich hört. / Kannst du selber nicht mehr beten, / so will Jesus dich vertreten, / und sein Bitten wird gewährt.

8. Drum so will ich nicht verzagen, / mich vor Gottes Antlitz wagen, / komm ich um, so komm ich um. / Doch ich werd ihn überwinden; / wer ihn sucht, der wird ihn finden / und bleibt Gottes Eigentum.

T: Johann Caspar Lavater 1771 / GB 1952 M: Christian Friedrich Witt 1715

692

2. Du gingst, uns zu erlösen, / in stiller Liebesmacht, / umringt vom Heer des Bösen, / in Kampf und Todesnacht. / Du, im Erliegen Held, / durchbrachst des Todes Bande / und rettetest die Welt.

3. Nun singt von deinen Schmerzen / und deiner Herrlichkeit / die Schar versöhnter Herzen, / von Schuld und Tod befreit. / Auch meine Seele sei, / du Retter der Verlornen, / ein Loblied deiner Treu.

4. Verlässt in bitterm Leide / mich auch die ganze Welt, / so wird doch *eine* Freude / mir nimmermehr vergällt: / Der Herr ist mein Gewinn. / Mein Jesus lebt. So fahre, / was irdisch ist, dahin.

5. Du bist mein ewges Leben, / mein Licht in dunkler Nacht, / drum will ich dich erheben / aus aller Herzensmacht / schon hier im Erdenstreit / und bald in Friedensstätten / der stillen Ewigkeit.

6. Triumph! Bald werd ich kommen / ins Reich der süßen Ruh; / dann jauchz ich mit den Frommen / dir, o mein Heiland, zu. / Zieh kräftig mich hinauf; / ich will mit Freuden eilen; / zu dir geht ja mein Lauf.

T: Meta Heußer (um 1843) 1853 nach einem älteren anonymen Lied bei Albert Knapp 1837 M: Fritz Morel (1946) 1952

693

1. Bei dir, Je - su, will ich blei - ben,
Nichts soll mich von dir ver - trei - ben,
stets in dei - nem Diens - te stehn.
will auf dei - nen We - gen gehn.
Du bist mei - nes Le - bens Le - ben,
mei - ner See - le Trieb und Kraft,
wie der Wein - stock sei - nen Re - ben

2. Könnt ich's irgend besser haben / als bei dir, der allezeit / so viel tausend Gnadengaben / für mich Armen hat bereit? / Könnt ich je getroster werden / als bei dir, Herr Jesu Christ, / dem im Himmel und auf Erden / alle Macht gegeben ist?

3. Wo ist solch ein Herr zu finden, / der, was Jesus tat, mir tut, / mich erkauft von Tod und Sünden / mit dem eignen, teuren Blut? / Sollt ich dem nicht angehören, / der sein Leben für mich gab? / Sollt ich ihm nicht Treue schwören, / Treue bis in Tod und Grab?

4. Bleib mir nah auf dieser Erden, / bleib auch, wenn mein Tag sich neigt, / wenn es nun will Abend werden / und die Nacht herniedersteigt. / Wird mein Auge dunkler, trüber, / dann erleuchte meinen Geist, / dass ich fröhlich zieh hinüber, / wie man nach der Heimat reist.

T: Karl Johann Philipp Spitta (1826) 1833 M: Bamberg 1732 / Herrnhaag um 1735/1744 / Basel 1745 S: GB 1891

694

1. Har - re, mei- ne See - le, har - re des
Herrn. Al - les ihm be - feh - le,
hilft er doch so gern. Sei un - ver -
zagt; bald der Mor- gen tagt,
und ein neu-er Früh - ling folgt dem Win-ter

2. Harre, meine Seele, / harre des Herrn. / Alles ihm befehle, / hilft er doch so gern. / Wenn alles bricht, / Gott verlässt uns nicht. / Größer als der Helfer ist die Not ja nicht. / Ewige Treue, / Retter in Not, / rett auch unsre Seele, / du treuer Gott.

T: Johann Friedrich Raeder (1845) 1848 M: César Malan 1827 / Essen 1848
S: nach GB 1891

695
ö

2. In dein Erbarmen hülle / mein schwaches Herz / und mach es gänzlich stille / in Freud und Schmerz. / Lass ruhn zu deinen Füßen / dein armes Kind; / es will die Augen schließen / und glauben blind.

3. Wenn ich auch gleich nichts fühle / von deiner Macht, / du führst mich doch zum Ziele, / auch durch die Nacht. / So nimm denn meine Hände / und führe mich / bis an mein selig Ende / und ewiglich.

T: Julie Hausmann 1862 M: Friedrich Silcher 1842
S: Gemeinschafts-Liederbuch 1875

1. Prends en ta main la mienne / et guide-moi! / Que ton bras me soutienne, / je suis à toi. / Sans toi je ne puis faire / même un seul pas. / Prends-moi donc, ô bon Père, / entre tes bras! [695]

2. Enrichis de ta grâce / mon pauvre cœur: / Pour moi son prix surpasse / joie et douleur. / A tes pieds se repose / ton faible enfant. / Je ne sais qu'une chose: / vivre en croyant.

3. Lorsqu'en sa bienveillance / mon Dieu m'instruit, / Vers le but je m'avance, / même en la nuit. / Prends en ta main la mienne / et me conduis; / Que ton bras me soutienne, / car je te suis.

T: Chants évangéliques (v. 1.3) et Echos du Réveil, d'Edouard Rosselet 1876 (v. 2)

1. Mi prendi per la mano, / Signor Gesù; / col tuo poter sovrano, / mi guida Tu. / Conduci i passi miei / nel buon sentier: / la vera luce sei, / l'eterno Ver. [695]

2. Nell' ansia e nell' errore / io guardo a Te, / e dal tuo santo amore / mi vien mercè. / A Te m'affido solo, / o Salvator, / e trovo nel mio duolo / sollievo ognor.

3. S'addensi la bufera / sul mio cammin, / sia pur la notte nera: / Tu sei vicin. / Con Te non ho timore: / mi guidi Tu; / avvinci questo core / a Te, Gesù!

T: Torino 1969

696
ö +

1. Gott wohnt in ei - nem Lich - te,
2. Und doch bleibt er nicht fer - ne,
3. Auch dei - nes Haup - tes Haa - re
dem kei - ner na - hen kann.
ist je - dem von uns nah.
sind wohl von ihm ge - zählt.
Von sei - nem An - ge - sich - te
Ob er gleich Mond und Ster - ne
Er bleibt der Wun - der - ba - re,
trennt uns der Sün - de Bann.
und Son - nen wer - den sah,
dem kein Ge - rings - tes fehlt.
Un - sterb - lich und ge - wal - tig
mag er dich doch nicht mis - sen
Den kei - ne Mee - re fas - sen
ist un - ser Gott al - lein,
in der Ge - schöp - fe Schar,
und kei - ner Ber - ge Grat,

4. Er macht die Völker bangen / vor Welt- und Endgericht / und trägt nach dir Verlangen, / lässt auch den Ärmsten nicht. / Aus seinem Glanz und Lichte / tritt er in deine Nacht: / Und alles wird zunichte, / was dir so Bange macht.

5. Nun darfst du in ihm leben / und bist nie mehr allein, / darfst in ihm atmen, weben / und immer bei ihm sein. / Den keiner je gesehen / noch künftig sehen kann, / will dir zur Seite gehen / und führt dich himmelan.

T: Jochen Klepper 1938 M: Straßburg 1539 / Guillaume Franc, Genf 1542, Psalm 130

697

4. Es mag sein, die Welt ist alt; / Missetat und Missgestalt / sind in ihr gemeine Plagen. / Schau dir's an und stehe fest: / Nur wer sich nicht schrecken lässt, / darf die Krone tragen.

5. Es mag sein, so soll es sein, / fass ein Herz und gib dich drein; / Angst und Sorge wird's nicht wenden. / Streite, du gewinnst den Streit. / Deine Zeit und alle Zeit / stehn in Gottes Händen.

T: Rudolf Alexander Schröder (1936) 1939 M: Samuel Rothenberg 1941

698 +

T: Arno Pötzsch 1941 M: Hans Hauzenberger (1990) 1991

699 ö +

Kanon für 4 Stimmen

T: baltischer Hausspruch M: Gerhard Kronberg 1946

700

+

1. Weit wie das Meer ist Got-tes gro-ße
2. Wir wol-len Frei-heit, um uns selbst zu
3. Und doch sind Mau-ern zwischen uns und
4. Sprich du uns frei, o Gott, in dei-nem
Lie-be, wie Wind und Wie-sen, e-wi-
fin-den, Frei-heit, die Le-ben zu ge-
an-dern, wir sehn ein-an-der nur durch
Rich-ten. Erst wenn uns du ver-gibst, dann
ges Da-heim. Frei-heit be-ka-men
stal-ten weiß. Nicht lee-ren Raum, doch
Git-ter an. Un-ser Ge-fäng-nis
sind wir frei. Dei-ne Ver-ge-bung
wir, uns zu be-we-gen und zu Gott
Raum für uns-re Träu-me, Er-de, wo
ist das eig-ne We-sen und sei-ne
geht wie dei-ne Lie-be ü-ber die
Ja zu sa-gen o-der Nein.
Baum und Blu-me Wur-zel schlägt.
Mau-ern nichts als uns-re Angst.
Men-schen, Völ-ker, Ras-sen hin.

Refrain

Weit wie das Meer ist Got-tes gro-ße Lie-be,

wie Wind und Wie-sen, e-wi-ges Da-heim.

T: Markus Jenny 1980/1993 nach dem schwedischen «Guds kärlek är som stranden och som gräset» von Anders Frostenson (1968) 1969 nach «Die ganze Welt hast du uns überlassen» von Christa Weiß 1965 M: Lars Åke Lundberg (1968) 1969

701
(ö) +

1. Wir sind dein Ei-gen-tum, wir
2. Wir sind in gro-ßem Kampf, wir
3. Wir ir-ren je-den Tag, wir
4. Wir sind in sei-ner Hand, wir

sind in dei-nen Hän-den: Wir trau-en
sind in gro-ßem Frie-den: Ver-ge-bung
zwei-feln und wir sor-gen, und den-noch
sind von ihm um-ge-ben. O Gott, wir

dei-ner Macht an al-len En-den.
uns-rer Schuld ist uns be-schie-den.
bleibt das Herz in Gott ge-bor-gen.
dan-ken dir für die-ses Le-ben.

T und M: Hans-Georg Lotz (1962) 1964

702

\+

2. Someone's crying, Lord, kum ba yah. / Someone's crying, Lord, kum ba yah. / Someone's crying, Lord, kum ba yah. / O Lord, kum ba yah.

3. Someone's singing, Lord, kum ba yah. / Someone's singing, Lord, kum ba yah. / Someone's singing, Lord, kum ba yah. / O Lord, kum ba yah.

4. Someone's praying, Lord, kum ba yah. / Someone's praying, Lord, kum ba yah. / Someone's praying, Lord, kum ba yah. / O Lord, kum ba yah.

5. Kum ba ya, my Lord, kum ba yah. / Kum ba yah, my Lord, kum ba yah. / Kum ba yah, my Lord, kum ba yah. / O Lord, kum ba yah.

Übersetzung (nicht singbar):

1. Komm zu uns, Herr, komm zu uns; o Herr, komm zu uns.
2. Jemand weint, Herr, komm zu uns; o Herr, komm zu uns.
3. Jemand singt, Herr, komm zu uns; o Herr, komm zu uns.
4. Jemand betet, Herr, komm zu uns; o Herr, komm zu uns.
5. = 1. Strophe

Zu «Kum ba yah»: angolanische Version der ursprünglichen Fassung «Come by here», die in der englischen Fassung beibehalten wurde.

T und M: Marvin Virgil Frey 1936/1938 S: traditionell

703

T: Anna Martina Gottschick 1966 M: Rolf Schweizer 1973

704

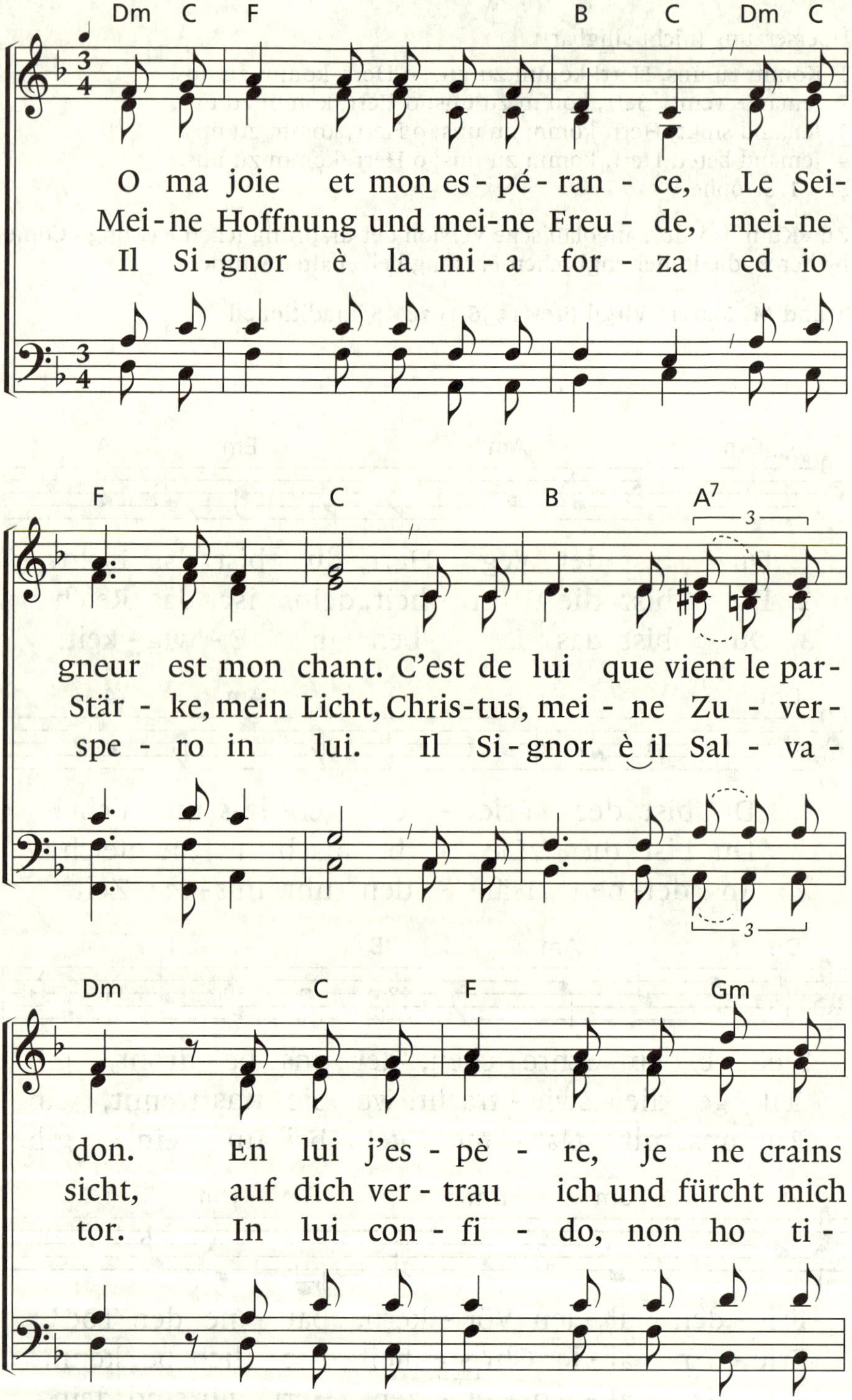
Dm C F B C Dm C
O ma joie et mon es - pé - ran - ce, Le Sei-
Mei - ne Hoffnung und mei - ne Freu - de, mei - ne
Il Si - gnor è la mi - a for - za ed io
F C B A7
gneur est mon chant. C'est de lui que vient le par-
Stär - ke, mein Licht, Chris - tus, mei - ne Zu - ver-
spe - ro in lui. Il Si - gnor è il Sal - va-
Dm C F Gm
don. En lui j'es - pè - re, je ne crains
sicht, auf dich ver - trau ich und fürcht mich
tor. In lui con - fi - do, non ho ti-

T: zu Psalm 130,4.5 Taizé 1993 M: Jacques Berthier, Taizé 1993
S: nach Jacques Berthier, Taizé 1993

705 +

T: zu Ijob 29,3 und Psalm 18,29 Taizé 1993
M und S: Jacques Berthier, Taizé 1993

T: Santa Teresa de Jesús (Therese von Avila) 16. Jh.; deutsche Übertragung ▸
Susanne Kramer-Friedrich 1990 M und S: Jacques Berthier, Taizé 1981

706

ö (span.)

Na-da te tur-be, na-da te es-pan-te:
Nichts soll dich ängs-ten, nichts soll dich quä-len,
Nul-la ti tur-bi, né ti spa-ven-ti:
quien a Dios tie-ne na-da le fal-ta.
wer sich an Gott hält, dem wird nichts feh-len –
Di-o ti a-ma, nien-te ti man-ca.
Na-da te tur-be, na-da te es-pan-te:
nichts soll dich ängs-ten, nichts soll dich quä-len,
Nul-la ti tur-bi, né ti spa-ven-ti:
só-lo Dios bas-ta.
Gott al-lein ge-nügt.
so-lo Dio ba-sta.

707
ö (dt.)

T: zu Psalm 62,2 Taizé 1993 M und S: Jacques Berthier, Taizé 1993

Klage

11 Darum will auch ich meinen Mund nicht hemmen, will 708
reden in der Not meines Herzens, will klagen im bittern
Leid meiner Seele. 12 Bin ich denn das Meer oder der
Meeresdrache, dass du eine Wache wider mich aufstellst?
13 Wenn ich denke: Trösten soll mich mein Bette, mein
Lager soll meine Klage erleichtern, 14 so erschreckest du
mich mit Träumen, und durch Nachtgesichte störst du mich
auf, 15 dass meine Seele lieber ersticken möchte und den
Tod vorzöge meinen Qualen. 16 Ich mag nicht, will nicht
ewiglich leben! Lass ab von mir! Ein Hauch nur sind ja
meine Tage. 17 Was ist doch der Mensch, dass du ihn groß
achtest und dass du dich um ihn bekümmerst, 18 dass du
ihn heimsuchst jeden Morgen und jeden Augenblick ihn
prüfst? 19 Wann endlich blickst du weg von mir und lässest
mir Ruhe einen Augenblick nur? 20 Habe ich gesündigt, was
schadet es dir, du Menschenhüter? Warum hast du mich dir
zur Zielscheibe gemacht? Warum bin ich dir zur Last gewor-
den? 21 Und warum vergibst du mir nicht mein Vergehen
und lässest nicht hingehen meine Schuld? Denn nun werde
ich in den Staub mich legen, und wenn du mich suchst, so
bin ich nicht mehr. Ijob 7,11–21

Der Sturm auf dem See 709

35 Und Jesus sagt zu ihnen am Abend dieses Tages: Lasst
uns ans andere Ufer fahren. 36 Und sie ließen die Leute
gehen und nahmen ihn, wie er war, im Boot mit; auch an-
dere Boote waren bei ihm. 37 Da erhebt sich ein großer
Sturmwind, und die Wellen schlugen ins Boot, so dass sich
das Boot schon füllte. 38 Er aber schlief hinten im Boot auf
dem Kissen. Und sie wecken ihn und sagen zu ihm: Meister,
kümmert es dich nicht, dass wir untergehen? 39 Da stand er
auf, herrschte den Wind an und sprach zum See: Schweig,
verstumme! Da legte sich der Wind, und es trat eine große
Windstille ein. 40 Und er sprach zu ihnen: Was seid ihr so

furchtsam? Habt ihr noch keinen Glauben? 41 Und sie ge-
rieten in große Furcht, und sie sagten zueinander: Wer ist
denn dieser, dem selbst Wind und Wellen gehorchen?

Markus 4,35–41

710 Jakobs Kampf am Fluss Jabbok

22 Noch in der Nacht stand Jakob auf, nahm seine beiden
Frauen und seine beiden Mägde und seine elf Söhne und
ging über die Furt des Jabbok. 23 Er nahm sie und führte sie
über den Fluss; auch all seine Habe brachte er hinüber.
24 Jakob aber blieb allein zurück. Da rang ein Mann mit
ihm, bis die Morgenröte anbrach. 25 Als der sah, dass er ihn
nicht zu überwältigen vermochte, schlug er ihn auf das
Hüftgelenk. Und Jakobs Hüftgelenk wurde verrenkt, als er
mit ihm rang. 26 Und er sprach: Lass mich los; die Morgen-
röte bricht an. Aber er antwortete: Ich lasse dich nicht, du
segnest mich denn. 27 Er sprach zu ihm: Wie heißest du? Er
antwortete: Jakob. 28 Da sprach er: Du sollst nicht mehr
Jakob heißen, sondern Israel, das heißt Gottesstreiter. Denn
du hast mit Gott und mit Menschen gestritten und hast ob-
gesiegt. 29 Und Jakob fragte ihn: Sag an, wie heißest du? Er
aber sprach: Warum fragst du, wie ich heiße? Und er seg-
nete ihn daselbst. 30 Und Jakob nannte die Stätte Penuël,
das heißt Angesicht Gottes; denn, sagte er, ich habe Gott
von Angesicht zu Angesicht geschaut und bin am Leben
geblieben. 31 Und als er an Penuël vorüber war, ging die
Sonne auf; er hinkte aber an der Hüfte. 32 Daher essen die
Israeliten bis auf den heutigen Tag den Muskelstrang nicht,
der auf dem Hüftgelenk liegt, weil er Jakob auf das Hüft-
gelenk schlug, auf den Muskelstrang. 1. Mose (Genesis) 32,23–32

711 +

T: Psalm 63,2b M: Heinrich Rohr 1970

712

O Gott –
meine Kehle ist zugeschnürt –
mein Herz verkrampft sich,
meine Seele ist verdorrt in einsamer Wüste –
wie soll ich Worte finden, die dich erreichen?
Du bist so weit weg –
warum lässest du mich zurück
im Dunkel der Angst und der Verlassenheit?

Da ist kein Mensch mehr, der mir helfen kann –
kein Funke Licht, der meine Finsternis erhellt.

Worauf soll ich hoffen, Herr –
worauf – wenn nicht auf dich?

Bist du nicht selbst hinabgestiegen
in das Elend der Krankheit, des Sterbens,
der Hilflosigkeit, der Verzweiflung?

Herr, begegne mir hier unten, in der Tiefe.
Reiß mich heraus aus der Not des Leibes und der Seele.
Durchbrich meine Finsternis –
und sei es auch nur für ein paar Augenblicke –
durchbrich meine Verzweiflung,
du großer, verborgener,
du heiliger Gott!
Recke deine Hand aus und halte mich –
führe mich heraus aus der Nacht der Verlorenheit –
erbarm dich, o Gott!

Yvette Mayer 1998

713

4. Tröst, Herr Gott, tröst. Die Krankheit steigt, / und Seel und Leib dem Schmerz sich beugt. / Nach deiner Gnad steht mein Begehr; / zu mir dich kehr; / denn außer dir ist Hilf nicht mehr.

5. Hin rinnt mein Leben, es ist um. / Still wird es bald, mein Mund ist stumm, / mag nicht mehr stammeln nur ein Wort; / die Kraft ist fort, / all meine Sinne sind verdorrt.

6. Darum, o Herr, ist's hohe Zeit; / führ du nun selber meinen Streit. / Ich bin gar schwach; du stärke mich; / fest halt ich dich, / wie grimm der Feind auch stelle sich.

---

7. Gesund, Herr Gott, ich bin gesund. / Es preiset dich mein Herz und Mund. / Ins Leben wiederum ich kehr; / dein Lob und Lehr / will ich verkünden immer mehr.

8. Wie es auch geh, dein ist mein Herz, / bis einst mich trifft des Todes Schmerz. / Wohl muss ich einmal ihn bestehn / mit schwerern Wehn / vielleicht, als jetzt mir wär geschehn.

9. Doch trag ich Feindes Hohn und Trutz / getrost, Herr, unter deinem Schutz. / Du hast die Kraft mir angefacht. / Dein ist die Macht, / und ohne dich wird nichts vollbracht.

T: Huldrych Zwingli um 1525 / Heinrich Weber 1889
M: Johannes Rhau 1589

714

Was soll ich sagen,
wenn ich vor einem Kranken stehe,
dem nicht mehr zu helfen ist?
Dann werden Worte ohnmächtig.

Was soll ich sagen,
wenn ich die Verhungernden sehe,
die Geschlagenen und Ausgebeuteten?

Dann werden Erklärungen faul und brüchig.
Was bleibt, ist – zu schreien, mit ihnen zu schreien.
Zu schreien in Schmerz, Zerrissenheit und Ohnmacht –
zu schreien.
Du mein Gott, höre diese Schreie – auch die lautlosen.
Nimm sie auf bei dir und verwandle sie in Worte –
in Worte,
die heilen,
die verbinden,
die trösten.
Mein Gott, erbarm dich.

Stefan Meili 1998

715

2. Herr, wer kann deinen Rat ergründen? / Dir bleibt allein der Weisheit Preis. / Du kannst viel tausend Wege finden, / wo die Vernunft nicht *einen* weiß. / Mein Vater, führ mich immerdar / nur selig, wenn gleich wunderbar.

3. Gott, deine heiligen Gedanken / sind himmelweit von Menschenwahn; / drum leite mich in deine Schranken / und führe mich auf rechter Bahn. / Mein Vater, führ mich immerdar / nur selig, wenn gleich wunderbar.

4. Dir will ich ganz mich überlassen / mit allem, was ich hab und bin. / Ich werfe, was ich nicht kann fassen, / auf deine Macht und Weisheit hin. / Mein Vater, führ mich immerdar / nur selig, wenn gleich wunderbar.

5. Hilf, dass ich nie von dir mich kehre / in Glück und Unglück, Freud und Leid. / Lenk alles, Herr, zu deiner Ehre / und meiner Seele Seligkeit. / Ja, Vater, führ mich immerdar / nur selig, wenn gleich wunderbar.

T: Salomo Franck 1711 / Johann Samuel Diterich 1765 M: Georg Neumark (1641) 1657 S: nach Georg Neumark 1657

716

Herr, Gott,
großes Elend ist über mich gekommen.
Meine Sorgen wollen mich ersticken,
ich weiß nicht ein noch aus.
Gott, sei gnädig und hilf!
Gib Kraft zu tragen, was du schickst.
Lass die Furcht nicht über mich herrschen;
sorge du väterlich für die Meinen,
schütze sie mit deiner starken Hand
vor allem Übel und vor aller Gefahr.

Barmherziger Gott,
vergib mir alles, was ich an dir
und an Menschen gesündigt habe.
Ich traue deiner Gnade
und gebe mein Leben ganz in deine Hand.
Mach du mit mir, wie es dir gefällt und wie es gut für mich ist.
Ob ich lebe oder sterbe,
ich bin bei dir, und du bist bei mir, mein Gott.
Herr, ich warte auf dein Heil und auf dein Reich.

Dietrich Bonhoeffer 1943

717

1. Herr, du weißt, wie arm wir wan - dern
2. Herr, du weißt, wie irr wir has - ten
3. Herr, du weißt, wie trüb die Lich - ter,
4. Herr, ein Heer von düs - tern Mäch - ten
durch die Gas - sen die - ser Welt,
durch das Dun - kel die - ser Zeit
die an un - sern Stra - ßen stehn,
schleicht um un - ser Herz und Haus;
wenn der Glanz von ei - ner an - dern
und wie uns - re Au - gen tas - ten
und wie hung - rig die Ge - sich - ter
schick in un - sern fins - tern Näch - ten
nicht auf uns - re Schrit - te fällt.
nach dem Glanz der E - wig - keit.
nur nach dei - nen Strah - len spähn.
dei - ne lich - ten En - gel aus.
Leuch - te du mit dei - nem Schein
Leuch - te drum mit dei - nem Schein
Leuch - te drum mit dei - nem Schein
Leuch - te du mit dei - nem Schein

in die dunk - le Welt hin - ein.
in die dunk - le Welt hin - ein.
in die dunk - le Welt hin - ein.
in die dunk - le Welt hin - ein.

T: Adolf Maurer 1917 M: Albert Moeschinger (1939) 1941

718

Mein Gott,
ich weiß nicht,
wie dein Geist zu mir kommen soll,
wenn die Schwermut
alle Türen
mit eisernen Riegeln verschließt.
Ich weiß nicht,
wie ich dir vertrauen soll,
wenn du nicht selbst
mich dazu bereit und fähig machst.
Ich weiß nicht,
wie ich dich wahrnehmen soll,
wenn meine Augen von Tränen blind sind.
Ich weiß nicht,
wie ich deine Stimme hören soll,
wenn in meinen Ohren
die Schreie der Verzweifelten dröhnen.
Ich weiß nicht,
wie ich dich lieben soll,
wenn ich dein Nahesein nicht erfahre.
Einst kamst du zu den Deinen
durch verschlossene Türen.
Komm auch zu mir.

Antje Sabine Naegeli 1984

719 19 Du, EWIGER, du bleibst für immer, dein Thron für Zeit
um Zeiten. 20 Warum willst du für immer uns vergessen
und verlassen uns für lange Zeit? 21 Führ, EWIGER, uns
zurück zu dir, dass wir heimkehren, erneuere unsere Tage
wie voreinst. 22 Hast du doch uns verworfen, gezürnt uns
ohne Maßen!

Klagelieder 5,19–22

Kanon für 3 Stimmen

720

Übersetzung (nicht singbar): Führe uns zu dir zurück, Herr, auf dass wir wiederkehren. Erneuere unsre Tage wie vor alters.

T: Klagelieder 5,21 M: Meir Ben-Uri (vor?) 1964

2. Ich weiß, dass du der Brunn der Gnad / und ewge Quelle bist, / daraus uns allen früh und spat / viel Heil und Gutes fließt.

3. Was sind wir doch? Was haben wir / auf dieser ganzen Erd, / das uns, o Vater, nicht von dir / allein gegeben werd?

4. Wer hat das schöne Himmelszelt / hoch über uns gesetzt? / Wer ist es, der uns unser Feld / mit Tau und Regen netzt?

5. Wer wärmet uns in Kält und Frost? / Wer schützt uns vor dem Wind? / Wer macht es, dass man Öl und Most / zu seinen Zeiten findt?

6. Wer gibt uns Leben und Geblüt? / Wer hält mit seiner Hand / den güldnen, werten, edlen Fried / in unserm Vaterland?

7. Ach Herr, mein Gott, das kommt von dir, / du, du musst alles tun; / du hältst die Wach an unsrer Tür / und lässt uns sicher ruhn.

8. Du nährest uns von Jahr zu Jahr, / bleibst immer gut und treu / und stehst uns, wenn wir in Gefahr / geraten, treulich bei.

9. Du strafst uns Sünder mit Geduld / und schlägst nicht allzu sehr, / ja endlich nimmst du unsre Schuld / und wirfst sie in das Meer.

10. Wenn unser Herze seufzt und schreit, / wirst du gar leicht erweicht / und gibst uns, was uns hoch erfreut / und dir zur Ehr gereicht.

11. Du siehst dein Kind, wie oft es wein' / und was sein Kummer sei; / kein Tränlein ist vor dir zu klein, / du hebst und legst es bei.

12. Du füllst des Lebens Mangel aus / mit dem, was ewig steht, / und führst uns in des Himmels Haus, / wenn uns die Erd entgeht.

13. Wohlauf, mein Herze, sing und spring / und habe guten Mut! / Dein Gott, der Ursprung aller Ding, / ist selbst und bleibt dein Gut.

14. Er ist dein Schatz, dein Erb und Teil, / dein Glanz und Freudenlicht, / dein Schirm und Schild, dein Hilf und Heil, / schafft Rat und lässt dich nicht.

15. Was kränkst du dich in deinem Sinn / und grämst dich Tag und Nacht? / Nimm deine Sorg und wirf sie hin / auf den, der dich gemacht.

16. Hat er dich nicht von Jugend auf / versorget und ernährt? / Wie manchen schweren Unglücks Lauf / hat er zum Heil gekehrt.

17. Er hat noch niemals was versehn / in seinem Regiment; / nein, was er tut und lässt geschehn, / das nimmt ein gutes End.

18. Ei nun, so lass ihn ferner tun / und red ihm nicht darein; / so wirst du hier im Frieden ruhn / und ewig fröhlich sein.

T: Paul Gerhardt 1653/1666 M: Johann Crüger 1653 nach Loys Bourgeois, Genf 1551, aus Psalm 118 S: Johann Crüger 1653 / GB 1941

724

1. Sollt ich mei - nem Gott nicht sin - gen?
Denn ich seh in al - len Din - gen,
Sollt ich ihm nicht dank - bar sein?
wie so gut er's mit mir mein.
Ist doch nichts als lau - ter Lie - ben,
das sein treu - es Herz be - wegt,

2. Wie ein Adler sein Gefieder / über seine Jungen streckt, / also hat auch immer wieder / mich des Höchsten Arm bedeckt; / alsobald im Mutterleibe, / da er mir mein Wesen gab / und das Leben, das ich hab / und noch diese Stunde treibe. / Alles Ding währt seine Zeit, / Gottes Lieb in Ewigkeit.

3. Sein Sohn ist ihm nicht zu teuer, / nein, er gibt ihn für mich hin, / dass er mich vom ewgen Feuer / durch sein teures Blut gewinn. / O du unergründter Brunnen, / wie will doch mein schwacher Geist, / ob er sich gleich hoch befleißt, / deine Tief ergründen können? / Alles Ding währt seine Zeit, / Gottes Lieb in Ewigkeit.

4. Seinen Geist, den edlen Führer, / gibt er mir in seinem Wort, / dass er werde mein Regierer / durch die Welt zur Himmelspfort, / dass er mir mein Herz erfülle / mit dem hellen Glaubenslicht, / das des Todes Macht zerbricht / und die Hölle selbst macht stille. / Alles Ding währt seine Zeit, / Gottes Lieb in Ewigkeit.

5. Meiner Seele Wohlergehen / hat er ja recht wohl bedacht; / will dem Leibe Not entstehen, / nimmt er's gleichfalls wohl in Acht. / Wenn mein Können, mein Vermögen / nichts vermag, nichts helfen kann, / kommt mein Gott und hebt mir an, / sein Vermögen beizulegen. / Alles Ding währt seine Zeit, / Gottes Lieb in Ewigkeit.

6. Himmel, Erd und ihre Heere / hat er mir zum Dienst bestellt. / Wo ich nur mein Aug hinkehre, / find ich, was mich nährt und hält: / Tier und Kräuter und Getreide; / in den Gründen, in der Höh, / in den Büschen, in der See, / überall ist meine Weide. / Alles Ding währt seine Zeit, / Gottes Lieb in Ewigkeit.

7. Wenn ich schlafe, wacht sein Sorgen / und ermuntert mein Gemüt, / dass ich jeden lieben Morgen / schaue neue Lieb und Güt. / Wäre mein Gott nicht gewesen, / hätte mich sein Angesicht / nicht geleitet, wär ich nicht / aus so mancher Angst genesen. / Alles Ding währt seine Zeit, / Gottes Lieb in Ewigkeit.

8. Seine Strafen, seine Schläge, / ob es mir gleich bitter scheint, / dennoch, wenn ich's recht erwäge, / sind es Zeichen, dass mein Freund, / der mich liebet, mein' gedenke / und mich von der schnöden Welt, / die uns hart gefangen hält, / durch das Kreuz zu sich hinlenke. / Alles Ding währt seine Zeit, / Gottes Lieb in Ewigkeit.

9. Das weiß ich fürwahr und lasse / mir's nicht aus dem Sinne gehn: / Christenkreuz hat seine Maße / und muss endlich stille stehn. / Wenn der Winter ausgeschneiet, / tritt der schöne Sommer ein; / also wird auch nach der Pein, / wer's erwarten kann, erfreuet. / Alles Ding währt seine Zeit, / Gottes Lieb in Ewigkeit.

10. Weil denn weder Ziel noch Ende / sich in Gottes Liebe findt, / ei, so heb ich meine Hände / zu dir, Vater, als dein Kind; / bitte, wollst mir Gnade geben, / dich aus aller meiner Macht / zu umfangen Tag und Nacht / hier in meinem ganzen Leben, / bis ich dich nach dieser Zeit / lob und lieb in Ewigkeit.

T: Paul Gerhardt 1653 M: Albrecht Peter Bertsch (vor 1800) 1825
S: nach Stuttgart 1825/1844

725

Strophen 2–10 bei Nr. 724

T: Paul Gerhardt 1653 M: Johann Schop 1641

726

ö +

Kanon für 4 Stimmen

T: Johann Scheffler (Angelus Silesius) 1657 M: Johannes Petzold 1946

727

1. Wo - mit soll ich dich wohl lo - ben,
Sen - de mir da - zu von o - ben
mäch-ti - ger Herr Ze - ba - ot?
dei-nes Geis-tes Kraft, mein Gott.
Denn ich
kann mit nichts er - rei-chen dei - ne Gnad und
Lie - bes - zei-chen. Tau-send-, tau-send-mal sei
dir, gro-ßer Kö - nig, Dank da - für.

2. Herr, entzünde mein Gemüte, / dass ich deine Wundermacht, / deine Gnade, Treu und Güte / stets erhebe Tag und Nacht. / Denn, was ich nur bin und habe, / kommt von dir, ist deine Gabe. / Tausend-, tausendmal sei dir, / großer König, Dank dafür.

3. Denk ich, wie ich dich verlassen, / wie ich häufte Schuld auf Schuld, / so muss ich vor Scham erblassen / ob der Langmut und Geduld, / womit du, o Gott, mich Armen / hast getragen voll Erbarmen. / Tausend-, tausendmal sei dir, / großer König, Dank dafür.

4. Ach ja, wenn ich überlege, / mit welch großer Gütigkeit / du durch so viel Wunderwege / mich geführt die Lebenszeit, / so kann ich kein Ende finden, / noch den Grund dafür ergründen. / Tausend-, tausendmal sei dir, / großer König, Dank dafür.

5. Ja, Herr, lauter Gnad und Wahrheit / ist vor deinem Angesicht. / Du, du trittst hervor in Klarheit, / in Gerechtigkeit, Gericht, / dass man soll aus deinen Werken / deine Güt und Allmacht merken. / Tausend-, tausendmal sei dir, / großer König, Dank dafür.

6. Wie du setztest jedem Dinge / Zeit, Zahl, Maß, Gewicht und Ziel, / damit keinem zu geringe / möcht geschehen, noch zuviel, / so hab ich auf tausend Weisen / deine Weisheit auch zu preisen. / Tausend-, tausendmal sei dir, / großer König, Dank dafür.

7. Bald mit Lieben, bald mit Leiden / kamst du, Herr, mein Gott, zu mir, / nur mein Herze zu bereiten, / ganz sich zu ergeben dir, / dass mein einziges Verlangen / möcht an deinem Willen hangen. / Tausend-, tausendmal sei dir, / großer König, Dank dafür.

8. Vater, du hast mir erzeiget / lauter Gnad und Gütigkeit, / und du hast zu mir geneiget, / Jesu, deine Freundlichkeit, / und durch dich, o Geist der Gnaden, / werd ich stets noch eingeladen. / Tausend-, tausendmal sei dir, / großer König, Dank dafür.

9. Tausendmal sei dir gesungen, / Herr, mein Gott, Preis, Lob und Dank, / dass es mir bisher gelungen. / Ach, lass meines Lebens Gang / ferner doch durch Jesu Leiten / nur gehn in die Ewigkeiten. / Da will ich, Herr, für und für / ewig, ewig danken dir.

T: Ludwig Andreas Gotter 1695 (nach Psalm 91) M: Christoph Anton 1643 / geistlich Weimar 1681 S: nach GB 1891

728

2. O dass doch meine Stimme schallte / bis dahin, wo die Sonne steht. / O dass mein Blut mit Jauchzen wallte, / solang es noch im Laufe geht. / Ach wär ein jeder Puls ein Dank / und jeder Odem ein Gesang!

3. Ihr grünen Blätter in den Wäldern, / bewegt und regt euch doch mit mir; / ihr schwanken Gräslein in den Feldern, / ihr Blumen, lasst doch eure Zier / zu Gottes Ruhm belebet sein / und stimmet lieblich mit mir ein.

4. Ach alles, alles, was ein Leben / und einen Odem in sich hat, / soll sich mir zum Gehilfen geben, / denn mein Vermögen ist zu matt, / die großen Wunder zu erhöhn, / die allenthalben um mich stehn.

5. Lob sei dir, liebster Gott und Vater, / für Leib und Seele, Hab und Gut; / Lob sei dir, mildester Berater, / für alles, was dein Lieben tut / und was du in der ganzen Welt / zu meinem Wohlsein hast bestellt.

6. Mein treuster Jesus, sei gepriesen, / dass dein erbarmungsvolles Herz / sich mir so hilfreich hat erwiesen / und dass durch deinen Todesschmerz / du mir die Freiheit hast gebracht / und mich zu Eigen dir gemacht.

7. Lob sei dir ewig, Ruhm und Ehre, / o heilger, werter Gottesgeist, / für deines Trostes frohe Lehre, / die mich ein Kind des Lebens heißt. / Was Gutes soll durch mich gedeihn, / das wirkt dein göttlich Licht allein.

8. Ich hab es ja mein Lebetage / so manches liebe Mal gespürt, / dass du mich unter vieler Plage / zwar wundersam, doch wohl geführt: / In Finsternis und in Gefahr / ward ich dein Trostlicht stets gewahr.

9. Ich will von deiner Güte singen, / solange sich die Zunge regt; / ich will dir Freudenopfer bringen, / solange sich mein Herz bewegt; / ja wenn der Mund wird kraftlos sein, / so stimm ich doch mit Seufzen ein.

10. Ach nimm dies arme Lob auf Erden, / mein Gott, in allen Gnaden hin. / Im Himmel soll es besser werden, / wenn ich im Chor der Selgen bin. / Dann bring ich mit der Engel Schar / dir tausend Halleluja dar.

T: Johann Mentzer 1704 M: Frankfurt/M 1738 (Johann Balthasar König?)
S: GB 1891 / GB 1952

729

2. Mein Auge sieht, wohin es blickt, / die Wunder deiner Werke; / der Himmel, prächtig ausgeschmückt, / preist dich, du Gott der Stärke. / Wer hat die Sonn an ihm erhöht? / Wer kleidet sie mit Majestät? / Wer ruft dem Heer der Sterne?

3. Wer misst dem Winde seinen Lauf? / Wer heißt die Himmel regnen? / Wer schließt den Schoß der Erde auf, / mit Vorrat uns zu segnen? / O Gott der Macht und Herrlichkeit, / Gott, deine Güte reicht so weit, / so weit die Wolken reichen.

4. Dich predigt Sonnenschein und Sturm, / dich preist der Sand am Meere. / Bringt, ruft auch der geringste Wurm, / bringt meinem Schöpfer Ehre! / Mich, ruft der Baum in seiner Pracht, / mich, ruft die Saat, hat Gott gemacht. / Bringt unserm Schöpfer Ehre!

5. Der Mensch, ein Leib, den deine Hand / so wunderbar bereitet; / der Mensch, ein Geist, den sein Verstand / dich zu erkennen leitet: / Der Mensch, der Schöpfung Ruhm und Preis, / ist sich ein täglicher Beweis / von deiner Güt und Größe.

6. Erheb ihn ewig, o mein Geist, / erhebe seinen Namen; / Gott unser Vater sei gepreist, / und alle Welt sag: Amen, /

und alle Welt fürcht ihren Herrn / und hoff auf ihn und dien ihm gern. / Wer wollte Gott nicht dienen?

T: Christian Fürchtegott Gellert 1757 M: Wittenberg 1533 (Martin Luther 1529?) S: GB 1891 / Bernhard Henking 1952

730

2. Er will und spricht's, / so sind und leben Welten; / und er gebeut, so fallen durch sein Schelten / die Himmel wieder in ihr Nichts.

3. Licht ist sein Kleid / und seine Wahl das Beste; / er herrscht als Gott, und seines Thrones Feste / ist Wahrheit und Gerechtigkeit.

4. Unendlich reich, / ein Meer voll Seligkeiten, / ohn Anfang Gott und Gott in ewgen Zeiten: / Herr aller Welt, wer ist dir gleich?

5. Was ist und war / im Himmel, Erd und Meere, / das kennet Gott, und seiner Werke Heere / sind ewig vor ihm offenbar.

6. Er ist um mich, / schafft, dass ich sicher ruhe; / er schafft, was ich vor- oder nachmals tue, / und er erforschet mich und dich.

7. Er ist dir nah, / du sitzest oder gehest; / ob du ans Meer, ob du gen Himmel flöhest, / so ist er allenthalben da.

8. Er kennt mein Flehn / und allen Rat der Seele; / er weiß, wie oft ich Gutes tu und fehle, / und eilt, mir gnädig beizustehn.

9. Er wog mir dar, / was er mir geben wollte, / schrieb auf sein Buch, wie lang ich leben sollte, / da ich noch unbereitet war.

10. Nichts, nichts ist mein, / das Gott nicht angehöre. / Herr, immerdar soll deines Namens Ehre, / dein Lob in meinem Munde sein.

11. Wer kann die Pracht / von deinen Wundern fassen? / Ein jeder Staub, den du hast werden lassen, / verkündigt seines Schöpfers Macht.

12. Der kleinste Halm / ist deiner Weisheit Spiegel. / Du, Luft und Meer, ihr, Auen, Tal und Hügel: / Ihr seid sein Loblied und sein Psalm.

13. Du tränkst das Land, / führst uns auf grüne Weiden, / und Nacht und Tag und Korn und Wein und Freuden / empfangen wir aus deiner Hand.

14. Kein Sperling fällt, / Herr, ohne deinen Willen. / Sollt ich mein Herz nicht mit dem Troste stillen, / dass deine Hand mein Leben hält?

15. Ist Gott mein Schutz, / will Gott mein Retter werden, / so frag ich nichts nach Himmel und nach Erden / und biete selbst der Hölle Trutz.

T: Christian Fürchtegott Gellert 1757 M: Carl Philipp Emanuel Bach 1787
S: nach Carl Philipp Emanuel Bach 1787

731
ö

1. Ich will dem Her - ren sin -
2. Das weiß ich wohl zu sa -
3. Dem Her - ren will ich sin -

gen, so - lang ich leb und bin, ihm
gen von mei - nes Le - bens Fahrt: Wie
gen, so - lang mein Mund sich regt, so -

Lob in Lie - dern brin - gen mit
hat an al - len Ta - gen mich
lang, ihm Lob zu brin - gen, in

dank - bar fro - hem Sinn. Hab ich gleich
Got - tes Hand be - wahrt! Trotz Ängs - ten,
mir mein Herz noch schlägt. Und sind's nur

nichts zu ge - ben, weil Gott al - lein nur
Last und Sor - gen und wo ich's nicht ge -
ar - me Wei - sen, ach, zu ge - ring für

gibt, ich bring im Lied mein Le -
dacht, fand ich mich doch ge - bor -
Gott, ich will ihn den - noch prei -

ben dem Schöp - fer, der mich liebt.
gen in Got - tes Hut und Wacht.
sen im Le - ben und im Tod.

T: Arno Pötzsch 1951 M: Erna Woll 1959

732

\+

Du führst mich hin - aus ins Wei - te;

du machst mei - ne Fins - ter - nis hell.

T: nach Psalm 18,20a. 29b M: Gerhard Kronberg 1975

733

2. Dank für deinen Trost, o Herr, / Trost selbst in den schlimmen Stunden, / da im aufgewühlten Meer / sinkend schon ich Halt gefunden. / Du hörst auch den stummen Schrei, / gehst im Dunkeln nicht vorbei.

3. Aus der Finsternis wird Tag. / Tau fällt, um das Land zu schmücken. / Sonne steigt und Lerchenschlag, / meinen Morgen zu beglücken. / Lobgesang durchströmt die Welt. / Du hast mich ins Licht gestellt.

4. Langer Nächte Unheilsschritt / muss mich nun nicht mehr erschrecken. / Um mich her das Schöpfungslied / soll sein Echo in mir wecken. / Neue Quellen öffnen sich. / Gott, du lebst. Ich lobe dich!

T: Jürgen Henkys (1981) 1982 nach dem norwegischen «Herre, du har reist meg opp» von Svein Ørnulf Ellingsen (1955/1971) 1978
M: Berlin 1653 (Johann Crüger?) / Halle 1704
S: GB 1952 nach Johann Crüger 1653 und GB 1941

Auf dem Weg des Lebens

Geburtstag

734
ö

T: Kurt Rose 1990 M: Herbert Beuerle 1990

Trauung

DAS HOHE LIED DER LIEBE 735

[Paulus schreibt:] 1 Wenn ich in den Sprachen der Menschen
und Engel redete, hätte aber die Liebe nicht, wäre ich dröh-
nendes Erz oder eine lärmende Pauke. 2 Und wenn ich pro-
phetisch reden könnte und alle Geheimnisse wüsste und alle
Erkenntnis hätte; wenn ich alle Glaubenskraft besäße und
Berge damit versetzen könnte, hätte aber die Liebe nicht,
wäre ich nichts. 3 Und wenn ich meine ganze Habe ver-
schenkte, und wenn ich meinen Leib dem Feuer übergäbe,
hätte aber die Liebe nicht, nützte es mir nichts. 4 Die Liebe
ist langmütig, die Liebe ist gütig. Sie ereifert sich nicht, sie
prahlt nicht, sie bläht sich nicht auf. 5 Sie handelt nicht un-
gehörig, sucht nicht ihren Vorteil, lässt sich nicht zum Zorn
reizen, trägt das Böse nicht nach. 6 Sie freut sich nicht über
das Unrecht, sondern freut sich an der Wahrheit. 7 Sie er-
trägt alles, glaubt alles, hofft alles, hält allem stand. 8 Die
Liebe hört niemals auf. Prophetisches Reden hat ein Ende,
Zungenrede verstummt, Erkenntnis vergeht. 9 Denn Stück-
werk ist unser Erkennen, Stückwerk unser prophetisches
Reden; 10 wenn aber das Vollendete kommt, vergeht alles
Stückwerk. 11 Als ich ein Kind war, redete ich wie ein Kind,
dachte wie ein Kind und urteilte wie ein Kind. Als ich ein
Mann wurde, legte ich ab, was Kind an mir war. 12 Jetzt
schauen wir in einen Spiegel und sehen nur rätselhafte Um-
risse, dann aber schauen wir von Angesicht zu Angesicht.
Jetzt erkenne ich unvollkommen, dann aber werde ich
durch und durch erkennen, so wie ich auch durch und
durch erkannt worden bin. 13 Für jetzt bleiben Glaube,
Hoffnung, Liebe, diese drei; doch am größten unter ihnen
ist die Liebe. 1. Korintherbrief 13,1–13

6 Denn stark wie der Tod ist die Liebe, Leidenschaft hart wie 736
die Unterwelt; ihre Gluten sind Feuersgluten, ihre Flam-
men wie SEINE Flammen. 7 Große Wasser können die Liebe
nicht löschen, Ströme sie nicht überfluten. Hoheslied 8,6bc.7a

737

2. Auf dich sie hoffen und vertraun, / o woll' in Gnaden auf sie schaun; / lass standhaft sie im Glauben stehn / und tapfer deine Wege gehn.

3. Send ihnen Hilfe, Trost und Licht, / wenn Menschentrost und -hilf gebricht; / sei ihnen Stab und Stütze hier / und nimm sie gnädig einst zu dir.

T: nach Johann Christoph Stockhausen 1779
M und S: nach Nürnberg 1676/1854

738

ö

2. Lasst die Lindigkeit, die ihr erfahren, / kund sein allen Menschen, die ihr zählt. / Kündet fortan von dem Wunderbaren, / das in dieser Stunde euch beseelt. / Euer Gott ist unter euch getreten. / Segnend war er euren Herzen nah. / Ja, in euren Taten und Gebeten / sei bezeugt, was euch von ihm geschah.

3. Sorget nichts! Vielmehr in allen Dingen / dürft ihr alles, was euch je bedrängt, / in Gebet und Flehen vor ihn bringen, / der als Vater hört, als König schenkt. / Sorget nichts! Ihr kennt den Wundertäter. / Er weiß alles, was ihr hofft und bangt. / Der Mensch tritt vor Gott als rechter Beter, / der im Bitten schon voll Freude dankt.

4. Und der Friede Gottes, welcher höher / als Vernunft und Erdenweisheit ist, / sei in eurem Bund euch täglich näher / und bewahre euch in Jesus Christ. / Er bewahre euer Herz und Sinne. / Gottes Friede sei euch zum Geleit. / Er sei mit euch heute zum Beginne; / er vollende euch in Ewigkeit.

5. Freut euch! Doch die Freude aller Frommen / kenne auch der Freude tiefsten Grund. / Gott wird einst in Christus wiederkommen. / Dann erfüllt sich erst der letzte Bund. / Er, der nah war, wird noch einmal nahen. / Seine Herrschaft wird ohn Ende sein. / Die sein Reich schon hier im Glauben sahen, / holt der König dann mit Ehren ein.

T: zu Philipperbrief 4,4–7 Jochen Klepper (1940) 1941
M: Friedrich Hofmann 1981/82

739 Darum nehmt einander an, wie auch Christus uns angenommen hat, zur Ehre Gottes. Römerbrief 15,7

740
ö

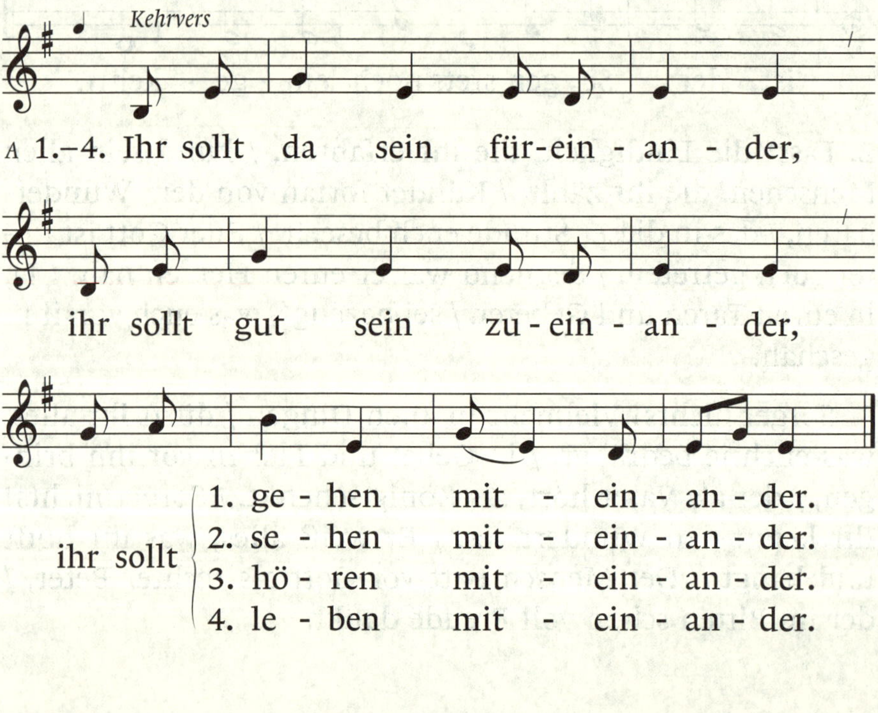

Strophen

E 1. Zwei Men - schen, die zu - sam-men-gehn, den
E 2. Zwei Men - schen, die ge - mein-sam sehn, das
E 3. Zwei Men - schen, die das Wort ver - stehn, ge -
E 4. Zwei Men - schen, die zu - sam-men-stehn, als

ei - nen Weg zu - sam - men gehn: den
ei - ne Ziel vor Au - gen sehn: das
mein - sam hö - ren und ver - stehn: das
Mann und Frau zu - sam - men-stehn: und

gu - ten Weg. So wird es sein,
Licht der Welt. So wird es sein,
Wort des Herrn. So wird es sein,
Gott sagt Ja. So wird es sein,

und kei - ner geht_ den Weg al - lein. *Kv*
und kei - ner sieht_ das Licht al - lein. *Kv*
und kei - ner hört_ das Wort al - lein. *Kv*
ge - mein - sam sollt_ ihr se - lig sein. *Kv*

T: Lothar Zenetti 1972 M: Erna Woll 1972

741

2. Nun lass uns füreinander leben, / einander lieben, wie du liebst, / und mach uns fähig zu vergeben, / wie du uns täglich neu vergibst. / Sei du der Maßstab und der Halt / und gib dem Wollen auch Gestalt.

3. Lass uns einander, Gott, entdecken / mit Licht und Schatten, Ja und Nein, / zu guten Taten uns erwecken / und auch für andre offen sein. / Gott, breite deine Arme aus / und segne uns Beruf und Haus.

4. Weil wir uns nicht allein gehören, / mach uns für deinen Ruf bereit, / gib, dass wir dich im Nächsten ehren, / das Ewige schon in der Zeit. / So leben wir zu deinem Ruhm / als dein geliebtes Eigentum.

5. Zuletzt lass uns das Ziel erreichen, / das du den Deinen einmal schenkst: / das Ziel, dem keine Ziele gleichen, / an dem du selber uns empfängst. / So loben wir dich hocherfreut / jetzt und in alle Ewigkeit.

T: Detlev Block 1978/1992 M: Frankfurt/M 1738 (Johann Balthasar König?)
S: GB 1891 / GB 1952

Allein sein

Sie reden so viel von den Problemen der Ehe, **742**
aber mir ist das Alleinsein schwer,
unerträglich schwer.
Ich sehe glückliche Paare um mich her.
Sie ahnen nichts von den Dunkelheiten der Einsamen,
sie leben an mir vorbei.

Ich sehe andere Einsame –
wir vermögen einander nicht zu helfen.
Dir, Gott, kann ich alles sagen, auch dies.
Ich bin voller Sehnsucht und Entbehren
und verzage oft.

Gib meinem Leben Fülle und Sinn.
Du hast es uns doch zugesagt.

Herkunft unbekannt

743 Allein sein

Allein sein –
den eigenen Atem spüren wie ein unheimliches Raunen –
die eigenen Schritte hören und darob erschrecken –
die Stille im Raum empfinden wie eine erdrückende Schwere –

O Gott, ich ertrage es nicht.
Ich möchte ausbrechen aus meiner Einsamkeit –
ich möchte die Mauer niederreißen, die mich umgibt –
hinausgehen, weggehen –
wohin?

Draußen, irgendwo, sind die vielen andern,
einsam und verlassen wie ich selbst –

Menschen, verloren in der Masse –
Menschen, ausgeliefert dem Recht der Stärkeren –
Menschen, dürstend in der Wüste der Entbehrungen.

Irgendwo leben und leiden sie,
die schweigenden Gefährten meiner Nacht.

Ich will mich mit ihnen verbünden,
und schweigend werden wir auf dich warten.

Denn irgendwo bist auch du, Gott –
irgendwo, ganz nahe bei uns.

Öffne unser Herz für das Geheimnis deiner Nähe.
Rufe dem Licht, damit die Strahlen eines neuen Tages uns berühren.

Sprich zu uns, Gott –
alles in uns dürstet nach dir.

Sprich zu uns,
damit wir das Leben neu entdecken.

Yvette Mayer 1998

Älter werden

744

Gott aller Güte, ich denke zurück.
Ich gehe noch einmal den Weg
durch alle meine Jahre.
Nicht an meine Leistung denke ich.
Sie ist gering.
Nicht an das Gute, das ich getan habe.
Es wiegt leicht
gegen die Last des Versäumten.

An das Gute, das du mir getan hast,
denke ich und danke dir.
An die Menschen, mit denen ich gelebt habe,
an alle Freundlichkeit und Liebe,
von der ich mehr empfangen habe,
als ich wissen kann.
An jeden glücklichen Tag
und jede erquickende Nacht.
An die Güte, die mich bewahrt hat
in den Stunden der Angst und der Schuld
und der Verlassenheit.

An das Schwere, das ich getragen habe, denke ich;
an Jammer und Mühsal, deren Sinn ich nicht sehe.
Dir lege ich es in die Hand und bitte dich:
Wenn ich dir begegne, zeige mir den Sinn.

Ich denke zurück, mein Gott,
in alle die vielen Jahre.
Mein Werk ist vergangen, meine Träume sind verflogen,
aber du bleibst.
Lass mich nun im Frieden aufstehen
und heimkehren zu dir,
denn ich habe deine Güte gesehen.

Ehre sei dir, dem Vater und dem Sohne
und dem Heiligen Geiste,
wie es war im Anfang, jetzt und immerdar
und von Ewigkeit zu Ewigkeit.

Jörg Zink 1970/1991

745

1. Gott hat in mei - nen Ta - gen mich
vä - ter - lich ge - tra - gen von mei - ner
Ju - gend auf. Ich sah auf mei - nen
We - gen des Höchs - ten Hand und Se - gen;
er lenk - te mei - nes Le - bens Lauf.

2. Sein Weg war oft verborgen. / Doch wie der helle Morgen / aus dunkeln Nächten bricht, / so hab ich stets gespüret: / Der Weg, den Gott mich führet, / bringt mich durchs finstre Tal zum Licht.

3. War Menschenhilf vergebens, / so kam der Herr des Lebens / und half und machte Bahn. / Wusst ich mir nicht zu raten, / so tat Gott große Taten / und nahm sich meiner mächtig an.

4. «Bis zu des Alters Tagen / will ich dich heben, tragen / und dein Erretter sein.» / Dies hat mir Gott versprochen, / der nie sein Wort gebrochen; / ich werde sein' mich ewig freun.

5. Er wird mir schwachem Alten, / was er verheißen, halten; / denn er ist gut und treu. / Bin ich gleich matt und müde, / er gibt mir Trost und Friede / und steht mit Mut und Kraft mir bei.

6. Und kommen bange Stunden, / bald hab ich überwunden; / ich bin vom Ziel nicht weit. / O welche großen Freuden / sind nach dem letzten Leiden / vor Gottes Thron für mich bereit.

7. Ich harre froh und stille, / bis meines Gottes Wille / mich nach dem Kampfe krönt. / An meiner Laufbahn Ende / sink ich in Jesu Hände, / der mich dem Vater hat versöhnt.

T: Jakob Friedrich Feddersen 1772 / Breslau 1855
M und S: nach Christoph Peter 1655

746

ö

2. Ihr sollt nicht ergrauen, / ohne dass ich's weiß, / müsst dem Vater trauen, / Kinder sein als Greis.

3. Ist mein Wort gegeben, / will ich es auch tun, / will euch milde heben: / Ihr dürft stille ruhn.

4. Stets will ich euch tragen / recht nach Retterart. / Wer sah mich versagen, / wo gebetet ward?

5. Denkt der vor'gen Zeiten, / wie, der Väter Schar / voller Huld zu leiten, / ich am Werke war.

6. Denkt der frühern Jahre, / wie auf eurem Pfad / euch das Wunderbare / immer noch genaht.

7. Lasst nun euer Fragen, / Hilfe ist genug. / Ja, ich will euch tragen, / wie ich immer trug.

T: Jochen Klepper 1938 M und S: Samuel Rothenberg 1939

Im Angesicht des Todes

31 Ist Gott für uns, wer ist dann gegen uns? 32 Er hat seinen 747
eigenen Sohn nicht verschont, sondern ihn für uns alle hin-
gegeben – wie sollte er uns mit ihm nicht alles schenken?
33 Wer kann die Auserwählten Gottes anklagen? Gott ist es,
der gerecht macht. 34 Wer kann sie verurteilen? Christus
Jesus, der gestorben ist, mehr noch: der auferweckt worden
ist, sitzt zur Rechten Gottes und tritt für uns ein. 35 Was
kann uns scheiden von der Liebe Christi? Bedrängnis oder
Not oder Verfolgung, Hunger oder Kälte, Gefahr oder
Schwert? 36 In der Schrift steht: Um deinetwillen sind wir
den ganzen Tag dem Tod ausgesetzt; wir werden behandelt
wie Schafe, die man zum Schlachten bestimmt hat. 37 Doch
all das überwinden wir durch den, der uns geliebt hat.
38 Denn ich bin gewiss: Weder Tod noch Leben, weder Engel
noch Mächte, weder Gegenwärtiges noch Zukünftiges, we-
der Gewalten 39 der Höhe oder Tiefe noch irgendeine ande-
re Kreatur können uns scheiden von der Liebe Gottes, die in
Christus Jesus ist, unserem Herrn. Römerbrief 8,31b–39

748

2. Amen. Es wird geschehen, / wir werden Christum sehen, / wie er wird wiederkommen, / uns mitzunehmen. Amen.

3. Amen. Kein Tod soll schrecken, / Christus will uns erwecken; / der selbst zuvor begraben, / nun lebet ewig. Amen.

4. Amen. Gott sei gepreiset, / der Geist auf Christum weiset: / Er helf uns alln zusammen / ins ewge Leben. Amen.

T: Ludwig Helmbold 1594 M: Nikolaus Selnecker 1587 / Johann Crüger 1649
S: nach Nikolaus Selnecker 1587 und Bartholomäus Gesius 1603

749

T: Matthias Claudius 1782 / Paul Müller 1977 M: Paul Müller 1977

750

1. Die Herr-lich-keit der Er - den muss
Rauch und A-sche wer - den; kein Fels, kein
Erz bleibt stehn. Dies, was uns kann er -
göt - zen, was wir für e-wig schät-
zen, wird als ein leich-ter Traum ver - gehn.

2. Der Ruhm, nach dem wir trachten, / den wir unsterblich achten, / ist nur ein falscher Wahn. / Sobald der Geist gewichen / und dieser Mund erblichen, / fragt keiner, was man hier getan.

3. Denn alles wird zerrinnen, / was Müh und Fleiß gewinnen / und saurer Schweiß erwirbt. / Was Menschen hier besitzen, / kann vor dem Tod nichts nützen; / dies alles stirbt uns, wenn man stirbt.

4. Was sind die kurzen Freuden, / die stets, ach, Leid und Leiden / und Herzensangst beschwert? / Das süße Jubilieren, / das hohe Triumphieren / wird oft in Hohn und Schmach verkehrt.

5. Wie eine Rose blühet, / wenn man die Sonne siehet / begrüßen diese Welt, / die, eh der Tag sich neiget, / eh sich der Abend zeiget, / verwelkt und unversehens fällt:

6. So wachsen wir auf Erden / und denken, groß zu werden / und schmerz- und sorgenfrei. / Doch eh wir zugenommen / und recht zur Blüte kommen, / bricht uns des Todes Sturm entzwei.

7. Wir rechnen Jahr auf Jahre; / indessen wird die Bahre / uns vor die Tür gebracht. / Drauf müssen wir von hinnen / und, eh wir uns besinnen, / der Erde sagen Gute Nacht.

8. Wach auf, mein Herz, bedenke, / dass dieser Zeit Geschenke / sei kaum ein Augenblick. / Was du zuvor genossen, / ist wie ein Strom verflossen, / der niemals wieder kehrt zurück.

9. Verlache Welt und Ehre, / Furcht, Hoffen, Gunst und Lehre / und fleh den Herren an, / der immer König bleibet, / den keine Zeit vertreibet, / der einzig ewig machen kann.

10. Wohl dem, der auf ihn trauet. / Er hat recht fest gebauet; / und ob er hier gleich fällt, / wird er doch dort bestehen / und nimmermehr vergehen, / weil ihn die Stärke selbst erhält.

Auch nach Melodie Nr. 594

T: Andreas Gryphius 1650 M: Heinrich Scheidemann 1651
S: nach Heinrich Scheidemann 1651

751
+

1. Ach wie flüch - tig, ach wie nich - tig
ist der Men - schen Le - ben!
Wie ein Ne - bel bald ent - ste - het
und auch wie - der bald ver - ge - het,
so ist un - ser Le - ben, se - het.

2. Ach wie nichtig, ach wie flüchtig / sind der Menschen Tage! / Wie ein Strom beginnt zu rinnen / und mit Laufen nicht hält innen, / so fährt unsre Zeit von hinnen.

3. Ach wie flüchtig, ach wie nichtig / ist der Menschen Freude! / Wie sich wechseln Stund und Zeiten, / Licht und Dunkel, Fried und Streiten, / so sind unsre Fröhlichkeiten.

4. Ach wie nichtig, ach wie flüchtig / ist der Menschen Schöne! / Wie ein Blümlein bald vergehet, / wenn ein raues Lüftlein wehet, / so ist unsre Schöne, sehet.

5. Ach wie flüchtig, ach wie nichtig / ist der Menschen Glücke! / Wie sich eine Kugel drehet, / die bald da, bald dorten stehet, / so ist unser Glücke, sehet.

6. Ach wie nichtig, ach wie flüchtig / sind der Menschen Schätze! / Es kann Glut und Flut entstehen, / dadurch, eh wir uns versehen, / alles muss zu Trümmern gehen.

7. Ach wie flüchtig, ach wie nichtig / ist der Menschen Prangen! / Der in Purpur hoch vermessen / ist als wie ein Gott gesessen, / dessen wird im Tod vergessen.

8. Ach wie nichtig, ach wie flüchtig / sind der Menschen Sachen! / Alles, alles, was wir sehen, / das muss fallen und vergehen. / Wer Gott fürcht', wird ewig stehen.

T: Michael Franck (um 1650) 1652 M: Michael Franck (um 1650) 1652 / Johann Crüger 1661 S: nach Johann Crüger 1661

752

Gott, ich weiß, dass du mich liebst.
Mein Leben wie mein Sterben liegt in deinen Händen.
Ich glaube, dass alles, was kommt,
in deine Liebe eingeschlossen ist.
Hilf mir, deinen Willen anzunehmen und zu verstehen,
hilf mir, täglich bereit zu sein, wenn du mich rufst.
Behalte mich, auch wenn ich sterbe, in deiner Liebe.
Ich hoffe auf dich: Du wendest alles zum Guten.
Gott, dein Wille geschehe.

Nach Bamberg 1970

753

1. Ich bin ein Gast auf Er - den
der Him - mel soll mir wer - den,
und hab hier kei - nen Stand;
da ist mein Va - ter - land.
Hier
reis ich bis zum Gra - be; dort in der
ew - gen Ruh ist Got - tes Gna - den -
ga - be, die schließt all Ar - beit zu.

2. Was ist mein ganzes Wesen / von meiner Jugend an / als Müh und Not gewesen? / Solang ich denken kann, / hab ich so manchen Morgen, / so manche liebe Nacht / mit Kummer und mit Sorgen / des Herzens zugebracht.

3. Mich hat auf meinen Wegen / manch harter Sturm erschreckt; / Blitz, Donner, Wind und Regen / hat mir manch Angst erweckt. / Verfolgung, Hass und Neiden, / ob ich's gleich nicht verschuldt, / hab ich doch müssen leiden / und tragen mit Geduld.

4. So will ich zwar nun treiben / mein Leben durch die Welt; / doch denk ich nicht zu bleiben / in diesem fremden Zelt. / Ich wandre meine Straßen, / die zu der Heimat führt, / da mich ohn alle Maßen / mein Vater trösten wird.

5. Mein Heimat ist dort droben, / da aller Engel Schar / den großen Herrscher loben, / der alles ganz und gar / in seinen Händen träget / und für und für erhält, / auch alles hebt und leget, / wie es ihm wohlgefällt.

6. Zu dem steht mein Verlangen, / da wollt ich gerne hin; / die Welt bin ich durchgangen, / dass ich's fast müde bin. / Je länger ich hier walle, / je wen'ger find ich Freud, / die meinem Geist gefalle; / das meist ist Herzeleid.

7. Die Herberg ist zu böse, / der Trübsal ist zu viel. / Ach komm, mein Gott, und löse / mein Herz, wann dein Herz will. / Komm, mach ein selig Ende / mit meiner Wanderschaft, / und was mich kränkt, das wende / durch deines Armes Kraft.

8. Du meines Herzens Freude, / du meines Lebens Licht, / du ziehst mich, wenn ich scheide, / hin vor dein Angesicht / ins Haus der ewgen Wonne, / da ich stets freudenvoll / gleich wie die helle Sonne / mit andern leuchten soll.

9. Da will ich immer wohnen / – und nicht nur als ein Gast – / bei denen, die mit Kronen / du schön geschmücket hast; / da will ich herrlich singen / von deinem großen Tun / und frei von eitlen Dingen / in meinem Erbteil ruhn.

T: Paul Gerhardt 1666 M: Hans Leo Haßler 1601 / geistlich Brieg nach 1601
S: nach Johann Hermann Schein 1627 und GB 1891

754
(ö)

2. Es kann vor Nacht leicht anders werden, / als es am frühen Morgen war; / solang ich leb auf dieser Erden, / leb ich in steter Todsgefahr. / Mein Gott, ich bitt durch Christi Blut: / Mach's nur mit meinem Ende gut.

3. Herr, lehr mich stets mein End bedenken / und, wenn dereinst ich sterben muss, / mich ganz in Jesu Tod versenken / und nicht versäumen meine Buß. / Mein Gott, ich bitt durch Christi Blut: / Mach's nur mit meinem Ende gut.

4. Lass mich beizeit mein Haus bestellen, / dass ich bereit sei für und für / und sag getrost in allen Fällen: / Herr, wie du willst, so schick's mit mir. / Mein Gott, ich bitt durch Christi Blut: / Mach's nur mit meinem Ende gut.

5. Ach Vater, deck all meine Sünden / mit dem Verdienste Christi zu. / Darauf allein will ich mich gründen; / das gibt mir die gewünschte Ruh. / Mein Gott, ich bitt durch Christi Blut: / Mach's nur mit meinem Ende gut.

6. Ich habe Christum angezogen, / gehöre ihm durch meine Tauf, / und darum bist du mir gewogen, / nahmst mich zu deinem Kinde auf. / Mein Gott, ich bitt durch Christi Blut: / Mach's nur mit meinem Ende gut.

7. Und kommt mein End heut oder morgen, / weiß ich, dass mir's mit Jesus glückt; / in deiner Hut bleib ich geborgen, / mit Jesu Gnade reich geschmückt. / Mein Gott, ich bitt durch Christi Blut: / Mach's nur mit meinem Ende gut.

8. Ich leb indes in dir vergnüget / und sterb ohn alle Kümmernis. / Mir g'nüget, wie mein Gott es füget; / ich glaub und bin es ganz gewiss: / Mein Gott, aus Gnad durch Christi Blut / machst du's mit meinem Ende gut.

T: Ämilie Juliane von Schwarzburg-Rudolstadt (1686/1688) 1695
M: Georg Neumark (1641) 1657 S: nach Georg Neumark 1657

Kanon für 3 Stimmen

755
ö

T: Gerhard Tersteegen 1745 M: Pierre Jacot 1937

756 Mein Leben und mein Tod sind dein,
ich bin mir selbst nicht Eigen.
Ich leb und sterb auf dich allein,
kann nur in dir geborgen sein
und muss mich dir, Gott, beugen.

Du hast mich dir ins Licht gestellt,
mit Namen rufst du jeden.
Drum lebt und stirbt und steht und fällt
auch jeder dir, du Herr der Welt,
allein und unvertreten.

Ich wag mein Leben und den Tod
allein in deinem Namen.
Du bist trotz aller Erde Not
in Zeit und Ewigkeit mein Gott,
und ich bin dein, Herr. Amen.

Arno Pötzsch (vor 1956) 1963

757 ö+

T: Lothar Zenetti (1970) 1971 M: Herbert Beuerle (1970) 1971

758

Erschreck mich.
Suche mich heim mit Gesichten.
Tritt nicht hinter die Breitwand
kolorierter Zerstreuung zurück.
Lasse mich nicht in diesem Wald
aus Fernsehantennen verkommen.
Durchbrich mit meinem Ende die
Reihen genormter Statistik
und schick einen Tod, dem Terror
und Technik verhasst sind, der frei
auf mich zutritt, in der Gloriole
des Grauens, doch um die Stirn auch
einen Hauch von Bedauern.

Wolfdietrich Schnurre 1956

759 lass mich nicht sterben
o gott
den schrecklichen
tod des menschen
lass mich erlöschen
wie eine blume
in deiner einfalt

lass mich nicht erlöschen
o gott
wie eine blume
in deiner einfalt
lass mich sterben
den schrecklichen
tod des menschen

Joseph Kopf (1954) 1963

760

T: Lothar Petzold 1973 M: Rolf Kroedel 1973

761
ö+

T: Lothar Zenetti (1971) 1972 M: Erna Woll (1971) 1972

Beten am Sterbebett

762 Das Gespräch erlischt. Der Kranke kann zwar noch vieles wahrnehmen, sich selbst aber höchstens noch in einem Händedruck äußern. Wir spüren, dass wir bleiben sollen. Manchmal sind wir verlegen. Wir suchen nach Worten, die ihm und uns gut tun könnten. Dann hilft uns vielleicht eine kleine Ordnung für die gemeinsame Andacht: Psalm – freies Gebet – Unser Vater – Lied – Segen.

Als Beispiel:

Psalmgebet

Psalm 23 (Nr. 112), besonders Vers 4:

Wandere ich auch im finstern Tal,
fürchte ich kein Unheil,
denn du bist bei mir,
dein Stecken und dein Stab,
sie trösten mich.

Oder Psalm 121 (Nr. 137), Psalm 130 (Nr. 139/140), Psalm 139 (Nr. 143)

Freies Gebet

Hilf mir, mein Gott, und sei mir nahe!
Gib mir Kraft, was auf mich zukommt, zu tragen.
O Gott, ich warte auf dich!
Vergiss mich nicht in meiner Not.
Nimm mich auf in dein Licht und in deinen Frieden.

Leite mich auf dem Weg zu dir.
Du hast dem Tode die Macht genommen;
du kannst unseren Schmerz und unser Leid
in Freude wandeln.
Mach mich frei von aller Angst.
Ich empfehle alles, was ich bin und habe, deiner Liebe.
Amen.

Unser Vater

Unser Vater im Himmel.
Geheiligt werde dein Name.
Dein Reich komme.
Dein Wille geschehe, wie im Himmel, so auf Erden.

Unser tägliches Brot gib uns heute.
Und vergib uns unsere Schuld,
wie auch wir vergeben unsern Schuldigern.
Und führe uns nicht in Versuchung,
sondern erlöse uns von dem Bösen.
Denn dein ist das Reich und die Kraft
und die Herrlichkeit in Ewigkeit.
Amen.

LIED (gesungen oder gelesen)

«Befiehl du deine Wege» (Nr. 680), «Wer nur den lieben Gott lässt walten» (Nr. 681), «In meines Herzens Grunde» (Nr. 775), oder Strophen 7 und 8 von «O Haupt voll Blut und Wunden» (Nr. 445)

SEGEN

Der Herr behüte unseren Ausgang und Eingang
von nun an bis in Ewigkeit. Amen.

Oder:

Die Gnade unseres Herrn Jesus Christus
und die Liebe Gottes
und die Gemeinschaft des Heiligen Geistes
sei mit uns. Amen.

Oder:

Gott möge dich behüten und beschützen
auf deinem Weg. Amen.

763 16 Wende dich zu mir und sei mir gnädig,
denn ich bin einsam und elend.
18 Sieh an mein Elend und meine Mühsal,
und vergib mir alle meine Sünden.
20 Bewahre mein Leben und rette mich,
ich will nicht zuschanden werden,
denn bei dir suche ich Zuflucht. Psalm 25,16. 18. 20

764 In deine Hand befehle ich meinen Geist,
du hast mich erlöst, DU, treuer Gott. Psalm 31,6

765 2 Zu Gott allein ist meine Seele still,
von ihm kommt meine Hilfe.
3 Er allein ist mein Fels und meine Hilfe,
meine Burg, nie werde ich wanken. Psalm 62,2. 3

766 23 Nun aber bleibe ich stets bei dir,
du hältst mich an meiner rechten Hand.
24 Nach deinem Ratschluss leitest du mich,
und hernach nimmst du mich auf in Herrlichkeit.
25 Wen hätte ich im Himmel!
Bin ich bei dir, so begehre ich nichts auf Erden.
26 Mögen verschmachten mein Leib und mein Herz,
der Fels meines Herzens und mein Teil ist Gott auf ewig.
Psalm 73,23–26

767 Fürchte dich nicht, denn ich bin mit dir; hab keine Angst, denn ich bin dein Gott. Ich helfe dir, ja, ich mache dich stark, ja, ich halte dich mit meiner hilfreichen Rechten.
Jesaja 41,10

768 Nun aber spricht ER, der dich geschaffen hat, Jakob, der dich gebildet hat, Israel: Fürchte dich nicht, denn ich erlöse dich; ich rufe dich bei deinem Namen, mein bist du!
Jesaja 43,1

Fürchte dich nicht, glaube nur! Markus 5,36 **769**

25 Jesus sprach zu Marta: Ich bin die Auferstehung und das **770**
Leben. Wer an mich glaubt, wird leben, auch wenn er stirbt,
26 und jeder, der lebt und an mich glaubt, wird in Ewigkeit
nicht sterben. Glaubst du das? Johannes 11,25.26

Sterbesegen **771**

Es segne dich Gott, der Vater,
der dich nach seinem Bild geschaffen hat.
Es segne dich Gott, der Sohn,
der dich durch sein Leiden und Sterben erlöst hat.
Es segne dich Gott, der Heilige Geist,
der dich zum Leben beruft und heiligt.
Gott geleite dich durch das Dunkel des Todes
und gebe dir Frieden und ewiges Leben. 8. Jahrhundert

772
ö

Auch nach Melodie Nr. 594

T: Nürnberg um 1555 (Johann Hesse?) M: 15. Jh. / geistlich um 1505 / Heinrich Isaak bei Georg Forster 1539

773
(ö)

1. Wenn mein Stünd-lein vor-han-den ist,
2. Ich bin ein Glied an dei-nem Leib,
3. Weil du vom Tod er-stan-den bist,
zu fah-ren mei-ne Stra-ße,
des tröst ich mich von Her-zen;
werd ich im Grab nicht blei-ben;
ge-leit du mich, Herr Je-su Christ,
von dir ich un-ge-schie-den bleib
mein höchs-ter Trost dein Auf-fahrt ist,
mit Hilf mich nicht ver-las-se.
in To-des Not und Schmer-zen.
kann To-des-furcht ver-trei-ben.
Mein Seel an mei-nem letz-ten End
Wenn ich gleich sterb, so sterb ich dir;
Denn wo du bist, da komm ich hin,
be-fehl ich dir in dei-ne Händ,
ein e-wig Le-ben hast du mir
dass ich stets bei dir leb und bin;

T: nach Nikolaus Herman (vor 1561) 1562 und AöL 1973 M: Frankfurt/M 1569 / Württembergisches GB, Tübingen 1591

774

ö +

2. Mit Freud fahr ich von dannen / zu Christ, dem Bruder mein, / auf dass ich zu ihm komme / und ewig bei ihm sei.

3. Ich hab nun überwunden / Kreuz, Leiden, Angst und Not; / durch seine heilgen Wunden / bin ich versöhnt mit Gott.

4. Wenn meine Kräfte brechen, / mein Atem geht schwer aus / und kann kein Wort mehr sprechen: / Herr, nimm mein Seufzen auf.

5. Wenn mein Herz und Gedanken / zergehen wie ein Licht, / das hin und her tut wanken, / wenn ihm die Flamm gebricht:

6. Alsdann lass sanft und stille, / o Herr, mich schlafen ein / nach deinem Rat und Willen, / wenn kommt mein Stündelein.

7. In dir, Herr, lass mich leben / und bleiben allezeit, / so wirst du mir einst geben / des Himmels Wonn und Freud.

T: vor 1608 / Jena 1609 (Str. 1–6) und EGB (1971) 1974 (Str. 7)
M: Jena 1609 (Melchior Vulpius?) S: Melchior Vulpius 1609 / GB 1941

775

T: Valerius Herberger (1613) 1614 M: Melchior Teschner (1613) 1614
S: Melchior Teschner 1614 / GB 1891

776 Barmherziger Vater und tröstender Gott. In deiner Liebe bist du uns nahe. Du führst uns auf allen unseren Wegen. Blicke auf alle, die um einen lieben verstorbenen Menschen trauern. Tröste sie in ihrem Schmerz und erhelle ihnen das Dunkel dieser Stunde durch das Licht des Glaubens. Du hast in deinem Sohn die Macht des Todes gebrochen und das Leben neu geschaffen. Hilf uns, dir zu vertrauen. Nimm den Verstorbenen (die Verstorbene) bei dir auf und führe uns alle in deinem Reich zusammen.

Nach «Die kirchliche Begräbnisfeier» 1972

777 ö

2. Nun sich das Herz in alles findet, / was ihm an Schwerem auferlegt, / komm, Heiland, der uns mild verbindet, / die Wunden heilt, uns trägt und pflegt.

3. Nun sich das Herz zu dir erhoben / und nur von dir gehalten weiß, / bleib bei uns, Vater. Und zum Loben / wird unser Klagen. Dir sei Preis!

T: Jochen Klepper 1941 M: Guillaume Franc, Genf 1543 / Straßburg 1545 / Loys Bourgeois, Lyon 1547, Zehn Gebote S: nach Claude Goudimel 1564/65

778 Herr, erbarme dich unser und unserer Verstorbenen.
Du allein weißt, welche Worte ungesagt geblieben,
wo wir aneinander schuldig geworden sind.
Du allein hast die Kraft,
über den Tod hinaus zu vergeben.
Darum bitten wir:
Vollende, was wir Menschen nie vollenden können.
Nimm unsere Schwachheit,
aber auch unsern guten Willen an.
Gib Frieden uns und unseren Verstorbenen
und erhalte uns in der Gemeinschaft
mit Dir und Deinem Sohn.

Josef Osterwalder 1983

779
ö

T: Johannes 11,25. 26 M: Michael Müller 1973/74

Gottesdienst in der Welt

Dieses Kapitel und das vorangehende gehören eng zusammen. Auch hier geht es um das Leben im Angesicht Gottes, doch weitet sich nun der Blick vom persönlichen Leben und von der Familie zu den größeren Zusammenhängen. Kirche ist mehr als die Gemeinschaft in jeder einzelnen Gemeinde. Uns ist eine weltweite Zeugnis- und Dienstgemeinschaft aufgetragen, welche aus dem Glauben ihre Weisung erhält und den Blick von den persönlichen auf größere Zusammenhänge hinlenkt. In Gottes Liebe zu all seinen Geschöpfen gründet unsere liebende Mitverantwortung für die Welt. Wir nehmen sie wahr im Licht von Gottes Verheißung, dass die letzte Zukunft bei ihm liegt, in der Hoffnung darauf, dass die Widersprüche der Welt da aufgehoben sind, wo Gott «alles in allem» (1. Korintherbrief 15,28) sein wird.

780

Die Weisungen Gottes für sein Volk

1 Da redete Gott alle diese Worte und sprach:
2 Ich bin der EWIGE, dein Gott, der ich dich geführt habe
aus dem Land Mizraim*, aus dem Sklavenhaus.
3 Du sollst keine anderen Götter haben vor mir!
4 Du sollst dir kein Bildnis machen und keinerlei Gestalt
dessen, was im Himmel oben und was auf Erden unten und
was im Wasser unter der Erde ist.
5 Du sollst dich vor ihnen nicht niederwerfen und ihnen
nicht dienen; denn ich, der EWIGE, dein Gott, bin ein
eifernder Gott, der da bedenkt die Schuld der Väter an den
Kindern am dritten und vierten Geschlecht, bei denen, die
mich hassen;
6 der aber Liebe erweist tausenden Geschlechtern, denen,
die mich lieben und meine Gebote wahren.
7 Du sollst den Namen des EWIGEN, deines Gottes, nicht
zur Unwahrheit aussprechen; denn der EWIGE wird den
nicht ungestraft lassen, der seinen Namen zur Unwahrheit
ausspricht.
8 Gedenke des Sabbattages, ihn zu heiligen!
9 Sechs Tage sollst du arbeiten und all dein Werk verrichten;
10 aber der siebente Tag ist ein Sabbat dem EWIGEN, dei-
nem Gott. Da sollst du keinerlei Werk verrichten, du und
dein Sohn und deine Tochter, dein Knecht und deine Magd
und dein Vieh und dein Fremdling, der in deinen Toren ist.
11 Denn in sechs Tagen hat der EWIGE den Himmel und die
Erde geschaffen, das Meer und alles, was darin ist; aber am
siebenten Tag hat er geruht; darum hat der EWIGE den
Sabbattag gesegnet und ihn geheiligt.
12 Ehre deinen Vater und deine Mutter, auf dass du lange
lebst auf dem Boden, den der EWIGE, dein Gott, dir gibt!
13 Du sollst nicht morden.
14 Du sollst nicht ehebrechen.
15 Du sollst nicht stehlen.
16 Du sollst nicht aussagen wider deinen Nächsten als fal-
scher Zeuge.

17 Du sollst nicht begehren das Haus deines Nächsten. Du sollst nicht begehren die Frau deines Nächsten, noch seinen Knecht, seine Magd, seinen Ochsen, seinen Esel, noch alles, was deinem Nächsten gehört. 2. Mose (Exodus) 20,1–17

* hebräisch: Ägypten

781 Die Zehn Gebote

Ich bin dein Gott,
der ich dich aus dem Lande Ägypten,
aus dem Sklavenhause, herausgeführt habe:

I Du sollst keine andern Götter neben mir haben.
II Du sollst dir kein Gottesbild machen.
III Du sollst den Namen deines Gottes nicht missbrauchen.
IV Gedenke des Sabbattages, dass du ihn heilig haltest.
V Ehre deinen Vater und deine Mutter.
VI Du sollst nicht töten.
VII Du sollst nicht ehebrechen.
VIII Du sollst nicht stehlen.
IX Du sollst nicht falsches Zeugnis reden wider deinen Nächsten.
X Du sollst nicht begehren nach irgend etwas, was dein Nächster hat. Aus 2. Mose (Exodus) 20,2–17

782 Das Doppelgebot der Liebe

30 Du sollst ihn, deinen Gott, lieben aus deinem ganzen Herzen und aus deiner ganzen Seele und aus deinem ganzen Denken und aus deiner ganzen Kraft. 31 Du sollst deinen Nächsten lieben wie dich selbst. Aus Markus 12,30. 31a

783

Wir bekennen Jesus Christus
als den Erlöser der Menschen und das Licht der Welt.
Gemeinsam stellen wir uns unter sein Wort.
Aufs Neue übernehmen wir die Verpflichtung,
für ihn Zeugnis abzulegen unter den Menschen.

Wir sind bereit, allen Menschen zu dienen mit der Liebe,
die er allein geben kann.
Wir hören aufs Neue Gottes Ruf,
unsere Einheit in ihm sichtbar zu machen.
Wir bitten um die Gabe des Heiligen Geistes
für die Erfüllung dieses Auftrags.

Ökumenische Versammlung von Neu Delhi 1961

Kirche in weltweiter Gemeinschaft

784 Vom Senfkorn und vom Sauerteig

31 Ein anderes Gleichnis legte Jesus ihnen vor: Das Him-
melreich ist einem Senfkorn gleich, das einer nahm und auf
seinen Acker säte. 32 Es ist zwar das kleinste unter allen
Samenkörnern, aber sobald es hoch gewachsen ist, ist es
größer als alle anderen Gewächse und wird ein Baum, so
dass die Vögel des Himmels kommen und in seinen Zweigen
nisten. 33 Ein anderes Gleichnis sagte er ihnen: Das Him-
melreich ist einem Sauerteig gleich, den eine Frau nahm
und mit drei Scheffel Mehl vermengte, bis alles durchsäuert
war. Matthäus 13,31–33

785 Der barmherzige Samariter

25 Und siehe, da stand ein Gesetzeslehrer auf, um Jesus zu
versuchen, und sagte: Meister, was muss ich tun, damit ich
ewiges Leben erbe? 26 Er sprach zu ihm: Was steht im Ge-
setz geschrieben? Was liest du da? 27 Und er antwortete: Du
sollst den Herrn, deinen Gott, lieben mit deinem ganzen
Herzen und mit deiner ganzen Seele und mit all deiner
Kraft und mit deinem ganzen Verstand und deinen Nächs-
ten wie dich selbst. 28 Er sprach zu ihm: Richtig hast du
geantwortet; tue dies, und du wirst leben. 29 Der aber wollte
sich rechtfertigen und sagte zu Jesus: Und wer ist mein
Nächster? 30 Um zu antworten, sprach Jesus: Ein Mensch
ging von Jerusalem nach Jericho hinab und fiel Räubern in
die Hände. Die zogen ihn aus, schlugen ihn nieder, machten
sich davon und ließen ihn halbtot liegen. 31 Zufällig kam
aber ein Priester denselben Weg herab. Und als er ihn sah,
ging er vorüber. 32 Ebenso aber auch ein Levit; als er an den
Ort kam und ihn sah, ging er vorüber. 33 Ein Samariter aber,
der unterwegs war, kam an ihm vorbei. Und als er ihn sah,
wurde er von Mitleid ergriffen. 34 Und er ging zu ihm hin,
goss Öl und Wein auf seine Wunden und verband sie ihm.
Dann hob er ihn auf sein Reittier und brachte ihn in ein

Wirtshaus und sorgte für ihn. 35 Am andern Morgen nahm
er zwei Denare heraus und gab sie dem Wirt und sagte:
Sorge für ihn! Und was du darüber hinaus aufwendest,
werde ich dir erstatten, wenn ich wieder vorbeikomme.
36 Wer von diesen dreien, meinst du, ist für den zum Nächs-
ten geworden, der unter die Räuber fiel? 37 Er aber sprach:
Der ihm Barmherzigkeit erwiesen hat. Da sprach Jesus zu
ihm: Geh auch du und tue desgleichen. Lukas 10,25–37

12 Denn wie der Leib *einer* ist und viele Glieder hat, alle **786**
Glieder des Leibes aber, obgleich es viele sind, *einen* Leib
bilden, so [ist es] auch [mit] Christus. 13 Denn auch wir sind
in *einem* Geist alle zu *einem* Leib getauft worden, ob Juden,
ob Griechen, ob Sklaven, ob Freie, und sind alle mit *einem*
Geist getränkt worden. 14 Denn auch der Leib ist nicht *ein*
Glied, sondern viele. 15 Wenn der Fuß sagt: Weil ich nicht
Hand bin, gehöre ich nicht zum Leibe, so gehört er darum
doch zum Leibe. 16 Und wenn das Ohr sagt: Weil ich nicht
Auge bin, gehöre ich nicht zum Leibe, so gehört es darum
doch zum Leibe. 17 Wenn der ganze Leib Auge wäre, wo
bliebe das Gehör? Wenn er ganz Gehör wäre, wo bliebe der
Geruch? 18 Nun aber hat Gott den Gliedern eine Bestim-
mung gegeben, einem jeden von ihnen am Leibe, wie er
gewollt hat. 19 Wenn aber alle *ein* Glied wären, wo bliebe der
Leib? 20 Nun aber gibt es viele Glieder, doch [nur] *einen*
Leib. 21 Das Auge kann aber nicht zur Hand sagen: Ich
bedarf deiner nicht, oder wiederum der Kopf zu den Füßen:
Ich bedarf euer nicht; 22 sondern vielmehr die Glieder des
Leibes, die die schwächern zu sein scheinen, sind notwen-
dig, 23 und die uns die weniger ehrbaren am Leibe zu sein
scheinen, die umgeben wir mit desto größerer Ehre, und die
unanständigen an uns haben desto größere Wohlanständig-
keit; 24 die wohlanständigen an uns aber bedürfen es nicht.
Aber *Gott* hat den Leib so zusammengefügt, dass er dem im
Nachteil befindlichen [Glied] desto größere Ehre gab, 25 da-
mit keine Spaltung im Leibe wäre, sondern die Glieder die

gleiche Sorge füreinander tragen sollten. 26 Und wenn *ein* Glied leidet, so leiden alle Glieder mit; wenn *einem* Glied Herrliches zuteil wird, so freuen sich alle Glieder mit. 27 Ihr aber seid Christi Leib und, als Teile betrachtet, Glieder.

1. Korintherbrief 12,12–27

787

2. Dich hat er sich erkoren, / durch sein Wort auferbaut, / bei seinem Eid geschworen, / weil du ihm bist vertraut, / dass er will deiner pflegen / in aller Angst und Not, / die Feinde niederlegen, / die schmähen dich mit Spott.

3. Kann und mag auch verlassen / ein Mutter je ihr Kind / und also gar verstoßen, / dass es kein Lieb mehr findt? / Und ob sich's möcht begeben, / dass sie ihr Kind verstößt: / Gott schwört bei seinem Leben, / dass er dich nicht verlässt.

4. Darum lass dich nicht schrecken, / o du christgläub'ge Schar. / Gott wird dir Hilf erwecken / und selbst dein' nehmen wahr. / Hat er dich doch gezeichnet, / gegraben in sein Händ; / dein Nam stets vor ihm leuchtet, / dass er dir Hilfe send.

5. Es wird ihn nicht gereuen, / was sein Wort prophezeit: / sein Kirche zu erneuen / in dieser bösen Zeit. / Er wird herzlich anschauen / dein Jammer und Elend, / dich herrlich auferbauen / durch Wort und Sakrament.

6. Gott solln wir allzeit loben, / der sich aus großer Gnad / durch seine guten Gaben / uns kundgegeben hat. / Er wird uns auch erhalten / in Lieb und Einigkeit / und unser freundlich walten / hier und in Ewigkeit.

T: Böhmische Brüder, Nürnberg 1544 M: 15. Jh. / geistlich Böhmische Brüder, Nürnberg um 1535/1544 / Johann Crüger 1662 / Berlin 1932

788

Christus, erweck deine Kirche
und fang bei mir an.
Bau deine Gemeinde
und fang bei mir an.
Lass Frieden überall auf Erden kommen
und fang bei mir an.
Bring deine Liebe und Wahrheit zu allen Menschen
und fang bei mir an.

Gebet eines chinesischen Christen

789
ö

2. Hilfst du nicht bald, so ist’s geschehn, / zugrund wir müssen eilends gehn. / Bedroh der Wellen wild Gebrüll, / so legt es sich und wird ganz still.

3. Ach Herr, um deines Namens Ehr / halt uns im Fried bei deiner Lehr; / gib deiner Kirche gute Ruh, / Gesundheit und Gedeihn dazu.

4. Darüber auch das Allerbest: / dass wir im Glauben stark und fest / dich preisen und den Namen dein, / dir leben, dein lieb Völklein sein,

5. aus deinem Geist ganz neu geborn; / den gib uns, Herr, sonst ist's verlorn. / Dies alles unser Herz begehrt, / wiewohl wir der Ding keins sind wert.

6. Haben das Widerspiel verschuldt, / zum Zorn gereizt oft dein Geduld, / dein treue Warnung auch veracht', / all Zucht und Ehrbarkeit verlacht.

7. Und ist vielleicht das Maß jetzt voll, / dass unsre Sünde haben soll / verdiente Straf, so gschieht uns recht / als einem ungetreuen Knecht.

8. Jedoch, dieweil dein Wort ist gut, / so wehr all derer Übermut, / die uns dabei nicht lassen stehn / und es vertrieben möchten sehn.

9. Mach uns vor ihnen nicht zu Spott; / die Sach ist dein, o starker Gott. / Gib uns den Feinden nicht zur Schand, / wir fallen gern in deine Hand.

10. Bekehr den Feind zu Christi Lehr, / dass er mit uns dich lob und ehr / und alle Welt des inne werd, / dass du groß Wunder tust auf Erd.

Auch nach Melodie Nr. 255

T: AöL 1990 nach Ambrosius Blarer 1561, Straßburg 1899 und Markus Jenny 1968 M: Melchior Vulpius 1609 S: nach Melchior Vulpius 1609

790

2. Herr Jesu, hilf, dein Kirch erhalt; / wir sind gar sicher, träg und kalt. / Gib Glück und Heil zu deinem Wort; / schaff, dass es schall an allem Ort.

3. In dieser schweren, trüben Zeit / verleih uns, Herr, Beständigkeit, / dass wir dein Wort und Sakrament / behalten rein bis an das End.

4. Erhalt uns nur bei deinem Wort / und wehr des Teufels Trug und Mord; / gib deiner Kirche Gnad und Huld, / Fried, Einigkeit, Mut und Geduld.

5. Den stolzen Geistern wehre doch, / die mit Gewalt sich heben hoch / und bringen stets was Neues her, / zu fälschen deine rechte Lehr.

6. Die Sach und Ehr, Herr Jesu Christ, / nicht unser, sondern dein ja ist; / darum so steh du denen bei, / die sich auf dich verlassen frei.

7. Dein Wort ist unsres Herzens Trutz / und deiner Kirche wahrer Schutz; / dabei erhalt uns, lieber Herr, / dass wir nichts andres suchen mehr.

8. Hilf leben uns in deinem Wort / und drauf im Frieden fahren fort / von hinnen aus dem Jammertal / zu dir in deinen Himmelssaal.

T: Nürnberg 1611 nach Philipp Melanchthon 1551 (Str. 1 übersetzt 1579) und Nikolaus Selnecker 1578 (Str. 2–8) M: Königsberg 1602 / Leipzig 1625
S: nach Johann Crüger 1656

791

ö +

2. Lass alle, die im Finstern gehn, / die Sonne deiner Gnade sehn, / und wer den Weg verloren hat, / den suche du mit deiner Gnad.

3. Den Tauben öffne das Gehör, / die Stummen richtig reden lehr, / dass sie bekennen mögen frei, / was ihres Herzens Glaube sei.

4. Erleuchte, die da sind verblendt, / bring heim, die sich von dir getrennt, / versammle, die zerstreuet gehn, / mach feste, die im Zweifel stehn.

5. So werden alle wir zugleich / auf Erden und im Himmelreich, / hier zeitlich und dort ewiglich, / für solche Gnade preisen dich.

T: Johann Heermann 1630 nach einem Gebet von Peter Michael (Brillmacher) im GB Hamburg 1592 (Str. 1.3–5) und EGB 1971 (Str. 2)
M und S: nach Nürnberg 1676/1854

792

1. *Herr,* nun selbst den Wa - gen halt!
2. *Gott,* er - höh deins Na - mens Ehr;
3. *Hilf,* dass al - le Bit - ter - keit

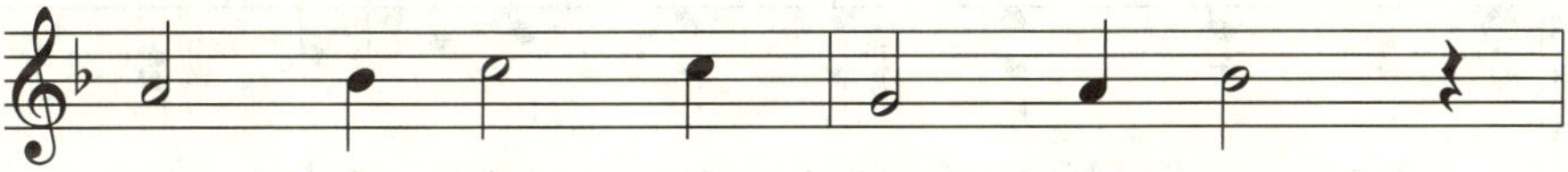

Bald ab - seit geht sonst die Fahrt;
wehr und straf der Bö - sen Grimm;
scheid, o Herr, und al - te Treu

das brächt Freud dem Wi - der - part, der
weck die Schaf mit dei - ner Stimm, die
wie - der - kehr und wer - de neu, dass

dich___ ver - acht'_ so fre - vent - lich.
dich___ lieb ha - ben in - nig - lich.
wir___ e - wig_ lob - sin - gen dir.

T: Huldrych Zwingli um 1525/1529 / Friedrich Spitta 1897
M: Huldrych Zwingli (1529) um 1535/1537/1540

793

1. Herz und Herz ver - eint zu - sam - men
las - set eu - re Lie - bes - flam - men
sucht in Got - tes Her - zen Ruh;
lo - dern auf den Hei - land zu.
Er das Haupt, wir sei - ne Glie - der;
er das Licht und wir der Schein;
er der Meis - ter, wir die Brü - der;

2. Kommt, ach kommt, ihr Gotteskinder, / und erneuert euren Bund; / schwöret unserm Überwinder / Lieb und Treu aus Herzensgrund. / Und wenn eurer Liebeskette / Festigkeit und Stärke fehlt, / o so flehet um die Wette, / bis sie Jesus wieder stählt.

3. Tragt es unter euch, ihr Glieder, / auf so treues Lieben an, / dass ein jeder für die Brüder / auch das Leben lassen kann. / So hat uns der Freund geliebet, / so vergoss er dort sein Blut. / Denkt doch, wie es ihn betrübet, / wenn ihr selbst euch Eintrag tut.*

* selbst euch schadet

4. Halleluja! welche Höhen, / welche Tiefen reicher Gnad, / dass wir dem ins Herze sehen, / der uns so geliebet hat; / dass der Vater aller Geister, / der der Wunder Abgrund ist, / dass du, unsichtbarer Meister, / uns so fühlbar nahe bist.

5. Liebe, hast du es geboten, / dass man Liebe üben soll, / o so mache doch die toten, / trägen Geister lebensvoll. / Zünde an die Liebesflamme, / dass ein jeder sehen kann: / Wir, als die von *einem* Stamme, / stehen auch für *einen* Mann.

6. Ach, du holder Freund, vereine / deine dir geweihte Schar, / dass sie sich so herzlich eine, / wie's dein letzter Wille war. / Ja, verbinde in der Wahrheit, / die du selbst im Wesen bist, / alles, was von deiner Klarheit / in der Tat erleuchtet ist.

7. Lass uns so vereinigt werden, / wie du mit dem Vater bist, / bis schon hier auf dieser Erden / kein getrenntes Glied mehr ist. / Und allein von deinem Brennen / nehme unser

Licht den Schein; / also wird die Welt erkennen, / dass wir deine Jünger sein.

T: Nikolaus Ludwig von Zinzendorf 1725 / Christian Gregor 1778 / Albert Knapp 1837 M: Bamberg 1732 / Herrnhaag um 1735/1744 / Basel 1745 S: GB 1891

794

2. Denn in der neuen Kreatur / ist keiner klein noch größer; / wir haben *einen* Christum nur, / den Einen als Erlöser. / Das Licht, das Heil, der Morgenstern, / Wort, Taufe und das Mahl des Herrn / sind allen gleich geschenket.

3. Da ist kein Knecht noch Freier mehr; / denn sie sind alle Kinder; / der Reichtum macht hier keine Ehr, / die Armut keinen minder. / Gott siehet die Person nicht an, / indem der Reiche arm sein kann, / der Arme reich an Gnaden.

4. *Ein* Himmel, *eine* Seligkeit, / *ein* Vorbild und *ein* Hoffen, / *ein* Recht, *ein* Vaterherz im Leid, / *ein* Segen steht uns offen. / Uns führt *ein* Weg dem Himmel zu, / wir hoffen alle *eine* Ruh / allein durch *einen* Glauben.

5. Wir haben alle überdies / Gemeinschaft an dem Leiden, / am Kreuz, an der Bekümmernis, / an Spott und Traurigkeiten; / wir tragen, doch nicht ohne Ruhm, / allzeit das Sterben Jesu um / an unserm Todesleibe.

6. Es trägt ein Glied des andern Last / um seines Hauptes willen; / wer seiner Nächsten Lasten fasst, / lernt das Gesetz erfüllen, / drin Christus uns zum Vorbild geht. / Dies königlich Gebot besteht / in *einem* Wörtlein: Liebe.

7. Ich will mich der Gemeinschaft nicht / der Heiligen entziehen; / wenn die Geschwister Not anficht, / so will ich sie nicht fliehen. / Hab ich Gemeinschaft an dem Leid, / so lass mich an der Herrlichkeit / auch einst Gemeinschaft haben.

T: Philipp Friedrich Hiller 1731 M: Johann Crüger 1653 nach Loys Bourgeois, Genf 1551, Psalm 118 S: nach Johann Crüger 1653

795
ö +

2. Weck die tote Christenheit / aus dem Schlaf der Sicherheit, / dass sie deine Stimme hört, / sich zu deinem Wort bekehrt.

3. Schaue die Zertrennung an, / der sonst niemand wehren kann; / sammle, großer Menschenhirt, / alles, was sich hat verirrt.

4. Tu der Völker Türen auf; / deines Himmelreiches Lauf / hemme keine List noch Macht. / Schaffe Licht in dunkler Nacht.

5. Gib den Boten Kraft und Mut, / Glauben, Hoffnung, Liebesglut, / und lass reiche Frucht aufgehn, / wo sie unter Tränen säen.

6. Lass uns deine Herrlichkeit / sehen auch in dieser Zeit / und mit unsrer kleinen Kraft / suchen, was den Frieden schafft.

7. Lass uns eins sein, Jesu Christ, / wie du mit dem Vater bist, / in dir bleiben allezeit, / heute wie in Ewigkeit.

T: Christian David (1728) 1741 (Str. 1.6.7), Christian Gottlob Barth 1827 (Str. 2.4.5) und Johann Christian Nehring 1704 (Str. 3) / Otto Riethmüller 1932 (Zusammenstellung) / AöL (1970) 1973 M: Böhmen vor 1467 / Jungbunzlau 1531 (Michael Weiße?) S: Paul Müller 1952

796

Du großer Gott,
kein Tag, keine Stunde vergeht,
da nicht dein Name angerufen wird.
Betende Hände erheben sich über das ganze Erdenrund:
in tausend Sprachen –
aus tausend Nöten –
bittend, flehend, suchend.
Lass diese Hände zueinander finden wie Glieder einer Kette,
damit wir einander stärken im Glauben,
ermutigen zur Hoffnung.
Dein Reich kennt keine Grenzen:
Darum hilf uns, die eigenen Grenzen zu überwinden
und in der Freude an dir eins zu werden –
zur Ehre deines Namens.

Herkunft unbekannt

797

2. O dass doch bald dein Feuer brennte, / o möcht es doch in alle Lande gehn, / auf dass bald alle Welt erkennte, / was

zur Erlösung ihr von dir geschehn. / O Herr der Ernte, siehe doch darein: / Die Ernt ist groß, die Zahl der Knechte klein.

3. So gib dein Wort mit großen Scharen, / die in der Kraft Evangelisten sei'n; / lass eilend Hilf uns widerfahren / und brich in Satans Reich mit Macht hinein. / O breite, Herr, auf weitem Erdenkreis / dein Reich bald aus zu deines Namens Preis.

4. Ach dass die Hilf aus Zion käme. / O dass dein Geist, so wie dein Wort verspricht, / dein Volk aus dem Gefängnis nähme. / O würd es doch nur bald vor Abend licht. / Ach reiß, o Herr, den Himmel bald entzwei / und komm herab zur Hilf und mach uns frei.

5. Die Lieb ist's, Herr, die zu dir flehet, / sie, die von deiner Lieb ein Fünklein ist, / von deinem Atem angewehet, / o du, der du die Liebe selber bist. / Wenn wir in schwacher Liebe zu dir flehn, / was wird nicht von der Liebe Quell geschehn!

6. Herr, zürne nicht, dass ich so bitte, / da ich vor dir nur Staub und Asche bin. / Du als der Brunnquell aller Güte / gibst selber mir etwas von deinem Sinn, / dass mich der Menschen Elend jammern kann; / drum bitt ich, Herr. O nimm mein Bitten an.

7. Du wirst dein herrlich Werk vollenden, / der du der Welten Heil und Richter bist. / Du wirst der Menschheit Jammer wenden, / so dunkel jetzt dein Weg, o Heilger, ist. / Drum hört der Glaub nie auf, zu dir zu flehn; / du tust doch über Bitten und Verstehn.

T: Karl Heinrich von Bogatzky 1750 (Str. 1–6) und Albert Knapp 1837 (Str. 7)
M: Hamburg 1690 / Halle 1704 / Schaffhausen 1841
S: Schaffhausen 1841 / GB 1952

798

2. Wer dieser Erde Güter hat / und sieht die Brüder leiden / und macht die Hungrigen nicht satt, / will Dürftige nicht kleiden, / ist untreu seiner ersten Pflicht / und hat die Liebe Gottes nicht.

3. Wir haben *einen* Gott und Herrn, / sind *eines* Leibes Glieder; / drum diene deinem Nächsten gern, / denn wir sind alle Brüder. / Gott schuf die Welt nicht bloß für mich; / mein Nächster ist sein Kind wie ich.

4. *Ein* Heil ist unser aller Gut. / Ich sollte Brüder hassen, / die Gott durch seines Sohnes Blut / so hoch erkaufen lassen? / Dass Gott mich schuf und mich versühnt, / hab ich dies mehr als sie verdient?

5. Du schenkst mir täglich so viel Schuld, / du Herr von meinen Tagen; / ich aber sollte nicht Geduld / mit meinen Brüdern tragen, / dem nicht verzeihn, dem du vergibst, / und den nicht lieben, den du liebst?

6. Was ich den Nächsten hier getan, / dem Kleinsten auch von diesen, / das siehst du, mein Erlöser, an, / als hätt ich's dir erwiesen. / Und ich, ich sollt ein Mensch noch sein / und Gott in Brüdern nicht erfreun?

7. Ein unbarmherziges Gericht / wird über den ergehen, / der nicht barmherzig ist und nicht / die rettet, die ihn flehen. / Drum gib mir, Gott, durch deinen Geist / ein Herz, das dich durch Liebe preist.

T: Christian Fürchtegott Gellert 1757 M: Johann Hermann Schein 1628
S: nach Johann Hermann Schein 1628

799

2. Nicht wir haben dich erwählet; / du selbst hast unsre Zahl gezählet / nach deinem ewgen Gnadenrat. / Unsre Kraft ist schwach und nichtig, / und keiner ist zum Werke tüchtig, / der nicht von dir die Stärke hat. / Drum brich den eignen Sinn; / denn Armut ist Gewinn / für den Himmel. / Wer in sich schwach, / folgt, Herr, dir nach / und trägt mit Ehren deine Schmach.

3. O Herr Jesu, Ehrenkönig, / die Ernt ist groß, der Schnitter wenig; / drum sende treue Zeugen aus. / Send auch uns hinaus in Gnaden, / viel arme Gäste einzuladen / zum Mahl in deines Vaters Haus. / Wohl dem, den deine Wahl / beruft zum Abendmahl / im Reich Gottes! / Da ruht der Streit, / da währt die Freud / heut, gestern und in Ewigkeit.

4. Heiland, deine größten Dinge / beginnest du still und geringe. / Was sind wir Arme, Herr, vor dir? / Aber du wirst für uns streiten / und uns mit deinen Augen leiten; / auf deine Kraft vertrauen wir. / Dein Senfkorn unscheinbar / wächst endlich wunderbar / doch zum Baume, / weil du, Herr Christ, / sein Hüter bist, / dem es von Gott vertrauet ist.

T: Albert Knapp (1822) 1824 M: Philipp Nicolai 1599

800

O Herr, mach mich zu einem Werkzeug deines Friedens:
dass ich Liebe übe, wo man sich hasst,
dass ich verzeihe, wo man sich beleidigt,
dass ich verbinde, da wo Streit ist,
dass ich die Wahrheit sage, wo der Irrtum herrscht,
dass ich den Glauben bringe, wo der Zweifel drückt,
dass ich die Hoffnung wecke, wo Verzweiflung quält,
dass ich dein Licht anzünde, wo die Finsternis regiert,
dass ich Freude mache, wo der Kummer wohnt.
Ach Herr, lass du mich trachten,
nicht dass ich getröstet werde, sondern dass ich tröste,
nicht dass ich verstanden werde, sondern dass ich verstehe,
nicht dass ich geliebt werde, sondern dass ich liebe.
Denn, wer da hingibt, der empfängt,
wer sich selbst vergisst, der findet,
wer verzeiht, dem wird verziehen,
und wer da stirbt, der erwacht zum ewigen Leben.

Franziskanisches Gebet aus Frankreich 1913

801

1. Die Sach ist dein, Herr Je - su Christ, die Sach, an der wir stehn;
und weil es dei - ne Sa - che ist, kann sie nicht un - ter - gehn.
Al - lein das Wei - zen - korn, be - vor es frucht - bar sprosst zum Licht em - por, muss ster - ben in der

2. Du gingst, o Jesus, unser Haupt, / durch Leiden himmelan / und führest jeden, der da glaubt, / mit dir die gleiche Bahn. / Wohlan, so nimm uns allzugleich / zum Teil am Leiden und am Reich. / Führ uns durch deines Todes Tor / samt deiner Sach zum Licht empor, / zum Licht empor, / durch Nacht zum Licht empor.

T: Samuel Preiswerk 1829 M: nach Johann Michael Haydn um 1795
S: nach GB 1891 und Neues Gemeinschaftsliederbuch 1955

802

1. Ach komm, füll uns - re See - len ganz,
du gna - den - rei - cher Lie - bes - glanz,
du vä - ter - lich Er - bar - men.
Von dei - ner Glut lass Herz und Mut
recht in - nig - lich er - war - men.

2. Du willst den Tod des Sünders nicht, / du gehst mit uns nicht ins Gericht. / Wie dürften wir denn richten? / Lass immer mild / des Bruders Bild / durch unser Wort sich lichten.

3. Das ist der Liebe freundlich Amt, / dass sie zurecht bringt, nicht verdammt. / Ach wer steht unbescholten? / Und was sind wir, / o Gott, vor dir, / dass wir verdammen sollten?

4. Gott, leucht in uns mit deiner Gnad, / wenn uns des Nächsten Wort und Tat / bringt Kränkung, Leid und Schmerzen. / Lass ganz und rein / uns ihm verzeihn / in Wahrheit und von Herzen.

5. Ach komm, füll unsre Seelen ganz, / du gnadenreicher Liebesglanz, / du väterlich Erbarmen. / Von deiner Glut / lass Herz und Mut / recht inniglich erwarmen.

T: Viktor Friedrich von Strauß und Torney 1843 M: Leipzig 1573 / Nürnberg (1575) 1581 / bei Sethus Calvisius 1594 S: GB 1952 nach Sethus Calvisius 1594 und Michael Praetorius 1610

803
(ö)

1. Die Kir - che steht ge - grün - det al -
lein auf Je - sus Christ, sie, die des gro - ßen
Got - tes er - neu - te Schöp - fung ist. Vom
Him - mel kam er nie - der und wähl - te
sie zur Braut, hat sich mit sei - nem

2. Erkorn aus allen Völkern, / doch als *ein* Volk gezählt; / *ein* Herr ist's und *ein* Glaube, / *ein* Geist, der sie beseelt, / und *einen* heilgen Namen / ehrt sie, *ein* heilges Mahl; / und *eine* Hoffnung teilt sie / kraft seiner Gnadenwahl.

3. Verfolgt und angefochten / in heißem Kampf und Strauß, / schaut nach der Offenbarung / der Friedenszeit sie aus; / sie harrt, bis sich ihr Sehnen / erfüllt in Herrlichkeit / und nach den großen Siegen / beginnt die Ruhezeit.

4. Schon hier ist sie verbunden / mit dem, der ist und war, / hat selige Gemeinschaft / mit der vollendten Schar. / Ihr hochbeglückten Geister, / zu Jesus rufen wir, / dass wir mit euch den Meister / dort preisen für und für.

Auch nach Melodie Nr. 278

T: Anna Thekla von Weling 1898 nach «The church's one foundation» von Samuel John Stone 1866   M und S: Samuel Sebastian Wesley 1864

804

2. Woher wir stammen, fragt er nicht. / Er lädt uns alle ein, / nimmt alle uns in seinen Dienst, / auf dass wir einig sei'n.

3. Im Glauben bindet fest den Bund; / was trennt, das bleibe fern. / Wer unserm Vater dienen will, / der ist verwandt dem Herrn.

4. In Christus eint sich Ost und West, / in ihm auch Süd und Nord. / Er eint die Welt in seinem Reich; / so wächst es fort und fort.

T: Otto Brodde 1971 nach «In Christ, there is no East or West» von John Oxenham 1908 / Kommission 1998 M: William Croft 1708
S: William Croft 1708 / Zürich (NSK) 1975

805

T: Gerhard Valentin 1971 M: Johannes Petzold 1972

Leben und Handeln aus dem Glauben

806 27 Und Gott schuf den Menschen nach seinem Bilde, nach
dem Bilde Gottes schuf er ihn; als Mann und Frau schuf er
sie.
15 Und ER, Gott, nahm den Menschen und setzte ihn in den
Garten Eden, dass er ihn bebaue und bewahre.

1. Mose (Genesis) 1,27; 2,15

807 5 Ist das ein Fasten, wie ich es liebe, ein Tag, an dem man
sich der Buße unterzieht, wenn man den Kopf hängen lässt,
so wie eine Binse sich neigt, wenn man sich mit Sack und
Asche bedeckt? Nennst du das ein Fasten und einen Tag, der
IHM gefällt? 6 Nein, das ist ein Fasten, wie ich es liebe: die
Fesseln des Unrechts zu lösen, die Stricke des Jochs zu ent-
fernen, die Versklavten freizulassen, jedes Joch zu zerbre-
chen, 7 an die Hungrigen dein Brot auszuteilen, die obdach-
losen Armen ins Haus aufzunehmen, wenn du einen Nack-
ten siehst, ihn zu bekleiden und dich deinen Verwandten
nicht zu entziehen. 8 Dann wird dein Licht hervorbrechen
wie die Morgenröte, und deine Wunden werden schnell
vernarben. Deine Gerechtigkeit geht dir voran, SEINE Herr-
lichkeit folgt dir nach. 9 Wenn du dann rufst, wird ER dir
Antwort geben, und wenn du um Hilfe schreist, wird er
sagen: Hier bin ich. Jesaja 58,5–9a

808 DIE WERKE DER BARMHERZIGKEIT

34 Kommt her, Gesegnete meines Vaters, erbt das Reich, das
euch bereitet ist von Grundlegung der Welt an. 35 Denn ich
war hungrig, und ihr habt mir zu essen gegeben. Ich war
durstig, und ihr habt mir zu trinken gegeben. Ich war
fremd, und ihr habt mich aufgenommen. 36 Ich war nackt,
und ihr habt mich bekleidet. Ich war krank, und ihr habt
nach mir gesehen. Ich war im Gefängnis, und ihr seid zu
mir gekommen. 37 Dann werden ihm die Gerechten antwor-
ten: Herr, wann haben wir dich hungrig gesehen und ha-

ben dir zu essen gegeben, oder durstig und haben dir zu
trinken gegeben? 38 Wann haben wir dich als Fremden ge-
sehen und haben dich aufgenommen, oder nackt und haben
dich gekleidet? 39 Wann haben wir dich krank gesehen oder
im Gefängnis und sind zu dir gekommen? 40 Und der Kö-
nig wird ihnen zur Antwort geben: Amen, ich sage euch:
Was ihr einem dieser meiner geringsten Brüder getan habt,
das habt ihr mir getan. Matthäus 25,34b–40

809

22 Mich, die Weisheit, hat ER geschaffen
im Anfang seiner Wege,
vor seinen Werken in der Urzeit;
23 in frühester Zeit wurde ich gebildet,
am Anfang, beim Ursprung der Erde.
24 Als die Urmeere noch nicht waren,
wurde ich geboren,
als es die Quellen noch nicht gab, die wasserreichen.
25 Ehe die Berge eingesenkt wurden,
vor den Hügeln bin ich geboren.
26 Noch hatte er die Erde nicht gemacht
und die Fluren und alle Schollen des Festlands.
27 Als er den Himmel baute,
war ich dabei,
als er den Erdkreis abmaß über den Wassern,
28 als er droben die Wolken befestigte
und Quellen strömen ließ aus dem Urmeer,
29 als er dem Meer seine Satzung gab
und die Wasser nicht seinen Befehl übertreten durften,
30 als er die Fundamente der Erde abmaß,
da war ich als geliebtes Kind bei ihm.
Ich war seine Freude Tag für Tag
und spielte vor ihm allezeit.
31 Ich spielte auf seinem Erdenrund,
und meine Freude war es, bei den Menschen zu sein.
32 Nun, ihr Söhne und Töchter, hört auf mich!
Wohl dem, der auf meine Wege achtet.

33 Hört die Mahnung, und werdet weise,
lehnt sie nicht ab!
34 Wohl dem, der auf mich hört,
der Tag für Tag an meinen Toren wacht
und meine Türpfosten hütet.
35 Wer mich findet, findet Leben
und erlangt das Gefallen des Herrn.
36 Doch wer mich verfehlt, der schadet sich selbst;
alle, die mich hassen, lieben den Tod.
Sprüche 8,22–36

Kanon für 4 Stimmen

810
ö

T und M: Adolf Seifert 1930

811

T: Nikolaus Ludwig von Zinzendorf 1733/1736 M: Pierre Pidoux 1952

812
(ö)

2. Ich bin das Licht, ich leucht euch für / mit meinem heilgen Leben. / Wer zu mir kommt und folget mir, / darf nicht im Finstern schweben. / Ich bin der Weg, ich weise wohl, / wie man wahrhaftig wandeln soll.

3. Ich zeig euch das, was schädlich ist, / zu fliehen und zu meiden / und euer Herz von arger List / zu rein'gen und zu scheiden. / Ich bin der Seelen Fels und Hort / und führ euch zu der Himmelspfort.

4. Fällt's euch zu schwer? Ich geh voran, / ich steh euch an der Seite. / Ich kämpfe selbst, ich brech die Bahn, / bin alles in dem Streite. / Ein böser Knecht, der still mag stehn, / sieht er voran den Feldherrn gehn.

5. Wer ohne mich sein Leben liebt, / dem wird es gar entschwinden; / wer's mir zulieb verloren gibt, / der wird das Leben finden. / Wer nicht sein Kreuz nimmt und folgt mir, / ist mein nicht wert und meiner Zier.»

6. So lasst uns denn dem lieben Herrn / mit unserm Kreuz nachgehen / und wohlgemut, getrost und gern / in allen Leiden stehen. / Wer nicht gekämpft, trägt auch die Kron / des ewgen Lebens nicht davon.

T: Johann Scheffler (Angelus Silesius) 1668 (Str. 1.2.4–6) und Frankfurt/M 1695 (Str. 3) M: Johann Hermann Schein 1628
S: nach Johann Hermann Schein 1628

813

ö+

Übersetzung (nicht singbar): Wo Güte ist und Liebe, da ist Gott.

Singbare deutsche Fassung bei Nr. 818

T: nach dem Kehrvers des Hymnus «Congregavit nos in unum» 9./10. Jh.
M und S: Jacques Berthier, Taizé 1981/1994

814

2. Komm, führe unsre stolze Art / in deine Demut ein. / Nur wo sich Demut offenbart, / kann Gottes Gnade sein.

3. Der du noch in der letzten Nacht, / eh du für uns erblasst, / den Deinen von der Liebe Macht / so schön gepredigt hast,

4. erinnre deine kleine Schar, / die sich so leicht entzweit, / dass deine letzte Sorge war / der Glieder Einigkeit.

5. Der du um unsre Seligkeit / mit blut'gem Schweiße rangst / und tränenschwer in bangem Streit / des Todes Macht bezwangst,

6. erschüttre doch den trägen Sinn, / der nichts von Arbeit weiß, / und reiß ihn aus der Faulheit hin / zu deinem Kampf und Schweiß.

7. Und leit auf deiner Leidensbahn / uns selber bei der Hand, / weil dort mit dir sich freuen kann, / wer hier mitüberwand.

T: Nikolaus Ludwig von Zinzendorf 1725 / Albert Knapp 1845 / GB 1891 / GB 1952 M: Darmstadt 1687 / Johann Heinrich Egli 1787
S: GB 1891 / Bernhard Henking 1952

815

2. Wenn in meinem Sinn / ich im Zweifel bin: / Soll ich reden oder schweigen, / kämpfen oder still mich beugen? / Sage du mir dann: / Man soll, was man kann.

3. Gib mir deinen Geist, / der so köstlich heißt, / dass ich ohne Worte spreche, / dass ich ohne Sturm zerbreche, / dass ich sorgenfrei / und doch sorgsam sei.

4. Tritt an meine Statt, / wenn ich schwach und matt. / Leb ich nur von Gottes Gnaden, / nun so magst du mich beladen, / weil die Majestät / ward ans Kreuz erhöht.

T: Nikolaus Ludwig von Zinzendorf 1735 / Albert Knapp 1845
M: Adam Drese 1698 / Halle 1704 S: nach Darmstadt 1698

816

2. Zwar brennt es schon in heller Flamme / jetzt hier, jetzt dort, in Ost und West / dir, dem für uns erwürgten Lamme, / ein herrlich Pfingst- und Freudenfest.

3. Und noch entzünden Himmelsfunken / so manches kalte, tote Herz / und machen Durst'ge freudetrunken / und heilen Sünd und Höllenschmerz.

4. Verzehre Stolz und Eigenliebe / und sondre ab, was unrein ist, / und mehre jener Flamme Triebe, / die dir nur lodert, Jesu Christ.

5. Erwecke, läutre und vereine / des ganzen Christenvolkes Schar / und mach in deinem Gnadenscheine / dein Heil noch jedem offenbar.

6. Du unerschöpfter Quell des Lebens, / allmächtig starker Gotteshauch, / dein Feuermeer ström nicht vergebens: / Entzünde unsre Herzen auch.

7. Schmelz alles, was sich trennt, zusammen / und baue deinen Tempel aus. / Lass leuchten deine heilgen Flammen / durch deines Vaters ganzes Haus.

8. Beleb, erleucht, erwärm, entflamme / doch bald die ganze weite Welt / und zeig dich jedem Völkerstamme / als Heiland, Friedefürst und Held.

T: Georg Friedrich Fickert 1812 M: Guillaume Franc, Genf 1543 / Straßburg 1545 / Loys Bourgeois, Lyon 1547, Zehn Gebote
S: nach Claude Goudimel 1564/65

817

T: Friedrich Spitta 1898 M: Heinrich Schütz 1661, Psalm 97

818
+

T: nach dem Kehrvers des Hymnus «Congregavit nos in unum» 9./10. Jh.
M: Paul Schwaller (1965) 1966

819

T: Paul Kaestner 1921 (Str. 1) und Dieter Trautwein 1986 (Str. 2)
M: Volker Ochs 1971

820

1. Wir schau-en aus nach Frie-den von
je-dem Berg und Turm und sehn, wie Teu-fel
schmie-den zu neu-em Krieg und Sturm. Wir
sehn die Es-se rau-chen; weh Welt, die
Höl-le schafft. Hilf du, o Gott; wir

2. Lösch du das böse Feuer / in unserm kranken Blut / und mach uns Christen treuer; / dein Volk braucht neuen Mut. / Wenn Gift und Eisen dräuen*, / die Faust den Weg uns weist, / lass uns das Kreuz nicht scheuen / und glauben an den Geist.

* drohen

3. Du heimlicher Regente / in allem Menschenwust, / der du am Firmamente / still deine Wunder tust, / du siehst die Welt hienieden / umstrickt von Stacheldraht. / Fahr drein und schaff uns Frieden / durch deine Macht und Tat.

T: Adolf Maurer 1936 M: Augsburg 1609 S: Paul Müller 1952

821

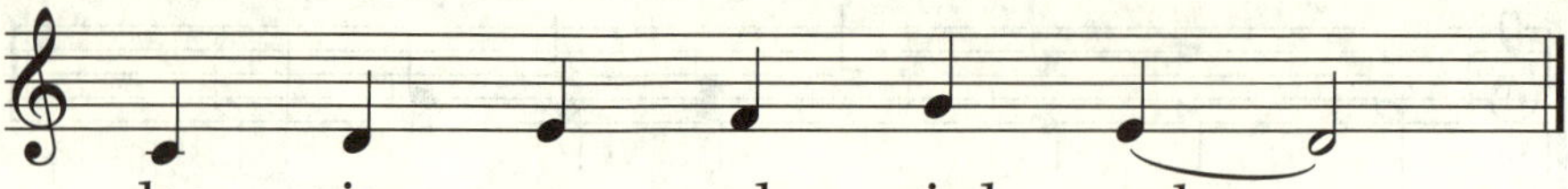

T: Christian Morgenstern 1910 M: Lucius Juon 1962

822

4. Wir wissen selbst nicht aus noch ein; / Gewalt und List uns schrecken. / Wir sind gar aus. Nur du allein / kannst Hilf und Helfer wecken.

5. Herr, unsre Not ist deine Zeit; / und mag uns immer grauen: / Du bist der Herr und bist nicht weit / und hilfst, wenn wir vertrauen.

6. Steh auf, Herr Gott, dem Feind zum Trutz. / Stärk uns, dass nichts uns biege. / Sei deines Volks allmächt'ger Schutz. / Führ deine Sach zum Siege.

T: Arno Pötzsch 1937 M: Willy Burkhard 1941

823
ö+

4. Dank sei dir, Herr Jesu Christ, / dass wir dich noch haben / und dass du gekommen bist, / Leib und Seel zu laben.

5. Brich uns Hungrigen dein Brot, / Sündern wie den Frommen, / und hilf, dass an deinen Tisch / wir einst alle kommen.

T: Martin Jentzsch 1951 M: Gerhard Häußler 1953

824

2. Gib uns reine Herzen, / mach uns dienstbereit / und zu hellen Kerzen / in der Dunkelheit.

3. Lass uns selbstlos werden, / wende unsern Sinn / auf der ganzen Erde / zu dem Nächsten hin.

4. Liebe uns erfülle; / lenke Herz und Hand, / weil dein Liebeswille / alle Welt umspannt.

5. Lass uns in der Stille / hören deinen Plan / und tun, was dein Wille / uns hat kundgetan.

6. In die Zeitenwende / hast du uns gestellt. / Hier sind Herz und Hände / für die neue Welt.

T: Liselotte Corbach 1953 M und S: Samuel Rothenberg 1939

825

ö +

1. Hilf, Herr mei - nes Le - bens, dass ich
2. Hilf, Herr mei - ner Ta - ge, dass ich
3. Hilf, Herr mei - ner Stun - den, dass ich

nicht ver - ge - bens, dass ich nicht ver -
nicht zur Pla - ge, dass ich nicht zur
nicht ge - bun - den, dass ich nicht ge -

ge - bens hier auf Er - den bin.
Pla - ge mei - nem Nächs - ten bin.
bun - den an mich sel - ber bin.

4. Hilf, Herr meiner Seele, / dass ich dort nicht fehle, / dass ich dort nicht fehle, wo ich nötig bin.

5. Hilf, Herr meines Lebens, / dass ich nicht vergebens, / dass ich nicht vergebens hier auf Erden bin.

T: Gustav Lohmann 1962 (Str. 1. 2. 4. 5) und Markus Jenny 1970 (Str. 3)
M: Hans Puls 1962

826

hände
wollen zupacken

mehr arbeit
ist es
sie zu falten

Ulrich Liedholz 1986

827

1. Gib Frie - den, Herr, gib Frie - den, die
Welt nimmt schlim - men Lauf. Recht wird durch
Macht ent - schie - den, wer lügt, liegt
o - ben - auf. Das Un - recht geht im
Schwan - ge, wer stark ist, der ge -

2. Gib Frieden, Herr, wir bitten! / Die Erde wartet sehr. / Es wird so viel gelitten, / die Furcht wächst mehr und mehr. / Die Horizonte grollen, / der Glaube spinnt sich ein. / Hilf, wenn wir weichen wollen, / und lass uns nicht allein.

3. Gib Frieden, Herr, wir bitten! / Du selbst bist, was uns fehlt. / Du hast für uns gelitten, / hast unsern Streit erwählt, / damit wir leben könnten / in Ängsten und doch frei / und jedem Freude gönnten, / wie feind er uns auch sei.

4. Gib Frieden, Herr, gib Frieden: / Denn trotzig und verzagt / hat sich das Herz geschieden / von dem, was Liebe sagt. / Gib Mut zum Händereichen, / zur Rede, die nicht lügt, / und mach aus uns ein Zeichen / dafür, dass Friede siegt.

T: Jürgen Henkys (1980) 1983 nach dem niederländischen «Geef vrede, Heer, geef vrede» von Jan Nooter (1962) 1963 M: Augsburg 1609
S: Paul Müller 1952

828
(ö)+

1. Gib uns Frie-den je-den Tag. Lass uns nicht al-
2. Gib uns Frei-heit je-den Tag. Lass uns nicht al-
3. Gib uns Freu-de je-den Tag. Lass uns nicht al-
4. Gib uns Glau-ben je-den Tag. Lass uns nicht al-

lein. Du hast uns dein Wort ge-ge-ben, stets bei
lein. Lass für Frie-den uns und Frei-heit im-mer
lein. Für die kleins-ten Freundlichkeiten lass uns
lein. Dir nur wol-len wir ver-trau-en und ge-

uns zu sein. Denn nur du, un-ser Gott,
tä-tig sein. Denn durch dich, un-sern Gott,
dank-bar sein. Denn nur du, un-ser Gott,
hor-sam sein. Oh-ne dich, un-sern Gott,

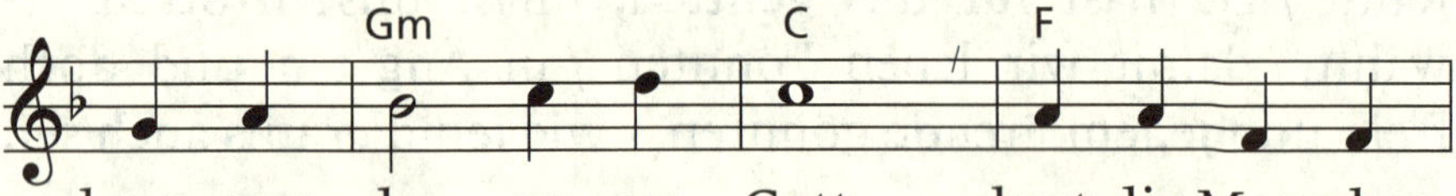

denn nur du, un-ser Gott, hast die Menschen
denn durch dich, un-sern Gott, sind wir frei in
denn nur du, un-ser Gott, hast uns al-le
oh-ne dich, un-sern Gott, baun wir un-ser

in der Hand. Lass uns nicht al-lein.
je-dem Land. Lass uns nicht al-lein.
in der Hand. Lass uns nicht al-lein.
Haus auf Sand. Lass uns nicht al-lein.

T: Rüdeger Lüders (Str. 1), Kurt Rommel 1963 (Str. 2. 3), unbekannter Autor aus der ehem. DDR 1967 (?)/Günter Balders 1978 (Str. 4) M: Rüdeger Lüders 1963

829

1. Herr, gib mir Mut zum Brü - cken - bau - en.
2. Ich möch - te ger - ne Brü - cken bau - en,
3. Ich möch - te ger - ne Hän - de rei - chen,

Gib mir den Mut zum ers - ten Schritt.
wo tie - fe Grä - ben nur zu sehn.
wo har - te Fäus - te sich ge - ballt.

Lass mich auf dei - ne Brü - cken trau - en,
Ich möch - te hin - ter Zäu - ne schau - en
Ich su - che un - ab - läs - sig Zei - chen

und wenn ich ge - he, geh du mit.
und ü - ber ho - he Mau - ern gehn.
des Frie - dens zwi - schen Jung und Alt.

4. Ich möchte nicht zum Mond gelangen, / jedoch zu meines Feindes Tür. / Ich möchte keinen Streit anfangen; / ob Frieden wird, das liegt an mir.

5. Herr, gib mir Mut zum Brückenbauen. / Gib mir den Mut zum ersten Schritt. / Lass mich auf deine Brücken trauen, / und wenn ich gehe, geh du mit.

T: Kurt Rommel 1963 M: Markus Jenny 1980

830

2. Der du all unsre Schuld / in dein Verzeihen trugst, / Friede den Herzen sei, / Jesus, auf ewig.

3. Der du mit Lebensbrot / durch die Geschichte ziehst, / tägliches Brot gib uns, / Christus, auch heute.

4. Der du uns weit voraus / in Elendswelten gehst, / sende mit Brot uns aus, / Herr, und mit Frieden.

Dieses Lied soll einstimmig, aber zusammen mit dem Begleitsatz gesungen werden.

T: Jürgen Henkys 1987/1993 nach dem schwedischen «Du som gick före oss» von Olov Hartman 1968 M und S: Sven-Erik Bäck 1959

831

jesus
knete den sauerteig
in meinen verstand
lass ihn aufgehen
phantastisch und närrisch

lehre mich die andern rechnungen
ich verschenke und
werde reich
ich halte nichts fest und
erhalte in fülle
weil ich schwach bin
weil ich die andere backe hinhalte
trifft mich keiner
weil ich ja sage
weil ich mitleide
weil ich mich mitfreue
gewinne ich das leben

jesus
knete den sauerteig
in die ängstlichen rechner
knete uns
in die neidischen sparer
lasse uns aufgehen
phantastisch und närrisch
unvorsichtig lasse uns
sehen
weit vor uns

Ernst Eggimann 1972

832
ö+

1. Manch-mal ken-nen wir Got-tes Wil-len,
2. Manch-mal se-hen wir Got-tes Zu-kunft,
3. Manch-mal spü-ren wir Got-tes Lie-be,
4. Manch-mal wir-ken wir Got-tes Frie-den,

manch-mal ken-nen wir nichts. Er-leuch-te
manch-mal se-hen wir nichts. Be-wah-re
manch-mal spü-ren wir nichts. Be-glei-te
manch-mal wir-ken wir nichts. Er-we-cke

uns, Herr, wenn die Fra-gen kom-men.
uns, Herr, wenn die Zwei-fel kom-men.
uns, Herr, wenn die Ängs-te kom-men.
uns, Herr, dass dein Frie-de kommt.

T: Kurt Marti 1965 / Arnim Juhre 1966
M: Felicitas Kukuck 1967

833
ö+

1. Komm in uns-re stol-ze Welt, Herr, mit
2. Komm in un-ser rei-ches Land, der du
3. Komm in uns-re lau-te Stadt, Herr, mit

dei-ner Lie-be Wer-ben. Ü-ber-
Ar-me liebst und Schwa-che, dass von
dei-nes Schweigens Mit-te, dass, wer

4. Komm in unser festes Haus, / der du nackt und ungeborgen. / Mach ein leichtes Zelt daraus, / das uns deckt kaum bis zum Morgen; / denn wer sicher wohnt, vergisst, / dass er auf dem Weg noch ist.

5. Komm in unser dunkles Herz, / Herr, mit deines Lichtes Fülle; / dass nicht Neid, Angst, Not und Schmerz / deine Wahrheit uns verhülle, / die auch noch in tiefer Nacht / Menschenleben herrlich macht.

T: Hans von Lehndorff (1967) 1973 M: Manfred Schlenker (1982) 1987

834

1. Für die Hei - lung al - ler Völ - ker
bit - ten wir mit *ei - nem* Mund
um ge - rech - tes, glei - ches Tei - len
auf dem glei - chen Er - den - rund.
Hilf, dass wir in tät' - ger Lie - be

2. Führe du uns in die Freiheit, / mach uns von Verzweiflung frei, / dass erlöst von Hass und Kriegen / Friede mit uns allen sei. / Zeig uns, wie durch Hilf und Güte / Angst stirbt, Hoffnung wächst herbei.

3. Alles, was das Leben tötet, / stelle unter deinen Bann: / Stolz auf Stellung, Farbe, Klasse, / Lehren gegen deinen Plan. / Noch im Kampf für das, was recht ist, / sehn wir Leben heilig an.

4. Schöpfer, du schreibst deinen Namen / tief ins Buch der Menschheit ein: / Lass in uns dein Bildnis wachsen, / hilf uns, Christus näher sein, / dass durch unsres Lebens Antwort / Erde glänzt in deinem Schein.

T: Dieter Trautwein 1988 nach «For the healing of the nations» von Fred Kaan 1968 M: Henry Purcell um 1681 S: nach Henry Purcell um 1681

835
ö +

1. Gib uns Weis - heit, gib uns Mut
2. Gib uns Weis - heit, gib uns Mut,
3. Gib uns Weis - heit, gib uns Mut
4. Gib uns Weis - heit, gib uns Mut

für die Ängs - te, für die Sor - gen,
für die Wahr - heit ein - zu - ste - hen
für die Zeit, in der wir le - ben,
für die vie - len klei - nen Schrit - te.

für das Le - ben heut und mor - gen.
und die Not um uns zu se - hen.
für die Lie - be, die wir ge - ben.
Gott, bleib du in uns - rer Mit - te.

Gib uns Weis - heit, gib uns Mut!
Gib uns Weis - heit, gib uns Mut!
Gib uns Weis - heit, gib uns Mut!
Gib uns Weis - heit, gib uns Mut!

T und M: Irmgard Spiecker (1969) 1970

836 Gott, segne meine Hände,
dass sie behutsam seien,
dass sie halten können,
ohne zur Fessel zu werden,
dass sie geben können ohne Berechnung,
dass ihnen *innewohne*
die Kraft zu trösten und zu segnen.

Gott, segne meine Ohren,
dass sie deine Stimme
zu erhorchen vermögen,
dass sie hellhörig seien
für die Stimme der Not,
dass sie verschlossen seien
für den Lärm und das Geschwätz,
dass sie das Unbequeme nicht überhören.

Gott, segne meine Augen,
dass sie Bedürftigkeit wahrnehmen,
dass sie das Unscheinbare nicht übersehen,
dass sie hindurchschauen
durch das Vordergründige,
dass andere sich wohl fühlen können
unter meinem Blick.

Antje Sabine Naegeli 1984

837

T und M: Meie Lutz 1988

838 (+)

D F♯m G D
Überstimme Hal - le - lu - ja,
Melodie
1. Su-chet zu-erst Gottes Reich in die-ser Welt,
Hal - le - lu - ja,
Em A D G A
Hal - le - lu - ja,
sei - ne Ge-rech - tig-keit, A - men.
Hal - le - lu - ja,
D F♯m G D
Hal - le - lu - ja,
So wird euch al - les von ihm hin-zu-ge-fügt.
Hal - le - lu - ja,
Em A D G A D
Hal - le - lu - ja.
Hal - le - lu-ja, Hal - le - lu - ja.
Hal - le - lu - ja.

2. Betet, und ihr sollt es nicht vergeblich tun. / Suchet, und ihr werdet finden. / Klopft an, und euch wird die Türe aufgetan. / Halleluja, Halleluja. Nach Matthäus 7,7

3. Lasst Gottes Licht durch euch scheinen in der Welt, / dass sie den Weg zu ihm findet / und sie mit euch jeden Tag Gott lobt und preist. / Halleluja, Halleluja. Nach Matthäus 5,16

Zusätzlich können weitere biblische Verse gesungen werden, zum Beispiel:

4. ‖: Jauchzet dem Herrn mit Frohlocken, alle Welt, / dienet dem Herren mit Freuden. :‖ Nach Psalm 100,1. 2

5. ‖: Lobe den Herrn, meine Seele, denk daran, / was er dir Gutes getan hat. :‖ Nach Psalm 103,2

6. ‖: Danket dem Herrn, seinen Namen preiset laut, / kündet sein Tun allen Völkern. :‖ Nach Psalm 105,1

Str. 1 nach Matthäus 6,33

M und Überstimme: Karen Lafferty (1971) 1972 S: Kommission 1998

839

Auch als Kanon für 3 Stimmen (mit auslaufendem Schluss) singbar

T: Matthäus 5,13a. 14a (Zeile 1. 2) und Hubert Janssen 1972 aus der Ameländer Jugendmesse (Zeile 3. 4) M: Rudolf Lutz 1978

840

T (zulu), M und S: aus Südafrika (T entspricht inhaltlich der 3. Strophe)

[840] 2. Gott, gib uns Hoffnung, dem Hass zu wehren. / Gott, gib uns Hoffnung, nicht zu verbittern.

3. Gott, gib uns Stärke und mach uns furchtlos. / Gott, gib uns Stärke, weil wir sie brauchen.

T: Genf 1991

[840] 1. God, give us power to rip down prisons. / God, give us power to lift the people.

2. God, give us courage to withstand hatred. / God, give us courage not to be bitter.

3. God, give us power and make us fearless. / God, give us power, because we need it.

T: Anders Nyberg und Jonas Jonson 1995

841 +

T: Eckart Bücken (1982) 1983 M: Manfred Schlenker 1983

842

T: Rudolf Otto Wiemer 1985 M: Leipzig 1736 (Johann Sebastian Bach?)

843
ö

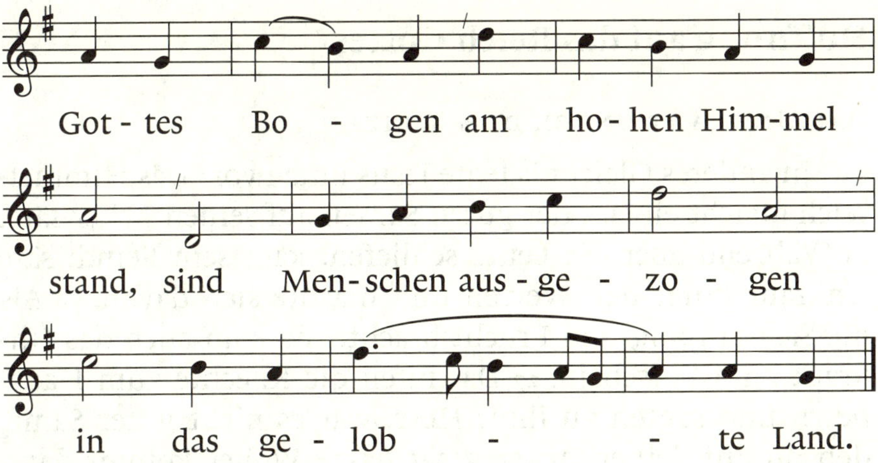

2. Vertraut den neuen Wegen / und wandert in die Zeit. / Gott will, dass ihr ein Segen / für seine Erde seid. / Der uns in frühen Zeiten / das Leben eingehaucht, / der wird uns dahin leiten, / wo er uns will und braucht.

3. Vertraut den neuen Wegen, / auf die uns Gott gesandt. / Er selbst kommt uns entgegen. / Die Zukunft ist sein Land. / Wer aufbricht, der kann hoffen / in Zeit und Ewigkeit. / Die Tore stehen offen, / das Land ist hell und weit.

T: Klaus-Peter Hertzsch 1989 M: 15. Jh. / geistlich Böhmische Brüder, Nürnberg um 1535/1544 / Johann Crüger 1662 / Berlin 1932

Gott, schenke mir Gelassenheit, **844**
das hinzunehmen, was ich nicht ändern kann,
Mut, das zu ändern, was ich ändern kann,
und Weisheit, das eine vom andern zu unterscheiden.

Reinhold Niebuhr 1943

Hoffnung auf das Reich Gottes

845 Das Unkraut unter dem Weizen

24 Ein anderes Gleichnis legte Jesus ihnen vor: Das Himmel-
reich gleicht einem, der guten Samen auf seinen Acker säte.
25 Während aber die Leute schliefen, kam sein Feind, säte
Unkraut unter den Weizen und machte sich davon. 26 Als
die Saat aufging und Frucht brachte, da kam auch das Un-
kraut zum Vorschein. 27 Da traten die Knechte zum Haus-
herrn und sagten zu ihm: Herr, war es nicht guter Same,
den du auf deinen Acker gesät hast? Woher kommt dann
aber das Unkraut? 28 Er antwortete ihnen: Das hat ein
Feind von mir getan! Da fragten ihn die Knechte: Sollen wir
also hingehen und es ausreißen? 29 Er sprach: Nein, damit
ihr nicht, wenn ihr das Unkraut ausreißt, auch den Weizen
mit herauszieht. 30 Lasst beides miteinander wachsen bis
zur Ernte. Und zur Zeit der Ernte werde ich den Schnittern
sagen: Reißt zuerst das Unkraut aus und schnürt es zu
Bündeln, um es zu verbrennen, den Weizen aber bringt ein
in meine Scheune! Matthäus 13,24–30

846 Das grosse Mahl

15 Als aber einer von denen, die zu Tische lagen, das hörte,
sagte der zu Jesus: Selig, wer im Reich Gottes essen wird.
16 Er aber sprach zu ihm: Ein Mensch gab ein großes Mahl
und lud viele ein. 17 Und zur Stunde des Mahls sandte er
seinen Knecht aus, um den Geladenen zu sagen: Kommt,
alles ist schon bereit! 18 Und auf einmal begannen sich alle
zu entschuldigen. Der erste sagte zu ihm: Ich habe einen
Acker gekauft und muss unbedingt hingehen, um ihn an-
zusehen. Ich bitte dich, betrachte mich als entschuldigt.
19 Und ein anderer sagte: Ich habe fünf Joch Ochsen gekauft
und bin unterwegs, sie zu prüfen. Ich bitte dich, betrachte
mich als entschuldigt. 20 Und ein anderer sagte: Ich habe
geheiratet und kann deshalb nicht kommen. 21 Und der
Knecht kam zurück und berichtete dies seinem Herrn. Da

wurde der Hausherr zornig und sagte zu seinem Knecht:
Geh schnell hinaus auf die Straßen und Gassen der Stadt
und bring die Armen und Verkrüppelten und Blinden und
Lahmen herein! 22 Und der Knecht sagte: Herr, was du an-
geordnet hast, ist geschehen, und es ist noch Platz. 23 Und
der Herr sprach zum Knecht: Geh hinaus auf die Land-
straßen und an die Zäune und nötige sie hereinzukommen,
damit mein Haus voll werde! 24 Denn ich sage euch: Keiner
von jenen Männern, die eingeladen waren, wird mein Mahl
genießen. Lukas 14,15–24

31 Siehe, es kommen Tage, spricht ER, da schließe ich mit 847
dem Hause Israel und mit dem Hause Juda einen neuen
Bund, 32 nicht einen Bund, wie ich ihn mit ihren Vätern
schloss zu der Zeit, da ich sie bei der Hand nahm, sie aus
dem Lande Ägypten herauszuführen; denn sie haben mei-
nen Bund gebrochen, ich aber habe sie verworfen, spricht
ER. 33 Nein, das ist der Bund, den ich nach jenen Tagen mit
dem Hause Israel schließen will, spricht ER: Ich werde mein
Gesetz in ihr Inneres legen und es ihnen ins Herz schreiben;
ich werde ihr Gott sein, und sie werden mein Volk sein.
34 Da wird keiner mehr den andern, keiner seinen Bruder
belehren und sprechen: «Erkennet IHN!», sondern sie wer-
den mich alle erkennen, klein und groß, spricht ER; denn
ich werde ihre Schuld verzeihen und ihrer Sünden nimmer-
mehr gedenken. Jeremia 31,31–34

[Vision des Johannes:] 1 Dann sah ich einen neuen Himmel 848
und eine neue Erde; denn der erste Himmel und die erste
Erde sind vergangen, auch das Meer ist nicht mehr. 2 Ich sah
die heilige Stadt, das neue Jerusalem, von Gott her aus dem
Himmel herabkommen; sie war bereit wie eine Braut, die
sich für ihren Mann geschmückt hat. 3 Da hörte ich eine lau-
te Stimme vom Thron her rufen: Seht, die Wohnung Gottes
unter den Menschen! Er wird in ihrer Mitte wohnen, und
sie werden sein Volk sein; und er, Gott, wird bei ihnen sein.

4 Er wird alle Tränen von ihren Augen abwischen: Der Tod
wird nicht mehr sein, keine Trauer, keine Klage, keine Müh-
sal. Denn was früher war, ist vergangen. 5 Er, der auf dem
Thron saß, sprach: Seht, ich mache alles neu. Und er sagte:
Schreib es auf, denn diese Worte sind zuverlässig und wahr.
6 Er sagte zu mir: Sie sind in Erfüllung gegangen. Ich bin
das Alpha und das Omega, der Anfang und das Ende. Wer
durstig ist, den werde ich umsonst aus der Quelle trinken
lassen, aus der das Wasser des Lebens strömt.

Offenbarung 21,1–6

Zu Vers 6: Alpha (A) ist der erste und Omega (Ω) der letzte Buchstabe des griechischen Alphabets.

849 +

T: nach Jeremia 29,11 M: Arthur Eglin (1985) 1986

850

ö+

2. Zion hört die Wächter singen; / das Herz tut ihr vor Freude springen, / sie wachet und steht eilend auf. / Ihr Freund kommt vom Himmel prächtig, / von Gnaden stark, von Wahrheit mächtig; / ihr Licht wird hell, ihr Stern geht auf. / Nun komm, du werte Kron, / Herr Jesu, Gottes Sohn. / Hosianna! / Wir folgen all / zum Freudensaal / und halten mit das Abendmahl.

3. Gloria sei dir gesungen / mit Menschen- und mit Engelzungen, / mit Harfen und mit Zimbeln schön. / Von zwölf Perlen sind die Tore / an deiner Stadt; wir stehn im Chore / der Engel hoch um deinen Thron. / Kein Aug hat je gespürt, / kein Ohr hat mehr gehört / solche Freude. / Des jauchzen wir / und singen dir / das Halleluja für und für.

T und M: Philipp Nicolai (1597/98) 1599

851

2. O schöner Tag und noch viel schönre Stund, / wann bricht dein Glanz herfür, / da ich mit Lust, mit freiem Freudenmund / die Seele geb von mir / in Gottes treue Hände / zum auserwählten Pfand, / dass sie mit Heil anlände / in jenem Vaterland?

3. O Ehrenburg, nun sei gegrüßet mir, / tu auf der Gnaden Pfort. / Wie große Zeit hat mich verlangt nach dir, / eh ich

bin kommen fort / aus jenem bösen Leben, / aus jener Nichtigkeit, / und mir Gott hat gegeben / das Erb der Ewigkeit.

4. Ein edles Volk und eine werte Schar / kommt dort gezogen schon. / Was in der Welt an Auserwählten war, / seh ich: Sie sind die Kron*, / die Jesus mir, der Herre, / entgegen hat gesandt, / da ich noch war so ferne / in meinem Tränenland.

* Korona, Versammlung

5. Propheten groß und Patriarchen hoch, / auch Christen insgemein, / alle, die einst trugen des Kreuzes Joch / und der Tyrannen Pein, / schau ich in Ehren schweben, / in Freiheit überall, / mit Klarheit hell umgeben, / mit sonnenlichtem Strahl.

6. Wenn dann zuletzt ich angelanget bin / im schönen Paradeis, / von höchster Freud erfüllet wird der Sinn, / der Mund von Lob und Preis. / Das Halleluja reine / man spielt in Heiligkeit, / das Hosianna feine / ohn End in Ewigkeit,

7. mit Jubelklang, mit Instrumenten schön, / in Chören ohne Zahl, / dass von dem Schall und von dem süßen Ton / sich regt der Freudensaal, / mit hunderttausend Zungen, / mit Stimmen noch viel mehr, / wie von Anfang gesungen / das große Himmelsheer.

«blach» (Str. 1) bedeutet «flach».

T: Johannes Matthäus Meyfart 1626 M: Melchior Franck 1663 / Darmstadt 1698 / Halle 1741

852

T: nach Psalm 111,9 M: Josef Seuffert 1970

853

1. Wir war - ten dein', o Got - tes Sohn, und
wir wis - sen dich auf dei - nem Thron und
lie - ben dein Er - schei - nen;
nen - nen uns die Dei - nen.
Wer
an dich glaubt, er - hebt sein Haupt und
sie - het dir ent - ge - gen; du
kommst uns ja zum Se - gen.

2. Wir warten deiner mit Geduld / in unsern Leidenstagen; / wir trösten uns, dass du die Schuld / am Kreuz hast abgetragen. / So können wir / nun gern mit dir / uns auch zum Kreuz bequemen, / bis du es weg wirst nehmen.

3. Wir warten dein', du hast uns ja / das Herz schon hingenommen; / du bist uns zwar im Geiste nah, / doch sollst du sichtbar kommen. / Da willst uns du / bei dir auch Ruh, / bei dir auch Freude geben, / bei dir ein herrlich Leben.

4. Wir warten dein', du kommst gewiss; / die Zeit ist bald vergangen; / wir freuen uns schon über dies / mit sehnlichem Verlangen. / Was wird geschehn, / wenn wir dich sehn, / wenn du uns heim wirst bringen, / wenn wir dir ewig singen!

T: Philipp Friedrich Hiller 1767 M: Severus Gastorius (1675) 1679 (1. Zeile nach Werner Fabricius 1659) S: nach Nürnberg 1690

854

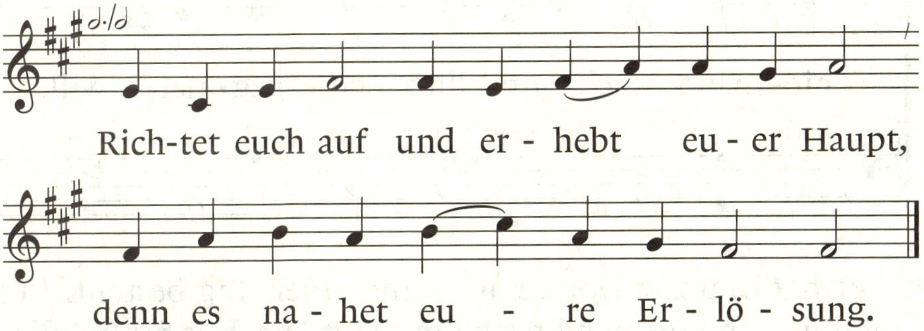

T: nach Lukas 21,28 M: Heinrich Rohr 1961

855

ö (+)

2. Er hat es uns zuvor gesagt / und einen Tag bestellt. / Er kommt, wenn niemand nach ihm fragt / noch es für möglich hält.

3. Wie liegt die Welt so blind und tot. / Sie schläft in Sicherheit / und meint, des großen Tages Not / sei noch so fern und weit.

4. Wer waltet als ein kluger Knecht / im Hause so getreu, / dass, wenn der Herr kommt, er gerecht / und nicht zu strafen sei?

5. Wer hält die Lampe rein und voll? / Wem brennt sein Glaubenslicht, / wenn nun der Aufbruch kommen soll, / dass ihm kein Öl gebricht?

6. So wach denn auf, mein Geist und Sinn, / und schlummre ja nicht mehr. / Blick täglich auf sein Kommen hin, / als ob es heute wär.

7. Der jüngste Tag, er nahet sich; / der Herr kommt zum Gericht. / Du, meine Seele, schicke dich, / steh auf, verzage nicht.

8. Dein Teil und Heil ist schön und groß; / es steht in deiner Macht. / Ergreif im Glauben du das Los, / das Gott dir zugedacht.

9. O übergroße Seligkeit / nach abgelegter Last, / wobei dich, Seele, nicht gereut, / dass du gestritten hast.

10. Der Herr bricht ein um Mitternacht; / jetzt ist noch alles still. / Wohl dem, der nun sich fertig macht / und ihm begegnen will.

T: Johann Christoph Rube (?) 1712 / Albert Knapp 1837 / GB 1891
M: Johann Crüger 1640 S: nach Johann Crüger 1656

856

T: Johann Christoph Blumhardt 1876 M: Wien um 1774 / Leipzig 1819
S: GB 1891 / GB 1941 / GB 1952

857

2. Ja, Jesus siegt, / obschon das Volk des Herrn / noch hart darniederliegt. / Wenn Satans Pfeil / ihm auch von nah und fern / mit List entgegenfliegt, / löscht Jesu Arm die Feuerbrände. / Das Feld behält der Herr am Ende. / Ja, Jesus siegt.

3. Ja, Jesus siegt. / Seufzt eine große Schar / noch unter Satans Joch, / die sehnend harrt / auf das Erlösungsjahr, / das zögert immer noch: / So wird zuletzt aus allen Ketten / der Herr die Kreatur erretten. / Ja, Jesus siegt.

4. Ja, Jesus siegt. / Wir glauben es gewiss, / und glaubend kämpfen wir. / Wie du uns führst / durch alle Finsternis, / wir folgen, Jesu, dir. / Denn alles muss vor dir sich beugen, / bis auch der letzte Feind wird schweigen. / Ja, Jesus siegt.

T: Johann Christoph Blumhardt (1852) 1877 M: Johann Rudolf Ahle 1662 / Justin Heinrich Knecht 1786 S: nach Johann Balthasar König 1738

858

2. Noch baut die Welt den Turm, / sich selber nicht zum Guten, / will Hirt und Heiland sein / und muss in Strömen bluten. / Aber still ergrünt / der Acker über Nacht, / in Christi Ostersieg / ist schon das Reich erwacht.

3. Wo Nächste sich entzweit, / wo Völker sich geschlagen, / wo einsam Herz und Herz / unendlich Leid getragen – / diese wunde Welt / mit ihrem Todesgraun / wird Leben, Wahrheit, Recht / und Friede, Friede schaun.

4. Jäh wie ein Dieb zur Nacht, / wie Blitz das Dunkel lichtet, / wird Christi Tag erstehn, / der alle Schöpfung richtet. / Heil dir, arme Welt, / es endet deine Pein. / Der dich am Kreuz gesucht, / zieht bald als König ein.

5. Erschrick vor diesem Ernst, / du Welt der Unerlösten. / Doch wenn du Trost verlangst, / hier lass dich wahrhaft trösten. / Schau den Sinn der Zeit, / der hier entschleiert ist. / Gott kommt. Es kommt sein Reich. – / Amen, ja komm, Herr Christ.

T: Kurt Müller-Osten (1943) 1948 M: Arthur Eglin 1966

859

ö

T: Gerhard Fritzsche 1942 M: Theophil Rothenberg 1942

860

1. We shall o - ver - come, we shall
o - ver - come, we shall o - ver -
come some day. Oh,
deep in my heart, I do be - lieve,
we shall o - ver - come some day.

2. The Lord will see us through, / the Lord will see us through, / the Lord will see us through some day. / Oh, deep in my heart, I do believe, / the Lord will see us through some day.

3. We are not afraid, / we are not afraid, / we are not afraid today. / Oh, deep in my heart, I do believe, / we are not afraid today.

4. The truth shall make us free, / the truth shall make us free, / the truth shall make us free some day. / Oh, deep in my heart, I do believe, / the truth shall make us free some day.

5. We'll walk hand in hand, / we'll walk hand in hand, / we'll walk hand in hand some day. / Oh, deep in my heart, I do believe, / we'll walk hand in hand some day.

6. Black and white together, / black and white together, / black and white together some day. / Oh, deep in my heart, I do believe, / black and white together some day.

7. We shall live in peace, / we shall live in peace, / we shall live in peace some day. / Oh, deep in my heart, I do believe, / we shall live in peace some day.

Übersetzung (nicht singbar):

1. Eines Tages werden wir gesiegt haben. O tief in meinem Herzen glaube ich daran: ...

2. Eines Tages wird der Herr uns hindurchbegleiten. O tief in meinem Herzen glaube ich daran: ...

3. Wir fürchten uns jetzt nicht. O tief in meinem Herzen glaube ich daran: ...

4. Eines Tages wird uns die Wahrheit frei machen. O tief in meinem Herzen glaube ich daran: ...

5. Eines Tages werden wir Hand in Hand gehen. O tief in meinem Herzen glaube ich daran: ...

6. Eines Tages sind Schwarze und Weiße vereint. O tief in meinem Herzen glaube ich daran: ...

7. Eines Tages werden wir im Frieden leben. O tief in meinem Herzen glaube ich daran: ...

Dieses Lied wurde u.a. als Streiklied verwendet und war in verschiedenen Varianten in der Bürgerrechtsbewegung populär.

T und M: Zilphia Horton, Frank Hamilton, Guy Carawan und Pete Seeger 1963 nach «I'll overcome» von Charles Albert Tindley 1901 S: Kommission 1998

861
ö

1. Es wird sein in den letz - ten Ta - gen,
2. Es wird sein in den letz - ten Ta - gen,
3. Kann das Wort von den letz - ten Ta - gen
so hat es der Pro - phet ge - sehn,
so hat es der Pro - phet ge - schaut,
aus ei - ner längst ver - gang - nen Zeit
da wird Got - tes Berg ü - ber - ra - gen
da wird nie - mand Waf - fen mehr tra - gen,
uns durch al - le Fins - ter - nis tra - gen
al - le an - de - ren Ber - ge und Höhn.
de - ren Stär - ke er lan - ge ver - traut.
in die Got - tes - stadt, leuchtend und weit?
Und die Völ - ker wer - den kom -
Schwer - ter wer - den zu Pflug - scha -
Wenn wir heu - te mu - tig wa -
men von Ost, West, Süd und Nord,
ren, und Krieg lernt kei - ner mehr.
gen, auf Je - su Weg zu gehn,

T: Walter Schulz 1963/1987 M: Manfred Schlenker 1985

862

Kehrvers
A - nun - cia - re - mos tu rei - no, Se - ñor, tu rei - no, Se - ñor, tu rei - no.
Lass uns den Weg der Ge - rech - tig - keit gehn, dein Reich kom - me, Herr, dein Reich kom - me.
Strophen
1. Rei - no de paz y jus - ti - cia, rei - no de vi - da y ver - dad, tu
1. Dein Reich in Klar - heit und Frie - den, Le - ben in Wahr - heit und Recht. Dein

2. Reino de amor y de gracia, / reino que habita en nosotros, / tu reino, Señor, tu reino. *Kv*

3. Reino que sufre violencia, / reino que no es de este mundo, / tu reino, Señor, tu reino. *Kv*

4. Reino que ya ha comenzado, / reino que no tendrá fin, / tu reino, Señor, tu reino. *Kv*

T: Maria Pilar Figuera López 1965 M: Cristóbal Halffter i Jiménez 1965
S: Cristóbal Halffter i Jiménez 1965

2. Dein Reich des Lichts und der Liebe / lebt und geschieht unter uns. / Dein Reich komme, Herr, dein Reich komme. *Kv* [862]

3. Wege durch Leid und Entbehrung / führen zu dir, in dein Reich. / Dein Reich komme, Herr, dein Reich komme. *Kv*

4. Sehn wir in uns einen Anfang, / endlos vollende dein Reich. / Dein Reich komme, Herr, dein Reich komme. *Kv*

T: Diethard Zils und Christoph Lehmann 1983

Kehrvers: We are announcing your kingdom, oh Lord, / your kingdom, oh Lord, your kingdom. [862]

1. Kingdom of freedom and justice, / kingdom of life and of truth. / Your kingdom come, oh Lord, your kingdom. *Kv*

2. Kingdom of loving and caring, / kingdom inside of ourselves. / Your kingdom come, oh Lord, your kingdom. *Kv*

3. Kingdom that suffers from violence, / kingdom that's not of this world. / Your kingdom come, oh Lord, your kingdom. *Kv*

4. Kingdom already existing, / kingdom that will never end. / Your kingdom come, oh Lord, your kingdom. *Kv*

T: Nicole Fries 1995

[862] *Kehrvers:* Annonçons le règne de notre Seigneur, / ton règne, Seigneur, ton règne.

1. Règne de paix et de justice, / règne de vie et de vérité. / Ton règne, viens, Seigneur, ton règne. *Kv*

2. Règne au plus profond de mon cœur, / règne d'amour et de compassion. / Ton règne, viens, Seigneur, ton règne. *Kv*

3. Règne qui souffre la violence, / règne qui n'est pas de ce monde. / Ton règne, viens, Seigneur, ton règne. *Kv*

4. Règne d'hier et de maintenant, / règne de demain, d'éternité. / Ton règne, viens, Seigneur, ton règne. *Kv*

T: Koung Gahel Mundele 1995

863

T (berndeutsch): Gertrud Meister 1963 M: geistliches Volkslied

864

2. «Thus spoke the Lord», bold Moses said; / let my poeple go, / «If not I'll smite your first born dead», / let my people go. *Rfr*

3. «No more shall they in bondage toil», / let my people go, / «let them come out with Egypt's spoil», / let my people go. *Rfr*

4. The Lord told Moses what to do, / let my people go, / to lead the children of Israel through, / let my people go. *Rfr*

5. Oh let us all from bondage flee, / let my people go, / and let us all in Christ be free, / let my people go. *Rfr*

Übersetzung (nicht singbar):

1. Als Israel in Ägypten war – Lass mein Volk ziehen! – so hart bedrückt, dass sie es nicht ertragen konnten. Lass mein Volk ziehen!

2. «So sprach der Herr:», sagte Mose kühn, «Lass mein Volk ziehen, sonst töte ich deinen erstgeborenen Sohn!» Lass ...

3. «Sie sollen sich nicht länger in Gefangenschaft abmühen. – Lass ... – «Lass sie herauskommen mit Beute aus Ägypten.» Lass ...

4. Der Herr gab Mose die Anweisungen – Lass … –, um das Volk Israel durch alles hindurch zu leiten. Lass …

5. Oh lass uns alle aus Gefangenschaft fliehen – Lass … – und lass uns alle in Christus frei sein. Lass …

Refrain: Geh hinab, Mose, hinab nach Ägypten, sag dem mächtigen Pharao: «Lass mein Volk ziehen!»

T und M: Spiritual

865
(ö)

2. Tief liegt des Todes Schatten auf der Welt, / aber dein Glanz die Finsternis erhellt. / Dein Lebenshauch bewegt das Totenfeld. / Halleluja, Halleluja.

3. Welch ein Geheimnis wird an uns geschehn! / Leid und Geschrei und Schmerz muss dann vergehn, / wenn wir von Angesicht dich werden sehn. / Halleluja, Halleluja.

4. Aber noch tragen wir der Erde Kleid. / Uns hält gefangen Irrtum, Schuld und Leid; / doch deine Treue hat uns schon befreit. / Halleluja, Halleluja.

5. So mach uns stark im Mut, der dich bekennt, / dass unser Licht vor allen Menschen brennt. / Lass uns dich schaun im ewigen Advent. / Halleluja, Halleluja.

T: Anna Martina Gottschick 1972 M und S: Ralph Vaughan Williams 1906

866

Cm B
ver - ges - sen die Frei - heit, ver - stummt ihr Ge -
die Rü - cken ge - beugt noch, so ziehn sie da -
Ent - wach - sen den Ket - ten, ent - stie - gen dem
Cm Cm B Es G
sang und die Hoffnung ver - gra - ben im Sand.
hin, und die Frei - heit ist dro - hend und neu.
Grab: Das Le - ben be - sieg - te den Tod.
Cm B
Nur heim - lich im Her - zen, da heg - ten sie
Es lockt die Ver - su - chung zu - rück zu
Ihr Weg ist noch weit, doch sie ha - ben die
Cm Cm G Cm B7
bang den Traum vom ge - lob - ten Land. Doch:
fliehn in die Si - cher - heit der Skla - ve - rei. Doch:
Kraft, denn in ih - ren Her - zen ist Gott, denn:
Refrain
Es B Cm
Mir - jam, Mir - jam schlug auf die Pau - ke und
Frau - en tanz - ten, tanz - ten die Män - ner, und
Es B G
Mir - jam tanz - te vor ih - nen her.
Wel - len, Wol - ken, al - les tanzt mit.

T, M und S: Claudia Mitscha-Eibl 1983/84 / 1994

867
ö+

1. Der Him - mel, der ist, ist nicht der
2. Der Him - mel, der kommt, das ist der
3. Der Him - mel, der kommt, das ist die

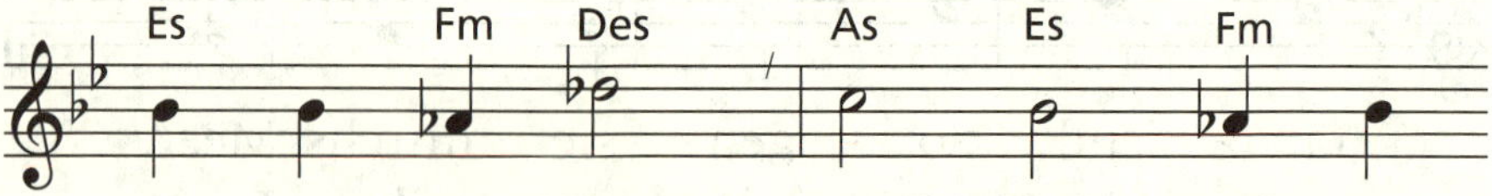

Him - mel, der kommt, wenn einst Him - mel
kom - men - de Herr, wenn die Her - ren
Welt oh - ne Leid, wo Ge - walt - tat

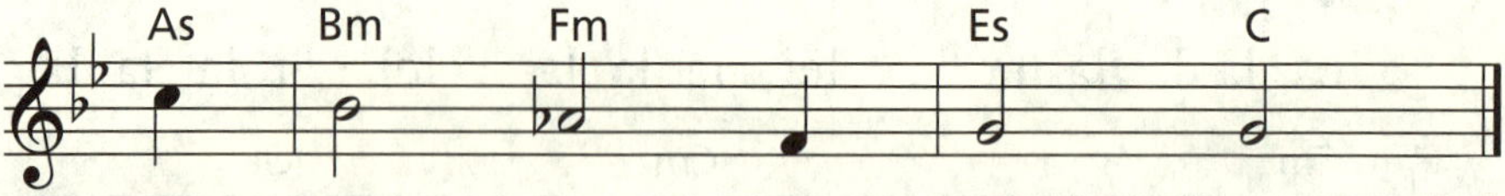

und Er - de ver - ge - hen.
der Er - de ge - gan - gen.
und E - lend be - siegt sind.

4. Der Himmel, der kommt, / das ist die fröhliche Stadt / und der Gott mit dem Antlitz des Menschen.

5. Der Himmel, der kommt, / grüßt schon die Erde, die ist, / wenn die Liebe das Leben verändert.

T: Kurt Marti 1963/(1970) 1974 M: Rolf Schweizer (1970) 1974

868

Chris - tus, komm und bring uns dei - nen Frie - den.

T: aus dem Lektionar (Advent 2) M: Heinrich Rohr 1969

Verzeichnisse

Kurzbiographien

ABEL, Otto, *1905 in Berlin, † 1977 in Tettnang (Baden-Württemberg). Organist, Kantor, Verlagslektor, Landeskirchenmusikdirektor. T 418 – MS 353

AGRICOLA (Schnitter), Johann, *1492 oder 1494 in Eisleben (Sachsen-Anhalt), † 1566 in Berlin. Ev. Theologe, Rektor, Professor, Hofprediger, Generalsuperintendent. T 206

AHLE, Johann Georg, *1651 und † 1706 in Mühlhausen (Thüringen). Organist, Ratsherr, Dichter (poeta laureatus), Komponist. M 565

AHLE, Johann Rudolf, *1625 und † 1673 in Mühlhausen (Thüringen). Vater von J. G. → Ahle. Kantor, Organist, Ratsherr, Bürgermeister, Komponist. M 572, 689, 857 – MS 159, 174, 182, 344

ALBER (Alberus), Erasmus, *um 1500 in Bruchenbrücken bei Friedberg (Hessen), † 1553 in Neubrandenburg (Mecklenburg-Vorpommern). Ev. Theologe, Lehrer, Pfarrer, Dr. theol., Superintendent, Schriftsteller, Übersetzer, Dichter. T 627

ALBERT (Alberti), Heinrich, *1604 in Lobenstein (Thüringen), † 1651 in Königsberg (Ostpreußen, jetzt Russland). Musiker, Organist, Komponist. TMS 566 – MS 259

ALBRECHT (der Ältere), Markgraf von Brandenburg-Ansbach, Herzog von Preußen, *1490 in Ansbach (Franken), † 1568 auf Schloss Tapiau (Ostpreußen, jetzt Russland). Letzter Hochmeister des Deutschen Ordens, förderte die Reformation, Gründer der Universität Königsberg. T 206, 669

ALLENDORF, Johann Ludwig Konrad, *1693 in Josbach (Oberhessen), † 1773 in Halle/Saale (Sachsen-Anhalt). Ev. Theologe, Pfarrer, Konsistorialrat, Liederdichter und -herausgeber pietistischer Richtung. T 405

ALTENBURG, Michael, *1584 in Alach bei Erfurt, † 1640 in Erfurt (Thüringen). Luth. Theologe, Kantor, Schulrektor, Pfarrer, Kirchenlieddichter, Komponist. T 684

AMBROSIUS, Aurelius, *339 (?) in Trier (jetzt Rheinland-Pfalz), † 397 in Mailand. Römischer Staatsbeamter, Statthalter von Oberitalien, Taufe 373, Bischof von Mailand, Kirchenlehrer des Abendlandes, Förderer der Kirchenmusik, Hymnendichter. T 358, 558

ANGELUS SILESIUS → SCHEFFLER, Johann

ANGER, Erhard, * 1928 in Annaberg/Erzgebirge, † 1999 in Oschatz (Sachsen). Lehrer, Katechet, Kantor, Kirchenmusikdirektor, Dichter, Komponist. TM 455

ANNONI (d'Annone), Hieronymus, *1697 in Basel, † 1770 in Muttenz/BL. Ref. Theologe, Hauslehrer, Pfarrer, pietistischer Prediger, Schriftsteller, Kirchenlieddichter und -herausgeber. T 350, 549

ANTON (Anthon, Antonius), Christoph, * 1610 und † 1658 in Freiberg (Sachsen). Organist, Komponist. M 163, 727

AÖL, «Arbeitsgemeinschaft für Ökumenisches Liedgut», gegründet 1969 von den christlichen Kirchen im deutschen Sprachbereich. T 75, 76, 242, 244, 247, 359, 438, 441, 443, 467, 472, 588, 773, 789, 795 – TM 303, 396, 505 – M 312, 338, 465

APELLES VON LÖWENSTERN (Apel, Apelt), Matthäus, * 1594 in Neustadt bei Oppeln/Oberschlesien, † 1648 in Breslau (jetzt Polen). Lehrer, Kantor, Musikdirektor, kaiserlicher Rat, Dichter, Komponist. TMS 237

ARNDT, Ernst Moritz, * 1769 in Groß-Schoritz auf Rügen (Mecklenburg-Vorpommern), † 1860 in Bonn. Hauslehrer, Geschichtsprofessor, patriotischer Dichter, Schriftsteller, Verfechter erneuerter, überkonfessioneller Kirchenlieder. T 278

ARNULF VON LÖWEN, * um 1200 in Löwen, † 1250 in Villers (Belgien). Zisterziensermönch, Abt, Dichter. T 445

AUGUSTINUS, Aurelius, * 354 in Thagaste (jetzt Souk Ahras), † 430 in Hippo (jetzt Annama) (Nordalgerien). Rhetoriklehrer, Taufe 387, Priesterweihe 391, Bischof von Hippo, Kirchenlehrer des Abendlandes, Universalgelehrter. T 236

BACH, Carl Philipp Emanuel, * 1714 in Weimar (Thüringen), † 1788 in Hamburg. 2. Sohn von J. S. → Bach. Jurist, Musiker, Kantor, Musikdirektor, Komponist. MS 730

BACH, Johann Christoph, * 1642 in Arnstadt, † 1703 in Eisenach (Thüringen). Onkel von J. S. → Bach. Organist, Cembalist, Komponist. M 509

BACH, Johann Sebastian, *1685 in Eisenach (Thüringen), †1750 in Leipzig. Organist, Konzertmeister, Hofkapellmeister, Thomaskantor, Musikdirektor der Stadtkirchen und der Universität, Komponist. M 402, 436, 842

BÄCK, Sven-Erik, *1919 und †1994 in Stockholm (Schweden). Musiker, Dirigent, Komponist. MS 830

BAHNMAIER, Jonathan Friedrich, *1774 in Oberstenfeld bei Heilbronn, †1841 in Owen/Teck (Baden-Württemberg). Ev. Theologe, Professor, Dekan, Förderer der Basler Mission, Kirchenlieddichter und -mitherausgeber. T 257

BAIRD ROSS, William, *1871 in Edinburgh, †1950 in Stirling (Schottland). Organist, Chorleiter, Komponist. S 18

BALDERS, Günter, *1942 in Meppen (Niedersachsen), lebt in Berlin. Dozent für Kirchengeschichte am Theol. Seminar des Bundes Evang.-Freikirchlicher Gemeinden in Deutschland, Hymnologe, Bundesobmann des Christlichen Sängerbundes in Deutschland, Mitglied der → AöL. T 828

BARNARD, Willem (Pseudonym bis 1973: Guillaume van der Graft), *1920 in Rotterdam, †2010 in Utrecht (Niederlande). Pfarrer, Dozent, Schriftsteller, Dichter. T 451

BARTH, Christian Gottlob, *1799 in Stuttgart, †1862 in Calw (Baden-Württemberg). Ev. Theologe, Pfarrer, Jugend- und Volksschriftsteller, Verlagsleiter, Förderer der Mission, Dichter. T 795

BARTH, Friedrich Karl, *1938 in Kassel, lebt in Bad Wildungen (Hessen). Ev. Theologe, Pfarrer, Mitgestalter ev. Kirchentage, Dichter. T 182

BARTSCH, Albert, *1913 in St. Petersburg (Russland), †1996 in Bergen/Vogtland (Sachsen). Drogist, Lehrer, ev.-luth. Pfarrer, Lyriker, Dichter geistl. Texte. T 281

BECKER, Cornelius, *1561 und †1604 in Leipzig. Luth. Theologe, Pfarrer, Professor, Psalmenübersetzer. T 57, 76, 613

BEN-CHORIN, Schalom (Fritz Rosenthal), *1913 in München, †1999 in Jerusalem. Journalist, Schriftsteller, Religionsphilosoph, Förderer des jüdisch-christlichen Dialogs. T 205

BEN-URI, Meir, *1908 in Riga (Lettland), †1983 in Haifa (Israel). Architekt, Stadtplaner, seit 1934 in Palästina, seit 1959 auch Komponist religiöser Lieder. M 720

BENEDIKT von Nursia, *ca. 480–490 in Nursia/Umbrien, † um 555–560 in Monte Cassino (Italien). Eremit, Kloster- und Ordensgründer, um 550 *regula benedicti* (Benediktinerregel). T 166

BERGÈSE, Alain, *1946 in Crest/Dep. Drôme, lebt in Lyon (Frankreich). Musiker, ref. Theologe, Schulmusiker, Gemeindepfarrer, «évangéliste régional», Mitherausgeber eines christl. Liederbuches, Chorleiter, Gitarrist, Komponist. S 8

BERNOULLI, Hans, *1918 in Riehen/BS, † 2012 in Basel. Ref. Pfarrer, Verfasser und Bearbeiter von Psalmliedern. T 6, 19, 21, 29, 33, 35, 41, 44, 48, 53, 54, 87, 493

BERNOULLI, Peter Rudolf, *1915 und † 1999 in Basel. Arzt. T 417

BERTHIER, Jacques, *1923 in Auxerre/Burgund (Frankreich), † 1994 in Paris. Organist, Komponist, Arrangeur der geistl. Musik der Bruderschaft von Taizé. MS 71, 73, 169, 194, 294, 514, 704, 705, 706, 707, 813

BERTHOLD VON REGENSBURG, *um 1210 und † 1272 in Regensburg. Franziskanermönch, Priester, Lehrer, Prediger (auch Kreuzzugsprediger) in Mitteleuropa (lat., dt.). T 502

BERTSCH, Albrecht Peter, *1758 und † 1820 in Esslingen (Baden-Württemberg). Musiker, Musikdirektor, Komponist. M 724

BEUERLE, Herbert, *1911 in Düsseldorf, † 1994 in Gelnhausen (Hessen). Kantor, Singwart des freikirchlichen Christlichen Sängerbundes, Komponist und Texter. TM 222 – M 24, 196, 461, 473, 602, 608, 734, 757

BÈZE (Beza), Théodore de, *1519 in Vézelay (Burgund), † 1605 in Genf. Ref. Theologe, Lehrer, Rektor der Genfer Akademie, Dichter, Psalmenübersetzer. T 33

BIRKEN (Betulius), Sigmund von, *1626 in Wildstein bei Eger (Böhmen), † 1681 in Nürnberg. Prinzenerzieher, Schriftsteller, Vorsteher des «Blumenordens» (Sprachgesellschaft) in Nürnberg, Dichter. T 447

BLARER (Blaurer(t), Blauerus), Ambrosius, *1492 in Konstanz, † 1564 in Winterthur/ZH. Benediktinermönch, Prior, ref. Prediger, Reformator der Ostschweiz und Schwabens, GB-Mitherausgeber, Dichter. T 503, 789

Blarr, Oskar Gottlieb, *1934 in Sandlack bei Bartenstein (Ostpreußen, jetzt Russland), lebt in Düsseldorf. Kirchenmusiker, Dozent, Professor, Komponist. M 85

Block, Detlev, *1934 in Hannover, lebt in Bad Pyrmont (Niedersachsen). Ev. Pastor, Schriftsteller, Lyriker, Kirchenlieddichter. T 4, 184, 643, 644, 741

Blumhardt (der Ältere), Johann Christoph, *1805 in Stuttgart, †1880 in Bad Boll (Baden-Württemberg). Luth. Theologe, theol. Lehrer (Basler Mission), Pfarrer, Hausvater/Seelsorger in Bad Boll, Dichter. T 856, 857

Böckeler, Heinrich, *1836 in Köln, †1899 in Aachen (Nordrhein-Westfalen). Kath. Priester, Kirchenmusiker, Stiftskapellmeister, Ehrenstiftsherr, Gründer und erster Leiter des Gregoriushauses (erste westdt. Organistenschule), Erneuerer der Kirchenmusik, Glockensachverständiger, Autor. T 306

Bogatzky, Karl Heinrich von, *1690 in Hansdorf (Niederschlesien, jetzt Polen), †1774 in Halle/Saale (Sachsen-Anhalt). Jurist, geistl. Berater, pietistischer Schriftsteller, Liederdichter. T 797

Böhmische Brüder. Christliche Gemeinschaft, die sich nach der Verurteilung und Verbrennung Jan Hus' (Konstanz 1415) besonders in Böhmen entwickelte: «Brüder-Unität», «Brüdergemeinen». Erstes GB in tschechischer Sprache 1501, deutsch 1531 durch M. → Weiße, «Erneuerte Brüderunität» durch N. → Zinzendorf 1727 in Herrnhut gegründet. TM 787 – M 436, 467, 511, 538, 541, 545, 560, 575, 621, 843

Bohren, Rudolf, *1920 in Grindelwald/BE, †2010 in Dossenheim bei Heidelberg. Ev. Theologe, Pfarrer, Professor (Prakt. Theologie), Fachautor, Schriftsteller, Lyriker. T 593, 637

Bone, Heinrich, *1813 in Drolshagen (Nordrhein-Westfalen), †1893 in Hattenheim (Rheinland-Pfalz). Gymnasiallehrer, Dichter, Liedbearbeiter, Herausgeber kath. Gesangbücher. T 362, 551

Bonhoeffer, Dietrich, *1906 in Breslau (jetzt Polen), †1945 hingerichtet im KZ Flossenbürg/Bayrischer Wald. Ev. Pfarrer, Privatdozent, Studienleiter, Schriftsteller, Lyriker, leistete aktiv Widerstand gegen das Naziregime. T 353, 550, 576, 610, 716

Bornefeld, Helmut, * 1906 in Stuttgart-Untertürkheim, † 1990 in Heidenheim an der Brenz (Baden-Württemberg). Kantor, Organist, Komponist, Orgelexperte. M 79

Bortnjanskij, Dmitrij Stepanovič, * 1751 in Gluchow (Hluchiw)/Oblast Sumy (Ukraine), † 1825 in St. Petersburg (Russland). Chorleiter, Musikdirektor, Staatsrat, Komponist. MS 510, 662

Bourgeois, Loys, * um 1510 und † nach 1561 in Paris. Kantor, Mitarbeiter und Komponist des → Genfer Psalters. M 1, 7, 10, 19, 20, 22, 30, 33, 41, 46, 48, 55, 67, 68, 72, 75, 78, 82, 89, 92, 104, 179, 204, 244, 354, 429, 452, 476, 517, 558, 596, 629, 638, 723, 777, 794, 816

Braun, Johann Georg Franz, * vor 1630 in Ubthal, † 1675 in Eger (Böhmen). Kath. Kantor, Chormeister, Komponist, GB-Herausgeber. M 306

Briegel, Wolfgang Carl, * 1626 in Königsberg/Unterfranken (Bayern), † 1712 in Darmstadt (Hessen). Organist, Kantor, Hofkapellmeister, Komponist, GB-Mitherausgeber. M 159, 174, 182, 344

Brodde, Otto, * 1910 in Gilgenburg/Kreis Osterode (Ostpreußen, jetzt Polen), † 1982 in Hamburg. Ev. Kantor, Hymnologe, Lehrer für Kirchenmusik, Kirchenlieddichter und -komponist, Mitarbeiter am EG 1993, Mitglied der → AöL. T 272, 804

Bruppacher, Theophil, * 1897 in Zollikon/ZH, † 1986 in Küsnacht/ZH. Ref. Theologe, Pfarrer, Hymnologe, Mitarbeiter am RKG 1952. T 82

Bücken, Eckart, * 1943 in Berlin, lebt in Hanstedt/Uelzen (Niedersachsen). Gemeindehelfer, Sozialpädagoge, Diakon, Liedermacher. T 841

Budde, Karl Ferdinand Reinhard, * 1850 in Bensberg bei Köln, † 1935 in Marburg (Hessen). Lehrer, ev. Theologe, Professor, Hymnologe, Übersetzer von Kirchenliedern. T 526

Budry, Edmond Louis, * 1854 und † 1932 in Vevey/VD. Freikirchlicher Pfarrer, Mitarbeiter des Blauen Kreuzes, Liederdichter. T 485

Burkhard, Paul, * 1911 in Zürich, † 1977 in Zell/ZH. Kapellmeister, Leiter des Studioorchesters Radio Beromünster, Komponist, Texter. TM 422, 426

BURKHARD, Willy, *1900 in Leubringen bei Biel/BE, † 1955 in Zürich. Lehrer, Musiklehrer, Chorleiter, Komponist. M 577, 622, 822

CALVISIUS (Kalwitz), Sethus, *1556 in Gorsleben bei Heldrungen (Thüringen), † 1615 in Leipzig. Kantor, Hebräischlehrer, Thomaskantor (Leipzig), Sprachforscher, Astronom, Musiktheoretiker, Komponist. MS 613, 672, 802

CAMERARIUS (Kammermeister), Joachim, *1500 in Bamberg/Oberfranken (Bayern), † 1574 in Leipzig. Altphilologe, Lehrer, Professor, ev. Humanist, Liederdichter. T 204

CAMPHUYSEN (Kamphuysen), Dirk (Theodorus) Raphaëlszoon, *1586 in Gorinchem, † 1627 in Dokkum bei Leeuwarden (Niederlande). Maler, Sprachlehrer, Prediger, Drucker, Flachshändler, GB-Herausgeber, Psalmenbearbeiter. M 486

CARAWAN, Guy, *1927 in Los Angeles, † 2015 in New Market/Tennessee/USA). Soziologe, Liedersammler, Bürgerrechtler. TM 860

CHAPAL, Roger, *1912 in den Cevennen, † 1998 in Montpellier (Frankreich). Schriftsteller, Dichter, Neubearbeiter des → Genfer Psalters. T 102

CLAUDIUS, Matthias, *1740 in Reinfeld bei Lübeck (Schleswig-Holstein), † 1815 in Hamburg. Ev. Theologe, Jurist, Bankrevisor, Schriftsteller, Herausgeber, Dichter. T 540, 599, 749

CLAUSNITZER, Tobias, *1619 in Thum bei Annaberg/Erzgebirge (Sachsen), † 1684 in Weiden (Oberpfalz). Ev. Theologe, Feldprediger in schwedischen Diensten, Oberpfarrer/Kirchenrat, Erbauungsschriftsteller, Dichter. T 159

COELHO, verh. STROM, Terrye, *1952 in Camp Roberts, lebt in Walnut (Kalifornien/USA). Mutter, Sängerin, Komponistin bei freikirchlichen Gemeinden. M 166, 183

CORBACH, Liselotte, *1910 in Friedrichswille bei Reppen (Bezirk Frankfurt/O., jetzt Polen), † 2002 in Springe/Deister (Niedersachsen). Ev. Theologin, Pastorin, Religionspädagogin, Professorin, Fachbuchautorin, geistl. Liederdichterin. T 824

CORNER, David Gregor, *1585 in Hirschberg (Schlesien, jetzt Polen), † 1648 im Stift Göttweig bei Krems (Niederösterreich). Kath. Theologe, Pfarrer, Benediktinerpater, kaiserlicher Rat, Universitätsrektor, GB-Herausgeber, geistl. Liederdichter. T 362

COSTA, Eugenio, *1934 in Genua, lebt in Rom. Kath. Theologe (seit 1953 SJ), 1975 Dr. theol. (Paris), seit 1978 Mitarbeiter des Centro Teologico in Turin, Präsident der Scuola diocesana di Musica e Liturgia, Mitarbeiter des Ufficio Liturgico Nazionale della Chiesa italiana. T 652

CRAMER, Johann Andreas, *1723 in Jöhstadt bei Annaberg/Erzgebirge (Sachsen), †1788 in Kiel. Ev. Theologe, Lehrer, Hofprediger, Professor, Kanzler/Kurator (Universität Kiel), GB-Herausgeber, geistl. Liederdichter und -bearbeiter. T 293, 448

CRASSELIUS (Crasselt, Krasseltt), Bartholomäus (Barthel), *1667 in Wernsdorf bei Glauchau (Sachsen), †1724 in Düsseldorf. Ev. Theologe, Pfarrer, pietistischer Liederdichter. T 243

CROFT (Crofts), William, *1678 in Nether Ettington/Warwickshire, †1727 in Bath/Sommerset (England). Organist, Chordirektor, erster engl. Doktor der Musik, Komponist. MS 804

CRUCIGER, Elisabeth → KREUZIGER, Elisabeth

CRÜGER, Johann, *1598 in Groß-Breesen bei Guben/Niederlausitz (Brandenburg), †1662 in Berlin. Kantor, Lehrer, Komponist, GB-Herausgeber. M 180, 317, 401, 450, 511, 548, 568, 631, 659, 661, 723, 748, 787, 843 – MS 4, 15, 70, 233, 235, 320, 350, 397, 440, 448, 449, 476, 478, 482, 508, 527, 570, 616, 620, 635, 660, 677, 733, 751, 794, 855 – S 175, 790

CRUM, John Macleod Campbell, *1872 in Mere Old Hall (jetzt Mere Hall)/Cheshire, †1958 in Farnham/Surrey (England). Anglik. Theologe, Pfarrer, Domherr in Canterbury, Kirchenlieddichter. T 456

CUMMINGS, William Hayman, *1831 in Sidbury/Devonshire, †1915 in London (England). Sänger, Organist, Dirigent, Musikschriftsteller, Dr. h.c. Universität Dublin (Irland). MS 407

DACHSTEIN, Wolfgang, *um 1487 in Offenburg (Baden-Württemberg), †1553 in Straßburg. Theologe, Dominikanermönch, Organist, Mitarbeiter der Straßburger Reformatoren als Komponist und Dichter, 1550 Rückkehr zum kath. Glauben, um Organist bleiben zu können. M 21, 84, 324, 591, 649, 679

DAFFNER, Franz-Reinhard, *1944 in Oberstdorf (Allgäu), lebt in Augsburg (Bayern). Kath. Theologe, Pfarrer, Jugendseelsorger, kirchl. Assistent der «Gemeinschaft Christlichen Lebens» in der Diözese, Seelsorger für pastorale Dienste. T 183

DARMS, Gion Martin, *1823 in Flond/GR, † 1907 in Glion (Ilanz)/GR. Ev. Theologe, Pfarrer, Dekan, Gründer der Ligia Grischa, GB-Herausgeber, Liederübersetzer. T 242, 247

DAVANTÈS (Antesignanus), Pierre, *um 1525 in Rabastenne (Rabastane)/Hautes Pyrénées (Frankreich), † 1561 in Genf. Humanist, Altphilologe, Drucker, Komponist → Genfer Psalter. M 44, 47, 56, 66, 90, 101, 102, 339, 627

DAVID, Christian, *1692 in Senftleben (Mähren), † 1751 in Herrnhut/Oberlausitz (Sachsen). Schreiner, Erweckungsprediger, Mitbegründer der Brüdergemeine Herrnhut, Missionar. T 795

DAVID, Linus, *1935 in Uster/ZH, † 2004 in Luzern. Kath. Theologe, Seelsorger, Musikjournalist und -wissenschafter, Professor für Kirchenmusik, Chorleiter, Komponist, Mitarbeiter am → EGB und KG 1998. M 186, 309

DECIUS (Tech, Deeg), Nikolaus, *um 1485 in Hof/Oberfranken (Bayern), † um 1546 in Mühlhausen bei Elbing (früher Herzogtum Preußen, Polen). Jurist, Benediktinermönch (Propst), Lehrer, ev. Theologe, Pfarrer, Kantor, Übersetzer der lat. Liturgie. TM 221, 222, 312, 437

DEMME, Carl Rudolf, *1795 in Mühlhausen (Thüringen), † 1863 in Philadelphia (USA). Jurist, dt.-ref. Prediger in den USA. T 517

DENICKE, David, *1603 in Zittau/Oberlausitz (Sachsen), † 1680 in Hannover. Jurist, Prinzenerzieher (Braunschweig-Lüneburg), Konsistorialrat, Titularabt von Bursfelde, GB-Herausgeber mit J. → Gesenius. T 57, 354, 385

DERLETH, Ludwig, *1870 in Gerolzhofen/Mainfranken (Bayern), † 1948 in San Pietro di Stabio/TI. Gymnasiallehrer, religionsphilosophischer Epiker, Lyriker. T 288

DIEFFENBACH, Georg Christian, *1822 und † 1901 in Schlitz (Hessen). Ev. Theologe, Lehrer, Gemeindepfarrer, Oberpfarrer, Mitglied der hessischen Landessynode, Erbauungs- und Kinderbücherschriftsteller, Dichter, ev. Hausagende. T 586

DITERICH, Johann Samuel, *1721 und † 1797 in Berlin. Ev. Theologe, Propst, Oberkonsistorialrat, rationalistischer Bearbeiter von Kirchenliedern. T 715

DOLES, Johann Friedrich, *1715 in Steinbach-Hallenberg (Thüringen), † 1797 in Leipzig. Kantor, Organist, Thomaskantor, Komponist. M 12, 239 – MS 165

DÖRR, Friedrich, *1908 in Wolframs-Eschenbach/Mittelfranken, † 1993 in Eichstätt (Bayern). Kath. Theologe, Pfarrer, Seelsorger, Professor, Mitarbeiter an deutschsprachigen GB (u.a. → EGB), Übersetzer lat. Hymnen. T 556, 587

DRAPER, William Henry, *1855 in Kenilworth/Warwickshire, † 1933 in Clifton bei Bristol (England). Pfarrer, Kirchenliedübersetzer und -herausgeber. T 526

DRESE, Adam, *1620 in Weimar, † 1701 in Arnstadt (Thüringen). Gambist, Musiklehrer, Hofkapellmeister, Komponist, pietistischer Erbauungsschriftsteller. M 690, 815

DYKES, John Bacchus, *1823 in Kingston-upon-Hull/Yorkshire, † 1876 in Ticehurst/Sussex (England). Organist, Pfarrer, Komponist, Dr. h.c. Universität Durham. S 540

EBELING, Johann Georg, *1637 in Lüneburg (Niedersachsen), † 1676 in Stettin (jetzt Polen). Ev. Theologe, Kantor, Gymnasiallehrer (Griechisch und Musik), Komponist (u.a. Lieder von P. → Gerhardt). MS 98, 571, 678

EBER, Paul, *1511 in Kitzingen/Unterfranken (Bayern), † 1569 in Wittenberg. Luth. Theologe, Professor (Latein, Geschichte, Naturwissenschaften), Pfarrer, Generalsuperintendent, Kirchenlieddichter. T 204

ECKERT, Eugen, *1954 in Frankfurt/M, lebt dort. Sozialarbeiter, ev. Theologe, Pfarrer, Studentenpfarrer, Hymnologe, Musiker und Textautor. T 346

EGB: Einheitsgesangbuch für alle Diözesen der Bundesrepublik Deutschland; es schlossen sich Österreich und die deutschsprachigen Diözesen von Bozen/Brixen, Luxemburg, Rumänien und Böhmen-Mähren an. Von 1969 bis 1974 wurden zwölf nach Themen geordnete Vorauspublikationen herausgegeben. 1975 erschien das kath. GB unter dem Titel «Gotteslob».
T 49, 90/91, 92, 203, 220, 269, 362, 387, 388, 462, 551, 774, 791 – TM 307 – M 286

EGGIMANN, Ernst, *1936 in Bern, † 2015 in Arles/F. Sekundarlehrer, Großrat, Schriftsteller, Dichter (auch Mundart). T 831

EGLI, Johann Heinrich, *1742 in Seegräben bei Wetzikon/ZH, † 1810 in Zürich. Geiger, Musiklehrer, Komponist, Mitarbeiter am GB Zürich 1787. M 187, 484, 814 – MS 408

EGLIN, Arthur, *1932 in Dulliken/SO, lebt in Basel. Schriftsetzer, Posaunist, Chorleiter, Komponist, Herausgeber. M 94, 380, 849, 858

ELLERTON, John, *1826 in London, † 1893 in Torquay/Devon (England). Pfarrer, Hymnologe, Herausgeber von Reformgesangbüchern, Übersetzer lat. Hymnen, Kirchenlieddichter. T 605

ELLINGSEN, Svein Ørnulf, *1929 in Kongsberg (Ostnorwegen), lebt in Saltrød bei Arendal (Südnorwegen). Kunsterzieher, Maler, Schriftsteller, geistl. Lieddichter. T 2, 186, 733

EMPEYTAZ (Empaytaz), Henri Louis, *1790 und † 1853 in Genf. Ref. Theologe, Prediger der pietistischen Erweckungsbewegung «Réveil». T 247

ENDERLIN, Fritz, * 1883 in Amriswil/TG, † 1971 in Zürich. Germanist, Gymnasiallehrer, Rektor, Schriftsteller, Mitarbeiter am RKG 1952, Kirchenlieddichter und -übersetzer. T 1, 25, 56, 75, 358, 558, 588

ENGLISCH (Anglicus, Endlich), Johann, *1502 in Buchsweiler (Bouxwiller/Elsass), † 1577 in Straßburg. Gräflicher Schreiber, kath. Priester, Lehrer, ev. Vikar, «Freiprediger», Kirchenlieddichter. T 324

ERYTHRAEUS (Roth), Gotthard, *um 1560 in Straßburg, † 1617 in Altdorf bei Nürnberg (Bayern). Kantor, Lateinschulrektor, Komponist (A-cappella-Sätze zu geistl. Liedern). S 221

FABRICIUS (Schmied), Werner, *1633 in Itzehoe (Schleswig-Holstein), † 1679 in Leipzig. Sänger, Organist, Notar, Musikdirektor, Komponist. M 684, 853

FALK, Johannes Daniel, *1768 in Danzig (jetzt Polen), † 1826 in Weimar (Thüringen). Ev. Theologe, satirischer Schriftsteller, Retter verwahrloster Kinder (Lutherhof in Weimar). T 409

FARJEON, Eleanor, *1881 in London, † 1965 in Hampstead bei London. Schriftstellerin, Kinderbuchautorin, Liederdichterin. T 533

FEDDERSEN, Jakob Friedrich, *1736 in Schleswig, † 1788 in Altona bei Hamburg. Ev. Theologe, Hauslehrer, Kabinetts-, Hof-

und Domprediger, Hauptpastor und Propst, religiöser Schriftsteller und Liederdichter. T 745

FELSENSTEIN-ROSSBERG, Andrea, *1956 in Pappenheim/Mittelfranken, lebt in Rummelsberg bei Nürnberg (Bayern). Dipl. Sozialpädagogin, Mutter, Arbeiten für Frauenliturgie und -spiritualität, Referentin des Frauenwerkes der ev. Kirche Bayerns. T 164

FERSCHL, Maria, *1895 in Melk (Niederösterreich), † 1982 in Saulgau (Baden-Württemberg). Hauptschullehrerin, Schriftstellerin, Liederdichterin. T 377

FICKERT, Georg Friedrich, *1758 in Barzdorf/Niederschlesien, † 1815 in Groß-Wilkau (Schlesien, jetzt Polen). Hauslehrer, Pfarrer, Reiseprediger der Brüdergemeine Gnadenfrei, Liederdichter. T 816

FIGUERA LÓPEZ, Maria Pilar, *1939 in Cádiz/Andalusien, lebt in Madrid (Spanien). Theologin, Psychologin, Schriftstellerin, Lyrikerin. T 862

FINK, Karl, *1923 in (Frankfurt-)Höchst/Main, † 1977 in Eltville/Rheingau (Hessen). Kantor, Kirchenmusikdirektor, Komponist. M 481

FISCHER (Vischer), Christoph, *1518 in St. Joachimsthal (Böhmen), † 1597 in Celle (Niedersachsen). Ev. Theologe, Reformator, Superintendent, Hofprediger, Generalsuperintendent, Liederdichter. T 439

FLEMING, Paul, *1609 in Hartenstein/Erzgebirge (Sachsen), † 1640 in Hamburg. Arzt, Dichter. T 676

FORSTER, Georg, *um 1510 in Amberg/Oberpfalz (Bayern), † 1568 in Nürnberg. Hofkantoreisänger, Arzt, Herausgeber von Liedsammlungen, Komponist. M 772

FRANC, Guillaume, *um 1505 in Rouen/Seine (Frankreich), † 1570 in Lausanne/VD. Musiker, Musiklehrer, Kantor, Komponist, Herausgeber 1542, 1543 des → Genfer Psalters. M 1, 5, 6, 7, 10, 14, 19, 22, 25, 27, 29, 37, 40, 41, 44, 46, 55, 75, 80, 92, 179, 204, 354, 438, 452, 503, 549, 558, 596, 696, 777, 816

FRANCK, Johann, *1618 und † 1677 in Guben/Niederlausitz (Brandenburg). Jurist, Rechtsanwalt, Ratsherr, Bürgermeister, Dichter. T 317, 659

FRANCK, Melchior, *1580 in Zittau/Oberlausitz (Sachsen), † 1639 in Coburg/Oberfranken (Bayern). Musiker, Hofkapellmeister, Komponist. M 333, 851 – MS 491

FRANCK, Michael, *1609 in Schleusingen (Thüringen), † 1667 in Coburg/Oberfranken (Bayern). Bäckermeister, Lehrer, Musiker. TM 751

FRANCK, Salomo, *1659 und † 1725 in Weimar (Thüringen). Jurist, Regierungs- u. Oberkonsistorialrat, Bibliothekar, Hofpoet. T 715

FRANCKE, Johann Friedrich, *1717 in Krautheim bei Weimar (Thüringen), † 1780 in Basel. Theologe, Geheimschreiber und Direktor der Gemeinenmusik bei N. → Zinzendorf, Gründer und Rektor der Mädchenanstalt Montmirail/NE, Komponist. M 349

FRANZ, Ignaz, *1719 in Protzan bei Glatz/Schlesien, † 1790 in Breslau (jetzt Polen). Kath. Priester, Kaplan, Pfarrer, Rektor (Priesterseminar Breslau), Kirchenlieddichter. T 247, 518

FRANZ VON ASSISI (Heiliger Franziskus) (Giovanni Bernardone), *1181 oder 1182 in Assisi, † 1226 in der Einsiedelei Porziuncola bei Assisi (Italien), 1228 heiliggesprochen. Gründer des Franziskanerordens, Dichter. T 526, 527, 529

FRAYSSE, Claude, *1941 in Versailles, † 2012 in Romans-sur-Isère/Dep. Drôme (Frankreich). Dipl. Musikerzieher, Posaunist, Orchesterleiter, Sänger, theol.-musikalischer Animator der Ref. Kirche Frankreichs. M 8

FRETTLÖH, Dieter, *1924 in Herchen an der Sieg (Nordrhein-Westfalen), † 2004 in Wenningstedt/Sylt. Kriegsdienst, ev. Theologe, Gemeindepfarrer, Seelsorger in Jugendstrafanstalten, Lyriker. T 373, 428

FREY, Marvin Virgil, *1918 in Sherwood/Oregon, † 1992 in Ossining/New York (USA). Freikirchlicher Evangelist, Musiker, religiöser Songwriter. TM 702

FREYLINGHAUSEN, Johann Anastasius, *1670 in Gandersheim (Niedersachsen), † 1739 in Halle/Saale (Sachsen-Anhalt). Ev. Theologe, Gehilfe von A. H. Francke (Waisenhaus Halle), Kirchenlieddichter, GB-Herausgeber (pietist. Richtung). T 272

FRIES, Nicole. Lebensdaten unbekannt. T 862

FRISCHKNECHT, Hans Eugen, *1939 in St. Gallen, lebt in Muri/BE. Musiker, Organist, Chorleiter, Konservatoriumslehrer, Komponist, Mitarbeiter am RG 1998. S 307, 441, 472, 594, 676

FRITZSCHE, Gerhard, *1911 in Dittmannsdorf bei Flöha (Sachsen), † 1944 in Woroschilowgrad/Lugansk (Ukraine). Strumpfwirker, Mitarbeiter beim «Jugendbund für entschiedenes Christentum», ev. Jugendwart, Soldat, Dichter geistl. Lieder. T 575, 625, 859

FRÖHLICH, Abraham Emanuel, *1796 in Brugg/AG, † 1865 in Gebenstorf/AG. Ref. Theologe, Pfarrverweser, Gymnasialprofessor (Deutsch, Literatur), Schriftsteller, GB-Herausgeber, Dichter geistl. Lieder. T 47, 499, 507

FROSTENSON, Anders, *1906 in Loshult/Kristianstads län, † 2006 in Örebro (Schweden). Philologe, luth. Theologe, Pfarrer, Hofprediger, Schriftsteller, Lyriker, Übersetzer geistl. Lieder. T 516, 700

GAFNER, Fritz, *1930 in Stein am Rhein/SH, † 2007 in Zürich. Sekundarlehrer, ref. Theologe, Pfarrer, Leiter des Kindergärtnerinnenseminars, Schriftsteller, Dichter und Übersetzer geistl. Lieder. T 28, 485

GARVE, Carl Bernhard, *1763 in Jeinsen bei Hannover, † 1841 in Herrnhut/Oberlausitz (Sachsen). Lehrer am Theol. Seminar der Brüdergemeine, Prediger, Archivar, GB-Herausgeber, Dichter geistl. Lieder. T 211, 450

GASTOLDI, Giovanni Giacomo, *um 1556 in Caravaggio/Lombardei, † um 1622 in Mailand (Italien). Kath. Diakon, Sänger, Kapellmeister, Komponist. MS 652

GASTORIUS (Bauchspiess), Severus, *1646 in Öttern bei Weimar, † 1682 in Jena (Thüringen). Lateinschullehrer, Kantor, Komponist. M 684, 853

GAUDENZ, Gion, *1929 in Zernez/GR, lebt in Samedan/GR. Ref. Theologe, Pfarrer, Hymnologe, Kirchenlieddichter und -übersetzer. T 345, 499, 652

GEBHARDI, Ludwig Ernst, *1787 in Nottleben bei Erfurt, † 1862 in Erfurt (Thüringen). Organist, Musiklehrer und -theoretiker, Herausgeber von Kirchen- und Schulmusik, Komponist. M 224

GELETZKI (Jeleckij), Johann, * unbekannt, † 1568 in Fulnek (Mähren). Prediger der Böhmischen Brüder, Mitherausgeber des GB 1566. T 387

GELLERT, Christian Fürchtegott, * 1715 in Hainichen (Sachsen), † 1769 in Leipzig. Ev. Theologe, Hauslehrer, Hofmeister, Professor (Poetik, Rhetorik, Moral), Dichter. T 12, 291, 408, 449, 482, 597, 687, 729, 730, 798

GENFER (Hugenotten-) PSALTER, Sammlung von französischen gereimten Psalmübersetzungen 1539–1562; Johannes Calvin (1509–1564), Clément Marot (1495–1544), T. de → Bèze, in Musik gesetzt von G. → Franc, L. → Bourgeois, C. → Goudimel, P. → Davantès. Erste vollständige deutsche Übersetzung 1573 von A. → Lobwasser. M 1, 5, 6, 7, 10, 14, 15, 19, 20, 22, 25, 27, 29, 30, 33, 37, 40, 41, 44, 46, 47, 48, 55, 56, 66, 67, 68, 72, 75, 78, 80, 82, 89, 90, 92, 101, 102, 104, 179, 204, 235, 244, 339, 354, 429, 438, 452, 476, 503, 517, 549, 558, 596, 627, 629, 638, 696, 723, 777, 794, 816

GERHARDT, Paul (Paulus), * 1607 in Gräfenhainichen (Sachsen-Anhalt), † 1676 in Lübben/Spreewald (Brandenburg). Luth. Theologe, Hauslehrer, Propst, Pfarrer, Kirchenlieddichter. T 98, 235, 367, 400, 401, 402, 403, 441, 445, 476, 508, 537, 548, 568, 570, 571, 594, 654, 656, 677, 678, 680, 683, 723, 724, 725, 753

GESENIUS, Justus, * 1601 in Esbeck bei Elze (Niedersachsen), † 1673 in Hannover. Luth. Theologe, Pfarrer, Hofprediger, Generalsuperintendent, GB-Mitherausgeber, Verfasser religiöser Schulschriften, Dichter. T 57, 385

GESIUS (Gese, Göse, Göss), Bartholomäus (Barthel), * um 1560 in Müncheberg (Brandenburg), † 1613 in Frankfurt/O. Kantor, Gymnasiallehrer, Komponist, Herausgeber von Kantionalien und Gesangbüchern. M 11, 50, 470, 680 – S 548, 568, 631, 748

GIPPENBUSCH, Jacob, * 1612 in Speyer (Rheinland-Pfalz), † 1664 in Xanten (Nordrhein-Westfalen). Jesuit, Altphilologe, Chorpräfekt, Komponist, bearbeitete Chorgesangbücher unter dem Pseudonym Philaretus (Tugendfreund). M 442

GOHL, Willi, * 1925 in Ottikon bei Gossau/ZH, † 2010 in Winterthur. Musiker, Schulmusiklehrer, Konservatoriumsdirektor, Dirigent, Chor- und Singleiter (Offene Singen, Radio), Cembalist, Mitherausgeber von Musiklehrwerken, Komponist und Dichter. TM 578

GOLOMBEK, Dieter, *1933 in Beuthen (Oberschlesien, jetzt Polen), † 1995 bei Neumünster (Schleswig-Holstein). Schul- und Kirchenmusiker, Studiendirektor, Verleger, Komponist. M 238, 639

GOSSNER, Johannes Evangelista, *1773 in Hausen bei Günzburg an der Donau (oberschwäbisch Vorderösterreich, jetzt Bayern), † 1858 in Berlin. Kath. Priester, Religionslehrer, Pfarrer, Konversion, ev. Pfarrer, Gründer der Gossnerschen Missionsgesellschaft und diakonischer Werke, Kirchenlieddichter. T 349

GOTTER, Ludwig Andreas, *1661 und † 1735 in Gotha (Thüringen). Geheimer Sekretär, Hofrat, Liederdichter (dem hallischen Pietismus nahestehend). T 727

GOTTESLOB → EGB.

GOTTSCHICK, Anna Martina, *1914 in Dresden, † 1995 in Kassel. Zeitungsredaktorin, Verlagsmitarbeiterin, Kirchenlieddichterin. T 703, 865

GOTTSCHICK, Friedemann, *1928 in Breslau (jetzt Polen), lebt in Lüneburg (Niedersachsen). Kantor, Leiter der Kirchenmusikschule, Professor (Musikhochschule), Komponist und Textautor. TM 13 – M 77, 534, 668

GOUDIMEL, Claude, *um 1514 in Besançon, † 1572 in Lyon (Frankreich). Notendrucker, Musiker, Komponist (u. a. Satzkompositionen zum → Genfer Psalter). S 10, 20, 22, 27, 30, 33, 41, 44, 55, 56, 66, 72, 75, 82, 89, 90, 92, 102, 179, 244, 339, 517, 558, 627, 629, 638, 777, 816

GRAMANN (Graumann, Poliander), Johann, *1487 in Neustadt/Aisch/Mittelfranken (Bayern), † 1541 in Königsberg (Ostpreußen, jetzt Russland). Kath. Theologe, Rektor (Thomasschule Leipzig), evang. Theologe, Pfarrer, Mitreformator Ostpreußens, Kirchenlieddichter. T 59, 60

GREEN, Fred (Frederick) Pratt, *1903 in Roby bei Liverpool, † 2000 in Norwich (England). Methodistischer Theologe, Pfarrer, Bischof, Dichter. T 280

GREGOR, Christian, *1723 in (Bad) Dirsdorf (Schlesien, jetzt Polen), † 1801 in Herrnhut/Oberlausitz (Sachsen). Lehrer, Musiker, Organist, Buchhalter, Bischof der Brüdergemeine, Herausgeber des GB 1778 und des Choralbuchs 1784, Bearbeiter der Lieder N. → Zinzendorfs. T 690, 793 – M 199 – MS 348

GREITER, Matthäus (Mathias), * 1490 in Aichach/Schwaben (Bayern), † 1550 in Straßburg. Dominikanermönch, Organist, ev. Hilfsprediger, Musiklehrer, musikalischer Mitarbeiter der Reformatoren, Komponist, kath. Organist. M 21, 27, 43, 44, 438, 503, 649, 679

GREYERZ, Karl von, * 1870 und † 1949 in Bern. Ref. Theologe religiös-sozialer Richtung, Pfarrer, Feldprediger, Pazifist. T 518

GRUBER, Erich, * 1910 in Sulzbach an der Murr (Baden-Württemberg), † 1971 in Kassel. Chemiker (Dr. ing.), Musiklehrer, Landesjugend- und Posaunenwart, Dozent für Tontechnik. M 542

GRUBER, Franz Xaver, * 1787 in Unterweizberg bei Hochburg/Inn, † 1863 in Hallein bei Salzburg (Österreich). Organist, Kantor, Lehrer, Komponist. MS 412

GRYPHIUS (von Greif), Andreas, * 1616 und † 1664 in Glogau (Schlesien, jetzt Polen). Jurist, Hauslehrer, Advokat, Syndikus der ev. Landstände Glogaus, Dichter. T 750

GÜNTHER, Cyriakus, * 1650 in Goldbach bei Gotha, † 1704 in Gotha (Thüringen). Lehrer, Gymnasiallehrer, Kirchenlieddichter. T 277, 480

GYÖNGYÖSI (Güttler), Vilmos (Wilhelm), * 1915 in Miskolc (Ungarn), † 1995 in Rüsselsheim (Hessen). Ev. Pfarrer deutscher Gemeinden in Ungarn, Pfarrer in Frankfurt/M, Dichter. T 454

HAAS, Johannes, * 1931 in Becke (jetzt Gummersbach) (Nordrhein-Westfalen), † 2004. Universitätsprofessor (Tropen- und Arbeitsmedizin), Kirchenmusiker, Chorleiter, Kirchenliedübersetzer, Organist. T 407

HAHN, Johann Michael, * 1758 in Altdorf bei Böblingen, † 1819 in Sindlingen bei Herrenberg (Baden-Württemberg). Bauer, Seelsorger, Prediger, theosophischer Schriftsteller, Dichter. T 163

HALFFTER I JIMÉNEZ, Cristóbal, * 1930 in Madrid, lebt in Villafranca/León (Spanien). Musiklehrer, Dirigent, Komponist. MS 862

HALLQVIST, Britt Gerda, * 1914 in Umeå, † 1997 in Lund (Schweden). Philologin, Schriftstellerin, Mitarbeiterin der schwedischen Kirche, 1983 Dr. theol. h.c. Universität Lund, Dichterin und Übersetzerin geistl. Lieder. T 539

HAMILTON, Frank, * 1934 in Decatur, lebt in Atlanta (?) (Georgia/USA). Folksänger. TM 860

HAMPEL, Torsten, * 1962 in Weilburg, lebt in Usingen (Hessen). Musik- und Deutschlehrer, Jazzpädagoge, Hochschuldozent. S 346

HÄNDEL, Georg Friedrich, * 1685 in Halle/Saale (Sachsen-Anhalt), † 1759 in London. Jurist, Organist, Kapellmeister, Komponist. MS 370, 485

HÄNSSLER, Friedrich, * 1892 in Plieningen bei Stuttgart, † 1972 in Stuttgart. Organist, Chorleiter, Musikverleger, Komponist (auch Pseudonym Hans-Ludwig Berger). S 685

HARDENBERG, Friedrich Leopold Freiherr von (Novalis), * 1772 in Oberwiederstedt/Grafschaft Mansfeld, † 1801 in Weißenfels (jetzt Sachsen-Anhalt). Jurist, leitender Bergwerks-Ingenieur, Philosoph, Dichter. T 484

HARDER, Augustin, * 1775 in Schönerstedt bei Leisnig (Sachsen), † 1813 in Leipzig. Ev. Theologe, Musiker, Komponist. M 537

HARTMAN, Carl Olov, * 1906 in Stockholm, † 1982 in Sigtuna (Schweden). Ev. Theologe, Stiftsadjunkt, Pädagoge, Direktor der Sigtunastiftung, GB-Experte, Liederdichter. T 830

HASSLER (Haslerus), Hans (Johann) Leo, * 1564 in Nürnberg, † 1612 in Frankfurt/M. Musiker, Organist, Musikdirektor, Komponist. M 445, 753 – MS 364, 671 – S 221

HAUSMANN, Julie Katharina von, * 1826 in Riga (Lettland), † 1901 in Wösso (Estland). Erzieherin, Musiklehrerin, Dichterin. T 695

HÄUSSLER, Gerhard, * 1920 in Görmin bei Greifswald (Mecklenburg-Vorpommern), † 2001 in Erfurt (Thüringen). Pianist, Klavierdozent, Kantor, Komponist. M 823

HÄUSSLER, Konrad, * 1930 in Freiberg/Erzgebirge, lebt in Radebeul (Sachsen). Bilanzbuchhalter, Revisor, Dichter. T 187

HAUZENBERGER, Hans, * 1938 in Rheineck/SG, lebt in Biberist/SO. Ev.-methodistischer Theologe (Dr. theol.), Kantor, Gemeindepfarrer, Spitalseelsorger, Dichter, Komponist, Mitarbeiter an der Zeitschrift «Neues Singen in der Kirche». TM 86, 105 – M 698

HAXTHAUSEN, August Franz (Ludwig Maria Freiherr) von, * 1792 in Bökendorf (Fürstbistum Paderborn), † 1866 in Hannover. Agrarwissenschafter, Nationalökonom, Jurist, Malteserritter, Schriftsteller, Volksliedsammler. T 368

HAYDN, Johann Michael, * 1737 in Rohrau, † 1806 in Salzburg (Österreich). Bruder von Joseph Haydn. Sänger, Kapellmeister, Hofmusiker, Konzertmeister, Organist, Komponist. M 801

HEER, Emil, * 1926 in Romanshorn/TG, † 1994 in Winterthur/ZH. Drogist, Kirchen- und Schulmusiker, Orgelexperte, Komponist, Mitarbeiter am RG 1998. M 308 – S 413, 414, 416, 418, 420, 423, 531, 537, 538, 600

HEERMANN, Johann, * 1585 in Raudten, † 1647 in Lissa (Schlesien, jetzt Polen). Luth. Theologe, Pfarrer, Erbauungsschriftsteller, Kirchenlieddichter. T 440, 474, 791

HEIMGARTNER, Bernardin, * 1935 in Luzern, lebt in Baldegg/LU. Kath. Priester (OFM Cap.), Violinlehrer, Seelsorger, Jugend- und Erwachsenenbildner, Missionar, Klostervorsteher, Animator für Kirchenmusik des Bistums Basel. M 201

HELD, Heinrich, * 1620 in Guhrau (Schlesien), † 1659 in Stettin (jetzt Polen). Jurist, Hauslehrer, Rechtsanwalt, Stadtsekretär und -kämmerer, Ratsherr, Dichter. T 369, 447, 509

HELMBOLD, Ludwig, * 1532 und † 1598 in Mühlhausen (Thüringen). Luth. Theologe, Konrektor des Gymnasiums, Professor der Philosophie, Diakon, Superintendent, Kirchenlieddichter. T 631, 671, 748

HELMORE, Thomas, * 1811 in Kidderminster/Worchestershire, † 1890 in London (England). Anglik. Prediger, Förderer der «Oxford-Bewegung», Chormeister, Melodiebearbeiter. M 362

HENKING, Bernhard, * 1897 in Schaffhausen, † 1988 in Winterthur/ZH. Dirigent, Domkantor, Leiter der ev. Kirchenmusikschule Aschersleben/Halle (Sachsen-Anhalt), Komponist, Mitarbeiter am RKG 1952. S 12, 32, 57, 84, 98, 181, 187, 199, 257, 277, 291, 369, 395, 444, 480, 484, 506, 530, 551, 680, 729, 814

HENKYS, Jürgen, *1929 in Heiligenkreutz/Samland (Ostpreußen, jetzt Russland), † 2015 in Berlin. Ev. Theologe, Pfarrer, Dozent, Professor, Hymnologe, Kirchenlieddichter und -übersetzer, Mitarbeiter am EG 1993. T 2, 101, 375, 451, 456, 486, 533, 733, 827, 830

HENSEL, Luise, *1798 in Linum bei Fehrbellin (Brandenburg), † 1876 in Paderborn (Nordrhein-Westfalen). Erzieherin, Lehrerin, 1818 zum Kath. konvertiert, Liederdichterin. T 621

HERBERGER, Valerius, *1562 und † 1627 in Fraustadt/Schlesien (Polen). Luth. Theologe, Lateinlehrer, Diakon, Pfarrer, Erbauungsschriftsteller. T 775

HERDER, Johann Gottfried, *1744 in Mohrungen (Ostpreußen, jetzt Russland), † 1803 in Weimar (Thüringen). Ev. Theologe, Lehrer, Prediger, Pfarrer, Generalsuperintendent, Konsistorialrat, Literatur- und Sprachforscher, Liedersammler, Schriftsteller, Dichter. T 406 – M 409

HERMAN(N), Nikolaus (Niclas), *1500 in Altdorf bei Nürnberg (Bayern), † 1561 in St. Joachimsthal (Böhmen). Lehrer, Kantor, geistl. Liederdichter und -komponist. T 562, 590, 629, 773 – TM 395, 469 – M 406, 410, 439, 474

HERMES, Michael, *1938 in Iserlohn, † 2014 in Meschede (Nordrhein-Westfalen). Benediktinermönch der Abtei Königsmünster, Theologe, Philosoph, Biologe, Gymnasialrektor, Dozent für Gregorianik. T 166

HERRNSCHMIDT, Johann Daniel, *1675 in Bopfingen (Baden-Württemberg), † 1723 in Halle/Saale (Sachsen-Anhalt). Ev. Theologe, Hofprediger, Superintendent, Professor, Mitdirektor der Franckeschen Stiftungen, Kirchenlieddichter. T 99

HERROSEE, Carl Friedrich Wilhelm, *1754 in Berlin, † 1821 in Züllichau/Oder (jetzt Polen). Ev. Theologe, Hofprediger, Superintendent, Kirchenlieddichter. T 248

HERTZSCH, Klaus-Peter, *1930 und † 2015 in Jena (Thüringen). Ev. Theologe, Studieninspektor, Pfarrer, Studentenpfarrer, Dozent, Professor, Prediger, Liederdichter, Mitarbeiter am EG 1993. T 843

HESEKIEL, Martin, *1912 in Posen (jetzt Polen), † 2003 in Lübeck. Ev. Theologe, Landesjugendpfarrer, Flüchtlingsseelsorger, Gemeindepastor, Dichter und Komponist geistl. Lieder. TM 614

HESSE, Johann, *1490 in Nürnberg, † 1547 in Breslau (jetzt Polen). Magister artium, Sekretär/Notar der Kanzlei des Bischofs (Breslau), Prinzenerzieher, Kanonikus, Diakon, Priester, Hofprediger, 1523 ev. Pfarrer, Reformator, Herausgeber des ersten Breslauer GB (1524). T 772

HEUSSER, geb. SCHWEIZER, Meta, *1797 und † 1876 in Hirzel/ZH. Arztfrau, Hausfrau, ökumenisch interessierte Dichterin. T 692

HEY, Wilhelm, *1789 in Leina bei Gotha, † 1854 in Ichtershausen bei Arnstadt (Thüringen). Ev. Theologe, Hauslehrer, Lehrer, Pfarrer, Hofprediger, Superintendent, Dichter. T 531

HEYDEN (Haiden, Heiden), Sebald, *1499 in Bruck bei Erlangen, † 1561 in Nürnberg (Bayern). Ev. Kantor, Schulrektor, Schulbuchautor, geistl. Liederdichter. T 438

HILBER, Johann Baptist, *1891 in Wil/SG, † 1973 in Luzern. Kath. Kirchenmusiker, Musikdirektor, Stiftskapellmeister, Gründer der Kirchenmusikschule Luzern, Redaktor, Komponist, Mitarbeiter am KKG 1966. M 366

HILLE, Eduard, *1822 in Wahlhausen/Werra (Thüringen), † 1891 in Göttingen (Niedersachsen). Musiklehrer, Dirigent, Musikdirektor, Komponist. MS 371

HILLER, Philipp Friedrich, *1699 in Mühlhausen an der Enz, † 1769 in Steinheim bei Heidenheim an der Brenz (Baden-Württemberg). Ev. pietistischer Pfarrer, Erbauungsschriftsteller, Kirchenlieddichter. T 209, 492, 794, 853

HILTBRUNNER, Hermann, *1893 in Biel-Benken/BL, † 1961 in Uerikon bei Stäfa/ZH. Sekundarlehrer, Schriftsteller, Lyriker. T 553

HINDENLANG, Friedrich, *1867 in Hornberg/Schwarzwald, † 1937 in Karlsruhe (Baden-Württemberg). Geschäftsführer ev. Presseverband, Kirchenrat, Volksschriftsteller. T 600

HINTZE, Jakob, *1622 in Bernau bei Berlin, † 1702 in Berlin. Musiker, Musikverleger, GB-Herausgeber, Komponist. M 683

HOFFMANN VON FALLERSLEBEN, Heinrich August, *1798 in Fallersleben bei Braunschweig (Niedersachsen), † 1874 in Corvey bei Höxter (Nordrhein-Westfalen). Bibliothekar, Sprachforscher, Professor für Germanistik, Hymnologe, Herausgeber, Dichter und Komponist. M 685

HOFHAIMER (Hofhaymer, Hoffheimer), Paul, * 1459 in Radstadt/Tauern (Salzburg, Österreich), † 1537 in Salzburg. Organist, Orgellehrer, Komponist. M 208

HOFMANN, Friedrich, * 1910 in Sondheim/Murr/Unterfranken, † 1998 in Ansbach/Mittelfranken (Bayern). Ev. Theologe, Pfarrer, Kirchenrat, Dekan, Beauftragter der Bayerischen Landeskirche für kirchl. Singen, Herausgeber, Kirchenlieddichter und -komponist (auch Pseudonym Holger Friese), Mitarbeiter am EG 1993, Mitglied der → AöL. T 186, 188 – M 738

HOLZMEISTER, Lieselotte, * 1921 in Iserlohn (Nordrhein-Westfalen), † 1994 in Salzburg (Österreich). Verlagsmitgründerin, Politikerin, Übersetzerin, Liedersammlerin, Lyrikerin. T 423

HOLZSCHUHER, Johann Christoph Heinrich, * 1798 in Wunsiedel, † 1847 auf Schloss Bug bei Hof/Oberfranken (Bayern). Schriftsteller, Satiriker, Erzieher, Patrimonialrichter, Kirchenlieddichter. T 409

HOMBURG, Ernst Christoph, * 1607 in Mihla bei Eisenach (Thüringen), † 1681 in Naumburg (Sachsen-Anhalt). Jurist, Rechtsanwalt, Dichter. T 444

HOPPE, Bodo, * 1926 in Bromberg (Schlesien, jetzt Polen), † 2013 in Hatten-Sandkrug (Niedersachsen). Pastor des Bundes Ev.-Freikirchlicher Gemeinden, Lieddichter und -komponist. TM 74

HORST, Peter, * 1927 in Groß-Leistenau (Westpreußen, jetzt Polen), † 2008 in Kassel (Hessen). Ev. Theologe, Pfarrer, Studienleiter, Mitarbeiter des Deutschen Ev. Kirchentages, Lieddichter. T 182

HORTON, Zilphia, * um 1910, † 1954. Musikdirektorin an der Highlander-School für Arbeiterbildung in Tennessee (USA). TM 860

HRABANUS (Rabanus) MAURUS, * um 780 in Mainz, † 856 in Winkel bei Rüdesheim (Rheinland-Pfalz). Benediktinermönch, Priester, Lehrer, Rektor, Abt, Erzbischof, Seelsorger, Schriftsteller, Dichter. T 499, 500

HUBERT (Huber), Konrad, * 1507 in (Bad) Bergzabern (Rheinland-Pfalz), † 1577 in Straßburg. Ev. Theologe, Diakon, Privatsekretär Martin Bucers, GB-Herausgeber, Freiprediger, Kirchenlieddichter. T 208

HUIJBERS, Bernard Maria, *1922 in Rotterdam (Niederlande), † 2003 in Espeillac/Dep. Aveyron (Frankreich). Kath. Priester (SJ), Dirigent, Dozent für Liturgik und Kirchenmusik, Komponist. M 213, 379

HUMMEL, Bertold, *1925 in Hüfingen bei Donaueschingen (Baden-Württemberg), † 2002 in Würzburg/Unterfranken (Bayern). Kath. Kirchenmusiker, Kantor, Kompositionslehrer, Professor, Präsident der Musikhochschule Würzburg, Komponist. M 158

IBN GABIROL, Salomo (Schlomo) Ben Juda (lat. Avicebron), *um 1020 (1022?) in Málaga, † um 1050 oder um 1057/58 in Valencia (Spanien). Jüdisch-andalusischer Schriftsteller: Dichtung (in Hebräisch), philosophische Werke (in Arabisch). T 205

IRVINE, Jessie Seymour, *1836 in Dunnottar/Kincardineshire, † 1887 in Aberdeen (Schottland). Dichterin, Komponistin. MS 18

ISAAK (Isaac, Ysac, Yzac), Heinrich (Henricus, Arrigo il Tedesco), *um 1450 in Flandern (Belgien), † 1517 in Florenz (Italien). Organist, Hofkapellmeister und -komponist, Komponist. M 772

JACOT, Pierre, *1911 in Basel, † 1947 in Gelterkinden/BL. Primarlehrer, Organist, Chorleiter, Komponist. M 755

JAHN (Janus, Jähne, Jan), Martin, *um 1620 in Merseburg (Sachsen-Anhalt), † um 1682 in Ohlau (Schlesien, jetzt Polen). Ev. Theologe, Kantor, Kirchenmusikdirektor, Schulrektor, Pfarrer, GB-Herausgeber, Komponist. M 446

JANSSEN, Hubert, *1927 in Kevelaer (Nordrhein-Westfalen), lebt dort. Kath. Priester, Jugendkaplan, Religionslehrer, Bordpfarrer auf Passagierschiffen, Gründer und Leiter des Kinderferienwerkes Ameland (Niederlande), Verlagsmitarbeiter, Texter, Komponist. T 839

JANSSENS, Peter (Pit, Piet),*1934 in Telgte, † 1998 in Münster (Nordrhein-Westfalen). Jugendmusikerzieher, Musiker, Musikverleger, Komponist. M 250, 487, 663

JENNY, Albert, *1912 in Solothurn, † 1992 in Ebikon/LU. Musiker, Musikdirektor, Konservatoriumslehrer, Stiftskapellmeister, Komponist. M 63

JENNY, Markus, *1924 in Stein/SG, † 2001 in Effretikon/ZH. Ref. Theologe, Pfarrer, Hymnologe, Professor, Kirchenlieddichter, -übersetzer und -komponist, Mitinitiant und Redaktor «Neues Singen in der Kirche» und ökumenisches Jugend-GB «Kumbaya» 1980, Mitarbeiter an Gesangbüchern (u. a. → EGB, RG 1998, KG 1998), Mitglied der → AöL. T 102, 260, 267, 379, 389, 500, 516, 700, 789, 825 – TM 626 – M 829

JENTZSCH, Martin, *1879 in Seyda (Sachsen-Anhalt), † 1967 in Erfurt (Thüringen). Ev. Theologe, Pfarrer, Leiter der Flussschiffermission, Kirchenrat, Kirchenlieddichter. T 823

JÖDE, Fritz, *1887 und † 1970 in Hamburg. Musikpädagoge, Professor für Chorleitung, Leiter von Volks- und Jugendmusikinstituten, Herausgeber, Bearbeiter, Dichter, Komponist. T 563

JONSON, Jonas, *1939 in Hammerdal/Jämtland, lebt in Strängnäs (Schweden). Luth. Theologe (Dr. theol.), Pastor, Professor für Missionswissenschaft, stellvertretender Generalsekretär des Luth. Weltbundes, Bischof von Strängnäs. T 840

JORISSEN, Matthias, *1739 in Wesel (Nordrhein-Westfalen), † 1823 in Den Haag (Niederlande). Ref. Theologe, Hauslehrer, Pfarrer, Bearbeiter und Übersetzer des → Genfer Psalters. T 5, 20, 25, 27, 30, 44, 55, 66, 67, 68, 78, 82, 92

JOSEPH, Georg, Lebensdaten unbekannt. Musiker, Hofkapellmeister des Fürstbischofs von Breslau, vertonte Liedtexte von J. → Scheffler (1657). M 658

JUD, Leo (Meister Leu), *1482 in Gemar/Elsass (Frankreich), † 1542 in Zürich (1538 Bürger von Zürich). Kath. Pfarrer, ref. Pfarrer, Mitarbeiter H. → Zwinglis, theol. Schriftsteller, Übersetzer, Dichter. T 649

JUHRE, Arnim, *1925 in Berlin, † 2015 in Wuppertal (Nordrhein-Westfalen). Radioredaktor, Verlagslektor, Zeitungsredaktor, Vorsitzender des Ev. Arbeitskreises Kirche und Theater, Schriftsteller, Lyriker. T 832

JUON, Lucius, *1913 in Balgach/SG, † 2015 in Chur/GR. Organist, Kirchenchorleiter, Komponist kirchl. Gebrauchsmusik. M 821

KAAN, Fred (Frederik Herman), *1929 in Haarlem (Niederlande), † 2009 in Birmingham (England). Pfarrer, Generalsekretär der Internationalen Kongregationalistischen Kirche, Hymnologe, Mitherausgeber des GB «Cantate Domino», Dichter geistl. Lieder. T 834

KAESTNER, Paul, * 1876 in Altona (Hamburg), † 1936 in Höchenschwand/Schwarzwald (Baden-Württemberg). Jurist, Ministerialdirektor, Lyriker. T 819

KALDALÓNS (Stefánsson), Sigvaldi, * 1881 und † 1946 in Reykjavík (Island). Arzt (u. a. am Kaldalón-Fjord), Komponist (unter dem Namen «Kaldalóns»), v. a. von Vokalmusik. T 457

KLAUSNER, Henry, * 1918 in Berlin, † 2009 im Kibbuz Jakum (Israel). Schulmusiker, Leiter der Musikerziehung der Kibbuzim, Chorleiter (Offene Singen), Dirigent, Musikdirektor, Komponist. S 168

KLEE (Thymus), Georg. Lebensdaten unbekannt. Veröffentlichte 1552 ein GB (lat.-dt.). T 620

KLEIN, Peter Joseph, * 1913 in Offenbach-Bieber, † 2005 in Haingrund (?) (Hessen). Kath. Theologe, Pfarrer im Bistum Mainz, Initiator von u. Mitarbeiter an Gesangbüchern (u. a. → EGB). T 254

KLEIN, Richard Rudolf, * 1921 in Nussdorf (Rheinland-Pfalz), † 2011 in Glashütten/Taunus (Hessen). Professor an Musikhochschulen, Komponist. M 336

KLEPPER, Jochen, * 1903 in Beuthen (Schlesien, jetzt Polen), † 1942 in Berlin. Ev. Theologe, Mitarbeiter bei Presse und Radio, Schriftsteller, Dichter. T 179, 372, 415, 554, 574, 584, 622, 696, 738, 746, 777

KLINK, Johanna, * 1918 in Roermond, † 2008 in Vijlen (Niederlande). Ev. Theologin, Pfarrerin, freiberufliche Autorin (u. a. religionspädagogische Schriften). T 633

KNAPP, Albert, * 1798 in Tübingen, † 1864 in Stuttgart (Baden-Württemberg). Ev. Theologe, Pfarrer, Erbauungsschriftsteller, Hymnologe, Kirchenliederherausgeber, -bearbeiter und -dichter. T 163, 293, 618, 653, 692, 793, 797, 799, 814, 815, 855

KNECHT, Justin Heinrich, * 1752 und † 1817 in Biberach (Baden-Württemberg). Musiker, Musikdirektor und -lehrer, Hofkapellmeister, Choralbuchmitherausgeber. M 689, 857

KNORR VON ROSENROTH, Christian, * 1636 in Alt-Raudten (Schlesien, jetzt Polen), † 1689 in Großalbershof/Oberpfalz (Bayern). Hofrat, Schriftsteller, Dichter, Komponist. T 572

KOLMODIN, Israel, *1643 in Enköping/Uppsala län, † 1709 in Visby/Gotland (Schweden). Ev. Theologe, Professor, Superintendent, Mitherausgeber des GB Schweden 1697. T 539

KOMMISSION bezeichnet bei Liedtexten die beauftragte Kleine (Fach-)Kommission des Gesangbuchvereins der Evang.-ref. Kirchen der deutschsprachigen Schweiz und bei Sätzen die Kommission der Reformierten Kirchenmusikerverbände der deutschsprachigen Schweiz (RKV). T 20, 46, 274, 277, 413, 618, 804 – S 349, 377, 413, 437, 466, 542, 590, 838, 860

KÖNIG, Johann Balthasar, *1691 in Waltershausen bei Gotha (Thüringen), † 1758 in Frankfurt/M. Sänger, Musiker, Musikdirektor, Kapellmeister, Komponist, Choralbuchherausgeber. M 728 – MS 177, 554, 682, 741 – S 618, 689, 857

KOPF, Joseph, *1929 und † 1979 in St. Gallen. Lyriker, 1973 Träger des deutschen Hebel-Preises, zeitweise Arbeiter bei der Salzgewinnung in israelischem Kibbuz. T 759

KRAFT, Sigisbert, *1927 in Bingen (Rheinland-Pfalz), † 2006 in Waghäusel-Kirrlach (Baden-Württemberg). Theologe, Gemeindeseelsorger, Religionslehrer, Lehrbeauftragter, alt-kath. Bischof, Hymnologe, Sachbuchautor, Kirchenlieddichter, -übersetzer und -komponist, Mitarbeiter am → EGB, Mitglied der → AöL. T 15, 466, 620

KRAMER, geb. FRIEDRICH, Susanne, *1935 in Zürich, lebt dort. Lehrerin, Mutter, Publizistin, Redaktorin, Studienleiterin, Übersetzerin, Dichterin geistl. Lieder. T 706

KRAUTWURST, Franz, *1923 in München, † 2015 in Erlangen (Bayern). Musiker, Musikwissenschafter, Universitätsprofessor, Chorleiter, Herausgeber von Chorheften, Komponist. M 39

KREMER, Gerard (Gerhardus Marinus), *1919 in Amsterdam, † 1970 in Aerdenhout (Niederlande). Organist, Kantor, Musikdozent, Komponist. M 260

KREUZIGER (Cruziger, Creutziger), geb. VON MESERITZ, Elisabeth, *um 1500 auf dem Adelssitz Meseritz bei Schivelbein (Ostpommern, jetzt Polen), † 1535 in Wittenberg. Nonne im Prämonstratenserinnenkloster Treptow an der Rega (Ostpommern, jetzt Polen), Trauung durch M. → Luther mit dessen Mitarbeiter Caspar K., erste ev. Liederdichterin. T 390

KRIEGER, Adam, *1634 in Driesen (Mark Brandenburg, jetzt Polen), †1666 in Dresden. Organist, Klavierlehrer, Dichter, Komponist. M 239

KROEDEL, Rolf, *1934 in Eisenach (Thüringen), lebt in Hilchenbach (Nordrhein-Westfalen). Schulmusiker, Landessingwart der Ev.-luth. Kirche in Thüringen, Chorleiter, Komponist. M 760

KRONBERG, Gerhard, *1913 in Ócsad (Ungarn, jetzt Oščadnica, Slowakei), †2011 in Nördlingen (Bayern). Kath. Kirchenmusiker, musikalischer Leiter der Jugendbewegung «Quickborn», Musiklehrer, Komponist, Organist und Chorleiter. M 699, 732

KUGELMANN, Hans (Johannes), *um 1495 in Augsburg, †1542 in Königsberg (Ostpreußen, jetzt Russland). Hoftrompeter, Hofkapellmeister, Komponist. M 59, 561

KUKUCK, geb. COHNHEIM/KESTNER, Felicitas, *1914 in Hamburg, †2001 in Hamburg-Blankenese. Musikerin, Musiklehrerin, Chorleiterin, Komponistin. M 832

LAFFERTY, Karen, *1948 in Alamogordo, lebt in Santa Fé (New Mexico/USA). Schulmusikerin, Musicianary (Musikmissionarin), Liedermacherin. MS 838

LAHUSEN, Christian Friedrich Martin Leberecht, *1886 in Buenos Aires (Argentinien), †1975 in Überlingen/Bodensee (Baden-Württemberg). Musiker, Kapellmeister, Musiklehrer, Chorleiter, Mitglied der Evang. Michaelsbruderschaft. TM 630 – M 270, 376, 535

LAMPARTER, Helmut, *1912 in Reutlingen, †1991 in Tübingen (Baden-Württemberg). Ev. Theologe, Pfarrer, Lehrer, Professor (Pädagogische Hochschule), Exeget, Dichter neuer Psalmfassungen. T 10, 22

LANGTON, Stephen, *um 1150 in Lincolnshire, †1228 Slindon/Sussex (England). Professor in Paris (Theologie, Philosophie), Kardinal, Erzbischof von Canterbury, Urheber der Kapitel-Einteilung der lat. Bibel, Autor, Dichter. T 515

LAUFENBERG, Heinrich von, *um 1390 in Laufenburg (jetzt AG), †1460 in Straßburg. Priester, Domdechant, Kapiteldekan, Naturkundler, Musiker, Autor, Dichter von Kirchenliedern, Um-/Nachdichtungen welt. Lieder und lat. Hymnen. T 386

LAVATER, Johann Kaspar, *1741 und †1801 in Zürich. Reform. Theologe, Prediger, Pfarrer, Schriftsteller (theologisch-philosophisch, spiritualistisch), Dichter. T 545, 616, 691

LAYRIZ (Layritz), Friedrich (Fridrich), *1808 in Nemmersdorf (Fürstentum Bayreuth/Oberfranken), †1859 in Unterschwaningen/Mittelfranken (Bayern). Ev. Theologe, Pfarrer, Hymnologe, Dichter, Bearbeiter geistl. Lieder. T 399

LEHMANN, Christoph, *1947 in Peking (China), lebt in Düsseldorf. Organist, Cembalist, Kirchen- und Theatermusiker, Arrangeur, Verleger, Computer-Programmierer, Komponist, Texter. T 862

LEHNDORFF, Hans von, *1910 in Graditz bei Torgau (Sachsen), †1987 in Bonn. Arzt, Spitalseelsorger, Schriftsteller, Dichter. T 833

LENHERR, Josef, *1927 in Aesch/BL, lebt in Simbabwe (Afrika). Kath. Priester, Musiklehrer, Missionar, Gründer und Leiter einer Komponistenschule in Simbabwe. M 176

LEONHARDT, Sabine, *1919 in Magdeburg (Sachsen-Anhalt), †2012 in Frankfurt/M. Dolmetscherin (Russisch, Englisch), Dichterin, Kirchenliedübersetzerin. T 280

LEUSCHNER, Gitta, *1935 in Neiße (Schlesien, jetzt Polen), lebt in Hurlach (Bayern). Ebendort seit 1975 Sprachlehrerin und Übersetzerin bei «Jugend mit einer Mission». T 8

LIEBICH, Ehrenfried, *1713 in Probsthain bei Liegnitz, †1780 in Erdmannsdorf bei Hirschberg (Niederschlesien, jetzt Polen). Müller, ev.-luth. Theologe, Pfarrer, Dichter (geistl. Lieder und Oden). T 689

LIEDHOLZ, Ulrich, *1960 in Marburg/Lahn (Hessen), lebt in Berlin. Diplom-Sozialpädagoge, Schriftsteller. T 826

LITURGIEKOMMISSION, gegründet 1956 durch die Evangelisch-reformierten Kirchen der deutschsprachigen Schweiz mit dem Auftrag, ein gemeinsames Liturgiewerk zu schaffen. Sie stellte die Lesetexte, Gebete und Gottesdienstordnungen für die GB-Kommission des RG bereit. Sie wurde 2016 aufgelöst. T 207, 210, 295, 582, 617, 619

LOBWASSER, Ambrosius, *1515 in Schneeberg (Sachsen), †1585 in Königsberg (Ostpreußen, jetzt Russland). Magister artium, Hauslehrer (Hofmeister), Jurist (Dr. iur.), Professor der Rechte, als Lutheraner Übersetzer des → Genfer Psalters. T 75, 397

LOHMANN, Karl Robert Gustav, *1876 in Witten/Ruhr, † 1967 in Stolberg bei Aachen (Nordrhein-Westfalen). Ev.-freikirchlicher Pfarrer, Lieddichter. T 825

LOHUUS, Maria (Marguerite JENNY, geb. LOELIGER), *1925 in Arlesheim/BL, † 1996 in Effretikon/ZH. Musikpädagogin, Chorleiterin, Pfarrfrau, Mutter, Übersetzerin, Autorin, Komponistin. T 539 – M 375, 427

LORENZEN, Lorenz (Laurentius Laurenti), *1660 in Husum (Schleswig-Holstein), † 1722 in Bremen. Kantor, Musikdirektor, Kirchenlieddichter (pietistischer Prägung). T 483

LOSSIUS (Lotze), Lucas, *1508 in Vaake/Weser (Hessen), † 1582 in Lüneburg (Niedersachsen). Sekretär des Reformators Urbanus Rhegius, Musiklehrer, Kantor, Herausgeber, Bearbeiter liturgischer Gesänge und Kirchenlieder. M 386

LOTZ, Hans-Georg, *1934 in Gießen (Hessen), † 2001 in Hamburg. Kaufmännische Tätigkeit, Pianist, Dozent Hochschule für Musik und Konservatorium Hamburg (Klavier, Theorie), Chorleiter, Komponist und Dichter. TM 212, 701

LÜDERS, Rüdeger, *1936 in Stuttgart, lebt dort. Maschinenbau-Ingenieur, ev. Jugendarbeiter, Liedermacher. TM 828

LUNDBERG, Lars Åke, *1935 in Vänersborg, lebt in Farsta/Stockholm (Schweden). Luth. Theologe, Pfarrer, Stiftsadjunkt, Redaktor, Komponist. M 700

LÜTGE, Karl, *1875 in Ahstedt bei Hildesheim (Niedersachsen), † 1967 in Korbach (Hessen). Lehrer, Organist. M 538

LUTHER (Luder), Martin, *1483 und † 1546 in Eisleben (Grafschaft Mansfeld, jetzt Sachsen-Anhalt), beerdigt in Wittenberg. Magister artium, Augustiner-Eremit, Priester, Lektor (Philosophie), Dr. theol., Professor für Bibelexegese, Konvents- und Stadtprediger, Distriktvikar seines Ordens, 1520 Kirchenbann und Reichsacht, ev. Reformator, Pfarrer, Professor, Dekan der Theol. Fakultät (Universität Wittenberg). Autor theol. Schriften, Übersetzer (Bibel, Liturgie, Hymnen), Kirchenlieddichter, -komponist und -herausgeber. T 43, 84, 103,

207, 224, 332, 392, 393, 502, 538, 559, 564, 589 – TM 9, 32, 83, 255, 273, 287, 304, 314, 394, 463, 464, 501, 648 – M 35, 193, 271, 277, 291, 351, 358, 430, 493, 551, 552, 729

LUTZ, geb. GUTSCHER, Meie, *1950 in Gontenschwil/AG, lebt in St. Gallen. Primar-, Singschullehrerin, Mutter, Autorin, Organistin, Cembalistin, Chorleiterin, Komponistin. TM 837 – M 31

LUTZ, Pierre, *1926 und † 2009 in Straßburg. Pfarrer der lutherischen Kirche in Elsaß-Lothringen (Straßburg, Westhoffen bei Obernay/Molsheim), Kirchenliedübersetzer. T 652

LUTZ, Rudolf, *1951 in St. Gallen, lebt dort. Musiker, Kantor, Organist, Lehrer für Improvisation an Musikhochschulen, Komponist. M 839

LYTE, Henry Francis, *1793 in Ednam bei Kelso (Schottland), † 1847 in Nizza (Frankreich). Pfarrer in angelsächsischen Ländern, Autor geistl. Dichtungen. T 603

MALAN, Henri Abraham César, *1787 in Genf, † 1864 in Vandœuvres/GE. Ref. Theologe, Lehrer, Pfarrer, Leiter des «Réveil», Evangelisationsreiseprediger, GB-Herausgeber. M 694

MARTI, Andreas, *1949 in Bern, lebt in Liebefeld/BE. Ref. Theologe (Dr. theol.), Organist, Cembalist, Chorleiter, Dozent für Kirchenmusik u.a. in Bern und Zürich, Hymnologe, Beauftragter der Deutschschweizer reformierten Kirchen für Liturgik und Hymnologie, Redaktor und Herausgeber kirchenmusikalischer Periodika, Mitarbeiter am RG 1998, Mitglied der → Liturgiekommission und der → AöL. S 306, 621

MARTI, Kurt, *1921 und † 2017 in Bern. Ref. Theologe, Gemeindepfarrer, Schriftsteller, Publizist, Lyriker (auch Mundart), vielfacher Preisträger (u.a. Tucholsky-Preis 1997). T 487, 534, 607, 832, 867

MARTIN (Martinus), Jon (Joannes), *1644 und † 1733 in Ramosch/GR. Ref. Theologe, Pfarrer, GB-Herausgeber, Dichter. T 233

MARX, Karl, *1897 in München, † 1985 in Stuttgart. Musiker, Chorleiter, Musiklehrer und -professor, Komponist. M 475

MAURER, Adolf, *1883 in Zürich, † 1976 in Wangen-Brüttisellen/ZH. Ref. Pfarrer, Redaktor, Volksschriftsteller, Dialektdichter, Dr. h.c. Universität Zürich. T 679, 717, 820

MAYER, Yvette, *1926 in Vitznau/LU, † 2001 in Landquart/GR. Ref. Theologin, Gemeindepfarrerin, Mitglied der → Liturgiekommission. T 712, 743

MEIER-BUCHER, Verena, *1940 in Waldstatt/AR, lebt in Vernate/TI. Sekretärin, Sozialarbeiterin, Mutter, Kirchenmusikerin. T 8

MEILI, Stefan, *1962 in Winterthur/ZH, lebt in Tavannes/BE. Ref. Theologe, Pfarrer, Mitglied der → Liturgiekommission. T 714

MEISSER, Leonhard, *1803 in Davos/GR, † 1872 in Chur/GR. Hauslehrer, ref. Theologe, Pfarrer in Berggemeinden, Kirchenlieddichter. T 513

MEISTER, Gertrud, *1908 und † 1987 in Burgdorf/BE. Hausfrau, Kirchenmusikerin, Sonntagschullehrerin, Dichterin (Mundart), Kindergesangbuchherausgeberin. T 339, 376, 453, 488, 863

MELANCHTHON (Schwartzerdt), Philipp, *1497 in Bretten (Baden-Württemberg), † 1560 in Wittenberg. Magister artium, Professor für Griechisch und Theologie, ev. Reformator in Kursachsen, Verfasser der Augsburger Konfession (1530), Übersetzer, Dichter (lat.). T 790

MENDELSSOHN BARTHOLDY, Felix Jakob Ludwig, *1809 in Hamburg, † 1847 in Leipzig. Musiker, Pianist, Musikdirektor, Dirigent, Komponist, Maler, Mitbegründer und Lehrer des Leipziger Konservatoriums. MS 407

MENDT, Dietrich, *1926 in Niederwiesa, † 2006 in Dresden (Sachsen). Ev. Theologe, Studieninspektor, Gemeindepfarrer, Oberkirchenrat für Gemeindeaufbau, Superintendent, Kirchenlieddichter und -komponist, Mitarbeiter am EG 1993. TM 282

MENTZER, Johann, *1658 in Jahmen/Oberlausitz, † 1734 in Kemnitz bei Herrnhut (Sachsen). Luth. Theologe, Pfarrer, Liederdichter (pietistischer Richtung). T 728

METTERNICH, Josef, *1930 und † 2003 in Köln. Kath. Theologe, Jugendpfarrer, erarbeitete Texte mit seinem Team. T 663

MEYER, Hans Bernhard, *1924 in Mannheim (Baden-Württemberg), † 2002 in Innsbruck (Österreich). Kath. Theologe, Jesuit, Professor für Moraltheologie, Liturgiewissenschaft, Schriftleiter «Zeitschrift für Kath. Theologie», Mitarbeiter am → EGB. T 250

MEYFART, Johannes Matthäus, *1590 in Jena, † 1642 in Erfurt (Thüringen). Ev. Theologe, Lehrer, Rektor (Gymnasium), Professor für Theologie, Pfarrer, Autor zeitkritischer Schriften, Kirchenlieddichter. T 851

MICHAEL (Michaelis, Brillmacher), Peter (Petrus), *1542 in Köln, † 1595 in Mainz. Jesuit, Magister artium, Priester, Kollegsrektor, Hofprediger und -berater, Gymnasiumsleiter, Kontroverstheologe, Autor. T 791

MICHEL, Josef, *1928 in Hamburg, † 2002 in Radolfzell (Baden-Württemberg). Chorleiter, Kantor, Bezirkskantor, Elektronenorgelbauer, Musiklehrer, Stimmbildner, Komponist. S 409

MISCH, Conrad, *1934 in Helbra/Kreis Eisleben (Sachsen-Anhalt), lebt in Frankfurt/M. Kath. Kirchenmusiker, Cembalist, Kantor, Kirchenmusikdirektor, Komponist, Mitarbeiter am → EGB. M 246

MITSCHA-EIBL, Claudia, *1958 in Mistelbach, lebt in Korneuburg (Niederösterreich). Kath. Theologin, Musikerin, Mutter, Lehrerin, Liedermacherin. TMS 866

MOESCHINGER, Albert, *1897 in Basel, † 1985 in Thun/BE. Pianist, Klavier- und Theorielehrer, freischaffender Komponist. M 256, 717 – MS 215, 318, 553

MOHR, Joseph, *1834 in Siegburg (Nordrhein-Westfalen), † 1892 in München. Kath. Theologe, Jesuit, dann Weltpriester, Hymnologe, Herausgeber von Gesangbüchern mit vielen Auflagen, Dichter und Komponist. M 306

MOHR, Joseph, *1792 in Salzburg, † 1848 in Wagrain bei Salzburg (Österreich). Kath. Theologe, Kaplan, Pfarrer, Dichter. T 412

MONK, William Henry, *1823 in Brompton bei London, † 1889 in Stoke Newington bei London (England). Kirchenmusiker, Organist, Chormeister, Musikprofessor, Mitherausgeber des englischen GB 1861, Komponist. MS 603

MOREL, Fritz, *1900 und † 1973 in Basel. Jurist, Kavallerieoffizier, Organist, Cembalist, Konservatoriumslehrer, Mitarbeiter am Probeband 1941 und RKG 1952, Autor, Komponist. M 692

MORGENSTERN, Christian, *1871 in München, † 1914 in Meran (Südtirol, jetzt Italien). Redaktor, Journalist, Schriftsteller, Lyriker. T 821

MÜLLER, Michael (Pseudonym). Lebensdaten unbekannt (20. Jh.). Mitarbeiter am → EGB. M 779

MÜLLER-OSTEN, Kurt, *1905 in Breslau (jetzt Polen), † 1980 in Marburg (Hessen). Ev. Theologe, Pfarrer, Prälat, Propst, Mitglied der Bekennenden Kirche, Schriftsteller, Kirchenlieddichter. T 858

MÜLLER (-ZÜRICH), Paul, *1898 in Zürich, † 1993 in Luzern. Musiker, Chorleiter, Dirigent, Musiklehrer (Theorie, Komposition, Dirigieren) am Konservatorium Zürich, Lehrbeauftragter Universität, Komponist, Mitarbeiter am RKG 1952. TM 749 – S 317, 599, 659, 661, 795, 820, 827

MUNDELE, Koung Gahel. Lebensdaten unbekannt. T 862

MÜNTZER, Thomas, *um 1489 in Stolberg im Harz (Sachsen-Anhalt), † 1525 bei Mühlhausen (Thüringen). Magister artium und der Theologie, Priesterweihe, Probst, Schulleiter (Kanonissenstift), Beichtvater (Zisterzienserinnenkloster), ev. Prediger, Pfarrer, Übersetzer lat. Liturgien vor M. → Luther, verbündete sich mit Bauern gegen Fürst und Kirche, hingerichtet. T 359

NAEGELI, geb. SCHRADE, Antje Sabine, *1948 in Itzehoe (Schleswig-Holstein), lebt in Niederteufen/AR. Ev. Theologin, Pfarrerin, Psychotherapeutin, Autorin. T 718, 721, 836

NEALE, John Mason, *1818 in London, † 1866 in East Grinstead (England). Anglik. Priester, Leiter einer Wohltätigkeitsinstitution, Anhänger der Hochkirchlichen Bewegung (Oxford Movement), Autor, Dichter, Übersetzer liturg. Texte und antiker Hymnen. M 362

NEANDER (Neumann), Joachim, *1650 und † 1680 in Bremen. Ref. Theologe, Hauslehrer, Rektor (Lateinschule), Prediger, Frühprediger, Dichter und Komponist pietistisch-ref. Lieder. T 530, 596 – TM 242, 404 – TMS 161 – M 160 – MS 162

NEHRING, Johann Christian, *1671 in Goldbach bei Gotha (Thüringen), † 1736 in Morl bei Halle/Saale (Sachsen-Anhalt). Ev. Theologe, Schulrektor, Inspektor der Stipendiaten (Waisenhaus Halle), Pfarrer, Schriftsteller, Kirchenlieddichter. T 795

Neumark, Georg, *1621 in (Bad) Langensalza, † 1681 in Weimar (Thüringen). Hauslehrer, Jurist, Bibliothekar, Kanzleiregistrator, Sekretär der «Fruchtbringenden Gesellschaft» (Sprachgesellschaft), Hofdichter, Gambenspieler, Kirchenlieddichter und Komponist. TMS 681 – MS 209, 715, 754

Neumeister, Erdmann, *1671 in Uichteritz bei Weißenfels (Sachsen-Anhalt), † 1756 in Hamburg. Ev. Theologe, Literaturwissenschafter, Dozent für Poetik, Pfarrer, Hofprediger, Superintendent, Hauptpastor in Hamburg (St. Jakobi), Autor theologisch-polemischer Schriften, Kantaten- und Kirchenlieddichter. T 660

Nicolai (Rafflenboel), Philipp, *1556 in Mengeringhausen/Waldeck (Hessen), † 1608 in Hamburg. Ev.-luth. Theologe, Pfarrer, Untergrundprediger (Köln), Hauptpastor in Hamburg (St. Katharinen), Autor theol. Schriften, Kirchenlieddichter und -komponist. TM 653, 850 – M 504, 799

Niebuhr, Karl Paul Reinhold, *1892 in Wright City/Missouri, † 1971 in New York (USA). Ev. Theologe, Gemeindepastor, Professor am Theol. Seminar, Autor christlich-sozialer, politischer Schriften. T 844

Niedling, Johann, *1602 in Sangerhausen (Sachsen-Anhalt), † 1668 in Altenburg (Thüringen). Gymnasiallehrer, Autor erbaulicher Schriften, Herausgeber von ev. Gesangbüchern, Kirchenlieddichter. T 506

Niege, Georg, *1525 in Allendorf (jetzt Bad Sooden-Allendorf) (Hessen), † 1589 in Herford (Nordrhein-Westfalen). Kantoreimusiker, Soldat im Schmalkaldischen Krieg 1546/47, Feldhauptmann in verschiedenen Kriegen in Europa, Verwaltungsbeamter, Autor eines Erbauungsbüchleins mit Liedern. T 564

Nievergelt, Edwin, *1917 und † 2010 in Winterthur. Organist, Kantor, Musikkritiker, Redaktor von Fachzeitschriften, Dozent für Kirchenmusik (Universität Zürich), Leiter im Institut für Kirchenmusik, Mitbegründer der «Engadiner Kantorei», Mitarbeiter am RKG 1952, Mitinitiant und Redaktor «Neues Singen in der Kirche» und ökumenisches Jugend-GB «Kumbaya» 1980, Kirchenlieddichter. T 638

Niklaus (Nikolaus) von Flüe (Bruder Klaus), *1417 auf dem Flüeli bei Sachseln, getauft 21. März in Kerns/OW, † 1487 im

Ranft (begraben in Sachseln), Seligsprechung 1669/1671, Heiligsprechung 1947. Bauer, Soldat, Gemeindevorsteher, Ratsherr, Einsiedler, Mystiker, Ratgeber der Eidgenossen. T 650

NOOTER, Jan, *1922 in Amsterdam, † 1997 in Arnhem (Niederlande). Mennonitischer Theologe, Pfarrer, Präsident-Kurator (Algemene Doopsgezinde Societeit), Mitherausgeber von Gesangbüchern. T 827

NOVALIS → HARDENBERG, Friedrich von

NYBERG, Anders, *1955 von Dalarna, lebt in Piteå/Norbottens län (Schweden). Musiklehrer, Chorleiter. T 840

OCHS, Volker, *1929 in Düsseldorf, † 2018 in Frankfurt/O. (Brandenburg). Ev. Kirchenmusiker, Dozent für Kirchenmusik, Landessingwart, Kirchenmusikdirektor, Singwochenleiter, Mitarbeiter am EG 1993, Mitglied der → AöL, Herausgeber von Chorliteratur, Komponist. M 419, 819

OLEARIUS, Johann, *1611 in Halle/Saale, † 1684 in Weißenfels (Sachsen-Anhalt). Luth. Theologe, Dozent, Superintendent, Oberhofprediger, Kirchenrat, Generalsuperintendent, Hymnologe, GB-Herausgeber, Liederdichter. T 239

OOSTERHUIS, Huub (Hubertus Gerardus Josephus Henricus), *1933 in Amsterdam, lebt dort. Philologe (Niederländisch), kath. Theologe, Jesuit (1952–1969), Studentenpfarrer, Förderer religiöser Kultur, Übersetzer lat. Liturgie, Liederdichter. T 213, 379

OSTERWALDER, Josef, *1940 und † 2012 in St. Gallen. Kath. Theologe, Redaktor. T 778

OUDAAN (Oudaen), Joachim Fransz, *1628 in Rijnsburg, † 1692 in Rotterdam (Niederlande). Ziegelbrenner, Liederdichter, Förderer des mennonitischen geistl. Gesanges. T 486

OXENHAM, John (Pseudonym für William Arthur DUNKERLEY), *1852 in Cheetham/Manchester, † 1941 in High Salvington/Sussex (England). Geschäftsmann, Journalist, Sonntagschullehrer, Diakon der Kongregationalistischen Kirche, Schriftsteller, Lieddichter. T 804

PASCAL, Blaise, *1623 in Clermont-Ferrand/Auvergne (Frankreich), † 1662 in Paris. Mathematiker, Physiker, religöser Philosoph (dem Jansenismus nahestehend). T 673

PÉCZELI KIRÁLY, Imre (Emmerich), *um 1585 in Pécsely, † um 1641 in Érsekujvár (Ungarn, jetzt Nové Zámky, Slowakei). Ev. Theologe, Pfarrer, Schriftsteller und Dichter. T 454

PETER, Christoph, *1626 in Weida (Thüringen), † 1669 in Guben (Brandenburg). Lehrer, Kantor, Komponist. MS 597, 745 – S 687

PETZOLD, Johannes, *1912 in Plauen (Sachsen), † 1985 in Eisenach (Thüringen). Lehrer, Kantor, Dozent (Kirchenmusikschule Eisenach), Komponist. TM 45, 81, 95 – M 52, 65, 225, 372, 726, 805

PETZOLD, Lothar, *1938 in Leipzig, lebt in Zeuthen bei Berlin. Handelskaufmann, ev. Theologe, Pfarrer, Dozent bei Diakonenausbildung, Journalist, Chefredaktor, Mitherausgeber «Die Zeichen der Zeit», Prediger, Erzähler, Maler, Lieddichter. T 760

PIDOUX, Edmond, *1908 in Hornu bei Mons (Belgien), † 2004 in Pully/VD. Gymnasialprofessor, Schriftsteller, Dramatiker, Übersetzer, Lyriker. T 233, 499

PIDOUX, Pierre, *1905 in Neuenburg/NE, † 2001 in Genf. Ref. Theologe, Pfarrer, Organist, Hymnologe → Genfer Psalter, GB-Mitherausgeber, Liedbearbeiter und -komponist. M 811

PILZ, Winfried, *1940 in Warnsdorf (Nordböhmen, jetzt Tschechien), † 2019 in Görlitz (Sachsen). Kath. Priester, Jugendseelsorger, Gemeindepfarrer, Leiter des Deutschen Kath. Missionswerks, deutsche Gemeinde Prag, Liedermacher. T 529

PÖTZSCH, Arno, *1900 in Leipzig, † 1956 in Cuxhaven (Niedersachsen). Erzieher und Fürsorger in Brüdergemeinen, ev. Theologe, Marinepfarrer, Gemeindepfarrer, Lyriker. T 256, 374, 535, 577, 607, 698, 731, 756, 822

PRAETORIUS (Schultheiss, Schultze), Michael, *1571 in Creuzburg bei Eisenach (Thüringen), † 1621 in Wolfenbüttel (Niedersachsen). Organist, Hofkapellmeister, Musikgelehrter und -berater, Komponist. TMS 389 – M 223, 563 – S 11, 50, 84, 399, 468, 613, 672, 802

PREISWERK, Samuel, *1799 in Rümlingen/BL, † 1871 in Basel. Ref. Theologe, Pfarrer, theologischer Lehrer am Missionshaus Basel, Professor (Orientalistik und Altes Testament), Münsterpfarrer, Antistes, Mitarbeiter am GB Basel 1854. T 552, 801

PRÖGER, Johannes, *1917 in Gotha (Thüringen), † 1992 in Konz bei Trier (Rheinland-Pfalz). Ev. Pfarrer, Kirchenmusiker, Studienrat, Mozartforscher, Religionslehrer. T 411

PRUDENTIUS CLEMENS, Aurelius, *348 in Calahorra (?) (Spanien), † nach 405 in Rom. Jurist, Provinzialstatthalter, hoher Hofbeamter (Theodosius I.), christl. Dichter (u. a. lat. Hymnen, Stundengebet). T 249

PUCHTA, Christian Rudolf Heinrich, *1808 in Cadolzburg/Mittelfranken, † 1858 in Augsburg (Bayern). Ev. Theologe, Pfarrer, Gymnasialprofessor (Philosophie, Religion), Kirchenlieddichter. T 543

PULS, Hans, *1914 in Straßburg, † 1992 in Neunkirchen (Saarland). Lehrer in Frankreich, Französischlektor, Studiendirektor, Komponist (geistl. Lieder mit Combo). M 825

PURCELL, Henry, *1659 in London (?), † 1695 in Westminster/London. Sänger, Organist, Instrumentenverwalter, Komponist. MS 834

QUACK, Erhard, *1904 in Trippstadt, † 1983 in Speyer (Rheinland-Pfalz). Primarlehrer, kath. Kirchenmusiker, Gründer des Bischöflichen kirchenmusikalischen Instituts, Musikdirektor, Domkapellmeister, Mitarbeiter an Gesangbüchern (u. a. am → EGB), Mitglied der → AöL, Komponist. T 305, 313

QUANTZ, Johann Joachim, *1697 in Oberscheden bei Göttingen (Niedersachsen), † 1773 in Potsdam (Brandenburg). Stadtmusiker, Oboist und Flötist, Musiklehrer Friedrichs des Großen, Kammermusiker, Musikschriftsteller (z. T. mit Pseudonym Neologos), Hofkomponist. M 12

QUERHAM(M)ER, Caspar (Kaspar), *unbekannt, † 1546 in Halle/Saale (Sachsen-Anhalt). Kath. Bürgermeister in Halle (seit 1534), Dichter, Komponist und Bearbeiter von Kirchenliedern, Mitarbeiter am GB von M. → Vehe (Leipzig 1537), von Anhängern der Reformation hingerichtet. M 49

RAEDER, Johann Friedrich, *1815 und † 1872 in Elberfeld (Nordrhein-Westfalen). Kaufmann, Gründer des Handwerkergesangvereins, Herausgeber eines Melodienbuches zum GB 1846, Kirchenlieddichter und -komponist. T 694

RAINOLDI, Felice, *1935 in Chiuro (Valtellina/Lombardei), † 2015 in Morbegno (Italien). Priester, Musiker, Komponist, Chorleiter, Domkapellmeister, Musikwissenschafter, Liturgiker, Mitarbeiter des Ufficio Liturgico Nazionale della Chiesa italiana. T 652

RAMBACH, Johann Jakob, * 1693 in Glaucha bei Halle/Saale (Sachsen-Anhalt), † 1735 in Gießen (Hessen). Schreiner, ev. Theologe, Professor (Prakt. Theologie), Superintendent, GB-Herausgeber. T 177

RANKE, Friedrich Heinrich, * 1798 in Wiehe (Thüringen), † 1876 in München. Ev. Theologe, Pfarrer, Dekan, Professor, Oberkonsistorialrat, Liederdichter und -übersetzer. T 370, 413

RECHSTEINER, Iso, * 1934 in Appenzell/AI, lebt in Rorschacherberg/SG. Primarlehrer, Kirchenmusiker, Seminarmusiklehrer (Rorschach), Chorleiter, Organist, Komponist. M 26

REGNART, Jakob, * um 1540 in Douai (?) (Flandern, jetzt Frankreich), † 1599 in Prag. Am kaiserlichen Hof Chorknabe und -sänger, Musiklehrer, Kapellmeister, Komponist. M 674

REISNER (Reißner, Reusner, Reußner), Adam, * um 1500 und † 1582 (?) in Mindelheim bei Augsburg. Geheimschreiber des Georg von Frundsberg, Privatgelehrter, Stadtschreiber, Liedersammler, Dichter, Übersetzer (Autograph GB 1554), Anhänger der Schwenckfeldischen Schwarmgeister (ev. Glaubensgemeinschaft). T 23

RHAU (Raw), Johannes. Lebensdaten unbekannt (2. Hälfte 16. Jh.). Luth. Theologe, Pfarrer in Wetter bei Marburg (Hessen), Herausgeber eines vorwiegend vierstimmigen GB in Frankfurt/M 1589. M 713

RIEDEL, Carl, * 1827 in Cronenberg/Elberfeld (Nordrhein-Westfalen), † 1888 in Leipzig. Seidenfärber, Musiker, Kapellmeister, Chorleiter, Gründer des Riedelvereins, Präsident des Allgemeinen Deutschen Musikvereins, Förderer und Bearbeiter alter Kirchenmusik, Komponist, Professor. TS 414

RIETHMÜLLER, Otto, * 1889 in Stuttgart-Bad Cannstatt, † 1938 in Berlin. Ev. Theologe, Pfarrer, Leiter des weiblichen Jugendverbandes, Direktor des Burckhardt-Hauses Berlin, Vorsitzender der Jugendkammer der Bekennenden Kirche, Herausgeber von Jugendgesangbüchern, Übersetzer und Bearbeiter alter Kirchenlieder. T 795 – M 34

RIGGENBACH, Christoph Johannes, *1818 und † 1890 in Basel. Ref. Theologe, Pfarrer, Professor, Präsident der Basler Missionsgesellschaft, Hymnologe, Psalmenübersetzer. T 30, 40, 46, 66

RINCKART, Martin, *1586 und † 1649 in Eilenburg bei Leipzig. Kantor, luth. Pfarrer, Archidiakon, Dichter und Komponist. TM 233 – M 350

RINGWALDT, Bartholomäus, *1530 in Frankfurt/O (Brandenburg), † 1599 in Langenfeld (Neumark, jetzt Polen). Luth. Theologe, Lehrer, Prediger, Pfarrer, religiöser Schriftsteller, Dichter. T 635

RIST, Johann, *1607 in Ottensen (jetzt Hamburg), † 1667 in Wedel/Elbe (Schleswig-Holstein). Luth. Theologe, Hauslehrer, Pfarrer, Arzt, Gelehrter, Kirchenrat, Konsistorialrat, Gründer des «Elbschwan-Ordens» (Sprachgesellschaft), Kirchenlieddichter. T 442

RÖDER, Walter → SEUFFERT, Josef. M 495

RODIGAST, Samuel, *1649 in Gröben bei Jena (Thüringen), † 1708 in Berlin. Magister artium, Adjunkt der philosophischen Fakultät (Jena), Rektor (Gymnasium zum Grauen Kloster, Berlin), Dichter. T 684

ROHR, Heinrich, *1902 in Ober-Abtsteinach/Odenwald (Hessen), † 1997 in Mainz. Organist, Lehrer, Musiklehrer, Kirchenmusiker, Diözesan-Kirchenmusikdirektor (Mainz), Leiter des Instituts für Kirchenmusik, Mitarbeiter am → EGB, Komponist (insbesondere volkssprachiger Texte für die Liturgie). TM 157, 245, 254 – M 230, 377, 711, 854, 868

RÖHRICHT, Rainer, *1929 in Berlin, † 2013 in Remscheid (Nordrhein-Westfalen). Ev. Theologe, Philologe (Dr. theol., Dr. phil.), Universitätsdozent und -professor für Systematische Theologie (Hamburg, Wuppertal). T 266

ROMANO, Mica (Micael), *1921 in Auvernier/NE, † 1989 in Hasliberg-Meiringen/BE. Ref. Theologe, Pfarrer, Arbeiten für die Sonntagschule, Dialektliederdichter. T 181 – TM 665

ROMMEL, Kurt, *1926 in Kirchheim unter Teck, † 2011 in Stuttgart-Bad Cannstadt (Baden-Württemberg). Soldat, ev. Theologe, Pfarrer, Stadtjugendpfarrer, Redaktor, Herausgeber, GB-Autor, Liederdichter und -komponist. T 602, 606, 828, 829 – TM 167, 258, 319, 347, 425

Rose, Kurt, *1908 in Bernburg/Saale (Sachsen-Anhalt), † 1999 in Celle (Niedersachsen). Philologe, Hauslehrer, Sportlehrer, Zimmermann, Deutschlehrer in der Türkei, Arbeitsaufenthalte in Katalonien, Finnland, Kriegsdienst, Realschullehrer (Deutsch, Englisch, ev. Religion), Schuldirektor, ordinierter Predigthelfer, Dichter. T 527, 580, 581, 608, 663, 734

Rosselet, Henri Edouard, *1845, † 1905 in Couvet/NE. Pfarrer der «Église indépendante» in Gemeinden des Kantons Neuenburg, Initiant der Armenierhilfe in der Schweiz, Kirchenliedübersetzer. T 695

Rothenberg, Friedrich Samuel, *1910 in Solingen-Gräfrath (Nordrhein-Westfalen), † 1997 in Korbach/Waldeck (Hessen). Ev. Theologe, Singpfarrer der Bekennenden Kirche (Brandenburg), Verlagsleiter CVJM, GB-Herausgeber, Gemeindepfarrer, Komponist. M 601, 697 – MS 746, 824

Rothenberg, Theophil, *1912 in Solingen-Gräfrath (Nordrhein-Westfalen), † 2004 in Berlin. Kantor, Dozent an der Predigerschule Paulinum, Landessingwart, Lektor der Ev. Verlagsanstalt, Komponist, Mitglied der → AöL. M 281, 859

Rotzetter, Anton, *1939 in Basel, † 2016 in Freiburg i. Ue. Kath. Theologe, Kapuzinermönch, Autor theologischer und franziskanischer Schriften, Präsident der Franziskanischen Akademie. T 670

Rube, Johann Christoph, *1665 in Hohenebra bei Sondershausen (Thüringen), † 1746 in Battenberg/Eder (Hessen). Jurist, Amtmann in Hessen, Kirchenlieddichter. T 855

Rückert, Johann Michael Friedrich, *1788 in Schweinfurt/Unterfranken, † 1866 in Neuses bei Coburg/Oberfranken (Bayern). Dozent für orientalische und griechische Mythologie, Gymnasiallehrer, Privatgelehrter, Redaktor, Professor (Orientalistik), Übersetzer, Dramatiker, Dichter. T 371

Rudolphi, Karoline Christiane Louise, *1754 in Magdeburg oder Berlin, † 1811 in Heidelberg. Hauslehrerin, Gründerin und Leiterin von Mädchenpensionaten, Schriftstellerin, Lyrikerin. T 520

Rüegg, Robert, *1920 in Zürich, † 2008 in Gossau/SG. Romanist (Dr. phil.), Gymnasiallehrer, Verfasser wissenschaftlicher und christl. Werke. T 389

RUPPEL, Paul Ernst, *1913 in Esslingen/Neckar (Baden-Württemberg), † 2006 in Neukirchen-Vluyn (Nordrhein-Westfalen). Musiker, Kantor, Singwart des freikirchl. Christlichen Sängerbundes, Kriegsdienst und Gefangenschaft 1939–1948, Organist, Mitglied der → AöL, Schriftleiter, Lektor, Komponist. TM 249 M 3, 36, 69, 316, 477, 512, 632, 688 – MS 628 – S 74, 537

RÜTTI, Carl, *1949 in Freiburg i. Ue., lebt in Zug. Pianist, Organist, Komponist. M 321

RUUTH, Anders, *1926 in Stockholm, † 2011 in Helsingborg (Schweden). Luth. Theologe, Pfarrer, Professor in Argentinien, Propst, Vizedirektor der schwedischen Lutherhilfe. M 346

SACHS, Hans, *1494 und † 1576 in Nürnberg. Schuhmacher, Jagdgehilfe, Dramatiker, Meistersinger. M 483

SACHSE, Christian Friedrich Heinrich, *1785 in Eisenberg bei Gera, † 1860 in Altenburg (Thüringen). Luth. Theologe, Hauslehrer, Diakon, Hofprediger, Konsistorialrat, Dichter. T 351

SAUER, geb. KÖHLER, Charlotte, *1898 in Schildesche bei Bielefeld, † 1984 in Bielefeld (Nordrhein-Westfalen). Hausfrau, Mutter, Übersetzerin englischer geistl. Lieder, der Allianzbibelschule nahestehend. T 18

SCHAAL, Herbert, *1940 in Neunkirchen, lebt in Saarlouis (Saarland). Kath. Theologe, Priester, Jugendpfarrer, Germanist, Fachlehrer, Liedermacher. T 457

SCHALLING, Martin, *1532 in Straßburg, † 1608 in Nürnberg. Luth. Theologe, Magister artium, Lateinlehrer, Pfarrer, Hofprediger, Generalsuperintendent, Prediger. T 651

SCHEEL, Joseph Gallus, *1879 in Treherz (seit 1888 Aitrach)/Ravensburg (Baden-Württemberg), † 1946 in St. Gallen. Kath. Kirchenmusiker, Chordirektor, Domkapellmeister, Stimmbildner, Komponist. M 650

SCHEFFLER, Johann (Angelus Silesius), *1624 und † 1677 in Breslau (jetzt Polen). Leibarzt (Herzog zu Oels), kaiserlicher Hofarzt, 1653 Konversion, Franziskaner, kath. Priester, Rat, Hofmarschall des Fürstbischofs von Breslau, Arzt und Dichter im Kreuzherrenstift, Autor religiös-theol. Schriften, Lyriker, Aphoristiker. T 658, 682, 726, 812

SCHEIDEMANN, Heinrich, *1596 in Wöhrden (Schleswig-Holstein), † 1663 in Hamburg. Organist, Musiklehrer, Orgelexperte, Komponist. MS 573, 750

SCHEIDT, Samuel, *1587 und † 1654 in Halle/Saale (Sachsen-Anhalt). Organist, Hoforganist, Kapellmeister, Director musices (Kirchen- und Stadtmusik in Halle), Musiklehrer, Komponist. M 480, 506, 512

SCHEIN, Johann Hermann, *1586 in Grünhain bei Aue (Sachsen), † 1630 in Leipzig. Chorknabe, Jurist, Hauslehrer, Musikdirektor, Hofkapellmeister, Thomaskantor (Leipzig), Director musices (Kirchen- und Stadtmusik), GB-Herausgeber, Komponist. M 87, 373 – MS 674, 798, 812 – S 204, 276, 386, 445, 753

SCHENK, Hartmann, *1634 in Ruhla bei Eisenach (Thüringen), † 1681 in Ostheim/Rhön (jetzt Bayern). Ev. Theologe, Diakon, Pfarrer, Autor erbaulicher Schriften, Kirchenlieddichter. T 344

SCHENKENDORF, Max von (Gottlob Ferdinand Maximilian Gottfried), *1783 in Tilsit (Ostpreußen, jetzt Russland), † 1817 in Koblenz (Rheinland-Pfalz). Jurist, Kammerreferendar, Freiheitskämpfer, Preußischer Regierungsrat, Dichter. T 410

SCHIBLI, Bernhard, *1946 in Schwyz, lebt in Aesch/BL. Kath. Theologe, Vikar, Jugendseelsorger, Pfarrer, Dichter. T 321

SCHIERI, Fritz, *1922 in München, † 2009 in Dachau. Leiter des Seminars für Volks- und Jugendmusik und der Chorleiterklasse (Musikhochschule Köln), Professor für Chorleitung, Komposition, Musiktheorie (Musikhochschule München), Präsident ebenda, Mitarbeiter am → EGB, Dirigent, Komponist. M 675

SCHILLE, Gottfried, *1929 in Dresden, † 2005 in Borsdorf bei Leipzig. Ev. Theologe (Dr. theol.), Pfarrer, Dozent (NT) an der Universität Rostock, Liederdichter. T 378

SCHIRMER, Michael, *1606 in Leipzig, † 1673 in Berlin. Luth. Theologe, Magister artium, Schulrektor, Pfarrer, Konrektor, Autor religiöser Schriften, Verfasser von Schuldramen, Dichter. T 365, 504

SCHLABACH, Rudolf, *1924 in Dresel (Nordrhein-Westfalen), lebt in Hude/Oldenburg (Niedersachsen). Ev. Theologe, Germanist, Gymnasiallehrer, Oberstudiendirektor. T 290

SCHLENKER, Manfred, *1926 in Berlin, lebt in Hohen Neuendorf bei Berlin. Musiker, Kriegsdienst und Gefangenschaft (Lagerchor- und Orchesterleiter), Domkantor, Landeskirchenmusikdirektor, Leiter der Kirchenmusikschule Greifswald, Herausgeber neuer Liedhefte, Lieddichter, Komponist, Mitarbeiter am EG 1993. TM 61 – M 2, 378, 833, 841, 861

SCHLOSSER, Ludwig Heinrich, *1663 in Darmstadt (Hessen), † 1723 in Frankfurt/M. Ev. Theologe, Gymnasiallehrer, Konrektor, Prediger, Kirchenlieddichter. T 175

SCHMID (Fabricius), Bernhard, *1520 und † 1592 in Straßburg. Organist, Komponist, Verfasser von Tabulaturen für Orgel und Instrumente. M 651

SCHMID, Georg, *1940 in Chur/GR, lebt in Rüti/ZH. Ref. Theologe, Gemeindepfarrer, Professor für Religionsgeschichte, Leiter der Informationsstelle für Kirchen, Sekten, Religionen. Kirchenlieddichter. T 39, 50, 427, 429, 430

SCHMID, Kurt, *1941 in Stuttgart-Stammheim. Kaufmann, ev. Jugendleiter, Musiker. M 606

SCHMID, Theo, *1892 in Hallau/SH, † 1978 in Zürich. Primarlehrer, Jugendsekretär des Blauen Kreuzes Zürich, Gemeindehelfer, Chor- und Singwochenleiter, Mitinitiant und -herausgeber von Kinder- und Jugendgesangbüchern, Komponist und Liedbearbeiter. T 424, 542

SCHMIDLIN, Johannes, *1722 in Zürich, † 1772 in Wetzikon/ZH. Ref. Theologe, Pfarrer, Komponist und Liedbearbeiter, Herausgeber vieler Liedersammlungen. MS 365

SCHMOLCK, Benjamin, *1672 in Brauchitschdorf, † 1737 in Schweidnitz (Niederschlesien, jetzt Polen). Ev. Theologe, Privatlehrer, Prediger, (Archi-)Diakon, Hauptpastor, Schulinspektor, Autor von Erbauungsschriften, Dichter. T 160, 174, 618

SCHNEEGASS, Cyriakus, *1546 in Bufleben bei Gotha, † 1597 in Friedrichroda (Thüringen). Ev. Theologe, Lehrer, Pfarrer, Adjunkt der Superintendentur Weimar, Musiktheoretiker, Dichter, Komponist, Herausgeber von Kirchenliedern. T 652

SCHNEIDER, Johann Christian Friedrich, *1786 in Altwaltersdorf bei Zittau/Oberlausitz (Sachsen), † 1853 in Dessau (Sachsen-Anhalt). Gesanglehrer, Organist (u.a. Thomaskirche Leipzig), Musikdirektor, Hofkapellmeister, Gründer einer Musikschule, Komponist. M 34

SCHNEIDER, Martin Gotthard, *1930 und †2017 in Konstanz (Baden-Württemberg). Ev. Theologe, Kantor, Religionslehrer, Bezirks- und Landeskantor, Kirchenmusikdirektor, Dozent, Hochschulprofessor, Singleiter (Offene Singen), Kirchenkabarettist, Liederbuchautor, Texter, Komponist. TM 579

SCHNURRE, Wolfdietrich, *1920 in Frankfurt/M., †1989 in Kiel. Film- und Theaterkritiker, Schriftsteller, Lyriker. T 758

SCHOLEFIELD, Clement Cotterill, *1839 in Edgbaston bei Birmingham, †1904 in Godalming/Surrey (England). Anglikan. Theologe, Pfarrer, Seelsorger (Eton College), Liederkomponist. MS 605

SCHOP, Johann, *um 1590 in Hamburg (?), †1667 in Hamburg. Geigenvirtuose, Leiter der Ratsmusik, Komponist. M 175, 725 MS 397, 677

SCHRÖDER, Rudolf Alexander, *1878 in Bremen, †1962 in Bad Wiessee (Bayern). Architekt, Maler, Innenraumgestalter, Literat (Mitbegründer des Insel-Verlags), Mitglied der Bekennenden Kirche, Prediger, Mitglied der ev.-luth. Landessynode Bayern, Schriftsteller, Übersetzer, Lyriker. T 38, 270, 601, 697

SCHULTE NORDHOLT, Jan Willem (Wim), *1920 in Zwolle, †1995 in Wassenaar (Niederlande). Historiker (Dr. phil.), Gymnasiallehrer, Professor (Geschichte und Kultur Nordamerikas), Mitarbeiter der niederländischen GB-Kommissionen, Übersetzer, Liederdichter. T 375

SCHULZ (Schultz), Johann Abraham Peter, *1747 in Lüneburg (Niedersachsen), †1800 in Schwedt/Oder (Brandenburg). Musiker, Musiklehrer, Musikdirektor, Hofkapellmeister und Hoftheaterdirektor, Musikschriftsteller, Komponist («Liedermann des Volkes»). M 599

SCHULZ, Karl Friedrich, *1784 in Wittmannsdorf/Niederlausitz, †1850 in Fürstenwalde (Brandenburg). Musiker, Musiklehrer, Konrektor, Komponist. MS 248

SCHULZ, Otmar, *1938 in Brandenburg an der Havel, lebt in Nienhagen b. Celle (Niedersachsen). Ev.-freikirchl. Theologe, Psychologe, ökum. Publizist, Studienleiter der Ev. Akademie Arnoldshain (Schmitten/Taunus), Direktor Ev. Informationszentrum (Kurhessen-Waldeck), Beauftragter für publizistische Aus- und Fortbildung (ev. Landeskirche Hannover), Sänger, Chorleiter, Organist, Texter, Übersetzer, Komponist. T 280 – TM 185

SCHULZ, Walter, *1925 in Burg Stargard, †2009 in Schwerin (Mecklenburg-Vorpommern). Kriegsdienst und -gefangenschaft bis 1947, ev. Theologe, Pastor, Landesjugendpastor, Rektor (kirchliches Oberseminar Potsdam-Hermannswerder), Oberkirchenrat, Mitglied der → AöL und Mitarbeiter am EG 1993, Übersetzer, Dichter, Komponist. T 861 – TM 279

SCHÜRCH, verh. FALK, Damaris, *1966 in Kehrsatz/BE, lebt in Ueberstorf/FR. Spitalgehilfin, Hausfrau, Mutter. T 210

SCHÜTZ (Sagittarius), Heinrich (Henricus), * 1585 in (Bad) Köstritz bei Gera (Thüringen), † 1672 in Dresden. Chorknabe, Hoforganist, Hofkapellmeister, Komponist. M 54, 817 – MS 53, 76, 97, 278

SCHÜTZ, Johann Jakob, *1640 und †1690 in Frankfurt/M. Jurist (Dr. iur.), Rechtsanwalt, Reichsrat, Förderer des Pietismus und der Quäker, Erbauungsschriftsteller, Liederdichter. T 240

SCHWALLER, Paul, *1928 in Welschenrohr/SO, lebt in Solothurn. Kath. Theologe, Pfarrer, Regionaldekan, bischöflicher Beauftragter für die Herausgabe des KKG 1966 und Geschäftsleiter des GB-Vereins, Mitarbeiter am → EGB und KG 1998, Komponist. M 494, 818

SCHWARZ, Gerhard, *1902 in Reußendorf (Schlesien, jetzt Polen), † 1994 in Imshausen/Bebra (Niedersachsen). Kirchen- u. Schulmusiker, Dozent u. Leiter von Kirchenmusikschulen, Musikrat, Kantor und Organist, Orgelimprovisator, Komponist. M 415

SCHWARZ, Joachim (Jochen), *1930 in Stolp (Hinterpommern, jetzt Polen), † 1998 in Hannover (Niedersachsen). Ev. Diakon, Kirchenmusiker, Landesjugendkantor, Kirchenmusikdirektor, Singleiter ev. Kirchentage, Dozent der Fachschule Brüderhaus Rickling, Fortbildungsreferent Gottesdienst und Musik der ev.-luth. Landeskirche Hannover, Organist, Chorleiter, Textautor, Komponist. TM 345

SCHWARZBURG-RUDOLSTADT, geb. GRÄFIN ZU BARBY UND MÜHLINGEN, Ämilie Juliane Reichsgräfin zu, *1637 und †1706 auf der Heidecksburg bei Rudolstadt (Thüringen). Mutter, Landesmutter, Dichterin geistl. Lieder. T 754

SCHWEIZER, Rolf, * 1936 in Emmendingen, † 2016 in Selb/Oberfranken (Bayern). Kantor, Bezirksjugendsingwart, Musikdozent (Fröbelseminar Mannheim), Bezirkskantor, Kirchenmusikdirektor, Landeskantor für Mittelbaden, Professor, Komponist. M 28, 51, 58, 60, 62, 64, 198, 315, 428, 703, 867

SCHWERIN, Otto von, * 1616 in Wietstock bei Ueckermünde (Mecklenburg-Vorpommern), † 1679 in Berlin. Jurist, Propst, Erzkämmerer, Hofmeister, Prinzenerzieher, Berater des Kurfürsten Friedrich Wilhelm, Übertritt zur ref. Kirche, brachte Hugenotten nach Preußen, Kirchenlieddichter, dichtete oder übersetzte das oft der holländischen Kurfürstin Louise Henriette zugeschriebene Lied. T 478

SEDULIUS, Caelius, † um 450, aus Südgallien oder Italien, lebte zeitweise in Griechenland. Christl. Hymnendichter (lat.). T 393

SEEGER, Pete(r), * 1919 in Patterson (New York/USA), † 2014 in New York. Volksliedsammler, Folksänger, Liedermacher. TM 860

SEIDEL, Uwe, * 1937 in Soest (Nordrhein-Westfalen), † 2007 in Düsseldorf. Ev. Theologe, Pastor, Mitarbeiter der deutschen ev. Kirchentage, Textautor. T 85

SEIFERT, Adolf, * 1901 in Asch/Böhmen (Tschechien), † 1945 in Arzberg/Oberfranken (Bayern). Germanist (Dr. phil.), Musiker, Studienrat, Herausgeber, Bearbeiter von Liederheften im Geiste der deutschen Sing-Bewegung. TM 810

SELNECKER, Nikolaus, * 1530 in Hersbruck bei Nürnberg, † 1592 in Leipzig. Organist, ev. Theologe, Hofprediger und Hofkatechet, Prinzenlehrer, Professor, Generalsuperintendent (Braunschweig/Wolfenbüttel), Superintendent (Leipzig, Hildesheim), Herausgeber eines Gesang- und Lehrbuches, Liederdichter und -komponist. T 790 – MS 548, 568, 631, 748

SENFL (Senphelius), Ludwig, * vor 1490 in Basel, † 1543 in München. Chorknabe und -sänger, Notator, Kammerorganist, Hofkantoreileiter, Komponist. M 43

SERMISY, Claude (Claudin) de, * um 1490 in Frankreich (Ile de France, Burgund, Picardie?), † 1562 in Paris. Sängerknabe, kath. Theologe, Kanoniker, Kapellmeister (Sainte-Chapelle), Komponist. M 669

SERRANUS (Seeger), Johann Baptist, *1540 in Lehrberg bei Ansbach, † 1600 in Vincenzenbronn bei Fürth/Mittelfranken (Bayern). Chorknabe, ev. Theologe, Kantor, Lehrer, Pfarrer, Komponist, Melodiebearbeiter. M 204

SEUFFERT, Josef (Pseudonym: Walter Röder), *1926 in Hanau-Steinheim (Hessen), † 2018 in Mainz (Rheinland-Pfalz). Kath. Theologe, Kaplan, Bundeskurat der Kath. Jungmänner-Gemeinschaft, Sekretär der Kommission des → EGB, Seelsorgeamtsleiter, Domkapitular, Mitglied der → AöL, Schriftsteller, Komponist. M 17, 202, 203, 217, 479, (495), 852 – MS 200

SIDLER, Hubert, *1904 in Großwangen/LU, † 1991 in Bellinzona/TI. Kath. Theologe (Dr. theol.), Kapuzinermönch, Gymnasialprofessor, Präses Cäcilienverband Diözese Basel, Mitarbeiter an kath. Gesangbüchern (u.a. am → EGB, KKG 1966 und KG 1998), Mitglied ökumenischer Gremien für Kirchenmusik (u.a. der → AöL). T 306, 379

SILCHER, Philipp Friedrich, *1789 in Schnait/Remstal, † 1860 in Tübingen (Baden-Württemberg). Privatlehrer, Lehrer, Musik- und Universitätsmusikdirektor, Sammler von Volksliedern, Musiktheoretiker, Komponist. M 695

SLÜTER (Schlüter), Joachim, *um 1490 in Dömitz/Elbe, † 1532 in Rostock (Mecklenburg-Vorpommern). Kath. Theologe, Priester, 1523 ev. Pfarrer, Reformator in Rostock, Herausgeber des ersten niederdeutschen GB, Katechismus' (1525) und Gebetbuches (1526). T 221

SOHREN (Sohr), Peter, *um 1630 und † um 1692 in Elbing (Westpreußen, jetzt Polen). Organist, Kantor, Schul-, Rechenmeister, Herausgeber von Gesangbüchern, Komponist. M 275

SPANGENBERG, Cyriakus, *1528 in Nordhausen (Thüringen), † 1604 in Straßburg. Ev.-luth. Theologe, Pfarrer, Generaldekan, Oberpfarrer, relig. Schriftsteller, GB-Herausgeber. T 435

SPANGENBERG, Peter, *1934 in Unseburg bei Magdeburg (Sachsen-Anhalt), † 2019 in Achtrup/Nordfriesland (Schleswig-Holstein). Ev. Theologe, Schulpfarrer, Gymnasiallehrer (Latein, Philosophie), Gemeindepastor, Dozent (Pädagogische Hochschule), Schriftsteller, Lyriker. T 180, 271

SPEE VON LANGENFELD, Friedrich, *1591 in Kaiserswerth bei Düsseldorf, † 1635 in Trier (Rheinland-Pfalz). Kath. Theologe und Philosoph, Jesuit, Magister artium, Lehrer, Priester, Seelsorger, Zeuge und leidenschaftlicher Gegner der Hexenverfolgungen, Katechet, Philosophieprofessor, Schriftsteller, Lyriker. T 361, 398, 442, 471, 472

SPERATUS, Paulus, *1484 in Rötlen bei Ellwangen (Baden-Württemberg), † 1551 in Marienwerder (Westpreußen, jetzt Polen). Kath. Theologe (Dr. theol., iur., phil.), Kaiserlichpäpstlicher Notar, Domprediger, als Ketzer zum Tode verurteilt, gerettet, luth. Prediger, Reformator, Bischof von Pomesanien (jetzt Nordpolen), Übersetzer, Kirchenlieddichter. T 274

SPIECKER, geb. SEEBASS, Irmgard, *1935 in Gauting bei München, lebt in Neuendettelsau/Mittelfranken (Bayern). Musikpädagogin, Text- und Melodieschöpferin einiger Weltgebetstagslieder. TM 835

SPITTA, Friedrich Adolf Wilhelm (Sohn von K. J. Ph. → Spitta). *1852 in Wittingen, † 1924 in Göttingen (Niedersachsen). Luther. Theologe, Konviktsinspektor, Hilfsprediger, Pfarrer, Professor (praktische Theol., NT) in Straßburg, 1918 Flucht nach Göttingen, Sänger, Chorleiter und -gründer, Hymnologe, Liederdichter. T 324, 792, 817

SPITTA (ursprünglich hugenottisch: de l'Hôpital), Karl Johann Philipp, *1801 in Hannover, † 1859 in Burgdorf (Niedersachsen). Uhrmacher, luth. Theologe, Hauslehrer, Garnisons- und Gefängnispfarrer, Gemeindepastor, Superintendent, GB-Herausgeber, Liederdichter. T 511, 693

SPRENG, Johann Jakob, *1699 und † 1768 in Basel. Ref. Theologe, Pfarrer, Professor für Poetik, Rhetorik und Griechisch, Psalmenübersetzer. T 27, 72, 92

STAMM, Georg, *1935 in Winterthur, lebt in Schaffhausen. Pfarrer, Mitglied der → Liturgiekommission. T 236

STAPFER, Johannes, *1719 in Trub/BE, † 1801 in Bern. Ref. Theologe, Pfarrer, Professor (Praktische Theologie), Vorsteher (Lateinschule), Rektor (Hohe Schule Bern), Psalmenübersetzer, Bearbeiter des Berner GB 1775. T 25, 27, 33, 47, 55, 66, 82, 92

STEGMANN, Josua, *1588 in Sülzfeld bei Meiningen (Thüringen), † 1632 in Rinteln/Weser (Niedersachsen). Luth. Theologe, Superintendent, Gymnasial- und Universitätsprofessor (Theologie), Liederdichter. T 342

STEIN, Edith, *1891 in Breslau, † 1942 in Auschwitz (Polen). Pädagogin, Philosophin, 1922 Konversion zum Katholizismus. Lehrerin (Dominikanerinnen-Seminar Speyer), Dozentin für wissenschaftliche Pädagogik (Universität Münster/Westfalen), 1933 Karmelitin (Köln): Schwester Teresia Benedicta a Cruce, Autorin (geistl. Texte, Frauenfragen), Dichterin, ermordet in Auschwitz, 1987 Selig- und 1998 Heiligsprechung. T 37

STEINER, Johann Ludwig, *1688 und † 1761 in Zürich. Stadttrompeter, Feuerwächter (Kirche St. Peter), Musiklehrer, Komponist. M 365

STERN, Hermann, *1912 in Abetifi (Ghana/Afrika), † 1978 in Hohengehren bei Esslingen (Baden-Württemberg). Lehrer, Kirchenmusiker, Organist, Chorleiter, Landesjugendmusikwart, Landeskirchenmusikdirektor, Dozent für Liturgik und Hymnologie (Stuttgart/Esslingen), Mitarbeiter am Ev. GB 1950, Mitglied der → AöL, Landesobmann (Verband ev. Kirchenchöre), Lieddichter, Komponist. TM 352 – M 16, 219

STIER, Ewald Rudolph, *1800 in Fraustadt/Posen (Polen), † 1862 in Eisleben (Sachsen-Anhalt). Ev. Theologe, Lehrer (u. a. Missionshaus Basel), Pfarrer, Superintendent, Autor mystischer Schriften und geistl. Lieder, Bibelübersetzer. T 259

STOCKHAUSEN, Johann Christoph, *1725 in Gladenbach bei Marburg, † 1784 in Hanau (Hessen). Luth. Theologe, Gymnasiallehrer und -rektor, Professor, Superintendent, GB-Herausgeber, Kirchenlieddichter. T 737

STOCKMANN, Paul, *1602 in Lauchstädt bei Halle/Saale, † 1636 in Lützen (Sachsen-Anhalt). Luth. Theologe, schwedischer Feld- und Schiffsprediger, Pfarrer der deutschen Gemeinde bei Stockholm, Hauptpastor (Sachsen), Dichter. T 447

STOLZHAGEN (Stolshagius), Kaspar (Casparius), *1550 in Bernau bei Berlin, † 1594 in Iglau (Mähren). Ev. Theologe, Magister artium, Lehrer, Konrektor, Rektor, Pfarrer, Drucker, Erbauungsschriftsteller, Dichter (lat.). T 470

STONE, Samuel John, *1839 in Whitmore/Staffordshire, † 1900 in London. Anglik. Theologe, Pfarrer, Rektor, Lyriker. T 803

Stözel (Stötzel), Johann Georg, *1711 in Mihla bei Eisenach (Thüringen), † 1793 in Stuttgart. Lehrer, Hofkantor, Herausgeber und Bearbeiter von Choralbüchern. M 181, 257, 369, 530

Strauss und Torney, Viktor Friedrich von, *1809 in Bückeburg (Niedersachsen), † 1899 in Dresden. Jurist, Archivrat, Bevollmächtigter von Schaumburg-Lippe (Nationalversammlung in Frankfurt/M), Religions- und Sprachwissenschafter, Schriftsteller (politisch, religiös), Übersetzer, Lyriker. T 544, 802

Striebel, Martin, *1929 in Geislingen an der Steige, † 2009 in Salach bei Göppingen (Baden-Württemberg). Schreiner, Diakon, Kirchenmusiker, Landesjugendsingwart, Pfarrer, Komponist, Mitglied der → AöL. M 606

Strübin, Elisabeth, *1943 in Liestal, lebt dort. Ref. Theologin, Gemeindepfarrerin, Mitglied der → Liturgiekommission. T 569

Sudermann, Daniel, *1550 in Lüttich (Belgien), † nach 1631 in Straßburg. Hofmeister, Erzieher, Gelehrter. T 360

Sutter, Ignace August Hendrik de, *1911 in Gent, † 1988 in Belsele (Belgien). Kath. Theologe, Kirchenmusiker, Musiklehrer, Dozent (Gregorianik, Hymnologie), Mitarbeiter an Gesangbüchern, Förderer flämischer Kirchenlieder, Komponist. M 451

Tallis (Tallys, Talles), Thomas, *um 1505 in Kent (?), † 1585 in Greenwich bei London. Organist, Komponist. M 228

Telemann, Georg Philipp, *1681 in Magdeburg (Sachsen-Anhalt), † 1767 in Hamburg. Organist, Kapellmeister, Kirchenmusikdirektor (Hamburg), Komponist. M 680 – S 159, 174, 182, 344

Teresa de Jesús, Santa (Heilige Therese von Avila, Teresa de Cepeda y Ahumada), *1515 in Avila/Kastilien, † 1582 in Alba de Tormes/León (Spanien). Karmelitin, Klöstergründerin, Mystikerin, Autorin von geistl. Lehrschriften, Gedichten und Denksprüchen, 1622 Heiligsprechung, 1970 erste Frau, welcher der Titel «Kirchenlehrerin» zuerkannt wurde. T 706

Tersteegen, Gerhard, *1697 in Moers, † 1769 in Mülheim/Ruhr (Nordrhein-Westfalen). Kaufmann, Bandwirker, Erweckungsprediger, Seelsorger, Schriftsteller, Dichter, pietist.-ref. Mystiker. T 162, 244, 404, 510, 573, 615, 623, 661, 662, 755

TESCHNER, Melchior, *1584 in Fraustadt/Posen, † 1635 in Oberpritschen bei Fraustadt (Polen). Luth. Theologe, Kantor, Lehrer, Pfarrer, Komponist. MS 188, 367, 656, 775

THATE, Albert, *1903 in Düren (Nordrhein-Westfalen), † 1982 in Düsseldorf. Kirchenmusiker, Dozent der ev. Kirchenmusikschule im Rheinland, Komponist. M 604

THEBESIUS, Adam, *1596 in Seifersdorf bei Liegnitz, † 1652 in Liegnitz (Schlesien, jetzt Polen). Ev. Theologe, Pfarrer, Assessor des Konsistoriums, Dichter (lat.). T 446

THILO (Thiel), Valentin (der Jüngere), *1607 und † 1662 in Königsberg (Ostpreußen, jetzt Russland). Luth. Theologe, Philologe, Professor der Beredsamkeit, Rektor (Universität Königsberg), Dichter. T 364

THURMAIR, Georg, *1909 und † 1984 in München. Redaktor kathol. Zeitschriften, Referent (Erzbischöfliches Ordinariat München-Freising), Schriftsteller, Mitherausgeber geistl. Liederbücher, Dichter. T 104

THURMAIR, geb. MUMELTER, Maria Luise, *1912 in Bozen (Südtirol, jetzt Italien), † 2005 in München. Gattin G. → Thurmairs. Germanistin, Historikerin (Dr. phil.), Referentin (Hauptstelle Weibliche Jugend Wien), Museumssekretärin, Mutter, Mitglied der → AöL, Mitarbeiterin am → EGB, Schriftstellerin, Dichterin. T 96, 100, 320, 423, 515

TINDLEY, Charles Albert, *1851 in Berlin/Maryland, † 1933 in Philadelphia/New Jersey (USA). Handlanger, Küster, methodistischer Theologe, Dekan, Pfarrer, kämpfte für Bürgerrechte, schuf soziale Hilfswerke, Liederdichter. T 860

TOBLER, Johann Heinrich, *1777 in Trogen, † 1838 in Speicher/AR. Modelstecher, Landschreiber, Revisionsrat, Mitbegründer des Appenzellischen Sängervereins, Komponist von Chorliedern. MS 520

TOBLER, Robert, *1937 und † 2019 in Zürich. Lehrer, ref. Theologe, Organist, Pfarrer, Professor am Kantonalen Primarlehrerinnenseminar, Radiomitarbeiter, Mitinitiant und Redaktor «Neues Singen in der Kirche» und ökumenisches Jugend-GB «Kumbaya» 1980, Schriftsteller, Melodieautor. M 297

TRAUTWEIN, Dieter, *1928 in Holzhausen bei Biedenkopf (Hessen), † 2002 in Frankfurt/M. Ev. Theologe, Mitbegründer der

Hessischen Kantorei, Pfarrer, Stadtjugendpfarrer, Propst, Dr. phil., Mitarbeiter an Jugend-GB und am EG 1993, Werkwochen und Kirchentagen, Dichter, Komponist geistl. Lieder. T 88, 454, 819, 834 – TM 343, 421

TRILLER, Valentin, * um 1493 in Guhrau/Niederschlesien, † 1573 in Oberpanthenau bei Nimptsch (Schlesien, jetzt Polen). Ev. Pfarrer, GB-Kompilator und Autor. TM 542 – M 389

TRUNK, Roger, * 1930 in Fortschwihr bei Colmar (Elsass), † 2013 in Straßburg. Ev. Theologe, Musiker, Pfarrer, Mitarbeiter am EG 1993, Text- u. Melodieautor zweisprachiger Lieder. T 345

TSCHARNER, geb. MEYER, Gisula, * 1947 in Küsnacht/ZH, lebt in Veulden-Feldis/GR. Ev. Theologin, Pfarrerin, Gemeindepräsidentin, freischaffende Seelsorgerin «Seelsorge unterwegs», Autorin. T 345

TUNGER, Albrecht, * 1926 in Waldheim (Sachsen), † 2014 in Trogen/AR. Schul- u. Kirchenmusiker, Kantonsschullehrer, Organist, Chorleiter, Musikdirektor, Herausgeber von Chormusik, Komponist. S 520

TUR-SINAI, Naphtali Herz, * 1886 in Lemberg (Österreich, jetzt Ukraine), † 1973 in Jerusalem. Philologe, Bibelausleger, Dozent für semitische Sprachen (Wien und Berlin), nach 1933 Professor für hebräische Sprache (Jerusalem), Mitbegründer und Präsident der Akademie für hebräische Sprache, Bibelübersetzer. T 142, 719, 780

ULENBERG, Caspar, * 1549 in Lippstadt (Rheinland-Westfalen), † 1617 in Köln. Luth. Theologe, Pfarrer, 1572 Konversion, kath. Priester, Schul- und Universitätsrektor, Psalmenübersetzer und -komponist. T 49 – TM 96 – M 305

VALENTIN, Gerhard, * 1919 in Berlin, † 1975 in Hemer-Deilinghofen (Nordrhein-Westfalen). Lehrer (Philologie), Schauspieler, Dramaturg, Kabarettist, Referent (musisch-kulturell) der ev. Kirche im Rheinland, Übersetzer, Texter, Komponist. T 28, 64, 605, 805

VAUGHAN WILLIAMS, Ralph, * 1872 in Down Ampney/Gloucestershire (England), † 1958 in London. Organist, Kompositionslehrer (Royal College of Music London), Liedersammler, Komponist. MS 865

VEHE, Michael, *um 1480 in Biberach (Baden-Württemberg), † 1539 in Halle/Saale (Sachsen-Anhalt). Dominikanermönch, Prior, Regens, Dr. theol., als «Inquisitor Germaniae» Teilnehmer an Reformationsgesprächen, Universitätskanzler, GB-Herausgeber und -Bearbeiter. M 49

VINCENT, Jules, *1875, † 1954. T 242

VISCHER, Wilhelm, *1895 in Davos/GR, † 1988 in Montpellier/Provence (Frankreich). Ref. Theologe, Pfarrer, Dozent (Hebräisch, AT in Bethel), Pfarrer, Privatdozent, Professor (AT), Psalmenübersetzer und -interpret. T 5, 7, 14, 78, 80

VOGEL, Heinrich, *1902 in Pröttlin/Prignitz (Brandenburg), † 1989 in Berlin. Ev. Theologe, Pastor, Bezirkspfarrer, führendes Mitglied der Bekennenden Kirche, Professor (Systematische Theologie), Dichter, Komponist geistl. Lieder. T 11, 70 – TM 322

VULPIUS (Fuchs), Melchior, *um 1570 in Wasungen, † 1615 in Weimar (Thüringen). Lehrer, Kantor, Stadtkantor, Lateinschullehrer, Komponist. M 276 – MS 178, 342, 374, 447, 466, 562, 590, 774, 789

VUOLP (Vulpius), Jachen Töna (Jakob Anton), *1629 und † 1706 in Ftan/GR. Ref. Theologe, Pfarrer, Bibelübersetzer, Kirchenlieddichter. T 33

WADE, John Francis, *1711 in Douai (Flandern, jetzt Frankreich), † 1786 in Lancashire (England). Englisch-kath. Exulant, Latein- und Musiklehrer, Notenkopist, Buchhändler, Dichter, Komponist. TM 413

WALDER, Johann Jakob (Hans), *1750 in Wetzikon/ZH, † 1817 in Zürich. Klavierlehrer, Cellist, Komponist, Untervogt, Mitglied der Interimsregierung (1799), Regierungsrat, Oberrichter, Gerichtspräsident. S 408

WALLIN, Johan Olof, *1779 in St. Tuna/Dalarna, † 1839 in Uppsala (Schweden). Luth. Theologe, Adjunkt bei der Kriegsakademie, Pastor, Dompropst, Hauptpastor, Bischof, Oberhofprediger, Erzbischof, Mitherausgeber und Dichter von Kirchenliedern. T 539

WALTER (Walther, Blankenmöller), Johann, *1496 in Kahla (Thüringen), † 1570 in Torgau (Sachsen). Sänger, Schul-, Stadt- und

Hofkantor und Hofkapellmeister, Komponist (u. a. Geistliches Chorgesangbuch 1524). M 103, 464, 557, 648

WALTER, Silja (Cécile), *1919 in Rickenbach/SO, † 2011 im Kloster Fahr, Unterengstringen/ZH. Lehrerin, Arbeiten für die Zentrale für Schweizerische kath. Jugendbewegung Zürich, 1948 Benediktinerin Maria Hedwig, Schriftstellerin, Dichterin. T 655

WALZ, Friedrich, *1932 und † 1984 in Schillingsfürst/Mittelfranken (Bayern). Ev. Theologe, Pfarrer/Mitarbeiter Jugendgottesdienst-Teams, Studentenpfarrer, Beauftragter der Kirche (Radio und TV), Autor geistl. Lieder. T 323, 452

WEBER, Emil, *1935 in Zürich, † 2007 in Männedorf/ZH. Ref. Theologe, Dr. phil., Gemeindepfarrer, Tagungsleiter Boldern/ZH, Dialektübersetzer (NT). T 536

WEBER, Heinrich, *1821 und † 1900 in Zürich. Reform. Theologe, Pfarrer, Hymnologe, Förderer des achtörtigen GB 1891. T 713

WEBER, Horst, *1926 in Wuppertal, † 1990 in Duisburg (Rheinland-Westfalen). Lehrer, Musiker, Schulrat, Kantor, Leiter des Instituts für Musikerziehung, Komponist. MS 607

WECK, Ludwig, *1905 in Nürnberg, † 1970 in München. Ev. Theologe, Gemeindepfarrer, Komponist. M 625

WEGMANN, Hans, *1889 in Neukirch-Egnach/TG, † 1973 in Zürich. Ref. Theologe, Pfarrer, Lehrbeauftragter (Volkshochschule), Autor theol. und biographischer Schriften, Lyriker. T 215

WEISS, verh. WERNER, Christa, *1925 in Essen-Werden (Nordrhein-Westfalen), lebt in Altenkirchen (Rheinland-Pfalz). Lehrerin, Verlagslektorin, Dozentin für Literatur, Pädagogin (Ev. Landjugendakademie Altenkirchen), freie Mitarbeiterin beim Deutschen Verband Ev. Büchereien, Lyrikerin. T 606, 700

WEISSE, Michael, *1488 in Neiße (Schlesien, jetzt Polen), † 1534 in Landskron (Böhmen, jetzt Tschechien). Franziskanermönch, Priester, seit 1518 bei den Böhmischen Brüdern, Vorsteher deutschsprachiger Brüdergemeinen, Brüderpriester, Mitglied des Engen Rates. Herausgeber des ersten deutschsprachigen Brüder-GB, Liederdichter, -bearbeiter, -übersetzer und -komponist. T 436, 466 – M 388, 795

WEISSEL, Georg, *1590 in Domnau bei Friedland, † 1635 in Königsberg (Ostpreußen, jetzt Russland). Ev. Theologe, Musiker, Schulrektor, Pfarrer, Dichter. T 276, 363

WELING, Anna Thekla von, *1837 in Neuwied (Rheinland-Pfalz), † 1900 in (Bad) Blankenburg (Thüringen). Krankenpflegerin, Kleinkinder- und Sonntagschullehrerin, Missionarin, Gründerin der Blankenburger Allianzkonferenz und des Ev. Allianzblattes, Liederdichterin. T 803

WERNER, Fritz, *1898 in Berlin, † 1977 in Heilbronn (Baden-Württemberg). Kirchenmusiker, Organist, Pianist, Chordirigent, Professor, Leiter des Heinrich Schütz-Chores, Komponist. M 584

WERNER, Theodor, *1892 in Homberg bei Kassel (Hessen), † 1973 in Celle (Niedersachsen). Ev. Theologe, Pfarrer, Landessuperintendent (Schwerin), Gemeindepfarrer, Mitarbeiter am Ev. GB 1950, Liederübersetzer. T 603

WESLEY, Charles, *1707 in Epworth/Lincolnshire (England), † 1788 in London. Mitbegründer der methodistischen Richtung der anglik. Kirche, Prediger, Missionar, Wanderprediger, Liederdichter. T 407

WESLEY, Samuel Sebastian, *1810 in London, † 1876 in Gloucester (England). Enkel von Ch. → Wesley. Chorknabe (Chapel Royal), Organist, Komponist. MS 803

WESSNITZER, Wolfgang, *1629 in Norddeutschland, † 1697 in Celle (Niedersachsen). Organist, Hoforganist, Melodist, Melodiebearbeiter mehrerer Gesangbücher. M 444

WICHERN, Johann Hinrich, *1808 und † 1881 in Hamburg. Lehrer und Theologe, Gründer des «Rauhen Hauses» (Diakoniestiftung) in Hamburg und der Inneren Mission der Evangelischen Kirche, Gefängnisreformer, Oberkonsistorialrat. T 412

WIDMER, Leonhard, *1808 in Meilen/ZH, † 1868 in Zürich-Oberstraß. Kaufmann, Literat, Verfasser der Vorlage des Textes der Schweizerischen Nationalhymne. T 519

WIEHMANN GIEZENDANNER, Dorothea, * 1944 in Dornberg bei Bielefeld (Nordrhein-Westfalen), lebt in Ascona/TI. Ev. Theologin, Gemeindepfarrerin, theol. Leiterin «Haus der Stille» in Kappel am Albis/ZH, Mitarbeiterin am RG 1998. T 389

WIEMER, Rudolf Otto, *1905 in Friedrichroda (Thüringen), † 1998 in Göttingen (Niedersachsen). Lehrer, Bibliothekar, Volkshochschulleiter, Puppenspieler, Schriftsteller, Lyriker. T 214, 842

WIERUSZOWSKI, Lili, *1899 in Köln, † 1971 in Arlesheim/BL. Kirchenmusikerin und Musiklehrerin, flüchtete 1933 in die Schweiz, Organistin, Neugestalterin von Genfer Psalmen (T und M). T 5, 67 – M 38

WIESE, Götz, *1928 und † 2012 in Celle (Niedersachsen). Kantor, Landeskirchenmusikwart und -direktor, Komponist, Mitglied der → AöL. M 452

WIESLI, Walter, *1930 in Weinfelden/TG, lebt in Immensee/SZ. Kath. Theologe, Mitglied der Missionsgesellschaft Immensee, Schulmusiker, bischöflicher Beauftragter für die Herausgabe des KG 1998, Geschäftsleiter des GB-Vereins, Mitarbeiter am KKG 1966, → EGB und RG 1998, Mitinitiant und Redaktor des ökumenischen Jugend-GB «Kumbaya» 1980, Mitarbeiter an der Zeitschrift «Neues Singen in der Kirche», Mitglied der → AöL, Dr. h.c. Universität Luzern. TM 340, 341

WIKFELDT, Erhard, *1912 in Kårsta (Stockholms län), † 2000 in Gimo (Uppsala län/Schweden). Kantor, Schulmusiker, Kammermusiker, Mitglied von GB-Kommissionen, Komponist. M 516

WILHELM II., Herzog von Sachsen-Weimar, *1598 in Altenburg, † 1662 in Weimar (Thüringen). Schwedischer Statthalter in Thüringen, regierender Herzog, überzeugter Lutheraner, Oberhaupt einer Dichtergesellschaft. T 156

WILLISEGGER, Hansruedi, *1935 in Ettiswil/LU, lebt in Luzern. Musiker, Musiklehrer, Dozent (Konservatorium Luzern), Mitarbeiter an Gesangbüchern (u.a. ökumenisches Jugend-GB «Kumbaya» 1980), Liederheften und Lehrschriften, Pianist, Chorleiter, Dirigent, Komponist. M 298

WIPO (Wigbert), von Burgund, *um 995 in Solothurn (?), † nach 1048 als Eremit im bayerisch-böhmischen Grenzgebiet. Kath. Theologe, Kaplan, Hofkaplan der deutschen Kaiser Konrad II. und Heinrich III., Geschichtsschreiber, Dichter. T 464

WIT, Jan, *1914 in Nijmegen/Nimwegen, † 1980 in Groningen (Niederlande). Organist, Theologe, Prädikant, Hymnologe, Mitarbeiter am niederländischen GB 1973, Komponist, Dichter. T 101, 260

WITT (Witte), Christian Friedrich, * um 1660 und † 1716 in Gotha (Thüringen). Musiker, Kammerorganist, Hofkapellmeister, Herausgeber von Gesangbüchern (Chor, Generalbass), Komponist. M 492, 691 – MS 618

WOIKE, Fritz, * 1890 in Breslau (jetzt Polen), † 1962 in Opladen/Leverkusen (Nordrhein-Westfalen). Gärtner, Wanderbursche, Erziehungsgehilfe, Psalmbearbeiter, freier religiöser Schriftsteller, Lyriker. T 541

WOLL, Erna, * 1917 in St. Ingbert (Saarland), † 2005 in Friedberg bei Augsburg (Bayern). Ev. Kantorin, Schulmusikerin, Germanistin, Musikwissenschafterin, nach Konversion Lehrbeauftragte am bischöflichen kirchenmusikalischen Institut (Köln), Mitarbeiterin am → EGB, Organistin, Chorleiterin, Gymnasiallehrerin, Hochschul- und Universitätsdozentin, Komponistin. M 580, 731, 740, 761

WOLTERS, Maria, * 1910 und † 2006 in Emmerich (Nordrhein-Westfalen). Hausfrau, Mutter, dichtete Texte für Editionen ihres Gatten Gottfried Wolters. T 420

WOODWARD, George Ratcliffe, * 1848 in Birkenhead/Cheshire, † 1934 in St. Pancras (England). Anglik. Theologe, Pfarrer, Übersetzer, Herausgeber von Liedsammlungen. T 486

ZELLER, Christian Heinrich, * 1779 auf Schloss Hohenentringen bei Tübingen, † 1860 auf Schloss Beuggen bei Rheinfelden (Baden-Württemberg). Jurist, Lehrer, Leiter von Privatschulen, Schulinspektor in der Schweiz, Gründer und Leiter einer Bildungsanstalt und eines Lehrerseminars für arme Kinder bei Rheinfelden/Baden, Schriftsteller, Kirchenlieddichter (pietistischer Richtung). T 165

ZENETTI, Lothar, * 1926 und † 2019 in Frankfurt/M. Kath. Theologe, Stadtjugend- und Gemeindepfarrer, Dekan, Radiobeauftragter, Sachbuchautor, Übersetzer, Dichter. T 213, 318, 481, 567, 740, 757, 761

ZESEN, Philipp von, * 1619 in Priorau bei Dessau (Sachsen-Anhalt), † 1689 in Hamburg. Privatgelehrter (Philologe), freiberuflicher Schriftsteller, Dichter, Gründer der Sprachgesellschaft «Deutschgesinnte Genossenschaft». T 565

Zils, Diethard, *1935 in Bottrop, lebt in Mainz. Dominikanerpater, Priester, Jugendseelsorger, Referent für Liturgie, Redaktor, Herausgeber von Werkbüchern, Mitarbeiter am → EGB, Übersetzer, Dichter geistl. Lieder. T 862

Zink, Jörg, *1922 in Schlüchtern-Elm (Hessen), † 2016 in Stuttgart-Möhringen. Ev. Theologe, Pfarrer, Leiter des Burckhardt-Hauses (Gelnhausen), Landespfarrer für Fernsehen (Stuttgart), Autor/Mitautor von Schriften zur Glaubens- und Lebenshilfe, Bibelübersetzer, Dichter. T 266, 744

Zinzendorf, Nikolaus Ludwig Graf von, *1700 in Dresden, † 1760 in Herrnhut/Oberlausitz (Sachsen). Jurist, Hof- und Justizrat, Gründer von Herrnhut mit Mährischen Brüdern, Bischof der Brüdergemeine, Missionsreisender, nach Verbannung aus Sachsen Gründer weiterer Gemeinen in Schlesien, Liederdichter. T 690, 793, 811, 814, 815

Zöbeley, Rudolf, *1901 in Mannheim-Rheinau (Baden-Württemberg), † 1991 in München. Ev. Theologe, Pfarrer, Religionslehrer, Herausgeber geistl. Musik, Komponist. M 574

Zwick, Johannes, *um 1496 in Konstanz, † 1542 in Bischofszell/TG. Jurist (Dr. iur.), Rechtslehrer, kath. Priester, schloss sich H. → Zwingli an, ev. Pfarrer, amtsenthoben, Reformator in Konstanz und Thurgau, Mitherausgeber des GB 1540 (Konstanz/Zürich), Kirchenlieddichter. T 557, 560, 591

Zwingli, Huldrych, *1484 in Wildhaus/SG, † 1531 in Kappel am Albis/ZH. Kath. Theologe, Priester, Feldprediger, Leutpriester, 1519 Reformator der deutschsprachigen Schweiz, Pfarrer, Dichter und Komponist, führte aber noch keinen volkssprachlichen Gesang in der Kirche ein im Gegensatz zu M. → Luther. T 713 – TM 626, 792

Zwyssig, Pater Alberich (getauft Johann Josef Maria), *1808 in Bauen/UR, † 1854 in Mehrerau/Vorarlberg (Österreich). Sängerknabe im Zisterzienserorden, Novize, Mönch, Priester, Lehrer, Sekretär des Abtes, Kapellmeister, Komponist. TMS 519

Ökumenische Gesänge

Die Christenheit ist eine weltweite Gemeinschaft. Dies wird auch deutlich in den vielen Liedern, die uns mit den verschiedenen christlichen Schwesterkirchen verbinden. Das folgende Verzeichnis enthält alle Gesänge des RG, die wir entweder mit der Ökumene im ganzen deutschen Sprachraum (sogenannte ö-Lieder) oder mit der Römisch-katholischen Kirche in der deutschsprachigen Schweiz (sogenannte +Lieder) gemeinsam haben. Die Christkatholische Kirche der Schweiz hat die +Lieder in ihr neues Gesangbuch (2005) übernommen.
In Spalte 1 wird Reichweite und Grad der Gemeinsamkeit benannt. Als gemeinsam wird ein Gesang anerkannt, wenn die Melodie und mindestens eine Strophe mit der von der Arbeitsgemeinschaft für ökumenisches Liedgut (→ AöL) erarbeiteten Fassung (Stand: 2018) bzw. mit der im Römisch-katholischen Gesangbuch (KG) abgedruckten Fassung übereinstimmen. Auf eine Erweiterung der Liste um die Übereinstimmung mit dem neuen Christkatholischen Gesangbuch (CG) wird hier aus Platzgründen verzichtet. Die entsprechenden Angaben sind einzusehen unter www.gottesdienst-ref.ch bei den Informationen zum Reformierten Gesangbuch (Stichwort: Listen).
Ein ö bzw. ein + bedeutet vollständige Übereinstimmung in Text und Melodie.
Die Einklammerung der beiden Auszeichnungen, (ö) und (+), deutet auf eine Abweichung hin; diese wird in den Spalten 5 und 6 näher erläutert. Dabei wird ausgewiesen, was die AöL-Fassung (ö-Fg) bzw. die KG-Fassung gegenüber RG zusätzlich (zus.) oder weniger (-) aufweist oder dass eine Abweichung im Text (≈ T), in einer bestimmten Strophe (≈ Str.) oder in der Melodie (≈ M) besteht.

ö/+	RG	KG	Gesang	ö-Fg	KG-Fg
ö	601		Abend ward, bald kommt die Nacht	.	
+	580	673	Aber auch der Regenmorgen		.
(ö)	342		Ach bleib mit deiner Gnade	1 zus. Str.	
+	751	729	Ach wie flüchtig, ach wie nichtig	≈ M	.
(ö +)	557	670	All Morgen ist ganz frisch und neu	- Str. 2.3	- Str. 2.3
+	628	521	Alle guten Gaben *F*	and. M; 2 zus. Str.	.

ö/+	RG	KG	Gesang	ö-Fg	KG-Fg
+	494	500.1	Alle Zungen sollen singen *Lv*		.
(ö) (+)	221	75	Allein Gott in der Höh sei Ehr	≈ Str. 2. 3; - Str. 4	≈ Str. 3; - Str. 4
+	222	77	Allein Gott in der Höh sei Ehr *K*		.
ö +	232	90	Alleluja, Alleluja *R*	.	.
ö	97		Aller Augen warten auf dich, Herre	.	
ö	859		Alles ist eitel, du aber bleibst *K*	.	
+	158	48.1	Auf, lasst uns jubeln dem Herrn *Lv*		.
(ö)	674		Auf meinen lieben Gott	≈ Str. 2. 3	
ö	85		Aus der Tiefe rufe ich zu dir	.	
(ö) (+)	564	678	Aus meines Herzens Grunde	2 zus. Str.	- Str. 3
ö +	83	384	Aus tiefer Not schrei ich zu dir	.	.
+	321	218	Aus vielen Körnern gibt es Brot		.
ö +	345	146	Ausgang und Eingang *K*	.	.
ö	680		Befiehl du deine Wege	.	
ö	707		Bei Gott bin ich geborgen … *F*	.	
+	242	525	Bénissons Dieu, notre Roi …		.
+	517	562	Beschirm uns, Gott, bleib unser Hort		.
ö +	587	284	Bevor des Tages Licht vergeht	.	.
ö +	606	680	Bevor die Sonne sinkt	.	.
ö	346		Bewahre uns, Gott, behüte uns, Gott	.	
	611	289	Bewahre uns, o Herr, wenn … *F*		≈ T
ö	603		Bleib bei mir, Herr! Der Abend …	.	
+	607	686	Bleib, o Herr, auch jetzt in der Nacht		.
ö +	294	421	Bleibet hier und wachet mit mir! *R*	.	.
ö	410		Brich an, du schönes Morgenlicht	.	
ö +	823	598	Brich den Hungrigen dein Brot	.	.
ö	244		Brunn alles Heils, dich ehren wir	.	
+	33	476	Chantez le Dieu saint! …		.
(ö) +	462	436	Christ ist erstanden / von der Marter	≈ M	.
ö +	314	130	Christe, du Lamm Gottes (Braun.) *F*	.	.
ö +	313	128	Christe, du Lamm Gottes (Graz) *F*	.	.
ö	280		Christus, das Licht der Welt	.	
ö	169		Christus, dein Licht … *F*	.	
ö +	774	728	Christus, der ist mein Leben	.	.
+	473	441	Christus ist auferstanden *K*		.
ö +	472	451	Christus ist auferstanden. / Freud	.	.
ö +	479	457	Christus ist auferstanden. … *R*	.	.
ö +	465	446	Christus ist erstanden. Halleluja *F*	.	.
ö +	396	338	Christus ist geboren. Halleluja *F*	.	.
	868	135.1	Christus, komm und bring … *Lv*		≈ T
+	428	354	Christus wird geboren …		.

ö/+	RG	KG	Gesang	ö-Fg	KG-Fg
ö	591		Da nun der Tag uns geht zu End	.	
+	333	590	Da pacem Domine *K*		.
+	341	151	Dank sei dir, Vater. / Deine Liebe *F*		.
ö+	320	143	Dank sei dir, Vater, für das ...	.	.
ö	579		Danke für diesen guten Morgen	.	
ö	93	49	Danket, danket dem Herrn *K*	.	≈ T
(ö+)	203	274	Danket dem Herrn, er hat uns ... *Lv*	zus. Magn.	zus. Magn.
ö+	219	242	Danket dem Herrn und lobsingt *K*	.	.
ö	91		Danket Gott, denn er ist gut (China)	.	
ö+	90	186	Danket Gott, denn er ist gut (Genf)	.	.
+	705	188	Dans nos obscurités *F*		.
ö	51		Das ist ein köstlich Ding ... *F*	.	
+	487	444	Das könnte den Herren der Welt ...		.
+	375	306	Das Volk, das noch im Finstern ...		.
ö	734		Dass Himmel und Erde dir blühen *K*	.	
	254	500.6	Dein Wort, o Gott, geleitet uns *Lv*		≈ T
ö+	310	120	Deinen Tod, o Herr, verkünden wir *F*	.	.
ö+	554	355	Der du die Zeit in Händen hast	(M 2)	.
ö	416		Der Heiland ist geboren	.	
ö(+)	855	213	Der Herr bricht ein um Mitternacht	.	≈ Str. 10; - Str. 5.7.9
ö	477		Der Herr ist auferstanden! *K*	.	
ö+	15	555	Der Herr ist mein getreuer Hirt	.	.
ö+	17	611	Der Herr ist mein Hirt *Lv*	.	.
ö+	16	556	Der Herr ist mein Hirte *K*	.	.
ö+	202	613	Der Herr vergibt die Schuld *Lv*	.	.
ö+	867	507	Der Himmel, der ist	(M 2)	.
(+)	391	359.1	Der Himmel freue sich *Lv*		1 zus. Str.
ö	599		Der Mond ist aufgegangen	.	
(ö)	596		Der Tag ist hin; mein Jesus ...	1 zus. Str.	
ö	584		Der Tag ist seiner Höhe nah	.	
(ö)+	605	689	Der Tag, mein Gott, ist nun vergangen	≈ Str. 2	.
ö+	688	560	Die dem Herrn vertrauen *K*	.	.
+	26	642	Die Erde ist voll der Gnade ... *Lv*		.
ö+	217	85	Die Freude an Gott, Halleluja *Lv*	.	.
ö+	471	449	Die ganze Welt, Herr Jesu Christ	.	.
(ö)	565		Die güldene Sonne / bringt ...	1 zus. Str.	
(ö)	571		Die güldne Sonne voll Freud ...	≈Str. 3.5.7, ≈Str. 9.10; 2 zus. Str.	
ö	562		Die helle Sonn leucht' jetzt herfür	.	
(ö)	803		Die Kirche steht gegründet	≈ Str. 4; - Str. 3	
+	379	312	Die Nacht geht zu Ende		.
ö+	372	310	Die Nacht ist vorgedrungen	.	.
(ö)+	96	528	Dir, Gott, ist nichts verborgen	≈ Str. 1	.

ö/+	RG	KG	Gesang	ö-Fg	KG-Fg
ö+	334	597	Dona nobis pacem *K*	.	.
+	281	207	Du bist der Weg, auf dem wir ...		.
+	233	237	Du cœur et de la voix		.
+	732	607	Du führst mich hinaus ins Weite *Lv*		.
	852	30.5	Du, Gott, hast uns befreit *Lv*		≈ T
ö+	185	35	Du hast mich, Herr, zu dir gerufen	.	.
ö+	167	45	Du hast uns, Herr, gerufen ...	.	.
ö	560		Du höchstes Licht, du ewger Schein	.	
+	698	559	Du kannst nicht tiefer fallen		.
ö	415		Du Kind, zu dieser heilgen Zeit	.	
ö+	303	87	Du machst uns den Tisch bereit. ... *F*	.	.
(ö)	98		Du meine Seele, singe	- Str. 2; ≈ Str. 4.5 3 zus. Str.	
ö+	188	37	Du öffnest, Herr, die Türen	(M 2)	.
+	435	388	Ehre sei dir, Christe, der du ...	2 zus. Str.; ≈ M	.
ö+	224	348	Ehre sei Gott in der Höhe *K*	.	.
ö+	386	353	Ein Kind geborn zu Betlehem	.	.
ö	388		Ein Kind ist uns geboren heut	.	
ö	755		Ein Tag, der sagt dem andern *K*	.	
ö	574		Er weckt mich alle Morgen	.	
+	201	643	Erbarme dich unser, o Gott *Lv*		.
ö+	249	584	Erd und Himmel sollen singen	.	.
ö+	100	574	Erfreue dich, Himmel ...	.	.
ö	469		Erschienen ist der herrlich Tag	.	
ö+	467	438	Erstanden ist der heilig Christ		.
ö (+)	399	334	Es ist ein Ros entsprungen	.	≈ Str. 2
ö	256		Es ist ein Wort ergangen	.	
ö+	420	349	Es ist für uns eine Zeit angekommen	.	.
ö+	360	305	Es kommt ein Schiff, geladen	.	.
ö+	352	675	Es segne und behüte uns *K*	.	.
ö	861		Es wird sein in den letzten Tagen	.	
(ö)	411		Freu dich, Erd und Sternenzelt	- Str. 2–4.7	
ö	738		Freuet euch im Herren allewege!	.	
ö+	157	623	Freut euch, wir sind Gottes Volk *Lv*	.	.
(ö)	401		Fröhlich soll mein Herze springen	≈ Str. 1.5.8	
+	39	174	Geborgen, geliebt und gesegnet		.
+	585	214	Gedenke unser, o Herr *F*		.
ö	537		Geh aus, mein Herz, und suche ...	.	
ö+	310	120	Geheimnis des Glaubens *F*	.	.
ö+	338	36	Gehet hin in alle Welt, Halleluja *F*	.	.
ö+	392	331	Gelobet seist du, Jesu Christ	.	.
(ö +)	466	437	Gelobt sei Gott im höchsten Thron	- Str. 2.3, - Str. 5.6	- Str. 2.3, - Str. 5.6

ö/+	RG	KG	Gesang	ö-Fg	KG-Fg
ö+	491	472	Gen Himmel aufgefahren ist	.	.
(ö)+	828	593	Gib uns Frieden jeden Tag	- Str. 4	.
ö+	835	229	Gib uns Weisheit, gib uns Mut	≈ je Z. 1	.
ö+	430	351	Gott aus Gott und Licht aus Licht	.	.
+	28	571	Gott, deine Güte reicht so weit ...		.
ö+	184	6	Gott, der du alles Leben schufst	.	.
(ö)	566		Gott des Himmels und der Erden	≈ Str. 3.5, ≈ Str. 6	
+	841	575	Gott gab uns Atem, damit wir leben	and. M	.
ö+	260	1	Gott hat das erste Wort	.	.
ö+	505	485	Gott hat uns seinen Geist ... *F*	.	.
ö+	359	309	Gott, heilger Schöpfer aller Stern	.	.
ö+	220	73	Gott in der Höh sei Preis und Ehr	.	.
(ö)	162		Gott ist gegenwärtig	≈ Str. 1.2; 1 zus. Str.	
+	373	201	Gott liebt die Welt mit ihrer Schuld		.
ö+	279	709	Gott liebt diese Welt	.	.
ö+	13	187	Gott, mein Gott, warum hast du ...	.	.
ö+	362	304	Gott, send herab uns deinen Sohn	.	.
ö+	726	517	Gott, weil er groß ist *K*	.	.
ö+	696	181	Gott wohnt in einem Lichte	.	.
ö+	2	762	Gottes Lob wandert, und Erde ...	(M 1)	.
+	247	176	Grand Dieu, nous te bénissons		.
(ö)+	247	175	Großer Gott, wir loben dich	≈ Str. 11	.
ö+	229	429.1	Halleluja (gregorianisch) *R*	.	.
+	230	88	Halleluja (Rohr) *R*		.
ö+	231	88.7	Halleluja (gregorianisch IX.Ton) *R*	.	.
ö+	241	692	Halleluja, Halleluja *K*	.	.
+	306	105	Heilig bist du, großer Gott		.
ö+	307	108	Heilig, heilig, heilig, Herr ... *F*	.	.
ö+	305	107	Heilig ist Gott in Herrlichkeit *F*	.	.
+	304	115	Heilig ist unser Gott *F*		.
+	413	335	Herbei, o ihr Gläub'gen		.
ö+	604	683	Herr, bleibe bei uns *K*	.	.
ö+	527	572	Herr, dich loben die Geschöpfe	.	.
ö+	200	31.7	Herr, erbarme dich *R*	.	.
(ö+)	258	567	Herr, gib uns Mut zum Hören	≈ Str. 2–5	≈ Str. 2–5
+	638	577	Herr, gib uns unser täglich Brot		.
ö+	156	199	Herr Jesu Christ, dich zu uns wend	.	.
(ö)	865		Herr, mach uns stark im Mut ...	1 zus. Str.	
(ö)	651		Herzlich lieb hab ich dich, o Herr	≈ Str. 2	
(ö)(+)	440	391	Herzliebster Jesu, was hast du ...	1 zus. Str.	- Str. 5–10
	168		Hewenu schalom alechäm *K*	≈ M	
ö+	825	547	Hilf, Herr meines Lebens	.	.
ö	530		Himmel, Erde, Luft und Meer	.	

ö/+	RG	KG	Gesang	ö-Fg	KG-Fg
ö	590		Hinunter ist der Sonne Schein	.	
+	1	745	Hoch hebt den Herrn mein Herz …		.
ö+	451	393	Holz auf Jesu Schulter	.	.
ö+	455	394	Hört das Lied der finstern Nacht	.	.
ö+	418	350	Hört, der Engel helle Lieder	.	.
(ö)+	389	345	Hört, es singt und klingt mit Schalle	nur 1. Teil	.
+	366	413	Hosanna dem Sohne Davids! *Lv*		.
ö	779		Ich bin die Auferstehung … *Lv*	.	
	753		Ich bin ein Gast auf Erden	- Str. 2–4.7; ≈ M	
ö	620		Ich bitt dich, Herr, durch deine M.	.	
+	271	95	Ich glaube: Gott ist Herr der Welt		.
	622		Ich liege, Herr, in deiner Hut	and. M	
	8		Ich lobe meinen Gott … *F*	≈ TM	
(ö)	723		Ich singe dir mit Herz und Mund	- Str. 9–11, - Str. 13–16	
(ö+)	402	333	Ich steh an deiner Krippe hier	- Str. 5–7	- Str. 5–7
ö+	213	544	Ich steh vor dir mit leeren Händen …	.	.
ö	731		Ich will dem Herren singen	.	
+	65	529	Ich will dem Herrn singen … *K*		.
ö	682	198	Ich will dich lieben, meine Stärke	.	and. M
ö+	183	530	Ich will dir danken *K*	.	.
+	849	311	Ich will euch Zukunft … *K*		.
+	839	580	Ihr seid das Salz der Erde *K*		.
ö	740		Ihr sollt da sein füreinander	.	
ö+	512	486	«Ihr werdet die Kraft … » *K*	.	.
	705		Im Dunkel unsrer Nacht *F*	≈ TM	
ö+	324	148	Im Frieden dein, o Herre mein	.	.
ö+	668	448	In der Welt habt ihr Angst *K*	.	.
+	652	200	In dir ist Freude	≈ T	.
ö+	384	346	In dulci jubilo	.	.
+	534	573	In uns kreist das Leben		.
ö	746		Ja, ich will euch tragen	.	
(ö)	404		Jauchzet, ihr Himmel, frohlocket …	- Str. 8	
	851		Jerusalem, du hoch gebaute Stadt	≈ Str. 1.4; - Str. 2.3; ≈ M	
	690		Jesu, geh voran auf der Lebensbahn	≈ M	
	659		Jesu, meine Freude	≈ Str. 2; 1 zus. Str.; ≈ M	
(ö+)	495	281	Jesus Christus ist der Herr *Lv*	zus. Phil 2	zus. Phil 2
(ö)	482		Jesus lebt, mit ihm auch ich	≈ Str. 4; 2 zus. Str.	

ö/+	RG	KG	Gesang	ö-Fg	KG-Fg
(ö)	478		Jesus, meine Zuversicht	- Str. 5	
(ö)+	223	2	Jubilate Deo *K*	zus. Wiederholung	.
ö+	500	481	Komm, allgewaltig heilger Hauch	.	.
ö	501		Komm, Heiliger Geist, Herre Gott	.	
ö	636		Komm, Herr Jesu, sei du unser Gast *K*	.	
ö+	343	147	Komm, Herr, segne uns ...	.	.
ö+	833	592	Komm in unsre stolze Welt	.	.
ö+	515	484	Komm, o Tröster, Heilger Geist	.	.
	323		Komm, sag es allen weiter	1 zus. Str.; ≈ M	
ö	414		«Kommet, ihr Hirten ... »	.	
ö	423		Kommt, ach kommt nach Betlehem ...	.	
ö	443		Kommt, ihr Menschen, nehmt ...	.	
+	56	211	König ist der Herr. Völker ...	and. T; ≈ M	.
ö+	456	390	Korn, das in die Erde ...	.	.
+	702	215	Kum ba yah, my Lord, kum ba yah		.
ö+	195	70	Kyrie eleison (orthodox) *R*	.	.
ö+	197	69	Kyrie, Kyrie eleison *K*	.	.
+	194	71	Kyrie, Kyrie eleison (Taizé) *R*	≈ M	.
+	340	152	Lasst uns lobsingen *F*		.
+	242	527	Lauda il Segner, il Retg ...		.
ö	73		Laudate Dominum *R*	.	
ö+	71	519	Laudate omnes gentes *R*	.	.
ö	810		Leit uns in allen Dingen *K*	.	
(ö)+	159	38	Liebster Jesu, wir sind hier / dich	≈ Str. 2	.
(ö)+	242	524	Lobe den Herren, den mächtigen ...	≈ Str. 2	.
(ö)	62		Lobe den Herrn, meine Seele *F*	zus. Str.	
ö+	570	674	Lobet den Herren alle, die ihn ehren	.	.
ö	74		Lobet den Herrn, alle Völker	.	
ö	635		Lobet den Herrn und dankt ihm ...	.	
ö+	42	537	Lobet und preiset, ihr Völker ... *K*	.	.
(ö)+	551	356	Lobpreiset all zu dieser Zeit	≈ Rfr	.
(ö) (+)	395	336	Lobt Gott, ihr Christen, alle gleich	1 zus. Str.	- Str. 4
+	242	526	Lode all'Altissimo, lode al Signor ...		.
ö+	363	298	Macht hoch die Tür ...	.	.
ö+	832	184	Manchmal kennen wir Gottes Willen	.	.
ö+	368	314	Maria durch ein' Dornwald ging	.	.
ö+	92	531	Mein ganzes Herz erhebet dich	.	.
+	650	546	Mein Herr und mein Gott *F*		.
ö+	672	206	Mein schönste Zier und Kleinod ...	.	.
	675	631	Meine Augen schauen allezeit ... *Lv*		≈ T
	704		Meine Hoffnung und meine Freude	≈ S	

ö/+	RG	KG	Gesang	ö-Fg	KG-Fg
+	711	263	Meine Seele dürstet nach dir … *Lv*		.
+	3	243	Meine Seele erhebt den Herren *K*		.
ö	535		Meinem Gott gehört die Welt	.	
(ö)	812		«Mir nach», spricht Christus …	≈ Str. 5;	
				- Str. 3;	
				2 zus. Str.	
+	94	687	Mit allen meinen Wegen *K*		.
(ö)	364		Mit Ernst, o Menschenkinder	≈ Str. 2. 3	
ö	613		Mit meinem Gott geh ich zur Ruh	.	
ö (+)	648	706	Mitten wir im Leben sind	.	- Str. 2. 3
	572	671	Morgenglanz der Ewigkeit	nur Str. 1;	and. Str.
				≈ M	2–4; ≈ M
ö	533		Morgenlicht leuchtet …	.	
ö +	658	192	Morgenstern der finstern Nacht	.	.
	621	685	Müde bin ich, geh zur Ruh	and. M	and. M
ö	706	569.4	Nada te turbe *F*	.	(Lesetext)
+	233	239	Nos Dieu pür tuots lodain		.
+	502	482	Nun bitten wir den Heiligen Geist	≈ M	.
ö +	235	518	Nun danket all und bringet Ehr	.	.
ö +	233	236	Nun danket alle Gott	.	.
ö +	66	520	Nun danket Gott, erhebt und preiset	.	.
(ö)	476		Nun freut euch hier und überall	≈ Str. 3	
(ö) +	57	40	Nun jauchzt dem Herren, alle Welt	≈ Str. 4. 5	.
+	58	41	Nun jauchzt dem Herren, alle Welt *K*		.
ö +	104	498	Nun lässest du, o Herr	.	.
(ö)	59		Nun lob, mein Seel, den Herren	≈ Str. 2–5	
ö	594		Nun ruhen alle Wälder	(M-Var. 2)	
(ö) +	75	440	Nun saget Dank und lobt den Herren	≈ Str. 4;	.
				- Str. 2	
ö +	178	7	Nun schreib ins Buch des Lebens	.	.
ö	777		Nun sich das Herz von allem löste	.	
ö	385		Nun singet und seid froh	.	
ö +	608	688	Nun trägt der Abendwind den Tag	.	.
ö +	600	682	Nun wollen wir singen …	.	.
ö +	409	343	O du fröhliche	.	.
+	247	178	O grond Deus, nus tei ludein		.
(ö) (+)	445	389	O Haupt voll Blut und Wunden	≈ Str. 1–4,	- Str. 2. 4,
				≈ Str. 6;	- Str. 5. 8
				2 zus. Str.;	
				(M-Var. 2)	
ö +	361	302	O Heiland, reiß die Himmel auf	.	.
(ö)	504		O Heilger Geist, kehr bei uns ein	- Str. 4. 5	
ö +	212	67	O Herr, nimm unsre Schuld	.	.
	436		O hilf, Christe, Gottes Sohn	≈ M	

ö/+	RG	KG	Gesang	ö-Fg	KG-Fg
ö+	791	512	O Jesu Christe, wahres Licht	.	.
(ö)	511		O komm, du Geist der Wahrheit	2 zus. Str.	
ö+	312	132	O Lamm Gottes, unschuldig	(- Wieder-hol. Str. 1)	.
(+)	438	380	O Mensch, bewein dein Sünde groß	≈ Str. 1; ≈ M	≈ Str. 1
ö	442		O Traurigkeit, o Herzeleid!	nur Str. 1	
ö	772		O Welt, ich muss dich lassen	.	
	441		O Welt, sieh hier dein Leben	- Str. 7. 9, - Str. 11. 12; ≈ M	
ö+	77	552	Öffne meine Augen *K*	.	.
+	33	477	Popolo fedel, alza un inno al ciel		.
+	854	322	Richtet euch auf und erhebt ... *Lv*		.
ö+	614	681	Ruhet von des Tages Müh *K*	.	.
+	309	119	Sanctus, sanctus, sanctus *K*		.
	335		Schalom chaverim *K*	≈ TM	
+	556	672	Schon zieht herauf des Tages Licht		.
ö+	686	196	Schönster Herr Jesu	.	.
ö+	166	600	Schweige und höre *K*	.	.
ö+	632	693	Segne, Herr, was deine Hand *K*	.	.
+	481	442	Seht, der Stein ist weggerückt		.
ö	452		Seht hin, er ist allein im Garten	.	
	240		Sei Lob und Ehr dem höchsten Gut	- Str. 9; and. M	
ö	630		Sei unser Gast, Herr Jesu Christ *K*	.	
+	63	489	Sende aus deinen Geist *Lv*		.
ö+	34	543	Sende dein Licht ... *K*	.	.
+	233	238	Siam grati a Te, Signor		.
ö	316		Siehe, das ist Gottes Lamm (Ruppel) *K*	.	
ö	315		Siehe, das ist Gottes Lamm (Schweizer) *K*	.	
ö+	387	347	Singet frisch und wohlgemut	.	.
+	52	241	Singet, singet, singet dem Herrn ... *K*		.
ö+	250	536	Singt dem Herrn, alle Völker ...	.	.
ö+	245	535	Singt, ihr Christen, singt ... *K*	.	.
+	33	475	Singt mit froher Stimm, Völker ...		.
ö	695		So nimm denn meine Hände	.	
+	247	177	Sommo Iddio, noi T'invochiamo		.
ö+	795	509	Sonne der Gerechtigkeit	.	.
ö (+)	412	341	Stille Nacht, heilige Nacht!	.	2 zus. Str.
+	33	478	Sü, ad ota vusch, da dalöntsch ...		.
(+)	838	93	Suchet zuerst Gottes Reich ...	and. T	≈ Str. 5; and. Str. 1–3

ö/+	RG	KG	Gesang	ö-Fg	KG-Fg
+	519	563	Trittst im Morgenrot daher		.
ö	370		Tochter Zion, freue dich	.	
ö +	813	418	Ubi caritas et amor *Lv*	.	.
ö	425		Uns wird erzählt von Jesus Christ	.	
(ö)	663		Unser Leben sei ein Fest	2 zus. Str.	
ö +	286	33	Unser Vater im Himmel / Vater ... *F*	.	.
+	24	690	Unsere Zeit in Gottes Händen *K*		.
ö	344		Unsern Ausgang segne Gott	.	
ö +	634	691	Vater, segne diese Speise *K*	.	.
ö +	286	33	Vater unser im Himmel / Unser ... *F*	.	.
ö +	332	589	Verleih uns Frieden gnädiglich	.	.
ö	843		Vertraut den neuen Wegen	.	
+	186	8	Voller Freude sehn wir, Gott ...		.
ö +	69	676	Vom Aufgang der Sonne *K*	.	.
ö (+)	394	332	«Vom Himmel hoch ...»	.	- Str. 7–14
(ö)	671		Von Gott will ich nicht lassen	3 zus. Str.	
(ö) +	353	554	Von guten Mächten wunderbar ...	6 zus. Str.	.
ö	789		Wach auf, wach auf, 's ist hohe Zeit	.	
ö +	850	210	«Wachet auf», ruft uns die Stimme	.	.
(ö)	573		Wann sich die Sonn erhebet	- Str. 1–5; «Nun sich»	
(ö +)	684	549	Was Gott tut, das ist wohlgetan	- Str. 3.5	- Str. 3.5
+	457	601	Was ihr dem geringsten Menschen ...		.
+	422	339	Was isch das für e Nacht!		.
ö	640		Was wir brauchen, gibt uns Gott *K*	.	
ö +	699	710	Wechselnde Pfade *K*	.	.
ö +	761	730	Weder Tod noch Leben ... *F*	.	.
ö +	421	301	Weil Gott in tiefster Nacht erschienen	.	.
ö	531		Weißt du, wieviel Sternlein stehen	.	
+	700	596	Weit wie das Meer ...		.
	729		Wenn ich, o Schöpfer, deine Macht	and. M	
(ö)	773		Wenn mein Stündlein vorhanden ist	≈ Str. 1	
ö	204		Wenn wir in höchsten Nöten sein	.	
ö +	347	150	Wenn wir jetzt weitergehen ...	.	.
+	176	458.7	Wenn wir mit Christus ... *Lv*		.
ö (+)	681	541	Wer nur den lieben Gott lässt walten	.	- Str. 3–6
(ö) +	49	542	Wer unterm Schutz des Höchsten ...	≈ Str. 1.2	.
(ö)	754		Wer weiß, wie nahe mir mein Ende	≈ Str. 7; - Str. 5.8	
ö	30		Wie der Hirsch nach frischer Quelle	.	
(+)	81	588	Wie die Träumenden ...		≈ Str. 3
ö	7		Wie herrlich gibst du, Herr, dich ...	.	
+	653	194	Wie schön leuchtet der Morgenstern	≈ T	.

ö/+	RG	KG	Gesang	ö-Fg	KG-Fg
(ö)	367		Wie soll ich dich empfangen	≈ Str. 1.3, ≈ Str. 9	
ö +	516	231	Wind kannst du nicht sehen	.	.
ö +	439	395	Wir danken dir, Herr Jesu Christ	.	.
ö	627		Wir danken Gott für seine Gaben	.	
ö	269		Wir glauben an Gott Vater	.	
+	275	98	Wir glauben, Gott, dass du es bist		.
ö	270		Wir glauben Gott im höchsten Thron	.	
ö +	377	299	Wir sagen euch an den lieben Advent	.	.
(ö) +	701	566	Wir sind dein Eigentum	≈ Str. 4	.
ö +	757	707	Wir sind mitten im Leben ...	.	.
ö +	468	447	Wir wollen alle fröhlich sein	.	.
ö	542		Wir wollen fröhlich singen	.	
ö +	378	377	Wir ziehen vor die Tore der Stadt	.	.
+	818	253	Wo Güte ist und Liebe *Lv*		.
ö +	76	551	Wohl denen, die da wandeln	.	.
	161		Wunderbarer König	≈ T	
(ö) +	398	337	Zu Betlehem geboren	1 zus. Str.; and. Str.-Abfolge	.

Mehrsprachige Gesänge

Verwendete Abkürzungen:

F	Freie Form
K	Kanon
ö	ökumenisches Liedgut, in Text und Melodie übereinstimmend
+	mit dem Römisch-katholischen und dem Christkatholischen Gesangbuch der deutschsprachigen Schweiz in T und M übereinstimmend
(ö) (+)	eingeschränktes ö und +, da nicht in allen Teilen übereinstimmend
CG+	nur mit dem Christkatholischen Gesangbuch übereinstimmend
KG+	nur mit dem Römisch-katholischen Gesangbuch übereinstimmend

Fremdsprachige Gesänge

Verwendete Abkürzungen:

F	Freie Form
K	Kanon
Lv	Leitvers
R	Ruf
ö	ökumenisches Liedgut, in Text und Melodie übereinstimmend
+	mit dem Römisch-katholischen und dem Christkatholischen Gesangbuch der deutschsprachigen Schweiz in T und M übereinstimmend
(ö)(+)	eingeschränktes ö und +, da nicht in allen Teilen übereinstimmend
CG+	nur mit dem Christkatholischen Gesangbuch übereinstimmend

Dialektlieder

Verwendete Abkürzungen:

K	Kanon
+	mit dem Römisch-katholischen und dem Christkatholischen Gesangbuch der deutschsprachigen Schweiz in T und M übereinstimmend
CG+	nur mit dem Christkatholischen Gesangbuch übereinstimmend

Leitverse

Verwendete Abkürzungen:

ö	ökumenisches Liedgut, in Text und Melodie übereinstimmend
+	mit dem Römisch-katholischen und dem Christkatholischen Gesangbuch der deutschsprachigen Schweiz in T und M übereinstimmend
(ö)(+)	eingeschränktes ö und +, da nicht in allen Teilen übereinstimmend

Als Rahmenvers bei Psalmlesungen und anderen Gebeten lassen sich außer den hier aufgelisteten Leitversen *(Lv)* zahlreiche weitere Spruchvertonungen verwenden: Freie Formen, Kehrverse, Kanons und Rufe. Diese sind sowohl im Inhaltsverzeichnis zu Beginn (S. 19ff.) wie im alphabetischen Verzeichnis am Schluss des Gesangbuchs (S. 1111ff.) durch *F, Kv, K* und *R* gekennzeichnet.

Biblische Lesetexte

Die verwendeten Übersetzungen sind im Verzeichnis S. 1106f. aufgeführt.

381	Joh 3,16	Denn so hat Gott die Welt geliebt
624	Joh 6,1–13	Die Speisung der Fünftausend
300	Joh 6,35	Ich bin das Brot des Lebens
261	Joh 6,66–69	Das Bekenntnis des Petrus
192	Joh 8,2–11	Jesus und die Ehebrecherin
770	Joh 11,25.26	Ich bin die Auferstehung und das Leben
357	Joh 12,12–15	Jesu Einzug in Jerusalem
432	Joh 13,3–15	Die Fußwaschung
301	Joh 15,5	Ich bin der Weinstock
666	Joh 16,33	In der Welt habt ihr Angst
460	Joh 20,19–23	Der Auferstandene erscheint den Jüngern
497	Apg 2,1–8	Die Ausgießung des Heiligen Geistes
496	Röm 8,14–18	Der Geist bezeugt die Gotteskindschaft
521	Röm 8,19–22	Das Seufzen der Schöpfung
747	Röm 8,31b–39	Die Gewissheit der Glaubenden
739	Röm 15,7	Nehmt einander an
262	1 Kor 8,6	Der *eine* Gott
299	1 Kor 11,23–26	Die Einsetzungsworte
786	1 Kor 12,12–27	*Ein* Leib, viele Glieder
735	1 Kor 13,1–13	Das hohe Lied der Liebe
458	1 Kor 15,53–55.57	Der Tod ist verschlungen in Sieg
667	2 Kor 12,9	Lass dir an meiner Gnade genügen
329	2 Kor 13,13	Der apostolische Segen
216	Phil 2,2–11	Der Christus-Hymnus
154	Phil 4,4–7	Freuet euch im Herrn allezeit
489	Kol 3,1–4	Strebt nach dem, was im Himmel ist
547	Kol 3,16.17	Alles, was ihr in Worten und Werken tut
546	Jak 4,13–17	So Gott will und wir leben
173	1 Joh 3,1	Wir heißen Kinder Gottes
848	Offb 21,1–6	Ein neuer Himmel und eine neue Erde

Rechtsinhaber

Verwendete Abkürzungen:

T	Text	Str.	Strophe	Ü	Übersetzung	it.	italienisch
M	Melodie	Rfr	Refrain	dt.	deutsch	rom.	romanisch
S	Satz	Z	Zeile	fr.	französisch	engl.	englisch

Die urheberrechtlich geschützten Texte und Gesänge sind nach Nummern geordnet. Die Abkürzungen der Rechtsinhaber sind auf S. 1107 ff. aufgeschlüsselt.

Gesänge und Gebete

1 VHG (T)
2 Stru (T), DVM (M)
3 Mös (M)
4 Stru (T)
5 VHG (T)
6 VHG (T)
7 VHG (T)
8 Hän (TMS), meie (T it.)
10 Cal (T)
11 Mer (T)
12 VHG (S)
13 GB (TM)
14 VHG (T)
15 kra (T)
16 Mer (M)
17 Alt (M)
18 Hän (T); unbekannt (Überst.)
19 SKGB (T)
20 VHG (T)
21 VHG (T)
22 Cal (T)
24 Stru (M)
25 VHG (T)
26 VHKG (M)
28 gaf (T: Str. 2.3), CV (M)
29 VHG (T)
30 VHG (T)
31 VHG (M)
32 VHG (S)
33 VHG (T), unbek. (T fr.), CEA (T it.)
35 VHG (T)
36 Mös (M)
38 VHG (TM)
39 TVZ (TM)
40 VHG (T)
41 VHG (T)
44 VHG (T: Str. 1.3)
45 VSG (TM)
46 VHG (T)
48 VHG (T)
49 VDD (T)
50 TVZ (T)
51 CV (M)
52 VSG (M)
53 VHG (T)
54 SKGB (T)
55 VHG (T)
56 VHG (T)
57 VHG (S)
58 Stru (M)
60 Stru (M)
61 schle (TM)
62 CV (M)
63 VHKG (M)
64 Wit (T), TVZ (M)
65 Stru (M)
66 VHG (T)
67 VHG (T)
69 Mös (M)
70 Mer (T)
71 APT (MS)
73 APT (MS)
74 VSG (TMS)
75 VHG (T)
77 got (M)
78 VHG (T)
79 CV (M)
80 VHG (T)
81 Stru (TM)
84 VHG (S)
85 TVD (TM)
86 VHG (TM)
87 VHG (T)
88 Stru (T dt.)
90 VDD (T)
91 VDD (T)
92 VDD (T)
94 TVZ (M)
95 Stru (TM)
96 Her (T)
98 VHG (S)
100 Her (T: Str. 2–5)
101 Stru (T)
102 SKGB (T), EOli (T fr.)
104 Her (T)
105 TVZ (TM)
157 Her (M)
158 Her (M)
164 Güt (T)
166 BAK (T), CC (M)
167 Stru (TM)
168 TVZ (Überstimme)
169 APT (TMS)
176 VHKG (M)
180 spa (T)
181 rom (T), VHG (S)
182 Stru (T)

183 daf (T), CC (M)
184 blo (T)
185 VSG (TM)
186 TVZ (TM)
187 EVA (T), VHG (S)
188 CV (T)
194 APT (MS)
196 Fid (M)
198 Fid (M)
199 VHG (S)
200 Alt (MS)
201 VHKG (M)
202 Alt (M)
203 VDD (T), Her (M)
205 Hän (T)
210 BkV (T)
212 VSG (TM)
213 Her (TM)
214 wie (T)
215 VHG (TMS)
217 Alt (M)
219 MoV (TM)
220 VDD (T)
222 Stru (MS)
225 VSG (M)
230 Her (M)
233 FEP (T fr.), CEA (T it.)
236 sta (T)
238 Stru (M)
242 unbekannt (T fr.), CE (T it.), VHG (S)
245 Her (M)
246 Her (M)
247 CE (T it.)
249 VSG (TM)
250 PJ (TM)
254 Her (TM)
256 VHG (TM)
257 VHG (S)
258 Stru (TM)
260 TVZ (T), ISK (M)
266 Güt (T)
267 Lit (T)
269 VDD (T)
270 SV (T), Bär (M)
271 spa (T)
272 Bär (T: Str. 2)
277 VHG (S)
279 Stru (TM)
280 Bär (T)
281 unbekannt (T), rot (M)
282 Stru (TM)
286 SKH (M)
290 schla (T)
291 VHG (S)
292 unbekannt (T)
294 APT (MS)
295 Lit (T)
297 TVZ (M)
298 TVZ (M)
303 Bär (T, M: Vers)
305 Her (T)
306 VHG (S)
307 VDD (TM), VHG (S)
308 VHG (M)
309 VHKG (MS)
315 EK (M)
316 VSG (M)
317 VHG (S)
318 Stru (T), VHG (MS)
319 Stru (TM)
320 Her (T)
321 schib (T), rüt (M)
322 Mer (TM)
323 GB (T)
336 Fid (M)
338 Bär (M: Vers)
339 mei (T)
340 wies (T)
341 wies (T)
343 Stru (TM)
345 Stru (TM), VHG (T fr., rom.)
346 Stru (TS), CV (M)
347 Stru (TM)
349 VHG (S)
352 Mer (M)
353 Mer (MS)
358 VHG (T)
362 VDD (T)
366 VHKG (M)
369 VHG (S)
372 Bär (M)
373 VSG (T)
374 VJG (T)
375 Stru (T), TVZ (M)
376 Bär (TM)
377 Her (TM), VHG (S)
378 schil (T), DVM (M)
379 VHKG (T), GS (M)
380 TVZ (M)
387 VDD (T)
388 VDD (T)
389 Bär (T: Z 1–4/Str.), VHG (T: Chorus/Rfr)
395 VHG (S)
396 Bär (T, M: Vers)
404 VHG (S)
407 GM (T)
409 Stru (S)
411 Mer (T: Str. 3.4)
413 VHG (S)
414 VHG (S)
415 Bär (M)
416 VHG (S)
418 Mer (T), VHG (S)
419 Stru (M)
420 Mös (T: Str. 2–9), VHG (S)
421 Stru (TM)
422 MBZ (TM)
423 Fid/Her (T), VHG (S)
424 schm (T)
425 Stru (TM)
426 MBZ (TM)
427 TVZ (TM)
428 CV (TM)
429 TVZ (T)
430 TVZ (T)
431 sob (T Ü)
437 VHG (S)

441 VHG (S)
444 VHG (S)
451 Stru (T), DOL (M)
452 Stru (TM 1)
453 mei (T)
454 Bär (T)
455 DVM (TM)
456 Stru (T)
457 LV (T)
461 Stru (M)
465 VDD (T: Kv), Bär (M: Vers)
466 kra (T: Str. 5.6), VHG (S)
467 Bär (T)
472 Bär (T: Str. 2–4), VHG (S)
473 Stru (MS)
475 Bär (M)
477 Mer (M)
479 Alt (M)
480 VHG (S)
481 Stru (T), GB (M)
484 VHG (S)
485 TVZ (T)
486 Stru (T)
487 PJ (TM)
488 mei (T)
493 VHG (T: Str. 1.4)
494 VHKG (M)
495 Her (M)
499 FEP (T fr.), VHG (T rom.)
500 TVZ (T)
505 Bär (T, M: Vers)
506 VHG (S)
512 VSG (M)
514 APT (MS)
515 Her (T)
516 Her (T), wik (M)
520 tun (S)
527 VHG (T)
529 Alt (T)
530 VHG (S)
531 VHG (S)
533 BMG (T), Stru (T dt.)
534 Rad (T), got (M)
535 Bär (TM)
536 web (T)
537 VHG (S)
538 VHG (S)
539 VHG (T)
541 VHG (T)
542 Stru (TM), VHG (S)
551 VDD (T: Str. 3), VHG (S)
553 VHG (TMS)
556 Cari (T)
558 VHG (T)
563 Mös (T)
567 zen (T)
569 str (T)
574 MoV (M)
577 VHG (TM)
578 Pel (TM)
579 GB (TM)
580 Stru (TM)
581 Stru (T)
582 Lit (T)
584 Mer (M)
587 Cari (T)
588 VHG (T)
590 VHG (S)
592 unbekannt (T)
593 boh (T)
594 VHG (S)
595 EKD (T)
598 EKD (T)
599 VHG (S)
600 VHG (S)
601 SV (T), Bär (M)
602 Stru (TM)
603 unbekannt (T)
604 Bär (M)
605 Stru (T)
606 GB (TM)
607 BkV (T), Fid (MS)
608 Stru (TM)
614 Mer (TM)
617 Lit (T)
619 Lit (T)
620 kra (T)
621 VHG (S)
622 VHG (M)
625 wec (M)
626 VHG (TM)
628 Mös (MS)
630 Bär (TM)
632 Mös (M)
633 kli (T)
637 boh (T)
638 TVZ (T)
639 Stru (M)
641 EKD (T)
642 unbekannt (T)
643 blo (T)
644 blo (T)
645 Goe (T)
650 Cro (M)
652 FEP (T fr.), unbekannt (T it.), VHG (T rom.)
655 Jor (T)
657 unbekannt (T)
659 VHG (S)
661 VHG (S)
663 PJ (TM)
664 sax (T Ü)
665 rom (TM)
668 got (M)
670 Esch (T)
675 Uni (M)
676 VHG (S)
679 VHG (T)
680 VHG (S)
685 Hän (S)
688 VSG (M)
692 VHG (M)
695 CE (T it.)
697 SV (T), Bär (M)
698 VJG (T), TVZ (M)
699 CV (M)
700 TVZ (T), Stru (M)

701 VSG (TM)
702 sob (T Ü)
703 Bär (TM)
704 APT (TMS)
705 APT (TMS)
706 Pan (T dt.), APT (MS)
707 APT (MS)
711 Her (M)
712 may (T)
714 meil (T)
717 VHG (TM)
718 Her (T)
720 AC (M)
721 Her (T)
726 Mer (M)
729 VHG (S)
731 Fid (TM)
732 kro (M)
733 Stru (T)
734 VSG (TM)
738 CV (M)
740 Fid (TM)
741 blo (T)
742 unbekannt (T)
743 may (T)
744 KV (T)
746 Bär (MS)
749 TVZ (M)
752 EO (T)
756 VJG (T)
757 Stru (TM)
758 schnu (T)
759 kop (T)
760 Stru (TM)
761 Fid (TM)
778 MGV (T)
779 Her (M)
788 unbekannt (T)
795 VHG (S)
804 VHG (T), TVZ (S)
805 Wit (TM)
811 VHG (M)
813 APT (MS)
814 VHG (S)
818 VHKG (M)
819 Stru (T: Str. 2; M)
820 VHG (TS)
821 juo (M)
822 VHG (TM)
823 Mer (TM)
824 MoV (TMS)
825 GB (TM)
826 lie (T)
827 Stru (T), VHG (S)
828 GB (T: Str. 1–3; M)
829 GB (TM)
830 Stru (T), Geh (MS)
831 egg (T)
832 mar (T: Str. 1–3), juh (T: Str. 4), GB (M)
833 ES (T), DVM (M)
834 Stru (T)
835 DWG (TM)
836 Her (T)
837 VHG (TM)
838 UMP (M), VHG (S)
839 Col (T), VHG (M)
840 Utr (TS), unbekannt (T dt./engl.)
841 Stru (T), CV (M)
842 wie (T)
843 her (T)
849 TVZ (M)
852 Her (M)
854 Her (M)
858 unbekannt (T), VHG (M)
859 Mös (M)
860 EM (TM), sob (T Ü), VHG (S)
861 Stru (T), DVM (M)
862 TVD (TMS)
863 mei (T)
864 sax (T Ü)
865 CV (T), OUP (MS)
866 mit (TM)
867 CV (TM)
868 Her (M)

Biblische Lesetexte

Zürcher Bibel 1931/1955 (Verlag der Zürcher Bibel im Theologischen Verlag Zürich): Nr. 142, 147, 154, 172, 189, 190, 216, 252, 253, 262, 302, 326, 328, 355, 458, 522, 610 (Ez 33,11), 708, 710, 736, 768, 781, 782, 786, 806, 847.

Zürcher Bibel. Die Evangelien nach Matthäus, Markus, Lukas, Johannes. Die Psalmen. Fassung 1996. (Verlag der Zürcher Bibel im Theologischen Verlag Zürich): Nr. 106, 107, 109–112, 114–122, 125, 126, 128, 130–139, 141, 144–146, 155, 170, 171, 191, 192, 251, 261, 283, 284, 300, 301, 325, 327, 356, 357, 381–383, 432–434, 459, 460, 490, 524, 555 (Ps 63; Lk 1,68–

79), 583 (Ps 145; Mt 5,3–10), 586 (Ps 139; Lk 1,46–55), 610 (Ps 4; Lk 2,29–32), 624, 647, 666, 709, 722, 763–766, 769, 770, 784, 785, 808, 845, 846.
In Abweichung von der Zürcher Bibel wird bei den Psalmen die Gottesbezeichnung «JHWH» in Anlehnung an Martin Buber durch Personalpronomina wiedergegeben und durch Versalien hervorgehoben.

Die Bibel nach der Übersetzung Martin Luthers. Fassung 1984 (Deutsche Bibelgesellschaft Stuttgart): Nr. 108, 113, 123, 127, 129, 140, 143, 329, 610 (Ps 51), 667.

Einheitsübersetzung der Heiligen Schrift. Fassung 1980 (Katholische Bibelgesellschaft GmbH, Stuttgart): Nr. 124, 148, 149, 173, 299, 489, 496–498, 521, 523, 525, 546, 547, 735, 739, 747, 767, 807, 848.

Die Heilige Schrift ins Deutsche übersetzt von Naphtali Herz Tur-Sinai 1954 (Jewish Publishing House Ltd., Jerusalem; 1995 Hänssler Verlag, Neuhausen-Stuttgart; © Dr. Miriam Shiloh, Israel): Nr. 719, 780.

Neue Jerusalemer Bibel. Neubearbeitete und erweiterte Ausgabe 1985 (Verlag Herder, Freiburg i. Br.): Nr. 809.

Verlage

AC	ACUM (Meir Ben-Uri), IL–Tel Aviv
Alt	Verlag Haus Altenberg, Düsseldorf
APT	Ateliers et Presses de Taizé, F–Taizé-Communauté
BAK	Benediktiner Abtei Königsmünster, Meschede (Pater Hermes)
Bär	Bärenreiter Verlag, Kassel
BkV	Blaukreuz-Verlag, Bern
BMG	BMG Rights Management, Berlin
Cal	Calwer Verlag, Stuttgart
Cari	Caritasverband, Eichstätt
CC	Copy Care Deutschland, Holzgerlingen
CE	Claudiana Editrice, I–Turin
CEA	Colloquio Engadina alta-Bregaglia-Poschiavo-Sursès, c/o Christian Hartmann, Champfèr
Col	Collata Verlag, Viersen
Cro	Edition Cron, Luzern
CV	Carus Verlag, Stuttgart
DOL	N. V. De Oude Linden, B–Tongerlo
DVM	Deutscher Verlag für Musik, Leipzig
DWG	Deutsches Weltgebetskomitee, Stein
EK	Verlag Ernst Kaufmann, Lahr
EKD	Evangelische Kirche in Deutschland, Hannover
EM	Essex Musikvertrieb, Hamburg
EO	Erzbischöfliches Ordinariat, Bamberg
EOli	Edition Olivétan, F–Lyon

ES	Evangelischer Sängerbund, Wuppertal
Esch	Verlag am Eschbach, Eschbach/Markgräflerland
EVA	Evangelische Verlagsanstalt, Leipzig
FEP	Fondation des Eglises Protestantes Romandes, c/o Jean Ramoni, Pomy
Fid	Fidula-Verlag Holzmeister, Koblenz
GB	Gustav Bosse Verlag, Kassel
Geh	Gehrmans Musikförlag, S–Stockholm
GM	Gerth Medien, Asslar
Goe	Verlag am Goetheanum, Dornach/SO
GS	Gooi en Sticht, NL–Utrecht
Güt	Gütersloher Verlagshaus, Gütersloh
Hän	SCM Hänssler-Verlag, Holzgerlingen
Her	Verlag Herder, Freiburg i. Br.-Basel-Wien
ISK	Interkerkelijke Stichting voor het Kerklied, NL–Leidschendam
Jor	Jordanverlag, Zürich
KV	Kreuz Verlag bei Herder, Freiburg i. Br.
Lit	Liturgiekommission der evangelisch-reformierten Kirchen der deutschsprachigen Schweiz, c/o Liturgie- und Gesangbuchkonferenz, Zürich
LV	Lahn-Verlag im Butzon & Bercker, Kevelaer
MBZ	Musikverlag und Bühnenvertrieb Zürich AG, Zürich
Mer	Merseburger Verlag, Kassel
MGV	Matthias-Grünewald-Verlag, Ostfildern
Mös	Möseler Verlag, Wolfenbüttel
MoV	Mundorgel Verlag, Lindlar
OUP	Oxford University Press, GB–Oxford
Pan	Pan Verlag GmbH, Basel
Pel	Musikverlag zum Pelikan, Hug + Co., Zürich
PJ	Peter Janssens Musik Verlag, Telgte/Westfalen
Rad	Radius-Verlag, Stuttgart
SKGB	Verlag des Schweiz. Kirchengesangsbundes, Brugg
SKH	Ständige Kommission für die Herausgabe der gemeinsamen liturgischen Bücher im deutschen Sprachgebiet, Trier
Stru	Strube Verlag, München
SV	Suhrkamp Verlag, Frankfurt/M
TVD	tvd-Verlag, Düsseldorf
TVZ	Theologischer Verlag Zürich, Zürich
UMP	Universal Music Publishing, Berlin
Uni	Verlag Uni-Druck, Starnberg
Utr	Utryck AB, S–Göteborg
VDD	Verband der Diözesen Deutschlands, Bonn
VHG	Verein zur Herausgabe des Gesangbuches (heute: Liturgie- und Gesangbuchkonferenz) der evangelisch-reformierten Kirchen der deutschsprachigen Schweiz, Zürich

VHKG	Verein für die Herausgabe des Katholischen Kirchengesangbuches der Schweiz, Zug
VJG	Verlag Junge Gemeinde, Leinfelden-Echterdingen
VSG	Verlag Singende Gemeinde, Wuppertal
Wit	Friedrich Wittig-Verlag, Hamburg

Private Rechtsinhaber

blo	Detlev Block, Bad Pyrmont
boh	Peter Bohren, Winterthur
daf	Franz-Reinhard Daffner, Augsburg
egg	Ernst Eggimann Erben
gaf	Bertold Gafner, Zizers
got	Friedemann Gottschick, Lüneburg
her	Klaus-Peter Hertzsch Erben
juh	Arnim Juhre Erben
juo	Angelina Küng-Juon, Maschwanden
kli	Johanna Klink Erben
kop	Trude Kopf, St. Gallen
kra	Johanna Kraft, Baar
kro	M. Kronberg, Germering
lie	Ulrich Liedholz, Berlin
mar	Thomas Marti, Bern (kmarti@gmx.net)
may	Yvette Mayer Erben
mei	Gertrud Meister Erben
meie	Verena Meier, Vernate
meil	Stefan Meili, Tavannes
mit	Claudia Mitscha-Eibl, A–Korneuburg
rom	Mica Romano Erben
rot	Theophil Rothenberg Erben
rüt	Carl Rütti, Zug
sax	Ernst Saxer, Dübendorf
schib	Bernhard Schibli, Aesch
schil	Gottfried Schille Erben
schla	Rudolf Schlabach, Hude
schle	Manfred Schlenker, Hohen Neuendorf
schm	Christian Schmid, Hombrechtikon
schnu	Marina Schnurre, Berlin
sob	Mechthild Sobiela-Caanitz, Ardez
spa	Peter Spangenberg Erben
sta	Georg Stamm, Schaffhausen
str	Elisabeth Strübin, Liestal
tun	Albrecht Tunger Erben
web	Suzanne Weber, Männedorf
wec	Ludwig Weck Erben

wie	(Wiemer:) Uta und Joachim Zimmermann, Hildesheim
wies	Walter Wiesli, Immensee
wik	Föreningen Inga & Erhard Wikfeldt minne, s–Stockholm
zen	Lothar Zenetti Erben

Alphabetisches Verzeichnis der Gesänge und Gebete

Verwendete Abkürzungen:

F	Freie Form
G	Gebet
K	Kanon
Lv	Leitvers
R	Ruf
ö	ökumenisches Liedgut, in Text und Melodie übereinstimmend
+	mit dem Römisch-katholischen und dem Christkatholischen Gesangbuch der deutschsprachigen Schweiz in T und M übereinstimmend
(ö) (+)	eingeschränktes ö und +, da nicht in allen Teilen übereinstimmend